高等院校数字经济专业规划教材

U0662917

数字经济学

DIGITAL ECONOMICS

主　编　朱玉林

副主编　彭新宇　田娟娟　张春光

中国财经出版传媒集团

经济科学出版社
Economic Science Press
·北京·

图书在版编目（CIP）数据

数字经济学 / 朱玉林主编；彭新宇，田娟娟，张春
光副主编． -- 北京：经济科学出版社，2025. 8.
（高等院校数字经济专业规划教材）． -- ISBN 978 - 7
- 5218 - 7093 - 0

Ⅰ. F062. 5
中国国家版本馆 CIP 数据核字第 2025SJ0743 号

责任编辑：初少磊　赵　蕾　尹雪晶
责任校对：郑淑艳
责任印制：范　艳

数字经济学

SHUZI JINGJIXUE

主　编　朱玉林

副主编　彭新宇　田娟娟　张春光

经济科学出版社出版、发行　新华书店经销

社址：北京市海淀区阜成路甲 28 号　邮编：100142

总编部电话：010 - 88191217　发行部电话：010 - 88191522

网址：www. esp. com. cn

电子邮箱：esp@ esp. com. cn

天猫网店：经济科学出版社旗舰店

网址：http://jjkxcbs. tmall. com

北京季蜂印刷有限公司印装

787 × 1092　16 开　27. 75 印张　653000 字

2025 年 8 月第 1 版　2025 年 8 月第 1 次印刷

ISBN 978 - 7 - 5218 - 7093 - 0　定价：78. 00 元

（图书出现印装问题，本社负责调换。电话：010 - 88191545）

（版权所有　侵权必究　打击盗版　举报热线：010 - 88191661

QQ：2242791300　营销中心电话：010 - 88191537

电子邮箱：dbts@ esp. com. cn）

《数字经济学》教材编委会

主任:

陈强兵　　朱玉林

编委:

彭新宇　　韩文龙　　田　鹏　　罗　姣

谭　丹　　崔宝敏　　邓晓军　　刘红梅

吴　栩　　李　琪　　曾咏梅　　侯爱华

田娟娟　　张春光

数字经济综合实验平台

支持单位：新道科技股份有限公司

平台链接：cloud. seentao. com

联系方式：400 – 6600 – 599

数字经济案例演示视频
（数据服务业数据分析）

数字经济综合实验平台
实践案例申请

数字经济是继农业经济、工业经济之后的主要经济形态，是以数据资源为关键要素、以现代信息网络为主要载体、以信息通信技术融合应用与全要素数字化转型为重要推动力，促进公平与效率更加统一的新经济形态。数字经济学作为研究数字经济规律的新兴交叉学科，既拓展了传统经济学的理论框架，也为经济学分析提供了新的工具和方法。

本书按照高等教育的教学要求和特点，在内容上力求"理论以够用为度，重视实践应用能力的培养"，全面、系统地介绍了数字经济学的基础知识，并将知识点与当下前沿案例紧密结合，及时反映近年来数字经济的新问题与新观点，注重典型场景与平台项目训练，助力产教融合人才培养。每章设有案例引入、学习目标、重点难点、思考题、案例分析、典型场景与平台项目训练，强调跟踪数字技术的前沿、理实一体化教学。本书适用范围广，可以覆盖应用型本科院校和教学研究型本科院校，为高校数字经济新专业建设和经济与管理学类专业建设提供理论教学基础，也可作为高校其他各专业学习和掌握数字经济基础理论与实践的教材，还适用于对数字经济感兴趣的研究人员作为参考。

本书由全国部分高校的教授和骨干教师，以及企业的专家和技术人员共同编写。具体分工如下：第一章、第三章，唐要家（浙江财经大学）；第二章、第五章、第十四章，伍之琳（长沙理工大学）；第四章、第七章、第八章，朱玉林、曾咏梅、谭丹（中南林业科技大学）；第六章、第九章，马晓萍（内蒙古财经大学）；第十章、第十一章，杨征（成都理工大学）；第十二章，王岚、韩宇晴（天津财经大学）；第十三章，楚伯微、马红瀚、王岚（天津财经大学）；

第十五章、第十六章，黎萍（山东财经大学）。另外，新道科技股份有限公司负责提供各章典型场景与平台项目训练。本书由彭新宇教授、田娟娟教授负责总纂，最后由朱玉林教授定稿。本书的编写和出版还得到了经济科学出版社的大力支持和帮助，在此表示衷心的感谢！

　　数字经济是在新一轮科技革命和产业变革的浪潮下兴起的，以数据作为关键生产要素，数字技术与传统产业深度融合，使资源配置更加高效精准。数字经济不仅推动了科技进步和社会产业升级，还改变了经济社会的生产方式和商业模式，促进了全球经济向智能化、创新化方向快速发展和迭代。本书在编写过程中参考了大量文献资料和最新的研究成果，在此对有关作者表示感谢。由于经济社会的不断发展和进步，以及作者时间资源有限，本书还有很多不足之处，敬请广大专家和读者批评指正。

编　者

2025 年 2 月

CONTENTS | 目录

1 数字经济基本理论 ——————————— 第一篇

2 数据价值化 ——————————— 第二篇

5　数字化治理　　　　　　　　　第五篇

6　数字经济环境 —————————— 第六篇

1

数字经济基本理论

第一章

数字经济概述

案例引入 ••• ▶

数字经济正在改变人们的生活

今天我们生活在一个数字经济的时代，每天都在享受数字经济发展给我们带来的诸多便捷和好处。以前人们逛街购物需要花费大量时间在不同店铺之间穿梭，寻找心仪的商品，还要排队等待结账，手里拿着一堆纸质收据和购物袋，而现在通过淘宝、京东等电子商务平台，我们可以在家中轻松浏览各种商品，比较价格和评价，一键下单后商品就能快速送达。同时，移动支付和电子发票的普及，也让我们告别了现金和纸质收据的烦琐，让购物变得更加便捷和环保。这些变化都是数字经济带来的，数字经济几乎连接了我们生活的方方面面。从智慧城市到数字社区，从智能产业到数字产品，数字经济活动正深刻地改变着我们的生活方式。那么，什么是数字经济？数字经济具有哪些独特的运行机制？中国数字经济发展状况如何？数字经济学研究哪些内容呢？

学习目标 ••• ▶

知识目标：熟悉数字经济的基本含义，掌握数字经济的独特运行机制和经济体系构成，了解中国数字经济发展状况，清楚数字经济学的基本内容。

能力目标：将数字经济学相关内容融会贯通，综合运用专业知识和方法分析数字经济现实问题。

素质目标：认识加快数字经济发展的重要性和紧迫性，了解中国数字经济发展的最新进展。

重点难点 ••• ▶

本章学习的重点是数字经济的基本含义，以及数字经济的运行机制和体系构成；难点是数字经济的独特运行机制。

第一节　走进数字经济

一、什么是数字经济

（一）数字经济的概念

"数字经济"一词最早起源于 20 世纪 90 年代，1995 年由美国学者唐·塔普斯科特（Don Tapscott）提出，他指出数字经济是以信息数字化和知识为基础的一系列经济活动。[①]一直以来，对数字经济的认识都处于不断变化之中。关于数字经济最为熟知的定义是 2016 年 G20 杭州峰会上发布的《G20 数字经济发展与合作倡议》中提出的，"数字经济是指以使用数字化的知识和信息作为关键生产要素、以现代信息网络作为重要载体、以信息通信技术的有效使用作为效率提升和经济结构优化的重要推动力的一系列经济活动"。2021 年国务院印发的《"十四五"数字经济发展规划》对数字经济的概念进行了较为全面的界定：数字经济是继农业经济、工业经济之后的主要经济形态，是以数据资源为关键要素，以现代信息网络为主要载体，以信息通信技术融合应用、全要素数字化转型为重要推动力，促进公平与效率更加统一的新经济形态。

总体来说，数字经济就是以数据作为关键生产要素，利用物联网、大数据、人工智能等现代数字技术，不断催生新的数字化产业，并赋能传统产业升级提效，从而推动整个经济高质量发展和社会高效能治理的经济模式。

（二）数字经济的窄界定与宽界定

数字经济分为窄数字经济和宽数字经济。

窄数字经济特指完全是由于现代信息通信数字技术发展所催生的新兴产业，这些行业主要是指在线零售、互联网金融、数字内容、社交媒体、在线订餐、云计算与服务等由数字技术和数据开发利用驱动的新业态新产业。

宽数字经济是泛指所有基于互联网、信息通信技术、数字技术的有关产业，既包括通常所指的新兴数字经济产业，即数字产业化，也包括采用互联网和数字技术赋能传统产业实现数字化转型发展，即产业数字化。数字产业化包括信息与通信技术（information and communications technology，ICT）产业，如通信设备、电子元器件和关键软件等；新兴数字产业，如人工智能、大数据、区块链、云计算等；大数据服务产业，如数据交易服务、数据采集服务、数据应用服务、数据增值服务等；以数字平台为基础的各类电子商务、数字内容产业等平台经济。数字产业化主要是传统的农业、制造业、服务业利用数字技术和开发利用数据要素的高质量发展形态，如智能交通、智慧物流、智慧能源、智慧农业等。

---

① Tapscott D. The Digital Economy：Promise and Peril in the Age of Networked Intelligence ［M］. New York：McGraw Hill，1995.

2021 年国家统计局发布的《数字经济及其核心产业统计分类（2021）》从数字产业化和产业数字化两个方面，将数字经济的产业范围划分为数字产品制造业、数字产品服务业、数字技术应用业、数字要素驱动业、数字化效率提升业五个大类（见表 1 - 1）。数字经济核心产业对应的前四大类为数字产业化部分，是指为产业数字化发展提供数字技术、产品、服务、基础设施和解决方案，以及完全依赖数字技术、数据要素的各类经济活动，主要包括计算机通信和其他电子设备制造业、电信广播电视和卫星传输服务、互联网和相关服务、软件和信息技术服务业等，是数字经济发展的基础。第五大类为产业数字化部分，是指应用数字技术和数据资源为传统产业带来的产出增加和效率提升，涵盖智慧农业、智能制造、智能交通、智慧物流、数字金融、数字商贸、数字社会、数字政府等数字化应用场景，体现了数字经济与实体经济的深度融合。

表 1 - 1　　　　　　　　数字经济及其核心产业统计分类

分类	产业范围	核心产业
数字产业化	数字产品制造业	计算机制造、通信及雷达设备制造、数字媒体设备制造、智能设备制造、电子元器件及设备制造、其他数字产品制造业
	数字产品服务业	数字产品批发、数字产品零售、数字产品租赁、数字产品维修、其他数字产品服务业
	数字技术应用业	软件开发、电信广播电视和卫星传输服务、互联网相关服务、信息技术服务、其他数字技术应用业
	数字要素驱动业	互联网平台、互联网批发零售、互联网金融、数字内容与媒体、信息基础设施建设、数据资源与产权交易、其他数字要素驱动业
产业数字化	数字化效率提升业	智慧农业、智能制造、智能交通、智慧物流、数字金融、数字商贸、数字社会、数字政府、其他数字化效率提升业

资料来源：国家统计局于 2021 年 6 月发布的《数字经济及其核心产业统计分类（2021）》。

二、数字经济运行机制

（一）数据是数字经济运行的基本要素投入

英国《经济学人》杂志指出，在数字经济时代"整个世界最有价值的资源不再是石油，而是数据"[①]。数据作为数字经济时代的新要素，突破了传统生产力要素的诸多限制，具有劳动工具和劳动对象的双重属性。一方面，数据本身就是一种劳动对象，通过采集、加工、存储、流通、分析等环节，具备价值和使用价值，企业利用这些数据开发数字化产品和服务，也可以利用数据开展个性化经营活动，提高消费者的消费体验和消费效率；另一方面，数据作为劳动工具，通过各类系统与其他传统生产要素融合，形成乘数效应，放

---

① The Economist. The World's Most Valuable Resource is No Longer Oil, but Data ［EB/OL］. （2017 - 05 - 06）. https：//www.economist.com/leaders/2017/05/06/the - worlds - most - valuable - resource - is - no - longer - oil - but - data.

大单一要素价值。如数字和劳动力要素相结合，提升了劳动力要素的产出效益；数字与技术要素相结合，催生了人工智能等新技术。数据作为数字经济时代的新型生产要素，已快速融入生产、分配、流通、消费和社会服务管理等各环节，成为科技革命和产业变革的关键要素。

（二）数字技术创新是数字经济运行的根本驱动力

数字经济的出现和快速增长本质上是技术进步的结果。数字技术创新是指以人工智能、大数据、云计算、区块链等数字技术为底层技术，进行新产品开发、组织模式变革、生产流程改进以及商业模式创新的过程，其本质是数字技术向各个行业领域的渗透和应用，更加强调多学科知识的深度融合和集成。数字技术是一种通用目的技术（general purpose technology，GPT），它并不是为特定问题提供最终解决方案而衍生的一种技术，而是具有较高的技术提升潜能和广泛的应用潜能，其基本技术特性是为持续的后续技术创新提供可能，并全面深刻地渗透和重构整个社会经济体系。在数字经济发展过程中，新兴技术的不断涌现为数字经济的不同领域注入了创新动力，不仅改变了生产方式，也改变了商业模式，从而催生出新的商业机会和市场空间。因此，以数字技术为核心的数字经济是一种全新的经济形态，带来的是质量、效率和动力变革，能极大地释放一个国家的生产力潜能。

（三）数字平台是数字经济运行的主导经济组织模式

谷歌、亚马逊、阿里巴巴、美团、滴滴等都是典型的数字平台企业，成为数字经济发展的重要经济组织模式。数字平台主要是利用大数据和数字技术，充分发挥交叉网络效应，来促进不同用户群体的相互作用，从而实现价值创造的经济组织行为。首先，数字平台又被称为双边平台或多边平台，其典型特征之一是能够促进不同参与者之间的价值共创和资源共享，实现数字化产品或服务的提供者与用户之间有效匹配，进而促进二者之间交易互惠。其次，数字平台具有显著的交叉网络效应，平台两端用户之间具有相互吸引的自强化机制，如在淘宝平台有较多的卖家就会吸引更多的买家，同样更多的买家也会吸引更多的卖家。再其次，数字平台具有显著的生态发展特征，数字平台通过整合众多外部独立的互补性企业来构建价值共创的产业生态，从而实现更大范围的资源优化配置和价值创造。最后，数字平台具有显著的增长赋能效应。数字平台企业群体构成的平台经济已经成为数字经济发展的主导力量，通过搭建高效、开放、协同的线上平台，平台经济不仅促进了资源的优化配置与高效利用，还激发了市场活力与创新潜能，极大地促进了消费增长和经济增长，同时，数字平台通过赋能传统产业的数字化转型，会促进传统产业实现高质高效的发展。

（四）数字基础设施是数字经济运行的重要基石

数字技术设施主要指在新一代信息技术驱动下，支撑社会生产力数字化的基础设施，包括网络基础设施、算力基础设施和信息应用基础设施。数字基础设施具有公共物品的属性，具有非竞争性和非排他性特征。首先，数字基础设施的非竞争性是指消费上的非竞争性，即在一定的集体规模内，一种物品一旦被提供，增加一个消费者所引起的边际成本为零，且消费者数量的增加不会影响其他消费者的消费质量。也就是说，数字基础设施不仅能够被不同主体在多个场景下同时使用，更能在被使用后保持数字基础设施使用价值不被削弱。非排他性是指某个人在使用数字基础设施时，并不能排除其他人同时也在使用。数字基础设施的网络化互联互通会极大地促进数据信息的传输，为数据要素开发利用和价值释放提供重要基础。其次，稳定泛在的网络基础设施、强大高效的算力基础设施、广泛赋能的应用基础设施等数字基础设施是数字经济健康可持续运行的先决条件，是驱动数字经济高质量发展的重要基础。

三、数字经济基本框架

（一）数字经济的生产要素基础体系

数字经济的发展需要以丰富的数据资源、数字技术创新与完善的数字基础设施为基础，为数字经济发展提供高质量的要素供给保障。首先，数据是关键要素。数字经济的发展需要丰富的大数据资源，数据不仅是信息的载体，通过高效利用和挖掘数据价值，企业还能够洞察市场需求、优化资源配置、提升生产效率和创新服务模式，从而推动企业转型升级和经济高质量发展。其次，数字基础设施是重要支撑。数字基础设施在数字经济商业运行、产业发展和社会治理中占据重要的基础地位，筑牢 5G、数据中心、算力设施等数字基础设施建设，充分释放数字基础设施在促进资源优化配置、促进生产率提升、促进技术创新以及促进实现共同富裕等方面的价值。

（二）数字经济的生产力体系

数字经济的生产力主要是指数字技术创新驱动的数字产业发展。首先，数字技术创新是根本驱动力，是数字经济生产力的引擎。技术创新对数字经济的发展具有显著的倍增效应，推动数字技术创新驱动数字经济高质量发展，需要将数字技术创新发展作为重要战略、持续加大数字技术研发投入、注重数字人才培养和数字技能提升，以及不断强化数字技术应用场景开发。其次，数字经济产业发展是数字经济发展的主体。数字产业发展包括两个层次：一是数字产业化。数字产业化指的是新兴数字产业的发展，包括数字产品制造业、数字产品服务业、数字技术应用业和数字要素驱动业，这一部分是数字经济的核心和引领。二是产业数字化。产业数字化是指传统产业的数字化转型，包括农业数字化、制造业数字化和服务业数字化等行业的数字化转型，通过采用数字技术来优化生产经营活动，全面提高生产效率。

（三）数字经济的生产关系体系

数字经济的生产关系体系包括数字变革和数字治理。数字治理是更好应对数字变革和确保数字经济快速健康发展的重要保障，其目标是营造便利透明的商务环境、安全信任的消费环境、竞争有效的市场环境、充分激励的创新环境，以及开放包容和价值共享的社会环境。数字治理主要包括五个方面。一是数据基础制度。由于数据独特的经济属性和数据基础制度的相对滞后，造成数据交易流通受到限制，成为制约数字经济高质量发展的重要因素，因此建立完善的数据基础制度能够最大化释放数据价值从而推动数字经济健康发展。数据基础制度主要是科学的数据产权制度、完备的数据市场体系和现代的数字社会伦理。二是网络与数据安全。网络与数据安全是数字经济发展的基石，是维护国家公共安全和经济安全的需要，并且网络与数据安全监管不应以牺牲数字经济创新发展为代价，而应是更好地促进数字经济创新发展，因此网络与数据安全应坚持以安全促发展、以发展保安全的基本原则。三是个人隐私保护。加强个人隐私保护是构建良好的数字生态的重要基础，通过加强个人隐私数据保护，确保企业和公共机构合法合规地采集和利用个人数据，营造诚信的经营环境，能够充分发挥数字经济潜能。四是数字反垄断监管。反垄断政策是数字经济市场有序运行的重要政策保障，数字经济反垄断政策应坚持竞争政策的基础性地位、坚持消费者福利标准、将促进创新作为反垄断优先目标、重点关注数据和算法等新型垄断行为的基本导向。五是数字政府的公共治理。数字政府通过采用大数据和数字技术来赋能政府公共服务治理能力，为数字经济发展提供良好的公共服务，并实现有效的公共治理，构建信任、安全和普惠的社会环境（见图 1-1）。

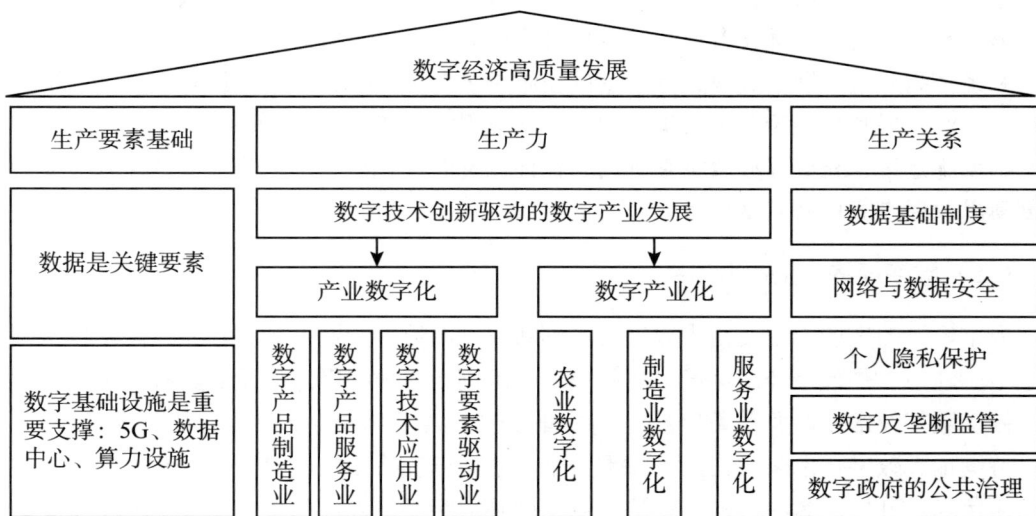

图 1-1 数字经济框架体系

第二节 中国数字经济发展历程与成就

一、中国数字经济发展历程

（一）1994~2004 年，互联网技术驱动的数字平台兴起阶段

1994 年 4 月 20 日，中国实现了与互联网的全功能连接，同年 5 月 15 日推出中国第一

套网页，开始融入全球数字经济发展浪潮。互联网技术发展及中国互联网基础设施的建设使互联网用户数量快速增长。1997 年中国的网民数量仅为 62 万人，而到 2004 年网民数量达到 9400 万人，为数字经济发展提供了重要基础（见图 1－2）。这一时期，中国诞生了一系列互联网企业，如信息门户领域的搜狐、网易，电子商务领域的阿里巴巴，即时通信领域的腾讯，搜索引擎领域的百度等。互联网企业在模仿国外商业模式的同时，结合我国超大规模市场、流通体制不发达、人力资本充裕、各类消费品供给充足等国情，创新形成了以 2C（B2C 和 C2C）为主的平台经济发展模式。

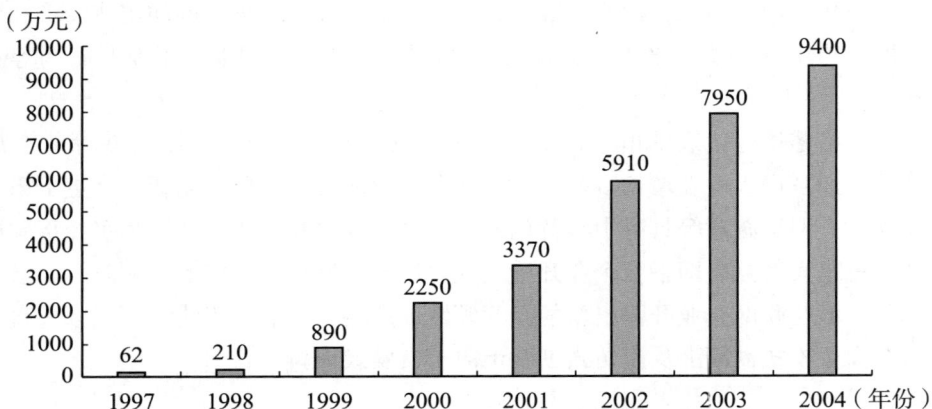

图 1－2　1997～2004 年中国互联网用户数量

资料来源：中国互联网络信息中心发布的历年《中国互联网络发展状况统计报告》。

（二）2005～2018 年，数字经济快速发展阶段

进入 2005 年，移动互联网技术的迅猛发展为数字经济的快速扩张提供了重要基础。随着智能手机的普及和网络基础设施的不断完善，中国数字经济迎来了爆发式增长。2005 年 12 月，中国上网用户突破 1 亿人[1]；截至 2008 年 6 月底，网民数量则达到了 2.53 亿人，超过美国，跃居世界第一。[2] 这一期间，网民的多元化应用和数字基础设施的快速发展相辅相成，推动了中国数字经济的全面发展。

随着移动互联网的兴起，用户的在线行为发生了巨大的变化。移动设备的普及使得数字经济的商业主战场迅速向移动端转移。截至 2018 年底，中国移动互联网活跃用户规模达到 11.3 亿人。[3] 这一趋势促使企业不断创新商业模式，涌现出一系列具有中国特色的商业模式。支付宝和微信支付的崛起，使得在线支付成为主流，极大地推动了电子商务的发展。社交电商借助社交平台进行商品推广和销售，形成了新的消费模式。数字技术为互

---

[1] 中国互联网络信息中心. 第十七次中国互联网络发展状况统计报告 [R/OL].（2006－01－08）. https：//www3. cnnic. cn/n4/2022/0401/c88－797. html.

[2] 中国互联网络信息中心. 第 22 次中国互联网络发展状况调查统计报告 [R/OL].（2008－07－19）. https：//www3. cnnic. cn/n4/2022/0401/c88－813. html.

[3] QuestMobile. 中国移动互联网 2018 年度大报告 [R/OL].（2019－01－22）. https：//www. 36kr. com/p/1723161608193.

联网平台撮合机制的实施提供了支撑，同时受益于中国经济的高速增长、庞大的人口红利，平台经济出现爆发式增长，实现了从追赶到创新的跨越式发展。

国家日益将发展数字经济作为重要的国家战略。2016年十八届中央政治局第三十六次集体学习强调要做大做强数字经济、拓展经济发展新空间。2016年，在中国主导下，二十国集团首次通过《G20数字经济发展与合作倡议》，明确了数字经济的内涵，提出合作中的一些共识、原则和关键领域，指明数字经济具有高创新性、强渗透性、广覆盖性，是继农业经济、工业经济之后的主要经济形态。2017年十九届中央政治局第二次集体学习强调要加快建设数字中国，构建以数据为关键要素的数字经济，推动实体经济和数字经济融合发展；2018年中央经济工作会议强调要加快5G、人工智能、工业互联网等新型基础设施建设。

一是以网络零售为代表的电子商务、门户网站、网上银行、网络游戏等业态加速发力，带动数字经济进入爆发增长阶段。二是平台企业加大商业模式创新，产生了第三方支付、移动支付、网络游戏等具有中国特色的商业模式或营利模式，中国数字经济发展优势开始显现。三是大型互联网平台企业开始大规模进行跨界经营。四是新业态、新模式不断涌现。一些大型互联网企业开辟出新的经营领域，产生了微信、团购、短视频、直播等创新应用，在商业模式创新上从模仿式创新走向了自发式创新。

（三）2019年至今，数字经济发展与监管政策协同阶段

国家集中完善数字经济监管政策，强化数字经济监管。面对前一阶段数字经济快速发展带来的在线市场假冒伪劣商品、影响网络数据安全、非法采集利用消费者数据、大型平台企业实施严重限制市场竞争的垄断行为、网络非法有害内容泛滥等诸多问题，强化数字经济监管成为迫切需求。为此，国家先后制定颁布了《中华人民共和国电子商务法》《中华人民共和国网络安全法》《中华人民共和国数据安全法》《中华人民共和国个人信息保护法》，并修订了《中华人民共和国反垄断法》，以强化数字经济监管，促进数字经济持续健康发展。

国家全面谋划数字经济高质量发展战略。党的二十大提出加快发展数字经济，促进数字经济和实体经济深度融合，打造具有国际竞争力的数字产业集群。政府积极探索数字经济治理体系建设，密集出台相关法律法规，对数字经济发展作出专项规划。2022年1月国务院印发《"十四五"数字经济发展规划》，从顶层设计上明确了我国数字经济发展的总体思路、发展目标、重点任务和重大举措。2023年中共中央、国务院印发的《数字中国建设整体布局规划》明确，数字中国建设按照"2522"的整体框架进行布局，即夯实数字基础设施和数据资源体系"两大基础"，推进数字技术与经济、政治、文化、社会、生态文明建设"五位一体"深度融合，强化数字技术创新体系和数字安全屏障"两大能力"，优化数字化发展国内国际"两个环境"。

中国数字经济将进入创新发展新阶段。数字经济创新发展主要体现在如下四个方面：一是推动关键核心技术的研发创新，全面提升数字经济发展的创新能力；二是推进数据要素流通和利用的制度创新，完善数据要素基础制度，鼓励和促进数据要素的供给、流通和

开发利用，全面释放数据要素价值；三是促进数字经济和实体经济深度融合、推动数字经济和实体经济深度融合，全面赋能实体经济发展；四是健全数字经济常态化监管体制，构建更加完善的数字经济发展治理体系。

二、中国数字经济发展成就

（一）数字经济整体保持持续高增长势头

中国数字经济的整体增长情况反映了国家在数字化转型方面的战略布局和政策支持。从 2017 年的 22.6 万亿元到 2023 年的 53.9 万亿元，数字经济规模①的持续扩大，显示出其在国民经济中的重要性不断提升；数字经济规模占 GDP 的比重从 2017 年的 30.3% 上升至 2023 年的 42.8%（见图 1-3）。这不仅反映了数字经济在推动经济增长中的核心作用，也表明其在提升经济结构质量方面的贡献。数字经济的快速发展主要得益于数字技术进步、市场需求增长和政府的推进政策。

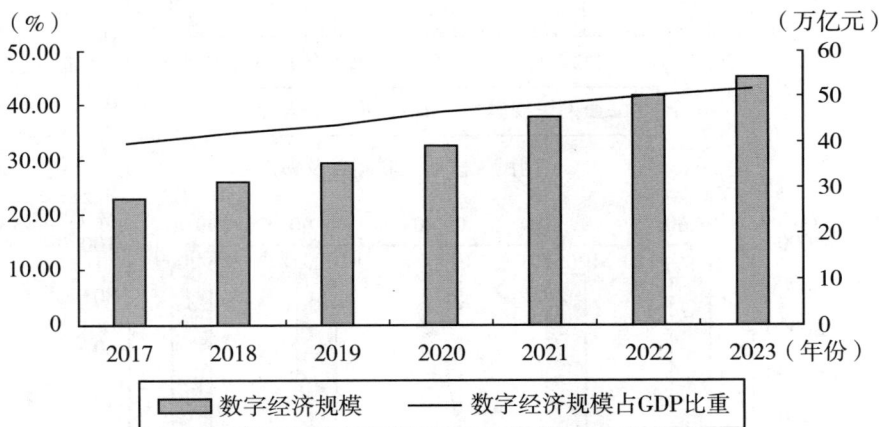

图 1-3 2017～2023 年数字经济规模及其占 GDP 比重

资料来源：中国信息通信研究院发布的历年《中国数字经济发展研究报告》。

（二）数字基础设施持续完善

数字基础设施建设为数字经济的发展提供了坚实的支撑。首先，以 5G 为代表的信息通信技术设施发展全球领先。根据中国互联网信息中心发布的《第 54 次中国互联网发展报告》，截至 2024 年 6 月，中国网民规模近 11 亿人（10.9967 亿人），互联网普及率达78.0%，较 2023 年 12 月提升 0.5 个百分点；截至 2024 年 6 月，手机网民规模达 10.96 亿人，较 2023 年 12 月增长 528 万人，网民中使用手机上网的比例为 99.7%（见图 1-4）。5G 技术的普及带来高速、低延迟的网络环境使得各种数字应用得以顺畅运行，促进了电子商务、智能交通等新产业的快速发展。其次，以数据中心和算力中心为核心的新型数字

---

① 数字经济规模 = 数字产业化规模 + 产业数字化规模，具体计算方式详见本书第四章第四节。

基础设施快速发展，为人工智能等数字技术创新发展提供了重要的数据和算力支撑。从2019年到2023年，5G基站数量从13万座增长至321.5万座，云计算市场规模从514亿元增至6165亿元。① 截至2023年底，全国累计建成国家级超算中心14个，全国在用超大型和大型数据中心达633个、智算中心达60个（AI卡500张以上），智能算力占比超过30%。② 数据中心和算力设施的建设，不仅极大地促进了人工智能技术创新和数字技术发展，同时也使得企业能够更加灵活地进行数据存储和处理，提升了运营效率，推进实体经济的数字化、智能化。

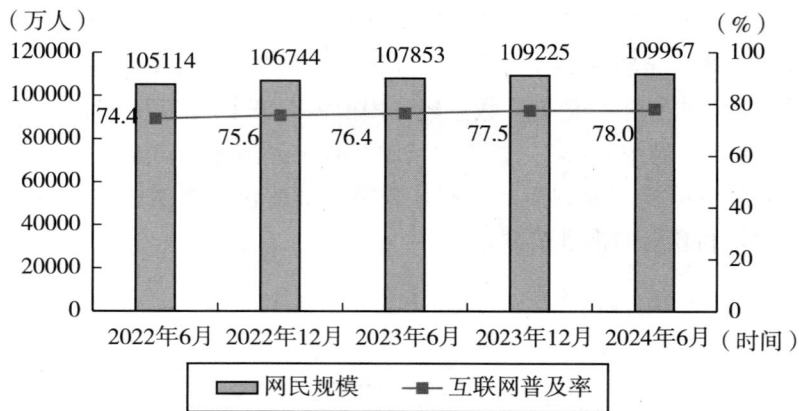

（a）网民规模和互联网普及率

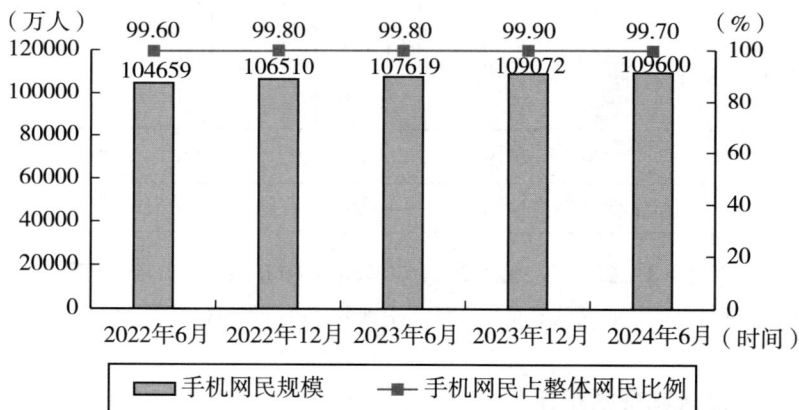

（b）手机网民规模及其占整体网民比例

图1-4 2022年6月至2024年6月网民规模与手机网民规模增长情况

资料来源：根据中国互联网络信息中心（CNNIC）发布的历次《中国互联网络发展状况统计报告》整理。

---

① 工业和信息化部.2019年通信业统计公报［EB/OL］.（2020-02-27）.https：//wap.miit.gov.cn/gxsj/tjfx/txy/art/2020/art_2d61a3d279ba4d53aa944359d20b8d7f.html.

② 国家数据局.数字中国发展报告（2023年）［R/OL］.（2024-06-30）.https：//www.nda.gov.cn/sjj/ywpd/sjzg/0830/20240830180401077761745_pc.html.

（三）数据市场化加速推进

数据市场涉及数据的采集、存储、分析和交易，是促进数据要素优化配置的基础。自2016年以来，数据资源的开发与利用水平不断提升，数据逐渐被视为重要的生产要素。近年来，数据市场化建设进程加快，数据基础制度日益完善，数据产业体系不断健全，形成了多层次的数据交易市场，推动了数据资源的高效配置。各地区、各部门积极开展公共数据授权运营、数据资源登记、企业数据资产入表等探索实践，加快推动数据要素价值化进程。截至2023年8月，我国已有226个省级和城市的地方政府上线了数据开放平台，其中省级平台22个（不含直辖市和港澳台）、城市平台204个（含直辖市、副省级与地级行政区）。①

（四）数字产业化引领数字经济增长

数字产业化推动了数字技术在传统产业的扩散应用，促进了实体经济的高质量发展。数字产业化的快速推进主要受益于技术的快速发展和政府近年来积极推动数字经济和实体经济深入融合。自2018年以来，数字产业化规模不断扩大，2018年数字产业化规模达6.4万亿元，占GDP比重为7.4%。此后，数字产业化在各个领域的应用逐渐深入。2019年，随着数字技术的普及和应用，数字产业化增加值达到7.1万亿元。进入2020年，新冠疫情催生了更多数字化需求，推动了在线服务、远程办公和电子商务的快速发展，进一步加速了数字产业化的进程。2021年，数字产业化规模达到8.4万亿元，数字技术在制造、服务、金融等多个行业的应用不断深化，推动了传统产业的转型升级。2023年，数字产业化规模进一步增长至10.09万亿元，这一增长不仅体现了数字产业本身的扩展，也反映了数字技术对各行业的渗透和影响（见图1-5）。各行业开始积极探索数字化转型路径，通过数据分析、人工智能和云计算等技术提升生产效率和服务质量，推动了经济高质量发展。

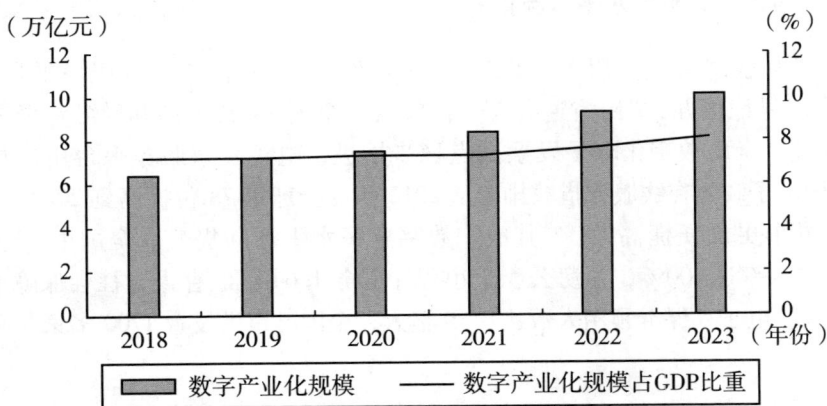

图1-5 2018~2023年数字产业化规模及其占GDP比重

资料来源：中国信息通信研究院发布的历年《中国数字经济发展研究报告》。

---

① 复旦大学数字与移动治理实验室. 中国地方公共数据开放利用报告——省域〔2023年度〕[R/OL].（2023-11-01）. http://ifopendata.fudan.edu.cn/report.

（五）产业数字化转型的加速

随着数字技术的不断进步，传统产业数字化转型加速，数字经济和实体经济日益深度融合。首先，产业数字化规模显著增长，从2018年的24.9万亿元增加至2023年的43.8万亿元，产业数字化规模占GDP比重为34.77%，产业数字化占数字经济的比重为81.3%（见图1-6）。其次，制造业数字化转型持续深化，企业数字化转型步伐加快。2023年，中国关键工序数控化率和数字化研发设计工具普及率分别达到62.2%和79.6%。最后，农业数字化稳步推进，"数商兴农"成效显著，2019~2023年农村网络零售额占乡村消费品零售总额比重从28.4%稳步提升至38.9%。

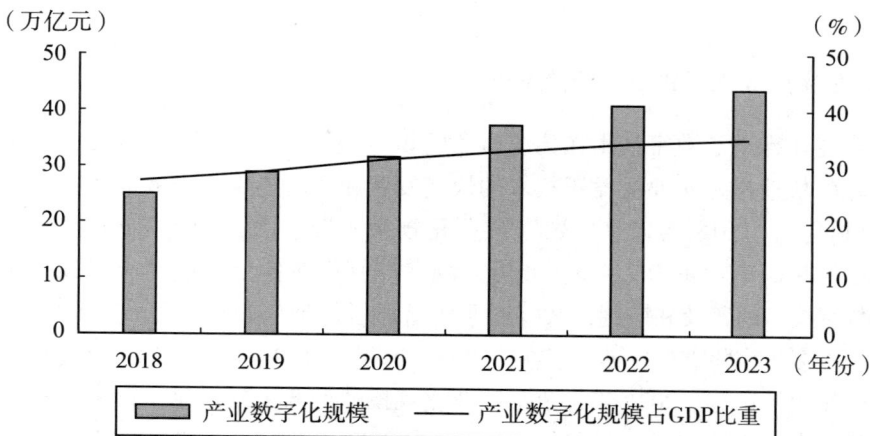

图1-6 2018~2023年产业数字化规模及其占GDP比重

资料来源：根据中国信息通信研究院发布的历年《中国数字经济发展研究报告》。

（六）数字化公共服务水平不断提升

首先，"互联网+政务服务"取得显著成效。全国一体化政务服务平台基本建成，"一网通办""异地可办""跨省通办"广泛实践。全国96.68%的办税缴费事项实现"非接触式"办理，全面数字化电子发票试点稳步推进，电子发票服务平台用户数量突破千万级。[①] 中国电子政务在线服务指数排名从2012年的全球第78位提高到2022年的第9位，企业、群众办事更加便捷高效。[②] 其次，数字惠民水平不断提升。全国中小学（含教学点）互联网接入率达100%，住房公积金小程序服务1.64亿缴存人，社会保障卡持卡人数达13.63亿人，电子社保卡领用人数达6.19亿人，全国已审批设置1700多家互联网医院。[③]

---

① 央广经济之声《天下财经》."网上办"成为办税缴费服务主要渠道 前11个月"非接触式"办税缴费占比近九成［EB/OL］．（2020-12-16）．https：//www.chinatax.gov.cn/chinatax/n810219/n810780/c5159813/content.html.

② United Nations. E-Government Survey 2022［R/OL］．（2022-09-01）．https：//desapublications.un.org/sites/default/files/publications/2022-09/Web%20version%20E-Government%202022.pdf.

③ 国家互联网信息办公室.数字中国发展报告（2020年）［R/OL］．（2021-07-03）．https：//www.gov.cn/xinwen/2021-07/03/content_5622668.htm.

最后，数字乡村建设加快推进，促进乡村宜居宜业、农民富裕富足。全国现有行政村全面实现"村村通宽带"，农村通信难问题得到历史性解决。乡村治理数字化助力强村善治，党务、村务、财务"三务"在线公开率超过70%。乡村信息服务体系逐步健全，累计建设运营益农信息设施46.7万个，提供各类服务9.8亿人次。"互联网+"农产品出村进城带动农民增收，2023年全国农产品网络零售额达5870.3亿元，约是2014年的5倍。①

第三节　数字经济学的研究内容及方法

一、数字经济学的含义

随着以互联网、大数据、人工智能等为核心的数字技术进步，人类社会正步入数字经济时代。以数据为核心生产要素、以数字技术为驱动力的数字经济给人类生产、生活和生态带来了全面而深刻的影响，正在重构经济社会运行方式。数字时代，无论是生产要素的投入，还是生产方式、分配方式、消费方式，相较于农业时代、工业时代都发生了根本性的变化，数字经济在经济形态、发展模式、运行规律等方面与传统的农业经济、工业经济有着显著的差异，传统的经济学理论在有些时候并不能充分解释数字经济发展的新现象和新问题。面对数字经济的快速发展和对经济社会的颠覆式影响所产生的一系列新实践、新问题，迫切需要创新经济学理论来加以科学的解释，以更好地指导商业决策和公共政策制定。因此，以数字技术为核心的新经济革命深刻改变人类经济社会活动，驱动以数字经济学为代表的新一轮经济学变革。

数字经济学是经济学大类下的一个分支学科，具有多学科交叉属性，主要研究在数据要素开发利用和数字技术驱动下，微观个体的经济行为与市场竞争，以及数字产业发展、数字化治理和数字经济发展政策环境，从而促进资源优化配置并实现数字经济高质量发展。

数字经济学的研究主线是分析数字经济发展中出现的新问题、数据要素的优化配置和数字技术的创新应用对经济形态的影响，数字产业化和产业数字化所构成的数字经济发展主体，以及数字化治理和数字经济政策制度环境对数字经济发展的重要影响。

其中，数字要素价值释放、数字技术创新是数字经济学创立和发展的基础条件，把握和理解数据要素作为基础资源的催化作用和数字技术对数字经济发展的赋能作用是构建数字经济学研究理论体系的基点。数字产业化和产业数字化是数字经济发展的构成主体，是数字经济的主要体现。数字化治理和数字经济政策制度环境是数据要素开发利用、数字技术创新和数字产业发展的重要外部约束，很大程度上影响了数字经济发展成效。

---

① 农业农村部. 中国数字乡村发展报告（2022年）［R/OL］.（2023 – 03 – 01）. https：//www. gov. cn/xinwen/ 2023 – 03/01/5743969/files/5807a90751b1448ba977f02e7a80b14c. pdf.

二、数字经济学的内容体系

本书将数字经济学划分为六大板块，分别为数字经济基础理论、数据价值化、数字产业化、产业数字化、数字化治理和数字经济环境，全书共由十六章构成（见图1-7）。

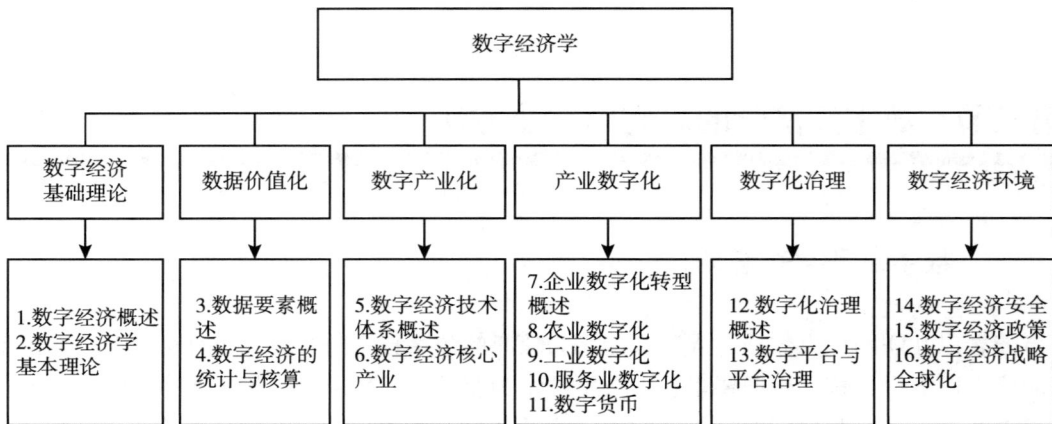

图1-7　数字经济学的内容体系

三、数字经济学的研究方法

数字经济学的研究方法与研究对象和特定问题直接关联。数字经济下的经济环境和制度无时无刻不在发生变化，这要求我们在运用研究方法时要进行延伸和拓展，针对数字经济重大问题来灵活选择研究方法。具体而言：一是数字经济学的研究方法应具有多学科交叉融合的特征；二是数字经济学的研究方法应注重定量分析和定性分析相结合；三是数字经济学的研究方法应加快大数据分析、机器学习、云计算等新方法的应用。

思考题

1. 数字经济的运行机制主要包括哪些方面？
2. 数字经济的体系构成有哪些关键要素？
3. 数字经济的独特运行机制体现在哪些方面？

案例分析

阿里巴巴与中国数字经济发展

数字平台是驱动数字经济发展的主体。阿里巴巴集团（以下简称"阿里巴巴"）成立于1999年，最初作为一个B2B平台，致力于促进中国中小企业与全球买家之间的贸易。随着电商业务的发展，阿里巴巴迅速扩展成为全球最大的综合性平台之一，其旗下的淘宝、天猫、支付宝等业务不仅改变了中国的零售业格局，还推动了中国平台经济和数字经济的蓬勃发展。平台经济是指通过互联网平台连接消费者与生产者、服务者，促成交易与协作的一种新型经济模式。阿里巴巴在这一过程中起到了关键作用，突出贡献体现在五个方面。（1）促进经济效率提升与市场拓展。阿里巴巴平台通过为商家和消费者提供在线交易环境，显著降低了信息不对称，减少了中介成本。特别是淘宝和天猫的成功，使得中小型企业能够直接接触到庞大的消费者市场，迅速提高了市场的流动性。阿里巴巴的平台帮助数百万中小企业降低了进入市场的门槛，拓展了销售渠道。（2）促进商业模式创新与产业升级。阿里巴巴通过创新电商模式，推动了多个行业的变革，如"新零售"概念的提出，它整合了线上与线下资源，推动了传统零售行业的数字化转型。阿里巴巴通过推出天猫超市、盒马鲜生等"新零售"业务，打破了传统零售的经营模式，推动了物流、支付、消费者行为等环节的智能化与自动化。阿里巴巴还通过云计算和大数据等技术，帮助制造业、农业等传统产业提升生产效率，实现供应链的数字化和智能化升级。（3）创造新的就业机会。阿里巴巴平台不仅为商家提供了庞大的消费者市场，也为社会创造了大量就业机会。平台为成千上万的个体商家提供了创业机会，尤其是在淘宝等平台，许多个人创业者通过互联网平台开设了自己的小店，成功实现了从传统行业向互联网经济的转型。物流、技术支持、客户服务等行业的蓬勃发展，也为大量劳动者提供了新兴职业，尤其是快递员、在线客服、平台运营等职位。（4）推动消费方式变革。阿里巴巴的平台改变了中国消费者的购买习惯，推动了消费模式的转型和消费方式变革。电子商务、电子支付（支付宝）、物流和大数据分析技术的结合，使得消费者可以实现更便捷、安全的在线购物体验。（5）推动国家数字贸易发展。阿里巴巴不仅在国内平台经济中占据主导地位，还推动了中国平台经济在全球的扩展。阿里巴巴的国际化战略成功将中国中小企业引入全球市场，推动了中国企业的全球化进程。通过阿里巴巴国际站和AliExpress，成千上万的中国小企业将产品销往全球，推动了中国制造业和电商出口的增长。

结合案例材料，探讨下列问题：

1. 阿里巴巴的发展是如何促进中国数字经济发展的？
2. 阿里巴巴的发展如何赋能产业结构升级？
3. 阿里巴巴的发展为何会拉动消费和就业？
4. 中小企业为何能借助阿里巴巴提供的平台更好地走向国际市场？

典型场景与平台项目训练

数字经济发展状况的评估分析

1. 项目背景

近年来，中国数字经济快速发展，同时各个地方政府也将数字经济作为实现地方经济高质量发展和培育新质生产力的重要抓手。在此背景下，如何对中国及某一特定地区数字经济发展状况进行准确、深入的分析，成为数字经济课程学习中学生需要重点掌握的基本技能。其既涉及要准确把握数字经济的基础经济学理论，也涉及对数字经济发展的各种统计数据进行科学分析研读的数据分析能力。

2. 项目简介

本项目旨在通过案例引入及宏观经济与区域经济的指标体系创建，帮助学生理解和掌握某一国家或某一地区数字经济发展状况分析的基本方法和技术。项目涉及多个维度的经济指标，旨在通过实际的数据分析和可视化展示，提升数据分析和经济分析能力，揭示数字经济各种指标的经济含义，为经济政策的制定提供数据支持。通过本项目的学习和实践，学生能够掌握数字经济分析的基本方法和技术，具备数据分析和经济分析的能力，为后续的学习和工作打下坚实基础。

3. 项目内容

中国数字经济发展状况的背景引入：通过国家统计局、中国信息通信研究院等相关政府部门和国内重要智库发布的有关统计数据和统计报告来提供数字经济发展的总体背景资料。

数字经济数据指标的初步分类分析：基于数字经济学中对数字经济的范围体系的基本界定，对官方统计机构采集、数据库和平台数据采集、行业协会和中介机构数据采集等数据指标进行初步的分类整理和初步分析。

数字经济数据指标的深入分析：从数字基础设施、数据要素、数字技术、数字平台、数字产业化、产业数字化、数字治理等多个维度对样本中的数据进行分析，研判发展趋势，分析总结背后的基本经济规律。

数据分析的可视化呈现：利用经济数据大屏，进行环比变化趋势分析、同比数据分析、相关性分析、趋势分析等数据分析和可视化展示，以直观呈现数字经济发展的特征和规律。

经济数据分析报告：根据数据分析结果，撰写数字经济发展状况的经济分析报告，并对项目进行总结和学习反思。

4. 项目特色

综合性强：项目涉及多个经济指标和多个层面的数据分析，能够全面考查学生的数据分析和经济分析能力。

实践性强：项目通过具体的案例和数据分析任务，让学生在实践中学习和掌握宏观经济与区域经济分析的方法和技术。

可视化展示：利用经济数据大屏等工具进行数据可视化展示，提高数据分析和报告的直观性和可读性。

数字经济学基本理论

从美团的发展看数字经济学原理

如今，数字经济深刻改变了我们的生活，美团就是其中的典型代表。过去外出就餐寻觅餐厅既耗时又可能失望，现在借助美团，人们能便捷地浏览周边餐厅、查看详情和评价，完成线上点餐预订或享受外卖上门服务。美团的发展蕴含诸多数字经济学原理：在网络外部性上，用户增多吸引更多商家入驻，商家增多又提升用户体验，形成正向循环；在用户预期协调方面，美团通过优化配送时效、推出会员权益和调整推荐算法等，影响并协调用户预期，增强用户黏性；定价上采用新用户优惠、动态定价和分层定价等策略。在市场垄断方面，美团在本地生活服务领域地位重要，引发了如平台抽成等垄断相关讨论。从数字经济市场理论看，美团以数据为核心，借助技术创新、网络效应和资本发展，其产品具有非物质性、数据驱动、平台化和持续创新等特征，体现了数字经济市场需求与供给的新特点。美团作为平台企业，展现出平台经济的内涵和结构特征，在竞争与合作中发展，同时也面临平台兼容性与网络竞争的挑战，其发展还引发了平台垄断与反垄断的思考。因此，学习数字经济学基本理论，可以帮助我们深入剖析生活中的实际问题，为日常生活和职业发展提供有力的理论指导，让我们更好地适应和把握数字经济时代的发展潮流。

知识目标：系统掌握数字经济网络外部性理论和数字经济市场理论，明晰网络外部性的概念、类型、作用机制，以及对市场结构和企业行为的影响。

能力目标：运用数字经济市场理论，解读市场现象，剖析市场要素变化、产品供需关系及市场结构演变，分析和解决数字经济领域实际问题。

素质目标：培养敏锐的数字经济市场洞察力，关注数字经济领域的发展动态和趋势；提升对数字经济复杂现象的分析能力。

重点难点 •••▶

理解数字经济网络外部性、市场理论和平台理论的核心要点，包括各类特性与属性。熟练运用相关理论分析数字经济现象，如企业策略制定、市场均衡等。深入剖析市场供需互动及平台经济不同阶段的竞争合作策略。

第一节　数字经济网络外部性理论

一、网络外部性概述

（一）网络外部性的内涵

网络外部性（network externalities），又称网络效应，是指在一些特定市场中，随着用户数量的增加，产品或服务对每个用户的效用也会增加的现象。这种现象通常出现在具有强互动性质的市场中，尤其是在数字平台和通信网络等行业。网络外部性是一种特殊的规模经济，区别于传统的供给方规模经济，而是由需求方的规模增长引发的效益递增，因此也被称为"需求方规模经济"。

（二）网络外部性的历史背景与发展

网络外部性这一概念最早由罗尔夫斯（Rohlfs，1974）提出。在研究电信服务时，他发现新客户加入电话网络后，能够为原有用户带来更多的通话机会，进而增加其效用，即用户的价值与网络覆盖范围密切相关。这一发现为网络外部性的理论奠定了基础。随后，卡茨和夏皮罗（Katz & Shapiro，1985）在罗尔夫斯的研究基础上进一步总结了网络外部性的基本概念，即同类消费递增所带来的增量效用。这种现象不仅存在于消费行为中，还涉及其他领域，如数字平台、社交网络等。洛佩斯－桑切斯（López-Sánchez）进一步拓宽了研究视角，认为网络外部性的增量效用不仅局限于消费层面，还影响到生产和创新等多个领域。

（三）网络外部性的类型与作用机制

网络外部性可以分为两类：直接网络外部性和间接网络外部性。

1. 直接网络外部性

也称同类效应，是指随着网络中用户数量的增加，单个用户在该平台上享受到的效用增大。例如，社交平台如微博、小红书等，用户的增加直接提升了平台的互动频率和社交体验。

2. 间接网络外部性

也称跨界效应，是指随着网络用户数量的增加，平台周边的产品和服务也得到扩展，进一步提高了用户的效用。例如，智能手机用户的增加促进了第三方开发者为平台开发更多应用，用户的使用体验也因此得到增强。

网络外部性背后的机制主要是通过用户集聚效应和规模经济效应实现的。随着平台用户数量的增加，平台能提供的服务和产品种类逐步增多，从而提高了每个用户的效用。这种效应的存在使得网络规模越大，平台的吸引力也越强，从而形成了良性循环。数字平台因此能够快速积累用户，并通过网络外部性推动市场的增长。

（四） 网络外部性对市场结构的影响

网络外部性对市场结构具有深远影响。在具有强网络效应的市场中，产品和服务的价值往往不是由单一企业决定的，而是由整个网络中的用户数量和参与度共同决定的。卡茨和夏皮罗（1994）认为，网络效应可能导致市场出现多重均衡现象，即在不同的网络规模下，市场可能形成不同的均衡状态。史晋川等（2005）基于拓展的霍特林模型，发现网络外部性强度对市场结构的影响显著，尤其是对市场中产品差异化程度和竞争格局有着重要作用。随着网络外部性强度的增加，市场往往趋向于集中化，形成少数几家具有市场主导地位的企业。帕通等（Paothong et al.，2014）通过仿真模型研究了网络外部性下消费者的动态决策，分析了网络外部性如何影响市场的动态均衡。这一研究进一步表明，网络外部性不仅影响市场结构，还会导致市场上某些平台的快速崛起，甚至形成"赢家通吃"的局面。

（五） 网络外部性对企业行为的影响

网络外部性不仅影响市场结构，还深刻影响企业的定价策略、创新投资和竞争行为。

1. 定价策略

网络外部性使得平台企业能够通过降低价格来吸引更多用户，从而扩大网络规模并提升用户效用。具体来说，当一个平台的用户数量增加时，平台企业往往能够通过降低单个产品的价格，吸引更多用户加入（Brynjolfsson & Kemerer，1996）。这种策略有助于形成网络效应的正向循环，促进平台的快速成长。

2. 创新投资

网络外部性可能导致企业在创新投资上的效率变化。一方面，已有平台因网络效应占据市场优势，新企业面临较高的进入壁垒和创新难度（Kristiansen & Thum，1997）；另一方面，网络外部性与企业的创新投入与利润之间也可能存在正相关关系，企业通过不断扩大用户规模来获取网络效应，从而提高利润并推动技术创新（文守逊和黄克，2007）。

3. 竞争行为

网络外部性加剧了市场竞争的激烈程度。为了维持或扩大市场份额，企业需要不断优化服务、提高用户黏性，并创新商业模式以应对激烈的市场竞争。

（六） 网络外部性与数字经济

在数字经济中，网络外部性发挥了重要的作用。网络外部性不仅推动了市场的规模化，也促进了技术创新和用户行为的变化。数字平台通过利用网络外部性，迅速扩大用户基数，并通过用户数据的积累进一步提升服务的质量和多样性。这种互惠互利的模式使得平台和用户之间形成了深度依赖关系，从而推动了数字经济的快速发展。

此外，网络外部性还推动了企业之间的竞争格局变化。在数字经济中，平台企业通过吸引大量用户形成巨大的市场份额，常常出现"赢家通吃"的现象。新兴企业往往很难在短期内突破网络效应的壁垒，从而导致市场集中度较高的局面。因此，平台企业需要通过不断优化服务、提高用户黏性、创新商业模式等方式，维持其在市场中的竞争力。

二、用户预期协调

（一）用户预期协调的定义与重要性

用户预期协调（user expectations coordination）是数字经济中一个关键的理论概念，是指用户在数字平台或网络平台上，根据对平台未来表现的预期，进行行为决策并与其他用户互动的过程。在数字经济环境中，平台的成功不仅依赖产品本身的功能和服务质量，还深受用户对平台未来发展的预期、对平台创新能力和其他用户行为的预判的影响。具体来说，用户不仅依据自身需求作出决策，还受到平台内其他用户行为的影响。这种影响形成了一个具有自增强效应的网络效应机制，其中用户的行为相互关联，并且平台的吸引力往往由平台的未来潜力和集体预期驱动。

随着网络效应的存在，用户预期协调变得尤为重要。数字平台不仅需要通过提供优质的服务和创新的产品来满足当前用户的需求，还需要有效地引导和管理用户对未来发展的期望。用户之间对平台表现的预期能够相互作用并形成群体效应，从而影响平台的用户增长、留存及活跃度。平台的服务质量、创新进展、用户体验等因素通过多种信息传播渠道（如社交媒体、用户评价、口碑传播等）传播至用户群体，促使他们对平台未来的发展形成共同的预期。通过这种预期的协调，平台能够更好地理解用户需求，指导产品规划，优化市场战略。

用户预期协调的战略价值在于，它能够帮助平台增强用户信任、提高用户忠诚度，并通过网络效应促进用户的积极参与和长期留存。有效的预期协调不仅可以降低平台在竞争中的不确定性，还能推动平台的可持续增长和创新能力。长期来看，预期的正向循环使得平台能够在稳定的用户基础上实现规模化增长，并不断通过用户反馈和市场需求创新，保持其市场竞争力。因此，如何有效协调和管理用户预期，已成为数字平台能否成功的重要因素。

（二）用户预期的形成与影响因素

1. 历史表现与服务质量

用户的预期首先受到平台历史表现的影响，特别是平台的服务质量、响应速度、技术创新和稳定性等因素。过去提供的优质服务和持续创新是用户对平台未来发展抱有较高期望的重要基础。例如，当平台能够快速响应用户需求并提供高质量的服务时，用户对平台的信任度和期望自然会提高。此外，平台的历史表现不仅直接影响当前用户的预期，还会通过口碑传播影响潜在用户的预期。因此，平台必须持续关注服务质量和技术创新，以增强用户对其未来发展的信心。

2. 竞争对手与行业动态

市场上其他竞争平台的表现对用户预期的形成具有显著影响。用户往往会根据竞争平台的新功能、服务创新等进行横向比较，从而调整对当前平台的预期。如果竞争对手推出了更具吸引力的功能或服务，用户的期望也会随之提升，这就迫使平台加速创新，以满足或超越用户的期望。平台不仅需要关注直接竞争者的动态，还应了解行业的整体发展趋势和新兴技术，以在激烈的市场竞争中保持领先地位。

3. 社交媒体与用户评价

在信息传播时代，社交媒体和用户评价成为用户形成预期的关键渠道。通过社交媒体、论坛和用户评价平台，用户能够分享使用经验、讨论平台的表现，并在集体认知的基础上形成一致的预期。正面的评价和讨论能够激发潜在用户的信任感并提升平台的吸引力，而负面反馈则可能导致用户对平台的期望下降，甚至影响其市场份额。因此，平台必须积极管理自己的在线声誉，通过回应用户反馈、解决问题、优化服务，来引导和维护用户的预期。

4. 宣传与市场营销策略

平台的宣传与市场营销策略是影响用户预期的重要手段。通过精准的广告宣传、公共关系活动以及未来发展规划的展示，平台可以有意识地塑造和引导用户的预期。例如，平台发布新功能或创新产品时，通过公开、透明的沟通，能够激发用户对未来的期待并增强他们的信任感。与此同时，通过明确的市场定位，平台可以确保用户对其未来发展的预期与平台实际发展方向相匹配，从而形成长期稳定的用户预期。

5. 综合策略与有效协调

为了有效协调用户预期，平台需要采取一系列综合性的策略。首先，平台应致力于提升服务质量、产品创新和用户体验，这些因素在用户群体中具有重要的传播效应。通过不断优化，平台能够不断塑造和强化用户的积极预期，从而增强用户的信任感和归属感。优秀的服务质量和创新直接影响用户对平台未来的期待，而优质的用户体验则能够提高用户的满意度，进一步推动用户口碑的传播。

平台应通过多种渠道传播信息激发用户对平台未来发展的共同期望。这些信息传播渠道包括社交媒体、用户评价系统、官方公告等。通过及时、透明且准确的信息发布，平台可以有效引导用户形成合理的预期，减少由于信息不对称而产生的误解和冲突。例如，在进行新功能发布或技术更新时，平台应通过详细的沟通和解释，帮助用户清晰了解未来的服务和改进，从而加强他们的信任和对平台未来的积极预期。

此外，平台还应建立高效的用户反馈机制，及时收集和处理用户的意见和建议。这不仅能帮助平台更好地了解用户需求，评估用户期望的准确性，还能为平台的市场战略和产品规划提供重要的指导信息。通过持续改进和优化，平台能够不断满足用户的期望，提升用户的满意度和忠诚度，从而形成一个正向循环，增强平台的市场竞争力。平台不仅需要通过持续优化服务质量和用户体验来提升用户预期，还应通过信息传播和反馈机制来协调用户的集体预期。这将有助于增强用户信任，提升忠诚度，并为平台的长期发展打下坚实的基础。

（三）用户预期协调的机制与过程

用户预期协调在平台的长期发展中发挥着至关重要的作用，尤其体现在用户增长与留存方面。积极的用户预期不仅能促进新用户的加入，还能提高现有用户的活跃度和忠诚度。当用户对平台的未来发展抱有正向预期时，他们更倾向于长期使用该平台，从而减少流失率。这种正向的预期形成了一个良性循环，不仅增强了用户对平台的信任，还提高了用户的参与度和归属感。反之，如果用户对平台的未来感到担忧或不满，消极的预期可能导致用户流失，从而影响平台的市场份额和长期发展。

用户预期协调同样在平台的产品创新与市场反馈中起着重要作用。平台通过收集并响应用户的期望，可以在产品和服务上进行及时的优化和创新。用户的需求和反馈不仅为平台提供了准确的市场洞察，还推动了产品的不断迭代和功能的优化。例如，当用户期待某项功能的升级或服务的改进时，平台通过调整其产品策略和技术创新来满足这些期望，从而增强用户满意度并提升市场竞争力。通过不断满足和超越用户预期，平台能够保持其技术领先地位，并确保产品始终与市场需求同步。

在市场策略与竞争态势方面，用户预期协调帮助平台制定灵活的策略应对竞争压力。准确理解和协调用户预期能够帮助平台在激烈的市场竞争中占据有利位置。平台通过引导用户形成合理的预期，不仅可以优化资源配置，还能有效调整定价策略、推广策略等关键环节。例如，当平台能够清晰把握用户对于价格、服务质量和创新功能的期望时，它能够制定更加精准的市场策略，吸引更多的用户，扩大市场份额。此外，平台与竞争对手之间的预期协调互动，也使其能够在竞争中建立独特的优势，稳定市场结构并确保长期发展。

用户预期协调对平台的长期发展至关重要。通过有效管理和引导用户的期望，平台能够在用户增长、产品创新、市场策略等方面取得成功。精准的预期协调不仅可以帮助平台提升用户满意度和忠诚度，还为平台的可持续发展和竞争优势奠定了基础，确保其在竞争激烈的市场环境中保持领先地位。

（四）用户预期协调对平台的影响

用户预期协调对平台的用户增长和留存具有直接而深远的影响。当平台能够有效管理并稳定用户预期时，用户不仅更愿意加入，还更可能长期保持活跃。在数字经济的背景下，平台的吸引力不仅来源于其功能或服务本身，还在很大程度上取决于用户对其未来表现的期望。当预期是积极和正向的，用户会形成长期的忠诚度，并减少流失的可能性。一个平台如果能持续提供符合或超出用户预期的体验，不仅能提高用户活跃度，还能带动口碑效应，吸引更多新用户。然而，如果平台无法满足用户的期望，消极的反馈和失望将迅速扩散，这可能导致用户流失并严重影响市场份额。因此，平台的战略不仅需要专注于吸引新用户，还要确保通过维持积极的用户预期来保持现有用户的稳定性和忠诚度。

通过对用户预期的反馈，平台能够为产品创新和迭代提供实际指导。用户不仅是产品使用者，他们的反馈是平台发展和创新的重要来源。用户的需求与预期在反馈机制中得到充分体现，平台根据这些反馈优化现有功能、推出新服务或进行技术升级。例如，当用户对某一功能的体验产生期待时，平台可通过改进或推出创新功能来满足这一需求，进一步增强用户的预期并提升他们的使用满意度。通过对这些期望的快速响应，平台可以提高产品的竞争力，并促使其在技术创新和市场趋势中处于领先地位。换言之，用户的预期直接塑造了平台的产品策略，成为推动平台创新和发展的动力。平台能够通过精确识别并响应用户预期，持续推进产品升级与创新，最终实现长期的市场适应和竞争优势。

市场策略的成功与否，往往取决于平台如何协调和管理用户的预期。了解并准确把握用户的预期使得平台能够在激烈的竞争中迅速作出反应，制定灵活的市场策略。通过对用户行为和需求变化的敏感度，平台能够调整定价、促销、推广等策略，以满足不同用户群体的期望。比如，当用户对价格的敏感度较高时，平台可以推出灵活的优惠活动或分层定价，以确保最大程度地吸引用户。而在竞争激烈的市场中，平台还需要通过优化产品功能和服务质量来引导用户对平台未来发展的期望，从而保持市场优势。此外，平台在与其他竞争对手的互动中，通过对用户预期的有效引导，也能增强自身的市场竞争力。预期的精准协调，不仅有助于平台在市场中占据有利位置，还能够促进竞争态势的稳定，为平台的持续增长创造有利条件。

用户预期的协调最终影响了平台在竞争格局中的地位与发展方向。平台通过协调用户预期，能够不断优化其服务质量和产品功能，从而应对日益复杂和多变的市场环境。通过有效的预期管理，平台可以把握住用户需求的变化趋势，作出及时调整和改进，确保其产品和服务始终符合市场要求。同时，协调预期的过程有助于平台加强与用户之间的互动，建立长期的信任关系。良好的用户预期不仅能增强平台的市场竞争力，还能提升平台在行业中的话语权，形成持续的市场优势。通过这些手段，平台能够更好地应对外部竞争压力，实现稳定而长期的增长，最终在市场中占据领导地位。

（五）用户预期协调的挑战与应对策略

用户预期协调在平台的长期发展中面临诸多挑战，其中最为突出的挑战是如何精准把握并持续满足多变的用户期望。随着数字经济环境的不断发展，用户的需求和预期越来越多样化和个性化。平台不仅需要应对来自新用户的不同需求，还要满足现有用户不断变化的期望。与此同时，市场竞争日趋激烈，用户的选择权变得更加多元，平台若未能及时回应用户期望，便可能导致用户流失和品牌信誉下降。

另一个挑战来自平台如何在复杂的信息环境中有效管理用户预期。在信息传播时代，社交媒体、用户评价系统、论坛等平台成为用户讨论和分享预期的主要渠道。负面反馈往往比正面反馈传播得更快，且对平台形象的影响更大。一旦平台的表现未能满足用户预期，消极评价会迅速扩散，并对平台的声誉造成严重损害。这要求平台具备有效的信息管理和反馈机制，以便及时识别和应对潜在的用户失望情绪。

此外，平台在管理用户预期时，面临的另一个难题是如何平衡短期利益和长期发展。为了满足用户的短期需求，平台可能会采取激进的策略，如提供过度的优惠或快速的产品更新，这可能带来短期的用户增长。但若忽视了长期的产品质量和服务改进，用户的预期可能会被过度激化，一旦平台无法持续满足这些期望，便可能导致用户流失，甚至影响平台的长期稳定性和市场地位。

为了有效应对这些挑战，平台需要采取一系列综合性策略来协调和管理用户预期。首先，平台必须注重用户预期的准确捕捉和动态调整。这要求平台建立一个持续的反馈机制，收集并分析用户的需求、评价和反馈信息，及时了解用户的期望变化，并据此优化产品和服务。通过不断调整，平台能够满足甚至超越用户的预期，从而提高用户的忠诚度和活跃度。

其次，平台应增强信息透明度和沟通能力，积极通过多种渠道管理和引导用户预期。社交媒体、用户评价、公告和客服渠道等都是有效的沟通平台，能够帮助平台及时发布信息、解释改进措施并回应用户关切。透明的信息传播能够减少因信息不对称引发的误解，并帮助用户形成合理的预期，从而降低消极反馈的发生概率。

针对竞争环境中的挑战，平台需要通过精准的市场定位和灵活的策略调整来应对激烈竞争。平台应注重用户群体的细分，依据不同用户群体的需求定制产品和服务，同时调整定价、促销和推广策略，确保能够吸引不同层次的用户。当竞争对手推出创新的功能或服务时，平台应及时进行回应，确保用户的期望与平台的发展方向保持一致，避免因竞争压力导致用户流失。

最重要的是，平台必须保持长期战略的稳定性，在短期策略和长期发展之间找到平衡。平台应该注重产品创新和技术迭代的持续性，避免过度依赖短期的市场活动来刺激用户增长。通过持续优化用户体验，提升产品质量和服务水平，平台可以在长期内稳步提升用户预期，形成正向循环，最终实现稳定的用户增长和高留存率。

三、企业定价

（一）企业定价的影响因素

1. 网络外部性

网络外部性分为正向和负向，对企业定价影响深远。正向网络外部性意味着产品或服务的价值会随着用户数量的增加而提升。以社交网络平台为例，如脸书、微信等平台，随着用户数量的增多，用户之间的互动更加频繁，社交体验也随之增强，平台的吸引力和实用性也会大幅提高。在这种情况下，企业往往会采用低价甚至免费的策略吸引用户加入，快速扩大用户基础，进而实现网络效应。当平台积累了足够的用户后，再通过广告、增值服务等方式盈利。而负向网络外部性则是指用户数量的增加可能会降低每个用户的体验，如网络拥堵现象。以云服务提供商为例，当大量用户同时使用云服务时，可能会导致服务器负载过高，影响服务质量。此时，企业可能会通过提高价格来控制用户增长，以维持服务质量，确保现有用户能够获得稳定的服务体验。

2. 用户预期

用户对价格的预期在购买决策中占据着关键地位，其形成受到多种因素的影响。消费者会依据自身的经济状况、对产品价值的认知及市场上可获取的信息来形成对产品价格的预期，这些预期直接决定了他们的购买意愿。例如，当消费者认为某款高端智能手机具备先进的技术和优质的体验时，他们会对其价格有较高的预期，愿意支付相对较高的价格购买。企业可以通过市场调研，如调查问卷、焦点小组讨论和消费者访谈等方式，深入了解消费者的预期，并结合用户反馈来灵活调整定价策略。此外，企业还可以通过广告、公关活动、品牌故事讲述和社交媒体互动等营销手段，塑造或改变用户的价格预期。比如，强调产品的高端品质和卓越性能，可以引导消费者预期更高的价格；而突出性价比和实惠性，则能培养消费者对更亲民价格的预期。

3. 市场竞争

市场竞争的激烈程度对企业定价策略的制定有着重要影响。在竞争激烈的市场环境中，企业需要密切关注竞争对手的定价策略，这是企业市场分析的重要组成部分。通过监控对手的价格变动，企业能够捕捉市场趋势，预测潜在的市场变化，从而及时调整自己的价格，保持市场竞争力。例如，在智能手机市场，当某一品牌推出价格更具竞争力的产品时，其他品牌往往会相应地调整价格策略。同时，企业还会面临是否参与价格战的决策。价格战是一种激烈的市场竞争手段，通过降低价格迅速吸引消费者，增加销量。对于具备成本优势的企业来说，价格战可能是一种有效的市场竞争策略，它们可以通过规模效应降低单位成本，在价格竞争中占据优势。然而，企业必须认识到，长期的低价策略可能会对利润产生负面影响，甚至引发行业内的价格战，损害整个行业的利润水平。因此，差异化策略成为企业在市场竞争中的另一种选择。通过提供与众不同的产品或服务，企业能够在市场中建立独特的定位，吸引特定的消费者群体。例如，苹果公司通过独特的设计、强大的生态系统和优质的用户体验，在智能手机市场中占据高端定位，吸引了一批对品质和体验有较高要求的消费者，从而避免了直接的价格竞争，提高了消费者的支付意愿，也增强了品牌的市场竞争力。

4. 技术进步

技术的快速发展深刻地影响着企业的成本结构和定价策略。一方面，技术进步可以降低生产和运营成本，使企业能够以更低的价格提供产品或服务，或者增加免费服务的供给。例如，通过技术共享和联合开发，企业能够获得定制化的解决方案，提高制造效率，降低成本。沃尔玛通过建立先进的供应链信息共享系统，与供应商共享数据，减少了库存积压成本和缺货损失，从而有能力以更具竞争力的价格提供商品。另一方面，技术进步还为企业带来了新的定价模式。基于使用量的定价模式在云计算软件兴起之初便已存在，用户只需为实际使用的资源付费，而不是为租用的资源付费。随着技术的不断进步，这种模式变得更加精细，云服务提供商的计费可以基于租用的计算资源时间和数据存储量，无服务器架构的流行使得计费模式更加灵活。此外，基于结果的定价模式也开始出现，企业根据软件和 AI 代理完成的工作成果收费，如 AI 客服代理按解决问题收费，内容创作类 AI 产品按产出的内容收费。这些新的定价模式反映了技术进步如何改变企业的市场策略，企业不再仅仅出售软件使用权，而是转向出售软件和 AI 代理完成的工作成果，这种转变强调了产品价值与用户数量之间的关联度降低，企业需要探索新的定价模式以适应 AI、自动化和应用程序编程接口（application programming interface，API）时代的需求。

（二）企业定价策略及影响

1. 企业定价策略

在数字经济时代，企业为了适应市场的需求和变化，采用了多种创新的定价策略，其中免费模式、分层定价和动态定价是三种常见且重要的策略。免费模式是数字平台吸引用户的有效手段之一。许多平台通过提供免费的基础服务来吸引用户加入，这些服务可能包括基本的工具、内容或社交网络的接入。例如，谷歌（Google）提供了免费的搜索服务和社交网络平台，吸引了大量用户。当平台建立了庞大的用户基础后，便可以通过增值服务、广告或数据分析等方式实现盈利。这种模式的成功依赖大规模的用户参与和对用户数据的深入分析，以便提供更精准的广告和增值服务。分层定价策略允许企业根据用户的需求和支付意愿来提供不同级别的服务。每个级别都有不同的价格和功能，从而满足不同用户群体的需求。这种策略在软件和在线服务领域尤为常见。例如，视频流服务提供基础订阅和高级订阅，基础订阅可能仅提供基本的视频观看功能，而高级订阅则可以享受高清画质、无广告、独家内容等更多特权；云存储服务根据存储空间的大小和速度提供不同的定价计划。分层定价使得企业能够更好地满足市场的细分需求，增加用户的黏性和收入的多样性。动态定价则是基于实时市场数据和用户行为来调整价格的策略。这种策略在电子商务平台和旅游行业中广泛应用，企业可以根据库存水平、季节性需求、竞争对手的定价和用户的购买历史来实时调整价格。例如，航空公司和酒店会根据需求和预订情况调整票价和房间价格，在旅游旺季提高价格，在淡季则推出优惠活动，以最大化利润。动态定价策略使得企业能够灵活应对市场变化，优化库存管理，并提高市场竞争力。

2. 定价策略的长期影响

定价策略对企业的影响是多方面的，不仅关乎短期销售业绩，更涉及品牌建设和市场定位的长期发展。企业设定的价格水平及其变动趋势，会在消费者心中形成特定的品牌印象，这种印象直接影响消费者对产品价值的判断和购买决策。稳定的价格往往被消费者解读为品牌对产品质量和服务的自信，有助于建立品牌的可靠性和稳定性形象；而频繁的价格波动可能会引起消费者对品牌稳定性和可靠性的疑虑，影响品牌在消费者心中的形象。价格调整对消费者感知的影响也不容忽视。价格上升可能被看作成本上升或品牌价值提升的信号，但如果消费者无法感知到相应的价值增加，可能会对品牌产生负面看法。相反，价格下降可能会吸引新顾客，但也可能影响现有顾客对品牌价值的认知，尤其是当他们将价格下降与产品质量下降联系在一起时。因此，企业在制定定价策略时，需要综合考虑市场动态、成本结构、竞争环境和消费者行为等因素，确保价格与品牌价值和市场定位保持一致。透明的沟通和有效的市场传播对于管理消费者预期至关重要。企业可以通过营销活动和品牌传播来解释价格变动的原因，强调产品的价值和改进，以及如何更好地满足消费者需求。通过这种方式，企业可以减少价格变动对品牌形象和市场地位的潜在负面影响，建立起消费者的信任和忠诚度，从而在竞争激烈的市场中保持竞争力，实现长期稳定的发展。

四、市场垄断

（一）平台与网络效应

数字经济中的垄断现象高度依赖网络外部性和平台效应。平台作为核心经济体，通过聚集大量用户形成网络外部性，其价值随用户数量的增加呈指数级增长。这种效应在社交媒体、电商、搜索引擎和通信平台等领域尤为突出。

平台的网络效应和规模效应不仅增强了用户的依赖，还使得新进入者难以撼动其地位，从而形成了自然垄断。这种垄断不仅提高了市场的集中度，还加剧了规模经济与公平竞争之间的矛盾。例如，全球范围内的社交媒体巨头脸书（Facebook），其网络效应使其能吸引绝大多数用户，构成了强大的市场壁垒。

（二）数据垄断与自我强化

在数字经济中，数据是关键性资源，其重要性堪比工业时代的土地或资本。数字平台通过对用户行为数据的收集与利用，形成了强大的数据控制能力。数据具有可复制性、非实体性、无限性等特点，使得平台能够通过算法和人工智能技术进行精细化运营，进一步强化其市场优势。

数据的自我强化效应显著提升了垄断的稳定性。通过掌握更多的数据，平台企业能够优化服务、提高用户黏性，并对市场需求作出更快、更准确的反应。反之，未掌握足够数据的竞争者在精准度和响应速度上难以与平台抗衡，这种动态循环强化了市场的垄断结构。

（三）高壁垒的市场进入

数字经济中的市场进入壁垒明显高于传统行业，主要体现在两个方面。首先，平台企业在技术研发、用户积累和数据收集等方面投入了大量资源，这些沉淀成本对于新进入者来说是一个巨大的挑战，因为他们很难在短时间内弥补这些前期投资。其次，数字平台的服务通常具有边际成本接近零的特性。例如，一款软件或算法的复制几乎不需要额外成本，这使得平台可以通过规模效应进一步降低价格，增强其市场竞争力，从而加剧了新进入者的竞争压力。这些因素使得中小型科技企业在面对市场竞争时面临更高的技术门槛和数据差距，形成了难以逾越的障碍，进一步巩固了大平台的市场主导地位。

（四）垄断结构的特性

数字经济中市场垄断的延伸性和关联性。数字经济中的垄断已不再局限于单一市场，而是呈现出跨领域的延伸和关联特征。互联网巨头往往通过多元化战略，利用在一个领域的市场优势向其他领域扩展。例如，电商巨头进入云计算和金融服务领域，通过数据的跨领域应用实现了垄断行为的延伸。这种关联性不仅使市场垄断更加隐蔽，还进一步强化了巨头企业在多个市场中的控制力，从而削弱了潜在竞争者的市场进入机会。

数字经济中市场垄断的间接性和隐蔽性。传统垄断的福利损失主要表现为价格上涨或消费者剩余减少，而在数字经济中，福利损失更多体现为质量、创新和隐私等方面的间接损失。平台通过对数据的独占性使用可能抑制创新，例如阻止潜在竞争者进入市场；同时，对用户数据的过度收集与利用可能侵犯隐私权，这种隐性损失难以直接量化，但影响深远。

数字经济中垄断行为的默示性和难以识别性。数字平台常借助算法技术实现默示合谋，而非传统意义上的明确协议。这种通过算法调整价格或分配市场份额的行为不需要企业间的直接沟通，但依然能够限制市场竞争。这种默示性的垄断行为增加了监管识别和取证的难度，对市场公平竞争造成深远影响。

数字经济中垄断行为的内部性和后置性。数字经济中，垄断行为往往通过"杀手并购"等形式表现出来。这种行为指的是大型平台企业通过收购潜在竞争对手来消除未来的威胁。例如，一些初创企业在尚未对市场构成威胁时被巨头企业收购，导致创新路径被阻断，市场竞争格局趋于固化。这种后置性垄断行为降低了创业者的预期收益，抑制了颠覆性创新的发生。

第二节　数字经济市场理论

一、数字经济市场要素

（一）信息与数据

在数字经济中，信息和数据成为最重要的生产要素之一。信息流的高速流通和大数据的应用在市场活动中发挥着越来越重要的作用。企业通过对海量数据的收集、处理与分析，能够精准识别消费者需求、预测市场趋势、优化生产流程等。数据不仅可以提升企业运营效率，增强产品和服务的创新性，还能帮助企业更好地理解市场需求与消费者行为，从而制定更加精准的定价和营销策略。

在数字经济中，数据的跨境流动和集成、处理能力的提升，创造了新的市场竞争优势。由于信息和数据具有高度的非竞争性和可扩展性，这使得信息资源的积累成为平台型企业获得竞争优势的关键。此外，数据的积累不仅直接影响市场结构，还可能决定一个企业在市场中的领导地位。

（二）技术与创新

技术是数字经济市场的核心驱动力之一。技术创新特别是在互联网、人工智能、大数据、区块链等领域的突破，显著改变了市场的运行方式和商业模式。技术不仅为企业提供了提高生产率和创新能力的手段，还为消费者提供了更加多样化和个性化的选择。随着技术的不断进步，数字产品的生产与销售方式发生了翻天覆地的变化，尤其是平台经济和共享经济模式的兴起，进一步加剧了市场竞争。

在数字经济中，技术创新呈现出快速迭代和高度集中化的特点。技术的创新周期缩短，企业需要快速响应市场需求的变化，才能维持竞争力。与此同时，技术的网络效应使得领先者可以通过不断创新强化市场地位，形成较高的技术壁垒，进一步加大新进入者的市场进入难度。

（三）用户与网络效应

数字经济的市场要素还包括广泛的用户群体及其行为特征。不同于传统市场，数字经济市场中，用户不仅是产品的消费者，还是信息的传播者和市场的参与者。用户在社交媒体、平台社区等互动式环境中的活跃度和参与度，直接影响平台的市场价值和服务质量。

网络效应在数字经济中尤为显著。随着用户数量的增加，平台的价值呈指数级增长。在某些平台（如社交媒体、电子商务平台和在线支付系统）中，用户的参与度和互动行为直接决定了平台的吸引力。一个平台如果能持续吸引并扩大用户群体，就会形成强大的网络效应，进一步吸引更多的用户并增加其市场份额。这种网络效应不仅强化了现有平台的市场地位，还可能使得一些小规模的企业迅速崛起，改变行业竞争格局。

（四）资本与资源

虽然数字经济的核心是信息与技术，但资本和资源在其中依然发挥着重要作用。资本不仅用于技术研发、平台建设和市场推广，还用于获取和维护数据资源。平台企业往往通过融资、并购等方式来扩展其市场份额与技术储备。资本的流动与资源的配置决定了企业在数字经济中的竞争能力与市场地位。

此外，随着市场的全球化，跨境资本流动和全球资源整合成为数字经济发展的重要趋势。资本的流动不再局限于传统市场中的物质资源，还包括技术、信息和人才的流动。大规模的资本注入为数字经济中的创新提供了充分的动力，并进一步加剧了市场竞争。

（五）法规与政策

尽管数字经济高度依赖市场驱动，但法规和政策的影响也日益显著。随着数字经济的发展，政府对于数据隐私保护、知识产权保护、跨境电商等方面的监管逐渐加强。合规性成为数字经济企业不可忽视的市场要素。政策的变化会影响市场供求关系、价格机制及竞争格局，因此，平台企业必须密切关注政策动态，灵活调整战略，以确保长期发展。

在数字经济中，政策制定者面临的挑战是如何在推动创新和市场竞争的同时，确保公平竞争和消费者保护。平台企业与政府之间的互动也成为数字经济市场要素中的关键因素之一。

二、数字经济市场产品

（一）非物质性与可复制性

数字产品的一个显著特征是非物质性，这使得数字产品在生产和分发的过程中几乎不涉及物理资源的消耗。例如，软件、数字内容、在线服务、云计算资源等数字产品的复制几乎不产生额外的边际成本。这一特性使得数字产品具备与传统物理商品不同的生产方式和市场机制。在传统产业中，产品的生产通常需要依赖原材料和生产设备等实物资源；而在数字经济中，产品的生产和分发主要依赖于技术和信息流动。因此，数字产品的价值和竞争力更多地体现在技术创新、用户体验、数据分析和平台服务等方面。

此外，数字产品的可复制性使其能够迅速扩展规模。例如，一款软件在全球范围内的推广几乎不受地域和物理空间的限制，企业可以通过互联网将其迅速推向全球市场。这种低边际成本、高扩展性的特点不仅降低了进入市场的门槛，也加剧了市场的竞争，因为企业可以快速复制和分发其产品，迅速占领市场份额。

（二）数据驱动型产品

在数字经济市场中，数据已成为核心资源之一，深刻影响着产品的创新与价值提升。与传统产品不同，数字产品的竞争优势往往依赖数据的积累、处理和分析。平台型企业，尤其是互联网平台、社交媒体、电子商务平台等，通过收集用户行为、交易、搜索等多维数据，能够精准洞察市场需求，优化产品与服务，从而形成独特的竞争力和市场地位。

数据驱动型产品的一个显著特性是"自我学习"能力。通过大数据分析和机器学习算法，这些产品不断自我优化，提升性能和用户体验。以推荐系统为例，平台通过分析用户的历史行为数据（如购买记录、浏览记录等），能够预测用户的兴趣和需求，从而个性化地推荐相关产品。这不仅增强了产品的匹配度，还大大提高了销售转化率，使得推荐系统成为数字经济中典型的数据驱动型产品之一。

数据驱动型产品的另一个关键优势在于它们能够持续更新和完善，并借助数据的积累形成强大的网络效应和用户黏性。随着平台上用户和数据的增长，产品的推荐精度和用户体验得到不断提升，进而吸引更多用户参与，从而形成正向反馈和指数级增长的效应。这种自我强化的循环使得平台能够在激烈的市场竞争中占据有利位置。

此外，数据驱动型产品的价值还表现在对市场变化的快速适应能力。随着数据的持续积累，平台能够快速获取市场趋势和用户需求的变化，并灵活调整产品策略。例如，在电商平台中，企业能够根据用户的购买历史和反馈，及时优化库存管理、调整价格策略，甚至改进产品功能，以更好地满足不同用户群体的需求。通过这种数据驱动的动态调整，平台能够维持市场竞争力并实现长期可持续发展。数据驱动型产品在数字经济中的作用不仅体现在提升用户体验、优化产品性能和推动销售转化，还表现在能够适应市场需求、灵活调整产品策略，并通过网络效应和自我学习增强竞争力。这些特点使得数据驱动型产品成为数字经济中不可或缺的一部分，为平台型企业的成功提供了强大的支持。

（三）平台化产品与生态系统

数字经济的一个显著特点是平台化模式的广泛应用，平台产品成为市场上重要的产品形式。平台产品不仅是传统意义上的商品，它们通常代表着一个包含多方利益相关者（如用户、开发者、商家、内容创作者等）的生态系统。平台通过提供一个技术基础设施，连接供需双方，形成一个"多边市场"，促进信息流和资源共享。

例如，电商平台如阿里巴巴、亚马逊等不仅销售自己的产品，还为第三方商家提供了销售和展示商品的渠道；社交媒体平台如微博、脸书不仅提供信息和社交服务，还承载了广告商和内容创作者的内容分发和互动。平台化产品的本质是通过平台基础设施聚合资源、服务和用户，形成一个由众多参与者共同构建的商业生态系统。

平台化产品通常具有以下特点：

（1）多边市场效应：平台通过吸引不同的用户群体（消费者、生产者、广告商、内容提供者等）来创造价值和市场需求，从而获得网络效应。

（2）跨界融合性：平台企业通常不局限于单一产品，而是将多个服务、产品或信息融为一体，创造综合性生态系统。

（3）创新迭代性：平台不仅是产品的提供者，也是技术创新和功能升级的推动者。通过不断开放接口和支持第三方开发者，平台能够扩展其功能和应用场景，推动创新。

（四）持续创新与用户定制化

数字经济中的产品不断经历快速迭代和创新，这一现象在传统市场中并不常见。数字产品的更新换代周期非常短，企业必须通过持续的创新来保持市场竞争力。在平台经济中，平台企业不仅提供标准化的基础服务，还鼓励第三方开发者进行创新，推出个性化定制的产品和服务。

例如，应用商店就是一个典型的创新平台，用户和开发者能够根据自己的需求快速找到并定制应用程序。无论是软件功能的更新、用户界面（user interface，UI）设计的调整，还是根据用户需求量身定制的功能，数字产品的创新都依赖用户的反馈、数据分析和市场趋势。因此，数字产品的价值不再仅仅来源于固定的功能和属性，而更多来源于适应市场和满足个性化需求的能力。

三、数字经济市场需求与供给

（一）数字经济市场需求的特征

在数字经济中，市场需求的变化不仅受到传统因素（如价格、收入、消费者偏好等）的影响，还受到新兴技术、信息流动及网络效应等因素的驱动。具体来说，数字经济市场需求表现出四个显著特征。

1. 技术驱动的需求增长

技术创新是数字经济市场需求增长的核心推动力。通过技术进步，数字产品和服务的质量不断提升，功能不断扩展，用户需求也随之增加。例如，人工智能、物联网、大数据等技术的广泛应用，使得智能家居、智慧城市等新兴领域迅速发展，产生了新的需求。

2. 个性化与定制化需求

随着数据分析技术和人工智能的发展，数字经济使得企业能够根据用户的个人偏好和历史行为进行精准定制。用户在数字平台上的需求越来越趋向个性化和定制化，这种需求模式使得企业能够为不同的用户群体提供量身定制的服务和产品，进一步推动了市场需求的多样化。

3. 网络效应的放大作用

在平台型市场中，网络效应是数字经济市场需求的关键特征。随着平台用户数的增加，平台提供的产品或服务对现有和潜在用户的吸引力增强。例如，在社交平台和电子商务平台上，更多的用户不仅直接提高了平台的价值，也间接激发了更多的消费者需求。网络效应使得市场需求呈现出指数级的增长趋势。

4. 信息不对称与透明度

在传统市场中，信息的不对称往往导致市场需求的低效配置，而在数字经济中，信息的透明化和可获取性大大提高了市场需求的准确性和即时性。消费者可以通过网络平台实时比较价格、服务质量和产品特点，促使需求更加精准和高效。

（二）数字经济市场供给的特征

与传统市场相比，数字经济的供给模式也发生了显著变化，尤其是平台型经济的发展使得企业的供给方式、生产效率、成本结构等方面呈现出新的特点。

1. 平台化供给

数字经济中的供给主要依托数字平台，平台化供给模式极大地提高了资源配置效率。平台通过汇集大量供给者（无论是商品、服务，还是信息）并利用数据算法进行精准匹配，降低了交易成本，提升了市场效率。平台不仅提供传统的商品和服务，还为第三方商家、开发者等提供了一个创新和分发的空间，创造了多元化的供给结构。

2. 供给的灵活性与动态调整

数字经济的供给方式强调灵活性与实时性。通过数据分析和实时反馈，平台能够迅速调整产品和服务的供给结构。例如，在电子商务平台上，供给方可以根据实时数据反馈快速调整商品库存、定价策略、促销活动等，以更好地满足市场需求的变化。

3. 大规模供给与边际成本趋零

数字经济中的许多产品和服务具有边际成本接近于零的特性。这意味着，数字产品如软件、数字内容和服务可以在不增加大量成本的情况下，面向全球市场进行大规模供给。例如，一款在线课程或软件的复制成本几乎为零，这使得企业可以通过大规模供给实现成本分摊和更高的利润率。

4. 供给者的多样化

数字经济中，传统企业、平台企业及个体创业者都可以成为市场供给的主体。数字平台的低准入门槛和开放性吸引了大量创新者参与供给过程，形成了高度多样化的供给结构。这种供给者的多样化不仅为消费者提供了更多选择，还增加了市场竞争。

（三）市场需求与供给的互动

在数字经济中，市场需求和供给的互动比传统市场更为复杂，表现在多个方面。首先，需求驱动供给成为数字经济中的重要特征。在这种模式下，消费者需求通常由数据和技术驱动，需求的变化直接促使供给方对产品和服务进行创新。例如，随着用户对个性化和定制化需求的增加，企业在算法、技术和服务方面不断创新，以满足不断变化的市场需求。

其次，供给也能够推动需求的形成。在数字经济中，平台企业通过技术和数据优化供给，并利用强大的网络效应和推荐算法等工具，主动引导和刺激市场需求。例如，电商平台通过推荐系统向用户推荐未曾考虑过的产品，进而扩大市场需求，并为企业创造新的销售机会。

此外，数字经济中的市场需求和供给并非单向的关系，而是通过数据、算法和用户互动的协同作用形成双向反馈机制。企业通过精准的数据分析了解需求变化，并及时调整供给策略，同时消费者的需求反馈也通过平台实时影响供给侧的调整。这种协同作用使得市场更具动态性和灵活性，促进了数字经济时代更加有效的市场策略制定，提升了市场竞争力，并推动了可持续发展。

四、数字经济市场均衡

（一）数字经济市场均衡的特点

在数字经济中，市场均衡呈现出多维度的特征。与传统经济中单一的价格与数量匹配不同，数字经济市场的均衡需要考虑多个因素。例如，除了产品和服务的价格和数量外，还需要关注平台的网络效应、数据流动性和用户体验的平衡等。这意味着，数字经济中的市场均衡不再是一个固定的价格点，而是一个多维度、动态的平衡过程。

数字经济中的市场均衡通常表现为动态均衡。随着技术的进步、用户行为的变化以及平台规则的调整，市场均衡点并非一成不变，而是不断演化。在信息透明度和数据流动性的提升背景下，消费者需求和企业供给之间的关系发生了快速变化，这要求市场均衡具备较强的适应性和调整能力，以应对快速变化的环境。

网络效应在数字经济中对市场均衡起到了重要作用。网络效应指的是平台或服务的价值随着用户数量的增加而不断上升。在这种背景下，市场均衡不仅受传统供需关系的影响，还受到平台规模、用户增长速度及网络效应的推动。例如，在社交平台和电子商务平台中，随着用户数量的增加，平台的整体价值也随之提升，进而增强了平台的市场控制力和盈利能力。

数字经济中的市场均衡往往发生在不完全竞争的市场中，尤其是在平台经济中。平台企业通过其市场主导地位和规模效应，可能形成垄断或寡头竞争结构。在这种市场结构下，价格和供给并不完全由市场的传统力量决定，而是受到平台定价、规则控制及数据资源分配等因素的影响。因此，数字经济中的市场均衡不仅依赖价格机制，还受到平台管控和调节的影响。

（二）数字经济市场均衡的影响因素

在数字经济中，数据的流动性和处理能力是决定市场供需关系调整速度和均衡点稳定性的重要因素。数据被视为数字经济的核心资源，其流动性和对数据的控制直接影响市场动态。通过大数据分析，平台能够实时捕捉消费者需求变化，迅速调整产品供给和定价策略，从而实现市场的快速反应和均衡。这种数据驱动的动态调节增强了市场的适应性与稳定性。

数字经济中的市场均衡也深受用户行为的影响。用户在平台上的各种行为，包括搜索、评论、购买和分享等，直接影响供需双方的互动和市场价格的形成。平台通过算法对用户行为进行分析，优化用户体验，精准引导用户需求，并基于这些数据调整产品和服务供给。这种互动机制推动了市场均衡的实现，使得供需关系更加紧密与高效。

网络效应和规模经济也是推动数字经济市场均衡的关键因素。随着平台用户数量的增加，平台的整体价值和吸引力得以提升，这种正向的反馈效应加速了市场的集中化过程。市场规模的扩大促进了供给侧的规模经济，而需求端则因用户数量的增加变得更加多样化，进一步形成了供需之间的正反馈。这一过程推动市场趋向新的均衡点。

数字平台的治理机制和规则制定对市场均衡的形成起着至关重要的作用。平台通过制定推荐算法、平台政策、用户隐私保护等规则，直接影响市场的供需关系。例如，平台如何调控价格、选择服务商、设定用户准入标准等，都在很大程度上决定了市场的运行方式。平台的治理规则不仅确保了市场的高效运作，还通过数据共享、信息透明等方式降低了市场中的信息不对称，促进了市场均衡的实现。

（三）数字经济中的市场均衡实现机制

数字经济市场的均衡不仅依赖传统的供需平衡，还受到一系列动态机制和技术手段的支持。算法调节与智能匹配在数字平台中扮演着至关重要的角色。平台通过算法实时对供给和需求进行智能匹配，调整市场中的价格、产品和服务。例如，电子商务平台通过推荐系统，根据用户的历史行为和兴趣推送商品，从而引导市场需求的变化并优化供给，推动市场均衡的形成。

大数据分析和预测技术则为数字平台提供了强大的支持。通过实时收集和分析大量市场数据，平台能够准确预测市场趋势，并据此调整供需关系。通过对消费者偏好、市场行为和竞争态势的深度分析，企业能够精准调控供给量，避免市场过剩或短缺，从而保持市场的稳定性。

平台反馈机制也在数字经济中发挥着重要作用。在这一模式下，市场并非完全由外部因素调节，平台本身具备自我调节能力。通过收集用户反馈、交易数据和市场趋势，平台可以及时调整规则、优化产品设计并调整供给策略，确保市场保持平衡。这些动态机制使得数字经济市场的均衡过程更加灵活、高效。

五、数字经济市场结构

（一）平台化与集中化

数字经济市场结构的一个显著特点是平台化和集中化。数字平台企业通常充当着中介的角色，连接消费者、生产者和其他服务提供商。平台经济强调的是通过数据和技术整合各方资源，形成高效的交易和服务网络。随着平台企业的不断发展，市场的竞争格局逐渐向寡头垄断结构倾斜。大平台通过聚集用户流量、积累数据、构建强大的品牌效应，形成了显著的市场控制力，导致市场的参与者越来越少，集中度不断上升。

平台化的特点使得市场的规模经济和范围经济得以实现。平台企业能够在广泛的领域提供多样化的服务，并通过技术优化和数据利用降低成本，提高盈利能力。平台之间的竞争不仅体现在产品和服务的价格上，更在于技术创新、用户体验及网络效应的争夺。

（二）网络效应与市场扩展

数字经济中，网络效应是驱动市场结构变化的核心因素之一。网络效应意味着随着平台用户数量的增加，平台本身的价值也随之增长，从而吸引更多用户加入，形成良性循环。这一效应不仅存在于社交网络、在线交易平台等传统领域，还延伸到了共享经济、互联网金融等新兴行业。

由于网络效应的存在，数字平台的市场结构往往表现出"赢家通吃"的特点。平台一旦获得足够的用户基础，便能实现大规模的用户积累和数据共享，进一步巩固其市场地位。这个过程往往导致市场集中度的增加，形成少数平台主导的局面，进一步加剧了市场的寡头化或甚至垄断化。

（三）数据主导的市场控制

数据已成为数字经济市场中的关键资源，对市场结构产生了深远的影响。在传统市场中，资源的配置主要依赖资本、劳动力和原材料等要素；而在数字经济中，数据成为新的决定性资源。企业通过积累和分析海量用户数据，能够实现精准的产品定位、服务优化和需求预测。数据的聚集和掌握为平台提供了强大的竞争优势，数据越丰富、分析越精确，平台就越容易占据市场主导地位。

这种数据主导的市场结构使得小型企业和新兴竞争者很难与大平台竞争，因为他们在数据积累、技术研发和用户资源方面往往存在巨大差距。这种不对称性加剧了市场的不平衡，并加速了市场的集中化过程。

（四）垄断与寡头市场

数字经济中的市场结构往往趋向于垄断或寡头市场。这一现象尤其体现在大平台的垄断行为上。由于平台化、网络效应、数据垄断等因素的叠加，少数平台能够在市场中占据主导地位。平台企业通过技术创新、数据优势、低边际成本和用户黏性等多重手段，在市场中形成了较强的竞争壁垒，限制了其他企业的进入。

平台垄断不仅体现在市场份额的控制上，还体现在定价权、产品质量、技术标准等多个方面。大平台通过独占资源、压低价格或提供差异化服务等方式，巩固自己的市场地位，从而形成"赢家通吃"的市场结构。与此同时，由于技术的不断迭代和市场需求的变化，平台的垄断地位往往会面临来自其他平台或新兴技术的挑战。

（五）竞争与合作并存的市场关系

数字经济的市场结构还表现出竞争与合作并存的特征。尽管大型平台企业在某些领域形成了市场主导地位，但在其他领域，平台企业之间也经常进行合作以扩大市场影响力。例如，不同平台之间可能通过开放 API、数据共享等方式实现资源的互通，形成跨平台合作网络。这种合作有助于促进市场创新，推动技术进步。

然而，随着市场的进一步发展，竞争和合作的边界逐渐模糊，平台企业在竞争的同时，也不断寻找合作的机会。在某些领域，平台之间的竞争可能通过合并收购、战略合作等方式达到平衡，形成新的市场格局。

（六）灵活性与创新驱动的市场结构

数字经济市场结构具有较强的灵活性和创新性。新技术、新模式的出现能够迅速改变市场的竞争格局。例如，区块链技术、人工智能技术、5G 网络等新兴技术的应用，可能会打破现有平台的垄断地位，催生新的市场参与者。数字经济中的市场结构不像传统行业那样固守于既定规则，而是在不断的技术革新和商业模式创新中重塑。

总的来说，数字经济市场结构在平台化、网络效应、数据垄断、竞争与合作并存等多个维度上展现出与传统市场截然不同的特点。这一新型市场结构不仅推动了经济的创新与发展，也带来了对市场监管、竞争政策等方面的新挑战。

第三节　数字经济平台理论

一、平台经济的基本内涵

（一）数字经济平台理论的核心要素

平台经济（platform economics）是一种基于数字技术，由数据驱动、平台支撑、网络协同的经济活动单元所构成的新经济系统。这一经济形态的核心在于利用互联网平台作为主要载体，通过数据作为关键生产要素，以新一代信息技术为核心驱动力，以及网络信息基础设施为重要支撑，推动商品生产、流通及配套服务的高效融合与创新发展。

数字经济平台理论的核心要素涵盖多个方面，它们共同构成了这一理论的基础框架。首先，数据作为关键生产要素在数字经济平台理论中占据核心地位。数据不仅是平台日常运营不可或缺的基础，更是推动平台持续创新和效率提升的关键资源。平台通过有效地收集、分析和利用数据，能够精准地优化资源配置，进而提升生产效率，并在此过程中创造出新的价值。其次，平台支撑与网络协同也是数字经济平台理论的重要组成部分。平台作为连接供求双方的桥梁，无论是虚拟还是真实的交易场所，都不直接参与产品的生产，而是通过促成交易来获取收益。更重要的是，平台具有显著的网络效应，即用户数量的增加会进一步提升平台的价值，从而吸引更多用户加入，形成良性循环。此外，新一代信息技术在数字经济平台理论中扮演着核心驱动力的角色。云计算、大数据、人工智能等先进技术的广泛应用，为平台的稳定运行、数据的处理和分析提供了强有力的支持。这些技术不仅使平台能够更高效地处理数据，提供更精准的服务，还推动了平台经济的持续健康发展。网络信息基础设施在数字经济平台理论中同样具有重要地位。通信网络、数据中心、云计算平台等基础设施的完善，为平台经济的顺利运行提供了坚实的保障。这些基础设施的健全使得平台能够更广泛地连接用户，提供更优质的服务，从而进一步推动平台经济的发展。

对于现实经济中的多边平台企业，有四类最具代表性，即交易平台、媒体平台、支付平台、软件平台。例如，在交易平台中，可以根据平台属性、用户属性、业务范围、运营主体和地域范围对交易平台加以分类（见表 2 - 1）。

表 2 - 1　　　　　　　　　交易平台的分类

分类标准		特点	举例
平台属性	线上平台	平台依托于互联网，无实体场所，交易不受时间、空间限制	亚马逊、京东、天猫、唯品会、当当
	线下平台	实物体验、及时交付、场景化服务、时空约束	建材市场、果蔬市场、集贸市场、大型超市
	O2O 平台	同时提供线上和线下交易，线上线下一体化平台	苏宁易购、饿了么、ENJOY、洗衣帮、58 到家
用户属性	C2C 平台	买卖双方均为个人	淘宝、拍拍、有啊、闲鱼、孔夫子旧书网
	B2C 平台	卖方为企业，买方为个人	天猫、京东、当当、携程、途牛
	B2B 平台	买卖双方均为企业	慧聪网、阿里巴巴、敦煌网、马可波罗、环球商贸
业务范围	垂直专业平台	专注核心品类，业务专业化	找钢网、饿了么、孔夫子旧书网、洗衣帮
	综合平台	商品种类丰富，业务多元化	阿里巴巴、京东
运营主体	第三方平台	平台运营商仅撮合交易、不涉及自营商品（或服务）	天猫、淘宝、阿里巴巴、携程、慧聪
	自营平台	平台运营商为交易的一方，通常为卖方	唯品会、京东、国美在线、宝钢在线
地域范围	内贸平台	交易所有环节都在境内完成	当当、淘宝、天猫
	跨境电商	交易环节分别在境内和境外完成	兰亭集势、敦煌网、大龙网、洋码头、天猫国际

（二）平台经济与数字经济的融合

平台经济与数字经济紧密融合，构成了现代经济发展的重要支柱。数字经济以数据信息为核心要素，运用数字技术手段实现信息的协调整合，并依托数字平台促进资源的互通共享。平台经济则进一步利用这些数字平台，借助数据驱动和网络协同的力量，推动商品生产、流通及配套服务的高效融合与创新发展。在这一进程中，数字产业化与产业数字化发挥着关键作用：数字产业化通过数字技术赋能和数据要素流动，推动通信、互联网、软件信息技术及电子信息制造等产业的规模化发展；而产业数字化则以传统产业为主体，应用数字技术提升经济运行效率，加强上下游产业联动，构建更为完善的供应链网络体系。此外，平台经济的价值创造不仅来源于存量资产，更依赖增量资产。通过持续优化平台服务，吸引更多用户加入，平台能够创造更大的价值。同时，平台企业展现出显著的网络效应，用户数量的增加不仅提升了平台的服务丰富度和多样性，还进一步吸引了更多用户的加入，形成了良性循环。

（三）平台经济的特征与影响

平台经济的核心特征体现在创新的商业模式、连接性及增量性价值创造等方面。作为一种新的组织形态，平台不仅具备传统企业的功能，还能扮演市场的角色，连接供需双方。通过互联网平台，企业能够打破传统的生产和销售边界，直接与消费者、供应商以及其他服务商进行交互。这种创新模式改变了生产和消费的组织方式，推动了商业模式和产业结构的深刻变革。

平台企业的一个重要特征是其强调外部连接性以及由此产生的网络效应。平台通过构建开放的生态系统，将各方资源、用户和供应商连接在一起，形成协同效应。例如，社交平台将用户与内容创作者连接，电商平台将商家与消费者连接，这种连接性使得平台能通过网络效应迅速扩展，随着用户数量的增加，平台的整体价值和市场影响力也呈指数增长。

平台经济的另一个重要特征是增量性价值创造。与传统企业依赖固定资产不同，平台企业的价值主要来自其网络规模、用户增长和数据积累。平台通过持续创新、优化服务和增强用户体验，能够吸引更多的用户和合作伙伴加入，从而不断创造更多价值。这种增量性价值的实现使得平台能够在规模经济和范围经济中受益，并推动技术和服务的不断优化。例如，平台通过精准的用户画像和个性化推荐，提升了产品和服务的匹配度，进而提高了平台的整体价值。

通过这些特征，平台经济不仅推动了企业内部的创新和市场的优化，还对整个社会经济结构和产业升级产生了深远的影响，成为数字经济的重要组成部分。

二、平台经济的结构与竞争

（一）平台经济的结构特点

平台经济的结构主要由三个关键要素组成：平台本身、用户群体和服务提供商。平台本身提供基础设施、技术支撑和交易规则，是整个生态系统的核心；用户群体则通过平台进行产品购买、内容消费或服务交互，平台用户的参与度和活跃度直接决定了平台的网络效应；服务提供商（如商家、内容创作者、第三方应用开发者等）通过平台获得资源、流量和市场机会，丰富平台的内容和功能，增强平台的价值。

这种三方结构通常被称为"双边市场"或"多边市场"，其特征在于，平台的价值往往依赖不同用户群体之间的相互作用。平台通过提供互动渠道，促进用户间的交换，进而产生网络效应和规模效应。例如，电子商务平台通过连接卖家和买家，社交平台通过连接用户和内容创作者，极大地提升了平台本身的市场价值。

（二）平台经济中的竞争模式

平台经济中的竞争模式呈现出与传统市场竞争不同的特点。首先，平台竞争往往表现为"赢家通吃"的市场结构，即随着平台规模的扩大，其市场份额和网络效应呈指数增长，最终形成寡头或垄断市场。例如，社交媒体和搜索引擎市场通常只有少数几个主要平台主导，其他平台难以进入并与其竞争。平台竞争不仅是价格或产品的竞争，更是网络效应、用户黏性和数据控制能力的竞争。

其次，平台之间的竞争也体现在服务和创新的竞争上。平台企业需要不断提升其技术、优化用户体验和拓展生态系统，以增强竞争优势。这种竞争不仅发生在平台内部（如不断优化算法、提升搜索精度），还表现在平台间的差异化竞争中。例如，电商平台不仅要在价格和商品多样性上竞争，还要在物流、支付安全、用户评价等服务层面展开竞争。

最后，平台企业之间的竞争还涉及对外部服务提供商的吸引与竞争。平台企业为了吸引更多的商家、内容创作者和开发者，常常需要通过提供更高的流量、更多的资源和更强的支持来增强其市场吸引力。平台的成功往往依赖其能够吸引并维护大规模的服务提供商和用户群体，而这些外部参与者的价值创造能力、创新能力以及市场反应速度都会直接影响平台的竞争力。

（三）网络效应下的平台竞争与合作

在平台经济中，网络效应是决定平台竞争格局的核心因素。网络效应是指随着平台用户和服务提供商数量的增加，平台的价值和吸引力也随之提升。平台通过扩大用户基础和服务范围，强化其市场竞争力。具体而言，社交平台通过用户间的互动、内容分享等功能增强平台的社交价值和广告吸引力，而电商平台则通过用户评价、交易数据和推荐系统等功能，提升用户黏性、提高销售转化率，从而形成一个良性循环，推动平台价值的持续增长。

然而，网络效应也带来了市场竞争的不平衡。平台企业由于早期的市场先发优势、技术能力或资本优势，能够迅速吸引大量用户和服务提供商，进而在竞争中占据主导地位。这种集中化趋势容易导致市场寡头化，甚至垄断化，使得后入市场的新兴平台难以与先行者竞争。因此，平台的竞争不仅依赖用户的增长，还深受网络效应的驱动，形成了具有较强市场壁垒的竞争态势。

在平台经济中，数据的控制和利用成为竞争中的关键资源。平台企业通过收集和分析大量用户行为数据、交易数据、社交数据等，能够更加精确地了解市场动态，并优化产品、服务和定价策略，提升用户体验。这种数据驱动的竞争模式为平台提供了显著的市场适应能力和竞争优势，使其能够更好地满足用户需求。然而，数据的集聚不仅是平台竞争的有力工具，也可能引发垄断和反竞争问题。大型平台通过掌控数据流、优化算法和精准定位，可以占据市场主导地位，并通过排他性策略限制其他竞争者的进入，从而进一步加剧市场的不公平竞争。

尽管平台之间的竞争具有激烈性，但平台经济的一个独特之处在于竞争与合作的并存。平台企业之间不仅在争夺用户和市场份额上展开竞争，同时也在技术、数据共享、创新合作等领域开展合作。例如，平台可能会共享支付系统、物流服务等基础设施，或通过战略联盟联合推动产业链的整合和资源的优化配置。这种合作关系并非简单的利益共享，而是通过优势互补和资源整合，进一步提升各平台的市场效能和整体价值。

三、平台兼容性与网络竞争

（一）平台兼容性的内涵与作用

平台兼容性是指不同平台之间在技术、数据、服务等层面上能够互操作、互通的能力。在数字经济中，平台作为连接生产者和消费者的桥梁，其兼容性直接影响市场资源的优化配置和各方参与者的利益。兼容性提高了平台的灵活性和市场适应能力，有助于提升用户体验，减少平台之间的摩擦，从而吸引更多的用户和服务提供商加入平台生态系统。

在技术层面，平台的兼容性往往能够通过模块化技术架构实现。模块化架构使得平台可以根据市场需求快速进行功能调整和扩展，既能降低创新成本，也能提高平台的服务灵活性。平台的兼容性不仅帮助不同系统间的数据流动，还推动了跨平台的协同合作。例如，支付平台和电商平台的兼容性使得用户可以在多个平台间方便地进行支付和购物，进一步增强了平台的用户黏性和市场占有率。

在生态系统构建方面，平台的兼容性更是起到基础性作用。一个兼容的平台能够吸引更多的参与者，从而形成良性循环，促进整个生态系统的发展。苹果和安卓应用商店通过提供兼容的应用接口和标准，吸引了大量的开发者，推动了庞大应用生态系统的形成。

（二）平台兼容性与多边市场效应

在平台经济中，平台通过充当多个市场之间的交换器，通过市场中介创造附加价值。平台的兼容性能够增强这种多边市场效应，使得平台上的不同参与者能够更方便地进行交易和互动，提升整体市场效能。例如，微信、淘宝和抖音等平台通过提供兼容的接口和标准，不仅增强了平台的吸引力，还促进了不同用户群体、商家和开发者之间的合作，形成了庞大的市场网络。

这种多边市场效应和兼容性的关系，在促进平台市场价值的扩展方面尤为突出。随着平台用户和服务提供商数量的增加，平台的市场价值不断提升，网络效应进一步放大，平台能够通过增加用户数量和提升服务质量来增强其市场竞争力。

（三）网络竞争的特征与影响

网络竞争是数字经济中平台之间争夺用户、市场份额和资源的一种重要竞争方式。与传统竞争相比，网络竞争具有动态性、跨界性和外部性等显著特征。在网络竞争的背景下，平台的竞争不仅局限于价格和产品的竞争，更多体现在平台的技术创新、数据控制及网络效应的利用上。

平台的网络外部性和"马太效应"是网络竞争中不可忽视的现象。随着用户数量的增加，平台的价值呈指数增长，平台越早占据市场份额，获得用户和服务商支持，就能通过网络效应不断强化市场主导地位。这使得平台的竞争格局呈现出明显的集中趋势，部分大平台凭借其用户基础和数据资源，能够在市场中占据主导地位，形成寡头垄断的局面。

此外，数字平台的竞争往往表现出高度的动态性。新一代技术的快速迭代和平台商业模式的不断创新使得平台的竞争态势瞬息万变。在这种快速发展的环境中，平台企业不仅要在现有市场上争夺用户，还常常尝试跨界扩张，将其优势迁移到新的领域和市场。例如，很多电商平台在巩固线上业务的同时，也在积极拓展线下市场，进一步加剧了竞争态势。

（四）数据与平台竞争的核心作用

在平台经济中，数据已成为竞争的关键资源。平台通过收集大量的用户行为数据、交易数据和社交数据，不仅能够精准把握市场动态，还能优化产品设计和用户体验。数据驱动的竞争模式使得平台企业在制定营销策略、个性化推荐和精准定价等方面具有显著优势。

然而，数据的集中不仅为领先的平台提供了竞争优势，也带来了数据垄断的风险。大型平台通过控制海量数据，不仅能够提升自身竞争力，还可能通过排他性策略限制其他平台的市场进入，进而加剧市场的不公平竞争。因此，平台在数据的使用和分享方面的规范化和透明化，成为平台竞争中的重要议题。

（五）平台竞争的合作模式与挑战

尽管平台之间存在激烈竞争，但在某些情况下，平台之间的合作关系也日益显现。平台之间往往在技术、数据共享、市场拓展等领域展开合作，共同推动产业链的整合与资源的优化配置。平台企业通过共享基础设施、支付系统或物流服务，降低了市场运行的成本，推动了行业生态系统的发展。

然而，这种合作模式并非没有挑战。在一些情况下，平台会利用兼容性优势制定排他性规则，从而形成市场的封闭性结构，限制竞争对手的进入或发展。同时，平台间的兼容性和合作需要在不损害市场公平的前提下进行，否则可能导致反垄断和市场治理等监管问题。

因此，平台兼容性与网络竞争在数字经济平台理论中占据核心地位。平台的兼容性不仅有助于提升平台的市场竞争力，还能推动跨平台的协作与资源共享，促进生态系统的良性发展。而平台之间的网络竞争则通过数据控制、技术创新和用户基数等多个维度展开，推动平台企业的快速发展和市场变革。面对这种复杂的竞争与合作局面，平台企业需灵活应对市场的变化，制定合适的竞争策略，并加强与其他平台的合作，形成共赢的市场格局。同时，监管机构也需要在维持市场公平竞争的同时，推动平台经济的健康发展。

四、平台垄断与反垄断

（一）平台垄断的形成与特点

平台垄断的形成往往与平台的网络效应、规模经济、数据优势等因素密切相关。在平台经济中，网络效应指的是平台的价值随着用户数量的增加而不断提升。这个效应使得早期进入市场并积累大量用户的平台能够获得显著的竞争优势，一旦平台的用户和服务提供者基数达到一定规模，其他平台则很难通过竞争来超越或取代其市场地位。例如，社交平台如脸书或微信，随着用户的积累和互动频次的提高，逐渐形成了强大的"锁定效应"，使得用户难以转移到竞争对手的平台。

在平台垄断的情况下，平台企业通常通过"赢家通吃"的市场格局迅速占据主导地位。平台通过控制用户流量、交易数据、产品展示等关键资源，形成强大的市场壁垒，从而压缩其他潜在竞争者的生存空间。此外，平台还可能通过数据控制、算法优化等手段，使得平台内的各方（如商家、用户、开发者）依赖其系统，进一步巩固市场垄断地位。例如，电商平台通过掌握大量消费者数据，可以精准推送广告并优化交易流程，使得其平台成为商家和消费者的首选，从而形成强大的市场控制力。

（二）平台垄断的负面影响

平台垄断对市场的影响深远且复杂，其负面效应主要体现在多个方面。第一，平台垄断可能限制创新。随着平台占据主导地位，市场的竞争压力减小，垄断平台更倾向于依赖现有的商业模式和技术，而不是进行更具风险性的创新探索。这种创新动力的缺乏不仅不利于垄断平台自身，也会抑制整个行业和社会的技术进步，从而影响经济活力。

第二，平台垄断会减少消费者的选择。在缺乏竞争的市场环境中，平台可能提高服务费用、降低服务质量，甚至限制产品的多样性。平台在进行个性化推荐时，往往优先推送与其利益最大化相关的产品和服务，忽视了消费者需求的多样性，从而限制了消费者的选择空间。

第三，平台垄断还加剧了市场的不公平竞争。垄断平台凭借其规模、资源和技术优势，可能采取排他性合同、算法偏向等不公平竞争手段，限制新兴企业和小型竞争者的市场准入。这种行为压低了市场的竞争活力，使得新兴企业难以获得足够的生存空间，进而阻碍了市场的健康发展。

（三）反垄断与监管挑战

为了应对平台垄断带来的问题，反垄断和监管措施在数字经济中显得尤为重要。然而，平台经济的特性使得传统的反垄断理论和工具面临诸多挑战。首先，平台之间的竞争往往跨越多个行业和领域，呈现出复杂的跨界竞争特征。例如，电商平台不仅与其他电商平台展开竞争，还可能与社交平台、支付平台等其他领域的企业竞争。这种跨界竞争的复杂性使得反垄断审查变得更加困难，因为平台之间的竞争关系无法仅通过单一行业或市场进行界定。

其次，在平台经济中，数据已成为竞争的核心资源。平台通过收集和分析大量用户数据，能够深入洞察市场动态，并优化产品和服务。然而，数据的垄断可能侵犯消费者的隐私权，并损害市场的公平竞争。因此，如何在推动数据利用和保护用户隐私之间找到平衡，成为反垄断监管中的一大挑战。

最后，平台市场具有高度的动态性，技术和商业模式的快速变化使得平台的市场地位变得难以预测。一个平台可能在短期内从行业领导者转变为市场"追随者"，这使得反垄断监管难以适应快速演变的市场环境。因此，反垄断政策需要具有灵活性，能够及时调整应对市场变化，确保监管措施能够有效应对平台经济中出现的各种新问题。

（四）反垄断政策与数字经济监管

针对平台垄断，许多国家和地区已采取了多项反垄断政策，并加强了对数字经济平台的监管。这些政策主要集中在四个方面。

1. 加强市场监测与评估

为了有效识别潜在的垄断行为，监管机构需要加强对平台市场的监测，特别是在网络效应和数据控制方面的评估。这可以帮助监管者及时发现平台市场的集中趋势，防止市场失衡。

2. 完善反垄断法律框架

在数字经济时代，传统的反垄断法律框架需要与时俱进。除了价格垄断、市场分割等传统手段，新的法律框架还需要纳入平台的算法、数据使用等新兴领域。例如，欧盟近年来提出的数字市场法（Digital Markets Act，DMA）便是对平台经济的有效监管，要求大型平台必须允许更多的竞争者进入市场，同时避免不公平的数据控制和市场排他行为。

3. 数据共享与透明性

在平台经济中，数据是核心竞争力之一。监管机构可以通过要求平台开放一定的数据共享和透明性政策，确保市场中的各方能够公平地获取信息。这不仅能够促进竞争，还能降低数据垄断所带来的不公平竞争风险。

4. 反垄断处罚与激励措施

为了威慑垄断行为，反垄断政策应结合罚款、市场调整、企业分拆等手段，严惩滥用市场支配地位的行为。同时，对于符合市场公平竞争原则的创新平台，政府也应给予激励支持，鼓励其进一步发展。

平台垄断与反垄断问题是数字经济平台理论中的重要议题。平台通过网络效应和数据优势容易形成市场垄断，而垄断平台的存在可能导致创新受限、消费者选择减少和市场不公平竞争。因此，加强对平台垄断行为的监管，完善反垄断法律框架，提升市场透明度和公平性，是保障数字经济健康发展的关键。同时，平台企业也应自觉遵守公平竞争原则，避免通过不正当手段排挤竞争者，以推动数字经济的可持续创新和繁荣。

思考题

1. 简述数字经济网络外部性的核心要点及其对企业策略制定的影响。
2. 在数字经济中，市场理论如何解释市场均衡的形成？
3. 平台理论中，平台经济不同阶段的竞争合作策略有哪些特点？
4. 运用市场理论和平台理论，简述数字经济中企业如何通过策略制定实现市场均衡。

案例分析

网络外部性：苹果公司在5G技术应用背景下的发展策略与挑战

从2019年起，5G技术逐步进入商业化应用阶段，国际电信联盟（International Telecommunication Union，ITU）于同年6月批准了5G标准，为全球网络建设和设备生产提供了统一的技术依据。随着5G网络速度、覆盖范围和连接密度等性能的显著提升，5G技术的应用场景不断拓展，从高速数据传输扩展到物联网、智能交通、工业互联网等领域。面对这一全球性技术变革，苹果公司积极布局5G领域，投入大量资源进行技术研发，特别是在iPhone产品线上。苹果与高通、三星等芯片制造商紧密合作，致力于开发高性能5G芯片，并通过优化芯片架构和通信协议提升数据传输速度和稳定性。自iPhone 12系列开始，苹果将5G技术应用于其产品，采用先进的天线设计和射频系统，增强信号接收能力，减少延迟，并提高网络稳定性。此外，苹果通过软件优化提升5G网络连接质量，并探索5G频段的多样化应用，以满足不同场景的需求。

为应对激烈的市场竞争，苹果不仅加强了与全球运营商的合作，推动5G基础设施建设，还通过创新功能提升用户体验。例如，在手机摄影和人工智能领域，5G技术的应用为用户带来了更出色的使用体验。随着5G技术的普及，苹果在产品规划中考虑到全球市场的需求，并推出支持多频段的iPhone 12系列，进一步增强了市场竞争力。然而，5G网络覆盖和设备成本等问题仍对初期销售造成了一定影响。苹果公司CEO蒂姆·库克及其管理团队在这一过程中发挥了关键作用，指导产品开发并与全球运营商和合作伙伴共同推动5G技术的落地。苹果公司在全球5G技术推广的大背景下，通过战略决策与技术创新，推动公司在新兴技术领域的快速发展。

结合案例材料，探讨下列问题：
1. 苹果公司在5G技术应用过程中面临的挑战是什么？
2. 面对激烈的市场竞争，苹果需要解决的问题是什么？

3. 为解决这些问题，分析苹果可采取的短期策略与长期策略。

典型场景与平台项目训练

典型场景——电子商务平台

在一个电子商务平台（如亚马逊）中，用户的购买决策不仅基于产品本身的质量和价格，还受到其他用户评价、平台推荐及未来优惠活动的预期影响。平台需要通过有效的用户预期协调，确保用户对未来服务质量和产品创新的正向预期，以提高用户留存率和忠诚度。

平台项目训练

（1）数据收集与分析：利用大数据分析工具，收集用户行为数据，包括浏览记录、购买历史、用户评价等，以洞察用户需求和市场趋势。

（2）用户预期管理：基于数据分析结果，通过个性化推荐、优惠券发放、限时折扣等手段，引导用户对未来购买行为的正向预期。

（3）市场策略调整：根据用户预期的变化，灵活调整定价策略、促销活动和市场推广方案，以满足不同用户群体的期望。

2

数据价值化

第三章

数据要素概述

案例引入 ●●●▶

浙江中国小商品城：数据要素赋能小商品数字贸易便利化

义乌小商品交易市场是全球最大的小商品市场，汇集了海内外众多的采购商和供应商。针对数据流通共享质量不高导致的企业出口结算账期长、货款回收难，金融机构授信难、放款难等问题。浙江中国小商品城集团股份有限公司采取了一系列激活数据要素价值并赋能市场交易发展的举措。一是整合多源数据，让数据"供得出"。通过授权运营方式获取登记、许可、处罚、荣誉等公共数据，融合商品、交易、物流、评价等企业数据，为小商品数字贸易便利化提供数据基础。二是构建数据流通通道，让数据"流得动"。构建商贸领域线上综合服务平台，以数字化贯穿展示交易、贸易履约、仓储物流、资金结算和信贷融资等方面，服务产业链上下游企业。三是创新数据应用场景，让数据"用得好"。打造商贸供应链金融产品，基于真实贸易数据为核心的轻资产授信服务；开发货款宝应用，商户送货至指定仓库即可收到50%的货款，有效缓解中小微主体回款难等问题，降低账户被冻结的风险；全面构建企业征信体系，建立覆盖义乌市场25万家商户的企业信用评价模型。

这个案例显示，数据要素的开发利用能够赋能经济高质量发展，由此引发的问题是数据为何如此重要？如何才能更好地释放数据要素赋能高质量发展的潜能？

学习目标 ●●●▶

知识目标：本章学习的内容主要包括数据要素的经济特性与赋能经济增长的机制；数据产权的"三权分置"制度；数据要素市场的构成；数据交易的价格机制。

能力目标：将数据要素经济学相关内容融会贯通，综合运用专业知识和方法分析相关的数据要素价值释放的现实问题。

素质目标：认识加强数据要素赋能高质量发展的重要性和紧迫性，了解中国数据产权和数据要素市场建设的最新进展。

本章学习的重点是数据要素的独特经济性质及最大化释放数据要素所需要的相关基础制度，数字经济的基本含义及数字经济的运行机制和体系构成；难点是数据产权制度的独特性。

第一节　数据成为关键生产要素

一、经济发展阶段及关键生产要素

（一）农业经济时代

人类文明早期，经济以农业为基础，农业经济时代的生产要素主要包括土地、劳动和自然资源。土地是最重要的生产要素，这是因为农业的生产效率直接取决于土地面积和土地的肥沃程度。劳动是另一个核心要素，体力劳动的投入决定了农业生产的规模和产量。在这一时期，人类的技术水平相对低下，生产率依赖自然环境和人力资源，资本和技术的作用相对较小，一个国家或地区拥有的自然资源禀赋成为决定经济发展的主导因素。

（二）工业经济时代

工业革命标志着人类进入了工业经济时代。在工业经济时代，生产要素的结构发生了显著变化，资本和技术成为主导因素，劳动力由重视数量日益转向重视质量。首先，蒸汽机等机械化设备的应用和工厂组织形式的出现使生产力大幅提高，规模经济成为基本的经济规律，机器设备主导的大规模生产使资本投入成为扩大生产规模和提升效率的关键。其次，工业经济的持续发展需要以不断的技术创新来推动，工业经济时代的每一次技术革命都推动了工业经济的大发展，典型的通用性技术发展路径是：蒸汽机推动的第一次工业革命，电力能源推动的第二次工业革命，计算机推动的第三次工业革命。最后，工业经济的发展使大量农业劳动力转变为工业劳动力，大量的劳动力供给成为工业经济发展初期推动劳动密集型产业发展的重要因素。随着工业经济的进一步发展，工业经济生产经营活动的日益高技术化，人力资本成为工业经济技术创新和高效率发展的根本决定因素。

（三）数字经济时代

从 20 世纪末开始，人类经济逐步转向数字经济时代。信息技术革命和互联网的普及，带来了生产要素的又一次革命性转变，数据和人工智能技术成为数字经济时代的最重要生产要素。数据不仅是记录信息的工具，而且已成为经济活动中的核心资源和竞争力的体现，由此数据成为数字经济的关键生产要素。在数字经济时代，数据推动了生产过程的自动化与智能化，数据分析和挖掘能够帮助企业更好地理解消费者行为，优化供应链，创新新业态新模式，赋能传统产业高效率发展。数据要素的价值释放需要通过对数据的挖掘分析，人工智能等新型技术手段成为释放数据要素价值的关键工具。

经济发展阶段的关键生产要素及特点如图 3 – 1 所示。

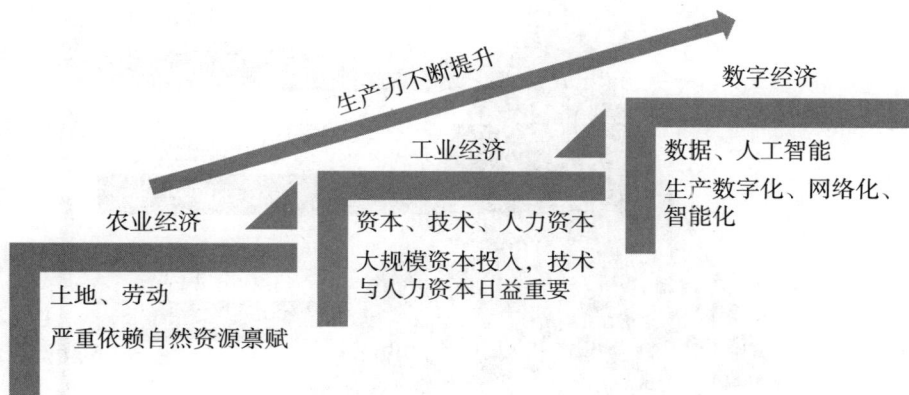

图 3 – 1　经济发展阶段的关键生产要素及特点

二、数据的概念与经济特性

（一）数据要素的概念界定

数据是数字经济的关键投入要素。根据国际标准化组织（International Organization for Standardization，ISO）的定义，信息是关于事实、事件、事物、过程或思想等客体的知识，而数据是信息的一种形式化方式的体现，用数据形式表现的信息能够更好地被用于交流、解释或处理。数据是通过数字化方式加工并用于反映信息的符号介质。

在数字经济时代，数据已经成为促进生产和创造价值的核心要素。与传统生产要素不同，数据并不以实体的形式存在，其本质上是一种信息的集合，通常需要借助大数据和人工智能技术来进行数据挖掘分析，产生知识和洞见，并最终转化为商业价值。数据开发利用的金字塔模型清晰地表述了数据开发利用中的价值提升轨迹：数据—信息—知识—智慧/洞见（见图 3 –2）。

（二）数据分类

1. 基于数据要素价值化过程的分类

数据要素价值化的过程包括数据资源化、数字资产化和数据资本化。

（1）数据资源化。数据资源化是指将分散和未被利用的数据通过采集、整理、存储和管理等方式转化为有价值的资源。这个过程不仅涉及数据的基础处理，如清洗和存储，也包括数据标准化、质量控制和安全维护等高级处理。数据资源化是数字经济发展的起点，确保了数据的全面性、准确性和可访问性，为数据的进一步加工和价值化奠定基础。

（2）数据资产化。数据资产化是指将数据转换为具备法律确权的能够衡量价值以及交易的资产，使得数据能够纳入企业财务报表并实现经济价值。数据资产化的流程包括数据的确权、财务入账、市场交易和融资。实现数据资产化的重点是建立数据价值评估体系和交易机制，同时在确保数据流通和利用的过程中保护个人隐私和商业机密。

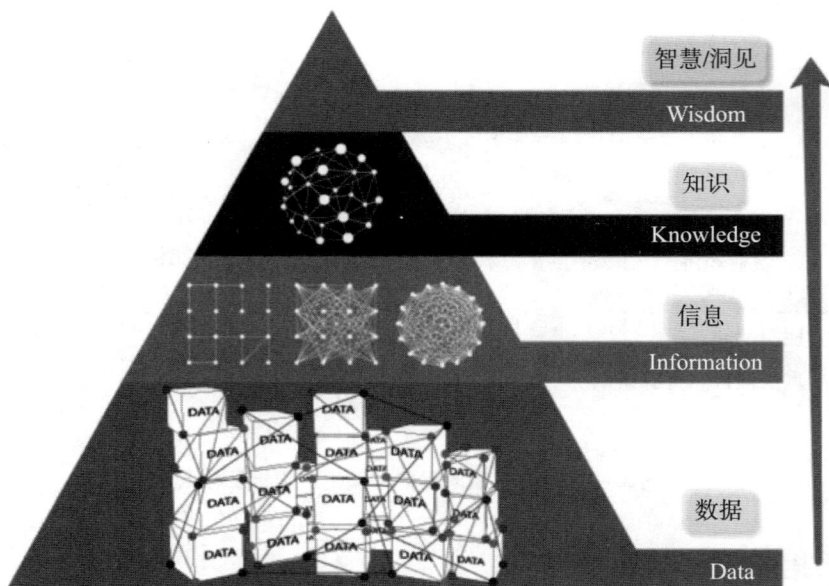

图 3 - 2　数据金字塔模型

资料来源：What is the Data, Information, Knowledge, Wisdom（DIKW）Pyramid？［EB/OL］. https：//www.ontotext.com/knowledgehub/fundamentals/dikw - pyramid/.

（3）数据资本化。数据资本化是数据资产化的进一步深化，是将数据资产通过市场化手段转化为可增值的资本工具，从而在资本市场上进行交易、融资、质押等金融活动。企业通过信贷融资、证券化等方式将数据转化为资本，利用金融市场实现了企业资源配置优化和数据驱动的经济增长。实现数据资本化的重点是在保障数据安全的基础上探索有效的商业模式和运营机制。

2. 基于数据主体的分类

从数据所涉及的主体来说，数据要素可以分为政府数据、个人数据和商业数据。

（1）政府数据。政府数据是由政府在提供公共服务的过程中收集、管理和发布的数据，主要包括经济、教育、医疗、交通、气象等领域。政府数据的主要特点是公开性和透明性，具有公共品属性。

（2）个人数据。个人数据指的是与个人用户或消费者直接相关的数据，可以用来识别、联系或定位个人。主要包括姓名、地址、电子邮件地址、电话号码、身份证号码、在线标识符（如 IP 地址和 Cookie）等。个人数据主要涉及个人隐私保护问题。

（3）商业数据。商业数据是企业在经营活动中产生或收集的数据。商业数据对企业来说是重要的资产，可以帮助企业优化运营、提高效率和增强市场竞争力。由于商业数据是企业付出很大的投入后所形成的数据产品或资产，因此构成企业的财产权。

（三）数据要素的经济特性

1. 数字资源的无限性

数据具有自我生产和持续增长的特性。与土地、劳动和资本等传统生产要素不同，数据的增长速度是指数级的，可以通过人们的生产和消费行为持续生成。土地和劳动力是有限的，无法无限增加，而数据通过日常活动、商业交易和社会互动不断生成，这使得数据在经济发展中具有巨大的潜力。例如，互联网平台通过用户的浏览、购物和社交行为不断生成新的数据，而这些数据又可以被用来改善产品和服务，形成正向的循环。

2. 数据价值的时间性

数据的价值随着时间的推移会迅速贬值，这意味着数据具有时间性。新的数据往往更有价值，因为它反映了最新的市场动态、消费习惯和社会趋势，而旧数据则可能失去及时性和准确性。因此，企业在拥有数据后，必须及时加以开发和利用，否则数据的价值会迅速降低，这与物理资产的长期保值属性不同。数据价值的时间性要求企业形成快速及时的数据采集和处理能力，确保在数据最有价值的时期内实现其经济效益。

3. 数据生产的零边际成本

数据的边际成本趋近于零，意味着数据在生成和初次加工后，后续的复制和使用几乎不再产生额外成本。这使得数据在经济中的作用与传统要素不同。传统要素的获取和加工需要耗费大量成本，而数据要素相对廉价，其复制和传输的成本几乎可以忽略不计。

4. 数据使用的非竞争性

数据的非竞争性即一个人使用某种数据并不会影响其他人对该数据的使用。同一数据可以被多个主体重复使用，这意味着数据的共享并不会减少其价值，反而能够提高其使用价值，促进社会整体的经济增长。例如，交通数据可以被不同企业用于不同的分析目的，而每个企业对统一数据集的利用并不会排斥其他企业的利用，也不会造成其他企业数据开发利用价值的下降，数据非竞争性要求数据应被更多的企业利用才会创造更高的社会价值。

5. 数据开发利用的外部性

首先，数据开发利用会产生正外部性。数据的开发利用所产生的信息和知识具有显著的正外部性，会对其他企业或整个社会带来益处。但过高的正外部性会降低企业从事数据开发利用的积极性，从而不利于数据要素开发利用。其次，数据开发利用也可能产生负外部性。由于单个用户的个人数据也包含了其他同类用户的信息，因此单个用户对个人数据的出售行为将会导致数字商务企业通过数据分析来预测其他同类用户的消费者行为特点，这导致其他人的数据价值下降，只能以低价出售个人数据。

三、数据要素促进高质量增长的机制

（一）提高生产效率

数据要素通过与劳动、资本等其他要素协同，以数据流引领物资流、人才流、技术流、资金流，提高全要素生产率，提升经济社会运行效率。数据要素的应用可以优化企业资源配置，企业通过数据对市场信息和用户行为进行分析，使企业可以更加高效地匹配供需和提供定制化服务。数据驱动的生产流程实现了自动化和智能化，大幅减少了人工干预，提高了生产效率。企业通过获取物联网数据和传感器数据，实现了生产过程的实时监控和智能调整，从而降低了生产成本，减少浪费。通过数据分析，企业能够识别并排除生产中的瓶颈，精确安排人力、物资等资源，从而最大化资源配置效率。

（二）赋能传统产业高效发展

数据要素和数字技术与传统产业结合，使得农业、制造业等传统产业能够借助数字技术提升自动化程度，实现生产流程的智能化改造和数据化管理。数据驱动的生产模式能够分析识别生产流程中的问题，从而实现优化供应链、减少原材料浪费、提高生产环节的精确度。例如，农业通过大数据分析对气候、土壤等信息的管理，可以制订更精确的播种和灌溉计划。制造业企业利用大数据技术，对生产过程进行知识积累和持续优化，有助于选择更接近最优质量和产量水平的生产计划，优化生产、库存和销售策略，显著提高生产效率和供销匹配。

（三）催生新产业新业态新模式发展

数据要素通过融合创新催生新产业、新业态、新模式。数据与算法、算力相结合，形成了新的数字商业模式，打破了传统的价值创造模式，产生了全新的商业机会和数据产业。近年来，数字消费、消费者对工厂（customer-to-manufacturer，C2M）、即时零售、数字工厂、数据商等新业态新模式快速发展。在政府对企业（government-to-business，G2B）方面，政府通过培育数据生态，推动了数据产业系统性工程建设。例如，杭州市建立密态计算中心、数据交易所、中国数谷，为数据企业提供了数据基础设施、交易场所、产业集群和生活配套设施的支持。在企业对企业（business-to-business，B2B）方面，阿里巴巴的子公司"领羊"向数字企业提供数据加工、流通、营销等服务，推动了数据与企业实际经营融合；每日互动股份有限公司向数字企业提供数据智能操作系统（DiOS），提升了数字企业的数据处理能力。

（四）驱动高效率创新

数据蕴含大量知识信息，本质上是信息的载体，企业运用数据挖掘技术处理数据，从中获取有效信息及更多的洞见，为开发新产品、新服务，解决各种复杂问题提供支持，数据要素的应用可以通过提升数据驱动的企业洞察力促进企业创新。数据能够提升企业的预测和决策能力，企业利用数字技术分析市场数据，能够识别市场机会，更加精准地预测市场需求和消费者偏好，作出迎合市场需求的产品创新决策，降低因信息不对称而导致的创新风险。数据驱动的市场预测能够显著提高创新成功率，降低企业创新面对的市场不确定性。

（五）优化市场运行

数据要素的应用可以促进市场中各方信息对称，市场各主体通过共享有关产品质量、价格、消费者评价等数据，能够更准确地掌握交易信息，降低因信息不对称导致的逆向选择和道德风险问题，显著提升了市场主体之间的信任度，促使交易更加高效和顺畅。数据要素的应用降低了消费者和企业的搜寻成本，使得市场上的商品和服务更加透明。企业利用基于大数据和人工智能的算法，能够为消费者提供个性化的服务和产品推荐，消费者可以用更少的时间和资源找到最适合自己的产品。这使得市场的供需匹配更加精准，市场交易效率更高，资源配置更合理。

（六）提升政府治理效能

数据要素的应用能提升政策有效性，大数据促进政府更好地制定和实施公共政策，有利于准确监测影响社会安全稳定的因素，制定应对措施。同时，大数据可以使政府拥有更多有效的政策实施工具，保持对政策实施的实时监督，灵活应对公共政策实施中的问题。数据要素的应用能提升政府运行效率，数字政府和数字治理建设能够降低公民办理行政事务的时间成本，也使整个公共服务更为规范科学。数据在政府各部门间流动，通过优化内部的程序和流程，提高了公共机构运行的效率、透明度和规范化，这大幅降低了企业面临的交易成本和制度成本。

第二节　数据要素产权

一、绝对排他性产权的不适用性

（一）私人物品的排他性产权制度

科斯定理指出，产权界定是市场交易的前提，只要物品的产权被合理界定和受到保护，在产权可以转让和交易成本为零的情况下，一个竞争性的市场将会实现资源最优配置的结果。科斯定理实际上是将产权界定看作物品交易谈判的前提，其更强调物品在交易流转中实现价值最大化和相关利益主体的激励相容。

科斯定理确定的排他性产权制度仅适用于私人产品。对于竞争性私人物品来说，由于商品或要素的消费或使用具有竞争性，通过市场机制将其配置给认为其使用价值最高的人来使用，将带来社会总福利最大化，并会同时实现最优的资源配置和社会总福利最大化目标。

（二）数据要素的非竞争性导致排他性产权不适用

数据要素的一个最重要的经济特征是数据使用时存在非竞争性，即更多人使用同一数据并不会造成或加剧数字资源的稀缺性并降低数据的使用价值，其他人同时使用该数据不仅不会带来快速上升的边际成本，反而面临零边际成本。数据的非竞争性说明，数据可以同时被多人使用或同时被用于多种目的，并且这不仅不会降低数据的使用价值，反而可能会增加社会总价值。因此，数据的非竞争性内在要求数据要通过开放共享和重复再利用来实现社会总价值的最大化。

在数据要素非竞争性的情况下，如果将数据要素仅配置给挖掘利用效率最高的企业，会有利于该企业对数据的深度开发利用，但是由于其他企业不能同时使用非竞争性数据，这会导致产生社会总福利损失。从全社会来看，数据要素存在巨大的利用不足的资源浪费问题，即产生"反公地悲剧"。

阅读拓展 →- -

"公地悲剧"与"反公地悲剧"

"公地悲剧"发生在一种资源缺乏明确产权界定的情况下，面对产权界定不清的公共资源，每个使用者都从个人利益最大化出发来过度使用公地资源，从而导致这种资源过度使用问题。此时，赋予特定主体对公地拥有排他性产权会有助于资源保护和最优开发利用。

"反公地悲剧"发生在一种非竞争性资源被明确授权给特定个体的情况下，由于该非竞争性资源持有人拥有了排除他人使用的权利，为了个人利益最大化，他有激励限制其他人的使用。当资源开发利用需要整合多个产权主体拥有的要素，此时要获得多个产权主体的同意授权会面临非常高的资源使用成本，这会降低非竞争性资源被更多人使用带来的额外价值创造，从而产生资源开发利用不足的问题。此时，在确保单个主体对资源拥有产权的同时还促进其他主体也能接入使用该非竞争性资源，会促进社会总福利最大化的资源开发利用。

- ←←

综上所述，由于数据具有非竞争性特性，传统的绝对排他性产权制度并不是最优的制度设计，甚至可能严重阻碍数据要素的价值释放。因此，需要依据数据要素的独特属性要求创新数据产权制度，同时实现既激励个体对数据要素的深度开发利用，也促进非竞争性数据要素能够被更多人重复利用，以最大化地释放数据要素促进经济高质量增长潜能。数据产权制度设计的重要目标是激励单个主体对数据的深度开发利用和促进更多主体来广泛接入和使用数据，这两个维度可分别被称为数据深用性和数据泛用性（见图3-3）。

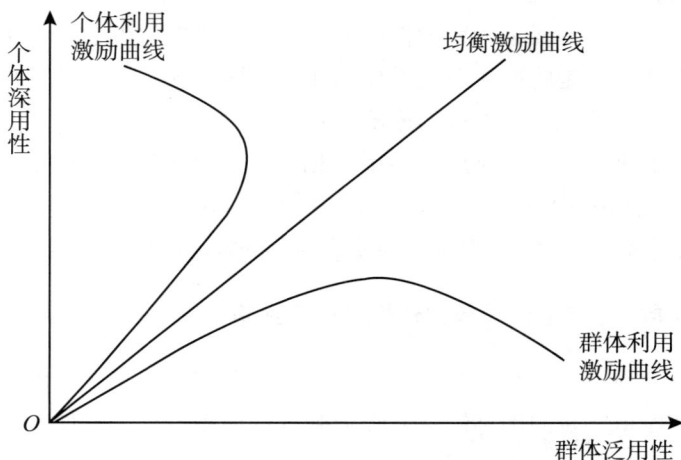

图3-3 数据产权激励的二维目标

二、数据产权制度创新："三权分置"制度

（一）数据产权的"三权分置"制度

2022年12月《中共中央 国务院关于构建数据基础制度更好发挥数据要素作用的意见》（以下简称"数据二十条"）创新性地提出建立数据资源持有权、数据加工使用权、

数据产品经营权等"三权分置"的产权制度模式,即"根据数据来源和数据生成特征,分别界定数据生产、流通、使用过程中各参与方享有的合法权利,建立数据资源持有权、数据加工使用权、数据产品经营权等分置的产权运行机制"。

具体来说,数据资源持有权为权利主体"依法持有"数据提供正当性依据,防止其他主体对数据的非法获取和利用。一是对数据控制事实状态的确认,包括自主管理权、数据流转权、数据持有限制(持有或保存期限)等;二是数据加工使用权包含加工权和使用权的复合权益,指在满足"依法持有"或"合法取得"数据的前提下数据处理者采取加密、去标识化、匿名化等技术措施和其他必要措施来保障数据安全;三是数据产品经营权包含收益权和经营权的复合权益,这认可了数据以产品形态流通的行业实践,且数据产品和服务的形成以"实质性加工"和"创新性劳动"为前提(见图3-4)。

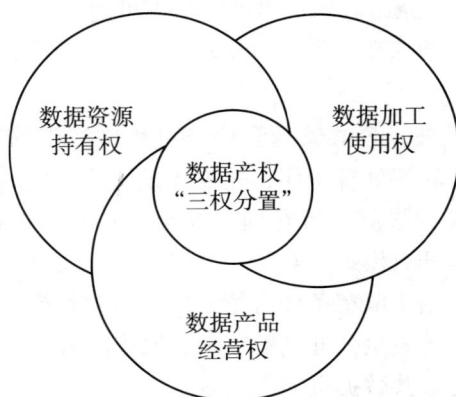

图3-4 数据产权"三权分置"制度

根据数据要素的价值实现过程,将数据要素分为三种递进的价值形态,即原始数据、衍生数据和数据驱动的商业。同时,为了更好地实现数据价值创造的目标,需要根据不同数据价值形态分类设计实现数据深用性和泛用性平衡的产权治理制度(见表3-1)。

表3-1 数据价值形态与产权配置

项目	原始数据	衍生数据	数据驱动的商业
价值形式	数据资源	数据资产/产品	数字商业模式
产权配置	个人数据隐私权+数据资源持有权	数据要素加工权+数据产品经营权	数据要素使用权+数据商业价值创造收益权
权益主体	数据生产者	数据处理者	数据商业化应用者

(二) 数据产权分置制度的实施:确权授权制度

"数据二十条"指出,"建立公共数据、企业数据、个人数据的分类分级确权授权制度",并就公共数据、企业数据、个人信息的确权授权机制进行了专门说明。

1. 公共数据

公共数据作为一种关键生产要素，其价值在于公共服务主体间的共享及面向社会的开放。为了加大公共数据的开放利用力度，"数据二十条"提出了以下创新策略。

（1）统筹授权，驱动数据开放。数据开放建立在承认公共数据生产者管理权的基础之上，而统筹授权则意味着在统一的开放政策、规则和规划框架下，公共服务机构可依据数据的行业特性和用途等因素，灵活实施开放策略。构建公共数据开放平台是一个可行的路径，但公共服务的提供者仍是数据开放义务的主体。在统一规划下，公共服务机构自主管理的公共数据开放模式，将激发数据开放的活力，提升公共数据的有效供给。

（2）"原始数据不出域，数据可用不可见"。鉴于数据隐私和安全的风险，以及数据使用监管的难度，数据开放在实践中常显保守。为减少对数据安全的顾虑，最大化数据价值，"数据二十条"提出了"原始数据不出域，数据可用不可见"的原则。公共服务机构可通过单独或联合进行数据治理和汇集，开发数据模型，形成计算分析结果等数据衍生产品，以供社会使用或许可。

（3）公共数据的条件开放。公共管理和服务过程中产生的数据并非自然开放，而需经过清洗、分类、归集和注释等处理工作，这需要投入巨大成本。因此，公共数据开放被视为数字经济时代的公共基础设施，旨在满足社会对基础数据资源的需求。依据使用目的，公共数据应采取不同的开放模式：对于公共管理、公益事业，采取有条件无偿开放；对于产业发展、行业发展，则采取有条件有偿开放。这两种模式实质上是遵循受益者承担公共数据治理成本的原则，既满足公共利益需求，又推动公共数据转化为生产要素，使需求者能够获取实用、易用的公共数据资源。

2. 企业数据

企业是数据转化为生产力的核心驱动力，也是推动数据要素化利用的关键。针对企业数据，"数据二十条"提出了几点要求。

（1）确立数据持有权制度。企业数据源于生产经营活动，需通过治理形成高质量、可计算使用的数据以支持决策。企业应享有其创制的有价值数据的保护，但不应明确为所有权。数据持有权基于劳动投入，持有者有权使用、许可他人使用数据并获得收益，但对数据本身不具有排他支配权，仅有权禁止不当获取或使用数据以侵害其合法权益。

（2）助力中小企业发展。平台型企业、行业龙头企业拥有大量数据，具备利用大数据实现数据驱动发展的能力，而中小企业在数字化转型中常处于弱势地位，面临数字技术应用能力弱、获取数据难等问题。为改变这一现状，应引导龙头企业、互联网平台企业发挥引领作用，促进与中小微企业的双向公平授权，共同合理使用数据。

（3）培育数据服务机构。数据要素化利用需要专业的数据科学知识和技术，但并非所有企业都具备这样的能力。数据的汇集治理、流通交易、挖掘分析均需专业服务，特别是需根据行业或领域特点制定标准、搭建平台，以实现数据的要素化、产品化和市场化利用。因此，应支持第三方机构、中介服务组织加强数据采集和质量评估标准的制定，推动数据产品标准化，发展数据分析、数据服务等产业。

3. 个人数据

对于承载个人信息的数据，必须以保护个人信息权益为前提，采取多种方式促进数据的合理利用。为此，"数据二十条"提出以下措施。

（1）建立受托人制度。个人在将数据提供给企业使用后，难以监督和控制后续使用行为，维权难度大。因此，可借鉴"个人数据信托"模式，由受托者代表个人利益，监督市场主体对个人信息数据的采集、加工和使用。受托人制度有助于保护个人信息权益，规范数据使用行为。

（2）特殊个人信息数据的依法授权使用。当个人信息数据涉及国家安全时，个人利益应服从国家利益，不能完全由个人意志决定其使用。主管部门应依法授权管理特殊个人信息数据的使用，旨在确保使用行为不危害国家安全。

（3）个人信息数据的匿名化处理。匿名化是去除数据中直接关联个人信息的手段，是促进个人信息数据利用的重要制度。然而，在存在重新识别风险的情况下，需根据行业、领域和应用场景的不同，在预防隐私风险的同时保留数据集的一定效用。因此，公共服务领域的个人信息数据匿名化处理应在技术手段上进行创新，以在保障信息安全和隐私安全的前提下，促进个人信息数据在公共服务领域的应用。

第三节　数据要素市场

一、数据要素市场的内涵

在狭义上，数据要素市场是指为数据交易提供撮合、需求匹配等服务的具体场所或平台，如数据交易所、数据交易中心、数据交易平台等。

在广义上，数据要素市场包括数据提供方、数据需求方、数据交易场所、数据交易技术支持方、第三方专业服务机构和市场监管方等多元主体，数据要素产品、数据要素买卖交易行为、数据要素买卖交易辅助服务、数据要素交易过程、数据市场基础设施、数据交易规制制度体系等构成的市场体系。

数据要素市场化配置是指数据要素供求通过市场交易来实现，数据要素价格在价值决定基础上通过市场来形成。数据要素市场化配置就是尊重市场经济规律，凭借市场机制来实现数据要素结构、时空等的有效安排，以获取最佳的经济效益。宏观来看，数据要素市场化配置是建设统一开放、竞争有序市场体系的内在要求；微观来看，数据要素市场化配置是企业实现利益最大化的必然选择，数据要素市场化配置解决了企业日益增长的数据需求与富余数据生产力供给不足的矛盾，全面释放数据要素赋能经济高质量发展的巨大潜能。

二、数据要素市场体系

（一）数据要素市场主体

数据要素市场的主体是数据要素市场的活力和动力，是数据要素市场的价值创造者和价值实现者。数据要素市场主体通常主要由数据供应方、数据需求方、数据交易平台和数据服务提供商等构成（见图 3 - 5）。

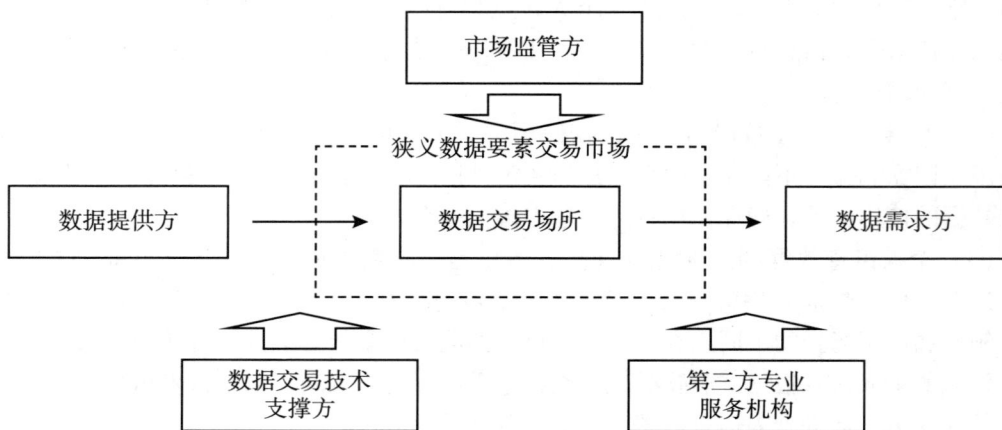

图 3 - 5　数据要素市场主体构成

一是数据供应方。数据供应方主要提供原始数据和经过加工的数据产品，包括政府部门、企事业单位、互联网公司等，这些机构和个人拥有大量的数据资源，通过数据交易市场可以将这些资源变现。

二是数据需求方。数据需求方主要是各行业的企业、政府机构和科研机构等，他们通过购买数据来支持业务决策、提升运营效率或进行创新研究。数据需求方可以根据自身需求在数据交易市场中寻找合适的数据资源。

三是数据交易平台。数据交易平台是连接供需双方的桥梁，提供数据交易和管理服务，这些平台通常具备数据清洗、整理、脱敏等预处理功能，以确保数据质量和可用性。同时，平台还会制定交易规则、监管交易过程、保障交易双方的权益。

四是数据服务提供商。数据服务提供商专注于提供数据处理、分析、挖掘等服务，他们利用先进的技术和专业知识，帮助需求方更好地利用数据，进一步挖掘数据价值。

五是市场监管方。数据交易监管方负责对市场进行监管和维护，确保市场秩序和公平交易。监管方可以是由政府、行业协会或第三方机构担任，他们需要制定和执行相关法律法规，保护数据安全和消费者隐私，防止数据滥用和不正当交易行为。

（二）数据产品

数据产品是指通过收集、处理、分析等手段形成的数据集或数据服务，可以是原始数据、经过加工处理后的数据集、数据分析报告或者是基于数据的服务。当前数据产品分类较为明晰，总体上可以归纳为五种。

一是数据集。数据集是数据资源经过加工处理后，形成有一定主题的、可满足用户模型化需求的数据集合。

二是数据 API。API 即应用程序编程接口，它是一组预先定义的函数，允许不同的应用程序之间交换数据和功能。通过 API，应用程序或开发者可以访问另一个应用程序的数据和功能，实现数据共享、协作开发、系统集成等。

三是数据报告。数据报告是指通过对产业、行业、项目等相关数据进行全方位的科学分析，来为其项目相关决策提供科学、严谨依据的分析报告。

四是数据模型。数据模型作为产品融合了数据结构设计、预训练算法模型、数据处理流程、分析方法论及配套软件工具，旨在为用户提供即插即用的数据分析、预测或决策支持能力。

五是数据服务。数据服务是指为用户提供数据分析、数据挖掘、数据清洗、数据可视化等一系列与数据相关的服务。

（三）多层次数据要素市场

一级市场。一级市场是指数据资源市场，主要解决原始数据授权、数据资源流通等问题。在推进数据开发利用、释放数据价值过程中，不同类型数据面临不同的重点任务与关键问题，分类推进数据要素探索已成为当前的共识。推动数据要素的分类分级是实现数据高效、安全监管的重要手段。根据不同指导原则，数据要素可以分为不同类别。

二级市场。二级市场是指数据要素市场，提供数据要素交易和流通的场所。"原始数据"转变为"数据要素"需经历资源化、资产化、要素化三个阶段，并经历业务贯通、数智决策、流通赋能三次价值释放。数据流通交易是数据要素市场的核心，中国数据要素交易流通市场是一个多层次、多维度的复杂体系，涵盖了不同交易方式、市场类型和行业应用。

三级市场。三级市场是指数据产品和服务市场，提供数据产品和服务的流通的场所。数据产品扮演着流通的主导角色，数据产品通过提炼、整合和展现数据，为数据要素市场注入了新的动力和价值。这种注入不仅使数据产品成为市场中的核心流通物品，同时也推动了整个市场的发展和繁荣。

三、中国数据要素市场发展现状

（一）数据要素市场快速发展

中国是一个数据大国，构建数据要素市场具备有利条件和坚实基础。当前，数据要素市场呈现多方合力驱动发展，助力数据要素步入市场化"快车道"。即在国家政策引领，地方试点推进，企业主体创新、关键技术创新等多方合力的作用下，中国数据要素市场不断探索和创新，步入高速增长阶段。

自 2014 年以来，全国各地陆续建立了几十个数据交易机构，拉开了我国数据要素市场建设的序幕。据不完全统计，截至 2024 年 3 月底，全国共计成立 49 家数据交易机构。[①] 其中，北京国际大数据交易所、上海数据交易所、广州交易所、深圳数据交易所、贵阳大数据交易所为五大龙头数据交易所。近年来，中国数据要素流通市场活跃度显著提升，总体规模不断扩大。2023 年，我国数据生产总量达 32.85 泽字节（ZB），数商企业数量超过

---

① 前瞻产业研究院. 数据交易行业产业链全景梳理及区域热力地图 ［R/OL］. （2024 - 04 - 18）. https：//www. qianzhan. com/analyst/detail/220/240418 - 986679b2. html.

100万家，数据交易所达50家，在主要数交所挂牌的产品数量超1.3万个，数据要素市场规模达1273亿元。[①] 总体来看，我国数据交易市场规模持续扩大、类型日益丰富、交易更加活跃、环境不断优化，数据交易流通对赋能实体经济、提升价值创造、推动高质量发展的效益逐渐显现。

（二）数据要素市场发展面临的问题

中国数据要素市场虽然充满潜力，但同时也面临着多方面的风险和挑战，这些风险和挑战主要表现在四个方面。

一是数据供需不平衡。中国数据要素市场快速发展导致了数据供需之间的不平衡。一方面，大量数据的产生和积累需要有效地管理和运用；另一方面，企业和机构对于如何利用这些数据缺乏足够的知识和技术。这种不平衡不仅限制了数据价值的实现，还可能导致数据资源的浪费。

二是数据运营产业链不成熟。中国数据要素市场的产业链还处于初级阶段，从数据的收集、处理、分析到应用，每个环节都需要相应的技术支持和管理能力。目前，这一产业链中的许多环节尚未形成有效的协同和优化，限制了整体市场的效率和发展。

三是数据交易流通规则体系不完善。数据交易市场的规则体系尚未成熟，这包括数据的确权、交易、收益分配等方面。缺乏明确的规则和标准导致市场参与者在交易过程中面临不确定性，这不仅影响了交易的积极性，也增加了交易的风险。

四是数据治理能力不足。目前，许多企业在数据治理和管理方面的能力较弱。这种能力不足导致数据的质量和安全性无法得到有效保障，进而影响了数据的可用性和价值。

第四节　数据定价与交易

一、数据要素的价值确定

（一）数据价值的影响因素

1. 数据生产成本

数据产品价格的核心因素是成本，其成本结构与实物商品不同，主要是重置成本（包括采集、存储、管理等成本）。例如，数据要素的采集、清洗、存储等需要较高的资本投入和人力资本投入，这些成本成为数据要素定价的重要基础。

2. 数据供求关系

数据的供求关系对数据价值的影响主要体现在供给量与需求量的互动上。一方面，对于供给而言，当市场上某种特定类型的数据供给较多时，其价值通常会较低，而如果数据

---

① 国家数据局. 全国数据资源调查报告（2023年）［R/OL］.（2024-05-30）. https：//www. nda. gov. cn/sjj/ywpd/sjzy/0830/20240830191408027390482_pc. html.

稀缺且难以获取，其价值则会显著提高；另一方面，数据的需求量同样很重要，如果特定数据在市场上受到广泛关注，企业或研究机构愿意支付更高的费用获取这类数据，从而促进其价值上升。

3. 数据的开发程度

数据开发的程度对数据价值的影响可以分为三个层次：首先，在原始数据层面，数据仅经过简单整理，形成了数据库或表格，这类未经深入加工的数据信息量较少，使用成本高，用户需要花费大量时间进行分析和二次加工，因此其市场价值相对较低；其次，经过适当加工和整理的数据能够提供相对清晰的信息结构，直接供分析软件使用，显著提高其使用价值，所以这类数据的价格普遍高于原始数据；最后，在结果导向层面，数据不仅经过加工整理，还通过工具深入分析，直接呈现易懂的结果，用户只需获取这些结果而无须再进行数据处理，这种高附加值服务大幅提升了使用效率，因此价值最高。

4. 数据质量

数据质量越高，则数据价值越大，其价格也相对越高。数据质量是指数据在规范性、完整性、准确性、一致性、时效性和可访问性的程度（见表 3-2）。随着机器学习和人工智能技术的发展，数据质量的重要性日益凸显，只有高质量的数据才能支持这些技术的有效运行，"垃圾"数据、未按标准呈现的数据都无法实现数据的价值创造。因此，数据质量成为影响数据价值的重要维度。

表 3-2　　　　　　　　　　　数据质量的六大标准

标准	内容概括
规范性	数据符合数据标准、数据模型、业务规则、元数据或权威参考数据的程度
完整性	按照数据规则要求，数据元素被赋予数值的程度
准确性	数据准确表示其所描述的真实实体（实际对象）真实值的程度
一致性	数据与其他特定上下文中使用的数据无矛盾的程度
时效性	数据在时间变化中的正确程度
可访问性	数据能被访问的程度

资料来源：《信息技术　数据质量评价指标》（GB/T 36344—2018）。

（二）数据价值评估方法[①]

1. 成本法

成本法是对数据资产从产生到发展乃至交易的整个生命周期不同阶段的成本测度其价值的方法，本质上是通过测度数据资产的各项负相关因素和重置成本得出数据资产实际价值，同时对成本进行归纳。成本法的优点在于简单直观、可操作性强；缺点在于其侧重于数据资产成本价值测算，而非数据商业市场价值，所以成本无法反映其价值。因此，成本法往往更适用于新创建的数据资产，以及没有市场比较和收益预测的情况。

---

① 王蕾，李春波. 数据资产及其价值评估方法：研究综述与展望［J］. 中国资产评估，2022（7）：4-10.

2. 市场法

市场法是通过对比分析相似数据资产在市场上的交易价格，来评估数据资产价值。因此，市场法是一种基于市场行情的评估方法。在有成交价格的市场中，相似数据资产的价值比较容易确定，这反映了市场参与者对其价值的共同认识，使得价值评估更加客观和准确。然而市场法也有局限性：一方面，数据产品的定价往往缺乏市场化和标准化；另一方面，市场上有关大数据交易的信息透明度较低，这可能导致交易价格与实际市场价值之间的偏差。

3. 收益法

收益法是数据资产在收益期内各期收益折现为现值的总和。收益法能够较明确地确定数据资产的实际价值，但需要考虑未来收益是否能以货币价值衡量及对预期经济收益的风险预测问题。相较于成本法和市场法，企业的现金流量较为稳定，不会受其他因素影响。

三种传统方法的优缺点与适用场景如表3-3所示。

表3-3　　　　　　　　数据价值评估的三种传统方法比较

方法	优点	缺点	适用场景
成本法	简单直观、可操作性强	成本无法反映其价值	没有明显的市场价值或正在产生市场的数据；解决数据丢失产生的法律纠纷；不以交易为目的的第三方中立机构
市场法	较容易被买卖双方接受	对市场环境要求较严格，评估难度大	活跃的数据市场；以交易为目的；存在大量的交易和数据积累
收益法	真实反映数据资产价值	收益额较难预测准确，易受主观因素影响	被评估资产未来预期收益可预测并可用货币计量；数据消费方；企业自身

除了以上三种较为传统的评估方法，不少学者根据数据资产的价值特性提出了一些拓展方法。例如，博弈法通过分析交易双方的信息不对称来优化交易决策；实物期权法将数据资产视为灵活的投资选择，能够适用于多种资产类型的评估；层次分析法（AHP）可以量化数据资产对市场的贡献并建立权重模型；人工智能方法则利用神经网络等技术模拟复杂关系，从而提升评估的准确性。这些方法各有特点，丰富了数据价值评估的手段。

二、数据定价方式

（一）供需均衡定价

数据要素市场交易价格根本上是由市场供需关系所决定的。在数据市场中，用 P 表达数据产品的单位价格，Q 表达数据产品交易数量。需求曲线表示数据需求方愿意购买的数据量，供给曲线是指数据供应方愿意提供的数据量。由图3-6可以看出，供给曲线和需求曲线交点决定的价格就是市场成交价。

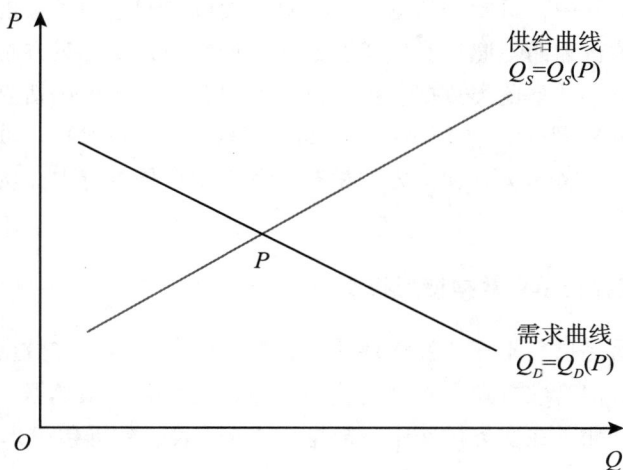

图 3 - 6 数据市场中供给与需求关系

（二）价格歧视定价

价格歧视定价的一种具体方式是根据不同数据购买者的需求价格弹性来收取不同的价格。典型的如万方数据库对个人用户和商业用户收取不同的价格；数字平台向不同用户收取有差别的订阅费；根据买家的购买数量来对大客户或长期忠实客户实行价格优惠或折扣定价。

（三）拍卖定价

拍卖定价是指在一个卖方和多个买方之间经过拍卖后确定数据价格。拍卖定价又分为英国式拍卖（加价拍卖）和荷兰式拍卖（减价拍卖）两种。英国式拍卖由卖家出示一件商品，多个买方不断加价竞标，直到一个买家以最高价格购得商品为止，这种拍卖方式会导致最终价格较高，适合竞争激烈的数据市场。荷兰式拍卖由拍卖人公布一个最高价格，然后逐渐降低报价，直到有买家愿意购买该产品为止，这种拍卖方式会导致最终价格较低，适合市场对数据价格敏感的情况。

（四）交叉补贴定价

数字企业对数据产品的定价可以实行交叉补贴定价方式，即数字平台企业通过提供免费的服务内容以获取用户在线数据，并将这些数据出售给数据需求方，以补偿其向用户提供免费服务的成本。典型的如谷歌地图、高德地图等向消费者提供免费的地图导航服务，但同时将采集到的数据转售给其他数据需求方来获利，或者同步发布在线广告来获利。

三、数据交易方式

（一）拍卖交易机制

中国贵阳大数据交易所、华中数据交易所、上海数据交易中心等多家数据交易平台都采用拍卖交易机制。其中，贵阳大数据交易所对拍卖机制的适用场景进行了描述：一是买方仅仅为了短期需求行为而不愿意支付年度数据采购费用；二是买方希望一次性垄断数据而不愿意与其他买方再共享此类数据。拍卖机制的现有研究成果包括双边拍卖、反向拍卖和维克里－克拉克－格罗夫斯（Vickery－Clarke－Groves，VCG）拍卖等多种拍卖类型，选择何种拍卖机制需要考虑买方和卖方的相对市场力量、是否有中介机构充当拍卖商、选定的定价原则等因素。

（二）数据所有权交易和数据使用权交易

数据所有权交易是指在不安全技术环境下，数据供给方直接将数据出售给需求方。在这种交易方式下，数据需求方在一次性交易后，即永久性拥有该数据，并可以在未来任何时间点随意使用。例如，在实务操作中，数据以 Excel 表、数据包等形式交易便类似这种交易方式。

数据使用权交易是指数据供给方不直接出售数据，而是在"可用不可见"的安全环境下，将数据以固定期限服务的形式出售给需求方，需求方必须在供给方所提供的技术环境下进行数据分析工作，无法将数据输出到技术环境之外使用。典型的如联邦学习、安全多方计算等隐私计算技术在数据融合中的应用，本质上都类似这种交易方式。

思考题

1. 数据要素的经济特性有哪些？
2. 数据要素赋能高质量发展的机制主要有哪几方面？
3. 数据要素的"三权分置"制度是什么？
4. 数据要素价值评估方法和定价机制有哪些？

案例分析

贵阳大数据交易所的数据交易制度实践

贵阳大数据交易所是经贵州省人民政府批准成立的全国第一家以大数据命名的交易所，2015 年 4 月 14 日正式挂牌运营，在全国率先探索数据流通交易价值和交易模式，2022 年进入优化提升阶段，抢抓数据价值化新机遇，探索数据要素资源化、资产化、资本化改革新路径，大力培育数据要素流通产业生态。

中国气象局在贵阳大数据交易所气象专区曾发布 13 款全国性数据产品，这 13 款全国性数据产品是贵阳大数据交易所在第七届数字中国建设峰会上发布的重要成果，通过打造 OID 互联互认场景，在实现气象数据要素快速流通与交易的同时，更能满足市场对气象数据的多样化需求，提供更加精准、可靠的数据支持，而这只是贵阳大数据交易所在推动数据要素实现有序流通交易和价值充分释放的一个缩影。

2022 年，正值《国务院关于支持贵州在新时代西部大开发上闯新路的意见》、"数据二十条"等国家层面的文件出台，贵阳大数据交易所也完成了优化提升，进入了高速发展期，从制度、平台、运营等多方面协同发力，实现多个"全国率先"和"全国首创"，蹚出了"贵州数据交易实践"新路径，形成了一批可复制、可推广的运营创新经验。如今，贵阳大数据交易所突出合规监管和基础服务功能，构建了"贵州省数据流通交易服务中心"和"贵阳大数据交易所有限责任公司"的组织架构体系，承担流通交易制度规则制定、市场主体登记、数据要素登记确权、数据交易服务等职能，可支撑数据、算力、算法等多元化的数据产品交易，依法依规面向全国提供更为便捷、安全的数据流通交易服务。

截至2024年7月底，贵阳大数据交易所累计入驻交易市场主体1424家，累计交易额47.87亿元。从交易情况来看，2024年，贵阳大数据交易所新增交易额达21.21亿元，超过2023年全年的新增交易额，增长态势明显。从行业分布来看，2024年与2023年相比交易量主要集中在金融、物流、城市治理等方面；上线了高质量数据集专区，汇集了近700个高质量数据集，已有华为、腾讯等头部大模型厂商发出采购需求，数据和模型结合后，将赋能具体的场景应用和实体产业发展。

资料来源：①多项"首创"，贵州让数据更有生命力［EB/OL］．（2024-08-29）．https：//www.chinanews.com.cn/cj/2024/08-29/10276704.shtml.

②贵阳：激发数据要素潜力 释放数据要素红利［EB/OL］．（2021-08-01）．https：//dsjj.guiyang.gov.cn/newsite/xwdt/xyzx/202408/t20240802_85307679.html.

结合案例材料，探讨下列问题：

1. 贵阳大数据交易所如何促进数据要素流转交易和开发利用？
2. 贵阳大数据交易所为了促进数据要素交易做了哪些创新工作？
3. 为进一步推进数据市场发展，还需要哪些基本的数据制度建设？

典型场景与平台项目训练

数据要素如何实现资产化和价值化？

1. 项目背景

在数字经济中，数据是关键生产要素，同时也是企业重要的新型资产。开发利用好数据要素需要建立起科学的数据资产化管理和制度体系，从而最大化释放数据要素的价值。本项目的目的是从企业的角度来实践如何实现数据要素的资产化和价值化，熟悉数据要素资产化的基本过程及操作方法。

2. 项目简介

本项目以数据价值链理论为基础，通过结合具体场景来引导学生熟悉和掌握将数据要素转变为数据资产并创造价值的基本步骤、具体的操作方法和需要运用的相关知识和熟悉的法规政策。通过本项目的训练，学生可以掌握数据要素资产化、价值化的基本方法，为将来从事数据资产管理工作提供基础。

3. 项目内容

数据的资产化和价值化是一个复杂的过程，涉及将数据转化为具有经济价值的资产。从企业角度来说，实现数据要素的资产化、价值化目标主要遵循以下关键步骤。

第一步，数据采集。一是收集多样化的数据：通过传感器、调查、社交媒体、交易记录等方式，获取全面和多维度的数据。二是确保数据的质量：确保数据准确、完整和及时，以提高其价值。

第二步，数据存储与管理。一是选择合适的存储方案：使用云存储、数据仓库或大数据平台，以便高效存储和管理数据。二是数据治理：建立数据管理标准和政策，确保数据的安全性、隐私保护和合规性。

第三步，数据分析。一是应用分析工具：利用数据分析、机器学习、统计分析等工具，从数据中提取可行的见解。二是识别模式与趋势：通过不断分析数据，发现用户行为、市场趋势、潜在风险等。

第四步，将数据转化为商业价值。一是开发数据驱动的产品或服务：基于分析结果，推出新产品或服务，以满足市场需求。二是优化运营决策：利用数据支持企业战略规划、销售预测和资源配置，赋能企业提高效率和价值创造能力。

第五步，数据交易。数据持有企业可以直接通过数据市场来交易数据产品、提供数据服务或开发基于数据的新的商业模式。在此过程中，要有良好的外部数据要素市场、交易中介和相关的交易制度，并确保遵守个人隐私和数据安全法规，规避法律风险。

第六步，持续优化。一是监测与反馈：持续跟踪数据的使用效果，收集反馈，并不断优化数据策略。二是技术更新：随着技术的进步，及时更新数据处理工具和技术，以提高数据的利用效率。

通过以上步骤，可以有效地实现数据的资产化和价值化，帮助企业在竞争中获取优势。

第四章

数字经济的统计与核算

案例引入 ····▶

腾讯的经济影响力

在当今全球化的数字经济浪潮中，腾讯作为中国乃至全球领先的互联网科技公司，其业务范围覆盖社交、娱乐、金融、云服务等多个领域，是数字经济时代下的一颗璀璨明星。该公司成立于 1998 年，最初以即时通信软件 QQ 起家，随后逐步扩展至游戏、广告、金融科技、云计算等多个领域，形成了庞大的数字经济生态体系。腾讯不仅是中国较大的社交媒体平台，也是全球游戏市场的领导者。同时，通过微信支付和腾讯云服务，腾讯在金融科技和云计算领域也占据了重要地位。腾讯的经济活动跨越了传统行业的界限，其业务模式和盈利方式具有高度的数字化、网络化和平台化特征。这种新型的经济形态给传统的统计和核算体系带来了前所未有的挑战。例如，如何准确衡量腾讯在游戏、广告等数字服务领域的收入及其对经济增长的贡献？如何评估腾讯云服务对提升社会整体生产效率和创新能力的作用？这些问题都指向了数字经济统计与核算的核心难题。

学习目标 ····▶

知识目标：熟知数字经济的测度内容；掌握数字经济价值核算的体系和方法，以及数字经济评价指标体系；洞悉中国数字经济发展规模和发展水平的趋势与结构特征。

能力目标：熟悉数字经济数据的收集与处理，精通数字经济统计方法与核算技巧，具备数字经济分析与预测能力，培养跨学科综合能力。

素质目标：深刻认识数字化统计与核算的重要性和紧迫性，掌握国内外数字经济统计与核算的最新进展。

重点难点 ····▶

深入理解数字经济的价值核算体系与方法；全面掌握数字经济评价指标体系；准确把握中国数字经济发展的实际情况。

第一节　数字经济的测度

一、数字经济的测度内容

（一）数字经济规模测度

数字经济规模测度是评估一个国家或地区数字经济整体发展状况的重要方面，涵盖数字经济领域内各种经济活动的总量和增长情况。

1. 数字经济增加值

数字经济增加值通过计算数字经济领域内的所有产业活动单位在一定时期内新创造的价值，来衡量数字经济的总体规模。这包括信息技术服务业、电子商务、云计算、大数据、人工智能等新兴产业，以及传统行业中数字化改造和升级带来的新增价值。

2. 数字经济投资规模

数字经济增加值包括数字基础设施建设（如5G网络、数据中心、物联网等）、数字技术研发与应用、数字人才培养等方面的投入。这些投资不仅有助于提升数字经济的生产能力，还能促进数字经济的持续发展和创新能力的提升。因此，在衡量数字经济投资规模时，需要综合考虑各种投资类型的规模和增长速度，以全面反映数字经济的资本积累和技术进步情况。

3. 数字经济就业规模

数字经济就业规模衡量数字经济领域内的就业人数和就业结构，反映数字经济对就业市场的贡献和带动作用。随着数字经济的不断发展，越来越多的就业机会被创造出来，包括信息技术服务业、电子商务、数字内容产业等领域的就业机会。同时，传统行业的数字化改造和升级也带来了就业结构的调整和就业机会的增加。因此，在考察数字经济就业规模时，需要关注数字经济领域内的就业人数、就业结构及就业质量等方面的变化，以评估数字经济对就业市场的带动作用。

（二）数字经济结构测度

数字经济结构测度是对数字经济内部各组成部分的构成、比例及其相互关系进行深入分析和评估的过程，旨在揭示数字经济的内在特征和演变规律。

1. 产业结构测度

细分行业分析。数字经济涵盖众多行业，包括信息技术服务业、电子商务、云计算、大数据、人工智能、物联网、区块链等。通过细分行业分析，可以了解各行业的规模、增长速度、技术创新能力和市场竞争力等，从而把握数字经济的产业结构特征。

新兴产业与传统产业融合。数字经济不仅推动了新兴产业的快速发展，也促进了传统产业与数字技术的深度融合。通过测度传统产业数字化转型的程度和效果，可以评估数字经济对传统产业的改造和提升作用，揭示数字经济的跨界融合特征。

产业链供应链分析。数字经济推动了产业链供应链的数字化、智能化和协同化。通过测度产业链供应链的数字化水平、协同效率和创新能力，可以了解数字经济在优化资源配置、提升生产效率和市场竞争力方面的作用。

2. 区域结构测度

地区差异分析。不同地区由于经济发展水平、产业结构、人才储备等因素的差异，数字经济的发展水平也存在显著差异。通过测度各地区数字经济的规模、增长速度、创新能力等，可以了解数字经济的区域分布特征和差异情况。

区域协调发展评估。数字经济具有高度的渗透性和融合性，可以促进区域间的协同发展。通过测度区域间数字经济的合作与交流程度、资源共享和优势互补情况，可以评估数字经济在推动区域协调发展方面的作用。

3. 企业结构测度

企业规模与类型分析。数字经济领域内的企业规模多样，包括大型跨国公司、中小企业和初创企业等。通过测度不同规模企业的数量、市场份额、创新能力等，可以了解数字经济的企业结构特征。

市场竞争格局分析。数字经济领域内的市场竞争激烈，不同企业间的竞争策略和市场地位存在差异。通过测度市场竞争格局、市场份额分布和竞争态势等，可以了解数字经济的市场竞争情况。

企业创新能力评估。数字经济是以创新为驱动力的经济形态，企业的创新能力对于数字经济的发展至关重要。通过测度企业的研发投入、专利申请数量、新产品开发速度等，可以评估数字经济领域内的企业创新能力。

（三）数字经济效益测度

数字经济效益测度是衡量数字经济对社会经济各方面产生的积极影响和贡献的过程，涉及经济增长、生产效率、创新能力、就业质量与消费者福利等多个维度。

1. 经济增长贡献测度

GDP 增长率贡献。数字经济已成为经济增长的重要引擎。通过计算数字经济对 GDP 增长的贡献率，可以直观地反映其在推动经济总量增长中的作用。这包括直接贡献，如数字产业自身的增长；间接贡献，如通过提升其他行业的生产效率和创新能力而间接推动经济增长。

投资回报率。数字经济领域的投资往往伴随着较高的技术含量和创新潜力，因此其投资回报率也较高。通过测度数字经济的投资回报率，可以评估其在资本配置效率上的优势，以及为投资者带来的长期价值。

2. 生产效率提升测度

劳动生产率。数字经济通过智能化、自动化等技术手段，显著提升了生产效率。通过比较数字经济领域与其他行业的劳动生产率，可以评估其在提升整体生产效率方面的作用。

资源利用效率。数字经济通过优化资源配置、减少浪费等方式，提高了资源的利用效率。通过测度数字经济在节能减排、降低能耗等方面的表现，可以评估其在可持续发展方面的贡献。

3. 创新能力提升测度

技术创新成果。数字经济领域是技术创新的前沿阵地。通过测度数字经济领域内的专利申请数量、新产品开发速度、技术更新迭代速度等指标，可以评估其在推动技术创新方面的作用。

创新生态系统建设。数字经济促进了创新生态系统的建设，包括创新平台、创新网络、创新文化等。通过测度这些创新生态系统的成熟度、活跃度等指标，可以评估数字经济在构建开放协同的创新环境方面的贡献。

4. 就业质量与消费者福利测度

就业质量提升。数字经济不仅创造了大量就业机会，还提升了就业质量。通过测度数字经济领域内的就业结构、收入水平、工作环境等指标，可以评估其在改善就业质量方面的作用。

消费者福利改善。数字经济通过降低交易成本、提高服务效率、增加消费者选择等方式，显著改善了消费者福利。通过测度数字经济在提升消费者满意度、降低消费成本等方面的表现，可以评估其在提升消费者生活质量方面的贡献。

（四）数字经济的社会影响测度

数字经济的社会影响测度是全面评估数字经济对社会发展、文化繁荣、公共治理以及个人生活等方面产生的深远影响和贡献的过程。这一测度不仅关注数字经济带来的直接经济效益，更重视其在促进社会公平、提升公共服务水平、推动文化传承与创新、加强社会治理等方面的作用。

1. 社会公平与包容性测度

数字鸿沟。评估不同地区、不同群体在数字经济接入、使用和能力方面的差异，以揭示数字经济的包容性和公平性。

就业机会与收入分配。数字经济创造了大量就业机会，尤其是对新技能和新岗位的需求，为弱势群体提供了更多就业和增收的机会。通过测度数字经济领域内的就业机会分布、收入水平变化及收入分配结构的改善情况，可以评估其在促进就业和收入公平方面的作用。

2. 提升公共服务水平测度

数字政务服务。数字经济推动了政府服务的数字化转型，如电子政务平台的建设、数据共享与开放等，提高了政府服务的效率和透明度。通过测度数字政务服务的覆盖范围、用户满意度、服务效率等指标，可以评估数字经济在提升公共服务水平方面的贡献。

智慧城市建设。数字经济促进了智慧城市建设，包括智能交通、智慧医疗、智慧教育等领域，提升了城市管理和服务的智能化水平。通过测度智慧城市建设的成效、居民生活质量的改善情况以及城市运行效率的提升，可以评估数字经济在推动城市可持续发展方面的作用。

3. 文化传承与创新测度

数字文化产业。数字经济推动了文化产业的数字化转型，如数字阅读、网络文学、数字音乐等，丰富了文化产品的形态和传播渠道。通过测度数字文化产业的规模、增长速度、创新能力以及文化产品的多样性和包容性，可以评估数字经济在促进文化传承与创新方面的作用。

数字技术与文化融合。数字经济通过大数据、人工智能、虚拟现实等技术与文化的深度融合，推动了文化产业的创新和发展。通过测度数字技术在文化领域的应用程度、创新成果以及文化产业的转型升级情况，可以评估数字经济在推动文化产业高质量发展方面的贡献。

4. 社会治理与公共安全测度

数据驱动治理。数字经济通过大数据、云计算等技术手段，提高了社会治理的精准性和效率。通过测度数据驱动治理在公共安全、城市管理、环境保护等领域的应用成效，可以评估数字经济在加强社会治理和保障公共安全方面的作用。

数字伦理与责任。数字经济在快速发展的同时，也面临着数字伦理、隐私保护、网络安全等挑战。通过测度数字经济领域内的伦理规范建设、隐私保护政策执行及网络安全风险防范措施的实施情况，可以评估数字经济在构建负责任的数字社会方面的成效。

数字经济的4个测度维度、14个方面测度内容如表4-1所示。

表4-1　　　　　　　　　　　数字经济的测度内容

测度维度	测度内容
数字经济规模	数字经济增加值
	数字经济投资规模
	数字经济就业规模
数字经济结构	产业结构测度
	区域结构测度
	企业结构测度
数字经济效率	经济增长贡献测度
	生产效率提升测度
	创新能力提升测度
	就业质量与消费者福利测度
数字经济的社会影响	社会公平与包容性测度
	提升公共服务水平测度
	文化传承与创新测度
	社会治理与公共安全测度

二、数字经济测度的意义

（一）精准描绘数字经济全貌

通过测度，可以获得关于数字经济规模、增长速度、结构分布及行业贡献等方面的翔实数据，这些数据构成了对数字经济全貌的精准描绘。这有助于更清晰地认识数字经济的本质特征和发展趋势，为政策制定者、企业家和投资者提供决策依据。

（二）指导经济结构调整与优化

数字经济测度能够揭示不同行业、地区及企业之间的数字经济发展水平差异，为经济结构调整与优化提供方向。通过对比和分析，可以发现哪些行业或地区在数字经济发展方面表现突出，哪些需要加强，从而有针对性地制定和调整相关政策，促进经济的均衡和可持续发展。

（三）激发创新活力与产业升级

数字经济测度能够揭示数字技术在各个行业中的应用深度和广度，以及由此带来的创新成果和产业升级效应。这有助于认识数字技术在推动经济发展中的重要作用，激发全社会的创新活力，推动传统产业向数字化、智能化方向转型升级。

（四）提升国际竞争力与合作水平

在全球经济一体化的大背景下，数字经济测度有助于了解各国数字经济的发展水平和特点，从而在国际竞争中占据有利地位。同时，通过测度结果的对比和交流，可以促进各国之间的合作与共赢，共同推动全球数字经济的繁荣发展。

（五）监测与预警经济风险

通过数字经济测度能够及时发现和监测数字经济中的潜在风险，如数据安全、隐私泄露、市场垄断等问题。通过预警机制的建立，可以提前采取措施进行防范和应对，确保数字经济的健康稳定发展。

（六）推动政府治理创新与政策优化

数字经济测度结果可以为政府提供关于数字经济治理的宝贵信息，帮助政府了解数字经济的运行规律和特点，从而制定更加科学、合理、有效的治理政策和措施。这有助于提升政府治理的智能化、精准化水平，推动政府治理创新与政策优化。

（七）增强公众对数字经济的认知与信任

通过数字经济测度结果的公布和传播，可以增强公众对数字经济的认知和理解，提高公众对数字经济的信任度和参与度。这有助于形成全社会共同推动数字经济发展的良好氛围，为数字经济的持续健康发展奠定坚实基础。

第二节　数字经济价值核算

一、数字经济价值核算体系

（一）美国 BEA 数字经济核算体系

美国商务部经济分析局（Bureau of Economic Analysis，BEA）于 2018 年 3 月首次构建了数字经济卫星账户，并进行了规模测算，之后每年修正更新，逐步将其范围从"以数字化为主"的商品和服务扩展到包括"部分数字化"的商品和服务。2020 年 8 月，美国 BEA 对 2018 年的数字经济分类标准（数字基础设施、电子商务和数字媒体三部分）进行了修正，修正后的分类包括基础设施、电子商务、其他收费数字服务三类。2021 年 6 月，BEA 对付费数字服务这一类别进行了完善、更新与调整，在原有内容的基础上增加通信服务、互联网和数据服务 2 个分类，即数字经济分成 3 个大类和 10 个小类，对应着北美产业分类系统（North American Industry Classification System，NAICS）中的 292 个行业。

（1）数字化赋能基础设施，是指支撑计算机网络与数字经济的基础物理材料和组织构架。具体包括计算机硬件、计算机软件、通信设备和服务、建筑物、物联网、支持服务 6 个小类，主要指 ICT 行业。

（2）电子商务，是指基于计算机网络进行的买卖交易活动，包括企业与企业之间的电子商务（B2B）、企业与消费者之间的电子商务（B2C）、消费者与消费者之间的电子商务（P2P）3 个小类。

（3）数字媒体，是指人们在数字设备上观看、创造、获取或储存的内容，区别于消费者购买租赁的书籍、报纸、音乐、视频等传统物理产品，数字媒体属于在线访问的数字产品，具体包括云服务、数字中介服务、其他收费数字服务 3 个小类（见表 4-2）。

表 4-2　　　　　　　　美国 BEA 数字经济核算体系

一级指标	二级指标
数字化赋能基础设施	计算机硬件
	计算机软件
	通信设备和服务
	建筑物
	物联网
	支持服务

一级指标	二级指标
电子商务	B2B 电子商务
	B2C 电子商务
	P2P 电子商务
数字媒体	云服务
	数字中介服务
	其他收费数字服务

美国商务部提出数字经济估算的三个步骤：一是建立对数字经济的概念性的解释；二是依托供给使用表框架（SUTs），确认哪些货物和服务与衡量数字经济相关，即在供给使用表的 5000 多种产品分类中，BEA 依靠专家分析并选择大约 300 种数字产品（产品部门）类别，作为数字经济的实际测算范围；三是根据实际测算范围，估算相关经济活动中的产出、增加值、雇佣情况、补贴以及其他因素。BEA 自 2018 年首次发布数字经济测度结果以来，每年都对测度结果进行修正和更新。这种逐步迭代、不断升级的方式确保了测度结果的准确性和时效性。在数据源方面，BEA 在测度数字经济时使用了多项数据源，包括 BEA 综合供给使用表（SUTs）、人口普查局年度批发贸易调查（AWTS）、人口普查局年度零售贸易调查（ARTS）、电子商务数据等，这些数据源为数字经济测度提供了全面而翔实的数据支持。在方法选取方面，对于"部分数字化"行业（即行业对应部分是数字产品，部分是非数字产品），BEA 通过寻找比例系数来提取其中的数字化活动。例如，在测算传统批发零售业中的电子商务活动时，BEA 会利用比例系数法将电子商务销售额从总销售额中剥离出来。

（二）欧盟数字经济与社会指数（DESI）核算体系

欧盟高度重视数字经济的统计测度与统计分类，从 2014 年起就发布《欧盟数字经济与社会报告》（*Digital Economy & Society in the EU*）和数字经济与社会指数（Digital Economy and Society Index，DESI）。DESI 是刻画欧盟各国数字经济发展程度的合成指数，该指数由欧盟根据各国宽带接入、人力资本、互联网应用、数字技术应用和公共服务数字化程度 5 个主要方面的 12 项二级指标计算得出（见表 4 - 3）。DESI 的数据来源主要包括欧盟家庭 ICT 调查、企业 ICT 调查等专项统计调查，这些调查为 DESI 提供了充分的研究积累和数据支撑，确保了评估结果的准确性和可靠性。欧盟在测度数字经济时，采用了多种方法相结合的方式：一方面，通过构建综合指数，将不同维度的数据整合在一起，形成对数字经济整体发展状况的评估；另一方面，也通过具体指标的详细分析，深入了解数字经济在不同领域的表现和发展趋势。此外，欧盟定期发布 DESI 报告，向公众展示欧盟各国的数字经济发展状况。这些报告不仅为政府决策提供了重要参考，也为企业和公众了解数字经济发展趋势提供了重要信息。同时，DESI 报告还促进了国际的比较和交流，推动了全球数字经济的发展。

表 4-3　　　　　　　　欧盟数字经济与社会指数（DESI）体系

一级指标	二级指标
宽带接入	固定宽带
	移动宽带
	速率
	可支付能力
人力资本	基本能力和使用情况
	高级技能及发展
互联网应用	内容
	交流
	交易
数字技术应用	企业数字化
	电子商务
公共服务数字化程度	电子政务

（三）经济合作与发展组织（OECD）数字经济核算体系

OECD 作为对数字经济研究起步较早的机构，其官方出版物《互联网经济展望》（*Internet Economy Outlook*）［后更名为《数字经济展望》（*Digital Economy Outlook*）］和《衡量数字经济：一个新的视角》对于数字经济有长期的跟踪和前瞻性的研究。OECD 对数字经济的测度是两种方法兼顾，《衡量数字经济：一个新的视角》中主要采用了对比法，构建的数字经济指标体系涵盖具有国际可比较性的 38 个指标，但是并未选取固定的样本国家进行全面的数据采集，也没有汇集成总的指标，并未对世界各国的数字经济发展情况作出对比和评价。但它详细罗列的数字经济的关键领域和采分点可供参考。具体来看，数字经济划分为投资智能化基础设施、赋权社会、创新能力、ICT 促进经济增长与增加就业岗位 4 个类别，根据上述四个类别设置若干指标来核算数字经济（见表 4-4）。在设定上述指标体系后，OECD 还从经济社会发展和已有核算方案的局限性等角度出发，尝试设计新指标，如改善网络安全和隐私、儿童信息化、医疗信息化、微观数据统计、通信服务质量测度等，以更全面地反映数字经济发展状况及影响。

表 4－4   经济合作与发展组织（OECD）数字经济统计指数

一级指标	二级指标	一级指标	二级指标
投资智能化基础设施	宽带普及率	赋权社会	互联网用户
	移动数据通信		在线行为
	互联网发展		用户复杂性
	开发更高速度		数字原住民
	网络连接价格		儿童在线
	ICT 设备及应用		教育中的 ICT
	跨境电子商务		工作场所中的 ICT
	网络安全		电子商务消费者
	感知安全与隐私威胁		内容无边界
	完善网络安全和隐私证据基础		电子政务应用
			ICT 和健康
创新能力	ICT 研发	ICT 促进经济增长与增加就业岗位	ICT 投资
	ICT 行业创新		ICT 商业动态
	电子商务		ICT 附加值
	发挥微观数据的潜力		信息产业劳动生产率
	ICT 专利		测度经济服务质量
	ICT 设计		电子商务
	ICT 商标		ICT 人力资本
	知识扩散		ICT 工作岗位及 ICT 行业工作岗位
			贸易经济与 GVC

（四）国家统计局的数字经济核算体系

为准确测算数字经济的规模、发展速度、核心结构等，国家统计局于 2021 年 6 月正式发布《数字经济及其核心产业统计分类（2021）》（以下简称《数字经济分类》），首次对数字经济及其核心产业的基本范围进行了界定，为我国数字经济核算提供了统一的口径。《数字经济分类》的制定充分借鉴了 OECD、BEA、中国信息通信研究院等国内外相关机构组织的分类方法，并依据我国数字经济发展的客观实际，参考现有的统计分类标准，尽可能涵盖我国国民经济行业分类中符合数字经济特征的活动，在达到国际可比性的同时兼顾分类体系的科学性与可行性。《数字经济分类》从产业数字化和数字产业化两个方面来确定数字经济的基本范围，并将数字经济产业划分为 5 个类别：数字产品制造业、数字产品服务业、数字技术应用业、数字要素驱动业、数字化效率提升业。其中，前四大类属于数字产业化部分，是数字经济核心产业，旨在为产业数字化发展提供数字技术、产品、服务、基础设施和解决方案，以及完全依赖数字技术、数据要素的各类经济活动，是数字经济发展的基础，对应《国民经济行业分类》（GB/T 4754—2017）中的 26 个大类、68 个中类、126 个小类。第五大类属于产业数字化部分，旨在应用数字技术和数据资源为传统产业带来的产出增加和效率提升，是数字经济与实体经济的融合，对应《国民经济行业分类》（GB/T 4754—2017）中的 91 个大类、431 个中类、1256 个小类。考虑到 BEA、OECD 等国家或国际组织尚未将完全意义上的产业数字化部分纳入分类体系，故选取《数字经济分类》中的数字经济核心产业统计分类来进行国际比较是可行的（见表 4 - 5）。

表 4 - 5　　　　　　　　　　国家统计局的数字经济核算体系

一级指标	二级指标
数字产品制造业	计算机制造
	通信及雷达设备制造
	数字媒体设备制造
	智能设备制造
	电子元器件及设备制造
	其他数字产品制造业
数字产品服务业	数字产品批发
	数字产品零售
	数字产品零售
	数字产品维修
	其他数字产品服务业
数字技术应用业	软件开发
	电信、广播电视和卫星传输服务
	互联网相关服务
	信息技术服务
	其他数字技术应用业
数字要素驱动业	互联网平台
	互联网批发零售
	互联网金融
	数字内容与媒体
	信息基础设施建设
	数据资源与产权交易
	其他数字要素驱动业

续表

一级指标	二级指标
数字化效率提升业	智慧农业
	智能制造
	智能交通
	智能物流
	数字金融
	数字商贸
	数字社会
	数字政府
	其他数字化效率提升业

二、数字经济价值核算方法

（一）投入产出法

数字经济投入产出法是国民经济各部门间平衡关系分析方法在数字经济领域的应用。它通过研究数字经济中各部门之间的投入（如资本、劳动、技术等）与产出（如数字产品、数字服务等）之间的数量依存关系，揭示数字经济内部的结构特征和运行规律。

第一步，编制数字经济投入产出表。投入产出表是数字经济投入产出分析法的核心工具，反映了数字经济各部门之间的投入与产出关系。表的横向表示各部门产品的分配使用情况，纵向则表示部门产品的价值形成。

第二步，确定数字经济各部门。根据数字经济的定义和特征，将数字经济划分为不同的部门，如数字基础设施、数字技术应用、数字产品与服务等。

第三步，收集和处理数据。收集各部门在生产过程中的投入和产出数据，包括资本投入、劳动投入、技术投入及数字产品和服务的产出等。对数据进行清洗、整理和分析，确保数据的准确性和可比性。

第四步，建立投入产出模型。基于数字经济投入产出表和数据，建立投入产出模型，描述各部门之间的投入与产出关系。模型可以是静态的，也可以是动态的，以反映数字经济在不同时间点的变化和发展趋势。

第五步，计算消耗系数。消耗系数是反映各部门之间投入与产出关系的重要指标，包括直接消耗系数和完全消耗系数。直接消耗系数表示某部门生产单位产品所消耗的各部门产品的数量；完全消耗系数则表示某部门生产单位产品所需直接消耗和间接消耗的总和。

第六步，进行经济分析和预测。利用投入产出模型和消耗系数，进行经济分析和预测，揭示数字经济内部的结构特征、发展趋势和潜在问题。分析各部门之间的关联度和依存关系，预测数字经济的增长潜力和发展方向。

（二）生产法

数字经济生产法是指通过计算数字经济在生产或服务过程中新创造的价值，即增加值，来衡量数字经济规模和发展水平的一种方法。该方法强调数字经济在生产过程中的贡献，并考虑数字技术的广泛应用对经济增长的推动作用。

第一步，确定数字经济的范围。需要明确数字经济的定义和范围，包括数字产品制造业、数字产品服务业、数字技术应用业、数字要素驱动业等核心产业，以及数字化效率提升业等产业数字化部分。

第二步，收集相关数据。收集数字经济各部门在生产或服务过程中的总产值、中间投入等数据。这些数据通常来源于企业财务报表、行业统计资料、政府统计数据等。

第三步，计算增加值。使用总产值减去中间投入的方法计算数字经济各部门的增加值。增加值反映了数字经济在生产或服务过程中新创造的价值。

第四步，加总和分析。将数字经济各部门的增加值进行加总，得到数字经济的总量规模。同时，对增加值进行结构分析，了解数字经济的产业分布和发展趋势。

（三）支出法

数字经济支出法是指通过分析数字经济活动中产生的各类支出，如消费、投资、政府购买和净出口等，来计算数字经济在国民经济中的规模和贡献。该方法基于国民经济核算体系中的支出法原理，将数字经济活动视为国民经济的一个组成部分，通过衡量这些活动产生的支出数据来反映其规模和发展状况。

第一步，界定数字经济活动的范围。需要明确哪些活动属于数字经济的范畴，通常包括互联网服务、电子商务、云计算、大数据、人工智能等领域的活动。

第二步，收集数字经济活动的支出数据。收集与数字经济活动相关的消费、投资、政府购买和净出口等支出数据。这些数据可能来源于企业财务报表、行业统计资料、政府统计数据等。

第三步，计算数字经济活动的支出总额。将收集到的各类支出数据进行加总，得到数字经济活动的支出总额。

第四步，计算数字经济在国民经济中的占比。将数字经济活动的支出总额与同期国民经济的总支出进行比较，计算出数字经济在国民经济中的占比，从而反映其规模和贡献。

（四）增长核算法

基于增长核算法的数字经济测度是一种将经济增长分解为不同要素贡献的方法，并特别关注数字经济在其中的作用。这种方法主要依托于增长核算理论，结合数字经济的特性进行测算。

第一步，分解经济增长。在增长核算框架下，首先需要将经济增长（GDP 增长）分解为以下几个部分：一是资本要素增长，包括物质资本（如机器设备、建筑物）和信息通信技术 ICT 资本的增长；二是劳动要素增长，是指劳动力数量和质量的变化对经济增长的贡献；三是全要素生产率（TFP）增长，反映技术进步、管理创新、制度变革等因素对经济增长的贡献。

第二步，测算数字经济的贡献。在分解经济增长的基础上，可以进一步测算数字经济对经济增长的贡献。首先，识别数字经济资本，即将 ICT 资本从总资本中分离出来，作为数字经济资本的代表，包括通信设备、计算机及其他电子设备制造等硬件，以及信息传输、计算机服务及软件业等软件。其次，计算数字经济资本增长，即利用永续盘存法（PIM）等方法，估算数字经济资本的存量和增长量。最后，分析数字经济资本贡献，即将数字经济资本增长对 GDP 增长的贡献单独计算出来，这可以通过比较数字经济资本增长与其他资本增长对 GDP 增长的影响来实现。

第三步，考虑数字经济的其他影响。除了直接通过资本要素增长贡献外，数字经济还可能通过提高全要素生产率（TFP）对经济增长产生间接影响。这包括数字技术带来的效率提升、创新加速、商业模式变革等。因此，在测算数字经济贡献时，还需要考虑这些间接影响。

（五）卫星账户核算法

数字经济卫星账户是以国民经济核算体系的中心框架为基础，对其某些概念进行适当修改和扩展，以专门衡量数字经济活动的附属核算体系。随着数字经济的迅猛发展，其在国民经济中的地位和作用日益凸显，传统的国民经济核算体系已难以满足对数字经济进行全面、准确核算的需求。因此，建立数字经济卫星账户成为衡量和评估数字经济贡献的重要手段。

第一步，界定数字经济范围。建立数字经济卫星账户首先需要对数字经济的范围进行明确界定，包括数字产品制造业、数字产品服务业、数字技术应用业、数字要素驱动业等核心产业，以及数字化效率提升业等产业数字化部分。

第二步，构建核算指标体系。根据数字经济的特征和发展趋势，构建一套完整的核算指标体系，包括数字经济增加值、数字经济投资、数字经济消费、数字经济出口等关键指标。

第三步，数据采集与处理。通过问卷调查、企业财务报表、行业统计资料等多种渠道收集数字经济活动的相关数据，并进行清洗、整理和分析，以确保数据的准确性和时效性。

第四步，核算方法选择。根据数字经济的独特性和复杂性，选择合适的核算方法，如投入产出法、支出法、生产法等，对数字经济活动进行核算。

第五步，结果分析与应用。对核算结果进行深入分析，评估数字经济对经济增长的贡献率、产业结构变化、就业创造等方面的影响，为政府制定数字经济政策、企业调整发展战略提供科学依据。

投入产出法、生产法、支出法、增长核算法和卫星账户核算法是五种常用的数字经济价值核算方法，这些核算方法各有优劣，适用于不同的分析目的和场景。投入产出法适用于分析数字经济与其他经济部门的关联和互动；生产法适用于计算数字经济部门的增加值；支出法适用于分析数字经济对经济增长的贡献；增长核算法适用于分析数字经济对经济增长的潜在影响；卫星账户核算法则能够全面反映数字经济的内在机理和发展状况。在实际应用中，应根据具体需求和条件选择合适的方法，并结合多种方法进行综合分析，以更全面、准确地评估数字经济的规模和影响。

第三节　数字经济指标评价

一、数字经济指标评价体系

（一）OECD 衡量数字化转型指标体系

2019 年 3 月，OECD 发布的《衡量数字化转型：未来路线图》（*Measuring the Digital Transformation: A Roadmap for the Future*）构建涵盖增强访问、增加有效应用、释放创新、确保就业、促进社会繁荣、加强信任、促进市场开放 7 个方面的指标体系，衡量一个国家或经济体的数字化转型程度（见表 4 - 6）。

表 4 - 6　　　　　　　　　OECD 衡量数字化转型指标体系

一级指标	二级指标
1. 增强访问	1.1 固定网络链接
	1.2 移动网络链接
	1.3 网速
	1.4 网络基础设施
	1.5 网络覆盖率
2. 增加有效利用	2.1 用户成熟度
	2.2 电子商务
	2.3 业务能力
	2.4 电子消费者
	2.5 电子公民
	2.6 应用赋能
3. 释放创新	3.1 知识库
	3.2 科学与数字化
	3.3 创新产出
	3.4 市场准入
	3.5 政府数据公开

一级指标	二级指标
4. 确保就业	4.1 就业
	4.2 招聘动态
	4.3 ICT 技能
	4.4 教育和培训
	4.5 适应性
5. 促进社会繁荣	5.1 数字包容度
	5.2 数字时代技能
	5.3 日常生活
	5.4 数字化转型不利因素
	5.5 数字化转型与环境
6. 加强信任	6.1 数字安全
	6.2 互联网隐私
	6.3 管理数字安全风险和隐私技能
	6.4 电子消费者信任度
	6.5 互联网社交网络
7. 促进市场开放	7.1 全球价值链
	7.2 贸易
	7.3 影响货物贸易的措施
	7.4 影响服务贸易的措施
	7.5 跨境技术

资料来源：OECD。

增强访问（enhancing access）。低价、快速地访问通信基础设施、服务和数据是数字化转型的基础，促进个人、组织和机器之间的互动，实现全球信息的自由流动。该指标层包含固定和移动网络连接、网速、网络基础设施、网络覆盖率等二级指标。

增加有效利用（increasing effective use）。增加对数字技术的采用、传播和有效利用，帮助个人、公司和政府挖掘数字技术及数据的优势和潜力。该指标层包含用户成熟度、电子商务、业务能力、电子消费者、电子公民、应用赋能等二级指标。

释放创新（unleashing innovation）。数字创新是数字化转型的基本驱动力，同时数字技术和数据也推动了更广泛领域的创新，提高生产力，促进经济可持续增长。该指标层包含知识库、科学与数字化、创新产出、市场准入、政府数据公开等二级指标。

确保就业（ensuring good jobs for all）。在数字时代，生存并取得成功需要人们掌握各种技能，需要持续地改进教育和培训系统，以顺利完成从一份工作向下一份工作的过渡以及获得充分的社会保障。该指标层包含就业、招聘动态、ICT 技能、教育和培训、适应性等二级指标。

促进社会繁荣（promoting social prosperity）。数字化转型以复杂和交织的方式影响着社会，这种影响是复杂的，总体影响往往不明确，可能因国家而异。该指标层包含数字包容度、数字时代技能、日常生活、数字化转型不利因素、数字化转型与环境等二级指标。

加强信任（strengthening trust）。营造一个值得信任的数字环境至关重要，否则无法实现经济和社会进步。该指标层包含数字安全、互联网隐私、管理数字安全风险和隐私技能、电子消费者信任度、互联网社交网络等二级指标。

促进市场开放（fostering market openness）。开放市场，允许外国和国内公司在平等的基础上竞争，可以为数字化蓬勃发展创造有利环境。该指标层包含全球价值链、贸易、影响货物贸易的措施、影响服务贸易的措施、跨境技术等二级指标。

（二）G20 数字经济测度路线图

2020 年，G20 发布的《G20 数字经济测度路线图》（*A G20 Roadmap toward A Common Framework for Measuring the Digital Economy*）从基础设施、赋权社会、创新与技术应用及就业、技能与增长 4 个方面构建数字经济测度框架（见表 4 – 7）。

表 4 – 7　　　　　　　　　　G20 数字经济测度指标体系

一级指标	二级指标	
1. 基础设施	1.1 固定宽带和移动宽带基础设施容量的增加	
	1.2 连通性价格	
	1.3 更快的宽带速度	
	1.4 物联网的兴起	
	1.5 更安全的服务器	
2. 赋权社会	2.1 数字鸿沟	
	2.2 性别差异	
	2.3 人们如何使用互联网	
	2.4 数字政府	
3. 创新与技术应用	3.1 企业信息技术应用	
	3.2 电子商务	
	3.3 制造业中的机器人化	
	3.4 与 ICT 相关的创新	
	3.5 人工智能相关科学研究	
4. 就业、技能与增长	就业	4.1 数字密集型行业和信息产业就业
		4.2 数字密集型行业对总就业变化的贡献
		4.3 在平台上提供服务的个人

续表

一级指标	二级指标	
4. 就业、技能与增长	就业	4.4 ICT 任务密集型和 ICT 专业职业
		4.5 按性别划分的 ICT 专业人员和技术人员
		4.6 报告 ICT 专家难以填补空缺的企业
		4.7 外国最终需求支撑的信息产业和数字密集型行业就业
		4.8 商业活力（入职后平均就业增长率）
		4.9 自动化或工作方式发生重大变化的可能性
	技能	4.10 按性别选择的 ICT 技能
		4.11 欧盟统计局数字技能指标
		4.12 在技术丰富的环境中解决问题的能力
		4.13 不同性别工作的 ICT 任务强度
		4.14 个人在工作中执行的基于计算机的任务
		4.15 工作中新软件和计算机化设备的影响
		4.16 工作中的数字技能不匹配
		4.17 学校信息通信技术的使用
		4.18 学生报告的 ICT 能力，按性别划分
		4.19 完成培训及提供数字技能的个人
		4.20 自然科学与工程（National Science and Engineering，NSE）、ICT 及教育的创意和内容领域的大专毕业生
		4.21 NSE 和 ICT 高等教育毕业生，按性别划分
		4.22 NSE 和 ICT 毕业生就业率与受过高等教育的人口总数的比值
	增长	4.23 信息产业相关增加值
		4.24 信息产业相关国内增加值
		4.25 数字密集型行业增加值
		4.26 ICT 资产投资
		4.27 ICT 对劳动生产率增长的贡献
		4.28 信息产业劳动生产率
		4.29 ICT 商品进出口
		4.30 ICT 服务进出口
		4.31 数字化交付服务的进出口

注：ICT 表示信息通信和技术。

资料来源：G20 官网。

（三）国家工业信息安全发展研究中心"数字经济测度工具箱"

2019 年，国家工业信息安全发展研究中心推出"数字经济测度工具箱"指标体系，对标 OECD 和 G20 提出的数字经济评价指标体系，结合中国数字经济发展特色，从数字基础设施、数字产业、产业数字化转型、公共服务数字化改革、数字经济生态环境 5 个方面构建包括 5 个一级指标、15 个二级指标、44 个三级指标的评价体系（见表 4 - 8），测度中国城市数字经济发展水平。

表 4 - 8　　　　　　　　　　"数字经济测度工具箱"指标体系

一级指标	二级指标	三级指标
1. 数字基础设施	1.1 固定宽带	1.1.1 固定宽带覆盖率
		＊1.1.2 固定宽带链接速度
	1.2 移动宽带	1.2.1 移动宽带覆盖率
		＊1.2.2 移动宽带链接速度
	1.3 新一代信息基础设施	1.3.1 5G
		＊1.3.2 IPv6
		＊1.3.3 物联网
2. 数字产业	2.1 数字先导产业	2.1.1 人工智能产业
		2.1.2 互联网产业
		＊2.1.3 大数据产业
		＊2.1.4 数据的价值
	2.2 数字支柱产业	2.2.1 软件和信息技术服务业
		2.2.2 电子信息制造业
		2.2.3 信息通信业
3. 产业数字化转型	3.1 农业	3.1.1 数字技术应用
		3.1.2 企业电子商务
		3.1.3 企业数据开发利用
	3.2 工业	3.2.1 数字技术应用
		3.2.2 企业电子商务
		3.2.3 企业数据开发利用
	3.3 服务业	3.3.1 数字技术应用
		3.3.2 企业电子商务
		3.3.3 企业数据开发利用

续表

一级指标	二级指标	三级指标
4. 公共服务数字化变革	4.1 电子政务	4.1.1 电子政务成熟度
		∗4.1.2 数字政府
	4.2 公共服务数字化能力	4.2.1 教育
		4.2.2 医疗
		4.2.3 社保
		4.2.4 治安
		4.2.5 交通
		4.2.6 生态环境
5. 数字经济生态环境	5.1 经济环境	5.1.1 经济发展水平
		5.1.2 数字消费水平
		5.1.3 市场开放程度
	5.2 创新环境	5.2.1 研发投入
		5.2.2 专利与设计
	5.3 营商环境	5.3.1 数字经济政策制定
		∗5.3.2 政策有效执行情况
	5.4 安全环境	5.4.1 网络安全
		5.4.2 数据安全
		∗5.4.3 数字安全技能
		5.4.4 电子消费者信任度
	∗5.5 人才环境	∗5.5.1 数字时代的就业
		∗5.5.2 数字时代的技能

注：∗为前瞻性指标。
资料来源：国家工业信息安全发展研究中心。

数字基础设施：衡量地区数字经济基础。下设3个二级指标，涉及固定宽带、移动宽带和新一代信息基础设施。"固定宽带"主要是指固定宽带覆盖率，即家庭用户接入固定宽带的应用普及情况。"移动宽带"是指移动宽带覆盖率，是本地区移动宽带应用普及情况。"新一代信息基础设施"是指地区互联网速度，应用5G、IPv6、物联网的情况。

数字产业：衡量数字技术供给侧发展水平。下设2个二级指标，包括数字先导产业和数字支柱产业。"数字先导产业"是指在数字经济体系中具有重要的战略地位，并在数字经济规划中先行发展以引导其他数字产业往新兴战略目标方向发展的产业或产业集群。选取的人工智能产业、互联网产业、大数据产业代表了当今数字技术发展的趋势。"数字支柱产业"主要包括软件和信息技术服务业、电子信息制造业、信息通信业，分别反映了城市软件和信息技术服务、电子信息制造、通信业发展的现状水平。

产业数字化转型：衡量数字技术带动传统产业升级效果。下设3个二级指标，分别为农业、工业和服务业的数字化转型，主要考察各行业数字技术应用、企业电子商务、企业数据开发利用水平。"数字技术应用"主要是指企业上云情况。"企业电子商务"主要是指该城市中企业将信息和通信技术（ICT）融入业务流程的程度，包括企业对企业（B2B）和企业对消费者（B2C）两种模式。"企业数据开发利用"是指企业对其生产、运营、管理、销售等环节产生的数据进行采集和管理。

公共服务数字化变革：衡量数字技术对公共服务领域影响情况。下设2个二级指标，包括电子政务和公共服务数字化能力。"电子政务"是指当地政府提供电子服务信息或企业和个人使用这些服务。"公共服务数字化能力"是指地区在教育、医疗、社保、治安、交通、生态环境等方面的信息化水平。

数字经济生态环境：衡量数字经济发展外部环境优劣。下设5个二级指标，包括经济环境、创新环境、营商环境、安全环境和人才环境。"经济环境"是指围绕地区经济发展水平、数字消费水平和市场开放程度三个方面反映的城市经济整体发展状况。"创新环境"是指从研发投入及专利与设计两个方面衡量的地区创新能力。"营商环境"是指政府部门聚焦数字经济发展、鼓励创新，为数字经济健康发展所营造的外部环境。"安全环境"是指网络安全和电子消费者信任度，反映了互联网安全和数据安全及企业和个人对互联网等信息技术的信任程度。"人才环境"是指数字经济领域的就业与技能，数字经济创造的新商业模式和新就业岗位，催生出弹性灵活的就业方式，并且对劳动者的技能提出更高要求。

（四）中国信息通信研究院"数字经济竞争力指数"

2020年12月，中国信息通信研究院首次编制"数字经济竞争力指数"，从数字创新要素、数字基础设施、核心数字产业、数字融合应用、数字经济需求、数字政策环境6个方面构建数字经济竞争力评价指标体系（见表4-9），测度中国区域与城市数字经济发展状况。2021年，中国信息通信研究院进一步完善了该指标体系，从三级指标体系简化为两级指标体系（见表4-9）。

表4-9　　　中国信息通信研究院数字经济竞争力评价指标体系

一级指标	2020年		2021年
	二级指标	三级指标	二级指标
数字创新要素	ICT技术	R&D研发投入强度	研发投入强度
	信息化人力资本	每万人口信息传输、软件和信息技术服务业就业人员数	每万人口信息传输、软件和信息技术服务业就业人员数
		每万人口中研发人员数	每万人口中研发人员数

续表

一级指标	2020 年			2021 年
	二级指标	三级指标		二级指标
数字基础设施	信息基础设施	移动互联网普及率		移动互联网普及率
		互联网宽带普及率		互联网宽带普及率
		固定宽带平均下载速率		固定宽带平均下载速率
核心数字产业	ICT 产业	每万元 GDP 信息产业主营业务收入		每万元 GDP 信息产业主营业务收入
数字融合应用	企业数字化	每百家企业拥有网站数		每百家企业拥有网站数
		企业电子商务采购额和销售额占比		企业电子商务采购额和销售额占比
	行业数字化	农业数字化投入占比		农业数字化投入占比
		工业数字化投入占比		工业数字化投入占比
		服务业数字化投入占比		服务业数字化投入占比
	政府数字化	政务服务数字化		政务服务数字化
		政府网站访问热度		政府网站访问热度
数字经济需求	数字经济消费	网上零售额占比		网上零售额占比
	数字经济领域投资	信息传输、计算机服务和软件业固定资产投资完成额占比		信息传输、计算机服务和软件业固定资产投资完成额占比
	数字贸易	ICT 产业省外贸易占比		ICT 产业省外贸易占比
				拥有典型数字产业化与产业数字化企业数量
数字政策环境	数字经济政策支持	数字经济政策指数		政策体系完备评分
				配套保障完善评分
				政策实施效果评分

资料来源：中国信息通信研究院。

数字创新要素。反映数字经济发展所需的技术、人才等投入情况，涉及 ICT 技术、信息化人力资本，具体包括研发投入强度，每万人口信息传输、软件和信息技术服务业就业人数，每万人口中研发人员数。

数字基础设施。反映数字经济发展的网络基础设施建设及普及情况，包括移动互联网普及率、互联网宽带普及率、固定宽带平均下载速率。

核心数字产业。衡量 ICT 产业供给能力，用每万元 GDP 信息产业主营业务收入指标表示。

数字融合应用。反映新一代信息技术与传统经济社会融合情况，从企业数字化、行业数字化、政府数字化三个维度选取指标，具体包括每百家企业拥有网站数、企业电子商务采购和销售额占比、农业数字化投入占比、工业数字化投入占比、服务业数字化投入占比、政务服务数字化、政府网站访问热度。

数字经济需求。反映国内外市场对数字经济产品、服务的需求潜力，从数字经济消费、数字经济领域投资、数字贸易三个维度进行量化，具体包括网上零售额占比，信息传输、计算机服务和软件业固定资产投资完成额占比，ICT 产业省外贸易额占比，拥有典型数字产业化与产业数字化企业数量。

数字政策环境。反映数字经济发展的政策支持，通过构建数字经济政策指数对其进行评价。

（五）赛迪顾问"中国数字经济发展指数（DEDI）"

2020 年 11 月，赛迪顾问发布的《2020 中国数字经济发展指数（DEDI）》围绕基础指标、产业指标、融合指标和环境指标 4 个维度构建指标体系，包括 10 个核心指标和 41 个细分指标（见表 4-10），以此评价中国省域数字经济发展水平。

表 4-10　　赛迪顾问"中国数字经济发展指数（DEDI）"指标体系

维度	核心指标	细分指标
基础指标	传统数字基础建设	4G 用户数、4G 平均下载速率、固定宽带用户数、固定宽带平均下载速率、互联网普及率、网页数量、域名数量
	新型数字基础建设	数据中心招标数量、数据中心招标金额、5G 试点城市数量、规划 5G 基站数量、IPv6 比例
产业指标	产业规模	计算机、通信和其他电子设备制造业总产值，信息传输、软件和信息技术服务业总产值，电信业务总量
	产业主体	ICT 领域主板上市企业数量、互联网百强企业数量、独角兽企业数量
融合指标	工业和信息化融合	"两化融合"水平、生产设备数字化率、数字化研究设计工具普及率、应用电子上网比例、实现网络化协同企业比例、"两化融合"贯标企业数量、关键工序数控化率
	农业数字化	数字农业农村创新项目数量、淘宝村数量
	服务业数字化	第三方支付金融牌照数量、电子商务交易额、互联网医院数量、国家信息化教育示范区数量、智慧景区数量
环境指标	政务新媒体	政府网站数量缩减比例、政务机构微博数量、政务头条号数量
	政务网上服务	政府网上政务服务在线办理成熟度、政府网上政务服务在线服务成熟度
	政务数据治理	政务数据治理平台项目数量、政务数据平台建设资金投入、政务数据治理工作推动力、省级以上政务数据开放平台建设情况

资料来源：赛迪顾问《2020 中国数字经济发展指数（DEDI）》。

基础指标。反映数字基础设施建设水平，涉及 4G 网络、固定宽带等传统数字基础建设指标和 5G 基站、IPv6 等新型数字基础建设指标。

产业指标。包括产业规模和产业主体两个方面，其中产业规模涉及信息通信产业和电信业务总量等相关指标；产业主体包括 ICT 领域主板上市企业数量、互联网百强企业数量、独角兽企业数量等指标。

融合指标。包括工业和信息化融合、农业数字化和服务业数字化三个方面，其中工业和信息化融合包括"两化融合"水平和贯标企业数量、生产设备数字化率、关键工序数控化率、数字化研究设计工具普及率、实现网络化协同企业比例等指标；农业数字化包括数字农业农村创新项目数量、淘宝村数量等指标；服务业数字化包括第三方支付金额拍照数量、电子商务交易额、互联网医院数量、国家信息化教育示范区数量、智慧景区数量等指标。

环境指标。包括政务新媒体、政务网上服务和政务数据治理三个方面，其中政务新媒体包括政府网站数量缩减比例、政务机构微博数量、政务头条号数量等指标；政务网上服务包括政府网上政务服务在线办理成熟度、在线服务成熟度等指标；政务数据治理包括政务数据治理平台项目数量、政务数据平台建设资金投入、政务数据治理工作推动力、省级以上政务数据开放平台建设情况等指标。

二、数字经济指标评价方法

（一）主观赋权法

主观赋权法是指采取定性的方式，由专业人士通过打分、评分等方式以个人主观经验对不同指标进行赋权的一类方法，具有灵活性和简便性等优点，但也存在主观性和随意性等缺点。在实际应用中，需要注意选择合适的评价者、明确评价标准和方法，并综合多方意见来确定权重。主观赋权法主要包括层次分析法、德尔菲法、优序图法、经验数据法等。

1. 层次分析法

层次分析法（analytic hierarchy process，AHP）是一种多目标决策分析方法，通过构建层次结构模型，将复杂问题分解为若干层次和因素，然后利用两两比较的方式确定各因素的相对重要性，最终计算得到权重。适用于解决具有分层交错评价指标的目标系统，且目标值又难以定量描述的决策问题。

层次分析法的计算分为四步。

第一步，构建层次结构模型。将决策的目标、考虑的因素（决策准则）和决策对象按它们之间的相互关系分为最高层、中间层和最低层，绘出层次结构图。

第二步，构造判断矩阵。对某一层次元素进行两两比较，并按其重要性程度评定等级，构造判断矩阵。

第三步，层次单排序及一致性检验。计算判断矩阵的特征向量，经归一化后记为 W，W 的元素为同一层次因素对于上一层次因素某因素相对重要性的排序权重，然后进行一致性检验，确保判断矩阵的一致性。

第四步，层次总排序及一致性检验。计算所有层次对于最高层（总目标）的相对重要性的权重，即层次总排序，然后进行一致性检验。

2. 德尔菲法

德尔菲法（Delphi technique）又称专家调查法或专家意见法，通过匿名的方式广泛征求专家的意见，经过多次信息交流和反馈修正，使专家的意见逐步趋向一致，最后根据专家的综合意见对评价对象作出评价。

德尔菲法的实施步骤大致分为六步。

第一步，确定调查目的和拟订调查提纲。明确研究问题的范围和目的，拟订要求专家回答问题的详细提纲，并向专家提供有关背景材料。

第二步，选择专家。选择一批熟悉本问题的专家，一般至少为 20 人，包括理论和实践等各方面专家。

第三步，发放调查表。以通信方式向各位选定专家发放调查表，征询意见。

第四步，整理反馈。对返回的意见进行归纳综合，定量统计分析后再反馈给有关专家。

第五步，再次征询意见。第一轮的结果常常可以激发出新的方案或改变原有观点，因此需要再次向专家组成员征询意见。

第六步，达成一致。重复上述步骤，直至取得大体上一致的意见，最终确定指标权重。

（二）客观赋权法

客观赋权法是指根据原始数据之间的关系，通过一定的数学方法来确定权重的一种指标赋权方法，具有客观性强、数学理论依据强等优点，但也存在通用性和可参与性差、计算方法复杂等缺点。在实际应用中，需要根据具体问题和数据特点选择合适的方法。客观赋权法主要包括熵值法、主成分分析法、灰色关联度分析法、多目标规划法等。

1. 熵值法

熵值法（entropy method）是通过计算指标的信息熵来判断指标的离散程度，进而确定各指标的权重。在信息论中，熵是对不确定性的一种度量。信息量越大，不确定性越小，熵越小；信息量越小，不确定性越大，熵越大。根据熵的特性，可以通过计算熵值来判断指标的离散程度，离散程度越大，该指标对综合评价的影响越大，权重则越大。因此，可根据各项指标的离散程度，利用信息熵工具，计算各指标权重，为多指标综合评价提供依据。适用于评价系统中各指标差异性较大的情况。

熵值法测度通常包括五步。

第一步，数据无量纲化处理。由于各项指标的量纲可能不同，需要先对数据进行无量纲化处理，以消除量纲对计算结果的影响。

第二步，计算指标比重。在数据无量纲化处理后，计算每个样本指标值的比重。

第三步，计算信息熵。根据比重矩阵，计算各指标的信息熵。

第四步，计算指标权重。通过信息熵计算每个指标的离散程度，进而确定该指标的权重。

第五步，计算综合评价值。基于无量纲化指标值和测算的指标权重，使用多元线性函数的加权求出数字经济发展水平综合评价值。综合评价值越高，表示数字经济发展水平越高；反之，则表示数字经济发展水平越低。

2. 主成分分析法

主成分分析法（principal component analysis，PCA）是通过线性变换将原始数据转换为一组各维度线性无关的表示，转换后的这组数据的第一个主成分具有最大的方差（即信息保留最多），后续主成分依次具有次大的方差，且各主成分之间互不相关，然后根据各主成分的方差贡献率确定权重，给出一个综合评价值。适用于处理具有多个相关变量的数据集，通过降维的方式提取主要信息。

主成分分析法包括六步。

第一步，数据标准化处理。首先对原始数据进行标准化处理，使得每一维特征均值为0，方差为1，以消除不同量纲对计算结果的影响。

第二步，计算协方差矩阵。标准化后，计算数据的协方差矩阵。协方差矩阵的每个元素是各维度之间协方差的估计，表示不同维度之间的线性相关性。

第三步，计算协方差矩阵的特征值和特征向量。先对协方差矩阵求出特征值，并按特征值的大小进行排列，再求出每个特征值所对应的特征向量，然后根据该特征值所占总特征值之和的比率，得到特征值贡献率，最后对已从大到小进行排列的特征值贡献率进行累计，求出累计贡献率。

第四步，选择主成分。根据特征值的大小，选择前几个最大的特征值对应的特征向量，这些特征向量就是数据降维后的主成分。通常选择特征值大于1的主成分，或者根据特征值的累计贡献率（即前 n 个特征值之和占总特征值之和的比例）来确定主成分的数量，一般累计贡献率达到80%以上即可。

第五步，计算主成分得分。将选定的特征向量作为列向量构成转换矩阵，然后将原始数据标准化后的矩阵乘以这个转换矩阵，则可算出每个样本的主成分得分。

第六步，计算综合评价值。构造综合评价函数，依据特征值贡献率和主成分得分，计算得到每个样本的综合评价值。

第四节　中国数字经济规模水平

一、数字经济规模的测算方法

数字经济包括数字产业化和产业数字化。其中，数字产业化是指信息产业；产业数字化是指其他行业利用网络信息技术带来的产出增加和效率提升。

数字经济包括数字产业化部分和产业数字化部分。两部分的口径均为增加值，经过去重处理，相加之后与 GDP 可比。数字经济规模是增量而不是存量的概念，和 GDP 是一致的，即每年新增的部分。

数字经济总规模 = 数字经济的数字产业化规模 + 数字经济的产业数字化规模

1. 数字产业化部分的计算方法

数字产业化部分为信息通信产业增加值。其中，信息产业分为电信和互联网服务业、软件及信息技术服务业和电子信息制造业三个部分。

计算方法：分行业增加值 = 行业总收入 × 增加值率。其中，行业总收入数据来源于工业和信息化部官方统计，增加值率数据来源于国家统计局发布的投入产出表。

2. 产业数字化部分的计算方法

产业数字化部分为信息产品在其他领域应用的边际贡献。该部分通过计量经济学计算。

（1）计算思路。经济产出（可近似理解为 GDP）是经济投入的结果，经济投入包括资本投入、劳动力投入、中间产品投入、自然资源投入等。其中，将资本投入分为 ICT 资本投入和非 ICT 资本投入两个部分。每种投入对产出都有一定比例的贡献。例如，某一行业在保持其他投入不变的情况下，每增加一单位的信息产品投入，产出会增加相应的份额。加总全行业 ICT 投入的边际贡献，就可以得到一个国家或地区产业数字化部分的规模。

（2）计算方法。参照联合国、OECD、IMF、世界银行等组织测算信息经济、数字经济、信息化贡献等相关方法，实证研究主要有三种方法：增长核算法、指数法和生产前沿模型法。

增长核算法是指通过适当的函数形式表示出经济体的投入产出关系，并根据要素投入、生产率增长与产出增长之间的数量关系来推算出边际产出。

指数法是分析各种经济变量变化最常用的方法，计算信息通信技术和信息资本存量边际产出同样也不例外。数字经济的产业数字化部分指数是指一个数字经济的生产单元（企业、行业、国家或地区），在一定时期内生产的总产出和总投入之比。经常使用的总量指数主要有 Laspeyres 指数、Passche 指数和 Fisher 指数。

生产前沿模型法的代表性方法是数据包络分析法（data envelopment analysis，DEA），它是以相对效率概念为基础发展起来的一种效率评价方法，特别适用于多投入、多产出的边界生产函数的研究，因而被广泛应用在边际产出的研究中。

测算的重要目的是通过不同国家细分地区或行业的面板数据对数字经济的产业数字化部分的规模进行测算。对于指数法，其扰动项只是假设它服从非负断尾正态分布，对于其真正分布形式却无法识别，这会直接影响技术效率和边际产出的计算结果。而生产前沿模型法有三大不足：一是没有考虑测量误差和噪声的影响；二是其观察值到前沿面的偏差都被当作无效率的结果，完全忽略了测度的误差；三是其效率得分仅仅是样本量相对于最好厂商的得分。对于目前中国数字技术处于剧烈变化期的特征事实以及考虑到我们的测算目的，这两种分析方法显然不太适用。因此，对于数字经济的产业数字化部分的测算采用增长核算法。通过采集不同国家、不同行业、不同地区的面板数据，根据要素投入、生产率增长与产出增长之间的数量关系来推算出边际产出，对各国或各行业的非信息产业部门边际产出加总,即得到数字经济的产业数字化部分的规模总量。

二、中国数字经济规模的测算结果

(一)中国数字经济规模分析

中国信息通信研究院对中国数字经济规模的具体测算结果如表 4 - 11 所示。

表 4 - 11　　　　　　　中国数字经济(增加值)规模等数据

年份	数字经济（增加值）规模（万亿元）	占 GDP 比重（%）	数字经济增速（名义增速）（%）	数字产业化（增加值）规模（万亿元）	占 GDP 比重（%）	同比名义增长率（%）	产业数字化（增加值）规模（万亿元）	占 GDP 比重（%）	同比名义增长率（%）
2014	16.20	26.10	21.10	4.20	6.80	11.60	11.90	19.30	24.00
2015	18.60	27.50	17.50	4.80	7.10	8.90	13.80	20.50	20.70
2016	22.60	30.30	18.90	5.20	6.90	8.70	17.40	23.40	22.40
2017	27.20	32.90	20.30	6.20	7.40	18.40	21.00	25.40	20.90
2018	31.30	34.80	20.90	6.40	7.10	—	24.90	27.60	23.10
2019	35.80	36.20	15.60	7.10	7.20	11.10	28.80	29.00	16.80
2020	39.20	38.60	9.70	7.50	7.30	5.30	31.70	31.20	10.30
2021	45.50	39.80	16.20	8.40	7.30	11.90	37.20	32.50	17.20
2022	50.20	41.50	10.30	9.20	7.60	10.30	41.00	33.90	10.30
2023	53.90	42.80	7.39	10.09	8.01	9.57	43.84	34.77	6.90

资料来源:中国信息通信研究院《中国数字经济发展白皮书》(2015～2021 年)、《中国数字经济发展报告》(2022 年)、《中国数字经济发展研究报告》(2023～2024 年)。图 4 - 1 至图 4 - 5 同。

1. 数字经济规模持续扩大

根据表 4 - 11 的测算结果,从数字经济规模水平来看,近年来在一系列政策利好刺激下,我国数字经济规模持续扩大,其中,由 10 万亿元增长至 30 万亿元用了约 6 年时间,而由 30 万亿元增长至 50 万亿元仅用了 4 年时间。2023 年我国数字经济总规模达 53.90 万亿元,较 2022 年增长 3.70 万亿元,增幅扩张步入相对稳定区间,表明数字经济发展稳步推进。从数字经济占比来看,2023 年我国数字经济占 GDP 比重达 42.80%,较 2022 年提升 1.3 个百分点,并且该比重呈逐年递增趋势,凸显了数字经济在国民经济中的地位逐步提升,对经济增长的拉动作用日益增强。数字经济的蓬勃发展,将推动我国传统产业改造升级,为经济发展增添新动能,有效支撑经济稳增长。2014～2023 年中国数字经济规模及占 GDP 比重如图 4 - 1 所示。

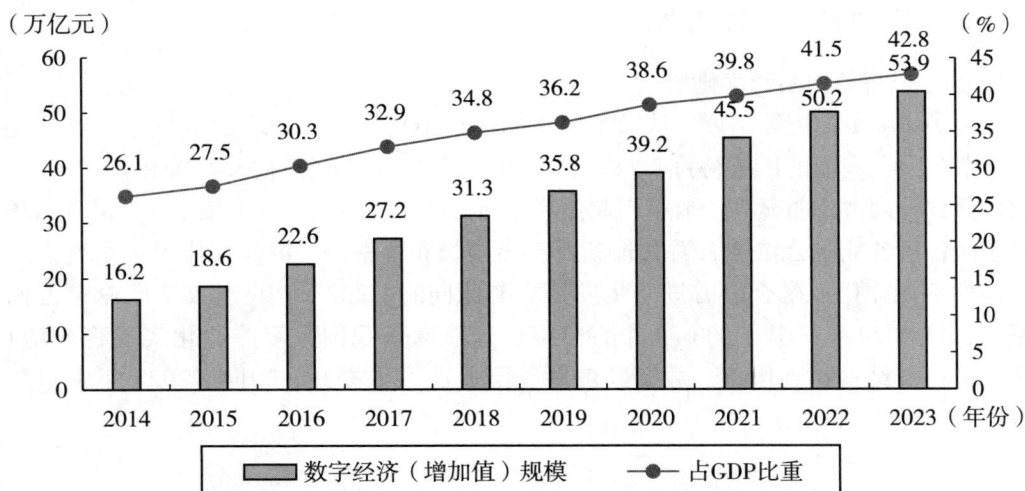

图 4 – 1　2014～2023 年中国数字经济规模及占 GDP 比重

2. 数字经济增速保持高位运行

根据表 4 – 11 的测算结果，从数字经济增速来看，2023 年我国数字经济同比名义增长 7.39%，而 GDP 名义增长 4.64%，数字经济名义增速高于同期 GDP 名义增速 2.75 个百分点，数字经济增长对 GDP 增长的贡献率为 66.45%。近十年来我国数字经济增速均显著高于同期 GDP 增速，最大差距达 12.57 个百分点。这充分说明我国数字经济呈快速发展态势，并且数字经济已成为稳定经济增长的重要引擎。未来，伴随着数字技术创新并加速向传统产业融合渗透，数字经济对经济增长的拉动作用将愈发凸显。2014～2023 年中国数字经济增速与 GDP 增速如图 4 – 2 所示。

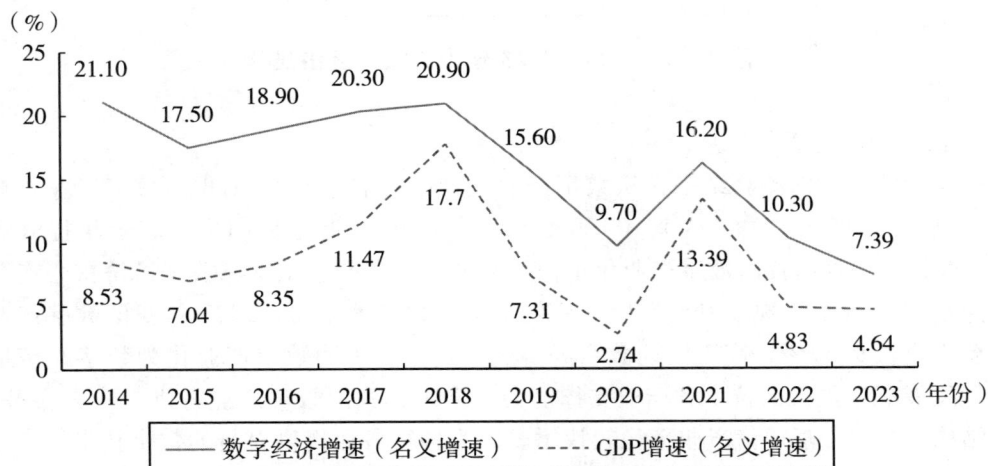

图 4 – 2　2014～2023 年中国数字经济增速与 GDP 增速

（二）中国数字经济结构分析

1. 数字经济结构不断优化

根据表 4-11 的测算结果，从数字经济的内部结构来看，2023 年我国数字产业化规模与产业数字化规模的比重约为 2∶8，分别占数字经济总规模的 18.71% 和 81.29%，产业数字化部分的占比明显高于数字产业化部分的占比，表明我国数字技术、产品和服务正在加速向各行各业融合渗透，对其他产业产出增长和效率提升的拉动作用不断增强，数字经济的赋能作用、融合能力进一步发挥。与此同时，2023 年我国数字产业化占比有所回升，较 2022 年提升了约 0.4 个百分点，这意味着我国数字产业化实现稳步增长，数字经济内部结构得到优化，数字经济发展质量进一步提升。2014~2023 年中国数字经济结构如图 4-3 所示。

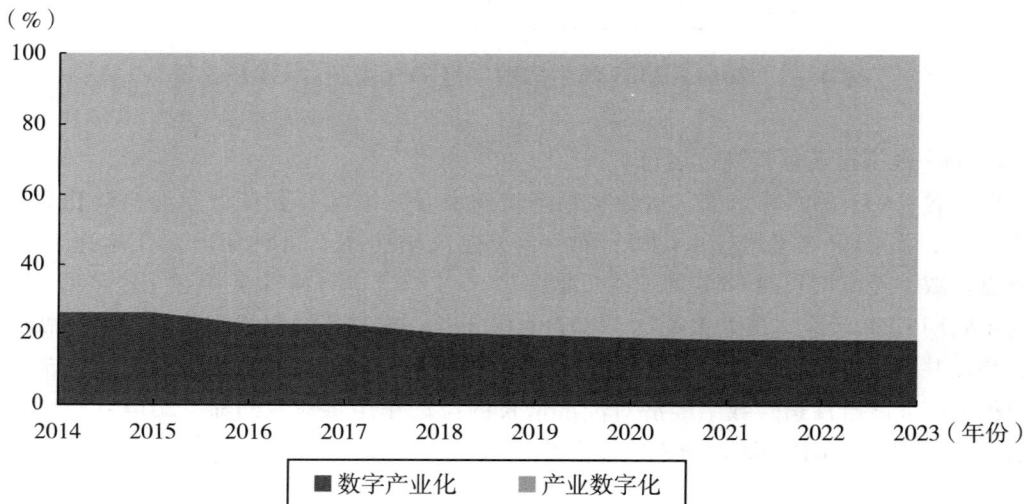

图 4-3　2014~2023 年中国数字经济结构

2. 数字产业化稳中有进

根据表 4-11 的测算结果，从数字产业化规模来看，2023 年我国数字产业化规模首次突破 10 万亿元大关，达 10.09 万亿元，占 GDP 比重为 8.01%，较上年提升了约 0.4 个百分点，表明我国数字产业化正稳步发展，数字产业化支撑数字经济核心产业进一步逼近"十四五"规划发展目标。从数字产业化增速来看，2023 年我国数字产业化同比名义增长 9.57%，高于同期数字经济名义增速，表明数字产业化为数字经济持续高质量发展积累强大的技术和产业支撑能力。未来，我国数字产业将进一步夯实基础，优化结构，推进信息通信产业平稳较快增长，为各行各业提供充足的数字技术、产品和服务支持，为数字经济发展奠定坚实基础。2014~2023 年中国数字产业化规模及占 GDP 比重如图 4-4 所示。

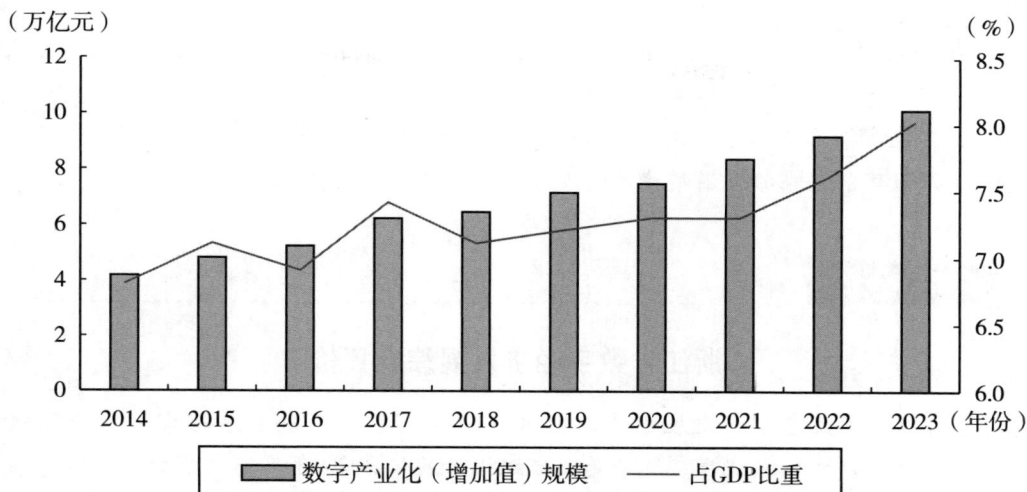

图 4 - 4　2014~2023 年中国数字产业化规模及占 GDP 比重

3. 产业数字化深入推进

根据表 4 - 11 的测算结果，从产业数字化规模来看，2023 年我国产业数字化规模为 43.84 万亿元，占 GDP 比重超过三成，达 34.77%，且逐年递增，表明我国产业数字化正深入推进，成为国民经济发展的重要支撑力量。从产业数字化增速来看，2023 年我国产业数字化同比名义增长 6.90%，略低于同期数字经济名义增速，表明我国产业数字化发展正步入高质量发展的攻坚期。未来，传统产业将进一步利用数字技术进行全方位、多角度、全链条的改造提升，互联网、大数据、人工智能等数字技术更加突出赋能作用，推动实体经济全要素数字转型，实现数字经济和实体经济的深度融合，产业数字化对数字经济增长的主引擎作用将更加凸显。2014~2023 年中国产业数字化规模、增速及占 GDP 比重如图 4 - 5 所示。

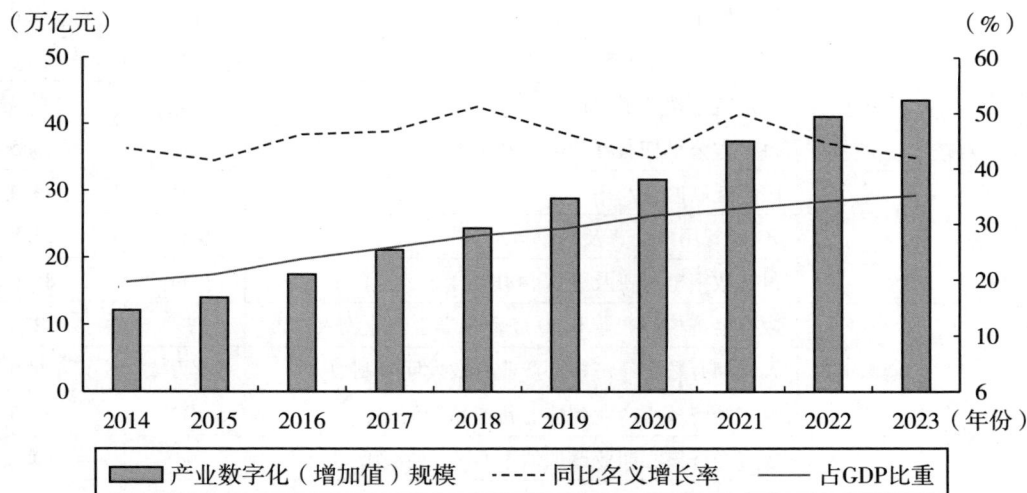

图 4 - 5　2014~2023 年中国产业数字化规模、增速及占 GDP 比重

思考题

1. 数字经济的价值核算体系主要包括哪些方法？
2. 数字经济评价指标体系通常包括哪些维度和指标？
3. 中国数字经济在推动新质生产力发展方面有哪些重要实践？

案例分析

浙江省数字经济发展综合评价

为反映浙江省数字经济发展水平，根据《浙江省数字经济发展综合评价办法（试行)》，浙江省经济和信息化厅、统计局联合组织开展了 2020 年度浙江省数字经济发展综合评价工作，对浙江省、11 个设区市、90 个县（市、区）2020 年度的数字经济发展情况进行综合评估。

一、评价内容

1. 评价指标体系

评价指标体系设定 5 个大类、10 个一级指标和 31 个二级指标，权数总值设为 100。具体指标如表 4－12 所示。大类分别为基础设施、数字产业化、产业数字化、新业态新模式和政府与社会数字化，权重分别为 20、28、22、15 和 15。10 个一级指标分别为网络基础设施、数字网络普及、创新能力、质量效益、产业数字化投入、产业数字化应用、电子商务、数字金融、数字民生和数字政府。评价内容将根据数字经济发展实际情况在目前基础上逐步补充、完善，并纳入指标体系进行综合评价。

表 4－12 　　　　　　　　　　**2020 年度浙江省数字经济发展评价指标**

类别	一级指标	二级指标	单位	数值
基础设施	网络基础设施	城域网出口带宽	Gbps	64029.0
		FTTH/O 宽带接入率（光纤宽带用户率）	%	91.0
		固定宽带端口平均速率	Mbps	201.3
		每平方公里拥有移动电话基站数量	个	5.5
	数字网络普及	固定互联网普及率	户/百人	45.4
		5G 套餐用户的普及率	户/百人	23.8
		付费数字电视普及率（含 IPTV）	户/百户	185.7
数字产业化	创新能力	数字经济核心产业 R&D 经费相当于营业收入比重	%	2.2
		人均拥有数字经济核心产业有效发明专利数	件/万人	9.9
		数字经济核心产业制造业新产品产值率	%	57.5
	质量效益	数字经济核心产业增加值占 GDP 的比例	%	10.9
		数字经济核心产业劳动生产率	万元/人	43.2
		数字经济核心产业制造业亩均税收	万元	20.6

类别	一级指标	二级指标	单位	数值
产业数字化	产业数字化投入	企业每百人中信息技术人员数量	人	2.4
		数字经济投资占全部固定资产投资的比例	%	4.5
		信息化投入占营业收入比例	%	0.284
	产业数字化应用	企业使用信息化进行购销存管理普及率	%	65.0
		企业使用信息化进行生产制造管理普及率	%	46.9
		企业使用信息化进行物流配送管理普及率	%	17.3
新业态新模式	电子商务	人均电子商务销售额	元	18745.4
		网络零售额相当于社会消费品零售总额比例	%	84.9
		工业企业电子商务销售额占营业收入的比重	%	3.6
	数字金融	移动支付活跃用户普及率	%	67.8
		人均移动支付业务量	笔	177.6
政府与社会数字化	数字民生	人均移动互联网接入流量	GB	156.3
		高速公路入口 ETC 使用率	%	73.9
		生均教育信息化经费投入	元	1045.5
		区域医院门诊智慧结算率	%	83.5
	数字政府	人均数据共享接口调用量	次	35.1
		依申请政务服务事项"一网通办"率	%	76.1
		浙政钉应用水平	分	10.0

注："数字经济核心产业增加值占 GDP 的比例"采用《2020 年浙江省国民经济和社会发展统计公报》数据测算。

2. 评价方法

各评价指标按照重要性采用专家调查法后确定权重，采用综合加权法计算评价得分。具体计算方法是：计算各市、县（市、区）各评价指标，按其相对于全省平均水平进行无量纲化处理。为了避免单项指标的过度影响，单项指标得分最高不超过该项指标分值的2 倍，在此基础上对无量纲化处理得到的数值进行综合加权计算评价得分。

二、评价结果

1. 浙江省数字经济发展总体情况

近年来，浙江省抢抓新时代数字经济发展的新机遇，深入贯彻落实习近平总书记对浙江工作的系列重要指示精神，忠实践行"八八战略"，奋力打造"重要窗口"，深入实施数字经济"一号工程"2.0 版，以数字化改革为引领，推动产业链、创新链、供应链深度融合，高水平推进国家数字经济创新发展试验区和"三区三中心"建设，着力构建以数字经济为核心的现代化经济体系，率先形成与数字变革时代相适应的生产方式、生活方式、治理方式，奋力打造数字中国示范区、全球数字变革高地，为高质量建设共同富裕示范区提供动力支撑。评价结果显示,2020 年度全省数字经济发展指数为 111.9%。其中,基础设施、数字产业化、产业数字化、新业态新模式和政府与社会数字化发展指数分别为 119.5%、103.0%、107.5%、115.2% 和 124.6%。

2. 浙江省各地市数字经济发展综合评价结果

根据评价结果,各地市数字经济发展水平总体呈现三个梯队:第一梯队分值为 100 分以上,杭州继续以 137.2 的高分稳居榜首;第二梯队分值在 80~100 分,依次是嘉兴(88.7 分)、温州(87.7 分)、宁波(87.5 分)和湖州(83.0 分);第三梯队分值在 80 分以下,依次是绍兴(79.8 分)、金华(78.5 分)、衢州(74.3 分)、台州(70.0 分)、舟山(69.8 分)和丽水(67.3 分)(见表 4-13)。

表 4-13　　2020 年度浙江省各地区数字经济发展综合评价结果

地区	基础设施		数字产业化		产业数字化		新业态新模式		政府和社会数字化		总指数	
	得分	位次	得分	位次	得分	位次	得分	位次	得分	位次	得分	位次
杭州	102.6	1	164.5	1	132.0	1	159.6	1	110.6	1	137.2	1
宁波	95.7	3	75.7	5	89.9	6	80.8	4	105.9	2	87.5	4
温州	89.3	5	82.2	3	85.7	7	89.9	3	99.2	4	87.7	3
嘉兴	102.4	2	88.0	2	91.6	5	61.1	6	96.5	5	88.7	2
湖州	83.5	9	78.1	4	100.2	3	59.0	7	91.8	8	83.0	5
绍兴	84.0	8	72.6	6	99.2	4	52.3	9	89.0	10	79.8	6
金华	85.1	6	65.4	7	79.7	8	75.2	5	100.7	3	78.5	7
衢州	69.9	10	57.3	10	102.1	2	58.8	8	90.8	9	74.3	8
舟山	90.5	4	60.6	8	71.3	9	39.1	11	92.1	7	69.8	10
台州	84.2	7	59.9	9	70.0	10	48.6	10	96.1	6	70.0	9
丽水	59.0	11	52.2	11	65.6	11	95.8	2	84.7	11	67.3	11

结合案例材料,探讨下列问题:

1. 如何完善数字经济统计监测的工作机制,明确部门间的职责与分工,畅通相关的数据沟通和分享机制,以及形成数字经济运行分析工作合力?

2. 如何将浙江省数字经济综合评价的成功经验推广到其他地区,并解决统计范围、统计口径、核算方法不一致导致统计数据不具备可比性的问题?

3. 浙江省数字经济综合评价比较适用于测算与信息和通信技术相关的经济活动产生的经济总量,如何解决无法核算信息和通信技术产业对传统产业的间接贡献问题?

典型场景与平台项目训练

数字经济的统计测度

1. 项目背景

随着信息技术的飞速发展,特别是互联网、大数据、云计算、人工智能等技术的广泛应用，数字经济作为一种新的经济形态迅速崛起。测度数字经济可以了解一个国家或地区数字经济的发展水平、增长速度和潜在动力，有助于发现数字经济领域中的优势产业和薄弱环节，从而优化资源配置，推动数字经济的健康发展。利用统计测度方法计算中国数字经济发展状况及变化趋势，进而为政府决策及学术研究提供有力的数据支持。

2. 项目简介

本项目旨在通过案例引入和数字经济指标体系创建，帮助学生理解和掌握测度数字经济的基本方法和技术。项目涉及多个经济指标，如信息通信业规模、互联网普及率等，旨在通过实际的数据分析和可视化展示，提升数据分析和经济分析能力，揭示数字经济相关经济指标的情况，为经济政策的制定提供数据支持。通过本项目的学习和实践，学生能够掌握数字经济分析的基本测度方法和技术，具备数据分析和经济分析的能力，为后续的学习和工作打下坚实基础。

3. 项目内容

数字经济测度案例引入：通过具体的案例，引入测度数字经济的重要性和应用场景。

数字经济指标体系创建：数字经济核心产业增加值，衡量数字经济核心产业（如信息通信业、软件服务业等）对经济增长的贡献。数字经济固定资产投资，反映数字经济领域的投资活动和市场潜力。数字经济就业人数，评估数字经济对就业市场的带动效应。数字技术应用水平，通过衡量企业信息化水平、电子商务应用情况等指标，反映数字技术在经济社会中的应用程度。数字经济创新能力，通过专利申请授权数量、R&D 经费投入强度等指标，评估数字经济的创新能力和知识产权保护情况。

数据采集与处理：数据来源包括政府统计部门的数据、行业协会的数据、企业的财务数据等。同时，还需要利用大数据、云计算等现代信息技术手段，提高数据获取和处理的效率和准确性。对收集到的数据进行清洗、整理和分析，确保数据的准确性、完整性和可比性。同时，还需要对数据进行标准化处理，以便进行跨地区、跨行业的比较和分析。

数据分析与可视化：利用均值、标准差、最大值、最小值等统计指标了解数字经济的整体特征。采用折线图、柱状图、饼图、热力图、散点图进行可视化分析，以直观呈现数字经济发展的特征和规律。

数字经济统计测度分析报告：根据数字经济统计测度结果，撰写数字经济分析报告，对项目进行总结和学习反思。

4. 项目特色

综合性强：项目涉及多个数字经济指标和多个层面的数据分析，能够全面考查学生的数据分析和经济分析能力。

实践性强：项目通过具体的案例和数据分析任务，让学生在实践中学习和掌握数字经济统计测度的方法和技术。

可视化展示：利用统计指标和统计图表进行数据可视化展示，提高了数据分析和报告的直观性和可读性。

3

数字产业化

数字经济技术体系概述

数字化转型中的"智慧工厂"

在当今数字经济蓬勃发展的时代，许多企业都在积极进行数字化转型，以提升竞争力。各种"智慧工厂"浮出水面，海尔的"卡奥斯"工业互联网平台极具代表性。海尔的某家电生产工厂，曾经面临生产效率低下、产品质量不稳定、供应链协同困难等问题。引入数字经济技术和新型基础设施后，发生了巨大的转变。工厂利用5G技术实现了设备之间的高速、低延迟通信，生产线上的传感器可以实时采集设备运行数据、产品质量数据等，并通过5G网络迅速传输到工业互联网平台。借助大数据技术，平台对这些海量数据进行分析，为生产流程优化提供依据。在产品研发阶段，利用云计算的模拟和计算能力，能够快速进行产品设计和测试，大幅缩短了产品研发周期。此外，工厂还借助区块链技术，实现了供应链的全程追溯。这一成功转型案例背后，是多种数字经济技术与新型基础设施的协同作用。它不仅提升了企业自身的效益，也为行业发展提供了借鉴。那么，这些数字经济技术和新型基础设施具体是如何发挥作用的？它们之间又有着怎样的联系？让我们带着这些问题，开启第五章的学习之旅。

知识目标：全面掌握云计算、大数据、人工智能、区块链、5G、工业互联网和物联网等数字经济关键技术的概念、原理、特点、核心技术构成及主要应用领域。

能力目标：能够运用数字经济技术相关知识，分析不同行业数字化转型过程中的技术应用场景，并识别潜在问题，提出合理的解决方案。

素质目标：增强在数字技术应用中的风险意识和安全意识，能够客观看待数字技术发展带来的挑战，积极主动地采取措施应对潜在风险。

重点难点 ●●●▶

数字经济技术体系中各技术的核心特点、关键技术及应用领域；新型基础设施的构成、发展趋势及与数字经济技术的融合方式；5G 技术的优势、应用场景和对数字经济的推动作用。

第一节　数字经济技术与新型基础设施

一、数字经济技术概述

数字经济技术是指通过先进的信息技术，尤其是大数据、云计算、人工智能、区块链、5G 等技术，推动经济活动和社会管理的数字化转型。它通过将传统产业与信息流、数据流相结合，形成新的生产力，促进生产效率的提升和社会资源的优化配置。数字经济技术不仅是推动产业结构升级的重要引擎，也是实现社会智能化管理、经济精准化发展的关键力量。

1. 数字经济技术的主要特征

（1）创新性。数字经济技术引领着前所未有的创新潮流，推动着新兴商业模式和产业形态的诞生。例如，数字支付、智能制造、共享经济等新模式的兴起，体现了数字技术赋能传统行业的创新成果。

（2）融合性。数字经济技术的一个显著特征是技术的高度融合。云计算、大数据、人工智能等技术之间的协同作用推动了信息化与各行业的深度融合。例如，人工智能与大数据结合可以提升决策效率，云计算和 5G 技术的结合则实现了智能设备之间的实时数据传输与协作。

（3）高效性。数字经济技术通过优化资源配置、提升生产效率和缩短决策周期，极大地提高了经济运行的效率。通过自动化、智能化的手段，传统产业的生产流程和管理模式得以重构，效率提高的同时，也降低了成本。

2. 数字经济技术的构成核心

各部分紧密连接、相互依赖，形成一个完整的技术体系。

（1）云计算。云计算为数字经济提供了强大的计算和存储能力，支持企业和个人高效地管理和处理海量数据。它不仅降低了信息技术基础设施建设和运维的成本，还为各类数据的存储、分析与处理提供了强有力的技术保障。

（2）大数据。大数据技术使得企业能够从海量信息中提取有价值的洞察，帮助决策者做出更加精准和高效的决策。在数字经济中，大数据的应用范围广泛，涵盖市场分析、消费者行为预测、产品定制化等领域。

（3）人工智能。人工智能通过模仿和扩展人类智能，促进了自动化和智能化应用的发展。从机器学习到自然语言处理，人工智能技术使得数字经济中的服务更加个性化、智能化，提升了生产和运营的效率。

（4）区块链。区块链技术提供了去中心化、安全透明的记录和交易方式。在数字经济中，区块链被广泛应用于金融科技、供应链管理、数字身份认证等领域，通过增强透明度和信任机制，促进了跨机构、跨行业的合作与创新。

（5）5G 技术。5G 技术的高速网络连接是数字经济基础设施的核心之一。通过 5G 网络，物联网设备、无人驾驶、智慧城市等应用得以实现，推动了产业的智能化和数字化转型。

二、新型基础设施建设

（一）新型基础设施的定义

新型基础设施（new infrastructure）是指以数字技术、智能化系统、绿色技术等为核心，推动经济社会全面数字化转型的基础设施体系。与传统基础设施（如交通、能源、供水、供电等物理基础设施）不同，新型基础设施更加强调信息化、数字化、智能化和绿色化，注重技术创新和可持续发展。它不仅涉及物理设施的建设，还包括虚拟化和智能化系统的搭建，如 5G 网络、大数据平台、云计算设施等。新型基础设施的建设与发展，为数字经济的发展提供了关键的支撑和保障。

新型基础设施与传统基础设施的差异在于技术驱动、功能拓展与服务范围。（1）技术驱动：新型基础设施以数字技术为核心，强调技术创新和智能化应用。传统基础设施更多的是以满足基本生存需求为主，主要依赖物理设施的建设和运营。而新型基础设施则以数据流、信息流为核心，推动社会的高效运行和资源的智能化配置。（2）功能拓展：新型基础设施不仅具备传统基础设施的基本功能，还通过数字化、智能化手段实现了功能的拓展和优化，如数据处理、智能决策等。（3）服务范围：新型基础设施的服务范围更广，不仅涵盖传统基础设施的领域，还扩展到数字经济、智能制造等新兴领域。

新型基础设施的发展具有数字化、智能化和绿色化的趋势。数字化指的是通过信息技术和数据驱动的方式提升社会各项活动的效率与智能化水平。智能化则体现在通过物联网、人工智能等技术实现设备、系统和服务的自动化与智能化运行。绿色化则强调在建设过程中注重能源的高效利用、环境的可持续发展，减少对自然资源的依赖和消耗。

（二）新型基础设施的主要构成

新型基础设施由多项关键技术和应用场景构成，涵盖从技术支撑到应用落地的广泛领域。其主要构成包括三部分内容。

1. 数字技术

这些技术是新型基础设施的核心支撑。5G 技术提供了高速的网络传输能力，支撑物联网、自动驾驶、智能制造等高带宽应用的实现。云计算为数据存储、计算和分析提供了强大的基础，促进了服务的灵活部署和资源的共享。大数据技术则为社会经济各个层面的智能决策提供数据基础，帮助各行业实现精确化、定制化服务。人工智能通过自动化、智能化的决策和处理能力，推动了社会管理、产业生产和服务方式的变革。

2. 智能化系统

工业互联网是将传统产业与互联网连接，通过信息技术提升工业生产效率，推动产业智能化转型。物联网技术通过传感器和设备之间的智能连接，实现物品的实时监控、数据采集和远程控制，推动了智能制造、智能城市、智能交通等领域的发展。区块链技术则通过去中心化、安全透明的特性，为数据交易、供应链管理和金融服务等领域提供了更加可信和高效的解决方案。

3. 大数据中心

大数据中心是数据存储和处理的物理场所，它为数字经济提供了数据资源的"仓库"。大数据中心具备大规模的数据存储能力、高效的数据处理能力和严格的安全防护措施。它通过服务器集群、存储设备、网络设备等硬件组件及数据管理软件、数据库管理系统等软件工具，实现对海量数据的存储和处理。例如，谷歌的数据中心、亚马逊的数据中心等都是全球知名的大数据中心，它们为全球互联网企业提供了数据存储和处理服务，确保数据的安全性和可用性。

新型基础设施的构建不仅是技术层面的创新，还包括在产业应用和社会治理中的落地与实践。随着这些基础设施的逐步完善，社会各领域的智能化水平将进一步提升，数字经济的潜力将得以充分释放，从而为经济发展提供持续动力。

三、数字经济技术与新型基础设施的互动

（一）融合基础设施：传统与数字的融合创新

融合基础设施涵盖传统基础设施与数字技术相融合的各个方面，是实现基础设施数字化、智能化升级的关键环节。

在铁路基础设施数字化方面，通过在铁路设备上安装传感器和智能监控系统，可以实时监测铁路设备的运行状态和列车的运行位置。例如，在铁轨上安装应变传感器，可以监测铁轨的变形情况，及时发现安全隐患；在列车上安装定位系统和运行状态监测系统，可以实时掌握列车的运行速度、温度、压力等信息，提高铁路运营的效率和安全性。

在公路基础设施数字化方面，通过在公路上安装交通流量监测设备、智能路灯、自动驾驶辅助设备等，可以实现智能交通管理。例如，交通流量监测设备可以实时监测公路上的车辆流量、速度等信息，为交通管理部门提供决策依据；智能路灯可以根据环境光线和车辆流量自动调节亮度，节约能源；自动驾驶辅助方面，可以为驾驶员提供安全提示和辅助驾驶功能，提高公路行驶的安全性。

在水运基础设施数字化方面，通过在船舶上安装定位系统、航行状态监测系统、水文监测设备等，可以实现对船舶的运行状态和水文环境的监测。例如，定位系统可以实时掌握船舶的位置，航行状态监测系统可以监测船舶的速度、航向、吃水等信息；水文监测设备可以监测水的温度、盐度、流速等信息，提高水运运营的效率和安全性。

在电力基础设施数字化方面，通过在电力设备上安装传感器和智能监控系统，可以实

时监测电力设备的运行状态和电力供应情况。例如，在变压器上安装温度传感器，可以监测变压器的温度变化，及时发现故障隐患；在输电线路上安装故障检测设备，可以实时检测输电线路的故障位置和类型，提高电力供应的稳定性和安全性。

除了上述基础设施外，建筑基础设施数字化也是一个重要方向。例如，在智能建筑中，通过安装传感器和控制系统，可以实现对建筑物的温度、湿度、光照等环境因素的自动控制，提高建筑物的舒适度和能源利用效率。同时，还可以对建筑物的结构安全进行实时监测，及时发现潜在的安全隐患。

农业基础设施数字化也是一个重要方向。例如，在农田中安装土壤湿度传感器、气象站等设备，可以实时监测土壤湿度、温度、降水量等农业生产相关信息，为农业生产提供科学的决策依据，提高农业生产效率和质量。

（二）数字技术与数字基础设施的综合联动——智慧城市

智慧城市是数字技术与数字基础设施综合联动的典型应用场景，也是城市发展的新方向。智慧城市的核心是利用数字技术对城市的各个方面进行智能化改造和管理。在城市交通方面，通过整合5G网络、大数据、人工智能等技术，可以实现智能交通管理系统。例如，利用5G网络的低时延特性，实现车辆与车辆之间、车辆与基础设施之间的实时通信，结合大数据分析交通流量和路况信息，通过人工智能算法优化交通信号灯的控制，提高城市交通的流畅性和安全性。

在城市能源管理方面，利用数字技术可以实现对城市能源的高效管理。例如，通过安装智能电表、智能燃气表等设备，收集用户的能源使用数据，结合大数据分析用户的能源使用习惯，通过人工智能算法优化能源分配和供应，提高城市能源的利用效率，降低能源消耗。

在城市环境管理方面，数字技术也发挥着重要作用。例如，通过安装空气质量传感器、水质监测设备等，实时监测城市的环境质量，结合大数据分析环境变化趋势，通过人工智能算法制定环境治理策略，提高城市环境的质量。

在城市公共服务的智能化方面，例如在城市医疗方面，通过整合远程医疗技术、大数据分析和人工智能算法，可以实现智能医疗服务。通过远程医疗技术，患者可以在家中接受医生的诊断和治疗建议，通过大数据分析患者的病史和病情，通过人工智能算法辅助医生进行诊断和治疗决策，提高城市医疗服务的质量和效率。

智慧城市建设需要政府、企业和社会各方的共同参与。政府应制定相关政策和规划，引导智慧城市建设方向；企业应提供技术支持和产品服务，推动智慧城市的技术创新和应用；社会各方应积极参与智慧城市建设过程，提供反馈和建议，共同促进智慧城市的健康发展。

数字经济技术与新型基础设施相互依存、相互促进。数字经济技术的发展推动了新型基础设施的建设和升级，而新型基础设施又为数字经济技术的应用和创新提供了广阔的空间和坚实的支撑。

四、全球视野下的数字经济技术与基础设施发展

全球先进国家和地区在新型基础设施建设方面取得了显著进展。美国2021年11月通过

《基础设施投资与就业法案》，计划 2022~2026 年投入 650 亿美元加速 5G 网络和宽带互联网建设，并以此推动数字经济转型。欧盟则计划在 2021~2027 年投资 2000 亿欧元，支持 5G 技术、人工智能、大数据等基础设施建设，推动跨境数字服务共享。① 日本、韩国等国也加大了对云计算、物联网和区块链等技术的投入，提升数字竞争力。各国利用数字技术提升供应链韧性，如数字孪生和端到端可视化，增强供应链的适应性，并通过跨境电商推动国际贸易灵活化，促进数字经济发展。截至 2023 年底，全球 5G 用户已突破 20 亿人。②

各国通过加强跨国合作推动数字经济全球化。世界贸易组织自 2019 年起开启电子商务谈判，促进数字贸易便利化。2022 年，美国与欧盟就 5G、数据治理和人工智能展开技术合作。各国还通过数字经济论坛和技术研讨会加强技术交流，促进数字技术的创新与应用，推动全球数字经济的共同发展。

📖 阅读拓展 ▷▷ -

中国的新型基础设施战略

近年来，中国政府出台了一系列政策措施，加快推动"新基建"战略的实施与推进。2018 年，中国提出了"新型基础设施建设"（新基建）战略，明确将 5G、人工智能、大数据中心、工业互联网等作为国家数字经济发展的核心支撑。根据国务院 2020 年发布的《关于促进数字经济高质量发展的指导意见》，新基建被视为推动数字经济创新和产业升级的关键。截至 2022 年底中国累计建成并开通的 5G 基站已达 231.2 万个，5G 用户普及率突破 60%，建设覆盖超过 300 个城市。与此同时，根据"十四五"数字经济发展规划，国家层面还将数据中心作为推动数字经济的关键平台进行重点支持，2023 年政府已批准建设 5 个国家级数据中心集群，预计到 2025 年，数据中心的总投资将达到 1.3 万亿元人民币。

中国注重提升数字基础设施的协同发展水平。在地方政府层面，各地出台各种措施推动新型基础设施的技术建设。例如，北京市出台了《北京市算力基础设施建设实施方案（2024—2027 年）》，旨在推动京津冀蒙地区建成具有国际影响力的智算产业创新应用高地。同时，各地还通过财政补贴、税收优惠等方式，鼓励企业加大在新型基础设施领域的投入和创新。

当前中国新型基础设施领域投入与目标见表 5-1。

表 5-1　　　　　新型基础设施领域的投入现状与建设目标

领域	现状与建设目标
人工智能	根据《中国新一代人工智能科技产业发展报告 2023》，2023 年我国人工智能核心产业市场规模达到 5784 亿元人民币，五年复合增速达 20.38%；初步估算，2024 年我国人工智能核心产业市场规模达到 6964 亿元

---

① 爱立信. 移动市场报告（2023 年 11 月）［R/OL］.（2023-11-01）. https://www.ericsson.com/4b0978/assets/local/press-releases/asia/2023/mobility-report-202311.pdf.

② 全球移动通信系统协会（GSMA）. The Mobile Economy 2024［R/OL］.（2024-02-01）. https://www.gsma.com/solutions-and-impact/connectivity-for-good/mobile-economy/wp-content/uploads/2024/02/260224-The-Mobile-Economy-2024.pdf.

领域	现状与建设目标
新能源汽车充电桩	2024 年 1~11 月，充电基础设施增量为 375.6 万台，其中公共充电桩增量为 73.4 万台，随车配建私人充电桩增量为 302.2 万台；截至 2024 年 11 月，全国充电基础设施累计数量为 1235.2 万台，同比上升 49.5%；充电基础设施与新能源汽车的桩车增量比为 1:2.7，充电基础设施建设能够基本满足新能源汽车的快速发展
大数据中心	2023 年我国大数据产业发展速度加快，大数据核心产业收入总规模达 30.8 万亿元，未来几年我国大数据产业的年增长率有望保持 20% 以上
5G 基建	截至 2024 年 10 月底，我国 5G 基站总数已达到 414.1 万个，每万人拥有 5G 基站数达到 29 个，全球 5G 用户总数达到 18.7 亿人，其中中国 5G 用户数达到 9.27 亿人
特高压	截至 2023 年底，我国共建成 39 项特高压输电工程，跨省区输电能力超 3 亿千瓦，累计送电超 3 万亿千瓦时，累计减排二氧化碳 31.8 亿吨；2024 年中国电网投资预计超过 6000 亿元，同比增长约 700 亿元
高铁与轨道交通	根据国铁集团投产计划： 2021 年投产新线 4208 公里，其中高速铁路 2168 公里； 2022 年投产新线 4100 公里，其中高速铁路 2082 公里； 2023 年投产新线 3637 公里，其中高速铁路 2776 公里，圆满完成年度铁路建设任务； 2024 年计划投产新线 1000 公里以上

第二节 5G 技术

一、5G 技术的核心优势

5G 技术是指第五代移动通信技术，在通信网络的速度、延迟、连接密度和可靠性等方面都表现出了革命性的提升。相比于 4G 技术，5G 技术提供了更高速的数据传输、更低的通信延迟、更广泛的连接能力和更高的网络可靠性，极大地推动了智能化、自动化技术的发展，成为数字经济生态中的核心动力之一。5G 技术的核心优势体现在四个方面。

1. 高速率

5G 网络的理论传输速度可达到每秒 10 吉比特（Gbit），是 4G 网络速度的数十倍。其高速数据传输能力为高清视频、虚拟现实（VR）、增强现实（AR）及超高清视频会议等应用场景提供了强大的技术支持。例如，在远程医疗领域，医生可以通过 5G 网络实时观看高清晰度的手术画面，进行精确指导和诊断。

2. 低延迟

5G 网络的延迟可低至 1 毫秒，远低于 4G 网络的几十毫秒。低延迟特性对实时性要求较高的应用（如自动驾驶、工业控制、远程手术等）至关重要。在自动驾驶中，车辆能够快速响应外部环境的变化，如其他车辆的突然停车、路况变化等，确保驾驶的安全性。

3. 大连接能力

5G 技术能够支持每平方公里数百万台设备的连接，相比 4G 技术，连接密度大幅提高。这对于物联网（IoT）应用尤为重要，尤其是在智能城市、智能制造等领域。5G 技术能够支持更多设备同时在线，实现智慧家庭、智慧城市、智能工厂等多种应用场景的高效运作。

4. 高可靠性

5G 网络具有更强的抗干扰能力和稳定性，确保了关键应用（如智能交通系统、远程手术等）在极端条件下的持续可靠运行。高可靠性保障了设备在极端环境下的稳定工作，适用于工业自动化、智能电网、无人机等重要领域。

二、5G 技术的应用领域

1. 智能制造与工业互联网

5G 技术在智能制造和工业互联网中的应用具有深远意义。通过 5G 网络，设备和机器可以实现高速率、低延迟的实时数据传输，推动了工厂自动化、远程控制和精准制造。例如，在智能工厂中，5G 技术能够使机器人和自动化设备之间进行实时通信和协同操作，极大提升了生产效率和安全性。此外，5G 技术还使得设备的远程监控和诊断成为可能，有助于减少设备故障和停机时间，提高工厂的运营效率。

2. 自动驾驶与智能交通

5G 技术是自动驾驶和智能交通系统的关键支撑。自动驾驶汽车需要实时接收来自道路、其他车辆及交通设施的大量数据，并做出快速反应。5G 网络低延迟和大连接的特性使得车辆间可以实现实时通信（vehicle-to-vehicle，V2V）和车辆与交通基础设施之间的通信（vehicle-to-infrastructure，V2I），从而增强道路安全性，优化交通流量。此外，5G 网络还能够支持智能交通信号灯、车载传感器等设施的实时监控和数据传输，提高道路的通行效率。

3. 智慧城市与公共服务

5G 技术在智慧城市建设中的应用非常广泛，涵盖城市交通、能源管理、公共安全等多个领域。5G 网络能够实现对城市各类基础设施的实时监控和智能化管理。例如，通过 5G 技术，交通管理系统能够实时采集道路状况、交通流量等信息，智能调控交通信号，缓解交通拥堵。在城市能源管理方面，5G 技术使得智能电网、智能水务等基础设施能够实时监控并优化资源配置，提高能源的使用效率和减少浪费。

4. 远程医疗与健康管理

5G 技术在医疗行业的应用是数字经济中的重要领域之一。5G 网络的低延迟和高带宽特性为远程医疗、远程手术、远程监护等服务提供了坚实的基础。医生可以通过 5G 网络实时获取患者的生理数据和影像资料，进行精准诊断和治疗。例如，5G 技术能够实现高清的远程手术操作，医生在远程位置操控机器人手术设备，完成复杂的手术操作，提高医疗资源的可达性，尤其在偏远地区或灾区等医疗资源匮乏的地方。

5. 虚拟现实与增强现实

5G 网络的高速率和低延迟为虚拟现实（VR）和增强现实（AR）技术的普及提供了

强大支持。通过 5G 网络，用户可以享受沉浸式的虚拟体验和实时交互，而不受传统网络延迟和带宽限制。在教育、娱乐、培训等行业，VR 技术和 AR 技术的应用已经越来越广泛。比如，教育领域可以通过 VR 技术进行远程授课，带给学生更身临其境的学习体验；在游戏行业，5G 技术为多人在线游戏提供了更流畅的体验，支持更高质量的实时互动。

三、5G 技术对数字经济的推动作用

5G 技术通过提供更强大的数据传输能力、降低延迟及扩大连接设备数量，对数字经济的各个方面产生了深远的影响。

1. 推动产业升级

5G 技术的普及将推动各行业的数字化、智能化升级。例如，传统制造业将通过 5G 技术与物联网、大数据、人工智能等技术的结合，实现设备智能化、生产过程自动化和产品个性化定制，提高生产效率和市场响应速度。

2. 促进新兴业态的发展

5G 技术不仅推动了传统行业的转型，还催生了一批新兴业态。智能硬件、自动驾驶、智能医疗、无人零售、智慧城市等新兴业态都依赖 5G 技术的支撑。随着 5G 网络的普及，新的商业模式和市场需求不断涌现，成为数字经济快速发展的新动力。

3. 增强用户体验

5G 技术在提升用户体验方面具有巨大潜力。无论是高清视频流媒体服务、沉浸式游戏体验，还是实时在线教育、远程医疗，5G 为用户提供了更加流畅、高效、个性化的服务。消费者在享受更高质量服务的同时，也推动了消费模式的变化，促进了数字经济的多样化发展。

4. 加速全球数字化进程

5G 技术的普及不仅仅是单一国家或地区的技术升级，更是全球数字化进程的重要组成部分。5G 网络将成为全球数字经济一体化的基础设施，推动全球数据流动、跨国合作和数字市场的形成。国际企业通过 5G 网络能够更好地进行跨境电子商务、全球物流管理、数字内容传输等，进一步凸显了数字经济的全球化特征。

四、5G 关键技术介绍

1. 大规模多输入多输出（massive multiple input multiple output，Massive MIMO）技术

该技术是 5G 技术的核心之一。它通过在基站端部署超大规模的天线阵列，利用多用户空间独立性，在空间上形成独立的窄波束覆盖不同用户。这种技术基于用户的空间隔离系统，能够同时传输不同用户的数据。理论上，当天线数量趋于无穷时，各用户信道之间趋于正交，系统容量仅与用户数量相关。实现 Massive MIMO 的方式包括信道估计、预编码和权值计算。信道估计通过接收端对发送端的数据处理，确定无线传输信道的状态；预编码则利用信道状态信息生成预编码矩阵，对发射信号进行预处理，实现波束赋形；权值计算则是将预编码矩阵和发射数据流进行矩阵乘法操作，实现用户数据流到天线数据流的

变换。Massive MIMO 技术主要应用场景包括城区覆盖、无线回传、郊区覆盖和局部热点，具有频谱效率提升、干扰降低和空间分辨率增强的优势。然而，它也面临着导频开销问题，特别是在中高速移动通信场景中，导频开销可能会消耗大部分时频资源，导致导频污染。

2. 网络切片技术

该技术为 5G 网络提供了灵活性和安全性。它通过网络虚拟化技术，将物理资源抽象成虚拟资源，按需构建端到端的逻辑网络，提供一种或多种网络服务。网络切片技术能够根据业务和用户的动态需求进行资源调整，实现网络资源的优化分配。它分为核心网中的网络切片和接入网中的网络切片，核心网网络切片主要依靠网络功能虚拟化（network functions virtualization，NFV）和软件定义网络（software defined network，SDN）技术提供支持，而接入网中的网络切片实现更具挑战性。SDN 技术帮助实现网络的控制/数据平面分离，定义开放接口，实现对网络切片中网络功能的灵活定义；NFV 技术则实现软硬件解耦，将物理资源抽象成虚拟资源。网络切片技术通过接入网络架构优化和网络资源虚拟化，提高了运营效率。

3. 高效的多址接入技术

该技术也是 5G 技术的关键之一。其中，非正交多址接入（non-orthgonal multiple access，NOMA）技术基于功率域复用，通过在接收端进行串行干扰消除算法，实现对接收到的叠加信号进行译码。NOMA 系统能够提升频谱效率，特别是在小区边缘区域，有效提升用户的体验速率。此外，NOMA 技术的发送端和接收端处理过程简单直观，易于实现。然而，NOMA 也面临着误码性能问题和功率分配优化的挑战。除了 NOMA，还有其他多址接入技术，如多用户共享接入（multi-user shared access，MUSA）、稀疏码多址接入（sparse code multiple access，SCMA）和图样分割多址接入（pattern division multiple access，PDMA）。这些技术能够显著提升系统的资源复用能力，支持大量用户接入，适合物联网应用。

4. 超密集组网关键技术

该技术通过在局部热点区域密集部署无线网络基础设施，减小小区半径，增加单位面积内小基站的密度，实现百倍量级的系统容量提升。它采用虚拟层技术，将单层实体网络构建成虚拟多层网络，包括虚拟宏小区和实体微基站小区。超密集组网技术能够显著提高系统容量，满足 5G 网络数据流量和用户体验速率的提升需求。同时，它通过小区虚拟化和动态调整等技术，有效管理小区间干扰，提高用户体验。然而，随着站点密度的增加，用户将受到多个密集邻区的同频干扰，且移动时切换过于频繁，需要通过引入分布式多输入多输出（distribute MIMO，D-MIMO）技术、虚拟细胞（virtual cell）技术和小区动态调整等技术来解决干扰问题。

5. SDN/NFV 与网络开放能力

该技术为 5G 网络提供了灵活性和可扩展性。软件定义网络（SDN）是一种数据控制分离、软件可编程的新型网络体系结构，而网络功能虚拟化（NFV）则通过通用的计算、存储、网络硬件平台和虚拟化技术，实现软硬件解耦和功能抽象。随着网络性能、异构性和数据多源化的需求不断增加，现有网络的功能可扩展性差、个性定制化困难、基础设施成本居高不下的矛盾日益突出，SDN/NFV 技术应运而生。虚拟化关键技术包括 NFV 管理编排维护（NFVM&O）和基于 NFV 与 SDN 的接入网架构。网络开放能力则通过资源共享与网络隔离、覆盖与承载分离及虚拟化研究验证等方式，提高网络的稳定性和性能。

6. 双连接、多连接技术

该技术为 5G 网络提供了更高的灵活性和可靠性。其中，长期演进/新无线（long term evolution/new radio，LTE/NR）双连接技术允许设备同时连接到无线接入网络内的多个节点，包括主节点和辅助节点，实现频谱共享和成本降低。5G 双连接架构非独立组网（non-standalone，NSA）选项则存在两种不同的无线接入技术（LTE 和 NR）及新的 5G 核心网络。而 5G 独立组网的多连接技术则解决高频部分（毫米波）覆盖问题，通过多连接技术结合低频段的上行辅助频段（supplementary uplink，SUL），实现用户对高频大带宽和速率的需求，同时保证覆盖范围。

第三节 云计算

一、云计算概述

云计算是一种通过网络按需提供可扩展的计算资源（包括计算能力、存储、应用程序等）的服务模式，它允许用户通过互联网访问和使用这些资源，而无须购买和维护物理基础设施。托马斯·埃尔（Thomas Erl）在《云计算：概念、技术与架构》中将云计算定义为分布式计算的一种特殊形式，采用效用模型远程提供可扩展和可测量的资源。云计算的主要特点包括资源池化、按需服务、弹性扩展和高可靠性。首先，资源池化将计算资源如服务器、存储和网络整合为一个大型资源池，用户可根据需求动态分配和使用。按需服务允许用户通过互联网灵活选择计算资源，并按使用量付费，这提高了资源利用率并降低了成本。其次，云计算平台还具备弹性扩展能力，能够根据用户需求快速调整资源供应，从而适应市场变化。再其次，云计算平台通常采用冗余设计和备份策略，以确保高可用性和数据安全。最后，云计算平台还提供了强大的监控和管理功能，能够及时发现和解决问题，保证系统的稳定运行。

云计算的增长主要受技术创新、业务需求驱动和政策支持的推动。技术创新提高了云平台的性能和功能，吸引了更多用户；随着企业数字化转型加速，越来越多的企业将业务迁移到云计算平台；此外，各国政府也出台了支持政策，促进了云计算市场的发展。

云计算是一种基于互联网的计算模式，它通过互联网将计算资源（如服务器、存储、数据库、应用程序等）以服务的形式提供给用户。云计算的快速发展为数字经济的蓬勃发展提供了重要支持，云计算成为现代企业信息化转型、技术创新和商业模式变革的关键技术之一。通过提供按需、灵活、可扩展的资源管理方式，云计算在降低信息技术成本、提高资源利用率、加速创新等方面具有显著优势，已成为各行各业推动数字化转型的基础平台。

二、云计算的技术架构与服务模式

云计算的技术架构可分为基础设施层、平台层和应用层。基础设施层包括服务器、存储设备、网络设备等物理硬件资源，以及虚拟化技术，后者将物理资源抽象为虚拟资源，允许用户创建和管理虚拟资源。平台层则包括云计算平台软件，如操作系统、数据库管理系统、中间件等，为用户提供开发和运行应用程序的环境。此外，云计算平台还提供了丰富的开发工具和框架，帮助用户快速开发和部署应用程序。应用层则包括软件即服务（software as a service，SaaS）、平台即服务（platform as a service，PaaS）和基础设施即服务（infrastructure as a service，IaaS）等服务模式。

1. 企业信息化与数字化转型

云计算在企业数字化转型中扮演了关键角色。企业可以将传统的本地服务器和 IT 基础设施迁移到云端，借助云平台实现 IT 资源的优化配置，降低管理复杂性，提升灵活性。云计算为企业提供了强大的数据存储和处理能力，促进了大数据分析、人工智能等先进技术的应用。例如，金融机构通过云计算平台提供个性化的金融产品，制造企业通过云端实现供应链的精细化管理。

2. 大数据分析与人工智能

云计算为大数据分析和人工智能应用提供了必要的计算资源和存储能力。通过云平台，企业可以实时处理和分析海量数据，进而挖掘出有价值的商业洞察。大数据技术可以帮助企业优化运营流程、提升产品和服务质量，人工智能技术则通过云计算提供强大的算力支持，实现数据的深度学习和预测分析。通过云计算的支持，人工智能得以在医疗、金融、制造业等多个领域得到广泛应用，如智能诊断、金融风险控制、生产流程优化等。

3. 软件即服务（SaaS）

SaaS 是云计算中常见的服务模式之一。通过 SaaS，企业和个人无须购买和安装传统的软件，而是通过互联网访问和使用应用程序。SaaS 提供了按需、灵活、低成本的软件使用方式，广泛应用于客户关系管理（customer relationship management，CRM）、企业资源规划（enterprise resource planning，ERP）、办公自动化（office automation，OA）等领域。企业能够通过 SaaS 平台实现信息的快速流转和数据的集中管理，提升工作效率和协作能力。

4. 虚拟化与云基础设施服务

云计算的虚拟化技术可以将物理资源分割成多个虚拟实例，以支持多个不同的业务系统和应用。基础设施即服务（IaaS）为用户提供计算、存储、网络等虚拟化资源，用户可以按需购买并灵活配置资源。IaaS 平台使企业能够以较低的成本享受灵活的计算能力，减少硬件和基础设施的投资，快速响应市场需求的变化。

5. 云端存储与灾备恢复

云计算的存储服务使得企业能够方便地存储、管理和备份海量数据。通过云端存储，企业能够实现跨地域的数据访问和数据共享。此外，云计算平台通常会提供灾难恢复功能，通过冗余存储和数据备份，保证在突发事件发生时数据的安全性和可恢复性。这使得企业在面临自然灾害、硬件故障等突发事件时，能够迅速恢复业务，减少运营风险。

三、云计算的优势与挑战

云计算的主要优势之一是弹性与可扩展性。用户无须预先购买昂贵的硬件设备或维护大型数据中心，而是可以按需购买计算资源，依据工作负载的波动自动调整资源。例如，电商平台可以在促销季节动态增加计算资源，在淡季则减少资源使用，从而降低运营成本，提高资源利用效率。另一个关键优势是成本效益。云计算采用按需付费模式，用户根据实际使用量进行支付，无须承担高额的硬件投资和维护费用。对于中小企业和初创公司来说，云计算提供了低成本、高效能的解决方案，使它们能够以较低的投入享受企业级的计算能力。此外，云计算平台的高效资源管理和自动化运维功能，也显著降低了人工管理的成本，提高了运维效率。

在高可靠性与安全性方面，云计算平台通常采用多点容灾机制，通过数据冗余、备份和自动恢复等技术确保服务的高可用性。即便某些区域出现故障，平台也能通过其他数据中心的备份系统保障业务持续运行。云平台还采用加密、访问控制和身份验证等措施，保障数据的安全，降低企业在数据管理中的安全风险。云计算的全球化和便捷性也是其突出优势。服务商通常在全球多个地区设有数据中心，确保用户无论身处何地，都能便捷地访问云端服务。这一点对于跨国公司和需要快速响应市场需求的企业尤为重要。云计算通过提供标准化、统一的服务，促进了全球数字经济的互联互通。

然而，云计算也面临一些挑战。首先，数据安全和隐私保护是企业使用云计算时的主要关注点，因为云平台涉及大量用户数据。其次，网络延迟和带宽问题可能影响用户体验，尤其是在跨区域访问时。供应商锁定也是一个挑战，一旦企业选择某个云服务提供商，切换到其他供应商可能会面临高额的迁移成本。最后，法律法规问题，特别是数据保护和知识产权法规，也是在使用云计算时需要考虑的重要事项。

四、云计算对数字经济的推动作用

1. 降低数字经济的门槛

云计算使得企业可以以较低的成本获得强大的计算能力和存储资源，降低了数字经济的发展门槛。特别是对于中小企业和初创公司，云计算提供了灵活的资源配置方式，使它们能够快速启动业务，降低资金和技术投入压力，快速进入市场，从而加速了新兴行业的崛起和传统行业的数字化转型。

2. 促进创新与技术发展

云计算提供了强大的技术平台，促进了各类创新应用的诞生。例如，通过云计算平台，企业可以方便地使用大数据分析、人工智能等技术工具，开展新产品研发、个性化服务和市场分析等工作。云平台的开放性和共享性推动了技术资源的互联互通，使得更多的创新技术得以迅速应用到市场中，推动了数字经济的发展。

3. 加速全球化和数字经济一体化

云计算通过为全球用户提供统一的平台和服务，促进了全球数字经济一体化的进程。企业可以借助云计算平台，轻松扩展全球市场，开展跨国合作，实现全球数据共享与分析。例如，跨国公司可以通过云计算平台实现全球供应链的实时监控和管理，优化生产和物流安排，提升全球竞争力。

4. 提升企业的敏捷性与市场反应速度

云计算提供即时、按需的计算和存储资源，使得企业能够快速调整业务策略和技术架构，提升业务运营的灵活性。例如，在产品开发和市场推广过程中，企业可以通过云平台快速部署应用、测试新功能、评估市场反馈，从而实现更高效的业务决策和产品迭代。

可见，云计算作为数字经济的基础设施之一，极大地促进了各行业的数字化转型与创新发展。云计算高效、灵活、低成本的特性，使得企业能够在资源有限的情况下实现规模化发展，同时推动了全球范围内的商业和技术合作，为数字化提供了强大的支持。

第四节　大数据

一、大数据的定义与特点

大数据是指无法通过传统数据处理工具和方法进行有效管理、存储、处理和分析的海量数据集合。它通常具有四个核心特点，即数据量大（volume）、数据种类多（variety）、数据变化快（velocity）和数据价值高（value），也被称为大数据的"4V 特征"。随着信息技术的不断进步，数据产生的速度和规模呈现出爆炸式增长，给各行各业带来了前所未有的挑战和机遇。大数据不仅指庞大的数据量，还包括结构化、半结构化及非结构化数据的混合，且数据生成的速度、实时性以及多样性，使得传统的数据存储和处理方式难以应对，推动了新的大数据技术和架构的诞生。

二、大数据的技术架构

大数据的处理和分析离不开一套高效的技术架构，通常包括数据采集、存储、处理和分析四个关键环节。

首先，数据采集技术是获取大数据的基础，主要包括传感器技术、网络爬虫技术和数据接口技术。传感器技术通过各种传感器（如温度、湿度、压力传感器等）实时采集物理世界中的数据，为大数据提供了丰富的数据源。网络爬虫技术则用于从互联网上抓取网页、文章、图片等数据，是获取互联网数据的重要手段。数据接口技术则通过与各种数据源建立数据接口，如数据库接口和文件接口等，实现数据的采集和导入，为后续的数据处理提供必要的原始数据。

其次，数据存储技术对于大数据的管理和存储至关重要。关系型数据库（如 MySQL、Oracle 等）通常用于存储结构化数据，具有数据一致性好、查询效率高等特点。与之相对的是非关系型数据库，它适用于存储非结构化数据。文档型数据库，如 MongoDB，能够存储文本、JSON 数据等，具有灵活的数据模型和高效的查询性能。键值对数据库（如 Redis）则以键值对的方式存储数据，广泛应用于缓存和会话管理等场景。而列族数据库，如 HBase，则适用于大规模数据存储，具备高扩展性和高并发读写能力，常用于大数据环境下的存储需求。

再次，数据处理技术包括数据清洗、数据挖掘和机器学习等重要技术。数据清洗是对采集到的数据进行预处理，去除重复数据、错误数据和异常数据，确保数据的质量。数据挖掘则是通过运用各种算法和技术（如聚类分析、分类算法、关联规则挖掘等），从大量数据中发现潜在的有价值信息和知识。机器学习通过训练模型，让计算机学习数据中的规律和模式，从而实现预测、分类、推荐等功能，为数据分析和决策提供支持。

最后，大数据的分析采用了机器学习、数据挖掘、人工智能等先进技术，有利于从庞大的数据中提取出有价值的信息。数据可视化技术也成为分析结果呈现的重要手段，使得数据洞察变得更加直观和易于理解。这些技术共同构成了大数据的核心技术体系，推动了大数据在各个领域的应用与发展。

三、大数据在数字经济中的应用

大数据在数字经济中的应用已深入个人、企业和市场的各个层面，为社会的各个领域带来了显著的变化和提升。

在个人层面，大数据的应用极大地便利了人们的出行、健康管理及公共安全等方面。具体来说，大数据通过优化交通信号和智能导航等方式，助力智能交通的发展，提升出行效率，减少拥堵。例如，一些城市利用实时交通监测数据来调整信号灯时间，从而实现更顺畅的道路通行。此外，大数据还可以为个人提供个性化的出行建议，帮助选择最佳路线、预测交通情况，使出行更加便捷。在健康管理方面，大数据有助于疾病的预测、诊断和治疗。通过分析大量的医疗数据，包括患者的症状、生活习惯和检查结果，医生能够更加精确地预测疾病的发生，提前采取预防措施，降低疾病发生率。大数据还可以为医生提供更全面的患者信息，支持精准的医疗诊断，并通过分析药物疗效数据，帮助制定个性化治疗方案。此外，在应急管理和公共安全领域，大数据的作用也非常显著。它能够通过多源数据分析及时发现潜在的风险因素，进行灾害预警。例如，通过对气象数据、社交媒体信息和地理信息的分析，系统可以对自然灾害进行预测，并提前发布预警信号，帮助政府和民众做好应急准备。同时，大数据还可应用于安全监控和犯罪预防。通过对视频监控数据、犯罪记录等信息进行深入分析，能够发现潜在的安全隐患，提升公共安全水平。

在企业层面，大数据同样发挥着不可或缺的作用，可以帮助企业优化生产和运营、提高市场营销效果及改善客户关系。大数据在生产和运营方面提供了强大的支持，尤其是在供应链管理和生产过程控制中。通过分析供应链中的物流、库存和销售数据，企业能够优化供应链配置，提高效率。例如，企业可以根据销售数据预测市场需求，从而合理安排生产计划和库存水平，避免出现库存过剩或缺货现象。在生产过程中，大数据可以实时监控生产设备的运行状态和工艺参数，及时发现问题并进行优化，避免生产停滞，提高生产效率。此外，大数据还在市场营销和客户关系管理中发挥着关键作用。通过深入分析客户的购买记录、浏览行为和搜索关键词，企业可以精确了解客户的需求和行为特征，从而制定个性化的营销策略，提高营销效果。例如，电商平台可以根据客户的浏览历史和购买行为，为其推荐个性化商品，增加购买转化率。同时，大数据还为企业提供了丰富的客户数据支持，帮助企业更好地了解客户的满意度和需求，及时改进产品和服务，提升客户满意度和忠诚度。

在市场层面，大数据推动了个性化推荐和市场趋势预测的广泛应用。在电商领域，企业通过分析用户的浏览记录、购买历史等数据，为用户提供个性化的商品推荐，显著提升用户的购物体验和转化率。例如，电商平台能够根据用户兴趣推送相关商品，促使用户产生购买兴趣并完成交易。在金融领域，大数据的应用使得金融机构能够为投资者提供个性化的投资建议。通过分析投资者的历史投资记录、风险偏好等数据，金融机构可以为其定制投资方案，降低风险并提高投资收益。除了个性化推荐，大数据还在市场趋势预测和决策支持方面发挥着重要作用。通过对消费者需求、市场竞争、行业发展等数据的分析，企业能够准确把握市场动向，从而调整生产计划和营销策略，抢占市场先机。例如，某企业通过市场趋势分析，预测到某类产品需求的上升，及时加大生产投入，成功满足市场需求，并获得了丰厚的经济回报。此外，大数据还为企业和政府提供了科学决策的支持。企业通过分析市场数据、生产数据等，能够制定更精准的投资和生产决策；政府则可以通过经济和社会数据分析，制定更加合理的政策措施，推动社会经济发展。

总体来说，大数据在数字经济中具有广泛的应用前景，能够为个人、企业和市场创造巨大的价值。从优化个人生活、提升企业运营效率，到支持市场预测和决策，大数据正在改变传统的商业和社会运作模式。随着大数据技术的不断发展和应用，它将在数字经济中发挥越来越重要的作用，成为推动社会和经济进步的关键力量。

四、大数据的优势

大数据的最大优势在于其能够从海量、复杂的数据中提取出隐藏的规律和洞察，进而为企业和社会创造巨大的价值。首先，大数据能够帮助企业优化决策过程，通过实时数据分析，企业能够更迅速地响应市场变化，从而提高其竞争力。其次，大数据推动了智能化发展，通过数据驱动的决策和预测，企业不仅可以提升运营效率，还能增强创新能力。与此同时，大数据还支持个性化服务的实现，尤其在医疗、零售和金融等行业，能够根据用户的需求和行为提供定制化的产品和服务，从而进一步提升客户体验和市场占有率。

从技术角度来看，大数据具备强大的海量数据处理能力，可以有效地处理并分析来自不同来源的大规模数据，从而为企业和政府提供科学、合理的决策支持。此外，大数据技术能够支持多样化的数据类型，包括结构化、非结构化和半结构化数据，满足不同用户对数据类型的需求。这种数据多样性支持，使得大数据在各行各业中都有着广泛的应用前景。

实时性和动态性也是大数据的一大优势。大数据能够实时采集和处理数据，快速反映数据变化，为用户提供最新的信息。这给企业和政府在面对瞬息万变的市场和环境时提供了更为及时的决策依据。因此，大数据不仅为企业提供决策支持，帮助企业增强竞争力，还为政府在公共管理和服务领域提供强有力的支持，使各类决策更加科学、精准。

第五节　人工智能

一、人工智能概述

人工智能（artificial intelligence，AI）是指通过计算机系统模拟人类智能的技术和能力，包括学习、推理、理解、感知和行动等方面。其核心目标是让计算机能够处理和分析复杂的数据，作出智能决策，并执行各种任务，如语言识别、图像识别、机器人控制和智能搜索等。人工智能具有若干显著特点。首先，AI 具有高度的智能性，能够模拟人类的学习、推理、判断和决策能力。其次，AI 具备高效性，可以快速处理和分析大量数据，从而提高工作效率和准确性。AI 的适应性使其能够根据不同的环境和任务进行自我调整，展现出灵活性和通用性。最后，AI 具有创新性，能够不断学习和创新，提出新的解决方案和方法，推动技术和社会的进步。

二、人工智能的技术架构

人工智能的核心技术包括机器学习、深度学习和自然语言处理等。

1. 机器学习

机器学习使计算机能够通过数据学习，并根据数据规律进行预测和决策。常见的机器学习方法包括监督学习、无监督学习和强化学习。监督学习通过带标签的数据进行训练，帮助模型进行预测和分类。无监督学习则使模型从没有标签的数据中发现潜在的模式和结构，广泛应用于聚类和降维分析。强化学习则通过与环境的交互学习来实现最优决策，应用于机器人控制和游戏策略等领域。

2. 深度学习

深度学习是机器学习的一个重要分支，其核心技术是神经网络。神经网络由多个神经元组成，通过加权输入数据、运算及激活函数生成输出。常见的深度学习网络结构包括卷积神经网络（convolutional neural network，CNN）、循环神经网络（recurrent neural network，RNN）和长短时记忆网络（long-short term memory network，LSTM）。这些技术在图像识别、自然语言处理等领域有广泛应用。此外，深度学习框架，如 TensorFlow 和 PyTorch，提供了强大的开发工具，使得开发者可以高效构建、训练和部署深度学习模型。

3. 自然语言处理

自然语言处理（natural language processing，NLP）旨在使计算机能够理解和生成自然语言。通过技术如词向量表示，NLP 将文本数据转换为计算机能够处理的向量形式。文本分类技术可以将文本按主题或情感进行分类，而机器翻译技术则能够自动将一种语言翻译成另一种语言，极大地提升了跨语言交流的效率。

三、人工智能的服务与应用

（一）人工智能的服务

人工智能为各行业提供了丰富的智能化服务，并在多个领域发挥着越来越重要的作用。以下是几个典型的应用场景和具体应用领域。

1. 智能客服

智能客服系统通过自然语言处理和机器学习技术，实现对客户问题的自动回答，减少人工干预，提升服务效率和客户满意度。AI 客服不仅能够提供 24 小时服务，还能根据用户问题的背景进行个性化应答，提高用户体验。

2. 智能推荐

智能推荐系统结合大数据和机器学习技术，能够根据用户的历史行为、偏好和兴趣，推荐个性化的产品和服务。通过精准的个性化推荐，企业能够提升用户体验，增加销售额并提高用户忠诚度。

3. 智能安防

智能安防系统通过视频监控、人脸识别、行为分析等技术，能够实时监测潜在的安全威胁并进行预警。它在提高公共安全和社会稳定性方面起到了重要作用，广泛应用于城市安防、家庭监控和公共安全领域。

4. 智能医疗

在医疗领域，人工智能技术可以辅助医生进行疾病诊断、治疗方案的制定以及药物研发。AI 通过对医疗数据的分析，能够提高诊断的准确性和效率，提升医疗服务质量，帮助医生作出更精准的决策。

（二）人工智能的应用

人工智能在多个领域的应用已成为推动行业创新和发展的关键力量，以下是 AI 在一些主要领域的应用场景。

1. 工业领域

在工业自动化方面，AI 通过机器人和自动化设备，实现生产过程的自动化控制，从而提升生产效率和产品质量。智能质检技术利用图像识别和机器学习实时检测产品质量，确保产品符合标准。同时，AI 也应用于设备故障预测，通过对设备运行数据的分析，提前发现潜在问题，减少停机时间和维修成本。

2. 金融领域

在金融领域，AI 的应用涉及风险评估、智能投资顾问和反欺诈检测等方面。AI 通过分析金融市场数据，帮助金融机构识别市场风险，并为投资者提供个性化的投资建议。此外，AI 还能通过监测交易数据，检测潜在的欺诈行为，保障金融系统的安全性。

3. 医疗领域

AI 在医疗行业的应用已成为提升诊断效率和治疗效果的重要工具。通过分析医学影像和患者数据，AI 能够辅助医生进行精准的疾病诊断，加速药物研发进程，并提高医疗服务质量。深度学习技术在 X 光、CT 和 MRI 影像分析中得到了广泛应用，帮助医生更好地识别病变，提升诊断的准确性。

4. 交通领域

人工智能在交通管理和智能驾驶领域的应用也日益增多。智能交通管理系统结合大数据和 AI 技术，实时监控交通流量，优化交通信号控制，提升交通效率并确保交通安全。在自动驾驶领域，AI 能够使汽车自主导航，减少交通事故，提升出行安全。此外，AI 还可通过分析交通流量数据，进行交通拥堵预测，并提前发布预警信息，从而改善出行体验。

第六节　区块链

一、基本概念

区块链是一种分布式账本技术，通过密码学原理、智能合约和去中心化的共识机制，确保了数据的安全存储、传输和共享。它可以被视为一个去中心化的数据库，记录了所有的交易信息和操作记录，并且这些信息是公开透明、不可篡改的。技术上，区块链由一系列区块组成，每个区块包含一定时间内的交易数据和前一个区块的哈希值，形成链式结构。这种设计使得数据的历史记录不可篡改，保证了其真实性和可靠性。

区块链的核心要素包括去中心化、智能合约和共识机制。去中心化意味着区块链没有中央权威机构，而是由全球分布的节点共同维护。每个节点都参与验证和记录交易，从而确保网络的安全和去中心化特性，这种结构为区块链提供了极高的容错性和抗攻击性。智能合约是一种可编程逻辑，能够根据预设条件自动执行事务，减少人工干预，提升交易效率和信任度。共识机制是确保区块链数据一致性和可靠性的核心，常见的共识算法包括工作量证明（proof of work，PoW）、权益证明（proof of stake，PoS）和委托权益证明（delegated proof of stake，DPoS）等，这些机制确保网络中的节点能够就交易数据达成一致。

此外，区块链还具备几个关键特性。透明性是区块链的一大优势，所有交易记录都可以在公开账本上查看，任何人都可以访问和验证这些数据，从而使得交易可审计，大大降低了欺诈和腐败的风险。尽管区块链交易是公开透明的，但系统设计也能保护参与者的隐私。不可篡改性是区块链的另一重要特性，一旦交易被确认并添加到区块链中，几乎不可能被更改或删除。每个区块都通过加密与前一个区块紧密相连，篡改某个区块内容需要修改所有后续区块的内容，这在计算上几乎无法实现。安全性方面，区块链采用公私钥加密和哈希函数来确保数据安全，只有授权用户才能访问和操作数据，这种加密保护有效防止数据篡改，并增强了系统的抗攻击能力。区块链的概念最早可以追溯到 20 世纪 90 年代，密码学专家曾设想去中心化的电子现金系统，但由于当时的技术限制，这些设想未能实现。2008 年，中本聪发布了论文《比特币：一种点对点的电子现金系统》，提出基于区块链的比特币网络，标志着区块链技术的诞生。比特币的出现引起了广泛关注，并为区块链技术的发展奠定了基础。

随着技术的不断进步，区块链逐渐从比特币的应用扩展至金融、供应链管理、物联网等多个领域，技术性能也得到了显著提升，尤其是在交易速度、扩展性和安全性方面的改进。同时，新的技术创新，如智能合约、跨链技术、隐私保护技术等，也为区块链的广泛应用提供了坚实的支持。

当前，区块链技术已成为全球关注的热点，各国政府和企业积极探索其应用。金融领域是区块链应用最为广泛的领域，跨境支付、证券交易、保险等都在积极采用区块链技术。未来，区块链将持续发展，并拓展更多应用场景，同时也面临安全性、隐私保护和监管等方面的挑战，需要进一步的技术创新和制度完善。

二、工作原理

区块链的基本原理理解起来并不复杂。首先来看几个基本概念。

区块（block）：记录一段时间内发生的所有交易和状态结果等，是对当前账本状态的一次共识。

链（chain）：由区块按照发生顺序串联而成，是整个账本状态变化的日志记录。

哈希值（prehash）：当前区块头部存储的前一个区块的哈希值，用于将区块按时间顺序链接起来，形成不可篡改的链式结构。

交易（transaction）：一次对账本的操作，导致账本状态的一次改变，如添加一条转账记录。

元数据（metadata）：描述区块或交易附加信息的数据，用于存储非核心但必要的上下文信息。

区块链结构示例如图 5 – 1 所示。

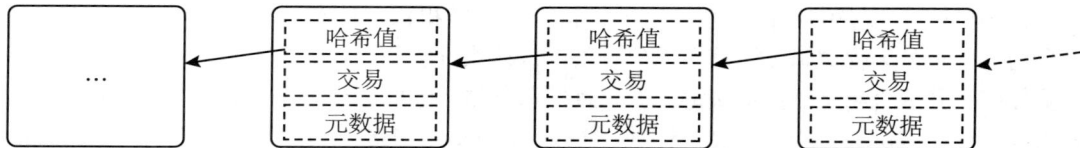

图 5 – 1　区块链结构示例

区块链的工作原理主要涉及数据存储与传输、共识机制与验证及智能合约的执行等方面。

（一）数据存储与传输

首先，区块链通过分布式账本技术将数据存储在多个节点上，确保每个节点都拥有完整的账本副本。这些节点通过共识机制保证数据的一致性和可靠性。每当发生新的交易时，节点将交易数据打包成区块，并通过哈希函数计算出区块的哈希值。其次，节点将区块广播到整个网络中，其他节点进行验证与确认。经过验证的区块将被添加到区块链的末尾，成为区块链的一部分。

在数据传输方面，区块链采用点对点传输方式，节点之间可以直接进行数据交换，而无须经过中间服务器的转发。这种方式不仅提高了数据传输的效率，还确保了数据的安全性和隐私性。

（二）共识机制与验证

共识机制是区块链系统中确保数据一致性和可靠性的核心。常见的共识机制包括工作量证明（PoW）、权益证明（PoS）和委托权益证明（DPoS）等。虽然这些机制的工作原理不同，但它们的共同目标是让网络中的节点就区块链上的交易数据达成共识。具体来说，在共识机制的工作过程中，节点们会根据预定的算法和规则对交易数据进行验证。如果所有参与节点对某个交易数据达成一致，这笔交易就被视为有效并被添加到区块链中。如果节点之间出现分歧，区块链系统会采用预设的机制来解决这些分歧，从而保持系统的稳定性和运行效率。

（三）智能合约的执行

智能合约是区块链上的可编程逻辑，能够在满足特定条件时自动执行预设的规则和操作。每当触发条件被满足时，智能合约将自动执行相应的操作，并把执行结果记录在区块链中。智能合约的执行依赖区块链提供的安全可靠环境，可以确保合约代码和数据不能被篡改或伪造。此外，区块链为开发人员提供了丰富的接口和工具，便于智能合约的开发和部署。

📖 阅读拓展 →→--

区块链系统的运作原理

想象一下你和一群爱借钱的朋友。每个人都有一本账本，上面记录着所有的交易和账户余额。这个账本是分布在每个人手里的副本，而不是交给某个人拿着账本。每当有人想要进行一次交易，比如转账给其他人一定数量的金币，他们会把这个交易写在自己的账本上，并通知其他人。其他人会验证这个交易是否有效，比如检查发送人是否有足够的金币进行转账。如果交易被验证通过，它就会被添加到每个人的账本上，表示账本的状态发生了变化。为了确保每个人的账本都保持一致，我们约定一些规则。首先，每个人在记录交易时必须按照相同的顺序进行，就像是按照时间顺序排队一样。其次，每个人会把自己已验证的交易打包成一个"区块"，并把这个区块连接到之前的区块上，形成一个链条。现在，每个人都有了相同的账本副本，每个区块都记录了之前的区块的信息。这样，任何人都可以通过检查每个区块的信息来验证整个账本的有效性。如果有人试图篡改账本的某个区块，那么所有人都会注意到，因为这个区块的哈希值会发生变化，从而破坏了整个账本的**连续性**。这个共享账本游戏的关键在于达成**共识**。当有人想要添加一个新的区块时，**其他人会一起参与确认这个区块的有效性，并达成共识**。只有在达成共识后，新的区块才会被添加到每个人的账本上。这就是区块链系统的运作原理。通过分布式的账本副本、按照特定的规则记录交易和形成区块链，区块链系统实现了一个安全、透明和去中心化的数据记录方式。

--←←

三、主要类型

区块链根据使用场景和访问权限的不同，主要分为三种类型：公有链、联盟链和私有链。

1. 公有链

公有链是完全去中心化的区块链，任何人都可以参与其维护和验证过程。公有链具有高度的开放性和透明度，所有人都可以查看区块链上的交易数据和操作记录。公有链广泛应用于数字货币（如比特币、以太坊）和金融交易等领域。

2. 联盟链

联盟链由多个组织或机构共同维护，具有一定的中心化特征。参与者需要经过授权才能加入该网络，并且在区块链上的操作需获得其他参与者的认可。联盟链常见于企业级应用场景，如供应链管理、金融服务等，能够帮助企业实现数据共享和业务效率的提升。

3. 私有链

私有链由单一组织或机构控制和维护，具有较强的中心化特征。访问权限通常受到严格控制，只有授权用户可以访问数据和进行操作。私有链适用于企业内部管理和数据安全保护，能够确保数据的集中管理和高安全性。

四、应用场景

区块链的应用场景十分广泛，特别是在金融领域、供应链管理、物联网以及政务服务等方面展现出巨大的潜力和优势。

在金融领域，区块链技术能够实现快速、安全且低成本的跨境支付，消除传统银行体系中的中介环节，大幅提升支付效率。同时，区块链还可以优化证券交易和发行过程，通过透明、安全的自动化流程减少人为干预，提高效率。此外，区块链技术在保险领域也有重要应用，其自动化的理赔流程能够减少人工干预，提高理赔的效率和准确性。

在供应链管理中，区块链技术被广泛应用于物流追溯和防伪。通过记录物流信息，区块链确保数据不可篡改并实现全程追溯，同时通过智能合约功能防止假冒伪劣商品进入市场。与此同时，区块链还促进供应链各环节的数据共享与协同，提升效率和透明度，并借助智能合约实现自动化管理，减少人工操作的复杂性。

在物联网领域，区块链技术为设备管理与维护提供了新的解决方案。它能够记录设备的运行状态和维护信息，确保数据的不可篡改性和可追溯性。此外，区块链技术还可以实现物联网设备间的数据安全共享，通过加密和访问控制机制保障数据隐私和安全性。

在政务服务方面，区块链可以推动政务数据的共享与管理。通过区块链技术，政府部门之间能够实现数据的实时共享与互信，提升数据利用效率，同时通过智能合约实现自动化管理。此外，区块链还能优化政务服务流程，实现流程的自动化和智能化，减少人为干预，进一步提升政务服务的效率和质量。

作为一种新兴的分布式账本技术，区块链凭借去中心化、不可篡改、安全可靠等特点，正在为数字经济的发展提供新的技术支持。随着技术的不断发展和应用场景的不断拓展，区块链在金融、供应链管理、物联网、政务服务等领域的应用前景广阔，预计将继续发挥越来越重要的作用。

第七节 工业互联网

一、工业互联网的定义与内涵

工业互联网是通过互联网将全球工业系统中的智能物体、工业互联网平台与人相连接的系统，旨在实现工业系统的智能化、数字化转型。它整合了工业革命和网络革命的优势，融合了智能机器、高级分析和工作人员等元素，形成了一种全新的产业和应用生态。具体来说，工业互联网利用物联网、大数据、云计算、人工智能等先进技术，实现了工业生产过程中各种设备、机器、传感器等智能物体的互联互通，通过采集、传输、存储和分析工业数据，获取机器智能，从而优化生产流程、提高效率、降低成本、提升质量。例如，在汽车制造行业，通过生产线上的传感器采集设备运行和产品质量数据，平台可进行实时分析，及时发现问题并优化调整，从而提高生产质量和效率。

工业互联网的内涵包括多个方面。首先，它是多种先进技术的融合体，涵盖物联网技术（设备互联与数据采集）、大数据技术（海量数据分析）、云计算技术（提供计算和存储支持）和人工智能技术（智能决策和优化控制）。这些技术相互协作，共同推动工业互联网的发展。其次，产业协同是其核心。工业互联网涉及设备制造商、软件开发商、系统集成商、运营商等各个环节，只有各方协作，才能实现整体价值的最大化。最后，数据驱动是工业互联网的关键。通过深度挖掘和分析工业数据，企业可以获得有价值的信息，从而实现生产智能化和优化升级。

二、工业互联网的体系架构

工业互联网的体系架构通常包括感知层、网络层、平台层和应用层，层层协作以实现整体功能。感知层负责采集生产过程中的数据，如设备状态和工艺参数；网络层将数据传输到平台层；平台层是核心，负责存储、分析和处理数据，提供应用服务；应用层则对应具体应用场景，如生产控制、质量管理等。

工业互联网的关键技术包括物体感知技术、数据传输技术、平台构建技术和数据分析技术。通过传感器、射频识别等技术实现设备和数据的实时监控，物联网技术为设备互联提供支持。数据传输技术则包括有线传输（如以太网）和无线传输（如4G/5G）等，确保数据准确、及时地传输到平台。平台构建技术依托云计算、大数据等技术，提供数据存储、分析与处理能力，而数据分析技术运用机器学习、深度学习等算法，对工业数据进行深入分析，发现潜在问题，支持智能决策。

三、工业互联网的发展现状

全球范围内，工业互联网发展势头强劲。发达国家如美国、德国和日本在工业互联网领域处于领先地位，拥有先进的技术和完善的产业生态系统，推动工业互联网在制造业、能源、交通等领域的应用。这些国家不仅在技术研发方面取得了显著成果，还在产业标准制定、生态系统建设等方面走在了前列，为全球工业互联网发展作出了重要贡献。图 5 - 2 详细展示了全球工业互联网的发展进程。

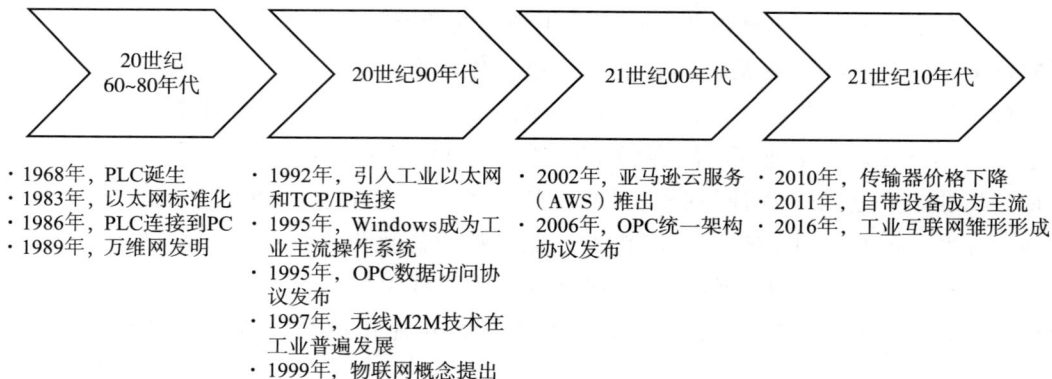

| 20世纪60~80年代 | 20世纪90年代 | 21世纪00年代 | 21世纪10年代 |

- 1968年，PLC诞生
- 1983年，以太网标准化
- 1986年，PLC连接到PC
- 1989年，万维网发明

- 1992年，引入工业以太网和TCP/IP连接
- 1995年，Windows成为工业主流操作系统
- 1995年，OPC数据访问协议发布
- 1997年，无线M2M技术在工业普遍发展
- 1999年，物联网概念提出

- 2002年，亚马逊云服务（AWS）推出
- 2006年，OPC统一架构协议发布

- 2010年，传输器价格下降
- 2011年，自带设备成为主流
- 2016年，工业互联网雏形形成

图 5 - 2　全球工业互联网发展历程

中国也在积极推动工业互联网的发展。政府出台了一系列政策，支持工业互联网与实体经济的深度融合，鼓励企业积极参与建设和应用。通过政策引导和资金支持，国内企业在工业互联网领域取得了一定进展。例如，海尔、美的、华为等企业已经在实践中形成了代表性的应用案例，实现了生产过程的智能化、数字化转型，提升了企业的生产效率和竞争力。

四、工业互联网的应用领域

（一）制造业

在制造业中，工业互联网的应用主要体现在生产过程优化、供应链管理和产品创新等方面。

1. 生产过程优化

工业互联网通过连接生产设备和传感器，实现对生产过程的实时监控和数据分析。通过监测设备的运行状态、温度、压力等参数，企业能够及时发现潜在故障和问题，提前进行维护和调整，从而提高生产效率，降低生产成本。例如，某汽车制造企业通过工业互联网平台监控生产线上的设备，发现一台设备出现异常温度升高的情况，及时进行了维修，避免了生产事故的发生，同时提升了生产效率。此外，利用大数据分析技术，企业还可以对生产数据进行深入挖掘，优化生产工艺和流程，进一步提高产品质量。

2. 供应链管理

借助工业互联网，制造业企业能够实现供应链的全程可视化管理。从原材料采购到生产加工再到产品销售，各环节的信息都可以实时共享和传递。这有助于企业更好地协调供应商、生产商和经销商之间的关系，优化供应链布局，提高供应链的响应速度和灵活性，降低库存成本和物流成本。例如，某电子产品制造企业通过工业互联网平台与供应商实现信息共享，实时掌握原材料的库存情况和生产进度，从而及时调整采购计划，避免了库存积压和缺货现象的发生。

3. 产品创新

工业互联网为制造业企业提供了丰富的数据资源和分析工具，帮助企业深入了解市场需求和客户偏好，从而更好地进行产品创新。通过分析用户的使用数据和反馈信息，企业能够发现产品的不足之处，进行改进和优化，推出更符合市场需求的创新产品。例如，某家电制造企业通过分析用户的使用数据，发现用户对产品智能化功能有较高的需求，于是推出了具有智能控制功能的新产品，受到了市场的热烈欢迎。

（二）能源行业

在能源行业中，工业互联网的应用同样发挥着重要作用，涉及能源生产优化、能源分配与调度，以及能源交易与市场预测等方面。

1. 能源生产优化

在能源生产过程中，工业互联网通过远程监控和管理设备，帮助企业实时掌握能源生产设备的运行状态和生产效率。数据分析可以优化能源生产工艺，提高能源转换效率，减少能源消耗。同时，智能传感器和物联网技术被用来监控和分析能源生产过程中的能耗和排放，支持节能减排。例如，某火力发电企业通过工业互联网平台远程监控发电机组的状态，优化燃烧控制，提高了能源转换效率，并有效减少了能源消耗。

2. 能源分配与调度

工业互联网还能够实现能源分配和调度的智能化管理。通过实时监测能源的需求和供应情况，系统能够根据用户需求和预测调整能源分配方案，从而确保能源的高效利用。例如，在电力行业，智能电网技术能够实时监测、调度和控制电力的流向，提高电力系统的稳定性和可靠性。

3. 能源交易与市场预测

借助工业互联网平台，能源企业可以实现能源交易的在线化和智能化。通过大数据分析和预测技术，企业能够准确预测能源市场的动态，为能源采购和销售决策提供依据。此外，工业互联网有助于提高能源市场的竞争力，增强交易透明度和公平性，促进市场健康发展。

（三）服务业

在服务行业，工业互联网的应用范围广泛，主要体现在物流与仓储管理、金融服务和医疗服务等领域。

1. 物流与仓储管理

工业互联网在物流与仓储领域的应用推动了物流过程的可视化和智能化管理。通过物联网技术，物流设备和货物能够进行实时跟踪和监控，提高物流效率，降低物流成本。同时，通过大数据分析技术，企业可以对物流数据进行深度分析，优化物流线路和仓储管理，减少库存积压。例如，某物流企业通过工业互联网平台实时跟踪运输车辆和货物的状态，及时调整物流线路，提升了运输效率，降低了运输成本。

2. 金融服务

工业互联网为金融行业提供了新的机遇和挑战。通过大数据分析和人工智能技术，金融机构能够深入分析企业的生产经营数据，评估其信用风险和偿债能力，为企业提供更加精准的金融服务。同时，工业互联网还促进了金融创新，推动了个性化金融产品和服务的推出。例如，某银行通过工业互联网平台分析企业的生产经营数据，为企业提供了量身定制的融资方案，帮助其解决了融资难题。

3. 医疗服务

在医疗服务领域，工业互联网使得医疗设备的远程监控和管理成为可能，从而提升了医疗服务的效率和质量。物联网技术被应用于医疗设备的实时监测，及时发现设备故障和问题，确保设备的正常运行。同时，通过大数据分析技术，对医疗数据进行深入分析，支持精准医疗决策，提高了医疗服务的质量和个性化水平。例如，某医院通过工业互联网平台远程监控医疗设备的运行状况，发现设备出现故障后，及时进行了维修，避免了医疗事故的发生。此外，通过分析患者的医疗数据，为医生提供了更加精准的诊断依据，进一步提升了医疗服务的质量。

第八节　物联网

一、物联网概述

物联网的概念最早可以追溯至 1995 年，比尔·盖茨在《未来之路》中提及了相关设想，但在当时并未引起广泛重视。1998 年，美国麻省理工学院创造性地提出了当时被称作电子产品代码（electronic product code，EPC）系统的"物联网"构想。1999 年，美国 Auto-ID 实验室明确提出了"物联网"这一概念，主要基于物品编码、射频识别（radio frequency identification，RFID）技术和互联网，旨在实现物品信息的智能化识别与管理，使物品间能够相互通信。在中国，物联网最早被称为"传感网"，中国科学院于 1999 年启动了传感网研究并取得了一定的成果，同年，移动计算和网络国际会议提出传感网是未来发展机遇。2003 年，美国《技术评论》将传感网络技术列为改变人们生活的十大技术之一，凸显了其潜在影响力。2005 年，国际电信联盟（ITU）发布了《ITU 互联网报告 2005：物联网》，正式提出了"物联网"概念，并指出物联网时代即将来临，任何物体都可以通过互联网主动交换信息，射频识别技术、传感器技术等将被广泛应用。此后，物联网的概念不断发展，内涵也持续扩展，从最初的物品识别与通信，逐渐涵盖了更广泛的领域和应用场景。

物联网是通过各种信息传感设备，如射频识别、红外感应器、全球定位系统、激光扫描器、气体感应器等，按约定协议将任何物品与互联网连接，进行信息交换与通信，实现智能化识别、定位、跟踪、监控和管理的网络。物联网的核心和基础是互联网，是互联网的延伸和扩展，使物与物、人与物之间能够实现互联互通，拓展了互联网的应用范围和功能。物联网的本质是实现物理世界与信息世界的深度融合，让物品具备感知、通信和智能处理能力，从而提高资源利用效率、提升生产效率、提高生活质量，推动社会经济的发展和变革。例如，在智能物流中，通过物联网技术，货物的运输状态、位置等信息可以实时获取，从而实现物流过程的可视化和智能化管理。

物联网架构可以分为三层：感知层、网络层和平台层。感知层是物联网的基础，主要通过传感器、射频识别技术、视频监控等设备进行信息的采集与传输。感知层负责收集环境、设备及物体本身的数据，是物联网系统的"眼睛"和"耳朵"。例如，智能温控系统中的传感器负责监测环境温度、湿度等信息，并将其传输到上层进行处理。网络层负责将感知层采集到的数据进行传输，确保数据从终端设备到云平台或服务器的可靠、快速传递。网络层依赖多种通信技术，如无线局域网（Wi-Fi）、蜂窝网络（如4G/5G）、低功耗广域网（low-power wide-area network，LPWAN）等，支持不同场景下的数据传输需求。它是物联网系统的"高速公路"，确保数据的及时性和准确性。平台层是物联网的"大脑"，负责对数据进行存储、处理、分析和决策。平台层依托云计算、大数据和人工智能技术，为物联网应用提供计算和分析能力。数据经过平台层的处理后，可以为用户提供实时监控、预警、优化调度等服务。平台层是物联网实现智能化决策和自动化控制的核心。

二、物联网的关键技术

（一）传感器技术

传感器是物联网获取信息的关键设备，分为物理传感器和化学传感器。物理传感器利用物理效应（如压电效应、磁致伸缩现象等）将物理量转换为电信号；化学传感器则通过电化学反应等原理，检测化学物质的浓度和性质。传感器具有高精度、高灵敏度和快速响应的特点，能够实时监测环境中的各种参数。传感器在物联网中起着至关重要的作用，它们分布在物理世界中，感知物体的物理特性、化学性质或生物特征，将这些信息转化为电信号，并通过无线或有线通信方式传输到物联网的其他设备中。传感器的广泛应用使得物联网能够实现对物体的实时监测、识别和控制，为智能交通、智能家居、智能医疗等领域提供了重要支持。

（二）射频识别技术

射频识别（RFID）系统由电子标签、读写器和天线组成。电子标签中存储着物体的识别信息，读写器通过发射射频信号与电子标签进行通信，读取或写入标签中的信息。工作原理基于电磁感应或射频耦合，当读写器发射的射频信号遇到电子标签时，标签中的芯片会产生感应电流，从而激活标签并将存储的信息传输给读写器。RFID技术广泛应用于物流、零售、仓储、制造业等领域。例如，在物流领域，RFID标签可以用于货物的跟踪和管理，实现货物的快速识别和分拣；在零售领域，RFID 技术可以用于商品的防盗和库存管理，提高零售效率；在制造业中，RFID 标签可以用于生产过程中的质量控制和物料管理，提升生产效率和产品质量。

（三）通信技术

物联网中的通信技术包括有线通信技术和无线通信技术。

1. 有线通信技术

以太网、电力线通信、光纤通信等是常见的有线通信技术。以太网传输速率高、可靠性强，广泛应用于局域网；电力线通信利用电力线作为数据传输介质，具有成本低、覆盖范围广等优势；光纤通信则具有传输容量大、传输距离远、抗干扰能力强等优点，适用于长距离数据传输。

2. 无线通信技术

包括短距离无线通信技术（如蓝牙、ZigBee、Wi-Fi 等）和长距离无线通信技术（如移动通信技术、卫星通信技术）。蓝牙适用于短距离传输，兼容性好；ZigBee 具有低功耗、自组网能力强等特点，适用于物联网中的传感器网络；WiFi 则适用于家庭、办公场所等，具有较高的传输速率。长距离无线通信技术包括 2G、3G、4G、5G 等移动通信技术，适用于物联网中的移动设备，卫星通信则可以实现全球覆盖，适用于远程监控和数据传输。

三、物联网的应用领域

随着物联网技术的飞速发展，智能化应用已逐渐渗透各行各业，成为推动社会变革和提升生活质量的重要动力。在这一背景下，智能家居、智能交通、智能医疗和工业物联网等领域的创新应用正日益改变着我们的生产方式和生活环境。这些应用不仅提高了各行业的工作效率和服务质量，还促进了资源的高效利用和管理方式的优化。

智能家居系统由家庭网关、传感器、执行器和智能终端等组成。家庭网关是智能家居的核心设备，负责连接家庭内部的各种设备和外部网络；传感器则用于感知家庭环境中的各种参数，如温度、湿度、光照强度等；执行器根据传感器的反馈信息，控制家庭设备的运行，如灯光、窗帘、空调等；而智能终端为用户提供便捷的操作界面，使用户能够远程控制家居设备。智能家居系统具备智能照明、智能安防、智能家电控制等功能，能够实现家庭设备的远程控制，提升生活的便利性和舒适度。此外，智能家居系统还具备智能能源管理功能，通过优化能源使用，降低能源消耗，提高能源利用效率。

智能交通系统由交通信息采集系统、交通信息处理系统、交通控制决策系统和交通诱导系统等组成。交通信息采集系统负责采集道路上的交通流量、车速和路况等信息；交通信息处理系统对这些信息进行分析和处理，为交通控制决策系统提供支持；交通控制决策系统根据分析结果制定交通控制策略；交通诱导系统则通过可变情报板、导航系统等诱导设备，为驾驶员提供实时交通信息。智能交通技术能够提高交通效率、减少交通事故、改善交通环境。例如，智能交通系统可以实现交通流量的实时监测和分析，并根据交通状况及时调整交通信号，从而缓解交通拥堵；同时，智能交通系统通过车辆定位和导航技术，为驾驶员提供最佳行车路线，提高行车效率。

智能医疗系统将物联网技术应用于医疗领域，实现医疗设备的智能化、医疗信息的数字化和医疗服务的个性化。该系统包括医疗设备监测系统、医疗信息管理系统和远程医疗诊断系统等。智能医疗技术的应用可以提高医疗效率、改善医疗质量并降低医疗成本。例如，医疗设备监测系统能够实时监测患者的生命体征，并及时发现异常情况并发出警报；远程医疗诊断系统使专家能够远程对患者进行诊断和治疗，从而提高医疗资源的利用效率。

工业物联网是将物联网技术应用于工业领域，以实现生产过程的智能化、自动化和信息化。其特点包括设备连接广泛、数据采集量大、实时性要求高和安全性要求高等。通过工业物联网技术的应用，可以提高生产效率、降低生产成本、提高产品质量。例如，在生产设备上安装传感器可以实时监测设备的运行状态，及时发现设备故障并进行维修，避免设备故障导致生产中断；同时，工业物联网系统还能实现生产过程的自动化控制，进一步提升生产效率和产品质量。

物联网技术的不断进步和应用创新正在推动智能化时代的到来。智能家居、智能交通、智能医疗和工业物联网的融合与发展，不仅提高了生产力，改善了生活品质，也为未来的科技进步和社会可持续发展奠定了坚实的基础。随着技术的不断成熟，预计这些领域的应用将会更加广泛，进一步促进智能化社会的构建。物联网无疑是未来科技发展的重要支柱，值得我们继续关注和探索其更多潜力。

思考题

1. 在数字经济技术体系中，人工智能技术的核心特点、关键技术及应用领域分别是什么？
2. 新型基础设施的构成、发展趋势及与数字经济技术的融合方式有哪些？
3. 5G技术的优势、应用场景和对数字经济的推动作用分别有哪些？

案例分析

5G技术在智能交通中的应用

随着城市交通拥堵问题的日益严重，智能交通系统的建设成为缓解交通压力的重要手段。传统的交通管理方式无法有效应对大规模城市交通流量的挑战，而5G技术的快速发展为智能交通系统提供了强大的通信支持，推动了交通管理、自动驾驶及相关技术的创新和应用。自2020年中国5G技术商用以来，5G网络逐步覆盖全国多个城市，尤其在智能交通领域，5G技术的应用成为关键因素。

以深圳市为例。作为中国首批试点智能交通系统的城市之一，深圳在近年来通过大规模部署智能交通设施和引入5G技术，显著改善了交通状况。2019年，深圳市开始实施全市范围内的智能交通系统升级，并与5G技术结合，通过建设5G高速数据传输网络，推动交通摄像头、交通信号灯、停车管理等设备的智能化。在 2021 年，深圳市全市已实现 95% 的交通信号灯、停车场、路况监控等设施与 5G 网络的对接，实现了实时交通信息的获取与动态调整。

通过高速率传输、低延迟通信和大连接能力，5G 技术为智能交通的实时监控、自动驾驶、车联网等领域提供了更为可靠的技术保障。深圳智能交通系统通过 5G 技术解决了传统交通管理中存在的时效性差、响应慢等问题，提升了道路通行效率和安全性。

高速率传输：在深圳，5G 技术被应用于交通监控系统，支持高清视频的实时传输。交通摄像头通过 5G 网络将视频流传输至交通指挥中心，实时分析交通状况并作出调度决策。这种高速率的数据传输使得交通管理部门能够精确掌握道路情况，及时发现交通事故或异常情况，快速响应。2019 年深圳开始实施智能交通升级，根据深圳市城市交通规划设计研究中心发布的《2020 年深圳市综合交通年度评估报告》，智能交通系统的应用使得重点区域高峰时段通行效率提升 15%～20%，大大优化了交通流畅度，并有效缓解了高峰期的拥堵情况。

低延迟通信：5G 技术的低延迟特性在自动驾驶和车联网中发挥了至关重要的作用。深圳通过与国内外车企和科技公司合作，利用 5G 网络为自动驾驶车辆提供实时通信支持，实现车辆与交通基础设施、其他车辆之间的低延迟信息交换。这样一来，自动驾驶车辆能够迅速响应道路环境的变化，作出精准的驾驶决策。根据中国信息通信研究院发布的《车联网白皮书（2022 年）》，以 2022 年深圳的自动驾驶车队测试为例，通过 5G 网络实现的实时数据交换帮助车队在复杂城市环境中安全行驶，车辆的响应时间比传统 4G 网络缩短了 50%，自动驾驶安全性大幅提升。

大连接能力：深圳的智能交通系统不仅涵盖了传统交通设施，还通过 5G 连接大量物联网设备，如智能停车场、交通信号灯、路灯等。这些设备通过 5G 网络实现互联互通，形成了一个高效协同的智能交通生态。例如，深圳在主要商圈周边部署了多个智能停车场，并通过 5G 技术实时监控停车位的占用情况，用户可以通过手机 App 查看空闲停车位，实现精准停车，极大缓解了市区停车难的问题。

结合案例材料，探讨下列问题：

1. 人工智能在各行业的应用越来越广泛，其发展对就业结构会产生怎样的影响？如何应对这些影响，以实现人力资源的合理配置？

2. 在大数据时代，数据安全和隐私保护至关重要。请分析大数据技术在数据安全和隐私保护方面存在的问题，并提出相应的技术和管理措施。

3. 物联网技术在智能家居、智能交通等领域的应用不断拓展。请分析物联网技术在提升生活质量和城市运行效率方面的具体作用，并思考未来物联网技术的发展方向。

典型场景与平台项目训练

典型场景——工业互联网

在工业互联网的应用场景中，通过技术手段实现工厂设备的互联互通、数据采集与分析，旨在优化生产流程、提高生产效率和产品质量。首先，传感器技术被广泛应用于工厂设备中，用于实时采集设备运行状态和生产工艺参数等关键信息。这些数据通过工业以太网或5G等通信技术，被传输到工业互联网平台进行进一步处理。数据分析技术则在平台上发挥关键作用，对采集的数据进行深入分析，从而实现设备故障预测、生产过程优化等智能功能。通过这些技术的综合应用，工业互联网帮助企业提升生产效率，减少故障停机时间，并改善产品质量。

典型场景——智能家居场景

智能家居技术通过智能化的设备控制和管理，显著提升家庭生活的便利性和舒适度。在这一场景中，传感器技术用于实时采集家庭设备的运行状态及环境参数，如温度、湿度等。这些数据通过Wi-Fi、ZigBee等通信技术传输到智能家居平台，确保设备之间的数据互通和协同工作。平台上采用人工智能技术分析采集的数据，进而实现设备的智能控制和自动化联动。例如，智能家居平台可以根据室内温湿度自动调整空调和加湿器的运行状态，提供更加舒适的居住环境。此外，平台还能实现不同设备之间的场景联动，如在用户离开家时，自动关闭家中所有电器，提升能源利用效率并增强安全性。

第六章

数字经济核心产业

案例引入 ···●▶

数字经济核心产业的崛起

在数字经济时代，核心产业的发展正深刻改变着我们的生活和工作方式。以智能手机产业为例，过去，人们使用的功能手机仅支持通话和短信等基础功能；如今，智能手机已深度融入日常生活，成为不可或缺的一部分。通过智能手机，我们可以随时随地浏览新闻、观看视频、进行在线购物、支付账单，甚至进行远程办公和学习。

智能手机产业的发展得益于数字经济核心产业的多方面支持。首先，数字产品制造业提供了高性能的硬件设备，如高分辨率的显示屏、强大的处理器和高效的电池。这些硬件设备使得智能手机能够运行复杂的应用程序，提供流畅的用户体验。其次，数字技术应用产业中的软件开发企业为智能手机提供了丰富的应用程序，从社交媒体应用到生产力工具，满足了用户多样化的需求。例如，微信不仅是一个即时通信工具，还集成了支付、小程序等多种功能，极大地丰富了用户的数字生活。

数字经济核心产业的协同发展，不仅推动了智能手机产业的繁荣，还带动了相关产业的发展，如半导体制造、软件开发、互联网服务等。这些产业的相互促进和协同发展，形成了一个庞大的数字经济生态系统，为经济增长和社会进步提供了强大的动力。那么，数字经济核心产业具体包括哪些领域？它们是如何相互作用和协同发展的？

学习目标 ···●▶

知识目标：深入理解数字经济核心产业的内涵、分类及各产业包含的主要行业领域。

能力目标：能够运用所学知识分析数字经济核心产业中不同行业的市场竞争格局，评估企业的竞争优势和发展策略。

素质目标：培养对数字经济领域的创新意识和敏锐的市场洞察力，积极探索新的商业模式和应用场景。

重点难点 •••▶

数字经济核心产业各细分行业的运作模式与经济影响；理解各产业之间的相互关系以及它们在数字经济生态中的协同作用。

第一节　数字产品制造业

一、产业概述

数字产品制造业是数字经济的重要物质基础，主要涉及计算机、通信设备、电子设备等产品的制造。它融合了先进的信息技术与传统制造业工艺，具有技术密集、创新驱动、产品更新换代快等特点。例如，智能手机的制造不仅需要高精度的硬件组装技术，还依赖芯片设计、操作系统开发等软件技术的支持。

二、主要产品与技术

（一）计算机设备制造

包括台式计算机、笔记本电脑、服务器等的研发与生产。技术创新主要集中在提高计算性能、降低能耗、优化散热等方面。例如，英特尔公司不断推出新的处理器架构，提升计算机的运行速度和处理能力。

（二）通信设备制造

涵盖移动通信基站设备、通信传输设备、网络交换设备等。5G 通信技术的推广促使通信设备制造商加大研发投入，生产支持 5G 标准的设备。例如，华为在 5G 通信设备领域处于领先地位，其产品在全球多个国家和地区得到广泛应用。[①]

（三）消费电子设备制造

智能手机、平板电脑、智能穿戴设备等是消费电子设备制造业的主要产品。这些产品集成了多种功能，如通信、娱乐、健康监测等。例如，苹果公司的 iPhone 系列手机以其创新的设计、强大的功能和丰富的应用生态，引领了全球智能手机市场的发展潮流。

三、产业发展趋势

（一）智能化制造

数字产品制造业将越来越多地采用智能制造技术，如工业机器人、自动化生产线、智

---

① 田野. 5G 网络技术研究现状和发展趋势［J］. 计算机与网络，2021，47（4）：39.

能仓储等，提高生产效率和产品质量。此外，5G 系统将具有超高的频谱利用效率和能效，相较 4G 移动网络通信系统能大幅度提升资源实际利用效率和传输速率，能不断增强其无线覆盖性能、传输延时性能、系统安全性能和用户体验等。[①]

（二）绿色环保制造

随着世界各国环保意识的增强，数字产品制造业将更加注重节能减排和资源回收利用。相关企业将通过采用环保材料、优化生产工艺等手段，减少对环境的影响。欧盟已实施了严格的电子产品环保法规，要求制造商在产品设计、生产、回收等环节遵循环保标准，这促使数字产品制造商加大环保技术研发和投入，推动产业向绿色环保方向发展。

（三）产业链协同创新

数字产品制造业的发展需要产业链上下游企业之间的紧密合作与协同创新。芯片制造商、软件开发商、设备制造商等将加强合作，共同推动产品创新和技术进步。例如，高通与众多手机制造商合作，为其提供高性能的芯片解决方案，同时与软件开发商合作优化芯片与操作系统的兼容性，共同打造具有竞争力的智能手机产品。

第二节　数字产品服务业

一、产业概述

数字产品服务业主要为数字产品的使用提供相关服务，包括软件服务、数字内容服务、数字技术咨询等。该产业以知识和技术为核心竞争力，具有高附加值、创新性强、服务模式多样化等特点。例如，软件服务企业为企业客户提供定制化的软件解决方案，帮助其提高业务效率和管理水平。

二、主要服务类型

（一）软件服务

1. 软件开发与定制

根据客户需求，开发各类应用软件，如企业资源规划（enterprise resource planning，ERP）系统、客户关系管理（customer relationship management，CRM）系统等。

2. 软件维护与升级

负责软件产品的日常维护、故障修复和功能升级，确保软件的稳定运行和性能优化。

---

① 周东升．5G 网络技术研究现状和发展趋势探讨 [J]．数字通信世界，2020（5）：60．

软件服务企业通常与客户签订长期服务协议，提供持续的技术支持。

3. 软件测试服务

对软件开发过程中的各个阶段进行测试，包括功能测试、性能测试、安全测试等，保证软件质量。专业的软件测试公司通过模拟各种使用场景，发现并修复软件中的潜在问题。

（二）数字内容服务

1. 数字娱乐内容

如在线视频、音乐、游戏等的制作、发行和运营。腾讯视频、爱奇艺等网络视频平台提供海量的正版影视资源，通过会员制度和广告收入实现盈利。

2. 数字教育内容

开发在线教育课程、学习平台等，满足不同年龄段和学习需求的用户。网易云课堂、学而思网校等在线教育平台汇聚了丰富的教育资源，为用户提供个性化的学习体验。

3. 数字出版服务

将传统图书、报刊等内容数字化，通过电子阅读平台进行发行。例如，亚马逊的 Kindle 商店（Kindle Store）提供了大量的电子书资源，方便读者随时随地阅读。

（三）数字技术咨询服务

1. 数字化转型战略咨询

帮助企业制定数字化发展规划，选择合适的技术解决方案。麦肯锡等咨询公司为企业提供专业的数字化转型建议，助力企业提升竞争力。

2. 技术评估与可行性研究

对新技术、新项目进行技术评估和可行性分析，为企业决策提供依据。例如，在企业引入区块链技术之前，咨询公司可以对其应用场景、技术难度、投资回报率等进行全面评估。

三、产业发展趋势

（一）服务个性化与定制化

随着消费者需求的日益多样化，数字产品服务业将更加注重提供个性化和定制化的服务。通过大数据分析和人工智能算法，企业能够深入了解用户需求，为其提供量身定制的服务解决方案。以在线音乐平台为例，系统通过分析用户的听歌历史与偏好数据，为用户推荐个性化的音乐播放列表。

（二）融合创新

数字产品服务业与其他产业深度融合，创造出新的服务模式和业态。例如，数字技术与医疗健康产业融合，催生了远程医疗、智能健康管理等新型服务；数字内容与旅游产业结合，发展出虚拟旅游、文化旅游数字化体验等创新服务。

（三）全球化服务拓展

互联网的普及使数字产品服务企业能够突破地域限制，拓展全球市场。企业将加强国际合作，提升在全球范围内的服务能力和竞争力。例如，一些软件服务企业通过在海外设立分支机构或与国际合作伙伴建立合作关系的方式，为全球客户提供服务。

第三节　数字技术应用业

一、软件开发业

（一）行业特点

软件开发业是数字经济的核心驱动力之一，具有高度的创新性、知识密集性和快速迭代性。软件开发企业需要不断投入研发资源，跟踪技术发展趋势，以满足市场对软件产品日益增长的多样化需求。例如，在移动应用开发领域，新的功能与用户体验要求不断涌现，开发者需要及时更新和优化应用程序。

（二）技术趋势

1. 低代码/无代码开发

低代码/无代码开发平台的出现，使非专业开发者也能够快速构建应用程序。这些平台通过可视化界面和预定义模块，减少了代码编写量，提高了开发效率。例如，简道云等低代码平台在企业数字化管理应用开发中得到广泛应用，企业员工可以通过简单拖拽和配置，快速创建业务流程管理系统。

2. 人工智能辅助开发

人工智能技术在软件开发过程中的应用越来越广泛。例如，通过自然语言处理技术，开发者可以使用自然语言描述需求，自动生成部分代码；利用机器学习算法进行代码审查和错误检测，提高代码质量。微软的 Visual Studio[①] 等开发工具已经集成了一部分人工智能辅助功能。

3. 云计算与分布式开发

云计算为软件开发提供了强大的计算资源和灵活的部署环境。软件开发团队可以利用云计算平台进行分布式开发、测试和部署，提高项目的协同效率和可扩展性。例如，阿里巴巴的云效平台为开发者提供了一站式的云端开发协作服务，支持多人同时在线开发大型项目。

---

① Visual Studio，微软公司开发的集成开发环境，支持 C ++、C#等编程语言。

（三）主要应用领域

1. 企业级软件

企业资源规划（ERP）、客户关系管理（CRM）、供应链管理（supply chain management，SCM）等企业级软件是软件开发业的重要应用领域。这些软件可以帮助企业实现内部管理流程的数字化和自动化，提高运营效率和决策科学性。

2. 移动应用

随着智能手机的普及，移动应用市场迅速发展。移动应用涵盖社交、娱乐、购物、办公等多个领域，如微信、抖音、淘宝、钉钉等。基于此，移动应用开发者需要关注用户体验、性能优化和不同操作系统平台的兼容性。例如，一些游戏开发公司专门针对苹果移动操作系统（iOS）和安卓（Android）操作系统的特点进行优化，以提供流畅的游戏体验。

3. 物联网软件

物联网设备的快速增长推动了物联网软件的发展。物联网软件负责实现设备之间的互联互通、数据采集与分析、远程控制等功能。例如，智能家居系统中的手机应用程序可以远程控制家电设备，实现智能化的家居生活。

二、电信服务业

（一）行业现状

电信服务业是数字经济的重要基础设施支撑，包括电信运营、网络通信服务等。近年来，随着5G技术的大规模商用，电信服务业迎来了新的发展机遇。电信运营商不断加大5G网络建设投入，提升网络覆盖范围和传输速度。

（二）5G技术影响

1. 高速率与低延迟

5G网络的理论峰值速率可达20吉比特每秒，实际应用中也能实现1吉比特每秒以上的下载速度，比4G网络快数十倍。同时，5G网络的空口时延低至1毫秒，能够满足实时性要求极高的应用场景，如工业自动化控制、远程手术、自动驾驶等。例如，在智能工厂中，5G网络支持机器人之间的实时协同工作，提高生产效率和精度。

2. 海量连接

5G网络每平方公里可支持100万个连接，能够满足物联网设备大规模接入的需求。在智慧城市建设中，5G网络可以连接海量的传感器、智能设备，实现城市管理的智能化和精细化。例如，通过5G网络连接的智能路灯可以根据环境光线和交通流量自动调节亮度，节省能源并提高交通安全性。

3. 行业应用创新

5G技术在工业、医疗、交通、教育等多个行业催生了大量创新应用。在工业领域，

5G 与工业互联网融合，实现了设备远程监控、故障预警、智能维护等功能；在医疗领域，开展了远程会诊、移动医疗护理等应用试点；在交通领域，推动了车路协同、智能交通管理等发展。例如，上海洋山港利用 5G 技术实现了港口设备的远程操控和自动化作业，提高了港口运营效率。[①]

（三）未来发展趋势

1. 6G 技术（第六代移动通信技术）研发

全球电信企业和科研机构已经着手 6G 技术的研究。6G 将在 5G 的基础上进一步提升性能，实现更高的频谱效率、更低的功耗和更强的智能性。例如，6G 可能会引入太赫兹通信技术，提供更高的传输速率和更短的通信时延。

2. 网络切片与边缘计算

网络切片技术可以根据不同行业和应用的需求，将物理网络切割成多个虚拟网络，为每个切片提供定制化的网络服务。边缘计算则将计算和存储能力下沉到网络边缘，减少数据传输延迟，提高实时性和安全性。例如，在智能电网中，通过网络切片为电力调度和用户用电管理提供不同的网络服务，同时利用边缘计算实时处理电网数据，保障电网稳定运行。

3. 融合通信服务

电信服务业将与其他通信技术和服务融合，提供更加丰富和便捷的通信体验。例如，融合语音、视频、消息、文件共享等多种通信方式，实现一站式的通信解决方案，还可以与云计算、人工智能等技术结合，提供智能客服、智能语音助手等服务。

三、互联网相关服务业

（一）行业范畴

互联网相关服务业涵盖互联网平台运营、互联网营销、互联网数据服务等多个领域。这些服务依托互联网技术，为企业和个人提供多样化的在线服务，促进信息的传播和资源的优化配置。例如，互联网平台运营企业通过构建和管理各类平台，连接供需双方，创造商业价值。

（二）主要服务模式

1. 平台经济模式

互联网平台通过整合供需资源，提供交易场所和相关服务，实现多方共赢。典型的平台模式包括电子商务平台（如淘宝、京东）、共享经济平台（如滴滴出行）、社交平台（如微信、微博）等。以淘宝为例，它为海量的商家和消费者提供了商品展示、交易支付、物流配送等一站式服务，形成了庞大的商业生态系统。

---

① 中国信息通信研究院.5G 应用规模化为数字经济发展按下"加速键"［J］.通信世界网，2023（6）：12－15.

2. 互联网营销服务

包括搜索引擎优化（search engine optimization，SEO）、搜索引擎营销（search engine markeeing，SEM）、社交媒体营销、内容营销等多种形式。企业通过互联网营销手段，提高品牌知名度，吸引潜在客户，促进产品销售。例如，小米公司通过社交媒体平台进行产品宣传和粉丝互动，举办线上线下营销活动，取得了良好的市场效果。

3. 互联网数据服务

提供数据采集、清洗、分析、存储等服务，帮助企业挖掘数据价值，支持决策制定。大数据分析公司如阿里云大数据开发治理平台（DataWorks）、腾讯云数智方略等，为企业提供数据处理和分析工具，企业可以利用这些工具对用户行为数据、市场数据等进行分析，优化产品设计和营销策略。

（三）行业发展趋势

1. 去中心化与分布式网络

随着区块链等技术的发展，互联网相关服务业将逐渐呈现出去中心化和分布式网络的趋势。去中心化平台可以提高用户数据的安全性和隐私性，降低平台运营成本，促进更加公平的竞争环境。例如，去中心化的社交平台允许用户更好地控制自己的数据，避免数据被集中式平台滥用。分布式存储技术如星际文件系统（inter planetary file system，IPFS）可以使数据存储更加分散和可靠，提高数据的可用性和抗攻击性。

2. 人工智能驱动的服务创新

人工智能技术将深度融入互联网相关服务中，实现服务的智能化与个性化。智能推荐系统将更加精准地为用户推荐内容和产品，提高用户体验和满意度。例如，抖音的推荐算法通过分析用户的兴趣爱好、观看历史等多维度数据，为用户精准推送感兴趣的短视频，增加用户黏性。再如，许多电商平台的智能客服可以快速解答用户关于商品信息、物流状态等常见问题。

3. 物联网与互联网融合发展

物联网与互联网的融合将创造更多新的服务模式和应用场景。智能家居、智能城市、工业物联网等领域的发展将推动互联网相关服务业与物联网设备制造商、运营商等的合作，提供更加智能化、便捷化的服务。例如，智能家居系统中的互联网平台可以与各种物联网设备（如智能门锁、智能摄像头、智能家电等）连接，实现远程控制、自动化场景设置等功能，为用户提供更加舒适、安全、节能的家居生活体验。

四、信息技术服务业

（一）行业概述

信息技术服务业为企业和组织提供信息技术咨询、系统集成、软件开发、运维服务等全方位的信息技术支持。该行业具有技术专业性强、服务范围广、与其他行业融合度高的特点，是推动数字经济发展的重要力量。例如，信息技术咨询公司为企业提供数字化战略规划，帮助企业明确信息技术投资方向和目标。

（二）主要服务内容

1. 信息技术咨询

为企业提供信息技术战略规划、架构设计、项目可行性研究等咨询服务。咨询顾问根据企业的业务需求和发展目标，评估企业现有信息技术基础设施和应用系统，提出优化建议和解决方案。例如，埃森哲（Accenture）为众多企业提供数字化转型咨询服务，帮助企业制定适应数字经济时代的信息技术战略。

2. 系统集成服务

将硬件设备、软件系统、网络设备等进行集成，构建满足企业特定需求的信息化系统。系统集成商需要具备丰富的技术经验和项目管理能力，确保各个组件之间的兼容性和协同工作能力。例如，华为作为全球领先的系统集成商，为企业提供包括网络通信设备、云计算平台、大数据解决方案等在内的一站式系统集成服务，帮助企业打造数字化核心竞争力。

3. 软件开发与维护

除了通用软件的开发，信息技术服务企业还专注于为特定行业或企业定制开发软件。同时，负责软件系统的日常维护、升级和故障修复，保障软件系统的稳定运行。例如，东软集团为医疗、金融、汽车等多个行业提供定制化软件开发服务，其开发的医疗信息化系统在医院管理、电子病历、远程医疗等方面发挥了重要作用。

4. 信息技术运维服务

为企业提供数据中心运维、网络运维、信息安全管理等服务，确保企业信息技术系统的安全、稳定和高效运行。运维服务团队通过实时监控系统运行状态、及时处理故障隐患、定期进行系统优化等措施，保障企业业务的连续性。例如，世纪互联作为专业的数据中心运营商，为企业提供数据中心托管、运维管理等服务，保障企业数据的安全存储和高效访问。

（三）行业发展趋势

1. 云原生服务模式兴起

云原生技术架构将成为信息技术服务的主流趋势。云原生应用具有快速部署、弹性扩展、高可用性等优点，能够更好地适应数字经济时代企业快速变化的业务需求。信息技术服务企业将越来越多地采用容器化、微服务架构、持续交付等云原生技术，为企业提供基于云平台的应用开发、部署和运维服务。例如，谷歌云推出的云原生应用开发平台，帮助企业快速构建和部署云原生应用，提高应用开发效率和质量。

2. 智能化运维与管理

利用人工智能、大数据分析等技术实现信息技术系统的智能化运维和管理。通过对海量运维数据的实时分析，预测系统故障风险，实现故障的自动诊断和修复，提高运维效率和质量。例如，微软云服务平台（Microsoft Azure）智能运维服务利用机器学习算法分析系统日志和性能数据，提前发现潜在问题，并提供智能修复建议。

3. 绿色信息技术服务发展

随着人们环保意识的增强，信息技术服务业将更加注重节能减排和可持续发展。数据中心的能源效率优化、绿色硬件设备的应用、电子废弃物的回收处理等将成为行业发展的重要方向。例如，一些数据中心采用新型制冷技术和节能设备，降低能源消耗，减少对环境的影响。

第四节 数字要素驱动业

一、互联网平台

（一）平台类型与特点

1. 电子商务平台

如淘宝、京东等平台连接了海量的商家和消费者，提供商品展示、交易支付、物流配送等一站式服务。其特点是商品种类丰富、交易规模大、用户黏性高。电子商务平台通过大数据分析实现精准营销，根据用户的浏览历史、购买行为等为用户推荐个性化商品，提高购买转化率。同时，平台不断优化物流配送和售后服务体系，提升用户购物体验。

2. 社交平台

以微信、微博为代表，主要功能是用户之间的社交互动、信息分享和传播。社交平台具有强大的用户基础和网络效应，用户可以通过文字、图片、视频等多种形式进行交流。社交平台逐渐成为企业进行品牌推广和营销的重要渠道，企业可以通过与知名博主、意见领袖合作，进行产品推广和口碑营销。此外，社交平台也在不断拓展新的功能，如微信小程序的推出，为企业提供了轻量级的应用开发和推广平台。

3. 在线教育平台

如网易云课堂、学而思网校等，整合了丰富的教育资源，包括课程视频、学习资料、在线测试等。其特点是打破了时间和空间的限制，用户可以根据自己的需求和时间安排自主学习。在线教育平台通过人工智能技术实现个性化学习推荐，根据学生的学习进度、知识掌握情况等为学生提供定制化的学习路径。同时，平台注重教学质量的提升，通过聘请优质教师、优化课程设计等方式吸引用户。

4. 出行服务平台

如滴滴出行、美团打车等，整合了交通出行资源，为用户提供便捷的打车、租车、共享单车等出行服务。出行服务平台利用大数据和智能调度算法，提高车辆利用率和乘客匹配效率，减少乘客等待时间。同时，平台不断拓展业务范围，如滴滴推出的滴滴货运，满足了用户的货运需求。

（二）平台经济模式与价值创造

1. 双边市场效应

互联网平台连接了供需双方，形成双边市场。平台通过吸引更多的一方用户，增加另一方用户的价值，从而实现网络效应的正向循环。例如，电商平台上商家数量的增加会吸引更多的消费者，而消费者数量的增加又会吸引更多的商家入驻。平台通过优化匹配算法、提供增值服务等方式，提高双边市场的效率和用户黏性。

2. 数据驱动的价值创造

互联网平台积累了海量的用户数据，通过对这些数据的分析和挖掘，可以为商家提供精准的市场洞察、用户画像等信息，帮助商家优化产品设计、定价策略和营销活动。同时，平台可以根据用户数据为用户提供个性化的服务推荐，提高用户体验和满意度。例如，抖音通过分析用户的视频观看行为和互动数据，为用户精准推荐感兴趣的视频内容，同时为广告主提供精准的广告投放服务。

3. 创新与创业孵化

互联网平台为创业者提供了低门槛的创业机会和创新环境。许多平台提供开放的接口和开发工具，鼓励开发者基于平台开发各种应用和服务，形成丰富的生态系统。例如，微信小程序平台吸引了大量开发者开发了各种类型的小程序，涵盖生活服务、娱乐、电商等多个领域，为用户提供便捷的服务体验，同时也为创业者带来了商业机会。

（三）平台治理与监管

1. 用户权益保护

互联网平台需要制定完善的用户协议和隐私政策，保障用户的知情权、选择权和隐私权。平台要加强对用户数据的安全保护，防止数据泄露和滥用。例如，苹果公司在其应用商店中严格审核应用的隐私政策，确保应用开发者遵守相关规定，保护用户数据安全。同时，平台要建立有效的投诉处理机制，及时解决用户问题与纠纷。

2. 内容管理与审核

对于社交平台、在线教育平台等涉及内容发布的平台，需要加强内容管理和审核，确保平台上的信息符合法律法规和社会道德规范。平台要建立内容审核团队，利用人工智能技术辅助审核，提高审核效率和准确性。例如，微博加强对不良信息、虚假信息的清理和治理，营造健康的网络环境。

3. 市场竞争规范

随着互联网平台市场竞争的加剧，平台需要遵守市场竞争规则，防止垄断和不正当竞争行为。监管部门加强对平台经济领域的反垄断监管，维护市场竞争秩序。例如，国家市场监督管理总局对阿里巴巴的反垄断调查，促使互联网平台企业规范自身市场行为，促进市场健康发展。

二、互联网批发零售

（一）行业发展现状

互联网批发零售是数字经济在商贸流通领域的重要应用，近年来取得了迅猛发展。随着电商平台的不断普及和消费者购物习惯的改变，越来越多的企业和消费者选择通过互联网进行批发和零售交易。据统计，我国网络零售市场规模持续增长，2023 年全年，我国网上零售额达到 15.42 万亿元，同比增长 11%，连续 11 年成为全球第一大网络零售市场。① 众多传统零售商纷纷转型线上，同时也涌现出了许多纯线上的互联网零售企业。例如，拼多多通过低价策略和社交电商模式吸引了大量消费者，在短时间内成为国内重要的电商平台之一。

（二）商业模式创新

1. 直播电商模式

直播电商将直播与电商相结合，主播通过直播展示商品、介绍产品特点和使用方法，与观众实时互动，解答疑问，实现商品的销售。这种模式具有直观性、互动性强的特点，能够有效提升用户购买转化率。

2. 社交电商模式

利用社交网络平台进行商品推广和销售，通过用户之间的分享和推荐实现流量裂变。社交电商主要包括微商、社群电商等形式。例如，一些微商通过在微信朋友圈分享产品信息，发展下线代理，实现产品的销售和推广。社群电商则通过建立特定兴趣或主题的社群，将有共同需求的用户聚集在一起，进行精准营销。社交电商模式降低了营销成本，提高了用户黏性和复购率。

3. 用户直连制造（customer-to-manufacturer，C2M）模式

互联网平台直接连接消费者和制造商，根据消费者的个性化需求定制产品，实现按需生产。C2M 模式减少了中间环节，降低了成本，同时满足了消费者个性化、定制化的需求。例如，一些电商平台与服装制造商合作，根据消费者的身材数据和款式喜好，定制生产服装，提高了消费者满意度和企业生产效率。

（三）面临的挑战与应对策略

1. 物流配送与供应链管理挑战

互联网批发零售的快速发展对物流配送和供应链管理提出了更高的要求。订单量的爆发式增长需要高效的物流配送体系来保障商品及时送达消费者手中。同时，供应链的稳定性和灵活性也至关重要，企业需要应对原材料供应、生产周期、库存管理等方面的挑战。例如，在促销活动期间，电商企业常常面临物流爆仓、配送延迟等问题。为应对这些挑战，企业可以加强与物流企业的合作，优化物流配送网络，采用智能仓储管理系统提高库存周转率。

2. 数据安全与隐私保护问题

互联网批发零售企业在运营过程中积累了大量的用户数据，包括个人信息、购物偏好、支付记录等，数据安全和隐私保护成为重要问题。一旦发生数据泄露事件，将对用户权益和企业声誉造成严重损害。例如，一些电商平台曾出现过用户数据泄露事件，导致用户信息被非法利用。企业应加强数据安全技术研发和投入，建立完善的数据安全管理体系，采用加密技术、访问控制等手段保护用户数据安全。

---

① 人民网. 2023 年我国网上零售额 15.42 万亿元 连续 11 年成全球第一大网络零售市场［EB/OL］. （2024 - 01 - 19）. http：//finance. people. com. cn/n1/2024/0119/c1004 - 40162555. html.

3. 市场竞争加剧与差异化竞争策略

互联网批发零售市场竞争激烈，企业需要不断寻求差异化竞争策略，提升自身竞争力。除了价格竞争外，企业可以在产品品质、服务体验、品牌建设等方面下功夫。例如，京东以物流配送速度快、商品品质有保障为卖点，吸引了大量注重购物体验的消费者。企业还可以通过拓展新兴市场、挖掘细分市场需求、加强创新能力等方式，实现差异化发展。

三、互联网金融

（一）行业现状

互联网金融是数字经济与金融行业深度融合的产物，近年来发展迅速，改变了传统金融的服务模式和生态。我国互联网金融市场规模持续扩大，涵盖网络支付、网络借贷、互联网理财、数字货币等多个领域。互联网金融的发展使金融服务更加便捷、高效，降低了金融服务门槛，提高了金融资源配置效率。例如，支付宝和微信支付等第三方支付平台为用户提供了便捷的支付方式，广泛应用于线上线下消费场景，推动了无现金社会的发展。

（二）主要业务模式

1. 网络支付

包括互联网支付、移动支付、银行卡收单等。网络支付平台通过与银行等金融机构合作，实现资金的转移和结算。除了常见的支付宝、微信支付外，还有银联云闪付等。这些支付平台不断创新支付方式，如指纹支付、刷脸支付等，提高了支付安全性和便捷性。同时，网络支付平台还提供了账单查询、理财服务等增值功能，满足用户多样化需求。

2. 网络借贷

分为网络消费借贷和网络企业借贷。网络消费借贷平台如蚂蚁花呗、京东白条等，为消费者提供小额、短期的消费信贷服务，满足消费者的消费需求。网络企业借贷平台则为中小企业提供融资渠道，解决中小企业融资难问题。例如，一些P2P网贷平台曾在一定程度上缓解了中小企业资金紧张的状况，但也面临着监管加强和风险防控的挑战。

3. 互联网理财

提供了多种理财产品和服务，包括货币基金、理财产品销售、智能投资顾问等。余额宝作为蚂蚁金服推出的货币基金产品，以其高流动性和相对稳定的收益吸引了大量用户。互联网理财平台通过大数据分析和风险评估模型，为用户提供个性化的理财建议，降低了理财门槛，使普通投资者也能享受到专业的理财服务。

4. 数字货币

随着区块链技术的发展，数字货币逐渐兴起，我国的数字人民币试点工作稳步推进。数字人民币具有法定货币地位，与实物人民币等价，采用双层运营体系，由央行发行，商业银行等运营机构参与兑换和流通服务。数字货币的发行和应用有助于提高货币流通效率、降低货币发行成本、加强货币政策调控等。

（三）风险与监管

1. 风险类型

信用风险：在网络借贷等业务中，借款人可能出现违约情况，导致投资者遭受损失。例如，一些 P2P 平台由于对借款人信用评估不严格，出现了大量坏账，导致平台倒闭及投资者资金损失。

市场风险：互联网金融产品的收益受到市场波动影响，如互联网理财产品的净值会随金融市场行情变化而波动。此外，数字货币价格波动剧烈，投资者面临较大的市场风险。

2. 监管措施

我国加大了对互联网金融的监管力度，出台了一系列政策法规。例如，针对网络借贷行业开展专项整治，规范平台运营，要求平台必须具备合法资质，并加强对借款人信用审核和资金存管的要求。在数字货币方面，央行进一步加强了对数字人民币的研发、试点和监管，确保其依法依规发行与流通。监管部门还要求互联网金融平台强化信息披露，切实保护投资者知情权，有效防范金融风险。

四、数字内容与媒体

（一）行业发展现状

数字内容与媒体行业在数字经济时代蓬勃发展，呈现出多元化、个性化、融合化的趋势。随着互联网的普及和移动设备的广泛应用，用户对数字内容的需求不断增长，包括在线视频、数字音乐、电子书籍、网络游戏等。数字内容与媒体企业不断创新内容生产和传播方式，适应市场变化。例如，短视频平台的兴起，如抖音、快手等，改变了用户获取信息和娱乐的方式，吸引了大量用户和创作者。

（二）主要业务类型

1. 在线视频

提供各种类型的视频内容，如电视剧、电影、综艺节目、短视频等。视频平台通过购买版权、自制内容等方式丰富视频资源库，吸引用户。例如，爱奇艺、腾讯视频等平台投入大量资金制作优质网剧和综艺节目，取得了良好的市场反响。同时，视频平台通过算法推荐为用户提供个性化内容，提高用户黏性。在线视频行业还在不断探索新的商业模式，如会员付费、广告植入、内容电商等。

2. 数字音乐

数字音乐平台提供海量音乐资源的在线收听和下载服务，如网易云音乐、酷狗音乐等。这些平台通过与唱片公司合作获取正版音乐授权，同时鼓励原创音乐创作和传播。数字音乐平台注重用户体验，提供个性化音乐推荐、歌单分享等功能，打造音乐社交生态。此外，数字音乐平台还开展线上线下音乐活动，如音乐节、音乐会直播等，拓展业务领域。

3. 电子书籍与数字出版

电子书籍市场发展迅速，亚马逊的 Kindle 商店、掌阅科技等在市场中占据重要地位。电子书籍具有便携性、存储量大等优点，满足了用户随时随地阅读的需求。数字出版不仅包括电子书籍，还涵盖数字期刊、电子报纸等。出版企业通过数字化转型，将传统纸质内容转化为数字形式，拓展了出版渠道和读者群体。同时，一些平台还提供有声读物等服务，满足不同用户的阅读习惯。

4. 网络游戏

网络游戏市场规模庞大，涵盖多种类型的游戏，如角色扮演游戏、竞技游戏、休闲游戏等。腾讯游戏、网易游戏等在国内网络游戏市场占据主导地位。网络游戏企业注重游戏研发和运营，不断推出新游戏和更新内容，持续提高游戏品质和用户体验。网络游戏的商业模式主要包括游戏内付费购买道具、充值会员等，部分游戏还通过电竞赛事等方式实现商业价值的延伸。

（三）技术创新与影响

1. 虚拟现实（virtual reality，VR）/增强现实（augmented reality，AR）技术应用

VR/AR 技术为数字内容与媒体带来了全新的体验。在在线视频领域，一些平台尝试推出 VR 视频内容，用户可以身临其境地观看视频，如 VR 电影、VR 演唱会等。在游戏领域，VR 游戏提供了更加沉浸式的游戏体验，玩家可以通过虚拟现实设备与游戏世界进行交互。例如，《节奏光剑》等 VR 游戏凭借其独特的玩法和体验受到玩家喜爱。AR 技术也被应用于数字内容中，如一些手机游戏利用 AR 技术实现了现实与虚拟的结合，增强了游戏趣味性。

2. 人工智能驱动的内容创作与推荐

人工智能技术在数字内容与媒体行业发挥着重要作用。在内容创作方面，人工智能可以辅助完成新闻稿件撰写、音乐作品创作、视频剪辑制作等工作。例如，一些新闻机构利用人工智能算法快速生成简单的新闻报道。在内容推荐方面，人工智能算法通过分析用户行为数据，为用户精准推荐感兴趣的内容，提高用户发现优质内容的效率，如抖音的推荐算法根据用户喜好推荐短视频，提升用户观看时长和满意度。

3. 区块链技术保障版权与数据安全

区块链技术为数字内容的版权保护提供了新的解决方案。通过区块链的分布式账本和加密技术，数字内容的版权信息可以被准确记录和追溯，防止侵权行为。例如，一些数字音乐平台利用区块链技术为原创音乐作品进行版权登记和保护。同时，区块链技术也有助于保障用户数据安全，确保用户在数字内容消费过程中的隐私和数据不被泄露。

五、信息基础设施建设

（一）基础设施构成

1. 通信网络设施

包括 5G 基站、光纤网络、卫星通信等。5G 网络作为新一代通信技术，具有高速率、低延迟、大容量等特点，是数字经济发展的关键基础设施。我国大力推进 5G 基站建设，

截至 2023 年，5G 基站总数已超过 321.5 万个，占移动基站总数的 28.1%，实现了城市和部分农村地区的广泛覆盖。[①] 光纤网络则提供了高速稳定的有线通信传输，是数据传输的重要通道。卫星通信在偏远地区通信、应急通信等方面发挥着重要作用。

2. 数据中心

数据中心是集中存放计算机设备、存储设备、网络设备等的场所，为数字经济提供数据存储、计算和处理能力。数据中心的规模和性能不断提升，大型数据中心采用先进的制冷技术、电源管理系统等，提升能源效率和可靠性。例如，阿里云在全球范围内建设了多个数据中心，为企业提供云计算服务和数据存储服务。数据中心的布局也在不断优化，一些地区通过建设大数据产业园区，吸引数据中心企业入驻，形成产业集聚效应。

3. 云计算平台

云计算平台为企业和个人提供了按需获取计算资源、存储资源、软件服务等的能力。如亚马逊的云计算服务（Amazon web services，AWS）、微软的蔚蓝（Azure）、阿里云等云计算平台，企业可以通过云平台快速部署应用程序、进行数据分析等，降低了企业的 IT 建设成本和运维成本。云计算平台还提供了多种服务模式，如基础设施即服务（infrastructure as a service，IaaS）、平台即服务（platform as a service，PaaS）、软件即服务（software as a service，SaaS）等，满足了不同用户的需求。

（二）发展趋势

1. 高速化与智能化升级

通信网络将持续向高速化发展，如 6G 技术的研发有望进一步提升网络性能。同时，网络智能化程度将不断提高，实现智能路由、智能运维等功能。数据中心也将朝着智能化方向发展，通过人工智能技术实现对数据中心设备的智能管理、能耗优化等。例如，利用机器学习算法预测数据中心的设备故障，提前进行维护，提高数据中心的可靠性和稳定性。

2. 绿色可持续发展

随着环保意识的增强，信息基础设施建设将更加注重节能减排和可持续发展。在通信网络方面，采用更节能的设备和技术，如高效的基站设备、智能电源管理系统等。数据中心将大力推广绿色节能技术，如利用自然能源、提高服务器能源效率等，降低数据中心的能耗。例如，一些数据中心采用了液冷技术，相比传统风冷技术大大降低了制冷能耗。

3. 边缘计算兴起

边缘计算将计算和存储能力靠近数据源或用户端，减少数据传输延迟，提高实时性和响应速度。在物联网应用场景中，如工业互联网、智能交通等，边缘计算可以实现设备的实时控制和数据处理。例如，在智能工厂中，边缘计算设备可以对生产设备的数据进行实时分析和处理，及时调整生产参数，提高生产效率和质量。

（三）对数字经济的支撑作用

1. 数据存储与计算能力保障

数据中心的海量存储设备能够容纳数字经济活动中产生的海量数据，包括企业的生产

---

① 锐观咨询. 2025～2029 年中国 5G 基站建设投资规划及前景预测报告［R/OL］.（2024－07－15）. http：//m. 163. com/dy/article/J7579J210553BKOF. html.

经营数据到用户的消费行为数据等。云计算平台提供的强大计算能力使得对这些数据的分析处理成为可能。例如，电商企业依靠数据中心存储的用户购买历史、浏览偏好等数据，利用云计算平台的计算资源进行大数据分析，实现精准营销，为用户推荐个性化的商品和服务，提高用户购买转化率和忠诚度。

2. 促进创新与创业环境优化

云计算平台为创新创业者提供了低成本、便捷的开发和测试环境。创业者无须购买服务器等硬件设备，即可快速搭建应用程序。例如，许多移动应用开发者借助云计算平台的 PaaS 服务，快速开发和上线各类应用，大幅缩短了产品的上市周期。同时，数据中心和云计算平台的发展吸引了众多相关企业和人才集聚，形成了良好的创新创业生态，促进了技术创新和商业模式创新的持续涌现。

3. 推动产业数字化转型加速

在制造业中，信息基础设施支持企业实现生产设备的数字化连接和智能化管理。通过 5G 网络和工业互联网平台，企业能够实时采集生产数据，进行远程监控和故障诊断，优化生产流程，提高生产效率和产品质量。例如，三一重工利用工业互联网平台实现了全球范围内设备的互联互通，实时掌握设备运行状态，为客户提供远程运维服务，推动了工程机械行业的数字化转型。在服务业领域，云计算平台和通信网络设施为在线教育、远程医疗、数字金融等新兴服务业态提供了技术支撑，拓展了服务范围和服务模式，提升了服务质量和效率。

思考题

1. 数字产品制造业的主要特点和趋势是什么？
2. 数字产品服务业如何通过个性化和定制化服务提升用户体验？
3. 数字技术应用业中的软件开发业如何应对快速迭代的市场需求？
4. 信息基础设施建设对数字经济的支撑作用体现在哪些方面？

案例分析

阿里云的信息基础设施建设与服务创新

阿里云作为全球领先的云计算服务提供商，在信息基础设施建设方面取得了显著成就。其在全球范围内建设了多个大规模数据中心，采用先进的技术架构和节能措施，确保数据中心的高效、稳定运行。例如，阿里云的数据中心采用了自研的飞天操作系统，实现了对海量服务器的高效管理和资源调度。

在通信网络方面，阿里云积极与运营商合作，优化网络接入和传输性能，为用户提供高速、稳定的云服务。同时，阿里云不断推动云计算平台的创新，提供了丰富多样的云计算服务产品，涵盖 IaaS、PaaS 和 SaaS 等多个层面。在应对数字经济快速发展带来的挑战时，阿里云通过持续投入研发，不断提升云计算平台的计算能力、存储能力和安全性能。

例如，在"双 11 购物狂欢节"期间，阿里云凭借其强大的信息基础设施，成功应对了海量交易数据的处理和存储需求，保障了电商平台的稳定运行。

阿里云还通过与各行业企业合作，助力企业数字化转型。如与吉利汽车合作，构建汽车行业工业互联网平台，实现了汽车生产制造过程的数字化管理和智能化升级。阿里云的成功案例表明，强大的信息基础设施是推动数字经济发展的关键力量，能够为企业创新和产业升级提供坚实支撑。

资料来源：整理自阿里云官方网站及公开报道。

结合案例材料，探讨下列问题：

1. 阿里云如何通过自研飞天操作系统优化数据中心的资源调度和管理？

2. 阿里云在"双 11 购物狂欢节"这种重要消费节点，如何有效应对海量交易数据的处理和存储需求？

3. 阿里云与吉利汽车合作构建工业互联网平台的具体措施和成效是什么？

4. 阿里云在全球范围内扩展数据中心网络时，如何确保低延迟和高可用性？

5. 阿里云在推动企业数字化转型中，如何利用 AI、大数据等技术提升业务效率？

典型场景与平台项目训练

典型场景

场景模拟：假设你是一家新兴互联网企业的首席技术官（Chief Technology Officer, CTO），计划构建企业的信息基础设施。请分析如何选择合适的云计算平台、数据中心布局及通信网络方案，以满足企业业务发展需求并控制成本。

平台项目训练

选择一个行业（如制造业或金融业），调研该行业企业在信息基础设施建设方面的现状和需求，设计一个基于云计算和边缘计算的数字化解决方案，并评估其对企业业务发展的影响。

4

第四篇

⋁

产业数字化

第七章

企业数字化转型概述

案例引入 ···▶

高效互联，智能定制

2022年底，工业和信息化部公示全国首批国家"数字领航"企业名单，海尔集团旗下海尔智家位列30家企业榜首；海尔旗下工业互联网品牌卡奥斯持续稳居全国跨行业跨领域工业互联网平台榜首。

在海尔青岛中德滚筒洗衣机互联工厂，一台洗衣机从冲压钣金到完成检测封箱下线仅需38分钟，其中内筒生产仅耗时3分钟。站在车间三楼平台，整个生产流程一览无余。这里摒弃了传统制造工厂的长流程和杂乱的物料管理模式，取而代之的是由地面、空中积放链及地下三层组成的立体智能物流系统，实现多道工序的高效协同。通过数字化改造，这座工厂实现了自动化和智能化生产的深度融合。以一体冲压线为例，智能冲压精度提升了10倍，快速换型效率提升100%，AI视觉检测质量提高30%，噪声下降50%，用人数量也从16人减少至2人。高效率意味着大产能，但海尔却能保持低库存——得益于大规模个性化定制模式，产品大多在生产线启动前就已找到买家，直接从生产线流向用户或客户手中。根据海尔智家2022年年报，公司全年营收达2435亿元，家电产品不入库率高达85%。

资料来源：海尔集团官网。

学习目标 ···▶

知识目标：掌握数字经济中企业组织变革规律，把握我国智能制造领域的数字化实现及数字化制造，理解数字供应网络和数字经济中的企业治理。

能力目标：通过课后思考题，培养学生独立自主地获取和更新知识的学习能力。

素质目标：通过企业数字化转型案例教学，培养学生分析、评价和解决问题的能力。

理解并掌握企业数字化转型的内涵、企业组织变革的过程和数字经济中的企业治理问题，难点是学会剖析数字经济中企业间关系。

第一节　数字经济中的企业组织

一、数字经济中企业组织的变革

（一）企业数字化转型的内涵

企业数字化转型的内涵由两部分组成，即数字化和企业转型。其中，数字化是信息化的升级和迭代，是运用数字技术将企业内外部的信息转化为数字与数据的过程，也是信息科技（information technology，IT）向数据科技（data technology，DT）转化的过程。企业转型是指企业在面对市场变化、技术进步或内部管理需求时，为了保持竞争力、提高效率或拓展新的业务领域而进行的战略调整。这通常涉及企业文化的改变、业务模式的创新、技术的升级、组织结构的优化等多方面的变革。数字化是手段和路径，注重提升企业的运营效率；而转型是目标和导向，注重企业商业模式的转变，用以在未来赢得商业竞争。

企业数字化转型是企业将数字科技与生产发展深度融合，实现人、物、场景、流程、数据的数字化，提高企业数据储存和分析的能力，通过数字平台对所有参与主体和流程进行集中管控及连接，然后在持续积累和高效利用数据的基础上，实现企业流程、企业组织、企业研发生产以及商业模式革新的微观转变过程。

企业数字化概念可精炼为三个层次。一是管控数字化。基于现有信息化系统，结合行业特点，优化内部经营管理的数字化。这涉及调整管理模式、业务流程和组织结构，以提升管控效率。二是业务数字化。根据不同行业的特性，将生产业务及相关领域数字化。例如，制造业侧重智能制造和工业互联网，消费品行业注重零售终端和客户管理的数字化升级，投资类企业强调大数据分析和云计算的应用。三是数字产业化。在实现前两个层次的基础上，企业利用自身优势和技术积累，对外提供数字化转型服务。这包括为同行企业提供咨询、技术、产品、基础设施和解决方案，助力整个产业的数字化发展。通过这三个层次的递进，企业不仅能够优化内部运营，还能在行业内发挥引领作用，推动产业数字化转型。

（二）企业组织变革的关键要素

企业组织变革是指为了适应外部环境的变化或内部发展的需要，对企业组织结构、流程、文化或行为等方面进行有计划的调整和改进。组织变革不仅能在数字化层面确保企业项目成功实施，更重要的是能在转型层面推动企业员工从高绩效员工成长为数字化员工。企业组织变革的关键要素包括三个方面，如图 7-1 所示。

```
☆要素1：顶层设计         ☆要素2：精益基础        ☆要素3：价值驱动
数字化路线图             精益先行理念          业务与员工双赢的
● 服务于企业中长期       ● 先做精益再做数        创新机制
  战略                     字化                ● 四步走的数字化项
● 关注问题、关注新       ● 用精益的理念做          目推进机制
  机会                     数字化              ● 学习社团
● 达成全员统一的共识
```

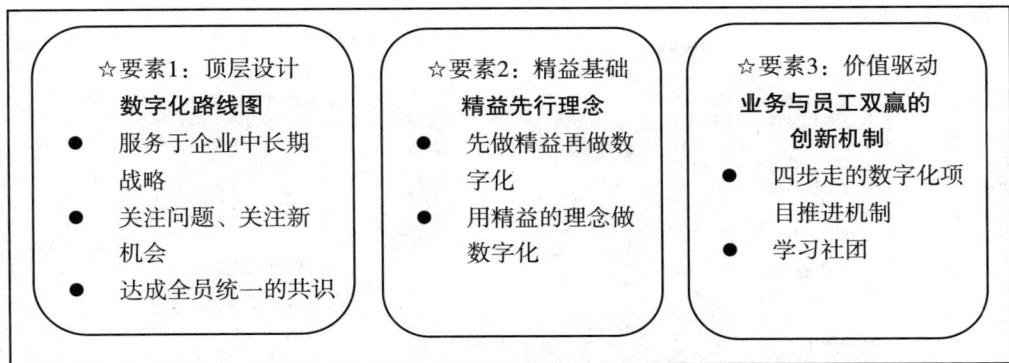

图7-1　组织变革的三大要素

1. 数字化路线图

服务于企业战略的数字化路线图是第一大要素，能避免企业走入"重短期投入、轻长期规划"的误区。企业数字化路线图的制定应遵循三个原则：一是路线图既要服务于企业的中长期战略，也要结合短期业务痛点；二是路线图不仅关注问题，而且关注新技术、新需求带来的新业务机会；三是路线图要服务于全企业，确保企业在统一的数字化路线图下，打通端到端流程，解决跨部门协同合作的问题，避免各个部门"各自为战"。

2. 精益先行理念

精益生产方式在二十世纪七八十年代由丰田公司发展完善，后来风靡全球制造业。在数字化时代，精益理念依然是企业卓越运营的基础和核心，精益基础扎实的企业，对于涉及运营、管理、文化等在内的组织变革更加重视也更容易实现，数字化转型的成功也往往更有保证。精益先行有两层内涵：一层是先做精益再做数字化；另一层是用精益的理念去做数字化。前者已经成为企业间的共识，如果不先做精益，毋庸置疑将把浪费固化到后续数字化系统之中。例如，如若精益层面的生产工艺流程尚未梳理清楚就开始推进数字化转型，极有可能将传统的低效流程升级为低效的数字化流程，背离企业推进数字化转型的初衷。

3. 业务与员工双赢的创新机制

从价值创造角度，企业不仅要追求短期业绩目标的实现，更应关注以创新驱动的可持续发展；员工不仅要追求高绩效，还应重视个人能力成长。只有当企业和员工的价值均得以实现，才能真正驱动数字化转型。为了高效、低风险地识别和导入数字化新技术，并快速推广至整个企业，企业需构建新技术导入机制。该机制有助于员工循序渐进地将想法转化为现实，其贯穿始终的原则正是提升员工能力和实现业务目标。随着新技术项目的落地，企业能够培养一大批数字化人才，实现业务与员工的双赢。此外，创新文化、学习文化也会在新技术导入过程中潜移默化地融入了日常工作的方方面面，最终形成自下而上转型的文化驱动力。

（三）企业组织变革的过程

企业在数字化转型过程中的组织变革是一个系统工程，它涉及企业的运营模式、决策模式、管理模式、企业文化等多个层面的变化，需要企业从多维度出发进行全面规划和实

施，如图 7-2 所示。

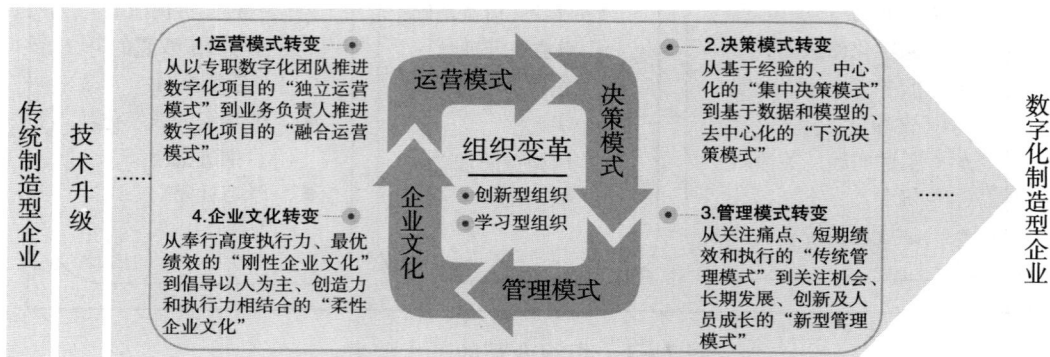

图 7-2 企业数字化转型过程中组织变革的内在逻辑

企业数字化转型常常局限于简单的技术升级和项目实施层面，而忽略了从员工转型、组织重塑等深层次、系统性的角度进行思考和实践。实际上，组织变革是在技术升级基础上的重要转型任务，也是企业数字化转型的必经之路。组织变革可以分为内外两个维度，如表 7-1 所示。

表 7-1　　　　　　　　　　　　　企业组织变革前后对比

组织变革		转变前	转变后
过程 1：组织外部显性变革	运营模式	【独立运营模式】 ● 专职数字化团队负责数字化项目 ● 项目人员和一线运营人员相互独立 ● 一线运营人员是旁观者 ● 数字化项目关注准时完成	【融合运营模式】 ● 业务负责人也是数字化项目负责人 ● 工厂专家团队提供技术支持和指导 ● 一线运营人员是驱动者 ● 数字化项目关注业务价值实现
	决策模式	【集中决策模式】 ● 部门主管或领导者（一把手）决策 ● 基于经验的试错 ● 中心化、慢、僵化	【下沉决策模式】 ● 一线员工决策 ● 基于模型的优选 ● 去中心化、快速、灵活
过程 2：组织内部隐性变革	管理模式	【传统管理模式】 ● 领导者关注问题、运营状态、绩效指标 ● 领导者是引导者，带领员工： （1）成为优秀执行者 （2）成为高绩效员工	【新型管理模式】 ● 领导者关注机会、战略方向、企业文化 ● 领导者是赋能者，培养员工： （1）成为数字化人才 （2）实现自我和提升成就感
	企业文化	【刚性企业文化】 ● 执行力文化 ● 奉献精神 ● 苦干精神	【柔性企业文化】 ● 创新意识、创造力文化 ● 主人翁精神、自驱力 ● 成长型思维、学习型文化

1. 组织外部较为显性的运营模式和决策模式的转变

（1）运营模式转变。企业从依靠专职数字化团队来推进数字化项目的独立运营模式，转变为由业务负责人主导数字化项目的融合运营模式。在独立运营模式下，专职数字化团队更侧重于项目的实施而非运营目标的实现；而在融合运营模式下，项目团队成员既是业务负责人，也是数字化项目负责人，他们在业务运营目标的驱动下，不仅关注项目的落地，更注重项目对业务产生的实际价值。

（2）决策模式转变。企业从基于经验和中心化的集中决策模式，转变为基于数据和模型、去中心化的下沉决策模式。集中决策模式下，决策主要由部门主管或高层领导者作出；下沉决策模式下，决策权下放到一线人员手中，他们根据数据和模型进行决策，不仅提高了决策效率，还优化了决策质量。

2. 组织内部相对隐性的管理模式和企业文化的转变

（1）管理模式转变。企业领导者从关注痛点、短期绩效和执行的传统管理模式，转变为关注机会、长期发展、创新及人员成长的新型管理模式。管理模式的转变体现了企业领导力的变革，即企业领导者关于数字化企业发展的理念和观念的更新，成为推动企业成功实现数字化转型的关键。

（2）企业文化转变。企业从奉行高度执行力和最优绩效的刚性企业文化，转变为倡导以人为本、创造力与执行力相结合的柔性企业文化。这种企业文化的转变极大地促进了员工自我价值的实现，不仅促使员工主动参与数字化转型，还能促进员工能力的提升，增强员工的成就感。

二、数字经济中的企业关系

（一）数字经济促进企业由竞争走向竞合

随着数字经济的发展，企业逐渐将经营目标转向为用户创造价值，原本处于竞争关系的企业越来越多地走向竞合，以协同方式为用户创造最大价值。竞合（co-opetition）是指企业之间通过合作共同创造价值，同时又通过竞争来分配这部分价值的一种动态战略过程。数字经济深刻改变了企业之间的竞争环境与合作条件，催生了广泛的动态竞合模式。

1. 企业竞合的驱动因素

（1）外部环境因素。竞合的外部环境因素主要包括市场需求、技术需求、行业特征和利益相关者。在数字经济时代，消费者需求更加多元化、个性化和动态化，市场需求的高度不确定性驱使企业采取竞合战略，共同应对消费者需求的变化。单个企业在短期内难以独自满足这些变化的需求，因此与竞争对手合作能够更快地实现资源整合、技术融合以及产品和服务的升级。例如，京东图书和当当网的合作，通过技术融合快速实现了货品融通，并构建了数智化供应链，为消费者提供了更优质的图书购买服务。

（2）数据要素需求因素。数字经济时代，数据成为重要的生产要素。在数字商业运营环境中，实时用户数据成为企业生产经营的起点。企业努力收集和分析大量消费者行为数据，以更准确地判断消费者偏好，并挖掘潜在需求。然而，要充分发挥数据价值，需要多源、多维、大规模的数据支持。单个企业内部的数据难以满足这一要求，因此企业之间围绕数据要素展开竞合。例如，京东图书和当当网在"图书需求"这一主题上产生的数据更容易实现大数据的规模经济和网络效应，从而发现消费者需求的客观规律。

（3）跨界竞争因素。在传统工业经济时期，企业主要面对同行业的竞争，行为遵循市场价格机制。但在数字经济时代，数字化技术打破了行业壁垒，使跨界竞争变得常见。数据的同质化和可编辑性使得企业在某一行业积累的数据可用于其他行业发展。此外，数字市场的低进入成本使得跨界者容易"入侵"，利用现有技术进入新市场，提供差异化的产品或服务，从而颠覆在位者的地位。因此，数字经济环境下，企业之间通过竞合集聚力量，共同应对市场变革，化解被颠覆或替代的风险。

（4）生态圈竞争因素。数字经济时代，企业竞争的范式从传统的企业间竞争转变为商业生态圈之间的竞争。基于互联网平台，企业价值创造模式从线性供应链、价值链转向价值网络和商业生态系统。生态圈内的企业通过资源共享、互利合作实现价值共创和协同共生，赢得生态圈之战。因此，单个企业必须加入或创建一个商业生态圈，以应对竞争。例如，当当网加入京东图书生态圈，双方通过竞合，充分利用各自优势，构建更具竞争力的图书生态圈。

2. 竞合策略分类

在上述驱动因素的作用下，企业需作出竞合决策，并明确应采取何种具体的竞合策略，以实现竞争与合作的最佳平衡。学术界通常将竞合视为一种结构变量，并通过"高一低"二分法来确定几种典型的竞合策略。根据竞争与合作程度的不同，可以区分出四种主要的竞合策略：竞争寻租、垄断寻租、合作寻租及协同寻租，如图 7 - 3 所示。

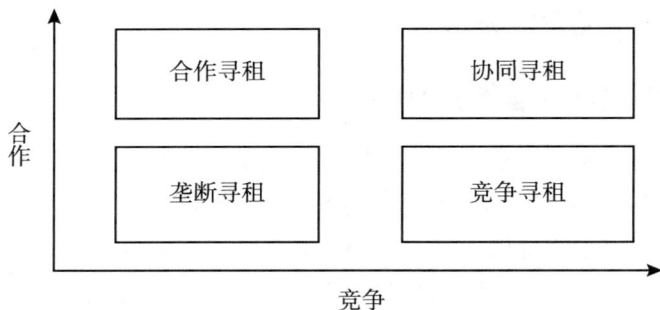

图 7 - 3　竞合的二分法

（1）竞争寻租策略。竞争寻租策略是指在特定环境下，组织或个人为了获取非市场手段带来的超额利润（即经济租）而采取的一系列行为或策略。这些行为通常涉及试图通过影响政府决策来获取对自己有利的政策、法规或合同，而非通过提高自身生产力或产品竞争力的方式。寻租活动本质上是非生产性的，因为它并不创造新的财富，只是将财富从一个地方转移到另一个地方，并可能导致资源的错配和社会福利的减少。因此，许多国家都在努力减少寻租行为的影响，并通过改革提高市场的透明度和公平性。同时，鼓励企业通过提升产品质量和服务水平来获得竞争优势，而不是依赖非市场竞争手段。

（2）垄断寻租策略。垄断寻租策略是指那些已经拥有市场主导地位的企业或个人，为了保持或扩大其垄断利润（经济租）采取的一系列非生产性活动。这些活动往往不直接增加社会总财富，而是通过改变分配规则，将财富从其他群体转移到自己手中。因此，反垄断法和相关的市场监管机制旨在防止这些行为的发生，促进公平竞争和经济的健康发展。

（3）合作寻租策略。合作寻租策略是指多个参与者（如企业、团体或个人）通过合作的方式，共同寻求通过非市场竞争手段获取经济利益的行为。这种策略通常涉及多方之间的协商、联盟甚至共谋，目的是共同影响政策制定者、监管机构或其他有权决定资源分配的关键方，从而获得超出正常市场竞争所能得到的利益。因此，在实践中，各国政府通常会通过反垄断法等相关法律法规来限制此类行为，以维护市场竞争的公平性和有效性。

（4）协同寻租策略。协同寻租策略是指多个主体（如企业、组织、个人等）通过合作或联盟的形式共同采取行动，以期从政府或其他权力机构那里获得非市场竞争所带来的额外利益。这些利益可以是任何形式的经济租，如补贴、税收优惠、政府合同、法规保护等。协同寻租通常涉及多个参与者之间的协商、合作甚至共谋，目的是共同影响政策制定者或监管机构，从而获取超出正常市场竞争所能得到的好处。

（二）大中小企业融通发展

1. 大中小企业融通发展的概念

大中小企业融通主要是指那些存在供需关系和配套协作的企业，通过资本、技术、产品、信息等要素的共享与合作，形成高效的互动、互通与融合发展状态。具体而言，这种融通方式包括技术创新协同、管理创新协同及产业链发展协同等多个方面。2022年，工业和信息化部等十一部门联合印发了《关于开展"携手行动"促进大中小企业融通创新（2022—2025年）的通知》，将大中小企业间的融通模式归纳为创新链、产业链、供应链、数据链、资金链、服务链和人才链七个方面。简言之，大中小企业融通发展是指通过政策引导和支持，促进大型企业与中小微企业之间的资源共享、优势互补、协同创新和共同发展。这种发展模式旨在构建一个健康、可持续发展的产业生态系统，其中大企业和中小企业能够在产业链中形成良好的互动关系，共同提升市场竞争力和创新能力。

2. 数字经济促进大中小企业融通发展

数字经济通过基础设施的要素供给和工具支撑、数字场景营造和机会创造，以及促进合作的生态构建等机制来驱动大中小企业有效融通。

（1）数字基础设施为大中小企业融通发展提供了新的要素和工具。数字经济不仅极大地丰富了基础设施的概念和范围，还因其连接便捷、边际成本低的特点，成为中小企业广泛采用的基础工具。随着数字基础设施的推广和应用，原本孤立存在于个体、企业、产业和部门中的数据得以连接和流通，这大大降低了中小企业的经营成本，有利于它们发挥专业优势，进而与大型企业共同构建一个共生、共荣、共赢的生态网络。

（2）数字产业为大中小企业融通发展创造新的场景和机会。数字经济带来的，不是简单的生产方式变革，而是更为复杂的产业生态重塑。数字产业是具有先导意义的产业门类，其成长展现出超越一般行业的超高增速、超广辐射度和超强影响力等特征。在数字产业化发展过程中，孕育着大量新兴商业机会，催生了中小企业的涌现和大企业的成长。产业数字化是数字技术逐步融入和改造传统产业、推动商业模式创新和变革的过程。数据成为产业发展的内核，在促进大型平台企业强化优势和中小型企业快速崛起的同时，推动大企业和中小企业之间的互联互通。

（3）数字生态重塑了大中小企业之间的竞争与合作逻辑及融通模式。海量中小企业作为重要的数据资源生产者，与大企业之间的关系从传统的主导者与追随者转变为数据产销者的融合关系。在这种新模式下，中小企业与数字平台协同推进数据的生产、整合、使用及再生产，形成了大中小企业间的合作共生关系。如今，大中小企业之间的竞争不再仅仅局限于规模和体量上的差异，中小企业可以通过技术创新和商业模式创新对大企业构成挑战。"错位式"竞争和非对称竞争成为中小企业获取竞争优势的重要途径。

3. 数字经济驱动大中小企业融通发展的模式

数字经济依托数字基础设施为大中小企业融通提供要素和工具支撑，通过数字产业化和产业数字化创造商业场景与机会，并重构商业生态系统中的竞争关系，成为推动大中小企业融通发展的重要力量。在此逻辑下，数字经济促进大中小企业融通发展的主要模式包括数字赋能的平台融通、链主牵引的产业链融通，以及以创新创业为特征的生态融通（见图7-4）。强化数据联通，发挥大企业的牵引作用，提升中小企业主动融通的意愿并构建长效融通机制，是实现这一目标的有效路径。

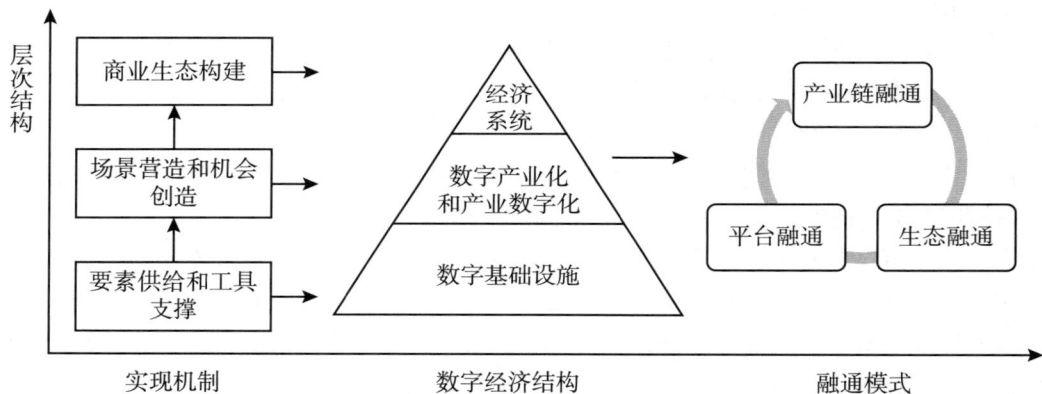

图7-4 数字经济驱动大中小企业融通发展的内在逻辑

（1）数字赋能的平台融通模式。不同于工业经济时代依靠地理空间集聚形成的产业集群，数字平台融通模式中，大企业作为平台的建设和运营者，通过平台吸引大量中小企业迁移并转型。中小企业利用平台的网络优势和低成本服务，如客户获取、营销、金融支付等，与大企业形成互益共生的关系。大型平台企业通过避免直接竞争和利用数据优势提供供应链金融、共享服务等创新支持，与中小企业建立更稳固的协同关系。然而，这种模式也可能带来平台垄断的风险，如平台利用数据、客户和算法优势损害中小企业利益。

（2）链主企业牵引的产业链融通模式。中小企业因规模限制，对产业链供应链的影响有限，因此，作为链主的大企业需发挥牵引作用，形成有效的产业链融通。在数字经济背景下，链主企业通常是掌握上下游信息优势的大企业或平台企业，它们在平衡供需、引领配套企业有序生产方面起到关键作用，有助于治理大中小企业间的过度竞争。对于中小企业而言，融入这种体系可以带来稳定的发展预期，并缓解无序竞争导致的资源浪费。然而，链主企业在数字经济时代也面临新挑战，如汽车行业链主企业需推动配套企业实现技术、产品和模式的变革，以维持竞争优势。

（3）以创新创业为核心的生态融通模式。数字经济催生了大量创新成果和新创企业，数字技术驱动的共享创新平台为中小企业提供了创新要素支持，并促进了大企业与中小企业的创新协同，解决了中小企业创新资源不足和大企业平台利用率低的问题。此外，依托这些平台形成的创业行为，包括大企业的内部创业和吸引外部创业主体，提升了社会创业活跃度，构建了更加紧密的创新网络。

4. 我国促进大中小企业融通发展的政策演进

我国针对中小企业的支持政策反映了不同发展阶段的需求。自 2002 年《中华人民共和国中小企业促进法》实施以来，中小企业享受了一系列专门政策的支持，而大企业的相关政策则更多聚焦于国资国企改革及国有企业竞争力提升方面。早期，两类企业的扶持政策相对独立，但近年来，政策导向逐渐转向大中小企业间的融合与发展，如表 7 – 2 所示。

表 7 – 2 　　　　　　　　大中小企业融通发展的相关政策及主要内容

时间	名称	部门	大中小企业融通发展主要内容
2018 年 9 月	《国务院关于推动创新创业高质量发展打造"双创"升级版的意见》	国务院	提出"搭建大中小企业融通发展平台"，包括基于互联网的大企业创新创业平台、国家中小企业公共服务示范平台、国家小型微型企业创业创新示范基地、制造业"双创"技术转移中心和制造业"双创"服务平台、产业供应链平台、大中型企业创业平台、公益性创业基金平台、创新创业平台等
2018 年 11 月	《促进大中小企业融通发展三年行动计划》	工业和信息化部等四部门	明确大中小企业融通发展目标，提出供应链协同、创新能力共享、数据驱动和打造产业生态四种融通模式，要求大企业共享生产要素、开放创新资源、提供人才资金支持，培育专精特新"小巨人"企业，以及实施"互联网＋小微企业"计划
2019 年 4 月	《关于促进中小企业健康发展的指导意见》	中共中央办公厅、国务院办公厅	明确中央财政支持的大中小企业融通载体，包括大中小企业融通型、专业资本集聚型、科技资源支撑型、高端人才引领型等，并明确实施大中小企业融通发展专项工程，培育要素汇集、能力开放、模式创新、区域合作的制造业双创平台试点示范项目
2021 年 3 月	《中华人民共和国国民经济和社会发展第十四个五年规划和 2035 年远景目标纲要》	国务院	提出"发挥大企业引领支撑作用，支持创新型中小微企业成长为创新重要发源地，推动产业链上下游、大中小企业融通创新"

续表

时间	名称	部门	大中小企业融通发展主要内容
2021 年 12 月	《"十四五"促进中小企业发展规划》	工业和信息化部等十九部门	聚焦创新视角下的大中小企业融通发展，提出通过产学研协同实现融通创新
2022 年 5 月	《关于开展"携手行动"促进大中小企业融通创新（2022—2025 年）的通知》	工业和信息化部等十一部门	引导大企业通过生态构建、基地培育、内部孵化、赋能带动、数据联通等方式打造一批大中小企业融通典型模式，促进小企业创新大中链、产业链、供应链、数据链、资金链、服务链、人才链全面融通

资料来源：李先军. 数字经济驱动大中小企业融通发展：机制、模式与路径［J］. 当代财经，2023（4）：3 – 14.

第二节　数字化实现与数字化制造

一、智能制造中数字化实现

（一）智能制造的内涵

智能制造是新一代信息技术与先进制造技术的深度融合，贯穿于产品、制造、服务等全生命周期的各个环节及相应系统的优化集成，旨在实现制造的数字化、网络化、智能化，并不断提升企业的产品质量、效益、服务水平，推动制造业高质量发展。

（二）与智能制造相关的范式

智能制造广泛影响着世界主要国家的工业转型战略，从 20 世纪 50 年代至今，与智能制造相关的各种范式层出不穷、相互交织，如大规模生产、精益生产、柔性制造、可重构制造、智能制造等。

大规模生产，即批量或流水线生产，通过标准化产品和流程高效制造大量相同商品，依赖专门化劳动力、自动化设备和连续装配线来提升效率并降低成本。精益生产源于 20 世纪 50 年代的丰田汽车，强调按需生产、准时制和全面质量管理，体现了持续改进的理念，这是智能制造的基础之一。柔性制造于 80 年代实用化，利用数控设备和数字化控制实现自动化，适应多品种、中小批量生产需求。并行工程则在产品设计初期就考虑全生命周期因素，推动各环节并行交叉进行。可重构制造系统（reconfigurable manufacturing system，RMS）通过模块化、标准化设计，快速调整结构与功能，既保持大批量生产的高效性，又能灵活响应市场和技术变化。智能制造融合新一代信息技术，赋予生产系统自适应、自学习和自决策能力，代表了制造业向数字化、网络化、智能化转型的方向。这些生产模式不仅构成了智能制造的基础，也展示了技术路径升级和组织方式的演变，推动了从自动化到智能化的深刻变革。

与智能制造相关的范式如图 7-5 所示。

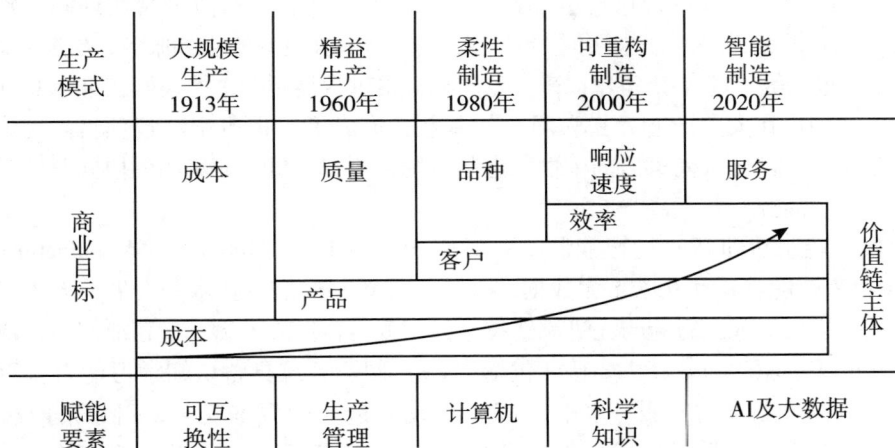

图 7-5 与智能制造相关的范式

（三）智能制造的三个基本范式

1. 第一代智能制造

第一代智能制造即数字化制造，是智能制造的首个范式，始于 20 世纪 80 年代末。随着制造业对技术进步的需求增长，数字化制造引领了第三次工业革命，通过计算机数字控制（computer numerical control，CNC）等技术推动了制造业的革命性变化。数字化制造通过融合制造技术和数字化技术，对产品、工艺和资源信息进行数字化描述、集成、分析和决策，以快速生产满足用户需求的产品。其主要特征包括：（1）应用数字化技术形成数控机床等"数字一代"产品；（2）采用 CAD/CAE/CAPP/CAM[①] 等数字化设计、建模和仿真方法；（3）使用数控机床等数字化设备，并建立信息化管理系统（如 MRP Ⅱ/ERP/PDM[②]）；（4）实现生产全过程的集成与优化运行，如现代集成制造系统解决方案；（5）利用现场总线和早期人工智能技术（如专家系统）。自 20 世纪 80 年代以来，我国企业开始认识并推广数字化制造，尤其是近年来，广东、江苏、浙江等地大力推行"机器换人"和"数字化改造"，建立起大量数字化生产线、车间和工厂。尽管如此，真正完成数字化制造转型的企业仍较少，特别是中小企业。因此，我国智能制造的发展应从夯实数字化基础做起，同时并行推进数字化制造和数字化网络化制造。

2. 第二代智能制造

第二代智能制造即数字化网络化制造，相当于"互联网＋"制造。它在数字化制造基

---

① CAD：computer aided design，计算机辅助设计；CAE：computer aided engineering，计算机辅助工程；CAPP：computer aided process Planning，计算机辅助工艺过程设计；CAM：computer-aided manufacturing，计算机辅助制造。

② MRP Ⅱ：manufacturing resource planning，制造资源计划；ERP：enterprise resource planning，企业资源计划；PDM：product data management，产品数据管理。

础上，利用工业互联网和工业云技术实现网络化，具备一定智能。20 世纪末，互联网技术的发展推动了制造业与互联网的融合，重塑了制造业价值链，促使制造业向数字化网络化制造转变。其主要特征包括：（1）产品方面，应用数字和网络技术，部分产品可联网交互；（2）制造方面，实现企业内外供应链和价值链的连接与优化，通过平台实现制造资源的社会化配置；（3）服务方面，通过网络平台连接用户，支持个性化需求和服务，如远程运维、全生命周期质量追溯等。进入 21 世纪以来，各国积极推进智能制造，如德国工业 4.0 和美国工业互联网。我国也在大力推进"互联网＋"制造，形成了一批典型示范项目。例如，海尔集团的互联工厂、佛山维尚家居的个性化定制系统、西安飞机工业集团的协同开发平台等。

3. 第三代智能制造

第三代智能制造即新一代智能制造，对应于国际上的"Intelligent Manufacturing"。进入 21 世纪以来，随着移动互联、大数据、云计算等新一代信息技术的发展，人工智能技术取得了突破性进展。人工智能与先进制造技术的深度融合形成了新一代智能制造，成为新一轮工业革命的核心驱动力。其主要特征包括：（1）制造系统具备认知学习能力，通过深度学习等技术提高创新能力和服务水平；（2）推动制造业的根本变革，引领第四次工业革命，为我国实现制造业跨越式发展带来机遇。智能制造基于新一代信息通信技术与先进制造技术的融合，具有自感知、自学习、自决策、自执行的特性，通过先进的数字技术改变传统产业链供应链，实现生产过程和服务销售的数字化链接，推动企业数字化转型。

智能制造基本范式的演进如图 7 - 6 所示。

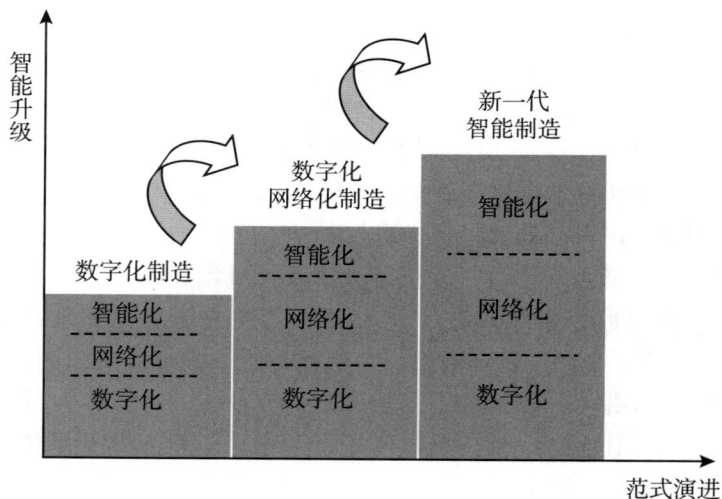

图 7 - 6　智能制造基本范式的演进

二、数字化制造

（一）数字化制造的内涵

数字化制造是以信息和知识的数字化为基础，以现代信息网络为主要载体，运用数字化、智能化、网络化技术来提升产品设计、制造和营销效率的全新制造方式，包括数字化设计、数字化工艺、数字化加工、数字化装配、数字化管理等。党的二十大报告强调，应将发展经济的重点置于实体经济之上，加速推进制造强国与数字强国的建设。作为这两项建设任务的关键交汇点，制造企业的数字化转型是顺应时代发展的必然趋势。制造企业的数字化转型涉及对数字技术的创新应用与业务形态的革新，这一过程既有助于企业提升可持续竞争力，又能促进价值创造。

（二）我国数字化制造的有利条件

1. 数字化转型政策体系不断健全

自党的十八大以来，中共中央、国务院高度重视制造业的数字化转型，通过顶层规划进行系统部署。国家层面发布了多项政策，如《关于深化新一代信息技术与制造业融合发展的指导意见》等文件，并于 2024 年 5 月 11 日通过了《制造业数字化转型行动方案》。同时，超过 20 个省份也出台了支持政策，推进"数字领航"企业、工业互联网平台和"小灯塔"企业的发展。此外，部分城市作为试点，在技术改造、中小企业数字化转型等方面进行了积极探索。这些措施共同推动了制造业数字化转型政策体系的逐步完善。

2. 数字基础设施日益完善

我国积极建设数字基础设施，支持制造业数字化转型。在网络设施方面，实施"宽带中国"战略，建成全球最大光纤和移动宽带网络，截至 2023 年底，5G 基站达 337.7 万座，千兆光网覆盖超 5 亿户家庭，并实现了物联连接数超越人联连接数。在算力设施上，数据中心规模超过 810 万标准机架，算力达每秒 230 百亿亿次浮点运算，其中智能算力建设增长迅速，支撑了 AI 平台的开放创新。融合基础设施方面，工业互联网体系不断推进，标识解析系统完善，服务超 40 万家企业，工业互联网平台数量超过 340 个，连接工业设备超过 9600 万台套，提升了行业的智能化水平。[①]

3. 数字技术和产业供给水平显著提升

数字技术创新与产业发展持续取得新进展，催生了新产品、新产业、新模式及新业态，为制造业数字化转型奠定了坚实基础。首先，在核心技术领域，我国在全球处于领先地位。例如云计算、大数据的技术创新能力居世界前列，人工智能企业数量超过 4400 家，5G 技术、产业、网络及应用均处于领先地位。其次，数字产品和服务能力不断提升。工业机器人与工业软件得到广泛应用，我国已成为全球最大的工业机器人市场，且装机量居全球首位。在钢铁、石化、锂电池等领域，系统集成能力达到国际先进水平，实现了底盘一体化压铸、电芯精密制造、光伏组件柔性装配等技术突破。最后，数字经济核心产业支撑能力显著增强。2023 年电信业务收入增长 6.2%，电子信息制造业稳定发展，软件业务收入达到 123258 亿元，同比增长 13.4%，新兴数字产业迅猛发展，人工智能核心产业规模达到了 5000 亿元。[②]

4. 点线面一体化转型加快推进

近年来，我国针对企业、行业和产业集群推进数字化、网络化、智能化升级，"点、线、面"转型加速。企业方面，截至 2023 年底，培育了 421 家国家级示范工厂和万余家

---

①②国家互联网信息办公室发布《国家信息化发展报告（2023 年）》［EB/OL］.（2024－09－06）. https://www.cac.gov.cn/2024－09/06/c_1727308607362592.htm.

省级数字化车间及智能工厂，提升了生产效率并缩短了研制周期。[1] 传统行业如石化、化工、纺织等数字化转型成效显著，数控化率和工业云平台应用率均高于行业平均水平。产业集群和区域数字化效应显现，工业互联网在园区的应用促进了创新发展，江苏、上海、浙江等地转型领先，广东以及长三角地区、成渝地区的工业互联网示范区建设促进区域高质量发展。

5. 转型服务生态不断完善

各类主体深化产学研用协同，整合资源推进制造业数字化转型。一方面，转型公共服务平台加速建设，提供包括供需对接、评估诊断、专家咨询等在内的公共服务。例如，江苏、浙江、山东、广东等地建立了 19 个工业互联网平台应用创新体验中心，提升区域服务能力。山东建立了国家级中小企业数字化转型促进中心，解决中小企业转型中的"不愿转、不敢转、不会转"问题。另一方面，产教融合加速。建设了多个实训基地，多所院校增设相关专业，培养转型所需人才。此外，数字化转型的国家标准相继发布，多项成果成为国际标准，为转型提供了标准依据。

（三）灯塔工厂

灯塔工厂是指成功将第四次工业革命的核心技术从试验阶段推广至大规模应用阶段，并由此实现显著财务和运营效益的工厂。世界经济论坛（World Economic Forum，WEF）与麦肯锡咨询公司联合从价值实现、集成用例、赋能要素和技术平台四大维度，在世界范围内遴选"全球灯塔网络"（Global Lighthouse Network，GLN），有"智能制造奥斯卡"之称，代表了全球制造业领域智能制造和数字化最高水平。自 2018 年 1 月 WEF 公布首批灯塔工厂名单以来，截至 2024 年 10 月，全球共有 172 家工厂被认定为"灯塔工厂"。其中，中国的灯塔工厂数量达到了 74 家，占比达到 43%，持续位居全球首位。[2]

1. 灯塔工厂的业务制造模式

根据行业特性的差异，我们可以将灯塔工厂大致划分为四种主要的业务制造模式（见表 7-3）。每一种模式都针对特定行业的特点，通过结合最新的技术手段与管理理念，实现了生产效率的显著提升、成本的有效控制及可持续发展的目标。

表 7-3　　　　　　　　　　灯塔工厂四种业务制造模式

模式	主要内容
模式一 扎根制造	以实现卓越制造为主要愿景。典型行业有钢铁、电子制造、半导体，数字化建设侧重于装配与加工、设备维护、质量管理、业绩管理及数字化可持续发展
模式二 注重快速交付	打造以订单为中心的一体化供应链。典型行业为日用品、食品饮料，数字化建设侧重于营销、采购、供应链、物流

---

[1] 工业和信息化部. 2023 年工业经济总体呈现回升向好态势　信息通信业加快发展 [EB/OL]. (2024-01-19). https: //www. miit. gov. cn/jgsj/bgt/gzdt/art/2024/art_a462e905f5634daa937efa4b2f0985e3. html.

[2] 数据图解 | 新一批"灯塔工厂"名单出炉 13 家来自中国! [EB/OL]. (2024-10-12). https://news.qq.com/rain/a/20241012A04R4W00.

模式	主要内容
模式三 以大规模定制生产为主	打造以客户为中心的体验。典型行业为家用电器、汽车和服装，数字化建设侧重于研发、采购、供应链、物流、后服务和营销
模式四 最佳产品	形成以产品为中心的卓越产品生命周期管理。典型行业有电气装备、工业装备行业，数字化侧重于数字化研发、采购、后服务和营销

2. 灯塔工厂的行业特征

在消费品行业（如服装、日用品、食品饮料），灯塔工厂专注于快速开发、个性化定制、快速交付和高效库存管理，以灵活应对消费者需求的快速变化。而在流程工业（如钢铁、石化），灯塔工厂更强调精益生产和能源效率，通过减少浪费和提高资源利用率来推动可持续发展。电子行业的灯塔工厂则致力于提升自动化水平和柔性生产能力，同时贯彻绿色发展理念，以适应快速迭代的产品和技术多变的市场需求。医药行业的灯塔工厂利用数字化和智能化技术降低成本、提高效率，并确保从研发到交付的端到端价值链畅通无阻，力求减少质量波动，保障产品安全性和一致性，满足严格监管要求。通过这些针对性策略，不同行业的灯塔工厂不仅实现了卓越运营，还为制造业的整体转型升级提供了宝贵范例（见表7-4）。

表7-4　　　　　　　　　　　不同行业灯塔工厂转型特征

行业类别	关注重点	提升途径	典型企业
消费品行业	消费体验及成本控制	产品敏捷开发、快速交付、个性化定制；成本控制包括"机器+人工智能"引导的生产效率提升，自动化物流带来的仓储成本、物流成本下降	海鸥住工
流程工业	成本的下降、能耗排放的降低、生产效率的提升	生产计划分析、价格预测、工业物联网改进工艺、数字化物流等方式降低各项成本；数字化生产计划、智能检测、数字化业务磋商、工业物联网提高生产效率	宝钢
电子行业	设备自动化水平、柔性生产模式和绿色发展	人工智能和机器人等自动化设备提高生产效率，同时考虑能耗	工业富联
医药行业	成本控制、生产效率提升、快捷交付	数字化技术支持的购买决策、电子拍卖、绩效管理降低生产运营成本；人工智能、数字孪生、机器人等技术使用提升生产效率	华润三九

3. 灯塔工厂彰显中国创新力量

在2024年10月新增的22座全球灯塔工厂中，超过半数（12座）落户中国，这一数字令人瞩目。尤为引人注目的是，专注于可持续发展的3座"可持续灯塔工厂"全部位于中国。① 这不仅彰显了中国工业界对创新和生产力提升的高度重视，也体现了中国在全球制造业转型中的领导地位。这些成就展示了中国通过人工智能、物联网、大数据分析、云计算等前沿技术大规模优化生产流程的能力。中国正积极采用智能制造解决方案，以提高效率、减少资源浪费，并推动绿色制造实践。特别是在可持续发展方面，中国的灯塔工厂致力于实现环境友好型生产，减少了碳足迹并提高了能源利用效率，为全球应对气候变化树立了典范。此外，这些灯塔工厂的成功案例表明，中国正在努力寻求一条既能促进工业增长又能兼顾环境保护的发展路径。这种平衡并非易事，但中国显然已经找到了有效的方法，既保持了经济活力，又促进了生态和谐。随着对可持续性和技术驱动转型的关注不断加深，中国正在形成一种新型生产力——这种生产力不仅体现在数量上的增长，更在于质量上的飞跃，以及对未来挑战的适应能力。

第三节　数字供应网络

一、数字供应网络的内涵

（一）传统供应链

自 20 世纪 60 年代起，企业对物流的理解和实施不断深化，逐步发展成包含上下游企业的全面供应链管理，形成了传统意义上的供应链。传统供应链模式涉及从原材料供应商至最终消费者的连续流程和活动序列，涵盖采购、运输、制造、存储、分销等阶段。传统供应链中的企业倾向于采用线性的生产和供应流程，上下游之间多为串联连接。核心企业常需经过多层传递才能获取终端用户需求信息，难以迅速捕捉需求变动。因此，核心企业往往依据历史数据和过往经验进行产品设计、需求预测与供应规划，缺乏对实际需求的即时响应、灵活调整与高度适应性。与此同时，随着经济发展，传统供应链的各环节面临诸多亟待攻克的问题。如在采购方面，企业应如何迅速响应需求波动，并控制采购成本；在生产领域，如何确保产品质量与效率，同时减少资源浪费；在分销阶段，如何简化层级结构、确保准时交付，缓解库存与资金压力。此外，如何促进全链协同、优化成本效益，打破供应链长鞭效应引发的"供需不匹配—产能过剩或缺货—资源浪费"的恶性循环，以及满足消费者对商品日益增长的个性化与多样化需求都是值得关注的，这必然对供应链的发展变革提出新的要求。

（二）数字供应网络

工业 4.0 时代，随着信息技术的不断发展与迅速普及应用，供应链组织形态持续发生

---

① 梁桐．"灯塔工厂"彰显中国创新力量——访世界经济论坛先进制造与供应链中心总负责人基瓦·奥古德［EB/OL］．（2024－10－21）．http://www.ce.cn/xwzx/gnsz/gdxw/202410/21/t20241021_39174543.shtml.

变化，管理方式不断创新。数字化供应链网络正以前所未有的方式消融着虚拟世界与实体世界的界限。这一革命性的供应链管理模式，巧妙地融合了互联网、物联网、大数据分析及人工智能等尖端科技，共同编织出一个高度智能化、互联互通的供应链生态系统。与传统的线性供应链相比，此系统摒弃了传统供应链的线性束缚，采用网状结构构建了一个以客户为中心、数据为驱动的动态价值创造体系，能够即时响应市场波动与客户需求变化，对供应链全业务流程进行精准规划与优化，实现物流、信息流、资金流的全面规划、数据融通、资源共享及业务协同。这不仅极大地提升了企业的市场适应性和抗风险能力，促进了资源的最优配置，还促使传统的线性价值链蜕变为多维度、高弹性的价值网络体系，引领整个产业向更加智能、高效、可持续的未来加速迈进。

二、数字供应网络的特征

（一）数字化

数字供应网络的深度应用，重塑了企业的运营模式，极大地增强了企业在供应链各环节的数据收集与处理能力。数字化网络如同一座庞大的数据中心，能够实时捕捉并整合来自生产、物流、销售等多个环节的海量数据，同时借助尖端的数据处理与分析技术，这些数据被巧妙转化为直观、易理解的可视化信息，如生动的动态仪表盘、详细的报表及直观的图表等。这种高效的数据收集与分析机制为企业决策注入了强大的动力，通过深入分析消费者行为、偏好及市场趋势，企业能够以前所未有的精准度和速度响应市场，灵活调整生产计划、优化库存配置、革新销售策略，从而大幅缩短决策周期，有效规避因信息滞后引发的决策偏差。这种基于数据驱动的决策模式，不仅确保了产品的快速交付，也极大地提高了决策的准确性和针对性，确保了企业资源的高效配置与利用。

（二）网络化

数字化技术的飞速发展，促进供应链上各个环节，包括供应商、制造商、批发商、零售商等，实现无缝的协同作业与信息共享，如图 7 - 7 所示。这种深度整合不仅打破了传统供应链中的信息壁垒，还极大地提升了整个链条的运作效率与灵活性。首先，通过采用先进的数字化平台与工具，供应链上的各参与方能够实时共享订单状态、库存水平、生产进度等关键信息。这种信息的透明化使得每一个环节都能准确掌握上下游的动态，从而做出更加精准的决策与调整。其次，数字化技术还促进了供应链上各环节的协同作业。通过集成化的系统，不同企业之间可以更加紧密地协作，共同解决物流、库存、质量等方面的问题。这种协同不仅降低了沟通成本，还加快了问题解决的速度，提升了整个供应链的响应能力。如在物流配送方面，通过数字化平台可以实现运输资源的优化配置和路径规划，减少运输时间和成本；在质量管理方面，企业则通过数字化手段实现全程追溯，确保产品质量的稳定可靠。数字供应网络将各方联结成统一的网络，提高了各方的沟通能力，信息能够及时传递与共享。

图7-7 网络化的供应链

资料来源：一文了解餐饮连锁供应链发展现状［EB/OL］．（2022-10-28）．http：//news. sohu. com/a/600574487_121312996.

（三）可追溯性

可追溯性是数字化技术深度融入供应链管理体系后展现出的一项极为显著的特性。在数字技术支撑下，供应链中的每一件产品都能被精准地赋予一个独一无二且易于识别的标识符，这些标识符的形式多样，如二维码、无线射频识别（RFID）标签，以及其他先进的数字编码技术。借助这些高科技的标识符，企业能够以前所未有的便捷性，全面而精确地追溯产品的整个生命周期信息——从最初的原材料来源、具体的生产批次、详细的加工处理流程，到后续的物流运输路径，直至最终的产品交付与消费者手中的去向（见图7-8）。数字供应网络构建的这一套高度精细化的信息追溯体系，不仅极大地增强了企业对供应链各环节的监控与管理能力，使得企业能够在遇到质量问题或安全隐患时，迅速而准确地定位问题产生的源头，进而采取及时有效的措施进行整改与优化，从而有效避免问题进一步扩大，减少经济损失与品牌信誉损害。同时，这一体系还为消费者营造了一个更加安心、可靠的购物环境。消费者只需通过简单的扫描操作，即可轻松获得所购产品的全部信息，极大地提升了消费的透明度，让消费者在享受数字化购物便捷性的同时，也能获得对产品质量与安全的充分信心，进一步促进了市场的健康发展和消费者权益的保护。

（四）透明性

数字化供应链透明性的提升，使得供应链的每一个参与方，无论是供应商、制造商、物流服务商还是最终消费者，都能在一个高度协同的环境中运作，信息的无障碍沟通极大地减少了信息不对称带来的成本和风险。企业不再依赖于传统的、滞后的人工报告或抽样检查来了解供应链状态，而是能够基于实时数据作出快速而精准的决策。此外，透明性的增强还促进了供应链企业社会责任感的提升。通过数字化技术，企业能够更准确地追踪原材料的来源、能源消耗、碳排放量等指标，以及关注劳工权益、社区影响等社会指标，这对于构建绿色供应链、实现环境友好和社会责任目标至关重要。消费者和利益相关方也能因此获得更多关于产品和服务的透明信息，作出更加负责任的消费选择。

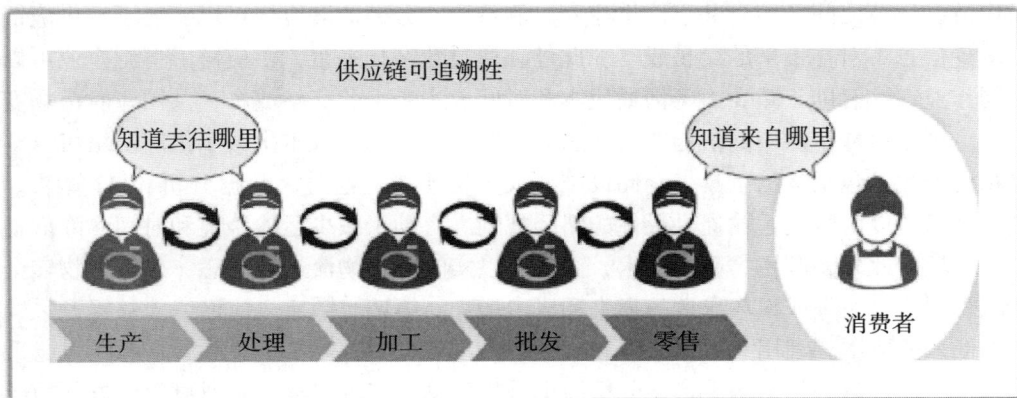

图 7 - 8　供应链的可追溯性

资料来源：何谓可追溯性？[EB/OL]. https：//www. keyence. com. cn/ss/products/marking/traceability/basic_about. jsp.

三、数字供应网络的优点

（一）提高企业运营效率

数字供应网络通过整合先进的信息技术和数据分析工具，显著提高了企业的运营效率。第一，数字供应网络利用云计算、物联网等技术，打破了传统供应链中的信息孤岛，实现了供应链各环节数据的实时共享。供应商、制造商、分销商和客户可以实时了解库存状态、生产进度、物流位置等信息，提高了供应链的透明度和可见性。这种透明化有助于企业快速响应市场变化，减少因信息不对称导致的决策延迟和错误。第二，数字供应网络通过自动化设备和机器人技术，让许多重复性高、劳动强度大的任务能够得到自动化处理。这不仅降低了人力成本，还提高了生产效率。第三，数字供应网络强调供应链上下游企业之间的协同与合作。通过数字化平台，企业可以与供应商、客户及物流服务商等建立良好的合作关系，实现信息共享、资源互补和协同作业。这种协同能力有助于企业更好地应对市场变化和挑战，提高企业运营效率。

（二）降低运营成本

数字供应网络通过优化库存管理、提高供应链透明度、优化物流管理、提升采购效率以及减少人为错误和欺诈行为等多种方式，能够显著降低企业的运营成本，这有助于企业在竞争激烈的市场中保持领先地位并实现可持续发展。第一，数字供应网络能够优化库存管理，降低库存成本。一方面，利用大数据分析和人工智能算法，数字供应网络能够更准确地预测市场需求，从而帮助企业制定合理的生产计划和库存策略。另一方面，基于实时库存数据和销售预测，数字供应网络可以自动触发补货流程，减少人为干预和错误。不仅提高了补货效率，还降低了因缺货导致的销售损失和成本增加。第二，数字供应网络能够提高供应链透明度，降低交易成本。数字供应网络打破了传统供应链中的信息壁垒，实现了供应链各环节之间的信息共享。供应商、制造商、分销商和客户可以实时了解供应链状态，减少信息不对称带来的交易成本。此外，通过数字化平台，供应链上下游企业可以实现协同作业，这有助于减少由于沟通成本和时间成本带来的交易成本，共同应对市场变化和挑战。第三，数字供应网络能够优化物流管理，降低物流成本。数字供应网络可以整合各类物流资源，包括运输工具、仓储设施、人力资源等。通过大数据分析和 AI 算法，数字供应网络可以为物流运输提供最优的路径规划。有助于减少运输距离和时间，降低物流成本和能耗。此外，利用物联网技术，企业可以实时跟踪物流运输状态，确保货物安全到达，减少因货物丢失或损坏导致的损失和成本增加。第四，数字供应网络能够提升采购效率，降低采购成本。利用大数据分析和 AI 算法，数字供应网络可以为企业提供智能采购决策支持。通过数字化采购平台，分析历史采购数据和市场趋势，企业可以更方便地寻找合适的供应商和产品，制定更合理的采购策略和计划，实现快速比价和下单，进而降低采购成本和时间成本。

（三）提升风险管理能力

供应链管理带来的风险管理能力有助于企业更好地应对市场波动和突发事件带来的挑战，确保供应链的稳定运行和企业的可持续发展。第一，数字供应网络利用物联网、大数据、云计算等先进技术，实现了对供应链各环节数据的实时采集和整合。这种高效的数据收集机制使企业能够获取到更全面、准确的信息，包括库存水平、物流状态、供应商绩效等。通过对这些数据的深入分析，企业能够更好地了解供应链的运行状况，及时发现潜在的风险因素，从而采取有针对性的应对措施。第二，数字供应网络通过实时监控库存水平，结合预测数据和销售情况，自动调整库存策略，实现库存的优化管理。这不仅可以避免库存积压导致的资金占用和成本增加，还可以确保库存的充足性，避免因缺货而导致的销售损失。通过优化库存管理，企业能够更好地应对市场需求的变化，降低库存风险。第三，数字供应网络通过建立灵活的供应链网络和应急管理机制，提高了供应链的弹性。在面临自然灾害、疫情等突发事件时，企业能够迅速调整供应链策略，从其他地区的供应商处采购原材料或调整生产计划，确保生产的正常进行。同时，数字化供应链系统还能够提供完善的应急管理预案，帮助企业在突发事件发生时快速启动预案，采取相应的措施降低损失。

📖 **阅读拓展** →→- -

亚马逊无人超市 Amazon Go 是数字供应网络运营的一个典型体现，Amazon Go 结合了射频识别、计算机视觉、感测融合、深度机器学习等多种先进技术，实现了店内商品、消费者、计算机三者的实时互联。这些技术共同为 Amazon Go 数字供应网络运营提供了坚实的技术基础。

在消费端，Amazon Go 通过实时捕捉并传输顾客拿取的商品信息，实现了真正的自助购物体验。顾客无须排队结账，只需通过 Amazon Go App 即可完成购物结算，极大地提升了购物效率。借助大数据技术，Amazon Go 能够分析顾客的购物习惯和偏好，为顾客提供个性化的商品推荐，从而增加销售机会。在供应端，从商品离开供应商工厂到最终到达运输中心或者商店，Amazon Go 能够实时监控运输途中的任何延迟，确保商品能够按时到达。同时，Amazon Go 的系统和技术几乎可以实现完美的库存记录，准确记录商店库存，每一件物品都摆放在哪里。这种高精度的库存管理能力是大多数零售商难以达到的。此外，通过大数据与认知运算等技术，Amazon Go 能够提前感知需求变化，进而主动且智能地根据感知的需求调整计划，确保供应链的灵活性和响应速度。

亚马逊无人超市 Amazon Go 体现了数字供应网络运营在零售领域的创新应用。通过先进的技术基础和优化的数字供应链网络运营策略，Amazon Go 不仅提升了消费端的购物体验和满意度，还实现了供应链的优化和成本的降低。这些成功经验为其他零售商提供了有益的借鉴和启示。

资料来源：整理自 Amazon Just Walk Out Technology 官网（https://justwalkout.com/）。

第四节　数字经济中的企业治理

一、财务管理

在数字经济浪潮中，财务数据已跃升为企业的核心无形资产，犹如新时代的动力源泉。借助人工智能技术，财务领域正迎来智能决策的新纪元，为企业战略部署提供强有力的数据支撑。云计算、物联网、区块链及人工智能等前沿科技，共同构筑了财务智能化的技术基石，不仅加速了数据处理的高效性与精确性，还催生了多样化的场景化智能应用，为企业运营注入新的活力。财务智能化标志着财务管理迈入了一个全新的发展阶段，它不是会计工作的简单自动化升级，也不是对传统财务管理框架的局部修补，而是从根本上重塑了财务管理的面貌。财务智能化使得财务管理实现了以下三个方面的转变。

（一）优化财务作业流程，降本增效

传统模式的财务管理中，会计资料的录入、票据审核、账目调整、成本计算及税务申报等关键环节，往往依赖人工手动操作，其精确性深受财务人员专业能力影响。特别是针对规模较大的企业，各环节分散处理，导致财务成本居高不下。鉴于此，企业迫切需要构建财务智能化体系，借助财务机器人、智能图像识别等先进技术，自动执行数据录入、核

算、审核及报告生成等任务，显著提升数据处理速度与准确性。通过大数据、云计算等技术的应用，企业能够实时收集、处理和分析财务数据，为管理者提供更加精准、全面的财务分析报告，进而有效削减财务核算成本，提升整体财务运营效率。

（二）强化财务数据联通，赋能智能决策

财务部门作为企业的数据汇聚中心，不仅对内连接各部门，还对外连接客户、供应商及税务机构，通过数据流通发挥桥梁作用。在数据驱动的时代，特别是在充满不确定性与复杂性的环境下，企业需要更敏捷地响应市场变化，做出精准决策。财务智能化体系凭借其数据共享的高效性、多样性、实时性及准确性，能够构建起内外数据无缝对接的桥梁，促进企业内部各部门间与外部环境的数据流通与共享，形成强大的数字神经网络，促进业务流程与财务流程的深度融合，为企业的智能化决策提供坚实的数据支撑。

（三）构建智能生态闭环，增强市场竞争力

步入数智化新纪元，企业致力于打造一个集智能交易、智能制造与智能管理于一体的全方位智能生态系统。这一生态系统从精准捕捉客户需求出发，通过智能化手段优化交易流程，融合智能制造技术提升生产效率，数字化财务管理系统可以帮助企业建立更加完善的风险监测预警体系，通过实时监控和数据分析，及时发现并应对潜在的财务风险。同时利用智能管理系统实现资源的优化配置与决策的智能化。这种生态构建不仅强化了企业内部的协同作战能力，还促进了其与外部环境的深度融合，最终显著提升企业的综合竞争力与市场地位。

二、组织管理

在数字经济时代，企业组织管理面临着前所未有的变革，其核心特征便是强调灵活性和协同性。这种转变不仅重塑了企业的运营模式，也深刻影响了企业文化和员工的工作体验。具体而言，数字时代的企业组织管理具有以下特征。

（一）扁平化的组织

扁平化组织是现代企业组织结构形式之一，它改变了原来层级组织结构中的企业上下级组织和领导者之间的纵向联系方式，以及平级各单位之间的横向联系方式。这一结构转型不仅标志着权力结构的根本性调整，还深刻影响着企业的运作效率和创新能力（见图7-9）。具体而言，第一，权力不再高度集中于顶层管理者手中，而是更多下放到基层，企业中间层级得到缩短，使得决策过程更加迅速和灵活。这种权力结构的变化有助于充分发挥基层员工的创造性和积极性，提高组织的整体效能。基层员工拥有更大的自主权，能够根据实际情况快速作出决策，从而更快地响应市场变化和客户需求。第二，扁平化组织通过扩大管理幅度使得组织的管理更加灵活和高效，即每个管理者可以管理更多的下属或团队。这种管理方式的转变有助于减少管理层级、降低管理成本，同时提高管理者的综合素质和管理能力。第三，企业可以利用电子邮件、办公自动化系统、管理信息系统等网络信息化工

具进行沟通和协作，实现信息的即时传递和共享。这种信息流通的畅通无阻有助于减少信息孤岛和信息不对称现象的发生，提高组织的透明度和协作效率，使得企业更快地作出决策和响应市场变化。

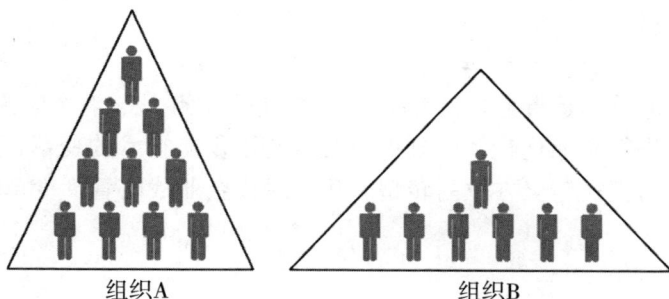

图7-9　数字企业组织结构变革

资料来源：为什么上市公司的业绩总是低于预期？[EB/OL]. (2023-02-23). https：//caifuhao. eastmoney. com/news/20230223130850770817750.

因此，企业扁平的、高效的决策体系结构不仅缩短了信息传递的路径，加速了决策的制定与执行，还极大地提高了企业对市场动态的敏感度与响应速度。更重要的是，扁平化组织鼓励员工之间的直接沟通与协作，促进了创意与想法的自由流动，从而激发了员工的创造力和工作热情，使他们更加积极地参与到企业的创新与发展中来。

（二）灵活用工模式

灵活用工模式的兴起，是数字经济对组织管理带来的又一重大变革。灵活用工模式是指企业在聘用员工时，根据实际业务需求和工作量的波动性，灵活安排员工工作时间、工作地点以及工作方式的一种雇佣模式。随着远程办公、项目制合作等灵活用工方式的普及，数字化企业可以根据业务需求灵活调整人力资源配置，这可以避免长期的人力成本负担，如社会保险、公积金等固定成本，进而降低用工成本，实现用工的多元化和灵活性，提高人力资源的利用效率。同时，这种用工模式也为员工提供了更多的职业选择与发展空间，使他们能够根据自己的兴趣与能力选择适合自己的工作方式。灵活用工模式的推广，不仅推动了企业与员工之间的双赢合作，还促进了整个劳动力市场的灵活性与多样性发展。

（三）跨部门协作

跨部门协作的加强是数字经济时代组织管理的另一大亮点。在传统的组织架构中，部门之间往往存在壁垒，导致信息孤岛和资源浪费。而在数字经济背景下，企业意识到只有打破这些壁垒，实现内部信息的无缝对接和资源的高效整合，才能形成强大的协同创新力量。因此，越来越多的企业开始推动跨部门协作机制的建设，鼓励不同部门之间的员工共同参与项目、分享知识、解决问题，从而构建起一个开放、包容、协同的工作环境。通过引入协同办公工具，如项目管理软件、内部社交网络等，可以简化跨部门沟通流程，提高团队协作效率。通过云计算和大数据技术，可以实现数据在各部门间的实时共享和分析，为决策提供支持。但需要注意的是，企业在进行跨部门协作时应当选择安全可靠的技术平台，并采取必要的安全措施，如数据加密、访问权限管理、防火墙等，防止数据泄露和未经授权的访问。

三、战略管理

数字化企业战略管理是指企业利用数字技术和信息化手段，对企业的战略目标、资源分配、业务流程等进行全面优化和管理的过程。它不仅是技术的变革，更是企业战略思维、组织架构、运营模式等全方位的转型。数字时代企业战略管理变革主要体现在四个方面。

（一）前瞻性

战略管理在数字经济中更加注重对未来趋势的预测和把握。企业需要制定具有前瞻性的数字化战略，以应对快速变化的市场环境和技术革新。这种前瞻性不仅体现在对技术发展趋势的敏锐洞察，还包括对客户需求、市场竞争格局以及行业发展趋势的深刻理解。

（二）创新性

创新是企业持续发展的关键驱动力。在数字经济时代，企业需要不断探索新的商业模式、产品和服务，以适应快速变化的市场需求。这要求企业在战略管理中注重培养创新意识，鼓励内部创新，同时积极寻求与外部合作伙伴的协同创新。

（三）精准性

数字经济时代，数据成为企业决策的重要依据。企业需要利用大数据和人工智能技术，深入挖掘和分析市场数据、客户数据、运营数据等，以获取有价值的洞察。这些洞察有助于企业更准确地把握市场趋势、客户需求和竞争态势，为战略决策提供有力支持。数字化战略管理强调决策的实时性和精准性。通过构建高效的数据处理和分析系统，企业可以实现对市场动态的实时监控和快速响应，从而确保战略决策的时效性和准确性。

（四）灵活性

在数字经济时代，市场环境和技术环境都在不断变化。企业亟须构建高度的应变能力，确保能敏锐捕捉市场动态与客户需求变迁，并迅速调整其战略规划与业务架构以适应这些变化。这种灵活性不仅局限于对宏观战略导向的敏捷调整，更深入到产品与服务的创新层面，有效应对市场中的不确定因素和复杂挑战，从而保持竞争优势并引领行业发展。

四、组织方式变革

数字时代，企业不再拘泥于传统的直线职能制框架，而是逐渐向平台化、生态化、模块化和虚拟化等新型范式转变。例如，平台化模式通过构建开放共享的平台，吸引多方参与者共同创造价值；生态化则强调企业与其利益相关者之间的共生共荣，形成良性的生态系统；模块化与虚拟化则通过技术的力量，实现组织结构的灵活调整与资源的动态配置，为企业变革提供了无限可能。这些新范式赋予了企业更高的灵活性与可扩展性，使得它们能够更好地适应市场变化，促进跨界合作与资源共享，从而构建起更加开放、协同的商业生态系统。作为当代商业环境中不可或缺的企业组织变革，其成功实施不仅依赖于对传统制度逻辑的革新，更要求构建一套能够灵活应对内外环境瞬息万变挑战的新型管理体系。这种变革的深层次需求要求企业能够在不确定的市场环境中迅速调整策略，实现资源的高效配置与整合，以维持竞争优势。数字经济推动企业组织方式发生深刻变革，具体表现在三个方面。

（一）网络化组织

在数字化环境中，企业需应对的关键挑战在于，如何根据发展需求调整或重塑传统组织模式，并妥善界定员工、客户及供应商等利益相关者的角色，以激发整个企业的创新力和发展潜力。数字企业的网络化组织，也称企业网络或网络型企业组织，是指企业之间通过契约或控股形式，利用数字技术整合优势资源，形成的一种优势互补、分工协作的网络化系统。这种组织模式既不同于纯市场的交易，又与层级制企业组织有所差别，它是介于企业和市场之间的中间组织，代表合作型竞争的新型关系。企业以更加灵活的方式构建网络化的组织结构，实现内外部资源的快速整合和高效利用，从而有效应对新时代的挑战。

（二）平台化运营

数字化企业的平台化运营是指企业利用信息技术和互联网平台，将传统业务模式转变为以用户为中心、数据驱动的运营模式，通过连接和整合供应链、客户、合作伙伴等多方资源，实现价值共创和共享。如图7-10所示，平台化运营依托数据管理、业务流程管控及监控预警三大支柱，整合企业内部和外部的各类资源，形成强大的平台化管理体系。借助该平台实现的实时数据采集与分析，企业能够获得全面的供应链可见性，实时掌握库存状态、订单进度、物流情况等关键信息，从而显著提升决策的准确性与时效性。依托业务流程管控，可以实现核心业务链路的标准化、集成化与自动化运行，显著提升跨部门、跨环节的协同效率与执行规范性。借助监控预警机制对业务运营中的执行偏差、经营风险等各类异常进行实时监测与智能报警，使管理者能够迅速识别问题、主动干预，有效防范风险、保障运营稳定与敏捷响应。这三者相互支撑、协同作用，共同构建了一个数据驱动、流程优化、风险可控的智能化运营管理体系，是企业实现高效运营的关键赋能平台。

（三）虚拟化团队

虚拟化团队是指在不同地域、空间的个人通过各种各样的信息技术进行合作，共同完成工作任务的一种新型工作组织形式。团队成员可能来自同一个组织，也可能来自多个组织，其至成员之间可能从未见过面。团队成员分布在不同地区，其至跨国界通过信息技术手段进行远程协作。团队成员的工作时间和工作方式灵活多样，可以根据项目需求和个人情况进行调整。虚拟化团队高度依赖信息技术手段进行沟通和协作，如电子邮件、视频会议、即时通信工具等。通过数字化技术打破地域限制，组建跨地域、跨领域的虚拟团队，实现高效协作。

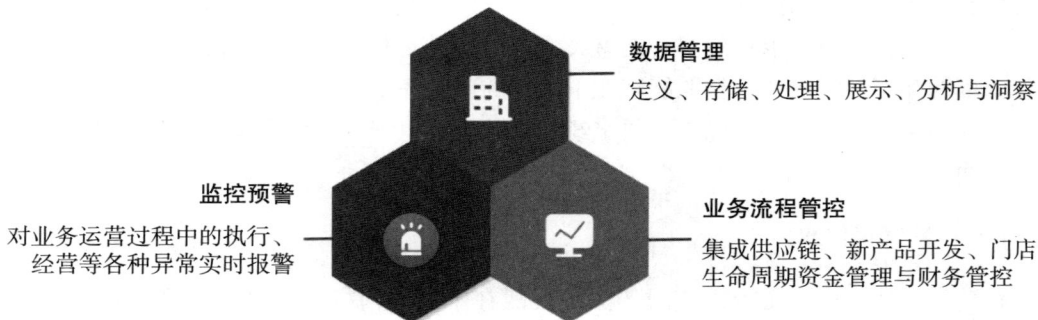

数据管理
定义、存储、处理、展示、分析与洞察

监控预警
对业务运营过程中的执行、经营等各种异常实时报警

业务流程管控
集成供应链、新产品开发、门店生命周期资金管理与财务管控

图 7-10　数字企业平台化管理模式

资料来源：连锁餐饮数字化：一体化运营管控平台［EB/OL］．（2023-12-25）．https：//baijiahao. baidu. com/s?id=17862650512073315732&wfr=spider&for=pc.

📚 **阅读拓展** ➤➤ -

　　小米集团自其成立以来，便以其独特的商业模式和创新的产品迅速崛起，成为智能硬件和消费电子领域的佼佼者。其成功不仅在于产品的创新和用户体验的极致追求，更在于其背后强大的数字化管理平台支撑。这一平台基于先进的企业资源计划（ERP）系统构建，涵盖财务、计划、采购、销售、供应链及人力资源等多个关键管理维度，实现了从传统制造业到"互联网+"的转型升级。该平台加强了对公司生产经营管控、企业运营决策的管理能力，并实现了业财一体化稳态平台，降低了公司运营成本，提升了管理效率。

　　小米集团通过 ERP 系统实现了财务数据的集成与实时更新，确保了财务信息的准确性和及时性。这有助于管理层作出更加精准的财务决策，如成本控制、资金调度和投资规划等。同时，通过数字化手段，小米还能够更好地进行预算管理、成本核算和财务分析，提高财务运营效率。

　　小米集团成立了企业服务部，该部门致力于将小米在 C 端方面的品牌、产品、技术、效率等优势转化为 B 端客户的服务能力。通过推出"1 对 1"定制终端业务模式和"5+1"智能生态业务模式，小米为不同行业提供了定制化的解决方案。

　　小米集团针对金融、教育、政务、制造、销售管理等行业领域推出了定制终端解决方案，旨在提升企业管理效能。同时，小米还围绕住宅、酒店、养老、公寓、办公等五大行业场景推出了智能生态业务模式，深度赋能城市的数字化转型。

　　资料来源：小米公司如何利用 erp［EB/OL］．（2024-11-11）．https：//www. jiandaoyun. com/blog/article/1583153/.

- ➤➤←

1. 数字化转型中企业组织变革的过程是怎样的？

2. 数字经济中的企业关系发生了哪些变化？

3. 如何构建高效、透明的数字供应网络？

4. 数字经济时代企业应如何进行治理？

案例分析

美的集团数字化转型探索与实践

美的集团于 2011 年开始探索面向数字化转型的变革，却面临管理与业务基础难以匹配新要求的挑战，主要表现在三个方面：一是数据化和标准化不足；二是制造流程互联性差，部门间协同作业困难；三是设备智能化水平低，缺乏互联互通能力。

一、美的集团数字化转型历程

从 2012 年以来，美的集团已经投入超过 120 亿元进行数字化变革，经历以下阶段：2012～2015 年，数字化 1.0 阶段的一致性变革；2015～2016 年，"互联网＋"阶段，移动化、大数据、智能制造；2016～2017 年，以数据驱动的 C2M 客户定制；2018～2019 年，工业互联网工作；2020 年以后，美的提出实现"全面数字化、全面智能化"。

二、美的集团数字化转型的关键要素

1. 构建领航型人才结构

根据美的集团需求，结合企业实际情况，建构承接战略转型、组织转型创新下的人才标准与训练体系：（1）人才培养；（2）人才激励；（3）人才考核；（4）组织文化。通过贯彻落实"人才结构图"，从高层人才盘点和能力提升开始，基于不同阶段数字化成果提供激励机制、建立考核机制，形成有利于数字化人才成长的组织文化。

2. 构建组织战略体系

为了应对外部环境变化，改变原有发展模式，美的从追求规模转向追求利润、追求经营质量。按"小集团、大事业部"思路，将集团总部明确为对一线作战单元的赋能平台，形成"7 个平台、8 项职能、9 大事业部"的组织架构。

3. 构建技术实现体系

随着智能制造信息技术的快速发展和企业效率提升诉求的不断提高，原有的外购信息系统难以满足复杂的业务流程和整体统一、提效的需求。在此背景下，美的自主开发了相关业务智能制造业务应用，信息化系统的搭建在这一时期完成，奠定数转技术基础，开启美的数字化转型的第一阶段。

三、美的集团数字化转型成效

通过 10 年转型，营收增长近 3 倍，利润增长逾 4 倍，市值增长近 9 倍；发明专利授权数量超过 1.2 万件，仓库数减少 95%，仓库面积下降 70%；成功建设 5 家"灯塔工

厂"，成为中国"灯塔工厂"总数最多的企业之一。

资料来源：东方财富网. 美的集团：从制造到智造的数字化转型之路［EB/OL］.（2024 – 08 – 22）.https：//caifuhao. eastmoney. com/news/20240822231415499419350.

结合案例材料，探讨下列问题：

1. 美的数字化转型成功的关键要素是什么？
2. 数字化转型中美的如何进行组织变革？
3. 美的数字化转型对正在数字化转型进程中的企业有何借鉴意义？

典型场景与平台项目训练

典型场景

海尔集团通过打造卡奥斯工业互联网平台，连接了大量的供应商、制造商、用户等生态资源，实现了产业链上下游协同合作。在工业互联网平台的赋能下，海尔集团充分利用大数据与人工智能技术的先进力量，对生产过程中的海量数据进行实时、精准地监测与分析。这一举措不仅优化了生产流程，还实现了生产资源的高效配置，从而显著提高了生产效率与产品质量。如在冰箱生产线上，平台通过对生产数据的深度挖掘与分析，能够精确预测设备潜在的故障点，使得企业能够提前进行维护保养工作，有效避免了因设备故障导致的生产中断，大幅减少了停机时间，提升了生产线的整体运行效率。

此外，海尔集团还借助互联网与物联网技术的深度融合，创新性地推出了定制化生产模式。这一模式打破了传统家电产品批量生产的局限，赋予了用户前所未有的参与感与个性化选择权。用户可以根据自己的独特需求，从产品设计、功能配置到外观风格等多个维度进行个性化定制，从而打造出真正符合自己生活方式的家电产品。这一创新实践不仅满足了用户日益增长的个性化需求，还进一步增强了海尔品牌的市场竞争力，引领了家电行业的新一轮变革。

平台项目训练

1. 项目背景

在数字经济时代，企业数字化转型已成为提升核心竞争力的关键。随着云计算、大数据、人工智能等技术的飞速发展，企业纷纷探索如何利用这些先进技术实现业务流程优化、决策智能化和服务个性化。本项目旨在通过构建一个综合性的企业数字化转型平台，帮助学生深入理解数字化转型的核心理念和技术实践，掌握数字化转型项目的规划、实施与管理能力。

2. 项目内容

平台架构设计。学生调研并分析典型企业的数字化转型需求，设计出一个包含数据采集、存储、处理、分析及展示等功能于一体的平台架构。该平台架构要求涵盖数据采集的多元化手段、高效稳定的存储系统、集成多种数据分析模型和工具、具备直观易用的数据展示功能等。

运营模块功能开发。在生产端，通过机器人流程自动化技术，实现重复性高、规则明确的业务流程自动化，提高工作效率。在销售端，利用大数据技术和机器学习算法，对企业运营数据进行深度挖掘，提供销售预测、库存优化、客户画像等分析报告。在客户端，利用 AI 技术，如自然语言处理和个性化推荐，提升客户服务质量和用户满意度。最后，将各功能模块集成到统一平台中，进行功能测试、性能测试和安全测试，确保平台稳定运行。

案例分析与实施。选取多家企业进行数字化转型案例分析。选取的企业尽量涵盖不同行业、不同规模，以便多角度、多层次地探索数字化转型的共性与差异。同时，结合所选企业的具体业务场景与平台功能，设计并实施具体的定制化的数字化转型方案。

项目分析报告。根据平台运营数据以及案例分析结果，撰写项目平台分析报告，报告应对项目背景、目标、实施过程进行全面回顾，并深入分析平台在实际运行中的表现，包括功能实现情况、性能指标、用户反馈等关键指标，进而对项目进行总结和反思。

3. 项目特色

实践导向。项目强调理论与实践相结合，通过实际操作让学生亲身体验数字化转型的全过程。

跨学科融合。项目涉及信息技术、管理学、统计学等多个学科领域，培养学生的跨学科综合能力。

创新驱动。鼓励学生探索新技术、新方法在数字化转型中的应用，培养学生创新意识和解决问题的能力。

团队协作。项目以小组形式进行，促进学生之间的沟通与协作，提升团队协作能力。

4. 预期成果

通过本项目的训练，学生能够掌握企业数字化转型的基本概念、关键技术及实施流程，形成完整的知识体系，并通过实际操作和案例分析，提高数据分析、编程开发、项目管理等专业技能，为未来的职业发展打下坚实基础。在项目参与过程中，学生将能够全面理解并参与到企业数字化转型的实践中，为成为未来数字化转型领域的专业人才奠定坚实基础。

第八章

农业数字化

案例引入 ···●▶

农业数字化重塑乡村未来

在当今时代，农业数字化正以前所未有的速度改变着传统农业的面貌，为乡村振兴注入强大动力。过去，农业生产依赖农民的经验和自然条件，农产品销售也受限于本地市场。如今，借助物联网和大数据技术，农业生产变得更加精准高效。农民通过传感器实时监测土壤湿度、温度和养分，结合数据分析，实现精准灌溉、施肥和病虫害预警，大幅提升了生产效率和农产品质量。同时，电商平台让农产品突破地域限制，直接面向全国市场，农民收入显著提高。在一些地区，农业数字化还催生了新的业态。例如，智慧农业观光园利用数字技术展示高科技种植模式，游客可通过手机预约参观，体验采摘乐趣，推动了农业与旅游业的深度融合。

农业数字化浪潮正席卷乡村，从田间地头的智能设备到云端的大数据分析，从农产品的线上销售到农业产业链的数字化升级，它正深刻改变着农业的生产方式和农村的生活面貌。那么，什么是农业数字化？它有哪些核心技术和应用场景？中国农业数字化的发展现状如何？未来又将如何推动农业现代化进程？

学习目标 ···●▶

知识目标：理解数字农业的概念、基本特征及组成部分；理解农业数字化主要核心技术及实践应用；理解智慧农业的内涵、主要应用技术及对种养殖业的影响；掌握数字经济助力乡村振兴的作用和措施。

能力目标：培养学生具备运用数字农业技术解决农业生产经营实际问题的能力，提高创新与实践能力。

素质目标：培养学生对农业事业的热爱，树立现代农业发展观念，具备良好的职业素养和社会责任感。

重点难点 ●●●▶

　　数字农业概念内涵及组成部分；物联网、大数据、人工智能、区块链等农业数字化技术及其在农业领域中的应用；农林牧渔产值分析；数字经济助力乡村振兴的意义和措施。

第一节　数字农业

一、数字农业概述

（一）数字农业的概念

　　数字农业，又名数字化农业（digital agriculture），是数字经济在农业领域的重要实践。20 世纪 90 年代，随着信息技术的高速发展，农业系统诸多领域逐步经历技术变革，数字农业也应运而生。1997 年，美国科学院、工程院两院院士正式提出了"数字农业"这一概念，其将数字农业定义为：地学空间和信息技术支撑下的集约化和信息化的农业技术。[①] 1998 年，美国副总统戈尔再次提出该概念，把数字农业定义为：数字地球与智能农机技术相结合产生的农业生产和管理技术。[②] 其主要包括农业要素（生物要素、环境要素、技术要素、社会经济要素）的数字信息化、农业过程的数字信息化（数字化实施、数字化设计），以及农业管理的数字信息化。数字农业有广义和狭义之分。其中，广义的数字农业，即信息化农业，包括农业要素（生物要素、环境要素、技术要素、社会经济要素等）、农业过程（生产、管理、储运、流通等）的数字化、网络化、自动化以及智能化，形成数字驱动的农业生产管理体系。朱岩等（2020）将数字农业定义为：通过物联网、大数据、云计算、空间信息和智能装备等新一代信息技术要素与农业资源要素（如土地、水、劳动力、资金、信息等）的重新配置与融合，产生一个更高产、高效、优质、生态、安全且更具有竞争力的新业态。在新的业态下，生产、经营、管理和服务要打通，实现全链条、全产业、全要素的在线化和数据化。[③] 这表明了数字农业不仅是一个技术概念，也是一个涉及农业生产和管理全方位革新的重要领域。

　　目前，数字农业尚处于初步发展阶段，对于其具体组成存在多种理解，所以数字农业是一个较为广泛的概念。数字农业常见的说法包括信息农业、精准农业、智慧农业、"互联网＋农业"等。本书中的数字农业是指将数字化信息作为农业新的生产要素，用数字信息技术对农业对象、环境和全过程进行可视化表达、数字化设计、信息化管理的新兴农业发展形态。数字农业是数字经济范畴下传统农业实现数字化变革和升级的发展形态，它包括农业物联网、农业大数据、精准农业和智慧农业四个维度，包含完整的数据采集、分

---

　　① 孙红敏，贾银江. 数字农业技术及应用［M］. 北京：中国农业出版社，2020：11.

　　② 郑文钵. 数字农业——21 世纪的新型农业模式［J］. 世界科学，2000（1）：38.

　　③ 朱岩，田金强，刘宝平，等. 数字农业——农业现代化发展必由之路［M］. 北京：知识产权出版社，2020：10.

类、应用、挖掘体系，服务于农业的全过程（见图 8 – 1）。数字农业是信息技术在农业领域的综合与全面应用。

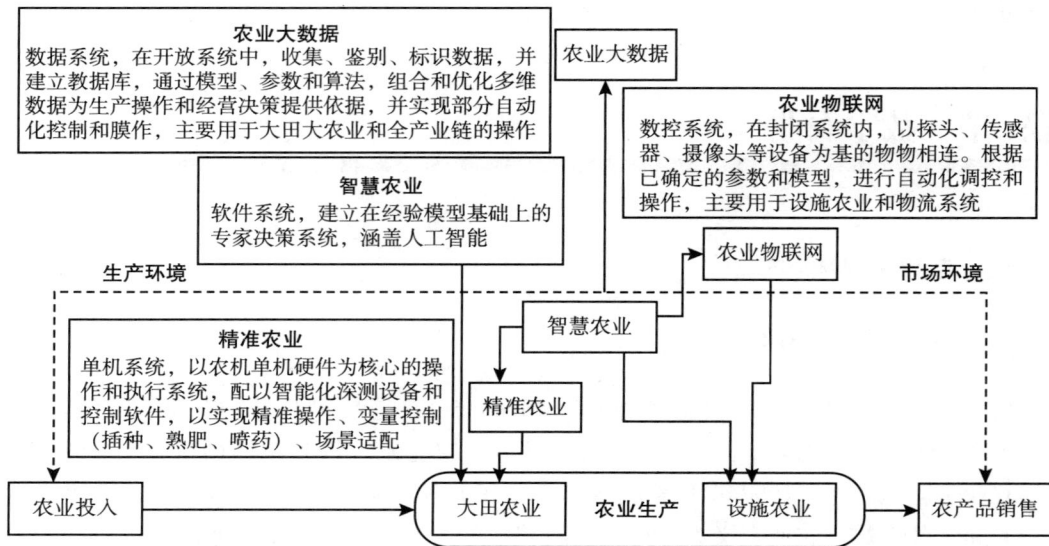

图 8 – 1　数字农业的外延、内涵及构成关系

（二）数字农业的基本特征

1. 农业生产智能化

利用信息技术，打通农业资源、环境、生产和管理数据，对各类信息进行整合分析，通过持续的数据积累和人工智能的应用，以数据指导生产运营，实现全程的无人化操作和智能化管理。利用智能化专家系统，准确地进行灌溉、施肥、喷洒农药，最大限度地优化农业投入，在保质保量的同时，保护土地资源和生态环境。

2. 农业管理高效化

以大数据技术为依托，对各类资源及农业生产完成情况等内容进行统筹，建立完善的电子政务服务平台，提升农业生产过程管理的效率和实时性，实现农业管理的高效性、精准化、透明化。

3. 农业经营网络化

互联网技术为农资产品、农副产品销售搭建全新的交易平台，销售范围扩展至全国甚至全球，拉近了交易的时空距离，形成了扁平化交易网络，带动了支付、物流等配套设施的成熟，增强了农业信息、资金、物流各方面的协同效应，促成了生产和消费的有效对接，使农产品的市场流通变得高效、便捷。

4. 农业服务便捷化

数字农业通过各类农业门户网站和信息平台，提供了农业技术信息、市场行情、农资供应和技术指导等更为全面、便捷的农业服务信息，更好地解决了农业经营主体在农业种植、加工、经营过程中遇到的问题。

（三）我国发展数字农业的意义

发展数字农业对于我国提升农业生产力与效率、推动农业绿色可持续发展、促进农村产业升级与融合、增强农业国际竞争力、助力乡村振兴战略实施等方面都具有重要意义。

1. 提升农业生产力与效率

数字农业通过引入大数据、物联网、人工智能等现代信息技术，实现了农业生产全过程的精准化、智能化管理。这不仅能够显著提高农作物的产量和品质，还能大幅降低生产成本，提升农业生产效率。例如，通过智能灌溉系统，可以精确控制水量和施肥量，减少浪费；通过无人机喷洒农药，可以提高作业效率，降低人力成本。

2. 推动农业绿色可持续发展

数字农业有助于实现农业资源的优化配置和高效利用，减少化肥、农药等化学物质的过量使用，从而保护生态环境，促进农业绿色可持续发展。同时，通过数字化、技术化手段对农业废弃物进行科学监测和处理，实现资源的循环利用，减少环境污染。

3. 促进农村产业升级与融合

数字农业的发展不仅局限于农业生产环节，还推动了农村一二三产业的深度融合。例如，通过电商平台和直播带货等方式，可以拓宽农产品销售渠道，增加农民收入；通过发展休闲农业和乡村旅游，可以挖掘农业的多种功能，提升农业附加值。这些都有助于促进农村产业升级和经济多元化发展。

4. 增强农业国际竞争力

在全球化和信息化的背景下，数字农业成为提升我国农业国际竞争力的重要途径。当前，发达国家都在加紧信息化布局，抢占未来农业发展制高点。在关系未来农业发展的信息化领域，迫切需要强化基础条件能力建设，加快关键核心技术自主创新，推进信息化技术产品规模应用，促进农业农村信息化发展，构筑国际竞争新优势。[①] 通过引入国际先进的农业技术和管理经验，结合我国国情进行创新应用，可以不断提升我国农业的科技含量和产品质量。同时，通过数字农业平台与国际市场接轨，可以扩大我国农产品的国际市场份额，提升我国农业的国际影响力。

5. 助力乡村振兴战略实施

数字农业是乡村振兴战略的重要组成部分。通过发展数字农业，可以推动农业、农村和农民的全面发展，实现乡村振兴的各项目标。例如，通过数字化手段提升农业生产效率和质量，可以增加农民收入；通过发展农村电子商务和乡村旅游等产业，可以促进农村经济发展；通过数字技术应用提升农民素质和技能水平，可以培养新型职业农民和乡村治理人才。

---

① 农业农村部．中央网络安全和信息化委员会办公室关于印发《数字农业农村发展规划（2019—2025 年）》的通知［EB/OL］．（2020-01-20）．https://www.moa.gov.cn/gk/tzgg_1/tz/202001/t20200120_6336316.htm.

二、农业数字化技术

(一) 农业物联网技术

农业物联网技术作为现代农业发展的重要驱动力，正逐步改变着传统农业的生产和管理方式。这一技术通过集成物联网、传感器、无线通信、智能处理系统等先进手段，实现了农业生产全过程的智能化、精细化、高效化和可视化。

1. 农业物联网技术概述

农业物联网技术是指利用物联网技术，将农业生产过程中的各种要素（如土壤、作物、环境、机械等）通过信息传感设备、无线通信网络、智能处理系统等连接在一起，实现对农业生产环境的实时监测、精准控制和科学管理。这一技术涵盖感知层、网络层和应用层等多个层次，通过实时采集、传输、处理和分析农业生产数据，为农业生产提供科学依据和决策支持。

2. 农业物联网的技术架构

根据物联网技术体系架构，农业物联网可分为三个主要层次（见图8-2）。

（1）信息感知层：由各种传感器节点组成，通过先进传感器技术获取农业生产过程中的各种参数，如土壤湿度、空气温湿度、光照强度、作物生长状况等。

（2）信息传输层：传感器通过有线或无线方式将采集到的数据传输到数据中心或云端，实现数据的实时传输和共享。

（3）信息应用层：对接收到的数据进行处理和分析，制定科学的管理决策，并通过智能控制系统实现对农业生产过程的精准控制。

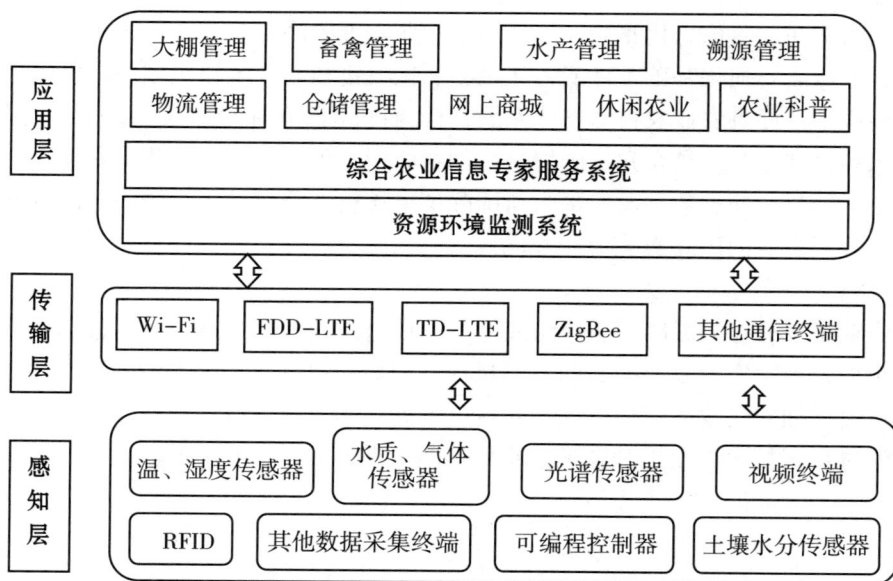

图8-2 农业物联网的技术架构

3. 农业物联网技术的应用场景

物联网技术在农业领域的应用极为广泛，为农业现代化带来了革命性的变革。物联网技术在农业领域的应用方向主要体现在以下五个方向。

（1）农业资源监测与利用。物联网技术通过传感器、遥感技术和数据分析等手段，实时监测土壤湿度、养分含量、水源状况及气候变化等农业资源信息。这些信息为农民提供了科学的决策依据，帮助他们实现区域农业的统筹规划和资源优化利用。例如，通过监测土壤湿度和养分含量，农民可以实现精准施肥和灌溉，减少资源浪费，提高农作物产量。

（2）农业生态环境监测。物联网技术在农业生态环境监测方面也发挥着重要作用。它能够实时监测农田的生态环境变化，包括温度、湿度、光照、土壤酸碱度等关键指标。这些监测数据有助于农民及时发现并应对各种环境问题，如病虫害、污染等，从而保护农业生态环境，保障农作物的健康生长。

（3）农业生产精细化管理。物联网技术推动了农业生产的精细化管理。通过在农田中布设各类传感器，农民可以实现对农田的精准施肥、灌溉、喷药等作业。这种精准管理不仅减少了化肥、农药的浪费和环境污染，还提高了农作物的产量和质量。例如，智能灌溉系统可结合土壤湿度和作物需水量等因素自动调节灌溉用水量，以确保作物处于最佳的生长环境中。

（4）农产品安全溯源。物联网技术在农产品安全溯源方面也发挥了重要作用。通过为农产品贴上唯一的电子标签或二维码，消费者可以追溯农产品的生产、加工、运输和销售等全链条信息。这种溯源机制不仅提高了农产品的透明度，还增强了消费者对农产品的信任度。同时，一旦农产品出现质量问题，也可以迅速追溯到源头，进行有效的监管和处理。

（5）农业物联网云服务。基于云计算的农业物联网平台为农民提供了数据存储、分析和决策支持等服务。这些平台通过收集和处理大量的农业数据，为农民提供精准的生产指导和管理建议。同时，这些平台还可以与第三方服务商合作，为农民提供更加全面的服务，如金融保险、物流配送等。

农业物联网智能管理系统如图 8-3 所示。

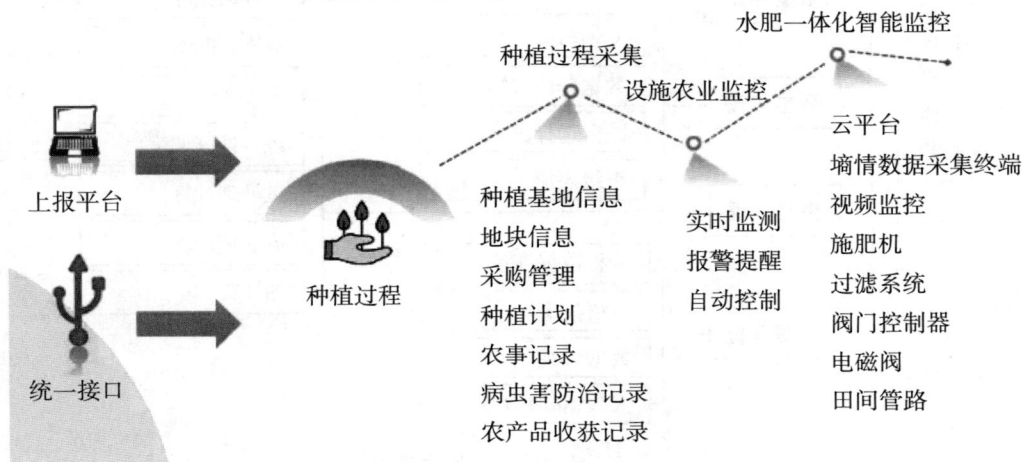

图 8-3 农业物联网智能管理系统

（二）农业大数据技术

1. 农业大数据的概念

农业大数据是指在农业生产、经营、管理和服务过程中，通过物联网、传感器、卫星遥感、无人机等现代信息技术手段收集、存储、传输、处理和分析的海量数据集合。这些数据涵盖土壤质量、气候变化、病虫害、农作物生长状态、农业生产线等多维运行数据，具有规模大、类型多、价值密度低、处理速度快、精确度与复杂度高等特点。

2. 农业大数据技术体系

农业大数据技术体系主要包括数据采集、数据存储、数据传输、数据处理和数据分析等环节（见图8-4）。

（1）数据采集：利用各类传感器、无人机、卫星遥感等设备，实时、准确地采集农业生产环境中的各种数据。

（2）数据存储：将采集到的数据存储在高性能的数据库中，以便后续的数据处理和分析。数据库设计需要考虑数据的可扩展性、安全性和可靠性。

（3）数据传输：通过有线或无线网络，将数据存储设备中的数据传输到数据处理中心或云端平台。数据传输过程中需要考虑数据的安全性和实时性。

（4）数据处理：对收集到的数据进行清洗、整理、归一化等处理，以提高数据的质量和可用性。

（5）数据分析：运用大数据处理技术和人工智能算法，对处理后的数据进行深度挖掘和分析，提取有价值的信息和规律，为农业生产提供决策支持。

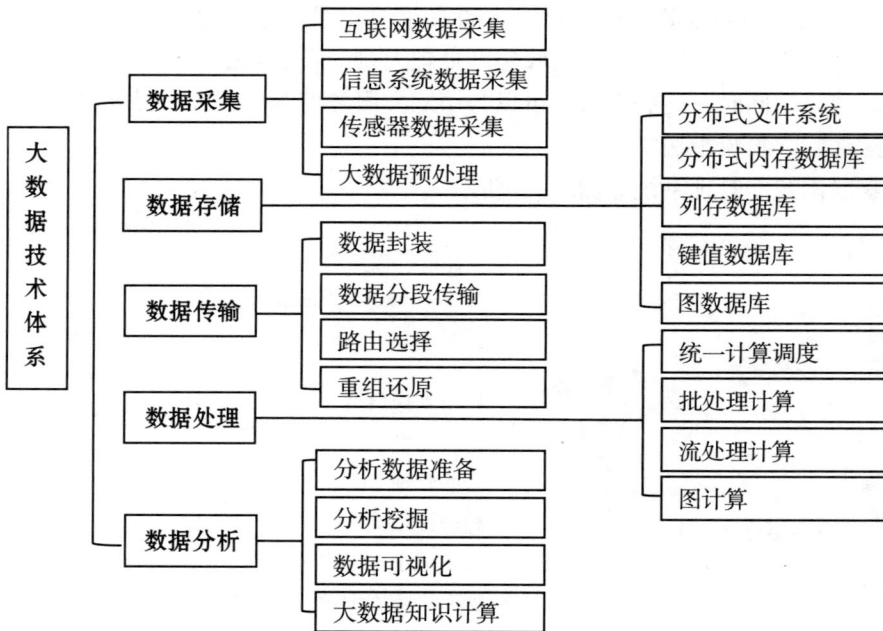

图8-4　大数据技术体系分类

3. 农业大数据技术的应用场景

农业大数据技术在农业生产、经营、管理和服务等多个环节都有广泛的应用。

（1）生产智能化：通过物联网技术，实现对农业生产环境的实时监控和精准管理。例如，根据土壤湿度和作物生长需求，自动调节灌溉系统和施肥系统，提高水肥利用效率。

（2）经营网络化：利用云计算和大数据平台，实现农产品的在线交易和物流配送。通过电商平台和社交媒体等渠道，拓宽农产品销售渠道，提高农产品市场竞争力。

（3）管理数据化：通过大数据分析，为农业政策制定和资源配置提供决策支持。例如，基于历史气象数据和作物生长模型，预测未来作物产量和病虫害发生情况，为农业保险和农业补贴政策提供依据。

（4）服务在线化：依托移动互联网和智能终端设备，为农民提供在线教育、技术咨询和金融服务等便捷服务。通过农业信息服务 App 等平台，为农民提供个性化的信息服务和技术支持。

（三）人工智能技术

在农业领域，人工智能技术的应用正逐步深入，为传统农业带来了革命性的变革。农业领域人工智能技术的应用主要体现在以下五个方面。

1. 农业机器人

农业机器人是人工智能技术在农业中的直接应用之一。这些机器人能够进行自动化、智能化的农业操作，如播种、除草、施肥、收割等。它们通过集成传感器、机器视觉、自主导航等技术，能够精准执行各项任务，提高农业生产效率，减轻农民劳动强度。例如，智能除草机器人能够准确识别并清除杂草，减少化学除草剂的使用，保护生态环境。

2. 智能农场管理系统

智能农场管理系统利用物联网、大数据、云计算等技术与人工智能算法相结合，实现对农场环境的实时监测与精准管理。该系统通过部署在农场的各类传感器收集环境数据（如温度、湿度、光照、土壤湿度等），并运用人工智能算法进行数据分析与预测，为农场管理者提供科学的决策支持。例如，在智慧农场养殖环节，管理系统通过在养殖场部署各类传感器，如温湿度、光照、有害气体及二氧化碳等传感器，实时采集养殖内环境的各项关键参数，并将这些数据传输到云平台进行分析处理（见图 8-5）。一旦环境参数偏离了设定的适宜范围，系统会自动启动相应的调控设备，如通风设备、温控设备等，确保养殖动物始终处于最佳的生长环境中。

3. 农业大数据分析与决策支持

农业大数据是农业信息化与智能化的重要基础。通过收集、整合、分析农业生产全过程中的各类数据（如气象数据、土壤数据、作物生长数据、市场数据等），人工智能算法能够揭示数据背后的规律与趋势，为农业生产提供精准的预测与决策支持。例如，基于大数据分析的病虫害预警系统能够提前发现病虫害迹象并采取措施进行防治；而基于市场数据的作物种植结构优化建议则能够帮助农民合理安排种植计划以提高经济效益。

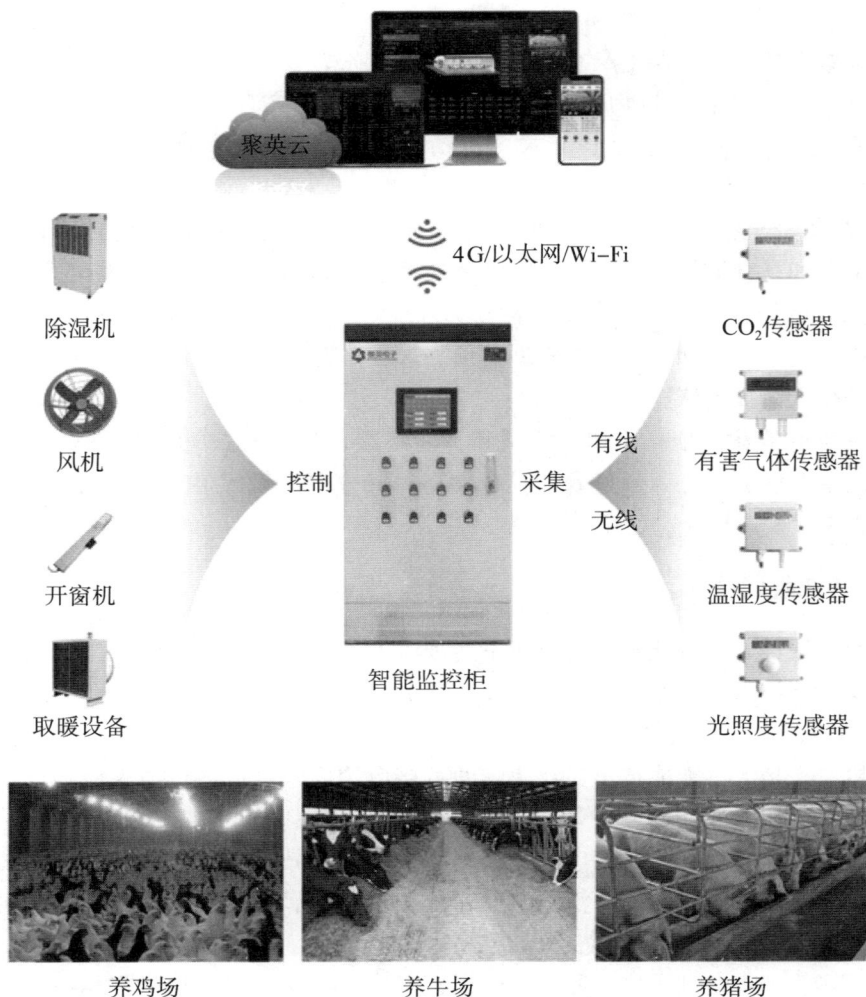

除湿机

风机

开窗机

取暖设备

4G/以太网/Wi-Fi

控制　采集

有线

无线

智能监控柜

CO_2传感器

有害气体传感器

温湿度传感器

光照度传感器

养鸡场　　　　　　养牛场　　　　　　养猪场

图8−5　智慧农杨养殖系统

4. 智能化种植技术

智能化种植技术利用传感器、机器视觉、无人机等技术手段对作物生长过程进行实时监控与精准管理。通过采集作物的生长数据（如叶面积、光合作用速率等）并结合人工智能算法进行分析处理，可以实现对作物生长状态的精准判断与调控。例如，智能化种植系统可以根据作物生长需求自动调节光照强度、温度等环境参数以优化作物生长条件，同时还可以通过无人机进行精准施肥、喷药等作业以提高农业生产效率与品质。

5. 农产品质量追溯与安全管理

人工智能技术在农产品质量追溯与安全管理方面也发挥着重要作用。通过建立农产品质量追溯体系并利用人工智能算法进行数据分析与处理，可以实现对农产品生产全过程的精准追溯与监控。这不仅有助于保障农产品的质量安全与消费者权益，还有助于提高农产品的市场竞争力与附加值。

（四）云计算技术

云计算技术在农业领域的应用场景广泛且深入，为现代农业的智能化、精准化和高效化发展提供了有力支撑。云计算技术在农业领域的主要应用场景如下。

1. 农业大数据分析与决策支持

（1）数据收集与处理。通过部署在农田、温室等生产环境中的传感器和物联网设备，实时收集土壤湿度、温度、光照强度、作物生长状况等数据，并传输到云端进行集中存储和处理。（2）智能分析。利用云计算平台强大的计算能力，对收集到的农业大数据进行深度分析和挖掘，揭示农业生产中的规律和趋势。（3）决策支持：基于数据分析结果，为农户提供精准的种植建议、灌溉方案、施肥计划和病虫害防治策略等，帮助农户科学决策，提高农业生产效率和质量。

2. 农业信息化服务平台

（1）资源整合：云计算技术可以整合农业政策、市场动态、技术培训、专家咨询等多种资源，构建农业信息化服务平台。（2）信息共享：平台通过云端共享机制，使农户能够随时随地获取最新的农业信息，促进农业信息的流通和共享。（3）一站式服务：为农户提供从生产到销售的全流程服务，包括种植指导、农资采购、农产品销售等，降低农户的生产成本和市场风险。

3. 精准农业管理

（1）精准种植：基于云计算平台的智能分析，为农户提供个性化的种植建议，包括作物品种选择、播种时间、种植密度等，实现精准种植。（2）精准灌溉与施肥：通过实时监测土壤湿度和作物生长状况，自动调节灌溉量和施肥量，实现精准灌溉和施肥，减少资源浪费和环境污染。（3）病虫害预警：利用云计算平台的智能算法，对病虫害发生趋势进行预测和预警，帮助农户提前采取措施进行防治。

4. 农业电商与供应链管理

（1）电商平台：构建基于云计算的农业电商平台，实现农产品的线上交易和物流配送，拓宽农产品的销售渠道和市场空间。（2）供应链管理：通过云计算平台对农产品从生产到销售的全过程进行实时监控和管理，确保农产品的品质和安全。（3）数据分析与预测：利用云计算平台对农产品市场数据进行深度分析和预测，为农户和农产品企业提供市场趋势判断和决策支持。

5. 农业金融服务

（1）信用评估：基于云计算平台对农户的农业生产数据、信用记录等进行分析和评估，为农户提供更加精准的金融服务。（2）贷款审批：利用云计算平台简化贷款审批流程，提高审批效率，降低农户的融资成本。（3）保险理赔：在农作物受灾时，通过云计算平台快速评估损失情况并进行保险理赔，保障农户的利益。

📖 阅读拓展 ➜ -

"靠天吃饭"变"看数生产"

眼下正值农忙时节，在肥城市桃园镇康顿智慧农业产业园，身手敏捷的智能巡检机器人能够检测识别桃树的生长情况、病虫害、果实成熟度等，让其在"眼皮底下"成长，提高优果率；在边院镇汶阳田现代农业产业园示范基地，农情监测站能根据气温、湿度、风速，判断出可能发生的灾害，提前发出预警；在石横镇泉胜村现代农业产业园，数字农业监管平台能实时显示各地块的种植情况……

从原来的"靠天吃饭"到现在的"看数生产"，农业种植户搭上了"智慧快车"。据了解，肥城投入1亿元建设资金，采取国有公司控股投资方式，利用与华为公司合作开发的"数字底座"，以产业数字化为核心，整合全市涉农数字资源应用管理，建设融采集、监测、共享、分析、预测、预警、决策、服务为一体的"桃都慧农"数字平台，为数字农业提供坚强有力的信息服务和数据支撑。

"未来，我们将全域推进数字农业，打造一批信息高度集成、经济效益高的新型数字农场，赋能农业发展，提速农业转型，助推乡村全面振兴。"肥城市农业农村局局长王继荣说。

资料来源：毛鑫鑫."靠天吃饭"变"看数生产"[N].大众日报，2023-06-13（2）.

（五）区块链技术

区块链技术在农业领域的应用日益广泛，为农业现代化和智能化发展注入了新的动力。

1. 农产品质量安全溯源

区块链技术通过其不可篡改和可追溯的特性，为农产品提供了从生产、加工、运输到销售的全链条溯源服务。农民、加工商、物流商和零售商等各个环节的参与者都可以将各自环节的信息记录在区块链上，形成一个完整的数据链条。消费者通过扫描农产品上的二维码，就可以追溯到产品的全部生产流通信息，包括产地、种植方式、农药使用情况、质量检测报告等，从而提高农产品的透明度和消费者的信任度。

2. 农业供应链优化

区块链技术能够整合农业供应链中的各个环节，打破信息孤岛，实现数据共享和协同。通过区块链平台，供应商、生产商、分销商和零售商等各方可以实时查看库存、订单和物流等信息，提高供应链的透明度和效率。同时，区块链技术还可以减少纸质文档的使用，降低运营成本，提升供应链的绿色可持续发展能力。

3. 农业金融服务创新

区块链技术为农业金融服务提供了新的解决方案。传统的农业金融服务存在信息不对称、信任缺失等问题，导致农民难以获得贷款等金融服务。区块链技术通过去中心化的方式建立信任，使得农民可以通过区块链平台展示自己的信用记录和经营数据，从而更容易获得金融机构的信任和支持。此外，区块链技术还可以降低金融服务成本，提高服务效率，为农民提供更加便捷和实惠的金融服务。

4. 农业保险智能化

区块链技术与农业保险的结合可以实现保险赔付的智能化和自动化。通过区块链平台，保险公司可以实时获取农作物生长、天气变化、灾害发生情况等数据，从而更准确地评估风险和制订赔付方案。一旦灾害发生，保险公司可以自动触发赔付机制，快速支付赔款，提高赔付效率和农民的满意度。

5. 智能农业管理

区块链技术还可以与物联网、大数据等技术结合，实现智能农业管理。通过物联网设备收集农田环境数据、作物生长数据等，并将数据传输到区块链平台进行存储和分析。农民可以通过手机或电脑等终端设备查看农田实时情况，并根据数据分析结果进行科学决策和管理。这种智能化的管理方式可以提高农业生产效率和质量，降低生产成本和劳动强度。

📚 **阅读拓展** →→

"区块链＋韭菜"让"洼里韭香"誉满四方

走进潍坊市坊子区玉泉洼玉棵松数字产业园，就能看见成片的韭菜嫩绿挺直。乡间小道旁，黄色的物联网传感器正实时监测田地里的详细情况，园区入口的智能水肥一体机对接物联网平台，实时监控水肥比例，自动浇水、精准施肥……这里让你能够切身感受到立体农业的智慧之处。

"我们的韭菜是有机韭菜，不使用任何化学肥料。如何让消费者更加认可我们的产品，如何提高市场对我们韭菜安全的信任度，这一直是长期困扰我们的问题。"潍坊市坊子区玉泉洼玉棵松数字产业园的负责人李明法说道。

针对该问题，中国电信通过区块链技术为此提供了良方。中国电信潍坊分公司利用区块链去中心化、分布式存储、不可篡改等特点，通过种植基地布设的智能水肥一体机、监控摄像头、物联网传感器、气象站等智能设施设备，将潍坊市玉泉洼玉棵松数字产业园韭菜基地从种植、生长到销售配送全产业链过程的各类信息上传到"区块链＋韭菜"信息平台，消费者可通过平台查询到每捆韭菜从种植生长到销售配送的全生命周期信息。环环上"链"，实现全过程质量安全可追溯，让"洼里韭香"飘向各方。

"对于我们有机蔬菜来说，本身种植成本就很高，区块链应用后，不仅提高了韭菜的销量，还提升了我们玉泉洼韭菜的品牌价值，让消费者对我们韭菜的质量更加信任，市场对我们整个产业园的有机蔬菜更加认可。"李明法说道。

资料来源：林碧涓. 一链"定心"：区块链让韭菜"链"上安全[N].通信信息报，2023-07-07.

三、我国农业数字化

（一）我国农业数字化的发展历程

随着技术的不断进步和应用场景的不断拓展，我国农业数字化先后经历了初步探索期、启动发展期和快速发展期几个阶段。

1. 初步探索期（1980~1999年）

在这个阶段，我国农业数字化处于初步探索中，主要特点是技术的初步引入和应用的初步尝试。随着计算机技术的引入，农业领域开始尝试利用这些新技术进行数据处理和分析。然而，由于技术水平和应用条件的限制，这一时期的农业数字化应用范围和深度相对有限，主要集中在农业数据的科学计算和初步的信息化处理上。

2. 启动发展期（2000～2012年）

进入21世纪后，随着互联网技术的飞速发展，我国农业数字化进入了一个全新的启动期。2000年，全球互联网技术的普及推动了"互联网+农业"模式的形成，为我国农业数字化的发展奠定了基础。同时，我国"863"计划也将"大规模现代化农业数字化技术应用研究与开发"列为重大科技专项，进一步推动了农业数字化技术的研究和应用。

在这一阶段，物联网、大数据、云计算等先进技术在农业领域得到广泛应用，推动了农业生产的智能化、精准化。同时，农业信息化基础设施建设不断完善，农业信息服务网络逐步覆盖全国，为农业数字化提供了有力支撑。

3. 快速发展期（2013年至今）

自2013年起，我国农业数字化进入了快速发展阶段。2018年9月中共中央、国务院印发的《乡村振兴战略规划（2018—2022年）》提出，发展数字农业，推动一二三产业的有机结合，加快农村产业的发展。推进"数字乡村"战略实施，加快物联网、地理信息、智能设备等现代化信息技术的建设，以及大数据在农业生产和生活中的应用。2019年5月，中共中央办公厅、国务院办公厅印发的《数字乡村发展战略纲要》，提出加快推进乡村信息化进程，加强农业数字化建设，加快农业数字化转型，加快推进云计算、大数据、物联网和人工智能技术在农业生产和经营中的运用。2019年12月农业农村部、中央网络安全和信息化委员会办公室印发的《数字农业农村发展规划（2019—2025）》中提出，数字技术加速了农业与农村一体化的进程。智能感知、智能分析、智能控制等数字化技术迅速渗入农村，使农业信息化进程进一步加快。此后，《数字乡村发展行动计划（2022—2025年）》明确提出了加快推动智慧农业发展的"智慧农业创新发展行动"，为农业数字化提供了政策保障。笔者整理了2016～2023年中国农业数字化重点政策及规划，如表8-1所示。

表8-1　　　　　　2016～2023年中国农业数字化重点政策及规划

发布时间	发布部门	文件名称	政策内容
2016年	农业农村部	《农业农村大数据试点方案》	2016年起在北京等21个省（区、市）开展农业农村大数据试点，建设生猪、柑橘等八类农产品单品种大数据
2018年9月	中共中央、国务院	《乡村振兴战略规划（2018—2022年）》	发展数字农业，推动一二三产业的有机结合，加快农村产业的发展。推进数字乡村战略实施，加快物联网、地理信息、智能设备等现代化信息技术的建设，以及大数据在农业生产和生活中的应用
2019年5月	中共中央办公厅、国务院办公厅	《数字乡村发展战略纲要》	加快推进乡村信息化进程，加强农业数字化建设，加快农业数字化转型，加快推进云计算、大数据、物联网和人工智能技术在农业生产和经营中的运用
2020年1月	农业农村部、中央网信办	《数字农业农村发展规划（2019—2025年）》	以产业数字化、数字产业化为发展主线，以数字技术与农业农村经济深度融合为主攻方向，以数据为关键生产要素，着力建设基础数据资源体系，加强数字生产能力建设

发布时间	发布部门	文件名称	政策内容
2020 年 7 月	中央农办、农业农村部	《关于扩大农业农村有效投资加快补上"三农"领域突出短板的意见》	加快农业农村大数据工程建设，开展农业物联网、大数据、区块链、人工智能、5G 等新型基础设施建设和现代信息技术应用，全面提升农业农村数字化、智能化水平
2021 年 12 月	中央网信办	《"十四五"国家信息化规划》	到 2025 年，数字乡村建设取得重要进展，乡村 4G 深化普及、5G 创新应用，城乡信息化发展水平差距显著缩小
2022 年 1 月	中央网信办、农业农村部、国家发展改革委	《数字乡村发展行动计划（2022—2025 年)》	部署了数字基础设施升级、智慧农业创新发展、新业态新模式发展、数字治理能力提升、乡村网络文化振兴、智慧绿色乡村打造、公共服务效能提升、网络帮扶拓展深化等八大重点行动
2022 年 2 月	农业农村部	《"十四五"全国农业农村信息化发展规划》	到 2025 年，农业农村信息化发展水平明显提升。智慧农业技术、产品初步实现产业化应用，农业生产信息化率达到 27%。建设 100 个国家数字农业创新应用基地，认定 200 个农业农村信息化示范基地
2022 年 3 月	国务院	《"十四五"推进农业农村现代化规划》	发展智慧农业。建立和推广应用农业农村大数据体系，推动物联网、大数据、人工智能、区块链等新一代信息技术与农业生产经营深度融合
2022 年 3 月	国务院	《"十四五"数字经济发展规划》	大力提升农业数字化水平，推进"三农"综合信息服务，创新发展智慧农业，提升农业生产、加工、销售、物流等环节数字化水平。加快推动种植、畜牧业、渔业等领域数字化转型，加强大数据、物联网、人工智能等技术深度应用，提升农业生产经营数字化水平
2022 年 4 月	中央网信办、农业农村部、国家发展改革委	《2022 年数字乡村发展工作要点》	乡村数字化治理体系不断完善，信息惠民服务持续深化，农民数字素养与技能有效提升，数字乡村试点建设初见成效
2022 年 5 月	中共中央、国务院	《乡村建设行动实施方案》	发展智慧农业，深入实施"互联网＋"农产品出村进城工程和"数商兴农"行动，构建智慧农业气象平台
2023 年 3 月	农业农村部	《关于加快推进农产品初加工机械化高质量发展的意见》	加快新技术新装备研发推广和集成应用，加快提升农产品初加工机械化水平和质量，促进农业机械化和农产品加工业流通业高质量发展

在这一阶段，数字化技术与农业产业深度融合，不仅提高了农业生产效率和质量，还促进了农业产业链的延伸和拓展。农业数字化应用场景不断拓展，包括智能种植、智能养殖、智能农机、智能物流等多个领域。可以预见，随着农业数字化的不断深入，我国的农

业发展必将迈向由传统农业向"数字农业、农业物联网、精准农业、智慧农业"的转型之路（见表8-2）。

表8-2 农业数字化的发展阶段

发展阶段	简介
数字农业	利用传感器、摄像头、智能穿戴设备等，将农业对象、环境以及全过程进行可视化表达、数字化展现和信息化管理的一种现代农业技术
农业物联网	将各种设备收集到的数据，进行系统化集成管理，从而实现自动化、智能化和远程控制等
精准农业	又称精细农业、精确农业，关键在于定位、定量、定时，即精准灌溉、施肥和杀虫等
智慧农业	利用物联网、AI、大数据等现代信息技术与农业进行深度融合，实现农业生产全过程的信息感知，精准管理和智能控制的一种全新的农业生产方式

（二）我国农业数字化发展现状

1. 农业数字化渗透率稳步提升

近年来，我国农业数字化渗透率逐步提升。据中国信息通信研究院发布的《中国数字经济发展研究报告（2023年）》显示，2022年，我国工业和服务业数字经济渗透率分别为24.0%和44.7%，而农业数字经济渗透率仅为10.5%，远低于第一产业和第二产业。而纵观我国历年的农业数字化渗透率数据，不难发现我国农业数字化渗透率的增幅较第二产业和第三产业也较为缓慢。根据中国信息通信研究院历年发布的《中国数字经济发展研究报告》，2016年我国农业数字化渗透率为6.2%；2020年农业数字化渗透率为8.9%；2022年我国农业数字化渗透率提升至10.5%。

随着农业数字化水平的提高，机器人、物联网、人工智能等先进技术被不断应用到农业生产经营的各个环节，未来农业数字化的需求将不断攀升。

2. 农村信息基础设施建设成效显著

在通信基础设施方面，我国已实现全部行政村通宽带，通光纤、通4G比例均超过99%[①]，中国农村宽带互联网覆盖率总体走高。农村接入宽带和互联网的普及将为农业数字化发展奠定基础，进一步加深宽带网络在农业生产、农产品全链条管理、农村电商、乡村旅游等方面的应用，促进农业信息化建设和数字化发展。据工业和信息化部《2023年通信业统计公报》数据显示，截至2023年底，全国农村宽带用户总数达1.92亿户，全年净增1557万户，比上年增长8.8%，增速较城市宽带用户高1个百分点，占比达到30.2%。据中国互联网络信息中心发布第53次《中国互联网络发展状况统计报告》数据显示，截至2023年12月，农村地区互联网普及率为66.5%。农村互联网基础设施建设全面强化，数字技术在农业生产领域的广泛应用助力农村数字化转型升级。

3. 数字技术应用不断成熟

随着物联网技术、人工智能技术和遥感技术等信息技术的不断发展和广泛应用，农业

---

① 中国信息通信研究院. 数字乡村发展实践白皮书（2024年）［R/OL］.（2024-06-06）. http://www.caict.ac.cn/kxyj/qwfb/bps/index_2.htm.

生产方式和农村治理结构正在经历一场深刻的变革。我国已经初步形成了窄带物联网（NB-IoT）、4G 和 5G 等多种网络协同发展的格局。据工业和信息化部《2024 年通信业统计公报》数据显示，截至 2024 年底，我国光缆线路总长度达 7288 万公里，5G 基站数达 425.1 万个，移动物联网（蜂窝）终端用户数达 26.56 亿户。人工智能技术在"三农"领域的应用潜力巨大，它在农业生产优化、病虫害预测和防控、乡村政务服务等多个领域都展现出广阔的应用前景。遥感技术不仅为农业生产提供包含播种面积、作物长势、土壤养分状况、病虫害监测与预报、灾情监测和评估、产量预测等地表信息，还在耕地保护、宅基地管理、农村普惠金融、农业保险等领域发挥着越来越重要的作用。截至 2023 年 6 月底，我国在轨运行的遥感卫星数量已经接近 200 颗，这些卫星为农业生产提供了多样化的服务，极大地提升了农业生产效率和管理水平。[①]

4. 数字化与农业融合程度不断加深

近年来，数字化与农业的深度融合已成为推动农业现代化转型的重要力量。数字化与农业的深度融合，主要集中于精准农业管理、智能农机装备、农业产业链优化、农业资源优化配置、农业经营网络化和农业服务的数字化等领域。这一融合不仅提升了农业生产效率，还拓宽了农产品的销售渠道，助力农产品品牌塑造，并为农民提供更为精准的信息服务。据《数字中国发展报告（2023 年）》数据显示，2023 年全国农村网络零售额达到 2.49 万亿元，较 2019 年的 1.70 万亿元实现了年均 10.01% 的增长，全国农产品网络零售额达到 5870.3 亿元，同比增长 12.5%。

（三）我国农业数字化的发展趋势

1. 技术创新与融合应用

未来，农业数字化领域将更加注重技术创新和模式创新。如何实现互联网、物联网、大数据的深度融合，并在生产中开发集大田种植、设施园艺、畜禽水产养殖物联网于一体的技术平台是推动农业数字化发展的关键。通过引入新技术、新设备和新模式，推动农业生产方式和管理模式的变革；通过加强产学研合作和跨界融合，推动农业数字化与其他产业的深度融合和协同发展。数字农业将不仅局限于农业生产环节，还将拓展至农业金融、农产品流通、农业人才管理等多个领域，形成完整的智慧农业生态体系。

2. 市场需求与消费升级

随着消费者对农产品品质和安全性的要求不断提高，以及农业现代化和规模化经营的需求增加，数字农业的市场需求将持续增长。随着农业现代化和规模化经营的需求增加，农业数字化市场将呈现出多元化的发展格局。不仅涵盖数字平台服务和智慧种植等传统领域，还将拓展到植保无人机、智慧养殖、农机自动驾驶等新兴领域。

随着生活水平的提升，消费者对农产品品质和安全的关注度不断提高。农业数字化在提升农产品质量、保障农产品安全等方面将发挥越来越重要的作用，这将进一步推动农业数字化发展。

---

① 中国信息通信研究院. 数字乡村发展实践白皮书（2024 年）［R/OL］.（2024 - 06 - 06）［2024 - 12 - 22］. http：//www. caict. ac. cn/kxyj/qwfb/bps/index_2. htm.

3. 产业链整合与延伸

数字农业将促进农业产业链的整合与延伸，实现农业生产、加工、销售等环节的紧密衔接，推动农业产业链的延伸和拓展。

农业数字化还将与乡村旅游、文化创意等产业相结合，形成多元化的农业产业体系。这将为农村经济发展注入新的活力，推动农村经济的多元化发展。

📚 阅读拓展 →

一个连栋温室和 13 项数字化技术

5G 时代，长在云端的草莓什么样？口感如何？产量如何？成本如何？带着这样的疑问与好奇，记者来到海淀区农业农村局中关村科普农庄的"空中草莓"连栋温室。

推门而入，门口一块大的显示屏上一目了然地看到顶窗、遮阳网、顶被、二层膜、保温被、侧风、补光灯、潮汐灌溉……这些实时显示着棚内草莓种植的最新状况。

隔着玻璃门，只见一个智能机器人正在自动喷洒水肥，一排排果儿鲜艳的草莓挂在空中，地面宽敞、干净……想要进入温室，必须经过严格的消毒流程——穿上鞋套，走入封闭式的风淋喷杀室，而后才得入内。刚入棚内，空气中淡淡的香气扑面而来，一排排的草莓廊架上，果儿鲜红诱人。忍不住摘一颗品尝，香甜软糯，满口留香。"这是香野，就是大家口中所说的隋珠。"海淀区农业技术综合服务中心郑禾介绍道，"5G 云端草莓是由北京市海淀区农业科学研究所自主研发，将 5G 通信平台、人工智能机器人、有机标准绿色防控、温室智能控制系统、多层覆盖保温、智能水肥一体化技术、基质加温系统、低温蓄冷育苗应用、喷雾降温系统、植物 LED 补光、潮汐灌溉技术、营养液回收系统、轴流风机均温系统 13 项技术集合优化而成"。

"在多项科学技术的加持下，棚内的草莓上市期提前 20 多天，坐果期延长，亩产可达 6000 多斤，增长 20%～50%，亩增收 6 万余元，提质增效显著。"郑禾补充道。

如何让上市期提前 20 多天？一是依赖于低温蓄冷育苗技术，它利用高山地区冷凉气候培育出优质草莓苗，提前打破草莓的睡眠期，从而让产果期提前；二是有赖于基质加温系统的应用，能够实现全天候对基质的精准控温；三是植物 LED 补光灯技术，则可有效抑制草莓休眠，促进光合作用，缩短生长周期，提早上市时间。

而坐果期延长，则依赖于喷雾降温系统和遮阳网等设备，它们为草莓生长后期提供最佳的温度环境。坐果率的提高和品质的提升，来源于温室智能控制系统、智能水肥一体化技术及轴流风机均温系统的应用，它们为草莓植株提供精准的生长环境、养分、水肥、二氧化碳浓度等。

据悉，这是一种全新的草莓栽培理念，无土栽培，空中种植。它不但是一种全新的农业生产模式，也扩宽了农业生产的应用范围，是对农业多功能性的有益尝试与探索。"我们将继续深耕数字农业，将农业和科技深度融合，开辟农业发展的新思路，继续展示'农业的中关村'的风采。"海淀区委农工委书记、农业农村局局长张春明说。

资料来源：张庆华. 农业数字化，我们在行动［EB/OL］.（2024 - 12 - 22）. https://www.moa.gov.cn/xw/qg/202202/t20220207_6388110.htm.

第二节　智慧农业数据分析

一、农林牧渔业产值分析

（一）智慧农业概述

智慧农业是指将大数据、云计算、物联网等现代信息技术全面、系统地应用到农业领域，提高人类对农业生产的综合管控能力；其发展特征表现在信息感知数字化、生产作业自动化、要素投入精准化、装备控制智能化、管理决策科学化和信息服务个性化等方面。[①] 相比于数字农业，智慧农业更加自动化和智能化。

智慧农业的整体架构包括信息采集、数据传输、终端交互和后台系统四大部分，如图 8-6 所示。

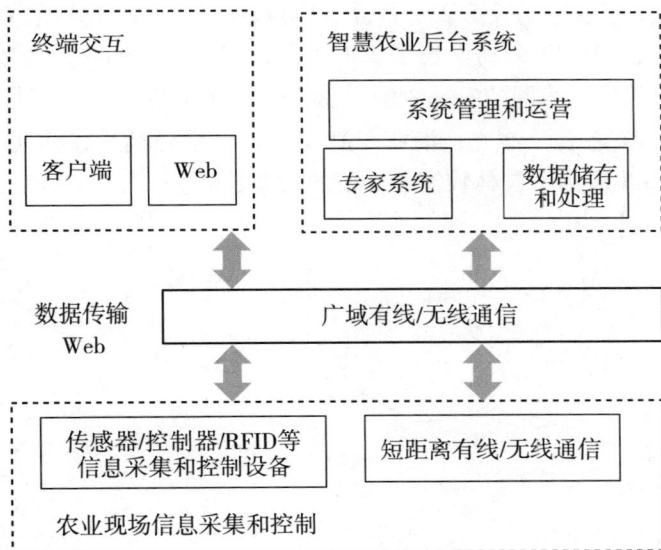

图 8-6　智慧农业体系

资料来源：中国电信智慧农业研究组. 智慧农业：信息通信技术引领绿色发展 [M]. 北京：电子工业出版社，2013：92.

智慧农业的具体应用可大致分为前端控制和后端支撑两个方面：前端控制主要是感知和控制技术，包括物联网测控、农业生产可视化、信息传输、动植物水肥病害监测等技术；后端支撑则是大数据信息管理的云平台，能够进行动态信息管理与云计算、动植物病害预测、气候变化预测等，还能为农产品冷链物流智能管控、质量追溯以及农产品电子商

---

① 姚延婷，孟敏霞. 智慧农业研究的回顾与展望 [J]. 农业技术与装备，2023（7）：134-138，141.

务等方面提供支撑。①

改革开放以来，我国农业虽取得显著进步，但现代化农业的短板依旧显著，依然存在劳动生产率低、土地产出不高、能源利用效率低、生产成本高及农民收入增长缓慢等问题。化肥农药的滥用、自然资源的过度开采以及土壤肥力的耗损引发了生态环境恶化和食品安全问题的凸显。发展以物联网技术为核心的智慧农业是有效应对农业领域诸多挑战的一种对策。当下数字经济的发展为数字信息技术与传统农业的有机融合创造了条件，这对推动我国现代农业转型升级、实现农业可持续发展具有重大意义。

（二）农林牧渔业产值分析

农林牧渔业产值一般指的是农业产出，主要涵盖农作物种植、林木栽培、木材竹材的采运、林产品采集、畜牧家禽的饲养、水生动物及海藻类植物的养殖捕捞。以农林牧渔业为主的第一产业产值自 20 世纪 80 年代以来在国内生产总值的占比持续下降，2010 年后已经下降到10%以下，2023 年第一产业产值占国内生产总值的比例为 5.9%（见图 8 - 7）。国家统计局的数据显示，2023 年第一产业增加值为 89755 亿元，相比 2022 年增长了 1.56个百分点，在国内生产总值增长 5.2 个百分点中拉动了 0.3 个百分点。② 其中，农业、林业和渔业的产值相比 2022 年分别增长了 3.12%、2.72%、4.19%，而牧业的总产值则同比下降了 4.15%。并且，我国的农林牧渔业总产值常年呈现农业产值最高（占比 50% 以上），牧业产值（25% 左右）次之，渔业产值（10%）紧随其后，林业产值最低（4% 左右）的格局。图 8 - 8 展示了农林牧渔业产值的发展趋势。

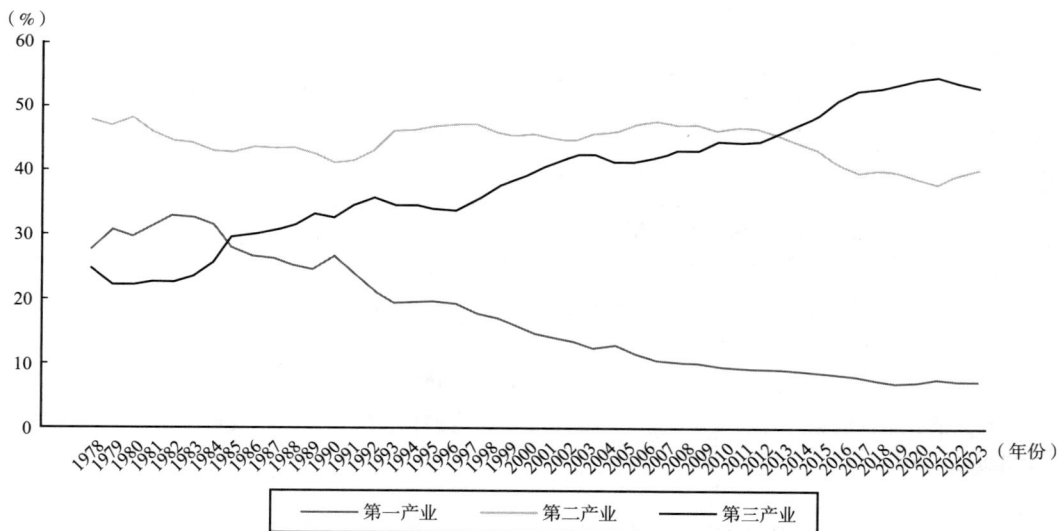

图 8 - 7　1978 ~ 2023 年我国国民生产总值构成

资料来源：整理自相关年份《中国统计年鉴》。

---

① 中国电信智慧农业研究组. 智慧农业：信息通信技术引领绿色发展 [M]. 北京：电子工业出版社，2013：92 - 93.

② 三次产业拉动指 GDP 增长速度与各产业贡献率的乘积。

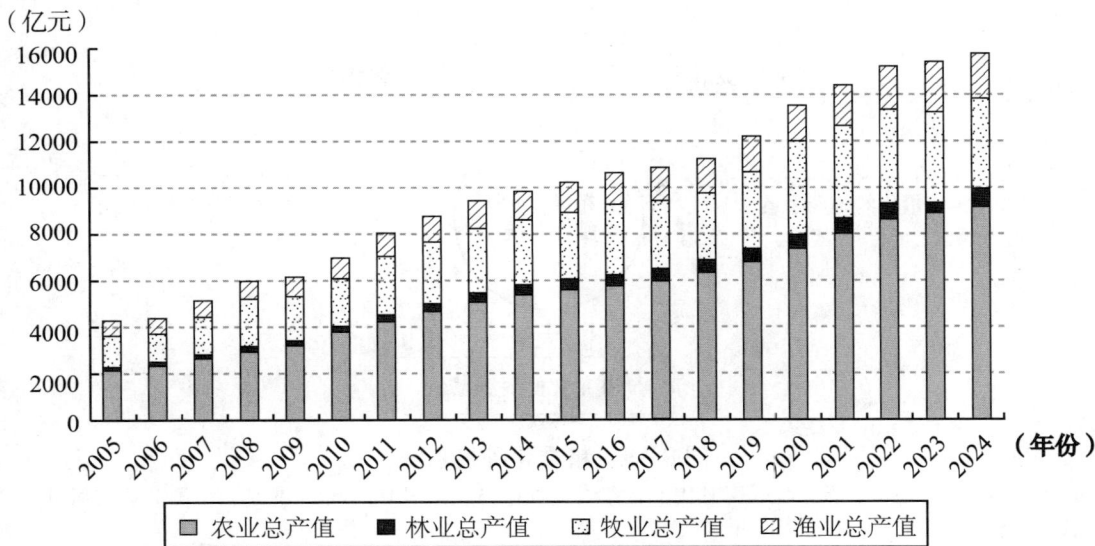

图 8-8　2005~2024 年全国"农林牧渔业总产值"及细分产值变化趋势

资料来源：整理自国家统计局相应年份年度数据。

虽然第一产业的就业人数比例不断下降，但我国的农林牧渔业吸收着与低产值不对等的大量劳动力（第一产业就业人数 1978 年为 70.5%，2023 年的数据则为 22.8%）[①]，特别是农村劳动力。所以智慧农业技术的发展与应用对乡村振兴战略的实施具有关键作用。

（三）智慧农业与农林牧渔业

国内学者对智慧农业技术研发主要集中在农业信息感知、农业数据采集与传输、智能分析与应用三个方面；产业实践的研究则集中在大田种植、设施园艺、畜牧养殖和水产养殖等领域。[②]

1. 智慧种植业

我国的智能化农业发展开始于 20 世纪 80 年代，主要集中于专家系统构建，并在农作物灌溉、防治病虫害、农作物栽培等多个方面获得突破。20 世纪 90 年代处于快速发展时期，在农业机器人的设计上取得了显著成就。21 世纪初期我国开始着力增强农业生产活动的精准性，将各种新型技术引入农业生产活动中，如农业机器人、农业专家系统、无人机等。[③] 精准化种植系统架构可分为如图 8-9 所示的四个角度，从而实现数据的精准提取分析与农业生产策略的精准制定。

---

① 数据整理自《中国统计年鉴（2024）》。
② 姚延婷，孟敏霞. 智慧农业研究的回顾与展望［J］. 农业技术与装备，2023（7）：134-138，141.
③ 王祺，秦东霞，秦钢. 物联网时代下智慧农业理论与应用研究［M］. 北京：中国商业出版社，2009：121-122.

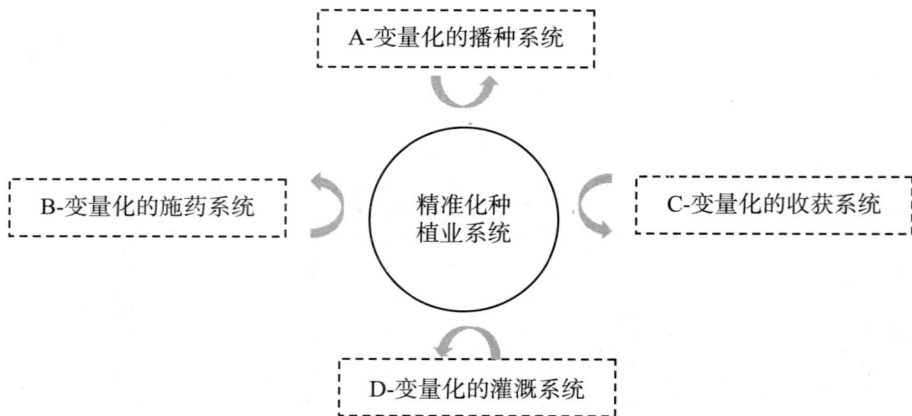

图 8 – 9　精准化种植系统

资料来源：王祺，等．物联网时代下智慧农业理论与应用研究［M］．北京：中国商业出版社，2022：127.

大田种植是我国种植业的主要组成部分。近年来机械化装备和自动化控制技术的快速发展使我国大田种植技术水平有了很大程度的提升。智慧大田种植的核心是借助"空间差异"及"时间差异"的数据采集技术适时测知农田空间变量数据，结合农田地理信息系统提供的田间小区域地理信息综合决策者的生产经验、专家指示和作物最佳生长模型，决定如何处理小区域间的条件差异，按各小区域的精准位置制订科学而又有针对性的施肥、灌溉、病虫害处理方案，再利用 GPS、智能机械及计算机自动控制技术，根据空间每个操作单元的具体条件精细监控管理土壤，优化农业投入，以获取高产量、高效益，同时减少环境污染，保护土壤。[①]

2. 智慧畜牧

智慧畜牧是指实现以机器代替人工、以精细取代粗犷、以信息化手段监管代替混乱无监管的智能养殖模式。畜牧生产和管理过程的智能化需求包括以下几个方面：养殖环境智能化监控；各养殖阶段的精细饲料投喂；全程监控动物繁育；疾病诊断与预警；动物产品流通过程监管和质量追溯。主要使用的技术有传感技术、测控技术、预警防控技术、机器人与智能装备。传感技术可以采集养殖环境、动物生理参数、个体身份和活动状态等信息。测控技术指依据被控对象的监测结果对被控对象实施控制的技术，如养殖棚气温过高时开启的风扇或降温系统。预警系统则可以在畜禽养殖环境参数发生异常时报警，提示管理人员作出应对。畜牧智能机器人的应用实例包括帮奶牛挤奶，给雏鸡接种疫苗等。[②]

3. 智慧渔业

智慧渔业旨在突破当前水产养殖以人为主、经营管理粗犷、资源利用效率低下的现

---

① 李道亮．物联网与智慧农业［M］．北京：电子工业出版社，2021：232 – 233.

② 李道亮．物联网与智慧农业［M］．北京：电子工业出版社，2021.

状，以感知信息为决策依据，以机器为劳力主体，实现生产的长时间无人值守，大幅提高养殖业水产品的集约化程度与质量，提高资源利用效率，降低成本，实现精准、自动、无人化生产。其核心研究内容是水质在线监测与精准调控、水产信息化与精准生产决策、水产养殖智能准备、水产市场分析与质量溯源。[①]

4. 智慧林业

森林物种繁多、类型多样、分布地广、生长周期长，林业应用在时间上要求同步，持续性，在空间上要求范围广、测点多，还要求低人力成本。智慧林业主要用于森林生态环境的全年监测，通过传感器收集温度、湿度、光照和二氧化碳浓度等多种数据。采集的信息为多种重要应用提供支持，如森林监测、森林观测和研究、火灾风险评估、野外救援等。[②]

虽然智慧农业的各项技术在全国得到初步应用，但智慧农业的发展还在以下几个方面面临困境：一是信息化基础设施尚未在农村地区全覆盖；二是农业农村大数据体系尚未完全建立，且数据采集缺乏一致性，数据资源不能大范围共享；三是农业领域缺乏高素质人才，产学研等跨界合作的体制机制有待完善，农民的数字素养有待普及；四是支撑智慧农业发展的法律法规仍不健全。[③][④][⑤] 为了推动智慧农业的进一步发展，需要加大在这些方面的投入和改革力度，以构建完善的智慧农业技术体系和市场机制。

二、农业分地区产值分析

由于气候、土壤条件等自然资源，以及经济发展程度、产业政策、技术水平、人力资源的差异，我国各个地区呈现出不同的农业生产结构和农产品经营特点。东部的华北平原、东北平原、长江中下游平原及四川盆地等地区主要以种植业为主。林业集中分布在东北地区的大小兴安岭和长白山，以及西南的横断山区、东南的丘陵地带，即广东、广西、湖南、云南、四川、福建；渔业分布在我国东南沿海和长江中下游地区，也就是广东、江苏、山东、福建和湖北。西部地区由于气候原因，农业以畜牧业为主。国家统计局的数据显示，2010 年以来，山东的农林牧渔业总产值稳居全国第一，河南第二，四川则常年位居第三，产值规模合计占全国的 20%。广东、湖北、江苏位列 4～6 位。2023 年农业总产值排名前三的省份是河南、山东和四川；林业总产值排名前三的省份是广东、广西和湖南；牧业总产值排名前三的省份是四川、山东和河南；渔业则是广东、江苏和山东。

同时，在农业领域改革不断深入的背景下，中国农业产业布局的区域化特征日益明显，形成了突出的产业带和块状生产布局，其中，东部地区重点围绕国际市场和城镇需求

① 李道亮. 物联网与智慧农业 [M]. 北京：电子工业出版社，2021.
② 张继平. 智慧农业：信息通信技术引领绿色发展 [M]. 北京：电子工业出版社，2013.
③ 姚延婷，孟敏霞. 智慧农业研究的回顾与展望 [J]. 农业技术与装备，2023 (7)：134–138，141.
④ 温涛，陈一明. 数字经济与农业农村经济融合发展：实践模式、现实障碍与突破路径 [J]. 农业经济问题，2020 (7)：118–129.
⑤ 孙琪恒，郭辰. 数字金融赋能智慧农业发展的困境与对策研究 [J]. 农业经济，2024 (6)：12–14.

发展效益农业，中部地区聚焦粮棉等大宗农产品的生产，西部地区则重点发展生态与特色农业。[①]

肖卫东通过研究 29 个省（区、市）1980～2010 年种植业和 6 种主要农作物的播种面积数据发现，中国的种植业具有非常显著的地理集聚特征，不同种植产品的集聚程度不同，并且这种地理集聚有明显的地域梯度特征。2010 年的中部地区的粮食种植面积占全国播种面积比例的 41.15%，比东部地区（26.46%）高出 14.69 个百分点，西部地区的比重为 32.39%。但东部地区的种植业产值最高，其次是中部地区，最后是西部地区。这说明各地区的生产效率不同，适合的农业技术也不同。[②]

中国的种植业整体趋向于地理聚集，但不同省份的变化趋势不同。[③] 影响各省份农业发展趋势的除了自然禀赋差异和农业补贴外，技术扩散、知识溢出和人力资本溢出等导致的外部性也是影响农业聚集的重要因素。数字经济所带来的新技术革命会对各地区农业集聚产生促进效果。

从微观层面看，智慧农业技术能够精准对接不同地区的地理、气候、资源等自然禀赋，构建出符合当地特色的本土化农业生产体系。例如，东北平原是我国粮食生产的主要地区，如今面临产业结构调整与转型升级的难题，智慧农业技术可以通过优化灌溉与施肥系统为产业优化升级提供技术支撑；长江中下游平原地区，农业条件优越，区域经济发展水平高，智慧农业技术的应用则侧重于拓宽销售渠道、完善产品信息追溯体系，以增强农产品的市场竞争力与附加值，进而促进农民增收。[④]

从宏观视角出发，智慧农业技术在区域整合生产要素、优化生产配置、提高生产效率后，还能通过知识与技术的外溢效应，激发各地区之间的协同效应与集聚优势。这种集聚效应不仅强化了区域农业产业的整体竞争力，还促进了产业链上下游的紧密衔接与协同发展，为农业生产的进一步规模化、专业化、产品差异化奠定了坚实基础。这一系列的正向反馈机制共同作用于农业生产体系，增加农业收益，提高农民收入。

三、农作物耕种面积与播种面积分析

21 世纪以来，我国农业结构逐步由以粮食生产为核心的传统农业生产向以多样化、市场化为特点的现代农业转型。农作物种植面积中粮棉作物种植面积不断下降、经济作物种植面积不断增加。[⑤] 粮食作物播种面积占比由 2015 年的 71.31% 逐渐下降到 2023 年的 69.32%。[⑥] 这一现象也叫作种植结构的"非粮化"趋势。

① 张红宇，杨春华，张海阳，等．当前农业和农村经济形势分析与农业政策的创新 [J]．管理世界，2009 (11)：74-83，102.

②③ 肖卫东．中国种植业地理集聚：时空特征、变化趋势及影响因素 [J]．中国农村经济，2012 (5)：19-31.

④ 刘彦随，张紫雯，王介勇．中国农业地域分异与现代农业区划方案 [J]．地理学报，2018，73 (2)：203-218.

⑤ 黄玛兰，李晓云．农业劳动力价格上涨对农作物种植结构变化的省际差异性影响 [J]．经济地理，2019，39 (6)：172-182.

⑥ 整理自《中国统计年鉴（2024）》。

农业技术的发展会改变种植结构。比如农业机械化水平的提升会增加机械化种植作物的播种面积占比，大田粮食作物比经济作物更容易采用农业机械。有学者认为数字生产基础设施投入水平的高低与粮食作物播种面积占比呈非线性关系。① 这是因为数字生产初期投入大、成本高，农民会选择投资回报率高、周期短的经济作物，当农民能熟练使用数字农业设备有效促进资源合理配置、减少成本时，他们会选择土地密集型的粮食作物进行规模生产。最终，数字生活基础设施的普及能驱动农村劳动力流向非农领域，促使农民更倾向于选择适合机械化作业的粮食作物，从而增加粮食作物的耕种比例。

遥感技术是目前在农作物种植方面广泛使用的智能农业技术。遥感是一种快速的地区作物制图方法，该技术能迅速准确地获取大范围的农作物种植结构信息。② 中国农作物种植面积遥感监测起源于"六五"期间（1980～1985 年）农作物遥感估产试验研究，研究对象为冬小麦。此后，中国陆续开展了一系列重大农作物遥感监测项目，如 1997 年"中国资源环境遥感信息系统及农情速报"、2000 年"北方冬小麦气象卫星遥感动态监测及估产系统"和 2002 年"全国主要农作物遥感估产业务运行系统"等。③ 近年来，信息技术和大数据的发展大幅提高了遥感对种植结构提取的精度和广度。④ 通过智慧农业技术的进一步系统化发展，遥感技术与动态数据相结合，农民能够更清晰地了解农作物种植结构，科学地规划耕种和播种面积，提高农作物的生产效率和品质、降低生产成本、减少环境污染，实现农业可持续发展。

四、农作物化肥施用量分析

传统农业施肥一般通过人工进行，肥料利用率不高，并且肥料的滥施还会造成环境污染以及农作物被破坏。当前中国施肥水平高于发达国家所公认的每公顷播种面积施用 225 千克的环境安全上限。⑤ 自 1980 年起，我国的化肥施用量除 1998～2000 年有所放缓外，一直保持较高的增长速度，直至 2014 年才小幅下降，主要原因是氮肥用量自 2008 年起逐年减少，化肥施用从单一型向复合型化肥转变。图 8-10 显示了中国化肥施用水平的变化情况。

① 毛凤霞，沈凯月. 农村地区数字生产基础设施对种植结构的影响研究［J］. 华东经济管理，2023，37（9）：77-85.

② 胡琼，吴文斌，宋茜，等. 农作物种植结构遥感提取研究进展［J］. 中国农业科学，2015，48（10）：1900-1914.

③ 陈水森，柳钦火，陈良富，等. 粮食作物播种面积遥感监测研究进展［J］. 农业工程学报，2005（6）：166-171.

④ 张红宇，杨春华，张海阳，等. 当前农业和农村经济形势分析与农业政策的创新［J］. 管理世界，2009（11）：74-83，102.

⑤ 高晶晶，彭超，史清华. 中国化肥高用量与小农户的施肥行为研究——基于 1995～2016 年全国农村固定观察点数据的发现［J］. 管理世界，2019，35（10）：120-132.

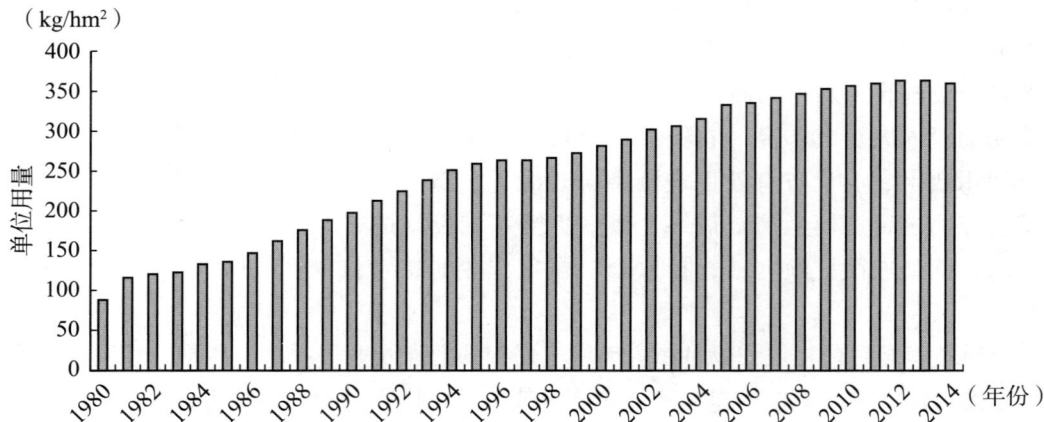

图 8 – 10　中国化肥施用水平的变化情况

资料来源：高晶晶，彭超，史清华．中国化肥高用量与小农户的施肥行为研究——基于 1995 ~ 2016 年全国农村固定观察点数据的发现［J］．管理世界，2019，35（10）：120 – 132.

从微观层面来看，高晶晶等（2019）通过固定面板数据研究发现，农户家庭的化肥投入量基本保持不变，并且化肥投放行为更像是一种经验性的生产习惯。分作物品种来看，以蔬菜、水果为代表的经济作物的化肥施用强度整体上均显著高于以小麦、水稻和玉米为代表的粮食作物。同时，土地规模对农户化肥的使用强度有显著的负向影响。因此，中国当前以小农经济为主要经营模式的种植模式是我国化肥投入量高于其他国家的原因之一。化肥的亩均投入成本自 2000 年起大幅上涨。与农作物产品价格相比却无大幅度的持续性增长，农民的利润空间被不断压缩。

智慧农业可以为农户施放化肥提供科学方案和技术支撑，提高化肥利用效率、进行施肥精准化管理，保护环境，实现农业可持续发展，还能改善经营方式，提高农户收入。研究显示，数字推广对农户化肥施用费用和施用量均有显著抑制作用。[1] 还有学者发现数字农业技术的推广可以促进农户选择绿色生产技术，机制是数字农技有效减少了农户对信息的收集成本、谈判成本和获取成本。[2][3]

水肥一体化灌溉技术是常见的智慧农业灌溉系统。该系统按照肥随水走思路，将物联网技术与灌溉系统相结合，既可以根据作物实际生长情况自动实施合理的灌溉方案，又可以根据作物不同阶段的需水情况调整相应灌溉方案，将肥液通过可控管道均匀运输到作物根部，满足作物生长需求。[4]

---

[1]　毛慧，刘树文，彭澎，等．数字推广与农户化肥减量——来自陕西省苹果主产区的实证分析［J］．中国农村经济，2023（2）：66 – 84.

[2]　高天志，冯辉，陆迁．数字农技推广服务促进了农户绿色生产技术选择吗——基于黄河流域 3 省微观调查数据［J］．农业技术经济，2023（9）：23 – 38.

[3]　李红莉，张露，张俊飚．数字化赋能如何影响农户化肥减量［J］．农业技术经济，2024，10：1 – 18.

[4]　郝雅洁，胡欣宇，李富忠．基于物联网技术的水肥一体化灌溉系统［J］．物联网技术，2020，10（9）：58 – 61.

第三节 数字经济与乡村振兴

一、乡村振兴概述

（一）乡村振兴的概念

乡村振兴战略是习近平同志于 2017 年 10 月 18 日在党的十九大报告中正式提出的。乡村振兴是指在国家政策引领下，按照产业兴旺、生态宜居、乡风文明、治理有效、生活富裕的总要求，全面推进农业现代化、农村产业融合发展、农村基础设施建设及乡村治理等措施，以实现乡村经济、社会、文化、生态的全面振兴。乡村振兴包括产业振兴、人才振兴、文化振兴、生态振兴、组织振兴五个方面。

（二）乡村振兴的目标任务

农业农村现代化是乡村振兴的核心目标之一。按照党的十九大提出的决胜全面建成小康社会、分两个阶段实现第二个百年奋斗目标的战略安排，实施乡村振兴战略的目标任务是：

到 2020 年，乡村振兴取得重要进展，制度框架和政策体系基本形成。农业综合生产能力稳步提升，农业供给体系质量明显提高，农村一二三产业融合发展水平进一步提升；农民增收渠道进一步拓宽，城乡居民生活水平差距持续缩小；现行标准下农村贫困人口实现脱贫，贫困县全部摘帽，解决区域性整体贫困；农村基础设施建设深入推进，农村人居环境明显改善，美丽宜居乡村建设扎实推进；城乡基本公共服务均等化水平进一步提高，城乡融合发展体制机制初步建立；农村对人才吸引力逐步增强；农村生态环境明显好转，农业生态服务能力进一步提高；以党组织为核心的农村基层组织建设进一步加强，乡村治理体系进一步完善；党的农村工作领导体制机制进一步健全；各地区各部门推进乡村振兴的思路举措得以确立。

到 2035 年，乡村振兴取得决定性进展，农业农村现代化基本实现。农业结构得到根本性改善，农民就业质量显著提高，相对贫困进一步缓解，共同富裕迈出坚实步伐；城乡基本公共服务均等化实现，城乡融合发展体制机制更加完善；乡风文明达到新高度，乡村治理体系更加完善；农村生态环境根本好转，美丽宜居乡村基本实现。

到 2050 年，乡村全面振兴，农业强、农村美、农民富全面实现。

（三）乡村振兴战略的总要求

产业兴旺：发展现代农业，提高农业综合生产能力，促进农村经济持续健康发展。
生态宜居：保护农村生态环境，改善农村居民生活环境，实现绿色发展。
乡风文明：传承和弘扬优秀传统文化，倡导文明乡风，建设和谐乡村。

治理有效：加强和创新乡村治理，提高乡村治理水平，保障乡村社会稳定。

生活富裕：提高农村居民收入水平，保障农村居民基本生活需求，实现全体人民共同富裕。

二、数字经济对乡村振兴的作用

1. 推动农业数字化和产业链延伸，促进乡村产业振兴

数字技术的广泛应用为传统农业注入了新的活力，有力推动了智慧农业的快速发展，显著提升了农产品的质量和产量。数字经济还催生了农产品电商、乡村旅游等新兴经济形态，进一步拓展了乡村产业链，提升了经济的附加值。

2. 数字经济发展从内外两个角度促进乡村人才振兴

数字经济通过推广信息技术、数字化技术，提高农民的数字素养与技能，使他们能够适应现代化农业的发展需求。同时，依托数字技术，可以打造乡村线上引才平台，通过乡村直播引才、云带岗等新模式，吸引更多青年人才向农村基层一线流动，拓展了乡村人才资源配置空间。

3. 加速传统文化的数字化传播，促进乡村文化振兴

一方面，数字经济通过光学扫描、三维建模等数字化技术，不仅能够深度挖掘和记录乡村文化资源实现文化的保护与传承，还能创造出更多具有乡村特色的文化产品和服务。另一方面，数字经济推动农业、文化、旅游业的智慧融合，通过数字化技能提升乡村文化的吸引力和生态底蕴。此外，数字经济为乡村文化提供了更广阔的传播平台，促进了乡村与外部世界的文化交流与互动，增强了乡村文化的影响力。

4. 促进生态资源及其监管数字化，助力乡村生态振兴

一方面，数字经济通过绿色技术革新与应用，助力乡村产业走向绿色低碳发展道路。利用数字技术优化资源配置，减少资源浪费，实现资源的高效利用，从而减轻环境污染，促进农业绿色生产。另一方面，数字技术可有效监督和管理环境污染，推进农村生物质废弃物、农业废弃物等循环利用，推动农业绿色生产，助力农村生态文明建设。

5. 服务治理数字化，推动乡村组织振兴

数字经济通过数字化手段，如大数据、云计算等，为乡村治理提供了更加精准、高效的管理工具。乡村组织通过数字技术服务手段和资源，推进组织创新，提升组织服务效能。此外，数字经济促进了乡村组织之间的协同和合作，共享资源、信息和经验，形成优势互补、协同发展的良好局面。

三、数字经济助力乡村振兴的措施

（一）强化数字基础设施建设，推动数字与乡村产业融合

一是持续推进乡村地区千兆互联网、5G 基站、物联网等数字基础设施建设，构建面向农业农村农民的综合信息服务体系。通过搭建数字化平台、完善信息化普惠服务机制等

方式，打破信息壁垒、降低信息流通成本，加快涉农信息资源的集成共享。二是推进数字要素与乡村生产要素协同，推动数据资源、信息技术、人才资本等要素向乡村集聚，鼓励和支持农村电商、乡村旅游、数字农业等新型业态的发展。

（二）健全数字人才的引培制度，提升农民数字素养

一是健全数字人才的引培制度，构建数字经济人才培养体系，培养创新型、技术型、复合型人才。二是推动"校企行"开展技术、科技兴农、数字管理等交叉学科领域的合作，设立数字人才下乡工程，促使数字人才扎根和服务乡村。三是充分利用现代信息技术手段，对农民开展远程教育、在线互动、模拟实训等多样化的培训活动，提升农民的数字素养。

（三）健全乡村数字文化产业体系，丰富乡村文化底蕴内涵

一是完善乡村数字文化产业制度，出台并落实乡村数字文化产业发展的相关支持政策。支持乡村数字文化产业项目的实施，实现乡村数字文化产业发展促进乡村文化振兴。二是丰富乡村文化数据服务平台。通过广泛整合传统文化、民间艺术、民俗风情、历史遗迹等乡村文化资源，创新平台服务形式和内容，提升用户体验和平台吸引力。三是健全乡村文化数字保护与传承制度，在保护乡村文化数字资源的同时对其活化利用，将乡村文化资源转化为经济资源，带动乡村经济发展。

（四）创新数字监管制度设计，提升生态环境数字监管能力

一是以数字技术赋能乡村生态环境监管，建立全面的乡村生态环境数据监测系统，规范建立乡村生态环境监管绩效评估体系，推动乡村生态环境共享共治。二是规范乡村生态环境数字监测体系，健全数字监管信息的采集、统计、处置与评估机制，通过生态数字监测平台对乡村生态环境进行有效监测和智慧治理。

（五）发动多元主体参与，健全数字乡村治理体系

一是以"共建共治共享"理念为指引，利用数字技术建立乡村治理互动平台，促进多元主体参与乡村治理，形成党建引领、村民自治、技术支撑的多元治理格局。二是健全数字乡村治理体系，加强与村民在乡村公共事务中的联系，注重情感治理，让数字技术服务于人，以此提高乡村治理的"精准度"与"温暖度"。此外，政府还应强化数字乡村治理的预警与风险防范机制，提升数字乡村治理体系和治理能力水平。①

📚 **阅读拓展** ➜➜---

上海康桥又见稻香飘韵　数字资产赋能乡村文化振兴

在原创歌曲《又见康桥》悠扬的旋律中，2024 年上海市康桥镇新苗村稻香音乐节如

---

① 肖顺武，董鹏斌. 中国式现代化进程中数字经济服务乡村振兴的困境检视，内在机理与实现路径［J］. 经济问题探索，2023（5）：1－12.

约而至。这已是新苗村连续三年在丰收时节的稻田中，与音乐不期而遇，让市民近距离体验都市乡村的美好生活。

此次音乐节以"稻香飘韵 又见康桥"为主题，邀请了著名二胡演奏家、康桥文旅形象大使马晓辉，国家级非物质文化遗产浦东派琵琶艺术传承人、一级演员林嘉庆，上海轻音乐团及国外爵士乐团等重量级嘉宾助阵，让前来游玩的市民闻着淡淡的稻香，在稻田里感受来自康桥的乐音，在田园市集中沉浸式体验乡村生活的美好。

值得一提的是，此次稻田音乐节全新推出了音乐节的数字资产项目，受众只需扫描相关二维码便能了解和获取音乐节相关的数字内容。作为2024年新苗村稻香音乐节的纪念款产品，此次数字资产的推出，是进一步促进康桥农文旅深度融合、拓展延伸乡村文化产业链，赋能乡村文化振兴的一次全新尝试，意义深远。

新苗村相关负责人介绍，近年来，该村积极打造"6+N"特色品牌，通过灶文化、稻香文化、稻香课堂、文创产业、劳动教育、乡村客厅6个主题，让更多人感受到"一粒米"的故事，不断完善公共文化服务圈建设，深度融入宜居宜业的新康桥，努力打造新时代的梦想家园。

另据记者了解，康桥镇始终坚持农业基础地位不动摇，发展"高质、高产、高经济效益"的三高农业，引进专业机构助力形成农产品产销联合产业链，打造康桥特色农产品品牌，如石门葡萄、石门草莓、鼎品冷鲜鸡等，得到了广大市民的青睐。同时依托区位优势，发展集田园乡村休闲、观光、采摘、体验于一体的特色乡村旅游，在美丽的都市田园上讲好康桥社会经济生活高质量发展的动人故事。

资料来源：王平. 上海康桥又见稻香飘韵 数字资产赋能乡村文化振兴［N］. 东方城乡报，2024－11－15.

蜜桃产业搭上数字化"东风"

"中华名果"秦安蜜桃是中国国家地理标志产品，近年来，甘肃省秦安县立足县情，把做大做强做优林果业作为富民强县的重大战略，大力发展蜜桃特色产业。在秦安县蜜桃产业发展过程中，秦安县与浪潮集团开展深度合作，通过搭建浪潮智稷农业互联网平台，推动秦安蜜桃产业从传统模式向现代农业的跨越。

浪潮集团为6000余亩果园搭建了系统的物联感知网络，基于物联网对现场果园虫情、墒情、气象、视频监控等监测数据进行智能化采集，通过互联网、移动网络传输到平台软件进行大数据处理、分析，实时获取蜜桃生长、发育、病虫害及相应环境等农业生产数据的同时，通过对农业生产过程进行模拟、分析和智能决策，合理利用农业资源，预防农业灾害，降低生产成本，提高农作物产量和质量，目前生产成本可降低8%左右。

同时，物联网、大数据技术的应用也进一步提高了果园的管理水平，无论是通过手机端还是通过控制中心的可视化大屏，果园管理人员都可以对相关设备的工作状态和在线状态进行查看，有效降低了整个系统的维护和管理难度，降低了维护成本，提高了工作效率。

现在，秦安蜜桃依托浪潮智稷农业互联网平台，从农产品生产、加工、物流仓储、供销对接等维度打造全产业链数字化生态，构建全流程一体化、数据互联互通的农业全产业链。在蜜桃销售环节，通过获取农贸交易市场、网络零售、农村电商等一站式数据监测、统计和分析服务，洞悉农产品交易市场整体和细分领域规模、变化和趋势，及时调整农作物的销售模式和方向，为产业发展和调控优化提供决策依据。同时，新引入的农产品溯源系统为蜜桃产业园提供产品质量追溯服务，形成"安全可预警、源头可追溯、流向可跟踪、信息可查询、责任可认定、产品可召回"的信息化、网络化、立体化、智能化的质量安全监管网。由此，泰安蜜桃品牌价值也进一步获得了提升，品牌曝光度提高了198%。

借助数字化"东风"，泰安蜜桃产业逐步迈向创新发展的新阶段。

资料来源：蜜桃产业搭上数字化"东风"［EB/OL］．（2024-11-21）．http：//www.moa.gov.cn/xw/qg/202303/t20230306_6422327.htm.

思考题

1. 数字农业的概念和基本特征是什么？
2. 简述数字农业与农业数字化的区别与联系。
3. 农业数字化的关键技术有哪些？各技术在农业数字化中的应用场景是怎样的？
4. 什么是智慧农业？它与传统农业的主要区别是什么？
5. 简述数字经济对于乡村振兴的意义。
6. 数字经济助力乡村振兴的措施有哪些？

案例分析

大庆市龙凤区：构建数字农业提质增效平台

一、背景介绍

大庆市龙凤区着力发展质量农业和品牌农业，开发建设了"数字农业提质增效平台"，用信息化整合外部农业资源，以农产品区块链全过程质量追溯为基础，实现产销精准对接，推动一二三产业融合发展。

二、具体做法

（1）技术应用。平台建设充分利用区块链、北斗技术、人工智能、大数据技术，对生产各环节进行全程管控。

（2）质量安全追溯。利用区块链技术，加载时间戳、地理戳等功能，对农产品的生产过程进行不可篡改的记录，提供真实可信的音视频、第三方检测报告等佐证材料，在检测合格的产品包装上喷绘溯源二维码，下游客户或消费者均可通过扫码获知产品生产全过程，实现可靠溯源。

（3）运营模式。打造技术托管、营销托管、运营托管一体化的运营模式，融合公益理念，对接政企采购。通过全面托管完善品牌大战略，推动供需商户、供应链企业和全国客户的入驻、交易，逐步实现B2B的供应链产业的广泛联合，并服务于B2C销售和仓配。

（4）服务农业生产经营主体。根据农事管理要求，运用遥感监测、无人机巡航等技术手段，综合气象、种植情况数据，通过智能分析模块，为农业长势及产量、农业灾害监测提供及时、准确的农事作业报告及预警服务。开发惠农服务 App，通过整合金融、生产资料、保险、农机、加工、销售等环节的资源，让农户在"去中间化"中受益增收。

（5）政府监管。为各级政府及主管部门提供一张图数据库、遥感监测、大数据智能决策服务，为农产品质量安全监管、农业"三减"监管、农村"三资"管理、病虫测报、农情调度等业务管理工作提供高效的信息化服务。利用生物感知技术，实现对大田环境监测、农作物长势可视化管理。

（6）产业赋能。平台主要实现供需对接，与大型商超、电商合作开拓新销路，与农产品加工企业对接优质原材料供应，并提供物流仓储、农产品加工对接服务，将优质农产品直销至农批市场、商超等销售机构，实现优质优价。同时，引导种植者发展特色农产品，加快引领新业态形成，培育产业发展生态联盟，实现产业规模和参与主体快速壮大。

三、取得成效

以大庆市龙凤区张玉牛奶香瓜为例。2022 年初，龙凤区张玉种植合作社使用农产品全流程质量追溯系统，追溯香瓜种植面积 39 亩，亩产约 3500 斤。应用系统后，消费者通过扫码能够了解到产品的生产地点、种植环境、传统有机种植方式、牛奶蜂蜜灌溉香瓜等信息，增加了产品的信誉度，售价从 15 元/斤上涨到 20 元/斤，亩均利润提升约 1.6 万元。

资料来源：数字乡村典型案例（13）｜大庆市龙凤区：构建数字农业提质增效平台 ［EB/OL］.（2024 − 11 − 23）. https://www.thepaper.cn/newsDetail_forward_25159634.

结合案例材料，探讨下列问题：

1. 数字农业对乡村振兴的意义和作用是什么？

2. 数字农业的发展对农村劳动力结构和就业形势将产生哪些影响？如何提高农民对数字农业技术的认知和应用能力，缩小数字鸿沟，帮助农民适应数字化转型？

3. 政府在推动数字农业发展过程中，应如何制定有效的政策支持和激励机制，引导和鼓励农业企业进行数字化转型？

4. 数字农业如何更好地促进农业产业链上下游的协同与整合，提高整个产业链的效率和竞争力？

典型场景与平台项目训练

一、智慧大田数据分析

1. 项目背景

智慧大田数据分析项目旨在通过应用大数据技术，提高大田作物的种植效率和产量，解决传统农业中存在的问题，如资源浪费、环境污染、产量低下等。随着全球人口增长和资源短缺，提高农产品质量和生产效率变得尤为重要。智慧大田项目通过精准农业管理和自动化作业，减少资源浪费和人力投入，提高农业生产效率。

2. 项目简介

智慧大田数据分析项目通过集成先进的传感器、物联网技术、大数据分析和人工智能算法，对大田作物的生长环境和生长状况进行实时监控和分析，以科学指导农民种植，持续优化土壤结构，增产提质。

3. 项目内容

项目内容包括四个方面。

（1）数据采集与管理。利用物联网设备收集大田作物生长环境和生长状况的数据，包括土壤湿度、温度、光照等，并进行数据的存储和管理。

（2）环境与生长状况分析。运用统计学和数据可视化工具，如 Python 和 R 语言，对收集到的数据进行深入挖掘，发现其中的规律和趋势，如农作物化肥使用量与产量之间的关系；作物生长模型建立：选择合适的变量和模型，对产量相关的数据进行回归分析，建立农作物产量模型，并通过模型的建立和结果的解读，为实际生产提供科学依据。

（3）智能决策支持系统开发。探讨基于北斗系统的大田智慧农业精准服务体系构建，学习如何利用北斗系统进行精准导航和田间管理；分析无人机遥感应用与灾害防控技术在大田作物种植前和生长期的应用，以及如何为农田的智慧管理提供基础数据。

（4）项目实践与案例分析。分析真实案例，将所学知识应用于实际的大田管理中，讨论和解决实际问题，提升问题解决能力。

4. 项目特色

本项目融入物联网技术，通过传感器收集大田数据，并进行实时监控。构建数据驱动的智能决策支持系统，提高大田管理的科学性和精准性。项目融合农业科学、数据科学、信息技术等多个学科的知识，提升学生的综合能力。通过实际操作和案例分析，学生能够将理论知识应用于实际问题解决中，增强实践能力。

5. 项目预期成果

通过本项目的学习和实践，学生能够体验智慧大田技术中的数据采集、分析、模型建立和智能决策支持系统开发的全过程。通过项目训练，学生将掌握智慧大田管理的关键技能，为未来的职业生涯或研究工作打下坚实的基础。

二、智慧农业数据分析项目

1. 项目背景

智慧农业分析项目旨在通过大数据、云计算和物联网等先进技术，优化农业生产过程，提高农作物产量和质量，并为农民提供科学的种植指导。

在农业领域，积极应用大数据技术指导农业产业发展，取得了显著成效。河南省某县农产品生产受技术影响，无法预估农作物产量，科技在农业中的应用较少，严重影响农户增收。为增产增收，在大数据时代，通过建立综合的农业大数据平台，加快农业信息化水平建设以解决农业生产问题；以先进的数据信息分析和灾情虫害预测，科学指导农民种植，持续优化土壤结构，增产提质，创造品牌；利用大数据、云计算、物联网技术，建立综合的数据平台调控农业生产，提高农产品产量，让农业大有可为。

2. 项目简介

智慧农业数据分析项目，通过数字技术的应用，深入探究智慧农业领域的数据分析方法和实践。通过项目，学生能够深入了解智慧农业领域的数据分析方法和技术应用，学生将参与从数据采集到模型建立的全过程，并学会如何利用分析结果来指导实际生产决策。

3. 项目内容

（1）数据采集与处理。从智慧农业数据采集开始，学习如何收集和处理农业领域的相关数据，利用数字大屏对农林牧渔产值、分地区产值、农作物产业链的宏观数据进行可视化展示。

（2）宏观数据分析。学生将学习如何运用统计学和数据可视化分析工具，对收集到的数据进行深入挖掘，发现其中的规律和趋势。特别是，项目将重点介绍农作物化肥施用量与产量之间的关系，通过回归分析等统计方法，揭示两者之间的内在联系。

（3）可视化与预警系统。在农业产业园大数据中心，利用仪表板对生产基地四个地块的数据进行可视化展示，并对天气情况，虫害情况做预警设置。从大数据中心得出农作物的重要性。

（4）农作物产量建模。本阶段，学生将学习如何选择合适的变量和模型，对与产量相关的数据进行回归分析。通过模型的建立和结果的解读，学生将深入理解数据背后的意义和价值，为实际生产提供科学依据。

（5）应用与拓展思考。项目将引导学生将数据分析结果应用于实际生产中，探讨如何根据数据分析结果优化农业生产决策、提高生产效率和质量。学生将通过拓展思考环节，深入思考和探讨如何将所学知识和技能应用于实际工作中，为智慧农业的发展贡献自己的力量。

4. 项目特色

（1）融入产业级数据智能分析中台。深入探究智慧农业领域的数据分析方法和实践，对农业宏观数据进行指标分析，数字大屏设计，包括农林牧渔产值、分地区产值、农作物耕种与播种面积，以及化肥施用量等数字大屏设计。

（2）实时动态感知可视化仪表大屏。在智慧农业产业园数据分析中，在仪表板中进行农业产业园可视化分析，并增加交互与数据预警设置。

（3）多种数据挖掘的算法模型应用。在农作物产量数据挖掘部分，利用 Python 工具，对农作物产量之间的相关影响因素进行线性回归分析、非线性回归分析、多元线性回归分析、LASSO 回归分析，包括数据预处理、建模及预测等。

5. 预期成果

通过本项目的实施，有助于培养学生的专业技能，引导学生为现实世界中的农业问题寻找可能的解决方案，同时能够鼓励学生结合信息技术和其他领域的知识，实现跨学科思维的培养。

第九章

工业数字化

工业数字化的神奇力量

在日常生活中，工业产品无处不在，从家用电器到汽车，从智能手机到家具，它们的生产都离不开工业制造。然而，你是否知道，工业数字化正在悄然改变着这些产品的生产方式呢？

以汽车制造为例，过去，汽车生产线上的设备故障往往会导致整个生产流程的中断，不仅影响生产效率，还会增加维修成本。而且，由于缺乏对生产数据的深入分析，企业很难及时发现生产过程中的问题并进行优化。但现在，随着工业数字化技术的应用，这一切都发生了改变。

如今，汽车制造企业通过在生产设备上安装传感器，能够实时监测设备的运行状态，收集大量的生产数据。这些数据被传输到工业互联网平台，经过大数据分析和人工智能算法的处理，企业可以提前预测设备故障，实现预防性维护，大大减少了设备停机时间。同时，通过对生产数据的深入分析，企业能够优化生产流程，提高生产效率，降低生产成本，提升产品质量。

那么，工业数字化究竟是如何实现这些神奇效果的呢？它背后又有哪些关键技术和理论支撑？在本章中，我们将深入探讨工业数字化的奥秘，揭开它神秘的面纱，带你领略工业数字化的魅力。

知识目标：深入理解工业数字化的概念、特点和重要性。

能力目标：掌握数字工业、工业互联网与物联网、数字化供应链等关键领域的原理、技术和应用。

素质目标：能够运用数据分析方法解决智能制造业中的实际问题，提升实践能力。

重点难点 ···▶

数字工业的智能制造模式、工业互联网与物联网的架构与应用、数字化供应链的优化策略、智能制造业数据分析方法与应用。理解工业数字化各领域之间的协同关系及其对工业经济的综合影响；掌握复杂工业数据的分析处理技术及其在实际生产中的有效应用。

第一节　数字工业

一、数字工业概述

（一）定义与内涵

数字工业是指利用数字技术对工业生产全流程进行全面优化和升级，实现从设计、生产、管理到销售等各个环节的数据驱动和智能化运作的新型工业模式。它涵盖产品生命周期管理、计算机辅助设计、计算机辅助制造、计算机辅助工程等数字化技术在工业领域的深度应用，旨在提高工业生产效率、降低成本、提升产品质量和创新能力，推动工业经济向更高质量发展。

（二）发展历程与现状

1. 发展历程

工业数字化的发展历程可以追溯到 20 世纪中叶计算机技术在工业领域的初步应用，如早期的自动化生产线控制和企业资源规划系统的雏形。随着信息技术的不断发展，特别是互联网、大数据、人工智能等技术的兴起，工业数字化进入了快速发展阶段。近年来，各国纷纷出台工业数字化战略，如德国的"工业 4.0"、美国的"工业互联网"和中国的"智能制造 2025"等，推动了数字工业在全球范围内的蓬勃发展。

2. 发展现状

当前，数字工业在全球制造业中已得到广泛应用。许多大型企业已经实现了生产设备的数字化连接和智能化管理，通过传感器、物联网技术实时采集生产数据，利用大数据分析进行生产过程优化和预测性维护。例如，通用电气通过其工业互联网平台 Predix，实现了对全球范围内工业设备的实时监测和数据分析，提高了设备的运行效率和可靠性。在我国，数字工业也取得了显著成就，众多制造企业积极引入数字化技术，推动了制造业的转型升级。如海尔集团通过构建 COSMOPlat 工业互联网平台，实现了用户需求与生产制造的深度融合，打造了大规模定制化生产模式。

（三）数字工业的关键技术

1. 工业大数据技术

工业大数据是数字工业的核心要素之一，它涵盖产品研发、生产制造、供应链管理、市场营销等全生命周期的海量数据。通过数据采集、存储、处理和分析技术，挖掘数据背后的价值，为企业决策提供支持。例如，利用机器学习算法对生产过程中的质量检测数据进行分析，建立质量预测模型，提前发现潜在质量问题，降低次品率。

2. 工业人工智能技术

包括机器学习、深度学习、自然语言处理等技术在工业领域的应用。在生产制造环节，人工智能技术可用于智能调度、设备故障诊断、智能机器人控制等。例如，基于深度学习的图像识别技术可用于产品表面缺陷检测，提高检测精度和效率；智能机器人在复杂生产环境中能够自主完成装配、搬运等任务，提高生产自动化水平。

3. 数字孪生技术

数字孪生是对物理实体的数字化映射，通过构建物理实体的虚拟模型，实现物理世界与虚拟世界的实时交互和协同优化。在工业领域，数字孪生可应用于产品设计、生产调试、设备维护等方面。例如，在产品设计阶段，利用数字孪生技术进行虚拟仿真测试，提前发现设计缺陷，缩短产品研发周期；在设备维护方面，通过数字孪生模型实时监测设备运行状态，预测设备故障，优化维护策略。

二、智能制造

（一）智能制造的概念与特征

1. 概念

智能制造是一种基于新一代信息技术与先进制造技术深度融合，贯穿于设计、生产、管理、服务等制造活动的各个环节，具有自感知、自决策、自执行、自适应、自学习等功能的新型生产方式。它通过数字化、网络化、智能化手段，实现制造业的智能化升级，提高生产效率、提升产品质量、降低资源消耗，满足个性化定制需求，增强企业核心竞争力。

2. 特征

（1）智能化生产。利用智能设备和自动化技术，实现生产过程的自主控制和优化。例如，智能机器人在生产线上能够根据预设程序和实时生产数据自动调整工作参数，完成复杂的生产任务，提高生产效率和产品一致性。

（2）个性化定制。借助大数据分析和互联网平台，企业能够快速响应客户个性化需求，实现产品定制化生产。例如，服装制造企业通过收集客户的身材数据、款式偏好等信息，利用智能制造系统实现定制化服装的快速生产和交付。

（3）网络化协同。通过工业互联网实现企业内部各部门之间以及产业链上下游企业之间的信息共享和协同工作。例如，在航空航天制造领域，主制造商与众多零部件供应商通过工业互联网平台实时共享设计数据、生产进度和质量信息，实现协同研发、协同制造和供应链协同管理。

（4）智能服务。基于物联网技术和大数据分析，企业能够为客户提供智能化的产品售后服务。例如，工业设备制造商通过远程监测设备运行状态，提前预测设备故障，为客户提供及时的维修保养服务，提高客户满意度和设备使用寿命。

（二）智能制造的核心技术

1. 工业机器人技术

工业机器人是智能制造的重要执行单元，包括多关节机器人、协作机器人等类型。它们具有高精度、高速度、高负载能力等特点，能够在恶劣环境下持续工作。例如，在汽车制造中，焊接机器人能够精确完成车身焊接任务，保证焊接质量和一致性；协作机器人则可以与人类工人协同工作，提高生产灵活性和安全性。

2. 增材制造技术（3D打印）

增材制造技术通过逐层堆积材料的方式制造三维物体，能够实现复杂结构零部件的快速制造，无须传统加工工艺中的模具制造环节，大幅缩短了产品研发周期和制造成本。例如，航空航天领域利用3D打印技术制造轻量化零部件，提高了飞行器的性能；医疗领域则可以根据患者的个体需求定制个性化的医疗器械和植入物。

3. 智能传感器技术

智能传感器是获取工业生产过程中各种物理量、化学量和生物量信息的关键设备，具有高精度、高可靠性、智能化等特点。它们能够实时监测设备运行状态、生产环境参数等信息，并将数据传输给控制系统进行分析和处理。例如，压力传感器、温度传感器、位移传感器等广泛应用于工业自动化生产线，为生产过程控制和质量检测提供准确数据支持。

4. 工业互联网平台技术

工业互联网平台作为智能制造的中枢神经系统，连接了工业生产中的各种设备、系统和人员，实现数据的采集、存储、分析和应用。它提供了设备管理、应用开发、数据分析、商业模式创新等功能。例如，树根互联的工业互联网平台为众多制造企业提供设备接入、远程监控、故障预警、产能分析等服务，帮助企业提升生产管理水平和运营效率。

（三）智能制造的应用案例

富士康作为全球最大的电子制造服务企业之一，积极推进智能制造转型。在其生产工厂中，广泛应用工业机器人和自动化生产线，实现了生产过程的高度自动化。例如，在手机组装环节，机器人能够精确地完成零部件的装配和检测任务，大大提高了生产效率和产品质量。同时，富士康利用工业互联网平台，实现了对全球工厂设备的实时监控和管理，通过大数据分析优化生产计划和资源配置。此外，富士康还在积极探索人工智能技术在质量控制、供应链管理等方面的应用，如利用深度学习算法进行产品外观缺陷检测，提高检测准确率和效率。通过智能制造转型，富士康不仅提高了自身的竞争力，还为全球制造业的智能化发展提供了有益经验。

第二节　数字化生产中的关键技术与管理

一、数字化生产中的关键技术

（一）数据采集与处理技术

1. 传感器技术

传感器是获取工业生产过程中各种物理量、化学量和生物量信息的关键设备。它们具有高精度、高可靠性和智能化的特点，能够实时监测设备运行状态和环境参数。例如，在自动化生产线中，温度传感器用于监控设备的工作温度，防止过热导致设备损坏；振动传感器则可以检测设备的异常振动，提前预警潜在故障。[1]

2. 数据清洗与预处理

数据采集到的原始数据往往包含噪声和异常值，需要进行清洗和预处理以提高数据质量。这包括使用滤波算法去除噪声并检测异常值，将不同来源的数据标准化和归一化以便后续分析，以及将来自多个传感器和系统的数据集成和融合。例如，采用卡尔曼滤波器对传感器数据进行平滑处理，并将不同传感器的数据转换为统一的数值范围，便于比较和分析。

3. 数据存储与管理

随着数据量的增加，分布式存储架构成为主流，如分布式文件系统（hadoop distributed file system，HDFS），能够高效存储和管理海量数据。选择合适的数据库管理系统（如关系型数据库 MySQL 或 NoSQL 数据库 MongoDB）对于数据存储至关重要。此外，定期进行数据备份并制定有效的数据恢复策略，确保数据的安全性和可用性，例如通过异地备份和云备份相结合的方式。[2]

（二）边缘计算与云计算结合

1. 边缘计算的基本原理

边缘计算将计算能力部署在靠近数据源的地方，实现实时处理和快速决策。它能够显著降低数据传输延迟，提高响应速度，特别适用于对实时性要求较高的应用场景。例如，在智能工厂中，边缘计算节点可以实时分析生产设备的运行数据，及时发现潜在故障并采取措施。此外，边缘计算节点需要合理分配计算资源，优化任务调度，确保各个节点的高效运行。[3]

2. 云计算的优势与应用场景

云计算提供了强大的计算能力和存储资源，适用于大规模数据处理和复杂模型训练。企业

---

① 秦志强. 现代传感器技术及其应用 ［M］. 北京：电子工业出版社，2020.
② 张宁宁. 基于 Hadoop 的工业大数据清洗方法研究 ［D］. 济南：齐鲁工业大学，2018.
③ Shi W，Cao J，Zhang Q，et al. Edge Computing：Vision and Challenges ［J］. IEEE Internet of Things Journal，2016，3（5）：637 – 646.

可以根据实际需求灵活扩展计算资源，提供按需服务，降低成本。例如，利用云计算平台进行大数据分析和人工智能模型训练，帮助企业挖掘数据价值。同时，云计算支持跨地域的协作和资源共享，促进企业间的合作。例如，通过云平台实现供应链各环节的信息共享和协同作业。

3. 边缘计算与云计算的协同

将边缘计算与云计算结合起来，形成混合架构，充分发挥各自的优势。例如，在智能工厂中，边缘计算节点负责实时数据处理和本地决策，而云计算平台则用于长期数据分析和全局优化。确保边缘计算节点与云计算平台之间的数据同步和一致性是关键，采用分布式事务管理和数据一致性算法，保证数据的准确性和完整性。此外，还需要采取相应的安全措施，如加密技术和访问控制机制，确保数据在传输和存储过程中的安全性。

（三）数据分析与预测模型

1. 数据挖掘与特征提取

在数据分析之前，首先需要对数据进行探索和可视化，了解数据的基本特征和分布情况。通过对原始数据进行特征工程，提取有用的特征信息，有助于提高模型的性能。例如，使用主成分分析进行降维，减少特征维度，提高计算效率。识别和处理数据中的异常值也是数据分析的重要步骤，例如，使用孤立森林（isolation forest）算法进行异常检测，及时发现并处理异常数据点。

2. 机器学习与深度学习

监督学习方法如线性回归、逻辑回归、决策树、支持向量机等可用于预测性任务。例如，利用历史设备运行数据和对应的故障记录，训练决策树模型，根据实时设备运行数据判断设备是否即将发生故障。无监督学习方法如聚类分析、主成分分析等可用于数据挖掘和模式识别。例如，通过聚类分析对产品质量数据进行分类，发现不同质量等级产品的特征模式。深度学习技术如卷积神经网络、循环神经网络及其变体（如长短期记忆网络）适用于处理复杂数据关系，例如，利用 LSTM 模型对设备振动信号的时间序列数据进行分析，提前预测设备故障发生的时间和类型。

3. 模型评估与优化

选择合适的评估指标对模型性能进行评估，如准确率、召回率、F1 分数等。例如，在分类任务中，使用混淆矩阵和 ROC 曲线评估模型的分类效果。通过网格搜索、随机搜索等方法进行模型调优和超参数优化，提高模型性能。例如，使用网络搜索交叉验证（GridSearchCV）工具进行超参数搜索，找到最优参数组合。最后将训练好的模型部署到实际生产环境中，进行实时预测和决策支持。例如，将设备故障预测模型部署到边缘计算节点，实时监控设备运行状态，及时预警和处理潜在故障。

二、数字化生产中的协同创新

（一）数字孪生技术

1. 概念与基本原理

数字孪生是对物理实体的数字化映射，通过构建物理实体的虚拟模型，实现物理世界与虚拟世界的实时交互和协同优化。这种技术利用传感器采集物理对象的数据，并通过建模和仿真技术在虚拟环境中模拟其行为。例如，在产品设计阶段，利用数字孪生技术可以进行虚拟仿真测试，提前发现设计缺陷，缩短产品研发周期，从而提高设计效率和产品质量。[①]

2. 应用场景与实例

数字孪生技术广泛应用于多个工业领域，如制造业、能源行业和交通运输等。例如，在汽车制造中，通过数字孪生技术对生产线上的设备进行实时监控和模拟，可以预测设备故障并制订维护计划，减少停机时间。在航空航天领域，波音公司利用数字孪生技术对飞机的设计和制造过程进行优化，提高了产品的可靠性和安全性。此外，数字孪生还可以用于智能建筑和智慧城市等领域，实现对复杂系统的精细化管理和优化控制。

（二）供应链协同管理

1. 信息共享与透明度

供应链协同管理的关键在于实现各环节的信息共享与透明度。通过大数据分析和云计算技术，企业可以实时获取供应商、制造商、分销商和零售商的相关数据，从而优化整个供应链的运作。例如，企业可以通过建立统一的信息平台，实时共享订单状态、库存水平和物流进度等信息，确保各方能够及时响应市场变化。这种透明化的信息共享机制不仅提高了供应链的整体效率，还增强了合作伙伴之间的信任与协作。

2. 需求预测与库存优化

利用数据分析技术，企业可以更准确地进行需求预测，从而优化库存管理。通过对历史销售数据、市场需求趋势和客户反馈等多源数据的综合分析，企业可以建立预测模型，提前调整生产和采购计划，避免库存积压或缺货现象。例如，某大型零售企业通过大数据分析和机器学习算法，实现了对不同地区、不同季节的产品需求预测，有效降低了库存成本，提高了资金周转率。此外，供应链协同管理还包括对供应链风险的识别与评估，帮助企业制定应对策略，降低不确定性带来的影响。[②]

3. 协同作业与价值共创

供应链协同管理不仅是信息共享，还包括各环节之间的协同作业与价值共创。通过建立跨企业的协同工作机制，各方可以在产品研发、生产计划、物流配送等方面进行深度合作，共同提升供应链的整体竞争力。例如，在汽车行业，主制造商与零部件供应商通过工业互联网平台实时共享设计数据、生产进度和质量信息，实现协同研发、协同制造和供应链协同管理。这种协同模式不仅提高了生产效率，还促进了技术创新和产品升级。未来，随着5G、物联网等新技术的应用，供应链协同管理将更加智能化和自动化，进一步推动工业数字化转型。

---

① 孟小净，张东生，王玮，等. 数字孪生技术及在武器装备工艺质量管理中的应用［J］. 机械工程与自动化，2021（4）：220－223.
② 张琦. 移动通信技术及计算机技术在仓储物流行业中的运用分析［J］. 软件，2022，43（8）：113－115.

三、关于数字化生产的未来展望与挑战

（一）技术创新与融合

持续关注新兴技术的发展趋势，积极探索新技术在智能制造中的应用。如量子计算技术有望在未来为智能制造优化提供更强大的计算能力，实现更复杂的决策优化问题求解；数字孪生技术可以构建虚拟生产模型，进行模拟仿真和优化测试，提前发现潜在问题。企业可以与科研机构、技术供应商合作，开展新技术的试点应用和创新项目。

（二）人才培养与团队建设

制订人才培养计划，加强员工在数字技术和智能制造方面的培训。可以通过内部培训课程、在线学习平台、与高校合作等方式，提升员工的数字化素养和技能水平。同时，积极引进具有数字化专业知识和经验的人才，充实企业的数字化人才队伍。鼓励员工参与智能制造创新项目，营造良好的创新氛围，提高员工的创新能力和积极性。

第三节　数字化供应链

一、数字化供应链概述

（一）定义与内涵

数字化供应链是利用数字技术，将供应链中的各个环节（包括供应商、制造商、分销商、零售商和客户）进行数字化连接和协同管理，实现信息实时共享、流程优化、决策智能化，从而提高供应链的效率、降低成本、增强灵活性和响应速度的一种新型供应链模式。它不仅是将传统供应链业务流程数字化，更是通过大数据、人工智能、物联网等技术对供应链进行深度优化和创新，使供应链能够更好地适应市场变化和客户需求。

（二）数字化供应链的关键技术

1. 大数据与分析技术

大数据技术在数字化供应链中用于收集、存储和处理海量的供应链数据，这些数据包括订单信息、库存数据、物流轨迹、市场需求预测等。通过数据分析技术，如数据挖掘、机器学习和预测分析，可以从这些数据中提取有价值的信息，为供应链决策提供支持。例如，企业可以利用历史销售数据和市场趋势分析来预测未来产品需求，优化库存水平，避免库存积压或缺货现象。

2. 物联网技术

物联网技术通过在供应链各个环节的设备和物品上安装传感器，实现了物与物、人与

物之间的实时信息交互。在物流运输过程中，通过物联网传感器可以实时监测货物的位置、状态（如温度、湿度、震动等），确保货物的安全和质量。在生产环节，物联网设备可以实时采集生产设备的运行数据，帮助企业进行设备维护和生产过程优化。例如，冷链物流企业利用物联网技术确保易腐食品在运输和储存过程中的温度始终处于合适范围。

3. 区块链技术

区块链技术为数字化供应链提供了高度安全、透明和不可篡改的数据存储和共享方式。在供应链中，区块链可以用于记录产品的全生命周期信息，从原材料采购、生产加工、物流运输到销售终端，每个环节的信息都被加密存储在区块链上，实现了信息的可追溯性和真实性验证。这有助于提高供应链的透明度，减少假冒伪劣产品的风险，增强消费者对产品的信任。例如，在食品行业，消费者可以通过区块链查询食品的原材料来源、生产加工过程等详细信息。

4. 人工智能技术

人工智能在数字化供应链中的应用广泛，包括智能预测、智能调度、智能客服等。例如，利用人工智能算法进行需求预测，能够更准确地把握市场变化，提前调整生产和库存计划。在物流配送方面，人工智能可以优化运输路线规划，根据实时交通状况、天气情况等因素选择最优路径，提高配送效率，降低运输成本。智能客服则可以通过自然语言处理技术为客户提供实时的订单查询、物流跟踪等服务，提升客户体验。

（三）数字化供应链的优势

1. 提高效率

通过数字化技术实现供应链各环节的信息实时共享和协同作业，减少了信息传递的延迟和错误，加快了订单处理速度、生产计划调整速度和物流配送速度。例如，企业可以实时获取供应商的库存信息，及时调整生产计划，避免因原材料供应不足导致的生产停滞。同时，数字化物流系统可以实现货物的快速分拣、装载和运输，提高物流效率。

2. 降低成本

优化库存管理，减少库存积压，降低库存持有成本。通过准确的需求预测和智能补货系统，企业可以根据实际需求合理安排库存。此外，数字化供应链可以降低物流成本，如通过优化运输路线、整合运输资源等方式减少运输费用。同时，提高供应链的透明度和协同效率，也有助于降低采购成本和交易成本。

3. 增强灵活性和响应速度

能够快速响应市场变化和客户需求的不确定性。企业可以利用数字化技术实时监控市场动态和客户需求变化，及时调整产品设计、生产计划和营销策略。例如，在时尚行业，企业可以根据消费者的实时反馈和流行趋势预测，快速推出新款式产品，缩短产品上市周期，提高市场竞争力。

4. 提升客户满意度

数字化供应链为客户提供了更透明、更便捷的服务体验。客户可以实时查询订单状态、物流信息，及时了解产品的交付情况。同时，通过优化供应链流程，提高产品质量和交付速度，能够更好地满足客户需求，提升客户满意度和忠诚度。

二、我国数字化供应链现状

（一）发展现状概述

我国数字化供应链发展迅速，在政策支持、技术创新和市场需求的推动下，许多企业积极探索数字化供应链转型。大型企业在数字化供应链建设方面取得了显著成效，如京东通过建立智能仓储系统、物流配送网络优化和大数据驱动的库存管理，实现了高效的供应链运作，能够在短时间内将商品准确送达消费者手中。同时，物流行业也在加速数字化转型，顺丰速运利用物联网、大数据和人工智能技术，实现了物流运输过程的可视化、智能化调度和精准配送。然而，中小企业在数字化供应链转型过程中仍面临一些挑战，如技术投入成本高、数字化人才短缺、数据安全和隐私保护等问题。

（二）政策支持与行业标准

政府出台了一系列政策支持数字化供应链的发展，鼓励企业利用数字技术提升供应链的智能化水平。例如，工业和信息化部发布的相关政策推动制造业与互联网融合发展，促进供应链创新与应用。同时，行业协会和标准化组织也在积极制定数字化供应链的行业标准，规范数据接口、信息共享机制和技术应用规范，促进不同企业之间的供应链系统互联互通。但目前行业标准仍有待进一步完善和统一，以提高数字化供应链的整体协同效率。

（三）面临的挑战与问题

1. 数据安全与隐私问题

数字化供应链涉及大量企业敏感信息和消费者个人数据，如企业的采购计划、库存数据、客户订单信息等。数据安全和隐私保护面临严峻挑战，一旦发生数据泄露事件，将对企业声誉、客户信任和供应链稳定造成严重影响。例如，一些电商平台曾发生过客户信息泄露事件，导致客户遭受诈骗等问题。企业需要加强数据安全技术研发和管理，确保数据的保密性、完整性和可用性。

2. 技术集成与系统兼容性

数字化供应链涉及多种数字技术的集成应用，不同企业可能采用不同的技术平台和系统，导致系统之间的兼容性问题。例如，企业在引入新的库存管理系统时，可能无法与现有的物流配送系统无缝对接，影响供应链的整体运作效率。解决技术集成和系统兼容性问题需要企业加强技术合作与整合，推动行业标准的统一。

3. 人才短缺

数字化供应链的发展需要既懂供应链管理又熟悉数字技术的复合型人才。目前，这类人才相对匮乏，企业在数字化转型过程中面临人才招聘和培养的困难。高校和职业教育机构在数字化供应链相关专业设置和人才培养方面也需要进一步加强，以满足市场需求。

4. 中小企业数字化转型存在的困难

中小企业由于资金有限、技术实力较弱，在数字化供应链转型过程中面临较大困难。

它们难以承担高昂的数字化技术采购和实施成本，也缺乏足够的技术资源和人才来推动转型。政府和行业组织需要加大对中小企业数字化转型的支持力度，如提供补贴、技术培训和共享服务平台等。

三、数字化供应链的优化策略

（一）加强数据管理与应用

1. 建立数据治理体系

企业应制定数据管理策略和流程，明确数据的收集、存储、处理和共享规则。建立数据质量监控机制，确保数据的准确性、完整性和一致性。例如，通过数据清洗和验证技术，去除无效和错误数据，提高数据质量。同时，对数据进行分类和分级管理，根据数据的重要性和敏感性采取不同的安全防护措施。

2. 深化数据分析应用

运用高级数据分析技术，如机器学习、深度学习和人工智能算法，挖掘数据中的潜在价值。除了需求预测和库存优化外，还可以进行供应链风险评估、供应商评估和市场趋势分析等。例如，利用机器学习算法分析供应商的交货历史、产品质量数据等，评估供应商的绩效和风险，为企业选择优质供应商提供依据。

3. 促进数据共享与协同

在供应链各环节之间建立安全可靠的数据共享机制，打破信息孤岛。企业可以通过建立数据共享平台或利用区块链技术，实现与供应商、合作伙伴之间的数据共享和协同工作。例如，供应商可以实时获取企业的生产计划和库存需求，提前做好原材料准备，提高供应链的响应速度。

（二）推动技术创新与融合

1. 持续关注新兴技术

持续关注新兴技术对数字化供应链优化至关重要。人工智能可精准预测需求，优化生产与库存；物联网实现供应链可视化，有助于监控货物与仓储；区块链能溯源并构建信任；数字孪生可模拟优化供应链场景。5G、边缘计算等也在深度融合。企业需研究其应用，通过组建团队或合作跟踪技术，推动技术协同，以提升供应链效率与企业竞争力。

2. 加强技术集成与整合

选择适合企业自身需求的数字技术，并进行有效的集成和整合。建立统一的技术平台或中间件，实现不同系统之间的互联互通和数据交互。例如，将物联网平台与企业资源规划系统、客户关系管理系统集成，实现供应链全流程的数字化管理。同时，注重技术的可扩展性和灵活性，以便能够根据业务发展和市场变化及时调整和升级技术架构。

3. 培养数字化人才队伍

培养数字化人才队伍是数字化供应链优化的核心支撑，需要既懂业务又掌握数字技能的复合型人才。企业要构建多层次体系：储备掌握人工智能、物联网等技能的技术人才，推进技术应用；培养有数字化思维的管理人才，制定融合策略。同时，还可通过内部培训、校企合作等方式提升全员素养，形成"技术＋业务"生态，为技术创新与融合提供动力。

（三）提升供应链风险管理能力

1. 风险识别与评估

利用大数据分析和风险模型，全面识别数字化供应链中可能面临的风险，包括市场风险（如需求波动、价格变化）、供应风险（如供应商破产、原材料短缺）、技术风险（如系统故障、数据泄露）和自然风险（如自然灾害、疫情）等。对每种风险进行量化评估，确定其发生的概率和可能造成的影响程度。例如，通过分析历史市场数据和行业趋势，预测市场需求的波动范围，评估对企业生产和销售的影响。

2. 风险预警与监控

建立风险预警机制，实时监控供应链风险指标，一旦风险指标超过设定阈值，及时发出预警信号。利用物联网技术和实时数据采集技术，对供应链关键环节进行实时监控，如物流运输过程中的货物状态、生产设备的运行参数等。例如，在物流车辆上安装传感器，实时监测车辆位置、速度和货物状态，当发现车辆偏离预定路线或货物出现异常情况时，立即发出预警。

3. 风险应对策略制定

根据风险评估结果，制定相应的风险应对策略。对于可预测的风险，如季节性需求波动，可以提前调整生产计划和库存水平；对于突发风险，如自然灾害，制定应急预案，包括备用供应商选择、紧急物流调配等措施。同时，加强与供应链合作伙伴的沟通与协作，共同应对风险，提高供应链的弹性和抗风险能力。例如，在疫情期间，许多企业通过与供应商协商调整交货时间、寻找替代原材料供应商等方式，保障了生产的连续性。

（四）强化供应链合作伙伴关系

1. 选择合适的合作伙伴

建立科学的合作伙伴评估体系，从多个维度评估潜在合作伙伴的能力和信誉，包括技术实力、生产能力、质量控制水平、财务状况和社会责任等。选择与企业自身战略目标和价值观相符、具有互补优势的合作伙伴。例如，在选择供应商时，除了考虑产品价格和质量外，还要关注供应商的环保措施和社会责任履行情况，确保供应链的可持续发展。

2. 建立长期稳定的合作关系

通过签订长期合作协议、共同投资研发、共享信息和利益等方式，与合作伙伴建立紧密的合作关系。加强双方之间的沟通与信任，定期开展合作交流活动，共同解决合作过程中出现的问题。例如，企业可以与供应商共同开展新产品研发项目，供应商根据企业的产品需求提供定制化的原材料和零部件，实现双方的互利共赢。

3. 促进合作伙伴的数字化转型

对于中小企业合作伙伴，企业可以提供技术支持和培训，帮助其提升数字化水平，实现与自身数字化供应链系统的对接和协同。例如，大型企业可以向供应商推广使用标准化的电子数据交换系统，提高订单处理和信息沟通的效率。同时，鼓励合作伙伴参与供应链创新活动，共同探索数字化供应链的新模式和新应用。

第四节　智能制造业数据分析

一、数据分析在智能制造业中的重要性

（一）优化生产流程

在智能制造业中，生产过程会产生海量数据，如设备运行数据、工艺参数、质量检测数据等。通过数据分析，可以深入了解生产流程的各个环节，识别出影响生产效率和产品质量的关键因素。例如，对设备运行数据的分析能够发现设备的潜在故障模式，提前安排维护，减少设备停机时间。同时，通过分析工艺参数与产品质量之间的关系，优化工艺设置，提高产品合格率。以汽车制造企业为例，通过对焊接机器人的焊接电流、电压、焊接速度等参数与焊接质量数据的关联分析，能够精准调整焊接工艺，确保车身焊接的牢固性和美观度，从而提升整个生产流程的效率和稳定性。

（二）提升产品质量

数据分析为产品质量控制提供了有力手段。利用实时采集的质量检测数据，结合统计过程控制等方法，可以实时监控生产过程中的质量波动情况。一旦发现质量异常，能够迅速定位问题根源，采取针对性措施加以解决。例如，在电子产品制造中，通过对芯片测试数据的分析，及时发现芯片性能异常的批次，追溯到生产环节中的具体问题，如原材料缺陷或生产设备故障，避免不良品的大量产生，从而有效提升产品的整体质量。

（三）支持智能决策

企业管理层可以依据数据分析结果作出更加科学、精准的决策。数据分析能够提供市场需求预测、生产能力评估、成本效益分析等关键信息，帮助企业制订合理的生产计划、资源配置方案和市场策略。例如，通过对市场销售数据和消费者行为数据的分析，企业可以预测不同产品型号的市场需求趋势，提前安排生产，避免库存积压或缺货现象，同时根据市场需求调整产品研发方向，提高企业的市场竞争力。

二、智能制造业中的数据分析方法与技术

（一）数据采集与预处理

1. 数据采集技术

智能制造业中的数据来源广泛，包括传感器采集的设备运行数据、生产线上的自动化

检测设备生成的质量数据、企业资源规划系统中的订单和库存数据等。为了确保数据的准确性和完整性，需要采用多种数据采集技术。例如，传感器技术的不断发展使我们能够实时采集设备的温度、压力、振动等物理量数据，同时精度和可靠性不断提高；射频识别技术可用于物料跟踪，记录物料在生产线上的流动过程；通过工业以太网、无线传感器网络等通信技术将采集到的数据传输到数据处理中心。

2. 数据预处理方法

采集到的数据往往存在噪声、缺失值和异常值等问题，需要进行预处理。数据清洗技术用于去除噪声和异常值。例如，采用基于统计学原理的方法，识别并修正数据中的错误值。对于缺失值，可以采用均值填充、中位数填充或基于模型的填充方法。数据集成则是将来自不同数据源的数据进行整合，确保数据的一致性和完整性。例如，将生产线上的实时数据与企业的库存管理数据进行集成，为生产决策提供全面的数据支持。数据变换技术如归一化、标准化等，可将数据转换为适合分析的形式，提高数据分析算法的效率和准确性。

（二）数据分析算法与模型

1. 机器学习算法

机器学习算法在智能制造业数据分析中应用广泛。监督学习算法如线性回归、逻辑回归、决策树、支持向量机等可用于预测性任务，如产品质量预测、设备故障预测等。例如，利用历史设备运行数据和对应的故障记录，训练决策树模型，根据实时设备运行数据判断设备是否即将发生故障。无监督学习算法如聚类分析、主成分分析等则用于数据挖掘和模式识别。例如，通过聚类分析对产品质量数据进行分类，发现不同质量等级产品的特征模式，为质量改进提供依据。

2. 深度学习算法

深度学习算法在处理复杂数据关系方面具有独特优势。卷积神经网络在图像识别领域应用广泛，可用于产品外观检测，如识别产品表面的划痕、裂纹等缺陷；循环神经网络及其变体如长短期记忆网络适用于处理时间序列数据，如设备运行状态的监测和预测，能够捕捉数据中的时序依赖关系。例如，利用长短期记忆网络模型对设备振动信号的时间序列数据进行分析，提前预测设备故障发生的时间和类型。

3. 工业大数据分析平台

工业大数据分析平台为企业提供了一站式的数据处理和分析解决方案。这些平台集成了数据存储、计算、分析和可视化等功能，能够处理海量工业数据。例如，Hadoop 生态系统中的 Hive、Spark 等组件可用于大规模数据的存储和计算；一些商业化的工业大数据分析平台如西门子的 MindSphere、树根互联的根云平台等，不仅提供了强大的数据处理能力，还具备针对工业场景的特定分析模型和工具，方便企业快速开展数据分析应用，降低数据分析的技术门槛。

（三）数据可视化与监控

1. 数据可视化技术

通过数据可视化技术，将复杂的数据分析结果以直观、易懂的图表形式展示出来，便于企业管理人员和操作人员理解和决策。常见的可视化图表包括柱状图、折线图、饼图、散点图、热力图等，以及针对特定工业场景的可视化方式，如设备运行状态的仪表盘展示、生产流程的流程图展示等。例如，用折线图展示设备在一段时间内的运行温度变化趋势，帮助运维人员快速判断设备是否正常运行；通过仪表盘展示生产线上各设备的关键性能指标，实时监控生产状态。

2. 实时数据监控系统

实时数据监控系统能够对生产过程中的关键数据进行实时监测和预警。当数据超出预设阈值时，系统自动发出警报，提醒相关人员及时处理。例如，在化工生产中，对反应釜的温度、压力等参数进行实时监控，一旦参数异常，立即通知操作人员采取措施，防止安全事故发生。同时，实时数据监控系统还可以与数据分析模型相结合，实现对生产过程的动态优化。例如，根据实时产品质量数据和生产工艺参数的变化，自动调整生产设备的运行参数，确保产品质量的稳定性。

三、智能制造业数据分析的应用案例

（一）富士康的智能生产数据分析

富士康作为全球最大的电子制造服务企业之一，在其众多生产基地广泛应用数据分析技术。通过在生产线上部署大量传感器，采集设备运行数据、产品加工数据和环境数据等。利用机器学习算法对设备运行数据进行分析，建立设备故障预测模型，提前预测设备故障，将设备维护从传统的"事后维修"转变为"预测性维护"。例如，通过对贴片机的吸嘴压力、位移数据，以及电机电流、转速数据的分析，能够提前发现吸嘴堵塞、电机磨损等潜在故障，及时更换零部件，避免设备突发故障导致的生产线停工。同时，通过对产品加工数据的分析来优化生产工艺参数，提高产品质量和生产效率。通过数据分析发现，调整某款电子产品插件工序的插件角度和力度参数，能够显著降低产品的次品率，提高生产合格率。

（二）宁德时代的电池生产质量数据分析

宁德时代在电池生产过程中高度重视数据分析对质量控制的作用。电池生产涉及众多复杂工艺和严格质量要求，宁德时代利用大数据分析平台，整合原材料检验数据、生产过程中的电芯成型数据、电池组装数据及成品电池的性能测试数据等。通过对这些数据的深度分析，建立质量关联模型，识别影响电池性能和质量的关键因素。例如，通过分析发现某种原材料的杂质含量与电池的充放电效率和循环寿命密切相关，通过优化原材料采购标准和供应商管理，提高了原材料质量。同时，利用数据分析进行生产过程中的实时质量监控，对每一个生产批次的电池进行质量评估和预测，一旦发现质量异常，立即追溯到生产环节中的具体工序和设备，及时进行调整和改进。通过持续的数据分析驱动质量改进，宁德时代确保了其电池产品的高质量和高性能，在全球新能源汽车电池市场占据了重要地位。

思考题

1. 工业数字化的概念与特征是什么？
2. 数字工业的关键技术有哪些？
3. 数字化供应链的优势有哪些？
4. 我国工业数字化发展面临的主要挑战是什么？
5. 工业互联网平台在智能制造中扮演了什么角色？

案例分析

联想集团的数字化供应链转型

联想集团作为全球知名的科技企业，在数字化供应链转型方面取得了显著成就。联想通过构建全球一体化的供应链管理系统，整合了全球范围内的供应商、生产基地、物流配送网络和客户需求信息。利用大数据分析技术，联想对市场需求进行精准预测，实现了生产计划与市场需求的紧密匹配，有效降低了库存成本。在物流配送方面，联想运用物联网技术实时跟踪货物运输状态，通过优化运输路线和物流资源配置，提高了物流效率，缩短了产品交付周期。同时，联想与供应商建立了深度合作关系，通过数据共享和协同工作，实现了供应链的可视化和快速响应。例如，在原材料采购环节，联想与供应商通过数字化平台实时沟通需求和供应情况，供应商能够根据联想的生产计划及时调整原材料生产和配送，确保了原材料的及时供应，提高了整个供应链的协同效率和竞争力。

结合案例材料，探讨下列问题：

1. 联想集团如何通过数字化供应链管理实现库存成本的降低？请结合其大数据分析技术和实时预测机制进行分析。

2. 联想集团在物流配送方面采用了哪些具体技术手段来提高效率和缩短交付周期？请举例说明物联网技术的应用及其效果。

3. 联想集团如何通过与供应商的数据共享和协同工作实现供应链的可视化和快速响应？请结合实际案例说明其操作流程。

4. 联想集团的供应链转型过程中，如何平衡全球化布局与本地化需求之间的矛盾？请结合其原始设计制造商增强战略（original design manufacturer +，ODM +）和全球供应链网络进行分析。

5. 联想集团在数字化转型中，如何利用人工智能和机器学习技术优化供应链管理？请结合其智能供应链控制塔的案例进行说明。

典型场景与平台项目训练

智能设备制造数据分析与决策优化

1. 项目背景

随着科技的飞速发展，智能设备制造行业，特别是工业机器人领域，已成为推动制造业转型升级的重要引擎。然而，当前该领域缺乏深入系统的应用与运营分析，这在一定程度上阻碍了行业的进一步发展和企业的决策优化。鉴于此，本项目致力于通过专业的数据分析工具和方法，全面探究工业机器人的应用与运营状况，以期更好地把握行业动态，提升企业效益。

2. 项目简介

本项目以工业机器人应用数据分析为核心，通过市场全景扫描、区域深度对标、企业效益评估三大维度展开研究。依托智能分析平台的数据整合与建模功能，系统分析全球工业机器人应用版图，解构中国本土市场特征，建立园区级评价模型，最终形成具有决策参考价值的行业分析报告。项目着重训练学生运用大数据工具进行产业分析的实战能力，促进经济理论、算法模型与商业决策的深度融合，培养兼具数据洞察力和战略思维的行业分析人才。

3. 项目内容

（1）理论讲解。介绍智能设备制造行业的发展历程、现状及未来趋势；阐述工业机器人在智能设备制造中的应用原理、类型及优势；讲解数据分析的基本概念、方法和工具，以及在工业机器人应用中的重要性。

（2）基础分析框架构建。解析全球工业机器人存量分布与安装特征，分析主要经济体技术应用情况；梳理中国工业机器人市场销量趋势与地域分布情况，识别本土化应用场景特征；阐释智能分析模块的技术原理。

（3）实践操作。运用智能分析平台，对全球工业机器人的应用情况和运营存量进行分析，掌握智能设备制造领域的全球动态；深入研究中国工业机器人的销量和应用情况，洞察本土市场特点；评估园区在省内工业机器人应用的排名情况，结合园区企业的经营状况、工业机器人的运营情况以及园区特色，构建园区企业工业机器人应用评价模型，并通过模型结果进行优化；对企业工业机器人的应用效益进行分析，提出具有针对性的经营管理建议；最终编制一份全面的智能设备制造数据分析报告。

4. 项目特色

（1）跨学科融合。本项目融合了经济学、电子信息、计算机科学、机械工程等多个学科的知识，旨在培养学生的跨学科素养和综合能力，使其能够从多角度理解和解决智能设备制造行业中的问题。

（2）实践操作性强。通过实际运用智能分析平台进行数据分析等操作，使学生能够亲身体验智能设备制造数据分析的全过程，掌握实际操作技能，提高解决实际问题的能力。

（3）注重培养全局视野和战略思维。通过对全球和本土市场工业机器人应用情况的分析，以及园区企业应用评价模型的构建与优化，帮助学生从宏观角度把握行业发展动态，培养其全局视野和战略思维，为未来在行业中的发展奠定基础。

5. 项目预期成果

通过本项目的学习和实践，学生能够熟练掌握利用大数据分析平台对智能设备制造行业进行深入分析的方法，将经济数据、关键指标、模型和算法知识与模型构建和分析技能相结合，深入理解工业机器人的应用与运营情况，具备为企业提供经营管理建议的能力，提升在实际业务场景中的数据洞察力和经济决策能力，培养跨学科素养、全局视野和战略思维，为未来的学习和工作打下坚实基础，同时也为智能设备制造行业的数据分析和决策优化提供有价值的参考和人才储备。

服务业数字化

美团基于数字化的本地生活服务拓展

美团深入挖掘本地生活服务市场的数字化潜力。一方面，通过平台积累的海量商家数据和用户消费数据，利用数据挖掘技术为商家提供精准的营销推广方案，如根据用户历史消费习惯为商家推荐个性化的优惠活动投放策略。另一方面，拓展新的本地生活服务领域，如推出美团买菜等生鲜电商业务，整合上下游资源，建立数字化的生鲜供应链体系，从产地直采到社区配送，进行全流程数字化管理。美团官方财报数据表明，美团买菜业务在部分城市上线后，用户活跃度和复购率呈现稳步上升趋势。

资料来源：美团如何通过企业服务推动本地生活数字化转型［EB/OL］．（2024－10－10）．https：//www.sohu.com/a/835577674_121798711.

知识目标：掌握服务业数字化的概念、范畴和发展现状；理解数字服务业在各个细分领域的应用情况。

能力目标：能分析消费性服务业数字化转型相关模式、生产性服务业数字化关键领域及公共服务业数字化各方面情况。

素质目标：认识服务业数字化转型的必要性和紧迫性，理解新兴的数字服务业的发展趋势。

重点掌握服务业数字化的内涵；理解数字化对服务业的重塑；理解数字服务业的不同业态，难点是分析服务业数字化的影响。

第一节　数字服务业概述

一、数字服务业的定义与内涵

数字服务业是指以现代数字技术为支撑，通过网络等数字化方式提供服务的产业集合。从技术层面来看，它依赖于大数据、云计算、人工智能、物联网等先进数字技术。这些技术使得服务的提供、交付及消费过程数字化。例如，云计算技术能够为企业提供按需使用的计算资源，让软件即服务（SaaS）模式得以实现，企业无须在本地安装复杂的软件系统，而是通过网络浏览器访问云端的软件应用，实现办公自动化、客户关系管理等多种服务功能。

从服务内容角度，数字服务业包括但不限于数字内容服务、数字金融服务、数字信息服务、数字平台服务。这些服务利用数字技术对传统服务进行改造升级，或者创造出全新的服务模式。

从产业边界来讲，数字服务业的边界相对模糊，与其他产业融合渗透。如制造业服务化过程中产生的工业互联网服务，就融合了数字技术与制造业的生产性服务，包括设备远程监控与维护、供应链协同数字化等。它是推动经济数字化转型的关键力量，有助于提升服务效率、质量和创新能力，在现代化经济体系中发挥着日益重要的作用。

二、数字服务业的发展历程

如图 10-1 所示，数字服务业的发展经历了四个阶段。

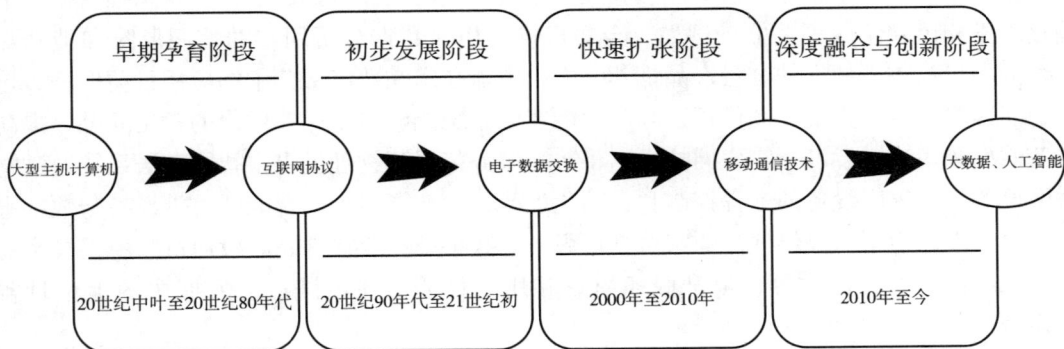

早期孕育阶段	初步发展阶段	快速扩张阶段	深度融合与创新阶段
大型主机计算机	互联网协议	电子数据交换	移动通信技术 大数据、人工智能
20世纪中叶至20世纪80年代	20世纪90年代至21世纪初	2000年至2010年	2010年至今

图 10-1　数字服务业发展历程

1. 早期孕育阶段（20 世纪中叶至 20 世纪 80 年代）

这一时期计算机技术刚刚兴起并开始在商业和政府部门等有限范围内应用。大型主机计算机的出现使得数据处理从手工方式向自动化转变，主要应用于金融机构的会计核算和企业的工资计算等基础数据处理业务。同时，电信技术的发展为数据传输提供了一定的物理基础，尽管传输速度和容量相对有限。数据库技术的初步发展也为数字服务的雏形奠定了基础。层次数据库和网状数据库系统被用于管理企业的结构化数据，如客户信息、库存清单等，不过这些系统的操作较为复杂，主要服务于专业的信息技术人员，尚未广泛普及到一般业务领域。

2. 初步发展阶段（20世纪90年代至21世纪初）

互联网协议的广泛应用使得全球范围内的计算机网络互联互通成为可能。万维网的诞生更是推动了数字内容服务的兴起，网站成为信息发布和传播的主要平台。新闻媒体、学术机构等纷纷建立自己的网站，提供在线新闻、学术文献等内容服务。电子商务作为数字服务业的重要分支崭露头角。电子数据交换技术逐渐向基于互联网的电子商务模式转变，网上零售企业开始出现。安全套接层等加密技术的发展保障了网上交易的安全性，使得消费者开始接受在线购物这种新兴的消费模式，虽然此时电子商务的规模和商品种类还相对有限。

3. 快速扩张阶段（2000～2010年）

移动通信技术的飞速发展和智能手机的普及为数字服务业的快速扩张提供了强大动力。移动互联网的出现使得数字服务从固定终端向移动终端转移。移动应用（App）的开发热潮兴起，涵盖了游戏、社交、生活服务等各个领域。例如，社交App改变了人们的社交模式，通过即时通信、分享动态等功能增强了用户之间的互动。同时云计算技术的发展也对数字服务业产生了深远影响，它使得计算资源和存储资源可以通过网络以服务的形式提供给用户，降低了企业的信息化成本。软件即服务模式的企业管理软件得到了广泛应用，如客户关系管理软件和办公自动化软件，企业可以根据自身需求灵活租用软件服务，而不是购买和维护复杂的软件系统。

4. 深度融合与创新阶段（2010年至今）

大数据、人工智能和物联网与数字服务业深度融合，推动了数字服务业的创新发展。大数据技术使得数字服务提供商能够收集和分析海量的用户数据，从而实现精准营销、个性化服务和风险预测等功能。例如，金融机构利用大数据分析用户的信用风险和消费习惯，为用户提供更精准的金融产品推荐。人工智能技术在数字服务中的应用日益广泛，包括智能客服、语音识别、图像识别等。智能客服系统能够自动回答用户的常见问题，提高服务效率和用户满意度。物联网技术则将数字服务拓展到物理世界，智能家居系统通过物联网设备实现家庭设备的远程控制和自动化运行，如智能门锁、智能照明等设备与数字服务平台相连，为用户提供便捷的家居管理服务。数字服务业在这一阶段通过与新兴技术的融合，不断拓展服务边界，提升服务质量和用户体验，在经济社会发展中的地位日益重要。

三、数字服务业的现状与未来发展趋势

（一）数字服务业的现状

数字服务业当前正处于高速发展的黄金时期，且已深度融入经济社会的诸多方面，展

现出强劲的影响力与活力。在消费领域，电商平台蓬勃发展，不仅商品种类近乎无穷，而且借助大数据与人工智能算法，实现了高度精准的个性化推荐，极大地提升了消费者购物效率与满意度；移动支付广泛普及，无论是繁华都市还是偏远乡镇，其便捷性已彻底改变人们的消费习惯与支付方式。企业层面，云计算服务让企业能依据自身业务需求灵活调配计算资源，大大降低了 IT 基础设施建设与运维成本，众多企业得以轻装上阵、快速创新；数字化营销手段日益丰富，社交媒体营销、内容营销等多管齐下，助力企业精准触达目标客户群体，提升品牌知名度与市场竞争力。公共服务领域，电子政务建设成效显著，大量政务服务事项实现网上办理，民众办事便利性大幅提升，同时智慧交通、智慧医疗等项目的推进，正逐步改善城市运行效率与居民生活质量。如图 10－2 显示，2011～2022 年，我国电子商务服务业营收规模从 0.04 万亿元增长至 6.79 万亿元，增长超过 169 倍。与此同时，增速呈现下滑趋势，同比增长从 2011 年的 276.3% 下降到 2022 年的 6.1%。我国电子商务服务业营收规模同比增长的变化趋势，体现出我国电子商务服务业在 2011～2015 年经历了超速增长，2015～2021 年保持了高速增长。

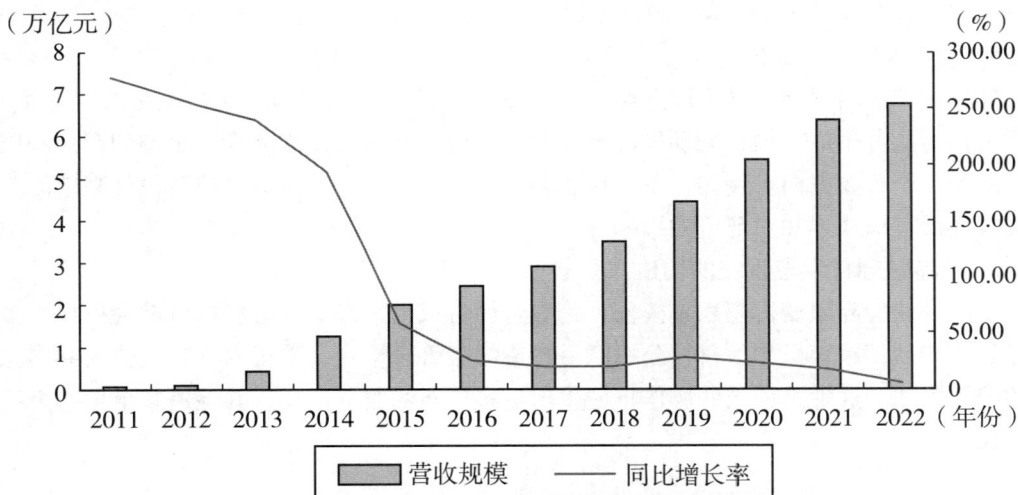

图 10－2　2011～2022 年全国电子商务服务业营收规模

资料来源：国家统计局，商务部. 中国电子商务报告（2022 年）［R/OL］. http：//images. mofcom. gov. cn/dzsws/202306/20230609104929992. pdf.

（二）数字服务业的未来发展趋势

1. 智能化与自动化服务深化

随着人工智能（AI）、机器学习（ML）和机器人技术的进步，智能客服、智能导购、自动化流程等应用将进一步普及。这些技术不仅能够提升客户服务效率，还能通过个性化推荐和定制化解决方案来增强用户体验。例如，在零售行业，AI 驱动的商品推荐系统可以根据用户的浏览历史和购买行为提供更加精准的产品建议；在医疗领域，智能诊断工具可以帮助医生更快更准确地作出诊断。

2. 数据驱动决策与隐私保护并重

大数据分析将继续成为企业理解市场动态和消费者需求的重要手段。然而，随着《通用数据保护条例》和其他地区性数据保护法规的实施，企业在利用用户数据时必须确保合规性和透明度。因此，未来的数字服务提供商需要找到平衡点，在最大化数据价值的同时保障用户隐私和数据安全。

3. 云计算与边缘计算协同发展

云服务市场预计将持续增长，特别是私有云和混合云模式，因为它们提供了更高的灵活性和安全性。同时，边缘计算作为补充技术，将在物联网设备中发挥重要作用，允许数据处理靠近数据源进行，从而减少延迟并提高响应速度。这对于智能家居、自动驾驶汽车等领域尤为重要。

4. 增强现实（AR）/虚拟现实（VR）融入日常生活

AR 和 VR 技术正逐渐从游戏娱乐扩展到教育、培训、房地产展示等多个行业。通过创建沉浸式体验，这些技术可以改变人们获取信息、学习新技能或进行社交互动的方式。特别是在远程工作环境中，AR/VR 会议可能成为一种常态化的沟通方式。

5. 绿色科技与可持续发展

环保意识的增强促使数字服务企业采取更加环保的做法，如优化数据中心能源消耗、采用可再生能源供电、推行循环经济理念等。此外，开发有助于减少碳足迹的产品和服务也将成为一个重要方向。例如，推广在线办公软件以减少通勤排放，或者设计高效的物流算法来降低运输成本和对环境的影响。

6. 跨界融合与生态系统的构建

不同行业的界限变得越来越模糊，跨界合作将成为常态。金融机构可能会推出更多的金融科技产品，医疗机构与科技公司联手打造健康管理平台，零售商与物流公司共同探索新的配送模式。这种跨领域的协作将催生出更多创新的服务形态，并促进整个生态系统的发展壮大。

第二节　消费性服务业的数字化

一、新零售

（一）新零售的概念与特征

新零售（new retail）是阿里巴巴集团创始人马云在 2016 年云栖大会上首次提出的一个概念，它标志着传统零售业与电子商务的深度融合。新零售的核心理念是"线上＋线下＋物流"，通过利用大数据、云计算、人工智能等先进技术手段，打破线上线下界限，实现商品销售和服务提供的无缝对接，为消费者提供更加个性化、便捷和高效的购物体验。

新零售的特征如图 10 – 3 所示。

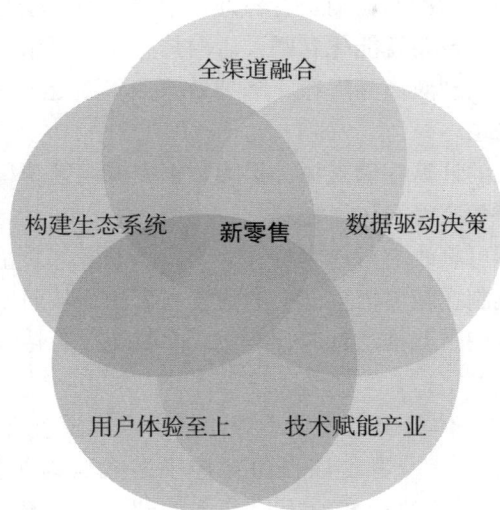

图 10 – 3　新零售的特征

1. 全渠道融合

线上线下融合也是新零售的显著标志之一。线上平台提供了丰富多样的商品展示、便捷的购物渠道及广泛的市场覆盖范围，消费者可以随时随地浏览商品信息并下单购买。而线下实体店铺则侧重于打造沉浸式的消费体验空间，消费者能够直观地感受商品的品质、试用商品功能，同时还可享受线下专属的服务与售后保障。例如，一些品牌的线下门店设置了智能体验区，消费者可以在店内通过虚拟现实等技术感受商品在不同场景下的使用效果，之后再通过线上平台下单购买，享受送货上门服务。

2. 数据驱动决策

在新零售中，数据驱动决策贯穿始终。通过线上的网站、电商平台与社交媒体，以及线下的店铺销售与顾客感知等多元渠道收集数据，如用户浏览、购买、评价等信息和店内顾客行动轨迹等。将这些海量多源数据存储于数据湖和数据仓库并整合标签化，以实现线上线下融合。运用聚类、协同过滤等分析方法进行顾客细分与个性化推荐以开展精准营销，借助时间序列等分析方法预测销量、确定补货策略来优化库存管理。同时，借助实时数据可视化看板辅助门店运营决策，利用战略规划数据可视化工具指导长期战略布局，全方位提升新零售的运营效率与竞争力，使企业能更精准地满足消费者需求并实现可持续发展。

3. 技术赋能产业

新零售领域中，技术赋能产业呈现多维度态势。大数据技术深度整合线上线下全渠道数据资源，诸如消费者浏览轨迹、购买历史及偏好等数据，经严谨算法模型剖析，精准勾勒消费者画像，助力企业在商品遴选、定价策略及促销活动规划等方面实现高度个性化与精准化决策，优化资源配置效率。

人工智能技术广泛应用于智能供应链管理，通过机器学习算法预测需求波动，智能规划库存布局与补货路径，降低运营成本并提升交付及时性；在客户服务环节，自然语言处理技术赋能智能客服，快速精准回应消费者咨询，增强消费体验与满意度。

物联网技术使零售终端设备智能化互联，店内传感器实时采集环境数据、商品状态信息，构建智能感知空间，实现对商品库存、陈列效果及设备运行的动态监测与智能调控，确保运营环境的高效与稳定。

云计算技术提供强大的计算存储支撑，保障数据安全与系统稳定运行，允许企业按需灵活调配资源，以应对业务高峰与拓展需求。

区块链技术则以其不可篡改与可追溯特性，为商品溯源、质量认证及交易数据安全提供可靠保障，促进信任机制在新零售生态中的建立与巩固，从而发挥多技术协同作用，重塑新零售产业结构与运营逻辑，推动其向智能化、高效化、可持续化方向演进。

4. 用户体验至上

在新零售业态中，用户体验至上是核心导向。以全渠道整合为基石，无缝衔接线上虚拟空间与线下实体场景，消费者得以自由穿梭于多元购物路径，打破传统零售的时空局限，便捷性大幅提升。借助精准的用户画像构建，运用数据挖掘与分析技术深度剖析消费者的多元数据，涵盖消费行为模式、偏好倾向、社交互动特征等维度，进而精准预测个体需求，提供定制化的产品推荐、个性化的营销方案及专属的服务体验，有效激发消费者的情感认同与价值感知。同时，注重消费场景的精细化塑造，无论是实体门店的空间美学设计、智能交互设施配备，还是线上平台的界面友好性、信息呈现逻辑优化，均遵循人体工程学、认知心理学原理，辅之以虚拟现实（VR）、增强现实（AR）等新兴技术的沉浸式应用，全方位调动消费者的感官参与。强化其购物过程中的愉悦感、新奇感与参与感，使购物行为超越单纯的交易活动，升华为一种全方位的身心体验之旅，从而驱动新零售模式在激烈的市场竞争中以卓越的用户体验赢得持续的竞争优势与商业活力。

5. 构建生态系统

智能化也是新零售的关键特性。利用人工智能技术，实现店铺运营的智能化管理，包括智能库存管理，通过对销售数据的实时分析预测商品的补货需求，避免库存积压或缺货现象；智能货架能够自动识别商品的陈列状态并及时反馈，确保商品展示的规范性与完整性；智能推荐系统则根据消费者在店内的行为轨迹实时推荐相关商品，进一步挖掘消费潜力。再者，新零售强调全渠道的一致性。无论是线上电商平台、移动应用，还是线下实体店铺、自助售货机等渠道，消费者都能享受到统一的商品信息、价格体系、服务标准及购物流程，消除了因渠道差异而可能产生的购物困扰，为消费者构建了无缝衔接的购物体验环境，使得购物过程更加流畅、便捷与高效。

（二）新零售的数字化实践

新零售的数字化实践聚焦多个关键领域。数据管理上，搭建多元数据采集网络，融合线上线下数据并深度剖析，为决策铸基。供应链优化中，物联网赋能全程感知互联，预测模型助力库存管控，提升供应链效能。营销推广时，依托精准画像进行多渠道个性营销，借助自动化平台与测试优化，增加投入产出。门店运营则采用数字化系统，涵盖货架、流量、人员管理等，佐以智能支付与发票技术，增强运营智能化与购物便捷性，全方位重塑零售生态，提效增质。

1. 线上线下融合

新零售的数字化实践的线上线下融合，着力打造全渠道零售生态。整合线上线下数字化资源，破除数据壁垒，达成顾客、交易、库存等数据实时共享交互。线上为线下引流，线下为线上背书与提供延伸服务，借助物联网实现商品同价、同款、同库存管理，采集线下行为数据反哺线上精准营销，协同资源与流程，重塑消费模式与商业格局。

2. 新零售下供应链管理

新零售借助物联网、大数据与人工智能实现智能化运作。通过在商品包装、运输车辆、仓库设备等环节部署物联网传感器，实时收集物流信息，包括货物位置、运输状态、库存水平等。这些数据传输至大数据平台进行分析处理，人工智能算法依据数据预测销售趋势、优化配送路线与调度运输资源。

3. 新零售下的营销推广

营销推广环节，数字化实践聚焦于精准营销与社交互动。零售商利用社交媒体平台、短信推送、电子邮件等渠道，根据消费者画像精准推送个性化的促销信息与广告内容。例如，向经常购买运动装备的消费者推送新款运动鞋的折扣信息，提高营销效果与转化率。同时，鼓励消费者在社交平台分享购物体验、评价商品，形成口碑传播效应。品牌商通过发起线上互动活动，如用户生成内容比赛、话题讨论等，增强消费者与品牌的黏性与忠诚度，借助社交网络的扩散力量扩大品牌影响力与市场覆盖面，进一步推动新零售的数字化进程与商业价值的提升。

📚 **阅读拓展** →→---

林内在社交平台的营销推广

通过"1＋1＋1"营销玩法打爆全域声量，围绕呼伦贝尔户外大事件、央媒组合资源强势背书、林内品牌战略升级发布会，解构林内"恒温之境"。分阶段持续突破用户心智，包括在呼伦贝尔大草原打造360度全景恒温温泉并放飞广告横幅热气球，邀请抖音达人线下打卡；联合央视《时代印迹》IP打造全新恒温工厂探场短片；在林内上海奉贤工厂举行30周年庆暨品牌战略升级发布会，并进行抖音直播。同时借助全媒体矩阵进行宣发，包括App开屏、话题挑战赛、户外广告、梯媒广告、大屏广告等。林内品牌站内外总曝光超过2.8亿人次，站内挑战赛总播放量超过8660.9万次。

资料来源：2024中国家电创新零售优秀案例：林内抖音超品日营销推广案例［EB/OL］．（2024－03－13）．https：//finance. sina. cn/tech/roll/2024－03－13/doc-inanewne9271875. shtml.

---←←

二、智慧旅游

（一）智慧旅游的概念

智慧旅游是指利用云计算、物联网、移动互联网、大数据等新一代信息技术，对旅游产业链进行全面整合和深度融合，实现旅游服务、旅游管理、旅游营销、旅游体验等方面的智能化，从而提升旅游产业的运行效率和服务质量。

（二）智慧旅游具体内容

1. 智慧旅游服务

智慧旅游服务是借助现代信息技术集群，对旅游全流程予以深度优化与创新的综合性服务模式。在信息采集端，运用物联网、大数据采集技术广泛汇聚旅游目的地的地理风貌、交通状况、旅游资源分布以及游客行为数据等多维度信息。基于此，通过数据挖掘、机器学习等手段构建精准的旅游需求预测模型与游客画像体系，以实现旅游产品的个性化定制与精准营销推送。

📖 **阅读拓展** ➙ -

三星堆博物馆《古蜀幻地》MR 导览项目

利用 MR 技术，实现了三星堆综合馆与虚拟故事场景的相互融合，结合全息三维视频、空间定位等手段，营造出一个丰富多元的实时互动场景。该项目参考现有文物的相关研究，虚构出一幅美丽的古蜀画卷。游客在三星堆博物馆中，通过佩戴 MR 眼镜，打破时空界限，近距离浏览古蜀文化的奇幻场景。在原有的平面化观展体验基础上，让栩栩如生的文物故事贯穿游客的整个游览过程，既拓宽了游客的视野，也激发了游客的好奇心和想象力，给游客带来更加强烈的观感冲击。

资料来源：2022 年全省文化和旅游数字化创新实践十大案例发布［EB/OL］．（2023 - 05 - 18）. https://sichuan.scol.com.cn/ggxw/202305/58895063.html.

- ➙←

2. 智慧旅游管理

旅游景区管理部门通过物联网设备和大数据分析对景区进行智能化管理，包括游客流量监测、景区资源管理、安全监控等。例如，通过在景区内安装人流监测设备，实时掌握游客数量和分布情况，当游客数量达到景区承载上限时，及时采取限流措施，保障游客的安全和游览体验。

📖 **阅读拓展** ➙ -

蒙顶山景区智慧旅游项目

蒙顶山景区投资 600 多万元建设"蒙顶山景区智慧旅游项目"，以大数据分析、北斗导航等前沿科技为核心，打造了以物联网、大数据为中心的蒙顶山景区智慧旅游三维综合管理平台，构建智慧旅游管理、服务、营销宣传及票务体系。通过项目建设及应用，拓宽营销渠道，增加了门票、茶叶、旅游纪念品等收入；每年节省人力资金投入近 80 万元；北斗智游星游客管理系统每年可为景区创收超 200 万元；配备北斗应急通信终端后，每年可减少约 9 万元的救援费用支出。

资料来源：蒙顶山智慧旅游项目被列入 2023 年四川省文化和旅游数字化创新示范优秀案例［EB/OL］．（2023 – 12 – 21）．https：//www. yaan. gov. cn/gongkai/show/6280cd909e3f1fe639ff7333414c2e1a. html.

3. 智慧旅游营销

智慧旅游营销是在现代信息技术迅猛发展的背景下应运而生的一种创新型旅游营销范式。它以大数据、人工智能、云计算、物联网等前沿技术为依托，深度挖掘、整合并分析旅游相关数据信息，进而达成旅游营销决策的科学化、精准化与个性化。

📖 阅读拓展

智慧旅游营销项目——穿越故宫来看你

《穿越故宫来看你》是腾讯与故宫合作推出的一个多媒体交互作品（H5），以一种极具创意和趣味性的方式，让明成祖朱棣戴着墨镜说唱，自拍加自嗨，后宫妃嫔用 VR 眼镜玩游戏，边玩边分享，将历史人物与现代元素进行了大胆融合，打破了人们对故宫及历史人物的传统认知，呈现出一种新奇、活泼的风格，使故宫的形象变得更加生动有趣、贴近大众。在技术层面，H5 的动画效果流畅自然，画面切换过渡和谐，交互设计巧妙。用户在浏览过程中可以通过点击、滑动等操作与画面中的元素进行互动，如触发人物的动作、查看相关的文物介绍等，增强了用户的参与感和体验感。一经推出，便迅速刷爆朋友圈，仅上线一天访问量就突破 300 万，在短时间内获得了极高的关注度和广泛传播，成为当时的现象级作品。其新颖的内容和有趣的互动形式吸引了大量用户的积极参与和主动分享，用户们纷纷在社交媒体上发表自己的观看体验和评论，进一步扩大了作品的影响力和传播范围。对于故宫而言，此次合作是一次成功的文化创新营销尝试，它借助腾讯的技术和平台优势，以及 H5 这种新颖的传播形式，将故宫的文化元素以一种全新的、符合当代年轻人喜好的方式呈现出来，成功吸引了更多年轻受众的关注，提升了故宫在年轻群体中的知名度和影响力，让故宫文化在新时代下焕发出新的活力。

资料来源：任姗姗，盛玉雷. 中华文化，总能提供新灵感［EB/OL］．（2016 – 08 – 15）．https：//ent. cnr. cn/ylzt/wypl/whzc/20160815/t20160815_522984663. shtml.

第三节 生产性服务业的数字化

一、远程办公

（一）远程办公的概念与发展背景

远程办公是指员工通过互联网等数字技术，在远离企业办公地点的地方进行工作的一种办公模式。其发展背景主要包括技术驱动和社会需求两个方面。

1. 技术驱动

随着互联网的高速发展、云计算技术的成熟以及各类办公软件和协作平台的不断涌现，为远程办公提供了坚实的技术基础。例如，视频会议软件如 Zoom、腾讯会议等，使得员工可以随时随地进行面对面的沟通和协作；云存储和云计算服务如百度网盘、阿里云等，方便员工存储和处理工作文件。

2. 社会需求

现代社会人们对工作与生活平衡的追求日益强烈，远程办公模式能够减少员工的通勤时间，提高生活质量。同时，在一些特殊情况下，如自然灾害、公共卫生事件等，远程办公可以保障企业的正常运营。

（二）远程办公的数字化技术支撑

1. 通信与协作技术

除了视频会议软件外，即时通信工具如企业微信、钉钉等在远程办公中也发挥了重要作用。这些工具不仅可以实现员工之间的文字、语音、视频交流，还具备文件传输、群组管理等功能，方便团队协作。项目管理软件如 Trello、Asana 等，通过可视化的任务管理和流程跟踪，帮助团队成员明确工作任务和进度，提高工作效率。

2. 安全与管理技术

远程办公涉及企业大量的敏感信息和数据，因此数据安全至关重要。企业通过采用虚拟专用网络、数据加密技术等保障网络安全。同时，企业还利用身份认证技术，如指纹识别、面部识别等，确保只有授权人员才能够访问企业资源。为了有效管理远程员工，企业还采用了一些远程办公管理软件，如 Workday 等，这些软件可以对员工的工作时间、工作绩效等进行监控和管理。

（三）远程办公对企业生产效率的影响

1. 提高员工工作满意度和忠诚度

远程办公给予员工更多的工作自主性和灵活性，员工可以根据自己的生活节奏安排工作，减少了工作压力，从而提高工作满意度。当员工对工作环境感到满意时，其忠诚度也会相应提高，减少员工流失率。

2. 扩大人才招聘范围

企业不再受地理位置的限制，可以招聘到全球范围内的优秀人才。例如，一家位于北京的科技企业，可以通过远程办公模式招聘到远在上海、深圳甚至国外的专业人才，充实企业的技术力量。

3. 降低企业运营成本

企业可以减少办公场地租赁、办公设备采购等方面的费用。同时，员工的通勤成本也得以降低，间接提高了员工的实际收入水平。

4. 沟通协作效率问题

尽管有各种通信和协作工具，但远程办公在沟通的及时性和准确性方面仍存在一定挑战。例如，在团队讨论过程中，非语言信息的缺失可能导致误解。企业可以通过加强员工培训，提高员工的沟通技巧和协作能力来解决这一问题。同时，优化工作流程，明确沟通机制，确保信息能够及时准确地传递。

5. 员工管理与监督问题

远程办公使得管理者难以像在办公室那样直接监督员工的工作状态。企业可以通过建立科学合理的绩效考核体系，以工作成果为导向进行管理。同时，加强企业文化建设，培养员工的自律意识和责任感。

二、智慧物流

（一）智慧物流的概念

智慧物流是指通过物联网、大数据、人工智能等先进技术，实现物流各环节的智能化操作和管理，提高物流效率、降低物流成本、提升服务质量的现代物流模式。

（二）智慧物流主要特征

1. 智能化决策

智慧物流系统能够通过对大量物流数据的分析，作出智能化的决策。例如，在配送路线规划方面，系统可以综合考虑交通状况、货物重量、车辆载重等因素，自动生成最优配送路线，提高配送效率。

2. 自动化操作

利用自动化设备和机器人技术，实现物流作业的自动化。例如，在仓储环节，自动化立体仓库通过堆垛机、自动导引车（automated guided vehicle，AGV）等设备实现货物的自动存储和搬运；在分拣环节，高速分拣机器人能够快速准确地对货物进行分拣。

3. 可视化监控

通过物联网技术，对物流过程中的货物、车辆、仓库等进行实时监控，实现物流状态的可视化。例如，货主可以通过物流平台实时查看货物的位置、状态等信息，物流企业也可以通过监控数据及时发现和解决物流过程中的问题。

（三）智慧物流的数字化技术应用

1. 物联网技术

在物流领域，物联网技术主要用于货物跟踪和设备监控。例如，在货物包装上安装物联网标签，通过无线通信技术将货物的位置、温度、湿度等信息实时传输到物流管理平台，实现对货物状态的全程跟踪。同时，在物流车辆、仓库等设施上安装物联网传感器，监控车辆的运行状态和仓库的环境参数，保障物流作业的安全和稳定。

2. 大数据与人工智能技术

大数据技术用于物流数据的收集、存储和分析。物流企业通过收集订单数据、运输数据、仓储数据等，挖掘数据中的价值，优化物流运营。例如，通过分析历史订单数据，预测未来的订单需求，提前做好仓储和运输安排。

人工智能技术在物流中的应用包括智能调度、智能预测、智能客服等。例如，智能调度系统可以根据实时的交通状况和订单需求，对物流车辆进行动态调度；智能预测模型可以预测货物的销量和库存需求，帮助企业合理控制库存；智能客服系统可以通过自然语言处理技术，自动回答客户的咨询和投诉，提高客户服务质量。

仓配一体化结构如图 10 - 4 所示。

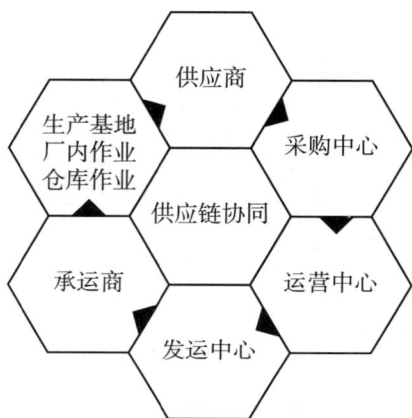

图 10 - 4　仓配一体化结构

📚 阅读拓展 ➡

菜鸟网络在天猫超市的仓配一体化

天猫超市与菜鸟网络合作，构建了智慧物流体系。在仓储环节，菜鸟采用了自动化仓储技术，在一些大型仓库中配备了自动导引车（AGV）和自动化分拣系统。AGV 可以根据系统指令，自动将货物从存储区搬运到分拣区。自动化分拣系统能够快速识别商品条形码，按照订单信息将商品精准分拣到对应的发货区域。

仓储效率方面，自动化仓储技术使仓库的存储密度提高了 30% 以上。以往人工分拣的效率约为每小时 200 ~ 300 件商品，而自动化分拣系统的分拣效率能够达到每小时 2000 ~ 3000 件商品，分拣准确率也从原来的 95% 左右提升到 99.9% 以上。在配送环节，通过智能路线规划，配送车辆的平均行驶里程减少了 15% ~ 20%，配送时间缩短了 20% ~ 30%。以某一线城市为例，原来同城配送的平均时间为 1 ~ 2 天，应用智慧物流系统后，大部分订单能够实现当日达或者次日达，当日达的比例提升了约 40%。

在海外仓方面，菜鸟在全球多个国家和地区建立了海外仓，通过智能仓储管理系统对海外仓进行管理。在欧洲海外仓，系统可以根据当地的销售数据预测商品的库存需求，提前将货物存储在海外仓。当有消费者下单时，能够直接从海外仓发货，大幅缩短了配送时间。在国际运输环节，菜鸟利用大数据优化国际航班和海运航线的选择。同时，在海关清关环节，通过电子数据交换（electronic data interchange，EDI）等技术，实现海关申报数据的自动提交和快速审核，提高了清关效率。

海外仓的建立使跨境电商商品的配送时间大幅缩短。以欧美市场为例，以前从中国发货的跨境电商商品平均配送时间为 15～30 天，通过海外仓发货后，平均配送时间缩短到 3～7 天。在清关效率方面，EDI 技术的应用使海关申报的平均审核时间从原来的 2～3 天缩短到了数小时，提高了包裹的通关速度。

资料来源：周毅. 天猫携手菜鸟，把快递速度又"卷"出一个小时［EB/OL］. （2023 - 09 - 08）. https：//cj. sina. com. cn/articles/view/1887344341/707e96d502001ejpo.

第四节　公共服务业的数字化

一、公共服务业数字化的含义

公共服务业数字化是指借助信息技术、互联网、大数据、云计算、人工智能等数字技术，对传统公共服务的供给方式、管理模式和服务效率进行全面改造与优化的过程。其核心在于通过数字技术将政府、企业与公众有效连接，实现公共资源的高效配置和服务的智能化。数字化不仅拓宽了公共服务的覆盖范围，提升了服务的公平性，还显著提高了响应速度与精准度，增强了公共服务的透明性和可及性。

这一变革在教育、医疗、交通和环境保护等领域带来了深远影响。通过数字化平台，居民可以在线预约医疗服务、实时查询交通状况或跟踪政府审批进度，极大简化了办事流程，减少了资源浪费。同时，政府与服务提供机构也能够利用实时数据分析，优化政策制定与执行，精准满足公众需求。

因此，公共服务业数字化不仅是现代社会发展的必然趋势，更是提升治理能力和居民幸福感的重要举措，为社会高效运转与可持续发展注入了新动力。

二、智慧城市

（一）智慧城市的背景和意义

随着全球化进程的加速，城市人口的剧增带来了诸多难题：道路不堪重负，污染源愈发增多，有限的资源难以满足需求，而传统的管理手段显得力不从心。在这一背景下，智慧城市应运而生。它的理念十分清晰，数据是城市运行的新"能源"，而技术则是实现这一能源价值的关键工具。通过采集和分析城市运行中的数据，管理者可以洞悉潜藏的问题并采取针对性措施。

（二）核心技术及应用

1. 物联网：智慧城市的基础网络

物联网是智慧城市技术的核心基础，通过无处不在的传感器记录城市的"生命体征"，包括车流速度、空气质量、能源消耗等。这些数据如同大脑的神经信号，被传输到云计算平台进行集中处理，并由大数据分析和人工智能解读。最终，这些分析结果转化为科学决策的依据，使城市资源利用率得到显著提升，同时也让居民感受到智慧管理带来的便利。

2. 智能交通系统：提升出行效率

智能交通系统是智慧城市的一大亮点，它显著提高了道路利用效率和居民出行的便捷性。通过传感器、摄像头等设备实时采集交通流量数据，并利用人工智能动态调整信号灯控制，能够有效减少交通拥堵。例如，北京和上海的智能信号控制系统已使部分路段的通行效率提升了30%以上。[①] 此外，共享出行服务，如网约车和共享单车，为市民提供了更加灵活便捷的交通选择，降低了私人汽车的使用频率。未来，随着自动驾驶技术和车联网的广泛应用，交通安全性和资源利用效率将进一步提高。

3. 智能能源管理：实现可持续发展

智慧城市在能源管理上也实现了跨越式发展，推动了能源的高效利用与可持续发展。智能电网结合物联网技术，能够实时监控用电需求，优化电力调度。智能电表和动态电价政策引导居民在非高峰时段用电，从而降低电网负荷压力。此外，太阳能、风能等可再生能源的无缝接入，为智慧城市提供了清洁能源支持。在建筑领域，智能建筑内的传感器可以实时监控能耗，利用人工智能技术动态调整照明、空调等设备的运行状态，从而实现节能减排的目标。

（三）面临的挑战与未来发展

然而，智慧城市建设并非一帆风顺，特别是在隐私保护方面面临严峻的伦理挑战。为了实现数据驱动的智能化管理，智慧城市需要采集大量涉及市民日常生活的数据，包括位置轨迹、医疗记录、消费习惯等。这种高密度的数据采集是否会引发个人隐私泄露的风险？政府和企业如何确保数据的合法合规使用，防止滥用或被不法分子窃取？此外，在技术快速发展的背景下，现有的法律法规是否能够及时跟进并有效约束这些数据使用行为？如何在促进科技创新与保护市民权利之间找到平衡点，成为智慧城市可持续发展的关键难题。

此外，智慧城市的投入巨大，对于一些经济条件有限的国家和地区，这种高昂的建设成本可能成为难以逾越的障碍。因此，未来智慧城市的发展，需要在全球范围内探索更加普惠的技术应用模式，同时加强国际的经验交流与合作。

智慧城市的意义远远超出了技术本身。它代表了一种全新的生活方式、一种更为和谐的城市与居民的关系。它提醒我们，技术的最终目标并非炫耀其复杂性，而是通过简单而

---

① AI信控提升感知交通流量，通行效率提升15%~30% ［EB/OL］.（2024 – 07 – 10）. http：//finance. sina. com. cn/cj/2024 – 07 – 10/doc – inccrfqf6223911. shtml.

有效的方式，让城市更宜居、让居民更幸福。未来，智慧城市的画卷将更加绚丽，而我们正是这幅画卷的共同创造者。

阅读拓展 ━━━━━━━━━━━━━━━━━━━━━━━━━━━━━━━━━━

杭州"城市大脑"

近年来，随着城市化的快速推进，杭州面临着人口密度大、交通拥堵、公共服务需求高等问题。为了提升城市治理能力和居民生活质量，2016年杭州启动了"城市大脑"项目（见图10-5）。通过利用人工智能和大数据技术，这一项目成为国内智慧城市建设的典范，开辟了城市管理的新路径。

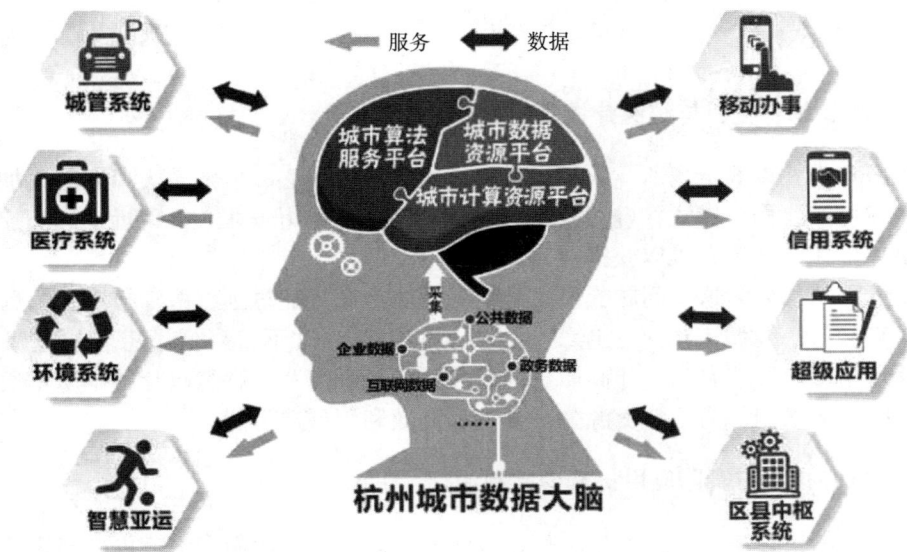

图 10-5　杭州"城市大脑"

杭州"城市大脑"的首个切入点是交通治理。城市交通一直是大城市的痛点，杭州选择从这一最紧迫的需求入手，通过整合交通数据、安装智能摄像头和信号灯传感器，实时监测道路状况。依托"城市大脑"系统，杭州能够动态调整信号灯时长，疏导拥堵路段，优化车辆通行效率。据统计，该项目实施后，高峰时段主要路段的通行效率提升了15%，市民的出行体验大幅改善。

除了交通，"城市大脑"还延伸到医疗急救领域。当市民拨打120急救电话时，系统会综合分析实时交通状况和急救车位置，为救护车规划最快路线，同时将患者送至最近且有接诊能力的医院。这一智能化调度模式显著缩短了急救反应时间，将平均到达时间减少了50%以上，有效提升了急救成功率。

在公共资源管理方面，"城市大脑"通过实时监控和分析实现了垃圾回收、能源消耗等城市服务的优化。其智能垃圾分类系统可以根据垃圾桶满溢程度，合理规划回收路线，大幅提升了回收效率。这种精细化管理模式不仅节约了资源，也降低了城市运行成本。

这一案例的成功经验表明，智慧城市建设的关键在于技术与实际需求的深度结合。通过打破数据孤岛，整合全市资源，杭州实现了从交通治理到公共服务的全面升级。然而，随着数据规模的扩大，个人隐私保护和信息安全也成为智慧城市发展中需要持续关注的问题。

未来，杭州"城市大脑"计划将进一步拓展至更多领域，如教育、环保、社区治理等。这一实践不仅为其他城市提供了可借鉴的模板，也让我们看到了智慧科技如何赋能现代城市治理，开启城市生活的新篇章。

资料来源：城市数据大脑绘就智慧新生活"缓解交通堵塞"是城市大脑的首个尝试［EB/OL］. (2024－05－18). https：//hznews. hangzhou. com. cn/zjhz/content/2024－05/18/content_8215648. htm.

三、智慧医疗

（一）背景与意义：传统医疗模式的突破

传统医疗模式以固定场所、人工操作和纸质记录为核心，但随着人口老龄化加剧和慢性病患病率提升，传统模式在资源效率和覆盖范围上显得力不从心。偏远地区医疗资源的严重不足，更让许多患者难以获得及时诊治。

智慧医疗的出现为这些问题提供了全新的解决方案。通过远程医疗技术，偏远地区的患者可以直接与一线城市的专家连线，进行实时会诊。这不仅降低了患者长途跋涉的成本，也缩短了诊疗等待时间，让高质量的医疗服务触手可及。智慧医疗的本质是通过技术突破传统医疗的限制，为医疗资源公平分配和高效利用创造可能。

（二）核心技术与实际应用：从诊断到治疗

智慧医疗的核心是数字技术在医疗领域的全面渗透。从诊断到治疗再到健康管理，各种先进技术为医疗服务注入了新的活力。

在医学影像诊断方面，人工智能的应用已取得显著成效。AI 系统通过深度学习训练，可以快速分析海量医学影像，识别病灶区域。在癌症早期筛查中，AI 系统能够发现医生肉眼难以察觉的细微病变，大幅提升了早诊早治的成功率。例如，北京协和医院的 AI 影像系统已经在肺癌早期诊断中广泛应用，极大降低了漏诊率。

在精准医疗领域，基因测序与大数据分析相结合，为患者量身定制个性化治疗方案成为可能。通过分析基因信息，医生可以选择更适合患者的靶向药物，从而避免无效治疗带来的浪费和副作用。精准医疗的应用，让许多复杂疾病的治疗变得更高效和科学。

（三）智慧医疗与健康管理：全生命周期的医疗服务

智慧医疗不仅关注诊断与治疗，更将医疗服务延伸到健康管理的全过程。远程医疗已成为解决偏远地区医疗资源不足的重要手段。在 5G 网络和高清视频技术支持下，医生可以实时指导复杂手术操作，甚至参与每一个关键步骤。同时，远程医疗还覆盖术后康复和随访管理，构建了贯穿患者全生命周期的健康支持体系。

智慧医院的建设则进一步体现了智慧医疗的综合性和高效性。电子病历的广泛使用让医生能够迅速了解患者的完整病史，从而提高诊疗效率；智能药房通过机器人实现药品的自动分拣和配送，减少了患者排队时间，优化了医院服务流程。

可穿戴设备的普及则让"治未病"的理念成为现实。智能手表、血压监测仪等设备可以实时监测用户的健康数据，并通过云端平台进行分析。当系统检测到异常指标时，会及时向用户发送警报并建议就医。这种主动健康管理模式，不仅提升了患者的健康意识，还有效降低了急性病发作的风险。

（四）智慧医疗面临的挑战：隐私、安全与公平

尽管智慧医疗发展前景广阔，但其发展也面临着诸多挑战。首当其冲的就是数据安全与隐私保护问题。医疗数据的高度敏感性使得数据泄露的后果极其严重。智慧医疗需要建立完善的数据加密、权限管理和信息监管机制，以防止数据被滥用或窃取。

此外，AI 技术的法律与伦理问题亟待解决。当 AI 辅助诊断出现误差时，究竟应由医生还是技术提供方承担责任？这一问题目前尚无明确答案。此外，智慧医疗的高成本门槛对经济欠发达地区构成挑战，可能进一步拉大医疗服务的"数字鸿沟"。

（五）未来发展：智能化与全球化的医疗新格局

智慧医疗的未来充满希望。技术的不断进步将推动医疗服务的个性化与智能化发展。通过整合患者的基因信息、生活方式和疾病史，未来的医疗机构可以提供更加精准的健康解决方案，减少诊疗过程中的试错成本。

人工智能的深度学习能力也将为复杂疾病的早期诊断提供更多可能性，缩短诊疗周期，提高治愈率。同时，区块链技术有望在医疗数据管理和跨境合作中发挥重要作用，增强医疗资源的透明性和可信度。远程医疗的跨国合作更将使全球医疗资源得到优化分配，为医疗资源匮乏地区提供新的福音。

智慧医疗不仅是技术变革的产物，更是提升医疗公平性和可及性的实践路径。未来，随着技术的持续创新，智慧医疗将更深刻地改变人类健康管理方式，助力实现"健康中国"乃至"健康世界"的目标。

📖 **阅读拓展** ➔➔------------------------------------

北京协和医院的 AI 辅助诊断系统

北京协和医院接诊的患者数量庞大，医生资源相对紧张，特别是在影像诊断和疑难病例分析方面，医生的工作强度极大。为了解决这一问题，医院与一家人工智能公司合作，开发了一套针对医学影像的 AI 辅助诊断系统。这套系统通过深度学习技术，能够对大量医学影像进行快速分析，自动标注病灶区域，并给出初步诊断建议。

在实际应用中，该系统已被用于肺癌筛查的早期诊断环节。肺癌是中国最常见的恶性肿瘤之一，根据 2024 年 2 月 2 日国家癌症中心发布的数据（JNCC，2024），2022 年我国

癌症新发病例约 482.47 万，新增癌症死亡病例约 257.42 万。无论男女，肺癌的发病率和死亡率均居于榜首，肺癌的早筛早诊早治刻不容缓。然而，目前针对肺腺癌的浸润性评估的研究中，普遍数据规模比较小，并且大多研究方法针对特定的影像学表现，对于微浸润性腺癌（minimally invasive adenocarcinoma，MIA）这一类评估效果不佳或不进行评估。协和医院引入的 AI 系统能够通过对 CT 影像的自动识别，在短短几秒内完成对患者肺部图像的分析，并标记出可能存在的病灶区域。

智慧化医疗手段融合影像与临床医生的技术，通过数万例病理标准数据及至少两年随访数据的模型训练，对于微小肺结节提供良恶性甄别，为医生提供高特异性的肺结节良恶性辅助诊断结果，开启了医疗 AI 发展的新篇章。

资料来源：北京协和医院与深睿医疗联合科研成果登上 *Radiology* ［EB/OL］．（2024 – 04 – 26）．https：//www. cn – healthcare. com/articlewm/20240425/content – 1632864. html.

---←←

四、智慧教育

（一）智慧教育的核心理念

在传统教育模式中，统一化的教学内容和固定的教学进度往往忽视了学生的个性化需求。而智慧教育的核心理念是以学习者为中心，通过技术手段让每个学生都能按照自己的兴趣和能力安排学习。学生不再是被动接受知识的容器，而是学习的主动参与者。基于人工智能的学习分析系统能够实时追踪每个学生的学习表现，发现薄弱环节，并提供量身定制的资源，帮助他们更高效地掌握知识。这种方式不仅提升了学习效率，也激发了学生的自主学习动力。

（二）智慧教育的核心技术

智慧教育的发展离不开技术的支撑，许多曾经只存在于想象中的学习体验，如今已成为现实。虚拟现实技术让课堂变得更加生动，通过佩戴 VR 设备，学生可以身临其境地探索那些无法亲身到达的地点，比如攀登珠穆朗玛峰或者深入海底世界。而增强现实技术则将抽象的知识可视化，学生在学习历史时可以看到古代城市的动态复原，甚至"参与"到历史事件中。这些技术让学习变得不仅有趣，而且极具沉浸感。

（三）在线教育与智慧校园

在线教育平台是智慧教育的另一重要形式，它打破了时间和空间的限制，让教育资源可以在全球范围内自由流动。许多来自顶尖大学的优质课程被制作成网络公开课，不论是经济发达地区的学生还是资源有限的乡村孩子，只要拥有一台联网设备，都可以接触到世界一流的教育资源。此外，在线学习的灵活性使得更多成年人能够利用零散的时间提升技能和知识储备，推动了终身学习的实践。

智慧校园的建设也在推动教育生态的变革。从教室到校园，智慧技术为学习和管理提供了新的可能性。教室中的电子白板和互动投影设备已经成为许多学校的标配，这些工具不仅让课堂更加生动，还能实时记录学生的学习表现，为教师提供改进教学的建议。而校园管理则通过物联网和人工智能变得高效而安全，人脸识别技术监控校园进出人员，在线系统简化了学籍管理和课程安排。这种数据驱动的管理方式，不仅减轻了管理者的负担，也让学校运行更加高效。

（四）智慧教育面临的挑战与未来发展

尽管智慧教育在不断创造可能性，但它的推广依然面临诸多挑战。技术带来的高昂成本对经济欠发达地区的学校来说是一道难以跨越的障碍，课程设计、教师培训和硬件投入都需要大量资金支持。此外，技术普及的速度无法完全跟上社会发展的步伐，一些贫困家庭的学生由于缺乏必要的设备和网络接入，依然无法从中受益。而在技术广泛应用的过程中，也需要注意避免过度依赖的倾向，过多依赖智能系统可能削弱学生的自主性与创造力，甚至导致人际交往能力的下降。

智慧教育的未来充满可能性，个性化与普惠性将是发展的重要方向。通过进一步优化人工智能技术，教育资源的分发效率会变得更加精准，而区块链等新兴技术则可能为教育数据的存储与认证提供更加安全的保障。在全球化的背景下，不同国家和地区通过合作共享资源，共同探索教育数字化的最佳路径，这将成为智慧教育发展的重要趋势。教育的意义不仅在于知识的传授，更在于培养学生的独立思维、创造力及社会责任感。智慧教育通过技术的赋能，将这些目标与手段巧妙结合，创造出一种全新的学习生态。在未来，学习将不再局限于学校与课本，而是融入每一个生活场景，成为人类进步的动力与社会繁荣的基石。

第五节 数字贸易与数字金融

一、数字贸易

（一）数字贸易的发展基础

数字贸易是指以互联网和数字技术为依托，通过电子商务平台和数字化服务实现商品、服务及信息跨地域、跨国界流通的新型贸易形式。

数字贸易的蓬勃发展离不开技术的飞速进步。高速网络、大数据、云计算、人工智能等技术让商品和服务的数字化成为可能，而电子商务平台则成为连接全球消费者和商家的桥梁。想象一下，一个手工艺品制造商不需要复杂的进出口流程，就能通过跨境电商直接将产品卖到地球的另一端，而这样的场景正在全球贸易中普遍发生。传统的中间环节被极大缩减，交易成本随之下降，效率也得到了显著提升。同时，在这种模式下，小型企业和创业者也能够通过数字平台进入国际市场，分享全球化的红利。

（二）数字贸易的核心特征

1. 全球化与即时性

数字贸易突破了传统贸易的时空限制，实现了真正的全球化和即时性。借助跨境电商平台和全球支付系统，消费者可以轻松购买来自世界各地的商品，而企业也能够迅速将产品推广至全球市场。例如，阿里巴巴的跨境电商平台速卖通和亚马逊的全球销售网络，都让中小企业能够在全球范围内快速布局。此外，物流网络和信息技术的快速发展确保了商品的高效配送，使消费者能够享受更短的等待时间。

2. 数据驱动与个性化

数字贸易的核心特征在于"数据驱动"。数据既是交易的载体，也是生产要素。通过对消费者行为数据的收集与深度分析，企业可以精准掌握用户需求，从而提供个性化服务。例如，电商巨头亚马逊的个性化推荐系统利用大数据分析，根据用户的浏览、购买记录推荐相关商品，大幅提高了客户购买率和满意度。这种基于数据的个性化服务，不仅提升了消费者体验，还为企业创造了更多的商业机会。

3. 低成本与高效率

数字贸易通过技术手段降低了交易成本，并显著提升了贸易效率。在线交易平台让企业无须投入大量资金构建线下渠道，直接通过互联网触达消费者，大幅节约了营销和渠道建设费用。同时，智能化物流系统和自动化运营模式也减少了人力和时间成本。例如，菜鸟网络通过人工智能优化物流配送路线，提高了货物配送效率，为商家和消费者节省了大量时间和资源。

（三）数字服务贸易的发展现状

数字贸易的魅力远不止于商品交易，它还开辟了数字服务贸易的新领域。从流媒体娱乐到在线教育，再到远程医疗，数字服务以数据为载体，通过互联网实现无国界流动。在数字贸易的作用下，流媒体平台通过数字技术让影视作品不再受物理介质的限制，迅速传播到世界各地。在线教育平台则将全球顶尖大学的课程推向更广泛的学习者群体，让优质教育资源的获取不再受到地域和经济条件的制约。这些服务在推动经济发展的同时，也为知识传播和文化交流打开了新的窗口。我国数字经济进入加速发展周期，数字经济规模由2005年的2.6万亿元增长至2021年的45.5万亿元，增长超过17倍。从2011年起，数字经济占GDP的比重均超过20%，且不断攀升（见图10-6）。

近年来，数字贸易迅速发展，已经成为推动全球经济增长的重要动力。据世界贸易组织（WTO）统计，2019~2023年，全球数字化交付服务出口年均增速达10.8%；2023年，中国数字服务贸易出口占世界的5.1%。这一趋势表明，数字技术和互联网的普及为全球贸易注入了强大的驱动力。

根据商务部的数据，中国在数字贸易领域已跻身全球领先地位。商务部《中国数字贸易发展报告2024》数据显示，2023年，中国可数字化交付的服务出口额为2190.4亿美元，占全球出口总额的5.2%。中国已成为全球数字化交付服务出口前十大经济体之一。在跨境电商方面，中国以供应链优势和数字技术创新吸引了大量国际客户，跨境电商交易规模连续多年保持20%以上的增长。

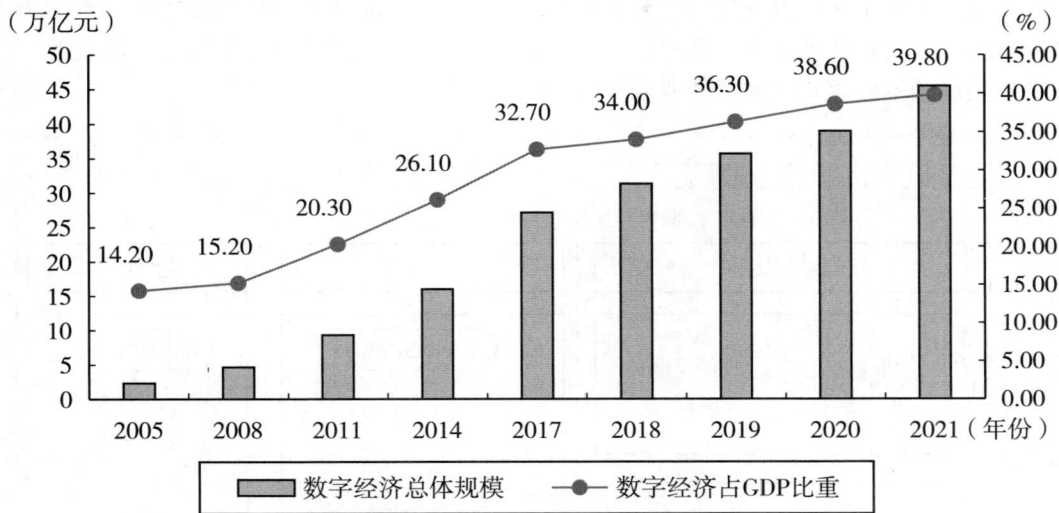

图 10-6　数字经济规模及占 GDP 比重

资料来源：中国信息通信研究院．中国数字经济发展研究报告（2024年）［R/OL］．北京：中国信息通信研究院．http://www.caict.ac.cn/kxyj/qwfb/bps/202408/t20240827_491581.htm.

如图 10-7 所示，2016～2021 年，中国数字经济发展中产业数字化占比不断提升，从 2016 年的 77.00% 增长至 2021 年的 81.60%。产业数字化产业占比的提升，说明传统产业的数字化转型不断加速，运用数字技术对传统产业的生产、运营和管理等环节进行改造和优化，提升了产业生产效率。

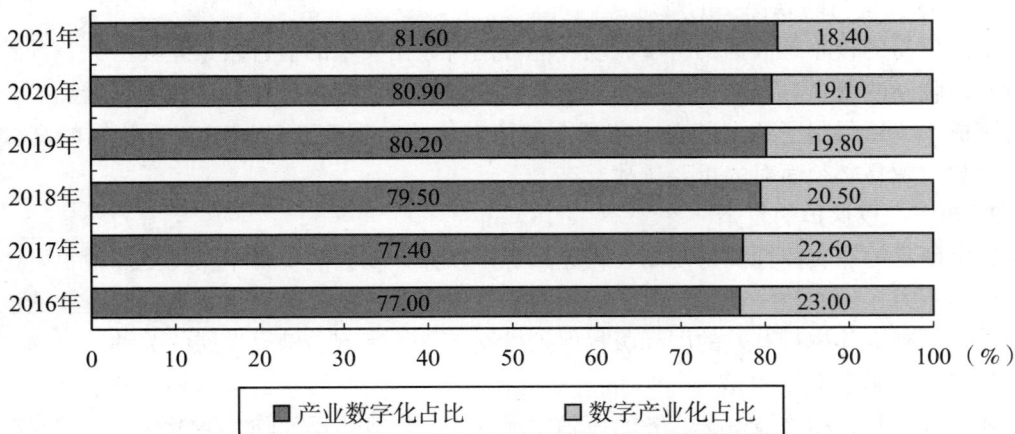

图 10-7　2016～2021 年我国数字经济结构变化

资料来源：中国信息通信研究院．中国数字经济发展研究报告（2024年）［R/OL］．http://www.caict.ac.cn/kxyj/qwfb/bps/202408/t20240827_491581.htm.

随着数字经济在实践环节的不断发展，数字经济框架也从"两化框架"逐渐演变到"四化框架"（见图 10-8）。早期的两化框架聚焦生产力，以数字产业化和产业数字化为核心；三化框架增加生产关系维度，以数字化治理为核心，构建多主体协同治理体系，包括技管结合、数字化治理及数字化公共服务等方面；四化框架进一步考虑生产要素，围绕数据价值化，设计数据采集、确权、定价等多个环节。数字经济框架的发展，说明数字经济的应用场景不断深化带来了产业的革命。

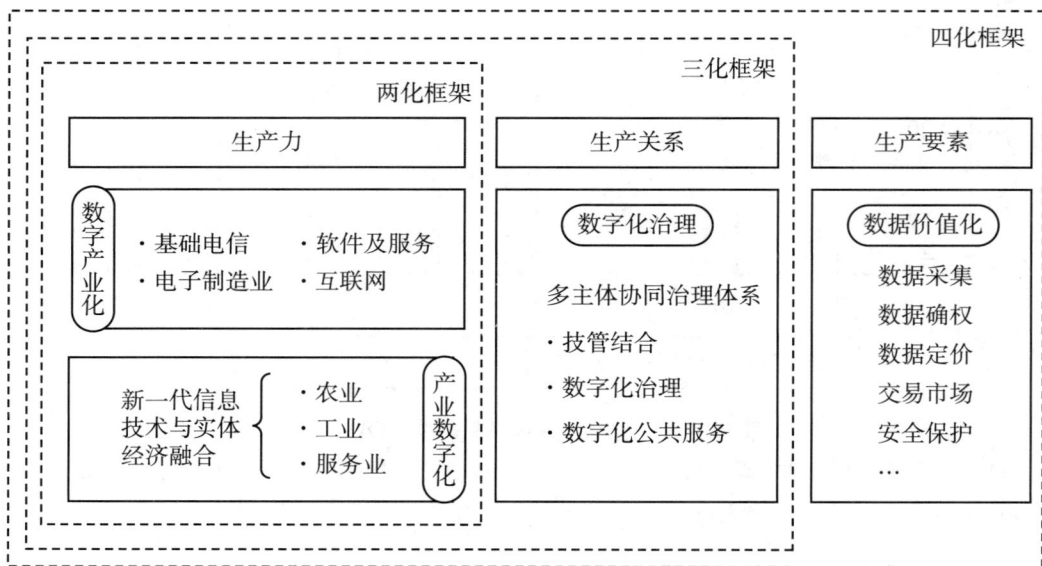

图 10 - 8　数字经济框架发展

（四）面临的挑战与未来发展

1. 数据安全与隐私保护的难题

数字贸易的核心是数据的跨境流动，但各国对数据安全的监管政策差异巨大，导致跨境贸易面临新的壁垒。例如，一些国家要求用户数据必须本地化存储，这不仅增加了企业的合规成本，还限制了数据的自由流通。如何在保障数据安全的同时实现数据的高效利用，是数字贸易必须面对的重要挑战。

2. 知识产权保护的复杂性

数字商品的非实体性和易复制性，让知识产权保护在数字贸易中变得更加棘手。盗版问题层出不穷，例如数字音乐、电子书籍和软件的非法复制，给原作者和合法企业造成了巨大损失。制定并执行有效的国际版权保护机制，是数字贸易健康发展的关键。

3. 跨境税收管理的挑战

随着数字服务和跨境电子商务的蓬勃发展，传统税收体系面临严峻考验。如何对跨境交易中的数字服务、电子商品等合理征税，避免逃税或重复征税，已成为全球各国亟须解决的问题。这一领域的规则制定需要国际社会的通力合作。

4. 对传统经济模式的颠覆

数字贸易通过在线平台打破了传统贸易的边界，让中小企业也能参与到国际市场。例如，一个非洲的小型手工艺品商家可以借助电商平台将产品卖到欧美市场。这种弹性贸易模式激发了全球市场的活力，也为中小企业的国际化发展提供了前所未有的机会。

5. 新兴技术推动深度融合

未来，区块链和人工智能等技术将进一步推动数字贸易的发展。区块链可以确保交易数据的不可篡改性，为支付和供应链管理提供更高的透明度和安全性。例如，通过记录跨境交易的每一个环节，区块链能够提高供应链的效率和可信度。同时，人工智能可优化消费者行为分析和物流调度，大幅提升市场的响应速度和服务效率。

6. 国际规则的统一与合作

数字贸易不仅是技术变革的结果，更是经济全球化的重要推动力量。通过构建以数据为核心的全球贸易网络，数字贸易正在塑造一个更加开放、高效和互联的经济生态。然而，要充分释放数字贸易的潜力，国际社会需要共同制定统一的规则和标准，解决数据跨境流动、知识产权保护及税收公平等问题，确保数字贸易的红利能够惠及更多国家和地区。

二、数字金融

（一）数字金融的内涵

数字金融是传统金融行业与现代数字技术深度融合的产物，它通过互联网、移动通信、大数据、人工智能、区块链等技术手段，为金融服务的提供方式、覆盖范围和效率带来了颠覆性的变革。数字金融不仅突破了时间与空间的限制，还有效降低了金融服务的门槛，使得更多个人和中小企业能够参与到金融体系中。从个人支付到跨境结算，从财富管理到信用评估，数字金融正悄然改变着全球经济的运行模式和发展格局。

（二）数字金融的核心特征

数字金融的核心在于数字化和普惠性。在传统金融体系中，许多偏远地区或经济发展水平较低的人群由于缺乏信用记录、抵押物或服务网点，往往难以获得银行贷款、保险或其他金融服务。数字金融通过大数据技术和人工智能算法，能够对用户的非传统信用数据（如社交行为、消费记录）进行分析，从而生成信用评分，帮助金融机构为没有传统信用记录的用户提供服务。蚂蚁集团的"芝麻信用"便是其中的典型案例，它通过分析用户的消费、出行等数据，为中小微企业和个人提供精准的贷款服务。

（三）数字金融的应用场景

移动支付是数字金融的典型应用之一，通过智能手机，用户可以随时随地完成支付、转账、理财等金融操作。例如，支付宝和微信支付不仅在国内广泛应用，还逐步进入国际市场，为出境旅游和跨境电商提供了便捷的支付解决方案。在非洲地区，M-Pesa 通过手机支付系统为大量没有银行账户的人群提供了资金转移和储蓄服务，极大地推动了金融的普惠化。

此外，数字金融在金融创新方面表现出巨大潜力。智能投顾是近年来数字金融领域的一大亮点，它通过人工智能算法和大数据分析，为用户提供个性化的投资建议和资产配置服务。这种服务不仅降低了传统财富管理的门槛，还使得更多普通投资者能够以低成本享受到专业的投资建议。例如，美国的 Betterment 和 Wealthfront 等平台，用户只需投入较少的资金即可获得自动化的投资组合管理服务。

区块链技术作为数字金融的重要支撑，为金融交易的透明度和安全性提供了保障。区块链的去中心化和不可篡改特性，使其在支付结算、跨境汇款和供应链金融中得到了广泛应用。数字货币的底层技术区块链，通过分布式账本记录每一笔交易，确保了交易数据的公开和可信。同时，区块链技术还被广泛应用于数字票据、智能合约和资产证券化中，为传统金融业务提供了更加高效的解决方案。

（四）数字金融的影响

尽管数字金融为全球经济带来了诸多机遇，但其快速发展也带来了新的挑战和风险。首先，金融安全问题。数字金融的开放性和虚拟性使其更容易受到网络攻击和欺诈行为的威胁。近年来，数字货币交易平台的黑客事件频发，暴露出行业在信息安全领域的不足。其次，监管问题。数字金融的跨国性和创新性使得现有的金融监管框架难以完全覆盖，如何监管比特币等去中心化的数字资产以及如何平衡数字金融创新与风险控制之间的关系也给监管体系带来了巨大的压力。此外，数字金融的普及也加剧了技术鸿沟的问题，一些技术基础薄弱的地区和人群仍然难以从中受益，这在某种程度上加剧了社会的不平等。

未来，数字金融的发展将更加注重技术与规则的协调统一。一方面，人工智能和区块链等技术的进一步成熟，将为数字金融的创新提供更多可能性，例如更精准的智能风控模型和更高效的跨境支付网络。另一方面，各国需要加强国际合作，共同制定数字金融领域的全球规则，解决数据隐私、网络安全和跨境监管等问题。此外，数字金融需要更加关注普惠性，确保偏远地区和弱势群体能够公平地享受金融服务的便利。数字金融是金融科技与经济全球化相互交织的产物。它不仅改变了金融服务的传统形态，也重新定义了人们与金融体系的互动方式。随着数字金融技术的不断进步，它将继续推动全球经济的创新和增长，为实现更加高效、公平和包容的金融体系贡献力量。

📖 阅读拓展 →---

微信支付分——数字金融场景下的信用赋能

作为数字金融领域的重要创新之一，微信支付分的推出极大地推动了信用体系在消费领域的实际应用。微信支付分如何设计和运作，其背后又体现了怎样的金融逻辑？围绕这一问题，我们从微信支付分的应用场景和其对用户及商户的影响展开分析。

微信支付分是基于用户信用表现的一种综合评分体系，其核心作用在于通过信用分值连接用户与服务提供商，为双方构建信任桥梁。在共享经济领域，用户可以凭借微信支付分免押金使用共享充电宝或共享单车，而不需要支付额外的押金。这种模式不仅提升了用户体验，也显著降低了商户的运营成本。

通过使用微信支付分，用户可以基于支付分免除共享单车、充电宝等服务的押金，一年下来，支付分能够帮助用户减少 2500 亿元押金。

在免押金这一基础功能外，支付分通过"一次授权、先用后付"模式简化了支付流程，并针对"找不到充电宝归还点"的痛点，推出了"过夜保障"服务，过夜归还可获 8 元赔付。这项服务一年可为超过 1000 万用户提供过夜保障。

在住宿预订行业，满足支付分要求的用户可以免担保金预订，从预订到入住始终贯穿先住后付的服务。预订与交易环节的优质体验有效增强用户复购，有关数据显示，使用了先住后付的订单用户，其 30 天内的复购率较大盘整体复购率高出 10%。

在交通出行领域，支付分面向网约车服务提供"先乘车后付款"功能。在过去，出于风险管控考量，网约车行业中有 30% 订单需要预付。目前，主流网约车平台都已接入这项服务，坏账率平均降低了 60%。

在交易中，如何满足交易过程中的信任前提，搭建买卖双方的桥梁成为关键问题，传统消费市场因此诞生出了信用卡等信贷消费媒介。而在移动支付高度普及的背景下，以微信支付为代表的移动支付工具，正在参与构建连接海量场景与多元需求的"新信任消费"。

"新信任消费"的核心在于，利用数字化能力和工具搭建"信任机制"，提供更加顺滑的解决方案，从而降低商户与用户的潜在成本与风险。

微信支付分作为数字金融的一项创新，不仅提高了金融服务效率，还推动了信用在消费场景中的普及。

资料来源：连接多元场景，微信支付分要构建「新信任消费」[EB/OL]. (2022-01-14). https://www.163.com/dy/article/GTLQ1D280511DD1O.html.

------------------------------◄◄

思考题

1. 服务业数字化的内涵是什么？
2. 消费性行业的数字化包括哪些类型？
3. 生产性行业的数字化包括哪些类型？
4. 数字贸易和数字金融的核心特征是什么？

案例分析

贵阳"智慧社区"建设与数字化服务创新

近年来，随着中国新型城镇化进程的加速，社区治理和服务供给面临复杂挑战。贵阳以"智慧社区"建设为核心，借助数字技术，通过智能化平台实现社区服务、治理与民生保障的全面升级。这一案例展示了中小城市在数字化转型中的创新实践，为解决居民日常生活中的痛点提供了新的思路。

一、背景与目标

贵阳作为中国西部地区的一个重要城市，随着城市人口的快速增长，社区面临诸多问题，如公共服务资源不足、管理效率低下、居民需求得不到及时响应。为了改善社区环境，提高居民幸福感，贵阳市启动了"智慧社区"建设计划，目标是通过物联网、人工智能、大数据等技术打造一个高效、便捷、智能的社区服务体系。

二、实践与成效

1. 智能社区平台的建设

贵阳开发了"智慧社区"综合管理平台，将社区内物业管理、公共服务、居民事务统一接入数字系统。通过居民手机端的应用程序，居民可以在线办理事项，如物业缴费、维修报修、医疗预约等，从而减少了过去需要线下跑腿的烦琐流程。平台还整合了公安、医保、民政等政府部门的数据资源，实现了跨部门的高效协同。

2. 智能安防系统的应用

在社区安全管理方面，贵阳引入了智能安防系统，通过 AI 摄像头和人脸识别技术，实现社区出入口的智能化管控。该系统不仅提升了社区安全水平，还支持对特殊人群（如独居老人）的实时监控，当系统检测到异常情况时，可自动向社区管理人员发出警报，为弱势群体提供保障。

3. 智慧养老服务的创新

针对社区内老龄化人口比例较高的问题，贵阳智慧社区平台提供了定制化的智慧养老服务。例如，通过可穿戴设备实时监测老年人的健康数据（如心率、血压等），一旦发现异常，平台会自动通知其家属或联系医疗服务机构。此外，社区内的老年人可以通过语音助手预约健康体检、订购生活用品或咨询健康问题，显著提升了养老服务的便利性和响应速度。

4. 环境管理与资源优化

智慧社区还在垃圾分类和资源管理方面取得了进展。通过物联网技术，社区内的垃圾分类箱可以实时监测垃圾投放情况，并根据垃圾满溢程度动态规划回收路线，降低了人工和运输成本。此外，社区引入了智能照明系统，根据人流量和光线强度自动调整路灯亮度，显著节省了能源开支。

三、效果与启示

贵阳智慧社区建设的推进，不仅提升了社区服务效率，还促进了居民与管理方的良性互动。一方面，居民通过数字化手段享受到了更加高效、便捷的服务；另一方面，社区管理方借助实时数据分析和智能化工具，显著提高了管理效能，减少了资源浪费。

这一案例表明，即使在经济发展水平相对较低的地区，通过合理规划和技术创新，也能实现公共服务的数字化转型，为社区治理注入新动力。

资料来源：贵阳日报. "智"理有道 增强群众幸福感 贵阳贵安推进数字化赋能经济社会发展——大数据赋能美好生活、服务城市发展、助力基层治理［N］. 贵阳日报，2024-08-29.

结合案例材料，探讨下列问题：

1. 贵阳智慧社区建设中广泛运用了居民数据，在数据采集和隐私保护之间如何找到平衡点？

2. 如何将贵阳智慧社区的成功经验推广到其他经济条件较差的地区，实现普惠化发展？

3. 智慧社区的建设在提升服务便利性的同时，是否会导致部分技术落后地区或信息化水平较低的居民被边缘化？如何解决这一问题？

典型场景与平台项目训练

国际贸易数据分析项目

1. 项目背景

近年来，中国国际贸易持续发展，同时跨境支付服务企业也在不断探索如何通过数据分析提升业务效率和竞争力。在此背景下，如何对中国及某一企业的国际贸易状况进行准确、深入的分析，成为国际贸易课程学习中学生需要重点掌握的基本技能。其既涉及要准确把握国际贸易的基础经济学理论，也涉及如何对国际贸易的各种统计数据进行科学分析了研读的能力。

2. 项目简介

本项目通过智能分析平台，结合宏观经济与区域经济指标体系，分析中国进出口贸易的总体趋势、地域分布及商品结构，预测未来贸易额并评估贸易竞争力和依存度。同时，项目深入分析跨境支付平台的客户画像，运用 K-MEANS 聚类模型和 RFM（recency, frequency, monetary）模型对客户群体进行分类与细分，识别流失客户特征，优化客户管理与服务策略。通过数据挖掘、模型构建与可视化展示，学生将掌握国际贸易数据分析的核心方法，提升数据洞察力与经济决策能力。

3. 项目内容

（1）中国国际贸易状况的背景引入。通过海关总署、商务部等相关政府部门发布的统计数据和统计报告来提供国际贸易的总体背景资料。

（2）国际贸易数据指标的初步分析。基于国际贸易经济学中对国际贸易范围体系的基本界定，对官方统计机构数据采集、数据库和平台数据采集、行业协会和中介机构数据采集等数据指标进行初步的分类整理和分析。

（3）国际贸易数据指标的深入分析。从进出口总体趋势、贸易竞争力、贸易依存度、地域分布、商品分类等多个维度对样本中的数据进行分析，研判发展趋势，分析总结背后的经济规律。

（4）跨境支付平台客户画像分析。对跨境支付平台的客户画像进行深入分析，识别流失客户特征。运用 K-MEANS 聚类模型对客户群体进行分类，并通过 RFM 模型进行客户细分，以优化客户管理和服务策略。

（5）数据分析的可视化呈现。利用数字大屏展现，进行环比变化趋势、同比数据分析、趋势分析等数据分析和可视化展示，以直观呈现国际贸易的特征和规律。

（6）国际贸易数据分析报告。根据数据分析结果，编写国际贸易状况的经济分析报告，并对项目进行总结和学习反思。

4. 项目特色

（1）综合性强。项目涉及多个经济指标和多个层面的数据分析，能够全面培养学生的数据分析和经济分析能力。

（2）实践性强。项目通过具体的案例和数据分析任务，让学生在实践中学习和掌握宏观经济与区域经济分析的方法和技术。

（3）可视化展示。利用智能分析工具进行数据可视化展示，提高了数据分析与报告的直观性和可读性。

5. 预期成果

培养学生具备利用智能分析平台进行智能分析的能力；独立整理和分析海关数据的能力，以掌握实际业务中的数据操作技能；揭示贸易热点和市场动向；对跨境支付平台的客户画像进行深入分析，识别流失客户特征；运用 K-MEANS 聚类模型对客户群体进行分类，并通过 RFM 模型进行客户细分，以优化客户管理和服务策略。

数字货币

数字人民币带来支付新体验

近日，香港居民李志伟一到深圳，就赶到口岸附近的中国银行网点办理数字人民币硬钱包。李志伟告诉记者，相比其他支付手段，数字人民币在深圳支付更加方便，香港居民入境深圳后可以自助申领一张硬钱包，用香港八达通 App 向硬钱包充值后，就能轻松支付了，还可以参与深圳市的各项促销活动。

为便利香港居民来深圳消费，深圳中行在全国率先推出数字人民币硬钱包自助发卡机，香港居民及海外游客入境深圳后，能够在自助发卡机上很方便地申领粤港澳大湾区数字人民币硬钱包，在商家消费、乘坐公交时可以拍卡支付，并享受相应政府补贴。

2024 年 5 月，香港金融管理局与中国人民银行就数字人民币跨境支付试点的合作取得进一步成果，扩大了数字人民币在香港的试点范围，便利香港居民开立和使用数字人民币钱包，并通过电子快速支付系统"转数快"为数字人民币钱包充值。

陆磊表示，中国人民银行将认真贯彻落实党的二十届三中全会精神，把握数字化发展大趋势，持续稳妥推进数字人民币研发和应用，巩固数字人民币发展的基础，同时，在双边和多边合作框架下，积极参与、共同研究改善跨境支付相关安排，促进国际金融基础设施互联互通。

资料来源：吴秋余．数字人民币为消费添动力［N/OL］．（2024－10－03）．https：//www.peo-pleweekly.cn/html/2024/caijing_1003/226206.html.

知识目标：理解数字货币的基本概念；了解数字货币的定价机制、传导机制；理解数字货币对宏观经济的影响。

能力目标：具备独立分析和评估数字货币对宏观经济影响的能力，综合运用专业知识和方法识别与评估数字货币发展中的问题和应用场景。

素质目标：认识私人数字货币的监管复杂性和央行数字货币的运作机制，了解国内外数字货币的最新发展。

重点难点 ···▶

重点掌握数字货币的概念和内涵；了解数字货币的特性和运作机制；知晓数字货币对宏观经济的影响，难点是理解数字货币监管的复杂性。

第一节　数字货币概述

一、数字货币的定义

数字货币（digital currency）是对货币进行数字化，简称为"DIGICCY"，其在不同语境下，有着不同的内涵和外延。目前数字货币并没有统一的定义，人们通常所说的数字货币，实际上是指数字加密货币。数字加密货币是指不依托任何实物，基于密码学和网络P2P技术，由计算机程序生成，并在互联网上发行和流通。随着虚拟货币的演进、区块链技术的发展、稳定币和央行数字货币的陆续面世，数字货币的内涵也在不断延伸和扩展。

狭义的数字货币是指以比特币为样本的虚拟货币。狭义的定义要求数字货币不依靠特定货币机构发行，而是依据数字加密算法通过大量的计算产生，同时交易过程需要分布式数据库的认可。而满足上述定义的区块链技术是在数字货币中应用最为广泛的技术，因而数字货币与区块链在一段时间内几乎成为孪生词。

广义的数字货币是以数字形式表示的资产，可以包含以数字方式表示价值的任何东西。数字货币不像人民币钞票、硬币或黄金那样具有物理形式，而是以电子方式存在的，可以使用计算机或互联网等技术在用户和实体之间传输，以电子的形式实现价值尺度、流通手段、贮藏手段、支付手段等货币职能。

二、数字货币的基本属性

（一）数字化

数字货币最直观和基础的属性是其数字化形式。与传统的纸币或硬币不同，数字货币完全以电子数据的形式存在，通常存储于数字钱包或区块链网络中。这种数字化形式使得数字货币具有极高的便携性和可访问性，用户可以通过互联网或移动设备进行交易，无须携带实体货币。此外，数字化还意味着交易记录可以被轻松追踪和存储，为金融审计和合规性提供了便利。

（二）去中心化

去中心化是数字货币（尤其是区块链上的加密货币）的核心特征之一。它意味着没有单一的中央机构或政府来控制或管理货币的发行、交易和验证过程。相反，数字货币的运作依赖于分布式网络中的多个节点，这些节点共同维护一个共享的、不可篡改的账本（即区块链）。去中心化有助于提升系统的透明度和公平性，同时降低了单一节点故障对整个系统的影响，增强了系统的安全性。

（三）安全性

数字货币的安全性是其被广大用户接受和信任的关键。虽然数字货币的存储和交易依赖于复杂的数字技术和网络，但它们通常设计有高度的安全机制。例如，区块链技术通过加密算法和共识机制来确保交易的完整性和真实性，同时防止双重支付（即同一笔钱被花费两次）的问题。此外，数字钱包和交易所也通常采用多重身份验证、冷钱包存储等安全措施来保护用户的资产。然而，值得注意的是，尽管数字货币本身具有较高的安全设计，但用户仍需保持警惕，避免遭受网络钓鱼、诈骗等安全威胁。

📚 **阅读拓展** ➙➙------------------------------------

中国人民银行数字人民币

数字人民币是中国人民银行为应对数字经济时代的需求而推出的新型货币形态。自2014年开始，中国人民银行已在多个城市和地区进行了数字人民币的试点。试点范围不断扩大，涵盖零售、交通、医疗、教育等多个领域。同时，中国人民银行还在积极推进数字人民币的跨境支付和国际贸易结算应用。其目的包括提升金融普惠性、降低交易成本、促进经济高质量发展，以及增强人民币的国际竞争力。数字人民币的应用场景非常广泛，包括但不限于零售支付、公共交通、医疗服务、税款缴纳等。此外，数字人民币还可以用于跨境支付和国际贸易结算，有助于提升人民币的国际地位。

数字人民币的推出对中国经济和金融体系产生了深远影响。一方面，它提升了金融普惠性，降低了交易成本，促进了经济高质量发展；另一方面，它也带来了监管挑战，如如何平衡隐私保护与反洗钱、反恐怖融资等监管要求。另外，数字人民币国际化进程也面临着诸多挑战，如国际支付体系的竞争、跨境资本流动的监管等。因此，数字人民币的推出和应用将对中国经济和金融体系产生深远影响，同时也带来了诸多挑战和机遇。

资料来源：中国人民银行. 中国数字人民币的研发进展白皮书［R/OL］. http://www.pbc.gov.cn/goutongjiaoliu/113456/113469/4293590/20210716142000 22055.pdf.

--➙←←

第二节　私人数字货币

一、私人数字货币的定义

私人数字货币的概念是不断演进变化的。一开始，私人数字货币意图成为真正的"货币"，因此国际上喜欢冠之以货币、现金、黄金的叫法，如电子现金（e-cash）、数字黄金（bitgold）等。2008 年比特币诞生后，市场将各种"token"（原意为令牌或信令）称为"代币"。这些概念带有很强的迷惑性，容易让人误以为这些私人加密代币就是真正的货币。

遵照经济学定义，货币是指固定充当一般等价物的特殊商品，必须具备交易媒介、价值尺度、价值储藏三大功能，个别的还具有世界货币的功能。上述三大功能存在着层次之分：很多资产可以充当价值储藏手段（如土地、珍藏邮票、房屋、珠宝等），但一般不作为交换媒介；至少两人同意将某种资产当作储藏手段时，该资产才可作为交换媒介；只有当一种资产在相当长时间内能够在多人之间作为交换媒介时，才可被当作价值尺度。然而，当前的私人数字货币无法完全满足上述功能要求。

私人数字货币这一概念在金融科技领域中越来越受到关注，它是指由私人组织或个人发行和控制的数字货币，而非由国家中央银行或政府机构发行。这种货币通常基于区块链技术，这是一种分布式账本技术，能够确保交易的透明性和安全性。私人数字货币的核心特点在于去中心化，即没有任何单一实体能够控制货币的发行和流通。

私人数字货币的兴起与数字货币的先驱——比特币的发展密切相关。比特币作为一种去中心化的数字货币，它的出现挑战了传统的金融体系，提供了一种不受单一政府控制的货币形式。随着比特币的成功，更多的私人数字货币如以太坊、莱特币等相继出现，它们各自有着不同的技术特点和应用场景。

私人数字货币的扩展不再局限于模仿比特币的模式。随着技术的发展，私人数字货币开始展现出多样化的特点。一些私人数字货币专注于提高交易速度和降低费用，比如瑞波币（Ripple）和恒星币（Stellar）；另一些则致力于提供智能合约功能，以太坊就是其中的代表，它允许开发者在其平台上构建去中心化的应用（DApps）。

私人数字货币的另一个重要领域是稳定币，这类货币的价值通常与法定货币或一篮子资产挂钩，以减少价格波动，提高其作为支付手段的稳定性。例如，泰达币（USDT）和美元币（USD Coin）等稳定币，它们旨在提供一个既具有数字货币便捷性又保持价值稳定的支付选项。

私人数字货币的发展也带来了一系列挑战和争议。首先是监管问题，由于私人数字货币的去中心化特性，它们往往难以被传统金融监管体系覆盖，这引发了洗钱、恐怖融资等风险。其次是技术安全问题，虽然区块链技术提供了较高的安全性，但私人数字货币仍然面临着黑客攻击和系统漏洞的风险。

此外，私人数字货币的普及也对传统金融体系构成了挑战。它们提供了一种绕过传统银行和金融机构的支付和价值转移方式，这可能会削弱传统金融机构的影响力，并推动金融体系的变革。

二、私人数字货币的定价

（一）私人数字货币的定价机制

私人数字货币的定价是一个复杂的过程，涉及多种因素和机制。在众多私人数字货币中，稳定币是一个特殊的类别，其定价机制相对明确。以泰达币（USDT）为例，其定价原理基于一对一的美元储备比率，即流通中的每个 USDT 代表储备中的 1 美元。这种机制确保了 USDT 的价值与美元挂钩，从而保持相对稳定。由于 USDT 存在于比特币区块链中，其可证明性和计数都是透明的，可以通过 Omni 区块链浏览器（Omnichest. info）提供的工具进行公开审计。

（二）私人数字货币定价的影响因素

1. 市场供需对定价的影响

私人数字货币的市场价格同样受到市场供需关系的影响。在自由市场中，货币的价格会根据买卖双方的力量而发生波动。当需求增加时，价格上升；当供应增加或需求减少时，价格下降。这种供需关系在数字货币市场中尤为明显，因为数字货币的交易是全球性的，且交易时间几乎不受限制。

2. 技术因素与定价

技术因素也是影响私人数字货币定价的重要因素。区块链技术的发展和安全性的提升会增加投资者对数字货币的信心，从而可能推高其价格。相反，如果出现技术漏洞或安全问题，可能会导致价格下跌。例如，黑客攻击或系统漏洞可能会导致投资者信心下降，进而影响货币价格。

3. 宏观经济与政策因素

宏观经济环境和政策变化也对私人数字货币的定价产生影响。例如，全球经济不确定性增加时，投资者可能会寻求避险资产，而私人数字货币因其去中心化的特性可能被视为一种避险工具。此外，各国政府对数字货币的监管政策也会影响其价格。严格的监管可能会导致市场不确定性增加，从而影响价格。

4. 市场情绪与定价

市场情绪是影响私人数字货币定价的另一个关键因素。投资者对未来市场发展的预期、对特定货币的信心，以及对市场新闻的反应都会影响货币价格。例如，正面的新闻报道或技术突破可能会提高投资者情绪，推动价格上涨；而负面新闻或监管威胁可能会导致价格下跌。

5. 历史数据与未来趋势

历史数据显示，私人数字货币的价格波动性通常较高。通过分析历史数据，可以观察到价格波动的模式和趋势，这对于预测未来价格走势具有一定的参考价值。例如，通过API 获取的历史市场数据可以用于量化分析和回测交易策略。未来，随着技术的发展和市场的成熟，私人数字货币的定价机制可能会更加复杂和多样化，同时也可能更加稳定。

三、私人数字货币的监管

（一）监管的必要性与挑战

私人数字货币的核心特性在于去中心化和匿名性，这使得它们在保护金融隐私和自由的同时，也带来了监管上的挑战。不稳定的价格、安全性问题及对金融稳定的潜在影响，都要求对私人数字货币进行有效监管。监管的目的是确保金融安全、防范洗钱和恐怖融资，同时保护消费者权益和维护市场秩序。

（二）国际监管态势

全球范围内，不同国家和地区对私人数字货币的监管态度和措施存在差异。一些国家如中国和巴哈马对私人数字货币交易采取了严格的监管措施，以保证国家金融稳定。而其他一些国家如加拿大、日本和瑞典则承认私人数字货币的合法性，并允许其在市场上流通。此外，一些国家虽然未明确承认私人数字货币的合法地位，但允许其在市场上流通，并实施了积极的监管政策，如俄罗斯和美国。

（三）监管框架与政策

在监管框架方面，一些国家采取了集中监管模式，如新加坡，由统一的金融监管机构对数字代币进行全方位的监管。而在货币监管架构中，数字代币被视为私人发行的货币，法律针对数字代币的特性创设了一套新的监管规则，如美国纽约州的"比特许可"规章。

（四）监管趋势与合作

随着数字货币市场的成熟，监管趋势正从无序走向规范。国际货币基金组织将数字货币治理列入首要任务之一，呼吁国际合作和信息共享，加强对数字货币的集体监管。反洗钱金融行动特别工作组等国际组织也在推动成员之间的监管趋同。

（五）技术监管与创新

技术监管是私人数字货币监管的重要组成部分。分布式账本技术为反洗钱、反恐融资合规性程序提供了数字化解决方案。同时，监管科技的应用也在提高监管效率和有效性。

私人数字货币的监管是一个复杂且不断发展的领域。随着技术的进步和市场的演变，监管政策和框架也需要不断更新和完善。国际合作、技术创新和适应性监管将是未来私人数字货币监管的关键。各国需要在促进金融创新与防范风险之间寻求最优平衡，同时保护消费者权益和维护金融市场的稳定。

阅读拓展 →

Luna 崩溃——对私人数字货币监管的思考

"Luna 崩溃"，即 Terra USD（UST）和其姊妹代币 LUNA 的崩盘，是 2022 年加密货币市场的重大事件。这场崩溃始于 UST 不再与美元挂钩，引发了市场恐慌和大规模抛售。LUNA 的价格在短时间内从 83 美元以上暴跌至几乎为零，而 UST 也严重脱钩，报价一度仅为 0.095 美元。这场崩盘不仅导致全球投资人约 400 亿美元的损失，还引发了整个加密货币市场的动荡，比特币、以太坊等主要加密货币的价格一度大幅下跌。Terra USD 作为一种算法稳定币，原本试图通过与姊妹代币 LUNA 建立套利机制保持供需平衡，但在遭遇大规模赎回抛售后，反而陷入了"死亡循环"。此外，市场对于 Terraform Labs 及其创始人权道亨（Do Kwon）的不信任，以及对于稳定币监管的担忧，也加剧了市场的恐慌情绪。

Luna崩溃不仅暴露了算法稳定币的潜在风险，还引发了对于加密货币监管的讨论。许多国家和地区的监管机构开始考虑加强对加密货币的监管，以防止类似事件的再次发生。同时，这一事件也给投资者带来了深刻的教训，提醒他们在投资加密货币时需要更加谨慎，充分了解潜在的风险。

私人数字货币在Luna崩溃事件中显示出明显的劣势。首先，缺乏足够的监管和透明度，使得市场容易受到操纵和欺诈行为的影响。其次，私人数字货币的稳定性和安全性无法得到有效保障，一旦市场信心崩溃，其价值可能会迅速归零。此外，私人数字货币的普及也可能导致金融系统的不稳定，增加系统性风险。

因此，加强私人数字货币监管的重要性不言而喻。监管机构需要制定合理的监管政策，确保私人数字货币的发行和交易过程透明、安全、稳定。同时，也需要加强对投资者的教育，提高他们对数字货币风险的认识，避免盲目投资。此外，监管机构还应与国际社会合作，共同制定全球性的监管框架，以应对跨境金融活动带来的挑战。Luna崩溃事件是一个警示，它提醒我们私人数字货币市场的脆弱性和监管的必要性。通过加强监管，我们可以更好地保护投资者的利益，维护金融市场的稳定，促进数字货币的健康发展。

资料来源："币圈茅台"LUNA突然崩塌背后：算法稳定币为何不稳定［EB/OL］.（2022－05－12）. https：//wap. cqcb. com/shangyou_news/NewsDetail？classId＝7712&newsId＝4880489.

第三节 央行数字货币

一、央行数字货币的定义

央行数字货币（central bank digital currency，CBDC）是由中央银行发行的，以数字形式存在的法定货币。央行数字货币由中央银行发行，基于央行信用，被赋予本地计价单位，可以理解为现金的数字化形式。具有价值特征和法偿性，与纸钞和硬币等价发行；也具有匿名性与可追踪性。

二、央行数字货币的传导机制

（一）传导机制

央行数字货币的传导机制是指央行通过货币政策工具影响中介指标，进而实现宏观经济调控目标的过程。央行通过发行数字货币来影响货币政策，并经由金融体系和实体经济中的关键变量和环节进行传导，最终实现其政策目标的基本过程和内在机理。

央行数字货币的传导机制是一个复杂而重要的过程，它涉及多个环节和变量，通过合理设计和运用央行数字货币，可以有效实现货币政策的传导和调控目标，促进经济的稳定和发展。

（1）政策工具：央行数字货币本身可以作为一种政策工具，通过调整其供应量、利率等参数来影响经济。

（2）操作目标：央行数字货币的发行和流通会直接影响商业银行的流动性，进而成为货币政策操作的重要目标。

（3）中间目标：央行数字货币的传导机制会涉及多个中间目标，如银行贷款、利率水平、货币供应量等，这些中间目标的变化会进一步影响实体经济。

（4）最终目标：央行数字货币的传导机制旨在实现货币政策的最终目标，如稳定物价、促进经济增长、维护金融稳定等。

（二）具体影响

1. 货币政策传导

当央行提高央行数字货币的利率时，持有央行数字货币的机会成本增加，家庭和企业可能会减少央行数字货币的持有量，转而增加对银行存款或其他金融资产的需求，从而降低市场的流动性。相反，当央行降低央行数字货币利率或增加央行数字货币的供应量时，市场的流动性会增加，促进经济增长。因此，央行数字货币的发行可以根据宏观经济状况进行调整，当经济衰退时加大投放，刺激公众消费，拉动经济增长；当经济过热时减少投放，限制公众过度消费，降低经济过热的程度。同时，发行央行数字货币可以提升中央银行对商业银行流动性的约束能力，从而强化货币政策的银行贷款渠道对实体经济的调控能力。

2. 金融市场传导

央行数字货币的引入可能改变金融市场的结构和功能，如影响债券、股票等金融资产的定价和交易，以及支付和结算体系。央行数字货币的引入有助于加快资金流转速度，提高市场流动性，通过直接向公众提供央行数字货币，央行能更直接地影响市场的资金供求状况，进而对金融市场利率和资产价格产生影响。同时，随着央行数字货币的普及，传统的支付和结算方式可能会受到冲击，金融市场中的参与者需要适应新的支付和结算体系。

央行数字货币的便捷性和安全性可能吸引更多的投资者进入金融市场，提高市场的活跃度和效率。央行数字货币会使现金与其他金融产品之间的壁垒降低，公共的金融交易活动更为活跃，随着金融资产价格转换速度加快，公众消费和投资对利率的敏感性不断提升，央行可以实现以利率为目标的对资金流向的影响。

3. 实体经济传导

央行数字货币的普及可以降低交易成本，提高支付效率，从而促进商品和劳务的交易。数字货币具有即时到账的特点，相比传统支付方式，它能极大提高资金周转速度，减少因支付延迟而产生的额外费用。此外，数字货币还能简化支付流程，降低操作复杂度，从而提升整体交易效率。央行数字货币的精准投放和可追溯性有助于央行实现特定的政策目标，如支持小微企业、促进区域均衡发展等。通过数字货币，央行可以更直接、更灵活地调控货币供应量，进而影响实体经济。例如，央行可以通过调整数字货币的供应量来影响市场利率，进而调节经济活动，这种精准的货币政策传导机制有助于实现经济稳定增长和物价稳定等宏观经济目标。

央行数字货币能够推动金融普惠和包容性增长。通过数字货币，央行可以扩大金融服务的覆盖范围，降低金融服务的门槛，使更多人群和企业能够享受到便捷的金融服务。这有助于提升实体经济的整体竞争力，促进经济的均衡发展。同时可以增强经济韧性与应对风险，在应对经济风险和危机时，央行可以通过央行数字货币更快速地开展救助措施，为实体经济提供流动性支持。

第四节　央行数字货币对宏观经济的影响

一、提高支付效率

（一）实时清算与即时到账

央行数字货币具备实时清算、即时到账的特点，使得支付变得更加便捷。用户只需通过手机等终端进行一次性注册和绑定，即可享受数字人民币支付带来的极速支付体验。这一特性大幅缩短了支付时间，使得资金能够迅速从付款方转移到收款方。这种即时性不仅提升了支付效率，还加快了资金流转速度，有助于企业更快地利用资金进行生产和服务，从而促进经济活动的循环。

（二）降低支付成本

传统支付平台如支付宝和微信在每笔交易中都会抽取一定的费用，这些费用虽然对单个消费者而言可能微不足道，但在全国乃至全球范围内累积起来却是一个庞大的数额。而央行数字货币的使用可以去除或极大减少这些中间环节费用，从而降低消费者的支付成本，为商家带来更大的利润空间，这种成本降低效应有助于激发整个市场的活力和竞争力。

（三）优化跨境支付流程

在跨境支付方面，央行数字货币提供了更加便捷、高效、透明的跨境支付服务，有效降低了支付成本，加快了资金流转速度。央行数字货币通过采用分布式账本技术和智能合约技术，优化了跨境支付流程。分布式账本技术通过其特有的点对点支付模式，极大地简化了跨境支付流程，有效缩短了支付链条，实现了直接、快捷的点对点支付。同时，智能合约技术能够自动执行合同条款，降低了跨境交易中的风险和不确定性，进一步提升了支付效率。

二、增强货币政策的有效性

（一）提升货币政策的有效性

央行数字货币可以为货币政策和宏观审慎政策提供巨大的数据基础。监管当局能够根据需要采集不同频率、不同机构的实时交易账簿，且这些数据必须是完整真实的，这样的信息优势有助于央行更准确、更灵活地运用政策工具。在传统金融体系中，货币政策的传导往往受到多种因素的影响，如金融机构的信贷行为、市场利率的变动等，这些因素可能导致货币政策的传导存在摩擦和滞后，而央行数字货币的发行和使用可以减少这些因素的影响，使货币政策的传导更为顺畅和高效。

（二）优化货币供应与调控机制

央行数字货币主要用于替代流通中的现金（M0），随着其推广使用，公众可能会减少现金的使用，转而使用央行数字货币。这有助于减少流通中的纸币数量，优化货币供应结构。

央行数字货币采用双层运营模式，即中国人民银行先将数字货币兑换给商业银行等运营机构，再由这些机构兑换给公众。这种模式有助于央行更精确地控制货币供应量，提高货币政策的执行效率。且央行数字货币具有可控匿名性，一方面保护了数据安全和用户隐私；另一方面也使得央行能够清晰高效地捕捉每一笔货币交易的流转信息。这有助于央行更好地了解市场动态，制定更合理的货币政策。

（三）促进经济金融活动透明度与效率提升

央行数字货币的推广有助于提高经济金融活动的透明度。通过实时交易监控和自动化合规审查，央行能够及时发现并处理违规行为，维护金融市场的稳定。基于数字技术，央行可以快速追踪和监控所发行的所有数字货币，获取数字货币整个生命周期中的历史交易数据。这些数据为货币政策的制定和经济调控提供了更高质量的数据基础，有助于推动实现科学决策，从而优化资源配置，加强政策预期管理。数字货币作为数字经济的重要组成部分，能够促进虚拟经济与实体经济的跨界融合，成为我国经济发展的新动能。

三、促进金融包容性

（一）提高金融服务的可及性

央行数字货币通过智能手机等移动设备即可进行支付和转账，打破了传统金融服务受限于地理位置和物理设施的障碍。部分人群往往因为地理位置偏远、交通不便或缺乏传统金融服务设施而难以获得金融服务，央行数字货币通过数字平台提供金融服务，使得这些人群能够更加方便地获取账户服务、支付转账和储蓄等金融服务，从而提高了金融服务的可访问性。这使得偏远地区或缺乏传统金融服务设施的人群也能轻松接入金融服务，极大地提高了金融服务的便捷性和可及性。

（二）消除金融排斥现象

在许多国家和地区，存在大量无银行账户的用户，这些人群往往被排除在正规金融体系之外，无法享受到金融服务带来的便利。推出央行数字货币为这些人群提供了进入正规金融体系的途径。他们可以通过智能手机等移动设备开设数字货币钱包，享受支付、转账等金融服务，从而缩小金融排斥现象。央行数字货币的推出也使得他们能够更加方便地进行支付转账和储蓄等操作，这有助于扩大金融服务的覆盖面，提高金融包容性。

（三）推动金融机构扩大服务范围

央行数字货币的普及将推动金融机构开发更多适应不同需求的金融产品和服务，如小额支付、跨境汇款等。这将进一步扩大金融服务的覆盖范围，满足不同人群的金融服务需求，提高金融服务的多样性和包容性。央行数字货币的推出还可以推动金融创新和科技发展，数字货币作为一种新兴的金融工具，具有更高的可访问性和开放性，为金融机构和科技公司提供了更多的创新空间。通过央行数字货币，金融机构可以开发出更加便捷、高效的金融产品和服务，满足用户的多样化需求。

四、对宏观经济的消极影响

（一）加剧物价水平的不稳定

央行数字货币的发行在一定程度上会加剧物价不稳定，但这种影响力度比较小，作用不明显，并不构成严重的威胁。然而，仍需警惕其对通货膨胀的潜在促进作用。由于央行数字货币的便捷性和高效性，可能会刺激消费和投资，从而增加总需求，进而对物价水平产生影响。如果央行不能有效控制数字货币的发行量和流通速度，可能会导致通货膨胀的风险增加。

（二）对货币政策产生冲击

央行数字货币的发行会冲击现金通货，减少现金的使用量，从而影响货币政策的实施效果。另外，央行数字货币的发行可能会对公开市场操作和再贴现政策的效果产生削弱作用，并对货币供应量指标产生影响。央行数字货币的发行还可能导致货币流通速度增加，对其他货币层次的货币乘数产生影响，从而加剧物价的不稳定。这些变化可能会使得货币政策的制定和实施变得更加复杂和困难。

（三）金融稳定存在潜在风险

一方面，由于央行数字货币具有高度的流动性和匿名性，可能会为洗钱、恐怖融资等非法活动提供便利。另一方面，如果央行数字货币的技术系统存在漏洞或被黑客攻击，可能会导致大规模的资金损失和金融风险。此外，央行数字货币的推广还可能对现有的金融市场格局产生冲击，引发市场竞争和利益格局的变化。

（四）对国际货币体系产生冲击

随着越来越多的国家开始研究和发行央行数字货币，国际货币体系可能会逐渐向着多元化和数字化的方向发展。这可能会削弱美元等传统货币的国际地位，引发国际货币体系的变革和调整。同时，央行数字货币的跨境流通和汇率波动也可能对宏观经济产生冲击和影响，导致汇率波动加剧，对国际贸易和金融稳定产生负面影响。此外，数字货币的普及也可能改变国际货币体系的格局和权力分配。

阅读拓展

央行数字货币有利于"直升机撒钱"吗？

直升机撒钱的概念最早由美国经济学家米尔顿·弗里德曼在 1969 年提出。他设想了这样一个场景：一架直升机飞过社区上空时撒下美元钞票，居民捡到这些钱后将其视为意外之财并进行消费，从而带动经济增长。

2020 年，美国参议院提出了第三轮紧急经济救助计划。美国参议院多数党领袖麦康奈尔 19 日提交第三轮紧急经济救助计划，内容包括直接向美国公民派现，向航空公司及相关企业提供 2000 亿美元贷款，向小企业提供 3000 亿美元过桥贷款等，其中最受美国舆论关注的是所谓"直升机撒钱"——向民众直接派发现金。根据这份计划，符合收入门槛的美国纳税人都能领到 1200 美元。

麦康奈尔称，"这不是寻常的政策，但现在也不是寻常时刻"。由于大量企业关停，美国失业率已经出现上升的苗头。2020 年 3 月 8 日至 14 日全美申请失业救济的人数达 28.1 万人，比前一周增加了 7 万人。因此，白宫急于推动第三轮总额上万亿美元的经济救助计划，特别是要尽快向美国人派发现金，解决因疫情可能导致的收入下降。根据美国劳工统计局的数据，美国家庭 2018 年住房、交通、医保、食品、教育等开支每月平均高达 5101 美元，派发现金可能有助于缓解一部分人的困难。

资料来源："直升机撒钱"每人 1200 美元：美参议院共和党人提出万亿规模救助计划草案［EB/OL］.（2020-03-20）. https://baijiahao.baidu.com/s?id=1661638935151102865&wfr=spider&for=pc.

思考题

1. 数字货币与电子货币或虚拟货币有何不同？
2. 数字货币的基本属性是什么？
3. 私人数字货币的监管存在什么问题？
4. 央行数字货币对宏观经济的影响是什么？

案例分析

浙江金华：唱响数字人民币宣传好声音

近年来，在人民银行浙江省分行的大力指导下，人民银行金华市分行整合资源、突出特色、多措并举，开展全域性、立体式数字人民币试点宣传推广活动，提升公众对数字人民币的认识和接受程度，唱响数字人民币宣传金华好声音。据不完全统计，截至 2024 年 7 月末，全市共开展各类宣传活动600余场，发放宣传资料超27万份，受众群众达500余万人次。

丰富宣传形式和手段，提升宣传实效和亮点。一是依托媒体扩大宣传辐射范围。借助新旧媒体积极做好线上线下媒体共宣传，截至2024年7月末，全华52个数字人民币落地应用场景、案例在《人民日报》《央视新闻》《中国经济时报》，以及中国人民银行浙江省分行微信公众号等媒体、政府部门平台宣传报道。组织银行机构在公众号上宣传数字人民币反诈典型案例，介绍常见诈骗套路，普及反诈小贴士，增强公众风险防范意识。二是创新宣传形式，让宣传更生动。组织银行机构制作了多种形式的数字人民币宣传小视频，以浅显易懂的语言、生动形象的动画介绍了数字人民币知识、使用小技巧等。此外，利用公众号进行宣传，依托"朋友圈"，实现"流量"破圈，通过视频、图文的形式，结合生活实例，使市民更加浅显易懂地了解数字人民币知识，拓宽宣传渠道与宣传面，达到良好宣传效果。

聚焦重点应用场景，建立多维度、立体宣传网络，确保宣传"面广不失焦"。一是聚焦重点场景。建立重点场景宣传推广小队，组织银行对酒店、重点商圈，以及义乌小商品城、东阳红木家具城、中国木雕城、永康科技五金城、磐安浙八味市场等21个重点专业市场开展集中宣传，宣传覆盖面达到100%。二是聚焦政务民生。联合税务部门开展数字人民币缴纳税费专项推广活动，建立纳税千万以上重点推广企业清单，组织银行逐一宣传推广数字人民币缴纳税费，辖内土地出让金逐笔推广使用数字人民币缴纳；金华、义乌、兰溪、浦江分别开展数字人民币公交、轻轨乘车宣传，通过微信公众号、主流媒体、乘车App、车体广告等"线上＋线下"多种形式，全方位开展数字人民币乘车宣传。

发挥银行主力军作用，网格化推进宣传全覆盖，打通宣传"最后一公里"。一是立足网点。指导银行以营业网点为阵地，积极开展形式多样的数字人民币宣传活动。银行网点通过显示屏、跑马灯等设备循环播放数字人民币宣传标语，在营业网点柜台、填单台、客户等候区摆放数字人民币宣传资料，大堂经理对前来办理业务的客户进行数字人民币宣传，指导客户开立钱包，现场体验数字人民币优惠购物。二是网格化推进。结合现金服务网格化，主动开展宣传走访，组织人员到网格管理的街道、周边市场、超市等人员密集区，进行数字人民币知识讲解，引导商户使用数字人民币收付款，确保商户覆盖面达90%以上。组织银行按网格管理划分对万达、世贸中心、古子城等重点商圈开展数字人民币受理环境巡检，对存量商户开展两轮集中宣传引导，进一步提升数字人民币受理环境。三是深入群众生活。通过"进乡村、进校园、进企业"等多渠道深入群众生活，辖内农商银行发挥农村地区金融服务主力军作用，依托丰收驿站及开通数币收单功能的村级便利店，组织开展"数币体验进乡村"活动。使用本地方言，用通俗易懂的话语向乡亲们讲解数字人民币知识，并现场体验数字人民币"1分钱"购物，让村民切实体验到数字人民币支付的便捷性。

资料来源：中国人民银行金华市分行. 浙江金华：唱响数字人民币宣传好声音［EB/OL］.（2024－09－06）. http://huhehaote. pbc. gov. cn/hangzhou/125264/5450659/index. html.

结合案例材料，探讨下列问题：

1. 数字人民币在地方推广中的重要性和挑战是什么？

2. 数字人民币在提升金融包容性和防范金融风险方面的作用是什么？

3. 数字人民币在促进地方经济发展和创新中的应用潜力如何？

典型场景与平台项目训练

数字货币在经济发展中的作用与影响分析

1. 项目背景

随着数字经济和互联网技术的迅速发展，数字货币作为数字经济的重要组成部分，在支付体系、货币政策、金融监管及国际贸易等方面逐渐发挥重要作用。各国政府和中央银行纷纷探索数字货币的开发与应用，以期在数字经济时代占据先机。在此背景下，如何理解和分析数字货币在经济发展中的作用和影响，成为提高学生对数字货币的认识和应用能力的重要内容。该内容不仅涉及数字货币的概念、特征及发展趋势，也涉及对经济发展的各种统计数据进行分析的能力。

2. 项目简介

本项目旨在通过数字货币的案例研究，结合宏观经济与区域经济的统计数据，探讨数字货币在数字经济发展中的作用与影响。项目将涵盖数字货币的基础知识、发展历程、技术架构、应用场景及监管政策等多个方面，通过实际的数据分析和可视化展示，揭示数字货币的经济含义及其对数字经济和实体经济发展的推动作用。

3. 项目内容

（1）数字货币的基础知识。介绍数字货币的概念及分类，分析数字货币的特点。介绍数字货币的技术基础，如区块链、分布式账本等。探讨数字货币的安全性问题，包括隐私保护、防篡改机制等。

（2）数字货币的发展历程。梳理国内外数字货币的发展历程，包括中央银行数字货币的研发进展。

（3）数字货币的应用场景与案例分析。分析数字货币在零售支付、跨境支付、供应链金融等领域的应用场景。通过具体案例，探讨数字货币在提升支付效率、降低交易成本、增强金融包容性等方面的优势。

（4）数字货币对宏观经济与区域经济的影响。结合经济学基本理论探讨数字货币对货币政策传导机制、金融市场稳定性的影响。分析数字货币在促进区域经济发展、提升国际贸易效率等方面的作用。

（5）数字货币的监管政策与国际合作。概述各国对数字货币的监管政策，探讨数字货币领域的国际合作与标准制定，如国际清算银行等多边机构的角色。

（6）数据分析与可视化展示。利用相关技术工具，展示数字货币交易量、用户增长、市场渗透率等关键指标的变化趋势。进行数字货币与经济发展的相关性分析、趋势预测等，揭示数字货币与经济发展中的货币政策、金融监管及国际贸易等方面的内在联系。

（7）经济数据分析报告。根据数据分析结果，撰写关于数字货币在经济发展中作用与影响的经济分析报告，并对项目进行总结与学习反思。

4. 项目特色

（1）前沿性：项目聚焦数字货币这一经济领域的前沿话题，具有较强的时效性和前瞻性。

（2）综合性：项目涵盖数字货币的技术、应用、经济影响及监管等多个方面，能够全面考查学生的数据分析和经济分析能力。

（3）实践性：通过案例分析、数据可视化展示等手段，让学生在实践中掌握数字货币的基础理论，提高学生分析实际问题的能力。

（4）创新性：鼓励学生探索数字货币领域的新内容和新发展，如新型应用场景、监管技术创新等，培养学生的创新思维和实践能力。

5

第五篇

∨

————

数字化治理

第十二章

数字化治理概述

案例引入 ···▶

海口持续创新基层治理模式

海口市立足辖区群众需求和工作实际，围绕基层治理机制、"一老一小"服务、矛盾纠纷化解等重点领域，通过"小切口"进入、"小精准"突破等方式，推动基层治理取得明显成效。

海口持续开展"两个覆盖"攻坚行动，不断扩大党的组织覆盖，推动行业协会、社会组织、企业、新就业群体、居民群众等多元主体积极参与基层治理，加快构建共建共治共享基层治理格局。海口还建立完善村（居）民委员会议事规则等 10 余项规章制度，在海南省率先制定《住宅物业服务等级规范》，推动行业协会、物业公司等社会力量更好地服务基层治理。

该市的服务效能也不断提升。依托城乡社区综合服务设施，该市规范建设日间照料中心、长者饭堂、儿童之家等功能场所；将发展新型农村集体经济列入衔接推进乡村振兴补助资金支持内容，扶持壮大村级集体经济；全面推行"12345 ＋ 网格化 ＋ 直通联办"工作机制，有效提高办件处置效率；创新小区"议事堂""信酬制"等模式，有效解决停车、加装电梯、物业费管理等小区难题。

此外，海口还建立了纵贯市、区、镇（街道）、村（社区）的人民调解组织网络，持续推进"四所一庭"多元解纷新模式，着力推动诉源治理。

资料来源：海口持续创新基层治理模式［EB/OL］．（2024 − 11 − 03）．http：//news. hndaily. cn/html/2024 − 11/03/content_58465_17952613. htm.

学习目标 ···▶

知识目标：系统掌握数字化治理概念、特点、框架及技术基础，了解其在各领域的应用，学会用大数据等技术提升治理效能，构建知识体系。

能力目标：具备解决数字化治理实际问题的能力，能运用数字化工具处理数据，设计并实施方案优化流程、评估效果、提出改进。

素质目标：培养数字化治理的敏锐洞察、前瞻思维与批判思维，具备新技术适应与创新精神，同时提升沟通协作能力，塑造数字化时代综合素养。

重点难点 ···▶

数字化治理的基本内涵；理解政府数字化治理、乡村数字化治理、企业数字化治理以及社会数字化治理的特点、基本框架、面临的挑战与应对措施；对数字化治理的实践案例进行分析。

第一节　数字化治理基本内涵

一、什么是数字化治理

为了推动数字化治理和数字中国建设，国家层面出台了一系列重要政策，包括《数字中国建设整体布局规划》《"十四五"数字经济发展规划》《国家发展改革委　国家数据局　财政部　自然资源部关于深化智慧城市发展　推进城市全域数字化转型的指导意见》《国务院关于加强数字政府建设的指导意见》《数字经济 2024 年工作要点》《中共中央国务院关于构建数据基础制度更好发挥数据要素作用的意见》等。通过这些综合性的政策措施，国家正致力于将数字化治理融入经济社会发展的各个领域，以实现数字经济和智能化水平的显著提升。

数字化治理是指随着数字技术在经济、社会、政治生活中日益广泛地应用而产生的新型治理模式。它包括但不限于多元治理、以"数字技术 + 治理"为典型特征的技管结合，以及数字化公共服务等。具体来说，数字化治理既包括"基于数字化的治理"，即数字化被作为工具或手段应用于现有治理体系，目的是提升治理效能；也包括"对数字化的治理"，即针对数字世界各类复杂问题的创新治理。从治理范围来看，数字化治理涵盖了从宏观、中观到微观的全线范畴，包括全球治理、国家治理、社会治理等宏观层面，行业治理、产业治理等中观层面，以及平台治理、企业治理、社群治理等微观层面。[①]

二、数字化治理的核心特征

1. 数据驱动

数字化治理以数据为核心资源，通过收集、整合、分析和利用海量数据，为决策提供科学依据，提高治理的精准性和效率。

---

① 数字治理的概念辨析与善治逻辑［EB/OL］.（2022 - 10 - 14）. https://www.cssn.cn/skwxsdt/gjhy/202210/t20221014_5549350.shtml.

2. 技术赋能

借助云计算、大数据、人工智能等现代信息技术，数字化治理能够实现对治理过程的实时监控、智能预警和精准干预，提升治理的智能化水平。

3. 多元协同

数字化治理强调政府、企业、社会组织及公众等多元主体的共同参与和协同合作，形成政府主导、社会参与的共建共治共享格局。

4. 开放透明

数字化治理注重信息的公开透明，通过搭建数字化平台，实现治理信息的实时共享和交互，增强治理的公信力和民众的参与度。

5. 服务导向

数字化治理以公众需求为导向，通过优化公共服务流程、提升服务质量，实现公共服务的均等化和便捷化，满足人民日益增长的美好生活需要。

6. 动态适应

数字化治理具备快速响应和动态调整的能力，能够根据社会经济发展的变化，及时调整治理策略，保持治理体系的灵活性和适应性。

第二节　政府数字化治理

一、政府数字化治理的定义

习近平总书记指出："要全面贯彻网络强国战略，把数字技术广泛应用于政府管理服务，推动政府数字化、智能化运行，为推进国家治理体系和治理能力现代化提供有力支撑。"[①] 数字政府建设不仅是贯彻落实习近平总书记关于网络强国的重要思想的重要举措，也是推动国家治理体系和治理能力现代化的必由之路。[②]

政府数字化治理是我国公共管理学研究的前沿领域。从已有研究看，孙斐和游鸿宾认为，政府数字化治理的本质在于政府利用数字技术提高行政效率、改进政府决策、重塑业务流程、改善公共服务质量以满足公众价值期望。[③] 赵斌等提出，政府数字化治理旨在运用数字技术进行公共服务的提供、政策的制定与执行及社会管理的过程。[④] 简言之，政府数字化治理是指政府运用新一代信息技术，如云计算、大数据、物联网等，构建数字政

---

① 习近平主持召开中央全面深化改革委员会第二十五次会议［EB/OL］.（2022 – 04 – 19）. https：//www. gov. cn/xinwen/2022 –04/19/content_5686128. htm.

② 熊易寒，胡业飞. 以数字政府建设赋能国家治理现代化［EB/OL］.（2024 – 07 – 09）. https：//epaper. gmw. cn/gmrb/html/2024 –07/09/nw. D110000gmrb_20240709_1 – 06. htm.

③ 孙斐，游鸿宾. 数字政府治理的公共价值失灵发生机制及其矫正——以 C 市智慧城市建设为例［J］. 中国行政管理，2024（4）：107 – 119.

④ 赵斌，汪克亮，刘家民. 政府数字化治理与企业新质生产力——基于信息惠民国家试点政策的证据［J］. 电子政务，2024（9）：38 – 49.

府，实现政府治理和公共服务的数字化转型和现代化管理。这一过程旨在提高政府的效率、透明度和服务质量，同时促进社会经济发展和民生改善。

📖 **阅读拓展** →→--

数字化政务服务：提升服务效率与质量

青岛市行政审批服务局围绕便民利企"高效办成一件事"，以群众视角再造业务流程、建设审批平台，打造了"一张地图""一个入口""一张表单""一枚签章""一码服务"的"五个一"全流程数字赋能体系，有效解决企业群众线上、线下办理业务堵点难点问题，推动政务服务再次提档升级。

"一张地图"让办事查询"更便捷"。市行政审批局整合办事指南、服务场所、服务事项等各类政务服务资源，打造政务服务数字地图。地图集中展示青岛市、区（市）、镇（街道）、村（社区）四级3000余个便民服务场所地理位置、服务时间、咨询电话、可办业务清单等关键信息，便于群众一站式查询，选择就近办理场所并进行精准导航。

"一个入口"让申报操作"更简单"。市行政审批局坚持集成化改革，围绕企业登记、工程建设、社会组织、交通运输等15个高频业务领域，将全市1614个业务办理项集成打造为45个全流程数字化服务场景，实现"新设、变更、注销"等多种情形N个申报入口集成为"1"，企业群众只需做几个简单的选择题，即可快速定位办理事项，完成业务申报。

"一张表单"让材料提交"更精准"。市行政审批局为每个"一件事"事项和全流程数字化服务场景定制一张数字化智能申报表单，将"填空题"变为"选择题""判断题"。智能表单整合国家级、省级、市级290项可共享数据要素，汇聚80余万条业务数据，实现身份数据"自动填"，历史数据"选择填"，共享数据"系统填"，表单免填写率达到63%以上。

"一枚签章"让业务审批"更高效"。市行政审批局通过"青易办"电子签署中心，将电子印章、电子签名全面融入从申报到发证的审批服务全周期，推动审批服务向协同化、主动化、无纸化迭代升级。

"一码服务"让办事流程"更规范"。聚焦深化电子证照应用，市行政审批局构建"一码通办、一照通投、一照通查"的一码服务体系，推动企业群众办事降本增效。

资料来源："五个一"推动政务服务更便捷高效［EB/OL］．（2024-07-30）．http：//qdsxzspfwj. qingdao. gov. cn/gzdt/gzdt_gzdt/202407/t20240730_8154777. shtml.

二、政府数字化治理的特点

1. 协同化

政府数字化治理强调组织间的互联互通和业务协同，能够实现跨层级、跨地域、跨部门、跨系统、跨业务的高效协同管理和服务。这种协同化不仅提升了政府内部的协作效率，还促进了政府与社会各界的互动与合作。

2. 云端化

云平台是政府数字化治理的最基本技术要求。政务上云有助于各地各部门由分散建设向集群和集约式规划与建设演化，是政府整体转型的必要条件。通过云平台，政府可以更加高效地管理和利用数据资源，提升治理效能。

3. 智能化

智能化治理是政府应对社会治理多元参与、治理环境越发复杂、治理内容多样化趋势的关键手段。借助人工智能、大数据等技术，政府可以更加精准地感知社会态势、预测发展趋势，并据此作出科学决策。

4. 数据化

数据化是政府数字化治理的核心特征之一。政府通过整合和共享政务数据，实现了数据的流动与知识的应用。这不仅提升了政府的决策水平和服务质量，还促进了政府与公众之间的互信和互动。

5. 动态化

政府数字化治理是一个在数据驱动下动态发展、不断演进的过程。政府需要不断探索新技术、新模式、新方法，以适应社会治理的新需求和新挑战。这种动态化的发展过程有助于政府保持创新力和竞争力。

三、政府数字化治理的框架

1. 战略规划与政策引导层

明确数字化治理目标至关重要，基于社会发展需求与公众期望，确定如提升服务效率、助力决策科学等长短期目标，为治理工作锚定方向。制定数字化战略规划则从宏观上勾勒整体架构与发展路线，保障建设的系统性，避免盲目投入与重复建设。完善政策法规体系犹如构建规则框架，规范数字技术运用、数据处理与网络安全等行为，使数字化治理有法可依、有章可循。

2. 基础设施与技术支撑层

网络基础设施建设致力于打造高速稳定安全的信息传输通道，无论是宽带、无线还是物联网，都为政务信息快速传递与设备互联提供了可能，确保政务工作的及时性与高效性。云计算与大数据平台搭建起强大的数据处理与存储中枢，云计算中心的强大算力与存储资源、大数据平台对海量数据的深度挖掘，为政府决策与管理提供数据支撑。人工智能与区块链技术应用更是为政务工作注入智能与信任元素，人工智能助力智能决策与监管服务，区块链保障数据真实可靠，提升政务协同效率。

3. 数据资源管理层

通过多元渠道广泛收集政府、社会与公众数据至统一仓库，为后续分析利用做足准备。通过制定标准规范，清洗整合数据，确保数据准确完整一致，并建立评估监控机制，保证数据质量过硬，为精准决策提供可靠依据。数据共享与开放打破部门壁垒，促进内部协同并向社会适度开放数据，激发社会创新活力，推动数字经济蓬勃发展。

4. 业务应用与服务层

打造便捷高效的政务服务平台，整合各类事项，提供网上、移动、自助等多元服务方式，极大提升公众办事体验与满意度。借助数字化手段强化对经济、市场、社会的监测分析，为政府科学决策提供依据,同时通过业务应用系统实现精细化管理与精准化服务。利用数字技术在教育、医疗等领域推陈出新,提供个性化多元化服务产品,提高公共服务质量效益。

5. 组织与人才保障层

优化部门职责分工,构建跨部门协同机制,加强沟通协作,凝聚工作合力,避免部门推诿扯皮。人才培养与引进双管齐下,一方面提升现有工作人员数字素养与业务能力,另一方面吸引专业人才加入,为数字化建设注入新鲜血液与智慧力量。

6. 安全与风险管理层

在网络安全防护上,需建立完善制度与技术体系,强化对信息、设备、数据资源的保护,杜绝网络攻击、数据泄露等安全问题。在数据安全管理上,要制定策略,严格把控访问、存储、备份等环节,确保数据安全保密,同时借助审计机制全程监控数据使用操作。而风险评估与应急处置环节,应定期开展评估识别潜在风险,制定应对措施,建立应急与恢复机制,保障数字化治理能持续稳定运行,提升应对突发事件能力。

政府数字化治理基本框架如图 12 – 1 所示。

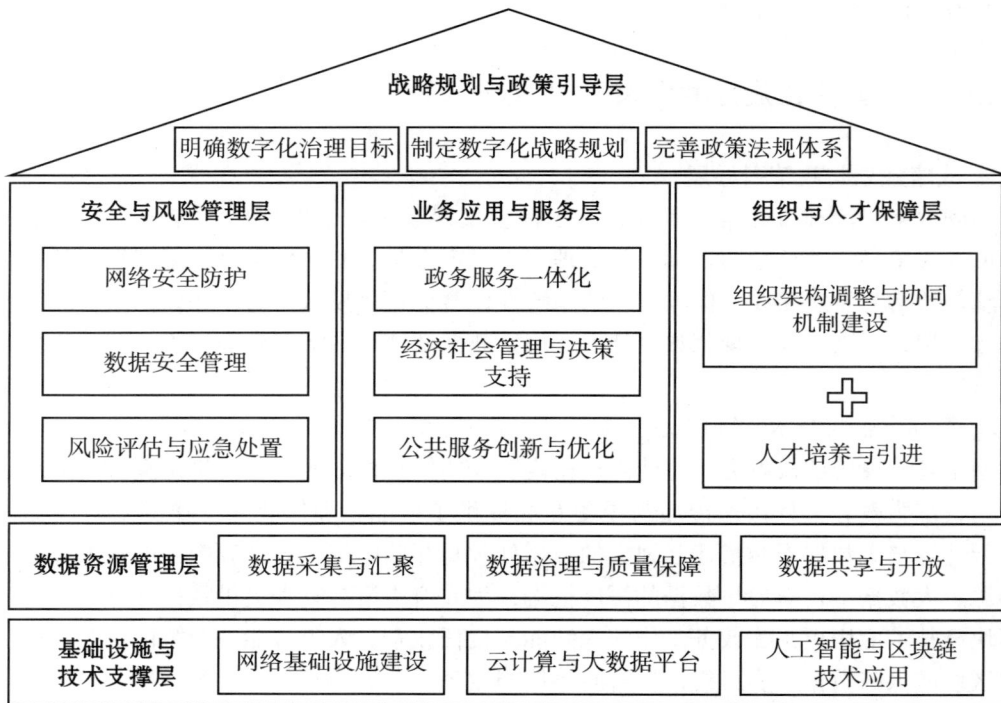

图 12 – 1　政府数字化治理基本框架

四、政府数字化治理的挑战与对策

(一)法规与监管层面

1. 挑战

(1)法律法规滞后。数字化治理的快速发展使得相关法律法规相对滞后,一些新的问题和矛盾缺乏明确的法律依据和规范，给政府治理带来了一定的法律风险。

（2）监管难度大。数字空间的虚拟性和跨地域性使得数字化治理的监管难度增大，传统的监管手段和方式难以适应新的形势，容易出现监管空白和漏洞。

2. 对策

（1）加快法规制度建设。及时修订和完善相关法律法规，填补数字技术应用、数据管理、网络空间治理等方面的法律空白，为政府数字化治理提供坚实的法律保障。例如，制定数据保护法、电子政务法等专项法律法规。

（2）创新监管方式和手段。运用大数据、人工智能等技术手段，建立数字化监管平台，实现对数字空间的动态监测和精准监管；加强部门间的协同监管，形成监管合力，提高监管效能。例如，市场监管部门利用网络监测技术对网络交易行为进行实时监管。

（二）社会参与层面

1. 挑战

（1）公众数字素养差异大。不同群体之间的数字素养存在较大差距，部分公众对数字化治理的方式和渠道不够熟悉，参与度较低，影响了数字化治理的社会基础和效果。

（2）社会力量参与机制不完善。政府与企业、社会组织等社会力量在数字化治理中的合作机制尚不健全，社会力量的作用未能充分发挥，限制了数字化治理的多元主体协同效应。

2. 对策

（1）提升公众数字素养。开展数字素养普及教育活动，通过线上线下相结合的方式，为公众提供数字技能培训和指导，提高公众对数字化治理的认知和参与能力。例如，社区组织开展智能手机应用、电子政务操作等培训课程。

（2）建立健全社会参与机制。制定鼓励社会力量参与数字化治理的政策措施，搭建合作平台，明确各方的权利和义务，引导企业、社会组织等积极参与数字基础设施建设、数据开发利用、公共服务创新等工作。例如，建立政府购买数字化服务的目录和标准，规范社会力量参与的流程和方式。

（三）组织与人才层面

1. 挑战

（1）组织架构适应性不足。传统的政府组织架构和管理模式可能难以适应数字化治理的要求，部门之间的职责划分不够清晰，协同合作存在障碍，影响了数字化治理的整体效能。

（2）专业人才短缺。数字化治理需要既懂政府业务又掌握数字技术的复合型人才，而政府部门此类人才相对匮乏，制约了数字化治理项目的推进和实施。

2. 对策

（1）优化组织架构和流程。根据数字化治理的需求，调整政府部门的职责和权限，建立跨部门的协同工作机制和沟通协调平台，打破部门壁垒，提高工作效率。例如，成立数字政府建设领导小组，统筹协调数字化治理工作。

（2）加强人才培养和引进。制定人才发展规划，通过内部培训、交流学习、专业进修等方式提升现有人员的数字素养和业务能力；同时，加大人才引进力度，吸引数字技术、数据分析等专业人才加入政府数字化治理队伍。

第三节　乡村数字化治理

一、乡村数字化治理的定义

中共中央办公厅、国务院办公厅于 2019 年 5 月印发了《数字乡村发展战略纲要》，将数字乡村作为数字中国建设的重要方面，对创新乡村治理方式、提高乡村善治水平作出重要部署，提出构建乡村数字治理新体系。党的二十届三中全会提出："健全党组织领导的自治、法治、德治相结合的城乡基层治理体系。"

近年来，数字技术的迅猛发展为城乡基层治理的现代化转型奠定了坚实基础。乡村数字化治理是推进乡村治理体系和治理能力现代化的必然要求。朱广慧等（2024）指出，乡村数字化治理是将数字技术与乡村治理相结合，旨在提高农村社会管理和公共服务的效率和质量。张宸瑜（2024）指出，乡村数字化治理是将先进的信息技术引入乡村治理体制中，打造全新的社会治理格局，形成共建共治共享的乡村治理体制。陈丰和张双双提出，乡村数字化治理是指融合规则制度、社会结构、组织功能等多维力量，以制度体系支撑、基础设施保障、个性化服务供给、因地制宜发展等数字化路径，构建开放有效、绿色协调的乡村治理模式，旨在带动乡村发展方式从粗放运营向统筹集约转变。[①]

简言之，乡村数字化治理是指在乡村治理中充分运用数字技术和数据资源，以提升乡村治理效能、促进乡村经济社会发展、改善农民生活质量为目标，对乡村事务进行全方位、智能化管理和服务的一种创新治理模式。具体来说，乡村数字化治理是在现代信息技术的驱动下，以县域为治理单元，统筹推进大数据、物联网、云计算等技术在智慧农业、乡村普惠金融、电子商务、生态保护、网络文化、数字党建、互联网政务、惠民服务等重点领域的运用、匹配与融合，从而实现乡村公共事务的精准化治理、智能化应对与科学化决策，推动乡村治理机制重构及农业农村数字化转型的演进过程。

二、乡村数字化治理的特点

1. 高效性与精准性

乡村数字化治理通过运用大数据、云计算等现代信息技术，实现了对乡村治理信息的快速收集、处理和分析，从而提高了治理决策的科学性和精准性。这种高效的信息处理能力，使得乡村治理能够更快地响应村民需求，更有效地解决乡村问题。

---

① 陈丰，张双双. 地方政府推进乡村数字化治理的实践机制——基于政府创新视角的分析 ［J］. 四川行政学院学报，2024（5）：5－14，102.

2. 透明性与公开性

数字化治理平台能够实时公开村务信息，包括财务状况、项目进展、政策文件等，确保村民能够及时了解乡村治理的最新动态。这种透明性和公开性有助于增强村民对乡村治理的信任感，提高村民参与乡村治理的积极性。

3. 参与性与互动性

乡村数字化治理平台为村民提供了便捷的参与渠道，使村民能够通过网络平台发表意见、提出建议，甚至直接参与决策过程。这种参与性和互动性不仅增强了村民的主体地位，也促进了乡村治理的民主化和科学化。

4. 智能化与自动化

随着人工智能技术的不断发展，乡村数字化治理正在向智能化、自动化方向迈进。通过引入智能识别、智能预警等先进技术，乡村治理能够实现对乡村环境的实时监测和预警，提高乡村治理的智能化水平。同时，自动化技术的应用也减轻了乡村治理的工作压力，提高了工作效率。

5. 融合性与创新性

乡村数字化治理不仅融合了信息技术与传统乡村治理的优势，还鼓励创新，推动乡村治理模式的变革。通过引入新的治理理念和技术手段，乡村数字化治理能够不断适应时代发展的需要，推动乡村治理体系的完善和发展。

6. 可持续性与长期性

乡村数字化治理注重可持续发展，通过构建稳定的数字化治理体系，确保乡村治理的长期性和稳定性。这种可持续的治理方式有助于推动乡村经济的持续增长和社会的长期稳定。

📖 **阅读拓展** ➤➤ -

智慧化垃圾分类：数字赋能乡村美丽生态

为促进农村生活垃圾分类处理工作有效开展，推进垃圾分类减量化处理工作，提升农村人居环境，东阳市积极探索智能化管理模式，自主研发了"考垃"App 管理软件，助力农村垃圾分类。

1. 全过程监管，要求事事溯源

在"考垃"App 上，农户、保洁员、垃圾清运人员等 15 个角色终端将运行过程中的农户分类自查和积分兑换情况，检查人员检查、评价信息，第三方公司清运、处理等情况上传，市、镇、村三级管理员可以在后台实时查看，对垃圾分类处理全过程进行监管。"考垃"App 还通过积分兑换与排名，激发农户对垃圾分类的积极性，提高农户的参与率，达到源头减量，破解垃圾分类工作巩固难、易反复的难题。

2. 大数据分析，实现笔笔记录

"考垃"App 平台将垃圾分类所有环节，包括农户分类、保洁员清运、镇村干部督查、再生资源超市回收等全部串联在了一起，将不同用户的分类、清运、回收、处理等信息数据全部纳入了信息化管理。"考垃"App 云端通过分析数据，可以精确找出农户每天垃圾是否分类、村保洁员每天是否到户收运、第三方清运公司是否每天清运及清运是否彻底等具体问题及责任人；通过逐项量化分析，形成农户奖励积分排名、检查人员工作效率排名、镇村工作排名等信息。同时，云端记录了农户积分兑换的每笔历史记录，通过分析历史记录，为商品兑换商提供商品精准参考。

3. 精细化管理，做到件件处理

在农户垃圾分类全过程的监督、检查、清运、处理，再生资源回收、奖励积分的获取兑换等方面，"考垃"App制定了一套严密的运行机制，从垃圾的产出到处理结束都在一整套完整的体系内进行。镇、村管理员可根据"考垃"App云端找出的具体问题和责任人，有针对性地制订整改方案和措施，并通过终端反馈的数据信息确认整改情况；根据云端的各项排名信息，市、镇、村依据考核办法，精确地进行奖励和惩处。"考垃"App还设有"一键预约"功能，回收员根据"考垃"App信息实行按需、定时、定点上门回收，对各类可再生资源进行精细化回收。

资料来源：东阳农村垃圾分类智能化管理显成效［EB/OL］．（2019－07－03）．https：//bai jiahao. baidu. com/s？id＝1638026885324331025&wfr＝spider&for＝pc.

三、乡村数字化治理的框架

（一）基础设施层

网络基础设施方面，农村宽带网络的延伸与移动信号基站的布局，让乡村不再是信息孤岛，稳定高速的网络如同信息的动脉，保障了乡村内外信息的顺畅交互与共享，无论是农产品的线上销售信息传递，还是远程农业技术指导的接收，都离不开它。

硬件设备设施上，计算机、服务器等设备的逐步普及，以及物联网传感器在农业与环境领域的深入应用，为乡村数字化治理提供了物质依托。例如，在农田中部署的传感器可实时监测土壤湿度、肥力等数据，为精准农业提供数据基础，智能终端也方便村民获取信息与服务。

（二）数据资源层

数据采集与汇聚环节，多渠道收集的农业生产、人口、地理信息、政务服务等数据被汇聚到统一平台，犹如百川归海，实现集中管理。数据治理与质量保障机制不可或缺，通过制定标准、规范流程，清洗、转换、整合数据，使数据更精准可靠，如同为数据"提纯"。而数据共享与开放则打破了部门间的"信息壁垒"，如在乡村规划时，地理信息数据与建设部门、农业部门数据共享，能协同制定更科学合理的规划，激发社会参与乡村建设的活力。

（三）应用平台层

政务服务平台让村民办事更便捷，告别烦琐的线下流程，户籍办理、社保医保业务等均可在网上或移动端操作，大幅提升了政务服务效率与透明度。产业发展平台助力乡村经济腾飞，农村电商平台拓宽农产品销售渠道，农业生产管理平台实现种植养殖精准化，推动产业升级。公共服务平台为乡村带来优质资源，在线教育让乡村孩子共享优质课程，远程医疗使村民在家门口就能享受专家诊疗，通过数字文化平台传承乡土文化。乡村治理平台借助智能安防与环境监测技术，实现社会治安、环境监管等事务的实时掌控与智能决策，提升治理精细化程度。

（四）治理主体层

政府部门发挥主导引领作用，制定政策、规划战略、建设基础设施与提供公共服务，运用数字化手段实现科学决策与高效行政。村民自治组织则积极动员村民，通过组织数字技术培训，引导村民参与村务决策与监督，发挥村民主体力量，如在村庄环境整治数字化管理中，村民可通过自治组织参与监督与反馈。企业与社会组织也是重要力量，企业投资数字基建与开发应用产品促进数字经济发展，社会组织在教育、医疗等公益领域提供专业服务与技术支持，共同推动乡村社会事业进步。

（五）保障体系层

明确数字技术应用准则、数据安全隐私要求及各方权责，确保治理依法依规。着力提升乡村数字化人才素养与技能，培养本土人才并引进外部力量，同时建立技术支持体系，保障数字技术稳定运行与更新。构建多元投入机制，政府加大财政投入，引导企业与金融机构等社会资本参与，为乡村数字化项目提供资金源泉，如在数字农业示范园区建设中，政府与企业共同投资打造智能化农业生产设施与管理平台。

乡村数字化治理基本框架如图 12-2 所示。

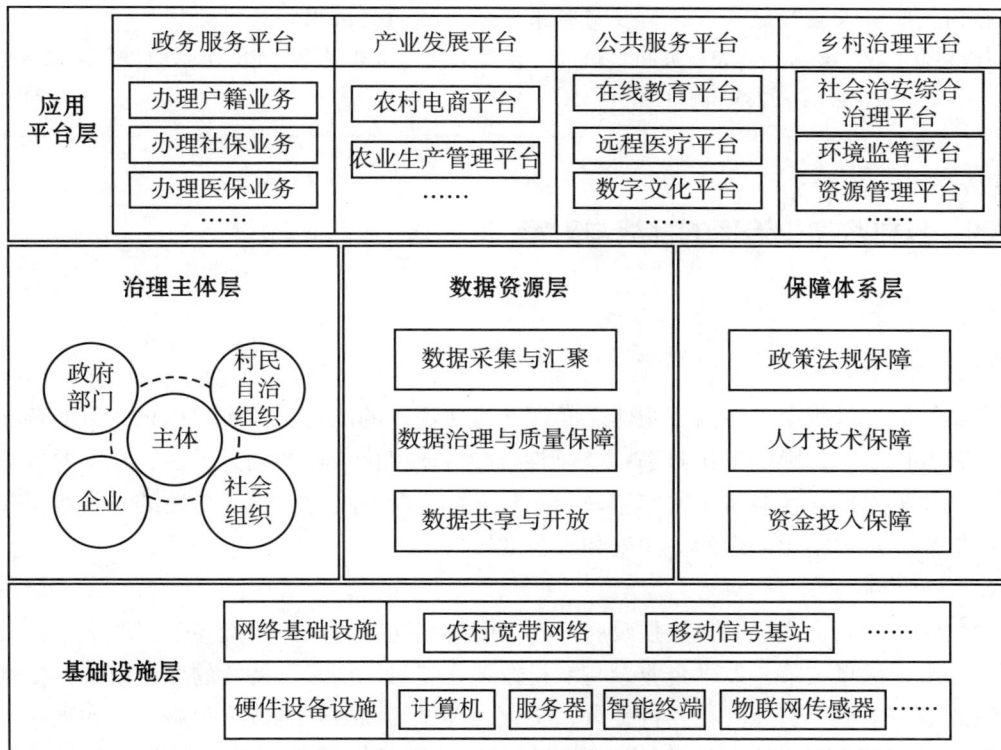

图 12-2　乡村数字化治理基本框架

数字乡村新引擎：温州电信助力乡村振兴与健康养老

在 2024 年世界互联网大会"互联网之光"博览会上，温州电信通过智慧健康养老系统和 AI 云平台的引入，为偏远山区的养老服务打开了新局面。平阳县水头镇的双峰村，作为这一创新项目的核心示范点，展示了数字技术在乡村振兴中的巨大潜力。

双峰村坐落在海拔 600 米的高处，这里没有城市的喧嚣，但数字技术的引入为这个小村庄注入了新的生机。温州电信为其搭建的"数字乡村 AI 云平台"，整合了健康管理、警报预警和社区治理等功能，不仅提升了村民的生活质量，还有效保障了老人的健康。

温州电信还积极推动农村智慧养老服务，通过整合物联网设备和智能化管理，实现了对留守老人和独居老人的关怀与监护。近万户老年人家庭安装的一键通康养设备，极大提升了居家安全，提供了及时的健康咨询和应急服务。这种技术的落地，展示了如何利用现代科技应对传统社会问题，增强了乡村的治理能力。

同时，温州电信在推进乡村数字化进程方面积极探索创新，助力各村发展特色产业。通过建立数字云平台和"产业大脑"，帮助农户提升生产效率及市场竞争力。例如，在泰顺县，通过"未来农场"的建设，村民的农产品在电商平台上的销量实现了显著提升。

在温州市的乡村振兴过程中，温州电信不仅关注基础设施的建设，还非常重视村民综合素质的提升。2024 年，他们累计举办了 300 余场数字康养下乡活动，提供免费体检和健康咨询，服务人数超过 8 万，为乡村带来了实质性的健康保障。

资料来源：数字乡村新引擎：温州电信助力乡村振兴与健康养老［EB/OL］.（2024 – 12 – 03）. https://www.sohu.com/a/832853446_121798711.

四、乡村数字化治理的挑战与对策

（一）治理主体

1. 面临的挑战

在实际治理过程中，各治理主体之间存在协调不畅的问题。政府部门之间可能存在职责交叉和数据壁垒，影响工作效率；企业参与乡村数字化治理的动力不足，缺乏明确的盈利模式和政策支持；社会组织的作用尚未充分发挥，参与渠道有限；村民的参与意识和能力有待提高，对数字化治理的关注度和参与度较低。

2. 应对策略

建立健全协同合作机制，加强政府部门之间的沟通与协调，明确各部门职责，打破数据孤岛。出台优惠政策，鼓励企业参与乡村数字化项目，探索可持续的商业模式。拓宽社会组织的参与渠道，引导其在乡村教育、文化、环保等领域开展数字化服务。加强宣传教育，提高村民对数字化治理的认知度和参与意识，通过培训提升村民的数字素养和参与能力。

（二）资金投入

1. 资金来源的困境

乡村自身经济基础薄弱，财政收入有限，难以满足数字化治理的资金需求。同时，社会资本对乡村数字化治理项目的投资意愿不强，主要原因是项目投资回报周期长、风险较大，且缺乏有效的政策引导和激励机制，导致乡村数字化治理面临资金短缺的困境。

2. 解决措施

加大政府财政资金支持力度，设立专项基金，重点投向乡村数字基础设施建设、关键技术研发等领域。创新资金投入方式，采用政府与社会资本合作（public-private partnership, PPP）模式、产业引导基金等，吸引社会资本参与乡村数字化治理。此外，鼓励金融机构开发适合乡村数字化项目的金融产品和服务，为乡村数字化治理提供多元化的资金支持。

（三）数字技术

1. 技术应用的障碍

乡村地区数字技术应用面临基础设施薄弱、技术人才短缺、应用成本高等问题。部分偏远乡村网络覆盖不足，限制了数字技术的应用范围和效果。同时，乡村缺乏专业的数字技术人才，难以对技术进行有效维护和管理。此外，数字技术的应用和升级需要一定的资金投入，对于乡村来说成本较高，制约了技术的推广和应用。

2. 推动技术应用的措施

加强乡村数字基础设施建设，提升网络覆盖和通信质量，为数字技术应用提供基础条件。加大人才培养和引进力度，通过培训提升乡村干部和村民的数字技术应用能力，吸引专业技术人才到乡村服务。降低数字技术应用成本，鼓励科技企业研发适合乡村的低成本、易操作的数字技术产品和解决方案。同时，建立技术应用示范基地，通过试点示范，引导乡村逐步推广和应用数字技术。

（四）应用场景

1. 应用场景拓展的局限

目前乡村数字化治理的应用场景还相对有限，主要集中在一些较为成熟的领域，在农村文化、乡村旅游、基层党建等领域的数字化应用还不够深入。部分数字化应用存在与乡村实际需求脱节的问题，缺乏针对性和实用性，导致应用效果不佳，难以得到广泛推广和应用。

2. 拓展应用场景的思路

深入挖掘乡村特色资源和需求，结合数字技术的优势，在农村文化传承、乡村旅游发展、基层党建等领域创新数字化应用场景。例如，利用数字技术打造乡村文化数字博物馆，推广乡村旅游线上营销模式，建立基层党建数字化平台等。加强应用场景的需求调研和设计，确保数字化应用能够切实解决乡村治理中的实际问题，提高应用的易用性和有效性，推动乡村数字化治理应用场景的多元化和深入化发展。

第四节　企业数字化治理

一、企业数字化治理的定义

中国信息通信研究院 2021 年 7 月发布的《企业数字化治理应用发展报告》指出，企业数字化治理的本质是企业治理活动的数字化和对数字化对象的治理。具体来说，企业数字化治理是指企业在数字化转型过程中，建立与新型能力建设、运行和优化相匹配的治理机制和应用架构方法。它涉及推动人、财、物以及数据、技术、流程、组织等资源、要素和活动的统筹协调、协同创新和持续改进。企业数字化治理包括治理活动的数字化转型，如 IT 运营、安全管理、风险管理、审计、法律合规等领域，以及对数据和新技术等数字资产的治理。它还包括安全可控技术的应用和安全可控、信息安全等管理机制的建设与持续改进。

二、企业数字化治理的特点

（一）以数据为核心资产

数据成为企业最重要的生产要素之一，如同传统企业中的土地、劳动力和资本。企业通过各种数字化手段收集、存储、分析和应用海量的数据，包括客户数据、业务数据、市场数据等，挖掘数据中的价值，为企业的决策、运营和创新提供有力支持。例如，电商企业通过分析用户的浏览和购买行为数据，实现精准的商品推荐，提高销售额和客户满意度。

（二）技术驱动变革

数字化治理高度依赖各种先进的数字技术，如大数据、人工智能、区块链、物联网、云计算等。这些技术的应用促使企业在业务流程、组织架构、商业模式等方面发生深刻变革。例如，制造企业利用物联网技术实现设备的互联互通和远程监控，提高生产效率和设备利用率；金融企业借助区块链技术提升交易的安全性和透明度。

（三）强调协同与集成

企业数字化治理打破了部门之间的信息孤岛，实现了业务系统的互联互通和数据共享，促进了企业内部各部门之间以及企业与外部合作伙伴之间的协同工作。例如，通过企业资源规划（ERP）系统和客户关系管理（CRM）系统的集成，销售部门可以及时获取客户的订单信息和历史交易记录，从而更好地为客户提供服务，提高客户满意度。

（四）具备高度的灵活性和敏捷性

数字化技术使企业能够快速响应市场变化和客户需求，及时调整业务策略和产品服务。企业可以通过数字化平台快速推出新产品、新服务，优化业务流程，提高企业的竞争力。例如，互联网企业可以根据用户反馈和市场趋势，迅速调整产品功能和界面设计，推出新的版本，满足用户的需求。

（五）注重用户体验

在数字化治理模式下，企业更加关注用户的需求和体验，通过数字化手段与用户进行全方位的互动和沟通，深入了解用户的痛点和期望，不断优化产品和服务，提升用户体验。例如，移动应用程序通过简洁易用的界面设计、个性化的内容推荐和及时的客户服务，为用户提供良好的使用体验，增强用户的黏性和忠诚度。

（六）推动创新与创造

数字化治理为企业提供了丰富的创新工具和平台，激发了企业员工的创新思维和创造力，推动企业在产品、服务、商业模式等方面的创新。例如，共享经济模式的出现就是数字化技术与创新思维相结合的产物，通过互联网平台实现资源的共享和优化配置，创造了新的商业价值。

（七）面临新的安全与隐私挑战

随着企业数字化程度的加深，数据安全和隐私保护成为至关重要的问题。企业需要采取一系列技术和管理措施，保障数据的安全性、完整性和可用性，防止数据泄露和滥用。例如，金融机构需要严格遵守相关法律法规，加强客户信息的保护，防止客户数据被窃取和泄露，维护客户的合法权益。

📚 **阅读拓展** → -

方大特钢：引领智能制造新潮流

方大特钢的"5G＋智慧工厂"项目自 2022 年启动，致力于通过 5G 通信、大数据、人工智能和数字孪生等前沿技术，重塑传统制造业的生产流程。该项目建立了一整套智能化管理体系，涵盖生产制造、仓储物流、采购供应、安全生产和环保监测等多个环节，通过地理信息、工业控制和物联网感知数据的深度融合，打造出全面数字孪生的智能平台。

其技术创新的核心，体现在将人工智能和大数据分析应用于生产过程的方方面面。借助这些技术，智慧工厂能够精准感知生产中的各种数据，实现生产流程的自动化和智能化提升。这不仅优化了生产效率，还提升了产品质量，真正展现了工业与信息技术的深度结合。

方大特钢的"5G＋智慧工厂"项目涵盖八大数字孪生主题模块，包括生产制造、安全生产、环保监测、采购销售、仓储物流、管线管理、工业旅游和设备在线监测等。通过这些模块，企业能够实现全领域、全流程、全要素的可视化管控，提升其在市场中的竞争力和管理水平。

值得一提的是，方大特钢在智慧物流管理方面也取得了一系列重要进展。公司自主研发的"物流跟踪系统""厂内运输管理系统""厂内火车停时管理系统"等，均显著提升了企业的物流运输效率。这些系统通过实时数据分析和智能决策，能够有效降低物流成本，提高运输精度，体现了数字化时代的物流管理新标准。

资料来源：方大特钢荣获 2024 全国制造业优秀数智化案例奖：引领智能创造新潮流［EB/OL］.（2024 - 11 - 13）. https://www.sohu.com/a/826546322_121798711.

三、企业数字化治理的框架

（一）数字化战略规划

企业需要明确数字化转型的长期愿景和短期目标，如提高市场份额、降低运营成本、提升客户满意度等，并将其与企业的整体战略相结合。根据愿景和目标，制定具体的数字化战略实施路径，包括确定关键的数字化项目、投资计划、时间表等。

（二）组织架构与文化

建立适应数字化治理的组织架构，打破传统的部门壁垒，促进信息流通和协同工作。例如，设立专门的数字化转型团队或部门，负责推动数字化项目的实施。培养企业内部的数字文化，鼓励员工积极拥抱数字化变革，提升员工的数字素养和创新意识。

（三）数字技术应用

构建稳健的数字化基础设施，包括网络、服务器、存储设备等硬件设施，以及操作系统、数据库管理系统等软件平台，为企业的数字化应用提供支撑。积极引入大数据、人工智能、区块链、物联网、云计算等新兴数字技术，推动企业业务的创新和优化。例如，利用大数据分析实现精准营销，借助人工智能提升客户服务质量。

（四）数据治理

建立完善的数据管理体系，包括数据标准、数据质量、数据安全等方面的管理，确保数据的准确性、完整性和一致性。加强数据分析能力，通过数据挖掘、机器学习等技术，从海量数据中提取有价值的信息，为企业决策提供支持。例如，通过销售数据分析预测市场需求，优化库存管理。

（五）业务流程优化

对企业的核心业务流程进行全面梳理，去除烦琐的环节，实现业务流程的自动化和智能化。例如，通过引入工作流管理系统，优化审批流程，提高工作效率。以客户为中心，优化业务流程，提升客户体验。例如，通过建立客户关系管理系统，实现客户信息的全生命周期管理，为客户提供个性化的服务。

（六）人才与能力建设

加强对现有员工的数字化培训，提升员工的数字技能和业务能力。同时，积极引进数字化专业人才，为企业的数字化转型提供人才支持。建立知识共享平台，促进员工之间的知识交流和经验分享，加速企业的数字化知识积累和传承。

（七）安全与风险管理

加强网络安全防护能力，建立防火墙、入侵检测系统、数据加密等安全防护机制，防止网络攻击和数据泄露。建立完善的风险评估体系，对数字化转型过程中的各种风险进行识别、评估和应对，确保企业的数字化转型顺利进行。

企业数字化治理基本框架如图 12 - 3 所示。

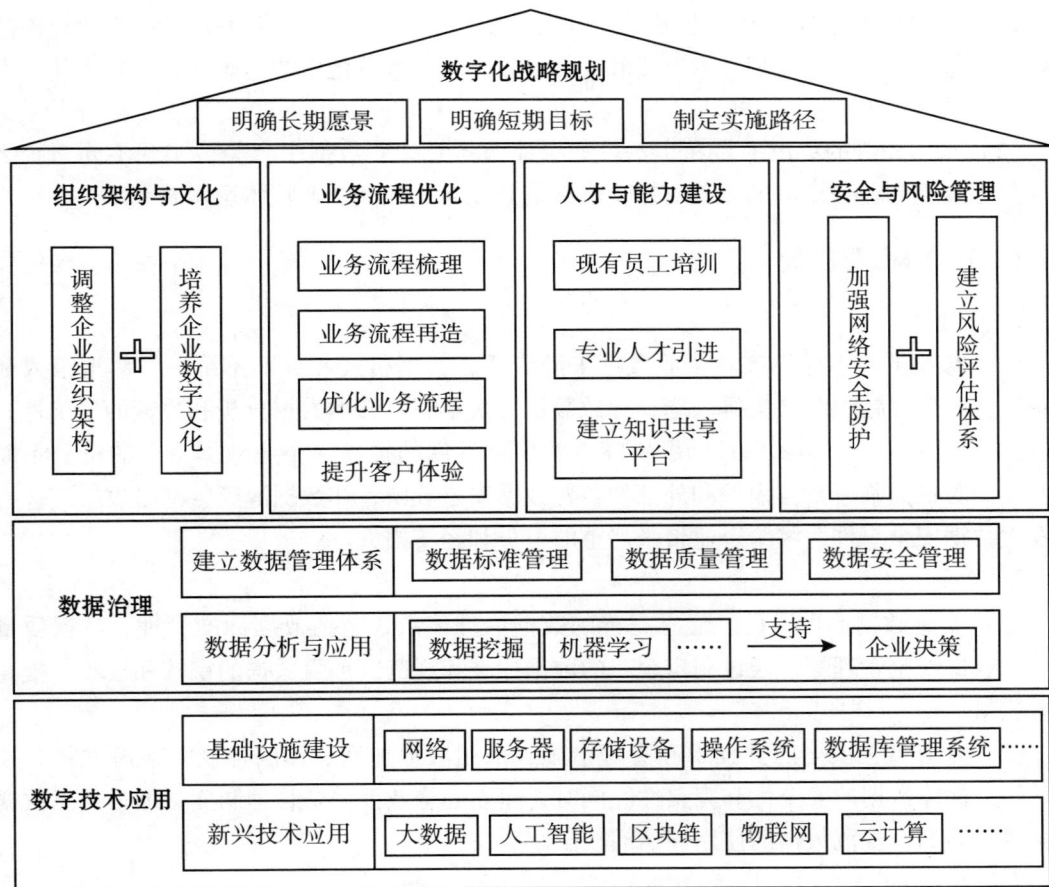

图 12 - 3 企业数字化治理基本框架

四、企业数字化治理的挑战与对策

（一）技术层面

1. 挑战

（1）技术更新换代快。数字化技术如大数据、人工智能、区块链等不断更新，企业需要持续投入大量资源进行技术升级和系统更新，以跟上技术发展的步伐，否则可能面临技术落后、竞争力下降的风险。

（2）系统集成难度大。企业在数字化转型过程中往往会引入多种不同的信息系统和技术工具，这些系统之间的兼容性和集成性较差，容易形成信息孤岛，影响数据的流通和业务的协同。

2. 对策

（1）建立技术监测与评估机制。密切关注技术发展动态，定期评估现有技术架构的有效性和适应性，提前规划技术升级和更新路线图，合理分配资源，确保企业技术始终保持在行业前沿水平。

（2）采用先进的集成平台和工具。如企业服务总线、数据中台等，实现不同系统之间的数据共享和业务流程的无缝对接，打破信息孤岛，提高企业整体运营效率。

（二）数据管理层面

1. 挑战

（1）数据质量参差不齐。企业数据来源广泛，数据格式和标准不统一，数据录入和采集过程中存在错误和缺失等问题，导致数据质量不高，影响数据分析和决策的准确性。

（2）数据安全与隐私保护问题。随着数字化程度的提高，企业数据资产的价值不断提升，同时也面临着来自内部和外部的各种数据安全威胁，如数据泄露、网络攻击等，一旦发生数据安全事件，将给企业带来严重的声誉和经济损失。

2. 对策

（1）实施数据治理项目。建立完善的数据治理体系，包括数据标准管理、数据质量管理、数据安全管理等，通过制定统一的数据标准和规范，加强数据的审核和校验，提高数据质量。

（2）加强数据安全防护技术和管理措施。采用数据加密、访问控制、备份恢复等技术手段，保障数据的安全性和完整性。同时，建立健全数据安全管理制度，加强员工数据安全意识培训，规范数据的使用和访问权限。

（三）业务流程层面

1. 挑战

（1）流程优化难度大。企业的业务流程经过长期的发展和沉淀，已经相对固化，涉及多个部门和环节的利益关系，对其进行优化和变革需要克服较大的阻力和困难。

（2）数字化与业务融合度低。部分企业在推进数字化治理过程中，存在数字化技术与业务流程"两张皮"的现象，数字化应用未能真正深入业务流程的核心环节，无法发挥其应有的价值。

2. 对策

（1）采用业务流程管理（business process management，BPM）方法。对企业的业务流程进行全面梳理和分析，找出存在的问题和瓶颈，制订科学合理的流程优化方案，并通过信息化手段将优化后的流程进行固化和落地，确保流程的高效执行。

（2）以业务需求为导向推进数字化应用。在数字化项目实施过程中，充分了解业务部门的需求和痛点，将数字化技术与业务流程深度融合，通过数字化手段解决业务问题，提升业务效率和质量。

（四）战略与文化层面

1. 挑战

（1）数字化战略不明确。部分企业对数字化转型的目标和方向缺乏清晰的认识，数字化战略不够明确和具体，导致数字化项目缺乏统一的规划和指导，资源投入分散，难以取得预期的效果。

（2）数字文化缺失。企业内部缺乏鼓励创新、勇于尝试的数字文化氛围，员工对数字化变革的积极性和主动性不高，限制了企业数字化治理的推进速度和深度。

2. 对策

（1）制定清晰的数字化战略。结合企业的发展战略和市场竞争态势，制定明确、具体、可落地的数字化战略，明确数字化转型的目标、任务、重点领域和实施路径，并将其分解为具体的数字化项目和行动计划，确保数字化转型有序推进。

（2）培育数字文化。通过组织数字化培训、开展创新竞赛、建立激励机制等方式，营造积极向上的数字文化氛围，鼓励员工积极参与数字化变革，激发员工的创新活力和创造力。

第五节　社会数字化治理

一、社会数字化治理的定义

社会治理是国家治理的重要组成部分，社会的和谐有序关系着国家的兴旺发达。习近平总书记在党的二十大报告中强调"建设人人有责、人人尽责、人人享有的社会治理共同体"，引领社会治理的理念创新、体制创新、方式创新。党的二十届三中全会审议通过的《中共中央关于进一步全面深化改革　推进中国式现代化的决定》提出"完善共建共治共享的社会治理制度"。社会治理的主体不仅包括党和政府，还要依托各类社会力量的协同和公民的参与，多元行动者运用各自优势对社会组织、社会事务和社会生活进行规范、协调和服务，以满足社会需求，维持社会秩序，实现社会善治。

学者们赋予了社会数字化治理丰富的理论内涵。例如，艾尚乐提出，社会数字化治理是指利用数字技术和信息化手段，对社会治理进行全面升级和优化，实现社会治理的智能化、精细化、高效化和便捷化。[①] 王海建和郝宇青指出，社会数字化治理是指通过数字技术的赋能，对社会治理的结构、流程、形态进行再造，以最大限度发挥技术的工具理性和人（政府）的价值理性，为社会公众提供更高质量、更加丰富的公共产品。[②] 孙振南等提出，社会数字化治理是指应用数字技术、采取智能化手段，提升社会治理的数字化程度，使社会治理朝着更加高效、精细的方向发展。[③]

总的来说，社会数字化治理是指利用数字技术和数据资源，对社会事务、公共服务、社会关系等进行全面、系统、高效的管理和优化，以提升社会运行效率、改善公共服务质量、促进社会公平正义、增强社会发展活力的一种新型治理模式。社会数字化治理的实践涉及多个领域，如城市管理、公共安全、教育、医疗、交通等。通过数字化手段，可以实现城市管理的智能化、公共安全的预警和应急响应、教育资源的均衡分配、医疗服务的便捷获取以及交通出行的智能化调度等。

阅读拓展

禅城迎来城市"智"理之变

近来，越来越多社会治理新场景陆续亮相，禅城快步迈入"智"治城市时代。这些智慧化社会治理改革探索最新成果的取得，背后是禅城深入实施智慧化社会治理改革的努力。禅城通过构建"五个一"智慧化社会治理体系，进一步释放了"智"治城市的乘数效应，刷新了人们对新型城市的想象。

禅城通过创新推动大数据、云计算等新一代信息技术与社会综合治理、公共服务、基层党建等深度融合，创新构建了"一体指挥、一网统管、一格共治、一码通办、一号通服"的"五个一"智慧化社会治理体系，逐一击破痛点，让社会治理提质量、提效率、减人力、减成本。

"一体指挥"指的是，构建区、镇街、"村居＋网格"的社会治理架构，配建生态网格服务区、群众诉求服务区、大数据服务区等场地，实行一个机构抓统筹、一套制度强规范、一支队伍保落实。

"一网统管"即通过搭建城市智能体、数据中台、AI中台，推动人联网、物联网、事联网，统筹全区的党建、城管、综治、消防、应急、社会保障等工作。

"一格共治"是在现有的网格化管理基础上，通过建立一套生态机制，推动"多格合一"，探索"一表巡""一机通"，从"条管理"转向"块治理"。

"一码通办"是以信用体系建设为基础，以一码为载体"一人一码""一企一码"建

① 艾尚乐. 数字技术赋能社会治理的现状、问题与策略研究［J］. 科技创新与生产力，2023，44（12）：72－76.
② 王海建，郝宇青. 社会治理数字化的伦理挑战及其应对［J］. 郑州大学学报（哲学社会科学版），2024，57（4）：32－37，143.
③ 孙振南，李凯路，樊亚. 智能化时代社会治理数字化的创新路径探索［J］. 山西大同大学学报（社会科学版），2024，38（1）：31－35.

设自然人、法人等信用库，建设"码上"城市，打造一流营商环境。

"一号通服"是指搭建诉求服务线上统一受理平台，统一调度派件、统一办件规程、统一效能监督，确保"件件有回音、事事有着落"。

资料来源：禅城迎来城市"智"理之变［EB/OL］．（2022 – 02 – 25）．https://www.chancheng.gov.cn/zwgk/zwdt/content/post_5174975.html.

二、社会数字化治理的特点

（一）数据驱动决策

社会数字化治理依赖大量多源数据，涵盖政务数据、经济数据、社会民生数据、环境数据等各个领域，为治理决策提供了丰富、立体的信息基础。借助先进的数据挖掘和分析技术，如机器学习、数据可视化等，从海量数据中提取有价值的信息和知识，发现数据背后隐藏的规律和趋势，从而使决策更加精准、科学，能够更好地应对复杂多变的社会问题。

（二）多元主体协同

多元主体协同打破了传统政府单一治理主体的模式，强调政府、企业、社会组织、公众等多元主体共同参与社会治理。利用互联网、移动终端等数字化手段，构建起多元主体之间实时、高效的沟通与协作机制。例如，通过在线政务平台，企业和公众可以方便地参与政策制定的意见征集，社会组织可以与政府部门共同开展社会服务项目，实现资源共享、优势互补，形成协同治理的强大合力。

（三）治理过程的动态化与实时化

借助物联网、传感器网络等技术，对社会运行的各个环节进行实时监测，能够及时获取社会状态的最新信息，如交通流量、环境质量、公共设施运行状况等。基于实时数据反馈，治理主体可以根据社会的动态变化，迅速调整治理策略和措施，实现治理过程的动态优化。

（四）技术赋能与创新

大数据、人工智能、区块链、云计算等新兴数字技术不断推动社会数字化治理模式和手段的创新。数字化治理不仅是技术的简单应用，更是治理理念与技术的深度融合。它促使治理主体不断更新治理理念，以更加开放、包容、创新的思维方式来应对社会治理挑战，充分发挥数字技术在提升治理效能、拓展治理边界、优化治理结构等方面的巨大潜力。

（五）服务的个性化与精准化

通过收集和分析用户的行为数据、偏好信息等，为不同用户群体绘制精准的画像，深入了解其多样化、差异化的需求。基于用户画像，治理主体可以有针对性地提供个性化的公共服务和政策支持，实现从"一刀切"式的服务供给向精准化、定制化服务的转变。利用数字化平台，将个性化的服务和信息主动推送给有需求的用户，提高服务的可及性和有效性。例如，就业服务机构可以为求职者精准匹配岗位信息，提高就业成功率。

（六）高度的开放性与透明度

数字化治理强调信息的公开透明，通过政府数据开放平台等渠道，将大量政务信息向社会公众开放，保障公众的知情权和监督权。同时，促进不同部门、不同主体之间的数据共享，打破信息壁垒，提高社会运行的整体效率。公众可以通过在线平台随时了解政府工作动态、参与政策讨论、提出意见建议，还可以对政府行为和公共事务进行监督。

阅读拓展 ➡

鄂尔多斯用数字科技破解基层社会治理难题

鄂尔多斯以创建首批全国市域社会治理现代化试点城市和建设"国家智能社会治理实验基地"为契机，深入推进政治、自治、法治、德治、智治"五治融合"，自主研发了"多多评·码上生活"国有数字化综合平台（以下简称"多多评"平台），在康巴什区率先试点推行"码上生活、码上服务、码上治理"的"二维码＋"智慧治理模式，以数字化智能化手段助力全民参与基层社会治理，让"数字大脑"成为破解基层社会治理难题的"技术密码"。

1. "码上生活"开启全民"自治"新模式

康巴什区以数字化手段赋能基层社会治理，推进市域社会治理现代化试点建设，康巴什区委、政法委依托平台构建了"纵向赋权、横向联合、数字加能"的"全民网格员"工作体系，打造了"码上治理"的全要素智慧网格，通过"多多评"为网格员赋分激励、赋能增效、赋码评议，以数字化手段开启了全民参与基层社会治理的新模式。

2. "码上治理"开启全民共治新模式

"随手拍"功能模块的上线实现了人人都成为网格员的治理新模式，让类似车辆乱停、商户占道经营等小且复杂的城市管理问题，能够更精准、更细致地得到治理，在减轻社区网格员工作强度的同时，极大程度地让居民生活得更加舒适。

3. "数字赋能"开启基层智治新模式

"积分赋能、社区下单、部门抢单"新模式是"多多评"开发的一个重要板块，社区针对居民"随手拍"和扫码问题、社区和小区历史遗留问题向部门"下单"，相关部门积极响应"抢单"并完成，社区给予相关部门和具体办事人员物质积分奖励，工作由被动问责式"接单"变为积极主动式"抢单"。

4. "积分体系"开启社会德治新模式

通过"多多评"，康巴什区建立起以"社会贡献度评估"为核心的"品德＋物质"的市民积分体系，居民扫码监督、做好人好事、参与志愿活动等行为得到品德积分和物质积分奖励，通过"聚合码"支付时，使用物质积分享受相应的抵扣权限。

资料来源：鄂尔多斯用数字科技破解基层社会治理难题［EB/OL］．（2023－04－26）．https：//www.ordos.gov.cn/xw_127672/qqdt/202304/t20230428_3386767.html．

三、社会数字化治理的框架

（一）基础层

高速宽带网络如同信息的高速路，保障信息快速畅达，让众多数字化应用得以稳定运行。5G 网络以其独特优势，为远程医疗中高清影像传输、智能交通的实时路况监控等需求较高的应用开辟了广阔空间。而物联网使万物互联，成为数据采集与设备控制的关键依托。计算基础设施里，云计算中心拥有强大算力与海量存储，可处理大规模数据；边缘计算节点则靠近数据源，能快速处理数据并即时决策，有效提升系统响应速度与可靠性，如在工业生产中，边缘计算可以迅速分析设备数据，及时调整生产参数。

（二）数据层

通过传感器采集、网络爬虫、数据接口共享等多元方式，广泛收集政府业务、企业经营、社交媒体、物联网设备等各类数据，并汇聚于统一平台，确保数据的全面性与及时性。随后，对数据进行清洗、转换、分类、标注等精细处理，提升数据质量与可用性。同时，建立严谨的数据标准规范，强化安全管理与隐私保护，保障数据合法合规运用，数据资源目录编制与元数据管理也有利于更好地管理与挖掘数据资产价值。

（三）平台层

整合各类应用系统与数据资源，达成数据共享、业务协同与资源整合。如数据共享平台、政务服务平台、城市运行管理平台等，可以为不同部门与社会主体营造互联互通、协同合作的数字化环境。平台具备丰富的功能服务，数据存储实现持久化留存，数据处理为分析应用奠定基础，数据分析借助算法模型挖掘数据价值规律，应用开发为开发者提供便利工具与接口，加速数字化应用创新迭代，安全保障则守护平台网络、数据与应用安全。

（四）应用层

在公共服务优化方面，涉及教育、医疗、就业、社会保障等领域，如在线教育平台打破时空壁垒，让优质教育资源普惠大众；远程医疗系统使基层患者能获得专家诊疗，缓解医疗资源不均。在社会治理创新层面，于社会治安、市场监管、环境监测、应急管理等领域利用数字技术，智能安防系统提升治安防控能力，环境监测系统借助物联网传感器为环境治理提供科学依据。在经济发展促进层面，推动数字经济与实体经济深度融合，促进产业升级和创新创业。政府通过数字化平台助力企业，企业利用大数据等技术变革生产与商业模式，提升竞争力与经济效益。

（五）保障层

通过制定完善法规政策，明确数据产权、使用规则与安全责任，规范各方行为，保障各方合法权益。通过防火墙、加密技术等多种手段，全方位防护数字化基础设施、数据资源与应用系统，防范网络攻击等安全事件，确保其安全稳定运行。着力培养引进既懂数字技术又熟悉社会治理的复合型人才，借助培训、交流、实践锻炼提升人员素养能力，以优惠政策吸引高端人才，为数字化治理创新发展注入动力源泉。

社会数字化治理基本框架如图 12-4 所示。

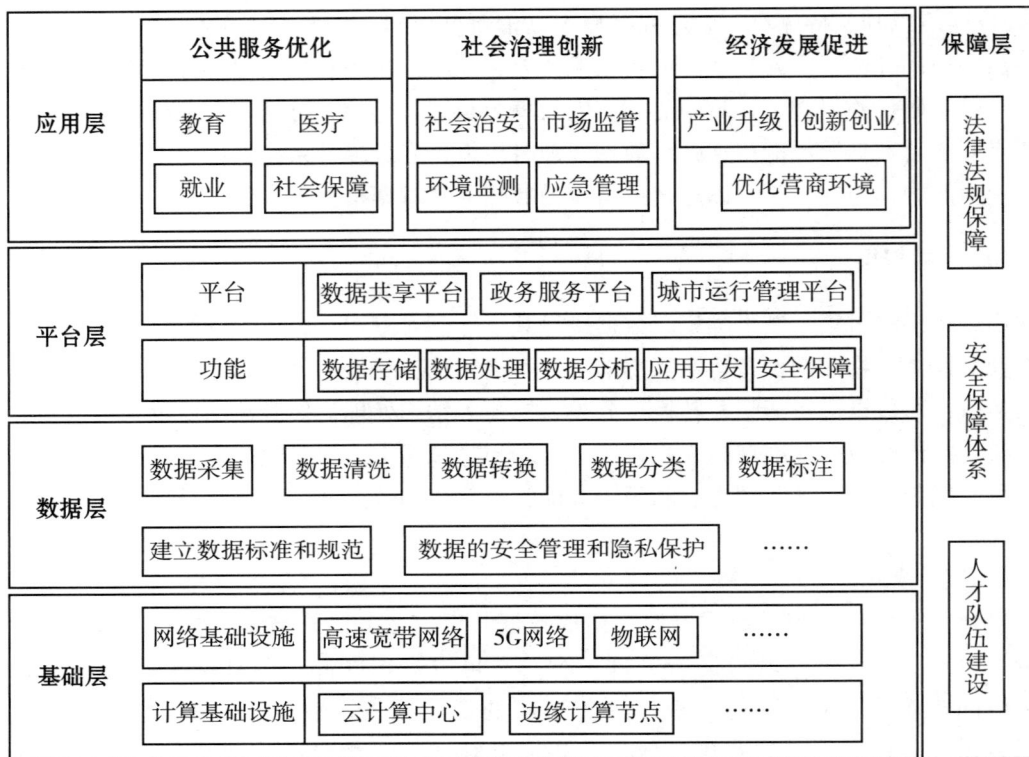

图 12-4　社会数字化治理基本框架

四、社会数字化治理的挑战与对策

（一）面临的挑战

1. 数字鸿沟与公平性问题

不同地区、不同群体之间在数字技术的接入和使用能力上存在较大差距，即数字鸿沟。这可能导致部分人群无法充分享受数字化治理带来的便利和服务，进一步加剧社会不平等。例如，老年人、残疾人、贫困地区居民等可能因缺乏数字设备、网络接入条件或数字技能培训，而在获取政务服务、参与社会治理等方面处于劣势。

2. 组织协调与合作困境

社会数字化治理涉及政府多个部门、企业、社会组织和公众等多元主体，各主体之间的利益诉求、工作流程和数据标准存在差异，导致组织协调和合作难度较大。在跨部门、跨领域的数字化治理项目中，容易出现职责不清、信息不畅、协同不足等问题，影响治理效果。

3. 公众信任与参与度不足

部分公众对数字化治理的了解和认知有限，存在对新技术的不信任感和担忧，担心个人信息被滥用、决策过程不透明等，从而影响其参与数字化治理的积极性和主动性。此外，公众参与的渠道和方式虽然有所增加，但参与的深度和广度仍有待提高，如何有效激发公众的参与热情，提高公众参与的质量，是数字化治理面临的重要挑战之一。

（二）应对策略

1. 缩小数字鸿沟，促进公平治理

加大对数字基础设施建设的投入，特别是加强对偏远地区和弱势群体的网络覆盖和设备普及，降低数字接入门槛。开展针对不同群体的数字技能培训，提高公众的数字素养和信息化应用能力，确保人人都能平等地参与到数字化治理过程中，享受数字化带来的红利。

2. 优化组织协调与合作机制

建立跨部门、跨领域的协调机构和工作机制，明确各主体的职责和分工，加强信息共享和沟通协调，打破部门壁垒，实现协同治理。通过制定统一的数据标准和业务流程规范，促进不同主体之间的数据共享和业务协同，提高数字化治理的整体效能。

3. 增强公众信任与参与意识

加强对数字化治理的宣传和普及，提高公众对数字化治理的认知度和理解度，消除公众的疑虑和担忧。建立透明、开放的数字化治理平台，公开决策过程和数据信息，接受公众监督，增强公众对数字化治理的信任。同时，拓宽公众参与渠道，创新参与方式，如开展线上民意调查、社区论坛等，鼓励公众积极参与社会事务的讨论和决策，提高公众参与的积极性和有效性。

思考题

1. 数字化治理的基本内涵如何体现在政府、乡村、企业和社会数字化治理的具体实践中？

2. 政府、乡村、企业和社会数字化治理在特点和基本框架上存在差异，这些差异如何影响其各自应对挑战的策略？

3. 通过对数字化治理实践案例的分析，能总结出哪些可跨主体（政府、乡村、企业、社会）应用的通用经验？

案例分析

政务服务数字化治理案例

政务服务数字化治理已成为提升政府效能、优化营商环境的重要手段。本案例旨在通过介绍某地区政务服务数字化治理的实践过程，探讨数字化治理在政务服务中的应用与成效。

随着数字经济的快速发展，数据成为重要的生产要素，其管理和利用效能成为衡量一个国家治理现代化水平的重要标准。2023年12月，国家数据局等17部门联合印发了《"数据要素×"三年行动计划（2024—2026年)》，提出通过推动数据在多场景应用，提高资源配置效率，实现数据供得出、流得动、用得好、保安全。2024年3月5日，国务院总理李强在《政府工作报告》中提出要健全数据基础制度，大力推动数据开发开放和流通使用。建设有效的数据要素治理体系是释放数据价值及保障数据安全和高效流通的前提，作为数据要素的重要组成部分，通过开放和应用公共数据，提供优质的信息服务，政府不仅可以提高其公信力和治理效能，还能有效激发社会和公众的创新活力，提升公共数据资源的利用效率。

2012年，北京、上海等地率先上线政府公共数据开放平台，2016年，贵州作为中国大数据中心，也上线了省级数据开放平台。截至2024年7月，我国已经有243个省级和城市的地方政府上线了数据开放平台，这些平台的建设为公共数据治理体系的建设奠定了基础。然而，不同区域对公共数据治理水平参差不齐，公共数据治理还存在一些问题，亟须探索完善的数据治理体系，优化公共数据开发利用路径，赋能经济社会高质量发展。

政务服务数字化治理涵盖多方面关键内容。首先是数据采集，通过与相关部门及企业合作采集商业监管数据，保障数据的准确与及时，为后续政策制定筑牢基础。接着进入数据准备阶段，依据业务需求对采集到的数据进行筛选、转换等加工处理，并建立数据仓库和数据集市。随后的数据预处理环节，会对商业监管数据展开深入分析，运用分类、聚类等操作挖掘其中有价值的信息。同时，数据安全治理至关重要，要建立完善的管理体系并加强监管评估，确保数据在采集、处理、分析和应用各环节的安全性。可视化分析能直观呈现业务数据特征与趋势，通过创建可视化项目将分析结果以图表、报表等形式展示。通过剖析投诉数据和词汇，有助于了解公众对政务服务的满意度与关注点，以便发现并解决问题。商业监管数据探索利用统计和数据挖掘技术，为政策制定提供科学依据。投诉区域与政策文本分析中，投诉区域聚类可了解分布特点，政策文本主题抽取有助于政策执行与评估。区域政策对比主要是指对不同区域乡村振兴政策及文本主题进行对比，为政策制定提供参考。公共数据平台分析则是指对比各公共数据开放平台，构建评价指标体系来评估和优化平台。区域数据治理对比是指对比不同区域公共数据治理情况，用熵权法评估数据开放平台。最后，撰写数字化治理报告，总结经验成果，展示政务服务数字化治理的成效。

结合案例材料，探讨下列问题：

1. 如何通过数字化治理提升政务服务的效能和质量？
2. 如何创建公共数据开放平台的评价体系？
3. 对于公共数据的治理评价，除了熵权法，还有什么方法更适合？

典型场景与平台项目训练

国民经济数据分析

1. 项目背景

在快速发展的全球经济环境中，为了对国民经济进行准确、深入的分析，我们利用大数据技术直观地展示我国 2014～2023 年的经济发展状况及变化趋势，进而为政府决策、企业战略规划及学术研究提供有力的数据支持。

2. 项目简介

本项目旨在通过案例引入以及宏观经济与区域经济的指标体系创建，帮助学生理解和掌握宏观经济与区域经济分析的基本方法和技术。项目涉及多个经济指标，如 GDP、PPI、CPI 等，旨在通过实际的数据分析和可视化展示，提升数据分析和经济分析能力，揭示 GDP 及其他各经济指标的情况，为经济政策的制定提供数据支持。通过本项目的学习和实践，学生能够掌握宏观经济与区域经济分析的基本方法和技术，具备数据分析和经济分析的能力，为后续的学习和工作打下坚实基础。

3. 项目内容

（1）国民经济分析案例引入。通过具体的案例，引入宏观经济与区域经济分析的重要性和应用场景。

（2）数据采集与处理。包括官方统计机构数据采集、数据库和平台数据采集、行业协会和中介机构数据采集、市场调研问卷数据采集等内容。

（3）宏观经济指标体系创建。构建宏观经济指标体系，包括 GDP 全国十年趋势分析、GDP 各省市情况分析、GDP 相关指标分析等方法，以全面反映国家宏观经济的运行状况。

（4）区域经济指标体系创建。构建区域经济指标体系，包括 PPI 两大分项指标趋势分析、区域经济数据分析、区域聚类分析等方法，以揭示不同区域的经济特点和差异。

（5）数据分析与可视化。利用经济数据大屏，进行 CPI 环比变化趋势分析、CPI 同比数据分析、CPI 相关性分析、PPI 分项变化趋势分析等数据分析和可视化展示，以直观呈现经济数据的特征和规律。

（6）经济数据分析报告。根据数据分析结果，撰写国民经济数据分析报告，对项目进行总结和学习反思。

4. 项目特色

（1）综合性强。项目涉及多个经济指标和多个层面的数据分析，能够全面考查学生的数据分析和经济分析能力。

（2）实践性强。项目通过具体的案例和数据分析任务，让学生在实践中学习和掌握宏观经济与区域经济分析的方法和技术。

（3）可视化展示。利用经济数据大屏等工具进行数据可视化展示，提高了数据分析和报告的直观性和可读性。

第十三章

数字平台与平台治理

案例引入 ····▶

整治 9 大突出问题，持续净化网络环境

2023 年 3 月 28 日上午，国务院新闻办公室举行新闻发布会，国家互联网信息办公室有关负责人介绍了 2023 年"清朗"系列专项行动的相关情况，重点整治 9 方面的突出问题。

例如，针对"自媒体"领域出现的乱象，表示将"集中整治'自媒体'造谣传谣、假冒仿冒、违规营利等乱象"；对于近年屡屡曝光的"水军"问题，将"全面清理网络水军违法违规信息"；而对社交媒体和短视频平台上的污浊谩骂、对立撕裂行为，将开启"专项整治网络戾气，严肃查处主播谩骂吐脏等行为"。

重拳整治网络生态突出问题、共建网络美好家园，首先呼唤的就是严格的监管规矩。面对浩瀚庞杂的网络信息乱象，以科学治理手段和严格监管来管网治网就是必需。资料显示，国家网信办去年组织开展了 13 项"清朗"专项行动，累计清理违法和不良信息 5430 余万条，处置账号 680 余万个，下架 App、小程序 2890 余款，解散关闭群组、贴吧等 26 万个，关闭网站超过 7300 家，有力维护了网民的合法权益。

其次，平台需要承担起主体责任，探索在个别议题上形成治理合力。无论是网络内容以假乱真、是非莫辨，还是造谣传谣、谩骂撕裂等，说到底都与平台的把关"失守"有关。尽管这些年不少平台都在扎篱笆的同时升级后台技术，尽量减少网络乱象，但依旧未能摆脱网民对平台"重流量，轻管理"的印象。因此，相关平台需要扛起责任，主动作为，弥补技术和资源上的短板。

此外，网民自身还要有法律意识，提升网络素养和文明意识，规范上网用网的行为。诸如"水军""网暴"等网络乱象的背后，也常常有个体的不自觉或"无意识参与"，对他人的声誉、利益甚至生命形成侵害。网民个人需要认识到，网络不是法外之地，需要规范使用"鼠标键盘"。

资料来源：人民热评：整治 9 大突出问题，持续净化网络生态［EB/OL］.（2023-03-28）. http://opinion. people. com. cn/n1/2023/0328/c1003-32652999. html.

学习目标 ••••▶

知识目标：掌握数字平台的概念、特征，理解数字平台的发展历程、经济影响及分类，掌握数字平台治理的内涵及理论基础。

能力目标：激发创新思维，能够提出并实施数字平台治理的新策略；熟练运用数字技术和工具，提升数字平台治理的效率和效果。

素质目标：培养开放包容的心态，尊重并接纳数字平台治理中的多元观点；提升终身学习的意识，不断更新数字平台治理的知识和技能。

重点难点 ••••▶

理解数字平台治理的核心问题；掌握数字平台治理的主要策略；剖析数字平台治理的多元共治网络；运用数字平台治理理论应对复杂问题；评估并提升数字平台的算法透明度。

第一节 数字平台概述

一、数字平台的概念

互联网数据中心（Internet Data Center，IDC）的相关报告指出，数字平台是融合技术、聚合数据、赋能应用的机构数字服务中枢，以智能数字技术为部件、以数据为生产资源、以标准数字服务为产出物。在中国信息通信研究院发布的《全球数字经济白皮书（2024年）》及各国数字经济发展战略等相关政策文件中，也对数字平台有所提及和阐述。这些文件通常强调数字平台作为数字经济的重要组成部分，通过深度融合先进技术，形成了一个高度集成、动态交互的虚拟生态系统，对经济社会产生了深远影响。蔡禾和零昕的研究指出，数字平台作为虚拟互联的场所，并非单纯的链接中介，还通过算力、存储空间、应用程序为各种经济活动提供运营环境，数字平台的交叉网络外部效应和锚定效应使其具有极强的规模经济性。[①]

简言之，数字平台是一种基于现代信息技术，特别是互联网、大数据、云计算和人工智能等技术，为用户提供各类数字化服务和应用的在线环境或生态系统。数字平台通过连接不同的用户群体（包括消费者、生产者、服务提供者等），提供信息交互、商品交易、服务交付等多种功能，从而创造经济价值和社会价值。

二、数字平台的发展历程

（一）门户平台时代的单向信息分享

数字平台的发展历程始于门户平台时代。在这一时期，门户网站成为互联网的主要入

---

① 蔡禾，零昕．数字平台冲击下传统行业的变迁——巡游出租车司机劳动过程中的双重控制及其影响［J］．学术研究，2024（10）：48-58，2，177．

口，它们扮演着信息中介的角色，为用户提供单向的信息分享服务，典型门户网站包括网易、腾讯、搜狐和新浪，它们共同构成了中国互联网行业的四大巨头。门户网站通过聚合、联合、搜索等功能，整合各类信息资源，如新闻、娱乐、体育、科技等，为用户提供了一个丰富多样的信息世界。① 这些网站的内容主要由编辑团队制作和发布，用户则作为信息的接收者，通过浏览网页来获取所需信息。这种单向的信息分享模式，虽然缺乏用户参与和互动性，但在当时却极大地拓宽了人们的视野，满足了人们对信息的基本需求。随着互联网的普及和技术的进步，门户网站逐渐发展出各自的特色和优势。例如，网易以邮箱和新闻服务见长，腾讯则凭借即时通信工具 QQ 迅速崛起，搜狐和新浪则分别以搜索和新闻资讯为核心竞争力。这些门户网站通过不断优化用户体验和拓展业务范围，逐渐巩固了自己在市场上的地位。

（二）网络平台时代的双向信息交互

随着互联网的蓬勃发展，网络平台逐渐取代门户网站的传统主导地位。相较于门户平台，网络平台更加重视用户的深度参与和互动性，通过链接双边或多边市场，实现信息的双向交互与共享。在这一时代，博客、论坛、社交媒体等网络平台大量涌现，为用户提供了自由表达与交流的空间，使得用户从信息的被动接收者转变为积极的创造者与传播者。这种模式不仅极大地丰富了互联网内容，还促进了用户间的社交联系与互动。② 网络平台的核心特征在于信息交换与节点嵌入，即用户通过平台进行信息的传递与交流，同时作为网络中的节点，与其他节点连接互动，共同构建出庞大的社交网络。这种网络效应使得平台价值随着用户数量的增加而不断攀升。微博、微信、抖音等具有创新性和影响力的网络平台在这一时期脱颖而出，凭借独特的社交功能和用户体验，吸引了大量用户的积极参与，不仅为用户提供了便捷的社交服务，还成为品牌推广与营销的重要渠道，推动了互联网产业的创新与发展。

（三）数字平台时代的数据赋能与万物互联

随着技术的持续进步与互联网的深化拓展，平台已迈入数字化的全新发展阶段。数字平台时代，数据成为核心要素，数字技术广泛赋能，万物互联成为常态。数字平台不仅限于信息交互与共享，更是一个集数据处理、智能分析及决策支持于一体的综合服务体系。通过广泛收集用户行为、交易、位置等多维度数据，并进行深度挖掘与分析，平台能够精准洞察用户需求与偏好，进而提供智能化、个性化的服务，显著提升用户满意度与忠诚度。同时，借助物联网、人工智能等前沿技术，数字平台实现了万物互联，构建了一个庞大的智能网络，使用户能随时随地访问各类设备与服务，信息流通无缝衔接。当前，数字平台发展呈现多元化与融合化趋势，传统行业加速数字化转型，新兴平台不断探索创新，共同推动数字经济蓬勃发展，为产业升级与社会进步注入新活力。然而，数据安全、隐私保护、平台垄断及不正当竞争等问题也随之浮现，需政府、企业及用户携手应对，通过强

---

① 刘畅. "网人合一"：从 Web 1.0 到 Web 3.0 之路 [J]. 河南社会科学，2008（2）：137－140.
② 彭兰. WEB 2.0 在中国的发展及其社会意义 [J]. 国际新闻界，2007（10）：44－48.

化监管自律、技术创新与产业升级等举措，共筑健康、可持续的数字平台生态。

📖 **阅读拓展** ➔➔--

平台演化：中国互联网 30 年

在互联网变迁过程中，交融着一个或隐或显的技术社会化结构：平台（platform）。平台和平台化也因此被列为数字传播研究领域最有张力的研究对象，蕴含丰富的技术内涵和社会集合度，并且随着互联网的不同阶段而迭代。

互联网的 Web 1.0 阶段在我国经历的时间较短，是 20 世纪末至 2004 年前后的时期，核心产品就是将数字化信息或数字化的传统媒体信息通过互联网进行传输、聚合与检索，也被称作"第一代互联网"。"门户网站"组成这个时期的网络化平台。"门户"一词，兼具了技术上资源集成的 Web 应用框架与传播上面向大众的意涵。

经历了 Web 1.0 的内容聚合与数字化，中国互联网的 Web 2.0 阶段主要强调了由用户主导参与、交互、分享与生成内容的时期。社会化媒体成为这一时期代表性的传播平台，以用户生成的内容（UGC）为典型的互联网内容生产方式和产品模式，充分体现了用户赋权的显著特征，实现了"可读＋可写"。用户跃升为互联网的主体，不仅创造内容，还可以通过关系连接传播聚能，兼顾了消费者和生产者的双重身份。

在后 Web 2.0 时代，传播平台通过叠加内容与关系网络，获取流量入口，并以此为基础，挖掘受众的细分需求和偏好，开展包括支付、游戏、娱乐等多种服务，逐步实现从数字化技术向数智化应用的过渡。字节跳动作为这一时期崛起的互联网巨头，从最初的新闻资讯业务拓展到集短视频、人工智能、搜索、教育为一体的平台。曾经以用户为导向的社交媒体已经具备了综合性数智服务平台的属性。何塞·范·迪克使用"平台社会"一词指涉由算法和数据日益驱动的在线平台生态系统。超级平台运用数据化、商品化和选择性的机制提供服务，创造经济价值。

资料来源：陈昌凤，袁雨晴 . 平台演化：中国互联网 30 年与传播变迁［J］. 新闻与写作，2024（4）：15 – 24.

--➔←

三、数字平台的经济影响

1. 促进经济增长

数字平台凭借优化资源配置、提升生产效率及创新商业模式等方式，成为新经济的关键力量，为经济增长注入了强劲新动力。数字平台的蓬勃兴起，不仅引领相关产业迅猛前行，还促进了区域经济均衡发展，为全球经济复苏与持续增长提供了关键支撑，成为不可或缺的增长引擎。

2. 为劳动者创造就业机会

数字平台的蓬勃发展在劳动力市场中引发了深刻变革，为各技能水平的劳动者开辟了广泛的就业新途径。从平台的日常运营、复杂的数据分析到高效的物流配送，数字平台覆盖了多样化的工作领域，为求职者提供了丰富的就业机会。这些岗位不仅有效提升了劳动者的经济收益，更促进了社会就业结构的优化调整，为劳动市场的健康发展和社会的整体进步贡献了重要力量。

3. 推动传统产业转型升级

数字平台的崛起，依托技术创新与模式革新，为传统产业的蜕变注入了强劲的动力。借助大数据、云计算等前沿科技，数字平台为传统产业量身定制了智能化、数字化的转型升级解决方案，显著增强了产业的竞争力与附加值。这一融合过程，不仅为传统产业带来了新的生机与活力，更大幅加快了产业升级的步伐，为行业的未来发展铺设了宽广道路。

4. 改变消费模式

数字平台的出现极大地变革了消费者的购物习惯与模式。它们带来便捷高效的在线购物体验，让消费者能随时随地轻松选购商品。同时，数字平台还催生了个性化、定制化的消费潮流，精准对接消费者日益多元的需求。这一消费模式的转变，不仅提升了消费者的生活品质，更驱动了零售业的革新与升级。

5. 引发社会深刻变革

数字平台的崛起，不仅在经济层面激起了深远的涟漪，更在社会范畴内引发了广泛的变革浪潮。它们突破了传统社会的时空桎梏，极大地促进了信息的无障碍流通与共享。此外，数字平台的普及加速了教育、医疗等公共服务领域的数字化进程，显著提升了社会的整体福祉与治理效能。

四、数字平台的分类

数字平台作为信息技术发展的产物，根据其不同的功能、开放程度、运营模式和商业模式等，可以划分为多种类型。

（一）以功能划分

根据不同的功能，数字平台可划分为交易型、社交型、共享经济、金融服务或内容创作与分发等平台。

交易型平台是一种集交易功能与服务于一体的数字化场所，旨在连接买家与卖家，促进商品或服务的便捷交易。这类平台通常提供在线市场，支持用户浏览商品信息、进行在线支付、享受物流配送等一站式服务。它们通过高效匹配供需双方，降低交易成本，提高交易效率。

社交型平台是指互联网上基于用户关系的内容生产和交换平台。用户可以在社交媒体平台上分享意见、见解、经验和观点。典型的社交平台如微博、微信、博客、论坛、播客等，已成为用户浏览互联网的重要途径。

共享经济平台是共享经济情境下的典型组织形态，是一种允许用户通过互联网将闲置资源的使用权有偿转让给他人，以实现资源共享和价值共创的经济模式。共享经济平台的核心在于闲置资源的有效利用，典型模式有共享出行、共享住宿、灵活用工平台等。

金融服务平台是一种集成多种金融服务功能的综合性平台。这些平台利用互联网和移动互联网技术，将各类金融机构、服务机构及个人用户连接起来，提供全方位的金融服务，旨在为用户提供便捷、高效、安全的金融交易和服务体验。金融服务平台通常具有支付结算、投资理财、保险服务等多种多样的功能。

内容创作与分发平台是指集内容创作、发布、推广、变现等功能于一体的服务平台，汇聚了各类创作者包括游戏、文学、艺术、科技等多个领域的有价值的内容，并通过算法推荐和数据分析，让内容能够精准触达目标受众。

（二）以开放程度划分

根据开放程度，数字平台包含封闭式平台和开放式平台两种类型，其划分标准在于对外部开发者的开放程度。

封闭式平台通常由单一机构或公司控制，开发者必须遵循其规定的规则和标准进行应用开发，且常需支付高额费用以获取开发工具和资源。

相比之下，开放式平台则强调对外部开发者的开放性和合作性，提供免费开放的应用程序编程接口（application programming interface，API）和软件开发工具包（software development kit，SDK），允许第三方开发者在其基础上开发应用和服务，并提供详尽的文档和技术支持。开放平台的优势在于能吸引更多开发者，丰富应用和服务，促进创新，提高竞争力和用户满意度，同时创造更多收入机会。

（三）以运营模式划分

数字平台的运营模式包含 B2C、B2B、C2C、C2B 等多种类型，每种类型所连接的双边主体稍有不同。

B2C 平台中，商家直接向消费者提供商品或服务，如电商平台或在线零售店等。这些平台通过整合供应链资源，提供丰富的商品选择，支持在线支付和物流配送等一站式服务，使得消费者能够轻松购物。

B2B 平台是指商家之间提供商品或服务的运营模式，如企业采购平台或行业交易平台等。典型平台如"1688"和"环球资源"，其通过整合行业资源，提供多样化的商品和服务，成为企业采购的首选平台。

C2C 平台，即消费者对消费者的电子商务平台，允许个人卖家直接向个人买家出售商品或服务，为双方提供一个交易撮合、支付处理及售后服务的在线市场，促进个人之间的直接交易。

C2B 平台的核心在于将消费者的需求和意愿聚集起来，形成一个强大的购买团体，从而使其能够与商家进行更有效的谈判，获取更优惠的价格或定制化的产品和服务。在 C2B 平台上，消费者不再是被动接受商品和服务的角色，而是可以主动发起需求，参与到产品的设计和生产过程中，实现真正的以消费者为中心的商业模式。

（四）以商业模式划分

以商业模式为划分标准，数字平台可划分为广告驱动型、交易撮合型和订阅服务型等多种类型。

广告驱动型平台以提供免费内容和服务吸引用户流量，通过精准投放广告实现盈利。利用用户数据和算法技术，将广告与用户需求精准匹配，为广告主带来高效曝光，同时为用户提供丰富体验。

交易撮合型平台是指通过撮合交易双方并提供支付结算服务，从中收取佣金的一类平台。这类平台简化了交易流程，提高了交易效率，为用户和商家提供了便捷的交易环境。佣金收入成为平台的主要经济来源，推动了平台的持续发展和创新。

订阅服务型平台将提供定期更新的内容或服务，用户需付费订阅。视频流媒体、知识付费和健身健康平台是典型代表。这类平台注重用户体验和内容质量，通过个性化推荐和专属服务来增强用户黏性。订阅收入稳定且可持续，为平台提供了长期发展的经济基础。

第二节　数字平台治理

一、数字平台治理的基本概念

（一）数字平台治理的内涵

数字平台治理，是指对数字平台运营过程中涉及的各种活动、关系及影响进行规范、监督与管理的过程。数字平台治理的核心在于平衡平台企业的商业利益、用户的合法权益及社会的公共利益，确保平台生态的健康、有序发展。治理的主体不仅限于政府监管机构，还包括平台企业本身、用户群体、行业协会、第三方审计机构及公众媒体等多方参与者，形成了一个多元共治的复杂网络。

（二）数字平台治理的主体与客体

数字平台的治理是一个涉及多方主体的综合性过程，其中，政府作为规则的制定者与监督者，通过一系列法律法规、政策指导及监管执法等手段，为数字平台设定运行的基本框架与行为准则，确保平台活动的合法性与规范性。平台企业则是治理的直接参与者，建立健全内部管理制度，履行社会责任，保障用户权益，同时积极响应政府监管要求。用户作为平台服务的直接受益者，其反馈与监督对于提升平台治理水平至关重要。此外，行业协会通过制定行业标准、开展自律监管，促进了行业的规范发展；第三方审计机构则负责评估平台的合规性，揭露潜在风险；公众媒体则通过舆论监督，增强治理的透明度与公众的参与度。这些主体间的互动与合作，共同构成了数字平台治理的多元主体架构。

数字平台的治理客体广泛，涵盖平台运营的全过程及其产生的各种影响。具体而言，数字平台的治理客体包括：

（1）数据。数据的安全风险、产权侵犯、隐私泄露等问题成为数字平台治理的重要关注点。平台需要确保数据的合法收集、存储、使用和保护，同时防止数据滥用和泄露，以维护用户的权益和平台的信誉。

（2）算法。算法是数字平台运作的关键技术，影响着信息的呈现、推荐和决策。算法的公正性、透明度和可解释性成为数字平台治理的重要议题。

（3）平台内的交易和服务。如电商、社交、支付等，这些交易和服务的合规性、质量和安全性是数字平台治理的重要内容。平台需要建立健全的交易规则和服务标准，确保交易和服务的公正、透明和合法。

（4）平台内的用户行为。平台需要制定用户行为规范和准则，引导用户文明、理性地使用平台，同时防止恶意行为、欺诈行为和侵权行为的发生。

二、数字平台治理的理论基础

（一）经济学视角：市场失灵与平台治理

1. 信息不对称

信息不对称问题在数字平台中尤为突出。平台作为信息中介，可能拥有比用户更全面的信息优势，如用户行为数据、商家信誉评估等，这种信息不对称可能导致逆向选择和道德风险，影响市场效率。[①] 平台治理需通过信息披露、信誉评价等机制，增强信息透明度，减少信息不对称。

2. 外部性

外部性是指一个经济主体的行为对另一个经济主体产生的非市场化影响。在数字平台中，负面内容传播、数据泄露等外部性问题可能对用户、平台乃至整个社会造成损害。平台治理需通过内容审核、数据保护等措施内化这些外部性，确保平台活动的正面影响最大化。

3. 公共品属性

公共品属性体现在数字平台作为基础设施对经济社会发展的重要作用上。平台提供的服务如搜索、社交、支付等，具有显著的公共品特征，需要平台治理来保障其公平性、可及性和可持续性。

4. 垄断势力

垄断势力是数字平台市场失灵的另一个重要表现。平台通过数据锁定、网络效应等手段，可能形成市场垄断，阻碍创新，损害消费者利益。平台治理需通过反垄断规制、促进竞争等措施，维护市场公平竞争。[②]

（二）管理学视角：公司治理与利益相关者管理

1. 公司治理理论

传统公司治理理论强调股东利益最大化，但随着企业社会责任的兴起，现代公司治理理论更加注重平衡股东、员工、消费者、社区及环境等多方主体的利益。数字平台作为连接供需双方的桥梁，其治理需充分考虑平台内各参与者的利益诉求，通过建立健全的公司治理结构，如董事会、监事会、高级管理层等，确保决策过程的透明度与公正性。同时，

---

① 刘亚臣，王丽荣，孙小丹. 浅析信息不对称下的房地产市场效率问题 [J]. 中国市场，2009（5）：8-9.

② 乔晓楠，冯天昇，瞿王城. 商业数字平台租金、垄断规制与个人消费数据确权——一个基于政治经济学的双边市场模型 [J/OL]. 中国工业经济，2024（6）：117-135.

平台需建立有效的激励与约束机制，激发员工与合作伙伴的积极性，提升平台运营效率与服务质量。

2. 利益相关者理论

利益相关者是指能够影响平台运营或受平台运营影响的个人或团体，包括用户、商家、供应商、投资者、监管机构、媒体等。数字平台治理需充分识别与评估各利益相关者的利益诉求与影响力，通过有效的沟通与协调机制，实现利益共赢。例如，平台需建立用户反馈机制，及时响应用户需求，提升用户体验；与商家建立合作伙伴关系，共同制定规则，维护市场秩序；与监管机构保持密切沟通，确保平台活动符合法律法规要求。

3. 风险管理理论

随着平台规模的扩大与业务的复杂化，平台面临的风险也日益多样化，如数据安全风险、法律风险、市场风险等。管理学视角下的风险管理理论要求平台建立全面的风险管理体系，包括风险识别、评估、监控与应对等环节。平台需通过技术手段与制度建设，提升数据安全防护能力，防止数据泄露与滥用；加强法律法规学习与合规审查，确保平台活动合法合规；建立市场风险预警机制，及时识别与应对市场变化带来的风险。

（三）法学视角：法律规制与平台责任

1. 数据隐私保护

随着大数据技术的广泛应用，用户数据成为平台运营的核心资源。然而，数据泄露、滥用等问题频发，严重威胁用户隐私安全。法学理论要求平台承担起数据保护责任，通过技术加密、匿名化处理、用户授权等机制，确保数据安全与隐私保护。

2. 知识产权侵权

平台作为内容分发渠道，可能涉及版权、商标、专利等知识产权的侵权风险。法学理论强调平台应建立严格的版权审核机制，与权利人合作，打击侵权行为，维护知识产权秩序。

3. 不正当竞争

平台可能通过排他性协议、恶意降价、虚假宣传等手段，损害竞争对手利益，扰乱市场秩序。法学理论要求平台遵循公平竞争原则，通过反垄断审查、市场监管等措施，维护市场竞争秩序。

三、数字平台治理的核心问题

（一）数据安全与隐私保护

数字化时代，用户数据是平台运营的核心资产，也是平台提供个性化服务、优化用户体验的基础。然而，数据泄露、滥用等安全事件频发，严重威胁用户隐私安全，损害平台信誉。数据安全与隐私保护是维护用户信任、保障平台稳健运行和遵守法律法规的基石。数据安全是指确保数据在存储、传输和处理过程中不被未经授权的人访问、篡改或泄露，从而保障数据的完整性、可用性和机密性。隐私保护则侧重于保护个人信息不被未经授权的人访问、滥用或泄露，确保个人信息只能被授权的人访问，并在不再需要时被完全删除。

（二）内容审核与版权保护

在数字平台治理的框架下，内容审核与版权保护占据着举足轻重的地位。内容审核旨在确保平台上传播的信息合法、合规，不含有害、虚假或违法内容，以维护良好的网络生态和公众利益。而版权保护则侧重于保护创作者的知识产权，防止其作品被未经授权地复制、分发或改编，从而激励创新，促进文化产业的繁荣发展。两者相辅相成，共同构成了数字平台健康、有序发展的基石，对于维护用户权益、提升平台公信力及推动数字经济可持续发展具有重要意义。

（三）算法透明度与公平性

人工智能技术的普及使算法成为平台运营的核心要素，但其技术黑箱特性可能滋生系统性偏见。为维护决策公正性，平台治理需构建多维度透明机制：通过算法逻辑可视化、决策过程可追溯等技术手段，提升用户对自动化决策的认知度；建立动态公平性评估体系，运用对抗样本检测、群体均衡校验等方法规避歧视性输出；同时需完善用户申诉渠道，允许对算法结果提出异议并获得人工复核。在技术治理层面，应推动算法可解释性研究，将复杂模型转化为用户易懂的决策逻辑，平衡技术复杂度与公众知情权，最终实现技术中立性与社会效益的统一。

📚 **阅读拓展** ➤➤---

数字平台直播乱象

在当下的数字平台时代，网络直播带货已成为一种新兴的购物方式，吸引了大量消费者的关注。然而，一些直播间却利用编造虚假场景人设、无底线营销等手段，博取流量并借此带货，严重扰乱了网络市场秩序，损害了消费者的权益。

近日，中青报·中青网记者对这一现象展开了深入采访，揭露了直播间虚构剧情"卖惨"背后的"套路"。在这些直播间里，亲情悬疑、家庭伦理、爱恨纠葛等剧情轮番上演，仿佛是一部部小型的影视剧。然而，这些剧情并非真实发生的，而是主播为了吸引观众、提高销量精心编排的。四川成都的彭女士就遭遇了这样的烦恼。她的母亲迷上了某购物软件的带货直播间，每天晚上都会沉浸在主播们编造的"卖惨"剧情中。从"孩子生病求善款"到"村花万里寻亲人"，再到"夫妻不和闹离婚"，这些剧情虽然各不相同，但结局却总是惊人的相似——主播会特别介绍一些"超低价商品"，并恳求观众下单支持。尽管有些购物平台会用一行小字提示某些带货直播间"疑似剧情演绎"，但大多数观看者都像彭莉的母亲一样，对直播间上演的情景深信不疑。弹幕中充满了对主播遭遇的同情与关心，而这些主播则趁机推销商品，赚取高额利润。

资料来源：当心"套路"！一些直播间以"卖惨"博取流量带货［EB/OL］.（2024-11-05）. https://news.cnr.cn/native/gd/20241105/t20241105_526964935.shtml.

---➤➤

四、数字平台治理的实践策略

（一）构建多层次数据保护体系

在技术层面，平台应积极采用前沿的加密技术，为敏感数据穿上"防护服"，确保其在传输过程中的安全无虞。还可构建一套精细的数据访问权限控制体系，遵循最小权限原则，严格限制数据的访问范围，仅允许必要的个体或系统触及核心数据。此外，平台还需强化数据备份与恢复机制，为数据的安全再添一层保障，防止因意外而导致的数据丢失。在管理制度方面，平台可制定数据保护政策，明确数据从收集、使用、存储到销毁的每一步规范流程，为数据的全生命周期管理提供坚实的制度支撑。

（二）实施智能内容审核与版权合作

针对内容审核与版权保护问题，数字平台可采取智能内容审核与版权合作的策略。智能内容审核利用人工智能技术，如自然语言处理、图像识别等，自动检测并过滤违法、不良信息，提高审核效率与准确性。同时，平台需建立版权审核机制，对上传内容进行版权审查，确保内容的合法性。在版权合作方面，平台可与版权方建立长期合作关系，通过版权授权、内容分发等方式，实现版权内容的合法使用与分发。此外，平台可建立版权保护基金，用于支持原创内容的发展，促进内容产业的创新与繁荣。

（三）强化算法伦理与透明度建设

平台算法治理需构建伦理先行的框架，在算法开发初期即嵌入价值判断。首先，要建立全生命周期伦理审查机制，对数据采集、模型训练、结果输出等环节进行道德合规性评估，防范价值观偏差；其次，需要拓展治理主体，联合学术机构、用户、监管部门等组建算法伦理委员会，形成多方制衡的监督网络；同时，应培育算法素养教育，通过用户培训提升公众对技术特性的认知能力。在协同创新层面，鼓励开放算法审计接口，支持第三方机构开展独立评估，构建技术提供方、使用方、监管方的对话平台，共同制定符合公共利益的算法应用标准，推动技术发展与社会价值观的深度融合。

第三节　数字平台治理的其他问题

一、数字平台知识产权保护

（一）数字平台知识产权的内涵

1. 著作权

著作权指的是自然人、法人或者其他组织对文学、艺术和科学作品享有的财产权利和精神权利的总称。在我国，著作权即指版权。广义的著作权还包括邻接权，《中华人民共和国著作权法》称之为"与著作权有关的权利"。与传统领域的知识产权类似，著作权同样是数字平台知识产权的重要组成部分。作为对数字平台上创作的文本、图片、音乐和视频等内容的保护，数字平台著作权的核心在于保护创作者权益，即确保原创内容的作者享有其作品的使用和收益权，防止未经授权的复制和传播；建立版权管理机制，即通过内容识别算法等技术手段和版权声明等法律手段，管理和保护著作权；合理使用条款，即在明确使用界限和条件的情况下，平台可能允许用户在合理范围内使用他人的作品。

2. 商标权

品牌化是数字平台发展的核心方向之一，而商标权则是数字平台品牌名称、标志和形象的关键保障，是数字平台识别和信任的重要基础。根据《中华人民共和国商标法》相关规定，商标权是民事主体享有的在特定的商品或服务上以区分来源为目的的排他性使用特定标志的权利。数字平台商标权以品牌识别为主体，即保护数字平台的商标不被他人使用，维护品牌的独特性和市场地位；以防止混淆为目标，即通过商标法规的实施防止消费者在选择时产生混淆，确保消费者能够清楚区分不同品牌。同时，数字平台具有显著的全球化特征，需要在不同国家和地区注册商标，因此也要强调数字平台商标权的全球保护策略，以防止国际范围的侵权行为。

3. 专利权

数字技术的全面和深度应用是数字平台区别于传统平台的重要特征，致力于算法优化、界面设计、信息匹配等数字技术创新保护的专利权在数字平台知识产权中具有核心地位。专利权指的是国家根据发明人或设计人的申请，以向社会公开发明创造的内容以及发明创造对社会具有符合法律规定的利益为前提，根据法定程序在一定期限内授予发明人或设计人的一种排他性权利。通过技术保护，专利权可以防止竞争对手复制或模仿数字平台的技术创新，确保其市场竞争力。通过定期的新专利申请与现有专利维护，可以巩固数字平台的技术领先地位，防止外部的技术侵犯。通过技术授权与合作，允许第三方在特定条件下使用专利技术，可以促进数字平台的市场拓展、收益提升以及技术外溢和辐射。

4. 隐私权

作为多方参与的平台组织，数字平台知识产权的主体不仅包括平台方，也包括用户方。在收集和使用用户数据的过程中，用户隐私权的保护成为数字平台知识产权的重要内容。根据《中华人民共和国宪法》《中华人民共和国民法典》等的相关规定，隐私权是指公民享有的私人生活安宁与私人信息依法受到保护，不被他人非法侵扰、知悉、搜集、利用和公开等的一种人格权。一方面，数字平台对用户数据的收集和使用需要获得用户的明确同意，并告知数据的使用目的和范围；另一方面，数字平台需要采取数据加密、访问控制等有效措施确保用户数据的安全，防止用户数据泄露或被滥用。同时，数据平台应遵循数据保护领域的相关法律法规，确保在数据处理过程中尊重用户隐私权。

5. 使用权

与传统的企业和产业组织相比，数字平台的开放性更强，产品与服务的用户更多、范围更广。知识产权中的使用权，指的是在不改变知识产权所有权归属的前提下，依法对知识产权进行使用的权利。数字平台知识产权中的使用权强调用户和第三方对平台内容和技术资源的合法使用，主要包括：用户协议，即数字平台通常会与用户签署使用协议，明确内容的使用权限和限制，防止不当使用；开发者授权，即使用第三方开发者的 API 需要获得授权，确保在合法范围内使用数字平台的资源；内容分发规范，即数字平台应制定相关政策，限制用户对内容的分发、再利用等行为，以维护知识产权的完整性。

（二）数字平台知识产权保护的特征

1. 分散性

数字平台汇聚了大量的使用者与内容，普通用户、自媒体机构、品牌方和企业、内容生产专业用户同时存在，视频、音乐、文字等各类内容分布在平台的各个部分。使用者与内容的多样性，使数字平台知识产权的归属和管理变得复杂。由于采用去中心化的创作模式，数字平台用户生产内容大量涌现，使用者可能来自不同的区域和法律环境，因此数字平台知识产权保护需要考虑不同区域的法律差异。

2. 高效性

数字平台通常利用基于逻辑运算、具有时间与空间复杂度的算法和自动化工具进行版权监测和管理，能够快速识别和处理不同类别的侵权内容，这样的即时性和自动化管理有效提升了数字平台知识产权保护的效率。同时，在算法和自动化工具的保障下，数字平台拥有更加灵活的许可机制，可以通过灵活的许可协议快速回应用户需求，允许合法地使用和共享，促进创作者与用户之间的良性互动。

3. 创新性

与传统平台相比，数字平台在知识产权保护中对区块链、数字水印、加密算法等先进技术的应用更加全面和深入，这些先进技术的应用推动了数字平台知识产权保护的领域扩展、方法优化与效率提升。同时，数字平台向创作者提供更加先进的工具和更加丰富的资源，激励用户开展内容创新；并通过设立合理的知识产权保护机制和公平的经济利益分配机制，保障内容创新的多样性与可持续性。

4. 社交性

大部分数字平台都具有强大的社交功能，使用者之间的交流互动和内容分享是数字平台的核心功能。这就要求数字平台的知识产权保护必须能够适应社交场景，不能阻碍和削弱社交功能的发挥，探索通过社交促进知识产权保护的路径。同时，社交环境中越来越多的内容创作由不同用户共同完成，使知识产权的归属和使用权与收益权的分配变得更加复杂，需要数字平台更加灵活地应对。

5. 动态性

当前数字经济仍然处于高速发展阶段，数字平台所应用的技术、所呈现的内容、所遭受的知识产权侵犯都在持续变化和迭代。因此，数字平台的知识产权保护必须具备动态调整能力，及时应对不断出现的技术挑战、内容同质、新型犯罪等现实问题。随着数字经济的高速发展，数字治理和平台治理的相关法律法规也在不断健全和完善，数字平台必须适时更新自身的知识产权保护手段和措施，以保持合法合规。

6. 双边性

数字平台的内容创作者与内容使用者之间存在高度的相互依存度、转化度和兼具性，因此数字平台的知识产权保护不仅要保护创作者的权益，还需要考虑用户的合法使用需求，协调好创作者与用户的利益平衡，防止顾此失彼、伤害整体利益。作为创作者与用户联结方的数字平台，也需要承担监管责任，确保平台双方同时遵守知识产权保护的法律法规，促进健康平台生态环境的构建。

（三）数字平台知识产权侵犯的行为方式

1. 平台商标纠纷

在未获得授权的情况下，使用与特定数字平台相似或者相同的商标导致消费者混淆的行为属于平台商标纠纷。侵权方通常通过注册相似的域名、发布相似的广告或使用类似的品牌名称，进行不正当竞争。在网络域名明确的情况下，部分用户恶意发表负面评论或者仿冒知名产品贬损特定数字平台商标形象的行为属于商标贬损。该行为会损害品牌声誉，破坏用户信任，导致数字平台产生经济损失。

2. 内容盗版侵权

盗版是数字平台最常见的侵权行为，表现为未经授权复制、传播、下载或销售受版权保护的音乐、视频、软件等内容。点对点分享是数字平台较为独特的侵权行为，表现为用户通过 P2P 在网络上下载和分享受版权保护的内容。破解和修改属于数字平台知识产权侵犯的进阶行为，表现为用户运用先进技术对软件程序或者使用权限进行破解。以上行为不仅侵犯版权所有者的法律权益和经济利益，而且影响版权合法使用者的正常使用，降低消费者的消费体验。

3. 滥用版权投诉

版权投诉是数字平台知识产权保护的重要举措，用户可以通过数字平台提供的专门渠道，要求删除或者禁用侵犯其知识产权的内容。数字平台通常遵循"核查—通知—删除"机制，在收到合法投诉后及时采取行动。但是，在不正当竞争、过度维权等情况下，部分用户存在滥用版权投诉的行为。数字平台对版权投诉的核查需要时间和存在误判，导致部分用户的合法内容被删除，侵犯了创作者的合法权益。

📖 阅读拓展 →

2023 年中国法院十大知识产权案件之六：
涉"数据"不正当竞争纠纷案

北京微某网络技术有限公司与广州简某信息科技有限公司等不正当竞争纠纷案〔广东省高级人民法院（2022）粤民终 4541 号民事判决书〕

【案情摘要】北京微某网络技术有限公司是新浪微博的经营者，其指控广州简某信息科技有限公司采用恶意技术手段，非法调用服务器 API（应用程序编程接口）抓取了大量微博数据，进行存储和售卖，构成不正当竞争，遂诉至法院。一审法院认为，广州简某信息科技有限公司构成不正当竞争，判令其赔偿经济损失 2000 万元及维权合理费用 272680元。广州简某信息科技有限公司不服，提起上诉。广东省高级人民法院二审认为，北京微某网络技术有限公司对依法依规持有的微博数据享有自主管控、合法利用并获取经济利益的权益。广州简某信息科技有限公司通过变换 IP（网络地址）、UID（用户账号）等欺骗性技术方式，非法调用微博服务器 API 抓取大量后台数据予以存储，且未经处理向不特定互联网用户售卖从而获利。该行为显著增大了微博平台被实质性替代的风险，还可能造成个人隐私、敏感信息泄露等数据安全问题，有违公平、诚信原则和商业道德，扰乱了数据市场竞争秩序，严重损害了北京微某网络技术有限公司和消费者合法权益，构成反不正当竞争法第二条规定的不正当竞争行为。按照广州简某信息科技有限公司收费标准中位数 1 元/100 次计算，其获利约为 2179.79 万元，综合被诉侵权行为持续时间长、调用数据规模巨大、损害后果严重等情况，全额支持北京微某网络技术有限公司的赔偿请求并无不当，遂判决驳回上诉、维持原判。

【典型意义】本案系非法抓取数据予以交易转卖的典型案件。判决基于数据"有力保护"与"有序流通"的平衡关系，明晰数据权益保护边界，体现了司法审判引导市场主体获取和利用数据要"取之有道、用之有度"的鲜明司法态度。

资料来源：非法抓取数据转卖交易构成侵权——涉"数据"不正当竞争纠纷案［EB/OL］．(2024 - 04 - 26)．https://www.chinacourt.cn/article/detail/2024/04/id/7915045.shtml.

二、数字平台标准制定

（一）数字平台数据安全与隐私保护标准制定

1. 数据安全通用标准制定

数字平台数据安全通用标准的制定，要针对可能存在的数据泄露和窃取、数据篡改和伪造、数据丢失和损毁等安全风险，覆盖数据收集、数据传输、数据存储、数据使用、数据删除、数据销毁的全过程。

在数据收集环节，数据安全通用标准的制定要明确收集范围和安全责任；预先开展数据安全影响评估；采用密码技术确保数据完整性；做好日志记录确保采集过程可追溯。

在数据传输环节，数据安全通用标准的制定要保障软件开发和传输工具的安全性与数据的完整性；采用安全技术和装备，确保数据传输网络的安全性，以及数据传输双方的可信性和抗抵赖性。

在数据存储环节，数据安全通用标准的制定要重视对数据分域分级存储的安全管控；适时进行存储过程风险评估；根据数据安全级别制定数据备份和恢复策略；定期开展灾备恢复演练并做好复盘。

在数据使用环节，数据安全通用标准的制定要明确原始数据获取方式和授权机制等内容；强调开发测试与生产环境的有效隔离；建立数据访问和导出的最小化权限申请审批机制；评估并确定数据可视化展示的必要性和安全性；严格开展数据开放和共享的安全评估与审计。

在数据删除环节，数据安全通用标准的制定要科学设定数据保存期，对过期数据执行删除操作；明确数据删除主体，记录处理过程，复核删除结果；对敏感数据建立数据删除的有效性复核机制。

在数据销毁环节，数据安全通用标准的制定要规范数据销毁操作流程，明确销毁场景与销毁技术要求；重视数据存储介质的彻底销毁或者安全擦除；记录销毁过程并定期审计；明确效果评估机制，定期进行抽样认定；对敏感数据存储介质强调采用物理销毁方式。

2. 数据隐私保护标准制定

数字平台数据隐私保护标准的制定，要以确保个人信息不被未经授权的访问、滥用和泄露为目标。在不影响数据价值的前提下，充分应用数据脱敏、匿名化、差分隐私和同态加密等先进技术。

所谓数据脱敏，是指对敏感数据通过替换、失真等变换降低数据的敏感度，同时保留一定的可用性、统计性特征。在测试、统计分析等非生产环境中，需要通过统一的脱敏处理即静态脱敏，将原始数据变为脱敏数据以供使用。在生产环境中，对敏感数据的访问需要动态脱敏，即根据访问需求和用户权限，进行最小范围的管控和最大限度的脱敏。

所谓匿名化，是指实现个人信息记录的匿名。要求数据库的任意一条偏好、健康、薪酬、资产等隐私记录不能对应到具体的自然人，即无法识别。同时尽可能保留数据的使用价值，控制数据失真程度，满足数据分析与挖掘需要。与假名化和去标识化相比，匿名化对数据可用性的抑制较强，但隐私保护的效果最好。

所谓差分隐私，是指允许对数据进行分析但不泄露数据集中任何个人的敏感信息，数据集中任何个人记录的存在或缺失都不影响数据分析的结果。差分隐私可以提供隐私保证，即使对手拥有无限计算能力和对数据算法与系统的完整了解，或者获得新的额外信息，也不能从数据分析的输出中了解个人敏感信息。

所谓同态加密，是指使用满足密文同态运算性质的算法对数据进行加密并计算，得到的密文计算结果在进行对应的同态解密后的明文，等同于对明文数据直接进行计算的结果，实现数据的"可算不可见"。在数字平台的数据隐私保护中，同态加密技术应用尚处于探索阶段但是前景广阔，在数据隐私保护标准制定中应予以高度重视。

（二）数字平台运营与服务标准制定

1. 数字平台运营标准制定

数字平台运营标准，包括内容运营标准、用户运营标准、数据运营标准、品牌运营标准和技术运营标准等组成部分。不同部分的运营标准，在制定时有不同的要求。

在内容运营标准制定时，关注的重点是内容的多样性，即针对不同用户群体需求提供丰富多样的内容；内容质量，即为了吸引用户并提升用户体验确保内容的准确性、新颖性和伦理性；内容更新频率，即定期更新内容以保持平台的常态活跃度和可持续吸引力。

在用户运营标准制定时，关注的重点是简化注册流程，提高用户注册效率；通过活动、奖励等方式激励用户参与，提高用户活跃度；优化平台功能，提高用户满意度，降低用户流失率；制定有效的用户增长策略，促进增量用户的规模扩张。

在数据运营标准制定时，关注的重点是合法合规、全面准确收集用户行为数据，为分析提供基础；运用先进的数据分析工具和方法，挖掘用户需求和行为规律；基于数据分析结果，优化平台功能和服务，提升用户体验和商业价值。

在品牌运营标准制定时，关注的重点是品牌形象的打造，即培育具有独特性和吸引力的品牌形象，提升平台知名度和美誉度；品牌推广的促进，即通过线上线下多种渠道进行品牌推广，扩大品牌影响力；品牌保护的加强，即加强品牌保护意识，防止品牌被侵权或滥用。

在技术运营标准制定时，关注的重点是平台的稳定性，即确保平台稳定运行，避免出现故障或宕机情况；平台的安全性，即加强平台安全防护，保护用户数据和隐私安全；平台的可扩展性，即根据业务发展需求，灵活扩展平台功能和性能。

2. 数字平台服务标准制定

用户体验提升是平台服务的核心目标之一，因此数字平台服务标准的制定要充分考虑用户体验的需求，通过用户满意度和忠诚度的提升，促进数字平台市场地位的提升和经济利润的拓展。

首先，数字平台的界面设计应该简洁、直观，易于用户快速找到所需信息和服务入口。采用清晰、一致的视觉元素和布局，避免混淆和错乱，提升用户的操作效率。定期评估用户在平台使用过程中解决问题的困难程度，降低用户使用平台的费力度。

其次，数字平台的服务响应应该敏捷、快速，降低用户的等待时间和机会成本。优化服务器和网络性能，确保用户能够流畅地使用各项功能。在功能导航与使用指引的设计和理解方面，平台应该提供详细的帮助文档和灵活的客服支持，实时解决用户问题。

再次，数字平台应该充分发挥大数据和人工智能技术的优势，深度分析用户的个体偏好和历史行为，精准提供个性化服务。通过有针对性的视觉、听觉乃至触觉的细节设计，激发用户的正面情绪。营造愉悦的使用氛围，增强用户与平台之间的情感联系。

最后，数字平台要将满意度作为衡量用户体验的重要指标。通过定期与随机相结合的用户调研和反馈收集，了解用户对平台服务的评价和诉求，作为改进平台服务的依据。作为满意度分析的延伸，平台也应该重视净推荐值的变化，考量用户对平台服务的长期态度。

（三）数字平台自治与监管标准

1. 数字平台自治标准制定

（1）规范数字平台自治标准的制定程序。数字平台治理需要外部治理规则的强力管制，但同样离不开自治行为的主动约束。规范自治标准制定程序，是促进数字平台治理合法合规、控制不完全竞争风险的重要前提。要不断完善自治标准的制定程序，明确自治标准的具体操作流程和负责主体。要建立健全自治标准的公示和公开制度，提高平台自治标准的透明度和公信力。

（2）完善数字平台自治标准的评价机制。科学的数字平台自治标准具有鲜明的时代性和适用性特征，需要随着经济社会发展和平台治理问题的演变进行调整，而完善的评价机制是数字平台自治标准调整的依据和保障。要赋予平台用户与平台管理者相似的评价权限，畅通平台用户参与评价的渠道，客观处理平台用户的评价结果，将用户参与平台自治标准评价的过程作为提升平台用户体验的路径。

（3）增强对数字平台自治标准的外部监督。除涉及国家安全、商业秘密和个人隐私的领域外，数字平台自治标准要保持公开性和透明度，在平台设置专区进行公布并接受外部监督。要发挥行政主管部门、行业协会、新闻媒体等外部主体的监督作用，畅通监督渠道，重点关注不平等竞争、违反商业伦理、损害消费者权益等数字平台治理问题，及时对数字平台自治标准进行修正和调整。

2. 数字平台监管标准的制定

（1）明确监管主体，统一监管标准。要进一步优化数字平台监管组织架构，整合平台监管力量，明确监管主体，统一监管标准，形成适应建设高标准市场体系要求的数字平台监管组织体系。统筹监管职能、统领监管标准制定，厘清各部门的监管边界和监管主体权责。

（2）界定平台责任，保护平台权益。在维护公共利益和消费者权益的前提下，科学合理地界定数字平台的责任。既不能将平台责任过度扩大，也不能回避平台应有的责任。要允许数字平台在合规经营的前提下探索不同经营模式，探索平台尽职免责的具体办法。

（3）明确监管重点，加强监管执法。要借鉴国际经验，将数据、并购、竞争、算法、就业等领域作为数字平台监管标准制定的重点，推动监管标准和标准监管的结合。要加强数字平台监管执法，加大对违法违规行为的惩处力度，增强监管执法的威慑力和公信力。

（4）健全问责机制，加强国际合作。数字平台监管标准的制定和执行，应该接受专门的监督机构的监督，形成行之有效的监管问责机制，促进政府部门监督执法的尽职尽责。鉴于数字平台的跨国特征，在数据流动、网络安全等领域，也要加强平台监管的国际合作。

阅读拓展 ➡️ -

"清朗·网络平台算法典型问题治理"专项行动

算法专项治理清单指引

核验项目	核验要点	核验内容
信息茧房	用户兴趣选择	1. 平台不得强制用户选择兴趣标签，允许用户跳过标签选择页面
	用户标签管理	2. 平台应提供兴趣标签查看功能，向用户展示用于内容推送的个人兴趣标签
		3. 平台应向用户提供用于个性化推荐服务的个人兴趣标签管理功能
		4. 平台应向用户提供便捷地关闭算法推荐服务的选项。用户选择关闭后，平台应立即停止算法推荐服务且不影响用户正常使用，不得频繁通过弹窗等方式提醒用户开启
	"不感兴趣"功能设置	5. 平台应向用户提供"不感兴趣"等功能选项，如"对话题不感兴趣""对内容质量不满意""此类内容过多""重复推荐"等。用户操作后，平台应减少同类内容推送频率
	防沉迷举措成效	6. 平台应构建用户沉迷防范机制，及时总结相关成效，配合有关部门的监督检查工作
		7. 平台应具备针对"信息茧房""同质化推荐"等网民重点关注问题的防范举措，通过内容去重、打散干预等策略提升推送内容多样性丰富性，及时总结相关成效，配合有关部门的监督检查工作
	个人信息权益保障	8. 平台应向用户告知用于内容推送的收集处理的个人信息种类，并征得用户同意

核验项目	核验要点	核验内容
热搜榜单	算法规则公示	9. 平台应公示榜单排序机制机理，如基本原理、排序依据、主要因素等详细信息，并通过事例予以说明
	日志留存核验	10. 平台应留存榜单相关网络日志，日志内容包括时间、榜单排名、热度值计算相关数据等信息，配合有关部门的监督检查工作
	水军账号识别	11. 平台应健全异常账号监测机制，防范违规操纵榜单、控制热搜等现象，总结相关成效，配合有关部门的监督检查工作
新就业形态劳动者权益	算法优化效果	12. 平台应统计算法升级后订单超时率、平均配送超时率、交通事故发生率等相关数据，留存相关数据及日志，配合有关部门的监督检查工作
	规则透明度	13. 平台应公示配送时间预估、路线规划、配送费用计算明细等相关算法机制机理
	申诉渠道	14. 平台应向用户提供申诉和公众投诉、举报入口，及时处理用户反馈
		15. 平台应说明申诉处理流程、反馈时间等信息，公开近期申诉成功案例，留存处理日志，配合有关部门的监督检查工作
大数据"杀熟"	差异化定价	16. 平台不得存在相同商品不同用户原始定价不一致的情况
	优惠规则公示	17. 平台应说明优惠促销规则，如适用范围、参与条件、特定限制等
		18. 对于使用优惠券的场景，平台应说明优惠券发放范围、用户身份限制、发放数量、使用条件等信息
		19. 在订单结算页面，平台应展示优惠券、满减规则等优惠明细
	优惠券领取失败原因	20. 平台应向用户说明优惠券领取失败的真实原因，如领取截止时间、领取要求等
算法向上向善	未成年人保护	21. 平台应及时总结防范未成年人网络沉迷、过度消费所采取的优化算法推荐服务措施及成效，配合有关部门的监督检查工作
	老年人保护	22. 平台应持续优化完善面向老年人的算法推荐服务，便利老年人获取有益身心健康的信息
	优化内容生态	23. 鼓励平台坚持主流价值导向，利用算法提升优质内容推送、识别违法网络谣言等信息
	生成合成信息标识	24. 平台应对由自身提供算法的生成合成信息作出显著标识，及时总结检测识别生成合成信息、发现处理违法违规生成合成信息的措施及成效，配合有关部门的监督检查工作

续表

核验项目	核验要点	核验内容
落实算法安全总体责任	算法机制机理审核	25. 平台应及时总结建立算法机制机理审核的管理制度和技术措施的机制及成效，配合有关部门的监督检查工作
	算法模型安全评估	26. 平台应定期对算法模型开展安全评估，及时总结评估成效，配合有关部门的监督检查工作
	数据安全	27. 平台应及时总结建立数据安全管理制度和技术措施的机制及成效，配合有关部门的监督检查工作

资料来源：关于开展"清朗·网络平台算法典型问题治理"专项行动的通知［EB/OL］．（2024 – 11 – 24）．https：//www.cac.gov.cn/2024 – 11/24/c_1734143936205514.htm.

思考题

1. 数字平台的发展历程分为哪几个阶段，每个发展阶段有什么特点？

2. 数字平台有哪些分类标准，可以分为哪些类型？

3. 什么是数字平台的知识产权保护，分为哪几个维度？

4. 数字平台知识产权侵权的方式有哪些，分别可以采取什么样的治理机制？

案例分析

数字平台治理的多维挑战与应对

1. 点个菜煎饼比同事贵 9 毛，外卖平台如此"杀熟"

2024 年 5 月，江苏省扬州市消费者许先生通过"指尖上的 315"微信号投诉，称其在美团 App"拼好饭"模块购买的"山东菜煎饼"比同事贵 0.9 元，尽管同事使用了"新人红包"。许先生发现，同款煎饼在同事手机上显示为 11 元，而自己手机则显示为 11.9 元。扬州市消费者权益保护委员会接诉后，查看了许先生提供的截屏，转交美团处理。美团回复称差价因套餐不同，但不愿详述。许先生虽不认可此解释，因无法进一步举证，最终接受了美团的退款和补偿方案。

资料来源：点个菜煎饼比同事贵 9 毛，外卖平台"杀熟"这样维权 南京都市圈消费维权优秀案例发布［EB/OL］．（2024 – 12 – 03）．https：//m.yangtse.com/wap/news/4181468.html.

2. 综艺节目：别让"算法"限制艺术想象

当前，综艺节目广泛运用人工智能算法和大数据分析，优化创作、辅助决策、增强互动及提升效率。算法依据用户在社交媒体上的互动数据选择嘉宾、调整节目环节，甚至精准推送周边产品信息，极大提升了节目效果。然而，这也带来了内容同质化、创新思维弱化、信息茧房效应强化等问题。算法推动制作方、投资方为规避风险而制作投资同类型节目，导致内容浅层化、雷同化。创作人员或主动选择或被动受限于算法框架，牺牲内容深度与质量，创新思维被弱化。算法推荐系统看似满足用户个性化需求，实则将用户困在信息茧房中，需求被窄化、标签化。面对这一现象，综艺节目从业者开始反思：算法是否限制了艺术想象，我们是否也被困在了算法里？

资料来源：综艺节目：别让"算法"限制艺术想象［EB/OL］.（2024 – 10 – 23）. https://travel.cnr.cn/2011lvpd/lvyw/20241024/t20241024_526951149.shtml.

3. 加强网络古墓葬类题材内容监管

近期，国家文物局联合中央网信办开展了一项专项行动，旨在打击网络短视频和直播中涉及古墓葬类题材的违法违规内容。此次专项行动将对网络平台上存在的盗墓、古墓探险、伪造考古现场、非法鉴定出土文物等内容进行集中整治。这些视频和直播往往以"寻宝""探险""天价"为噱头，歪曲考古工作价值，宣传封建迷信和一夜暴富等不良价值观，为盗掘古墓葬和倒卖文物等违法犯罪活动提供便利。此次行动将督促网络平台加强内容审核把关，规范相关短视频和直播服务，涉嫌违法犯罪的将移送执法部门处理。同时，各地文物和网信部门将加强工作协作，畅通举报渠道，共同营造清朗的网络环境。

资料来源：两部门：严厉打击盗墓、探墓、非法鉴定等违法违规短视频和直播活动［EB/OL］.（2024 – 10 – 28）. https://news.cctv.com/2024/10/28/ARTI1bX4VrsXbkqyCpXL5ztY241028.shtml.

结合案例材料，探讨下列问题：

1. 结合"杀熟"的案例，探讨数字平台在大数据杀熟行为中的责任，以及平台治理应如何有效应对此类行为？

2. 以综艺节目为例，分析算法推荐机制如何影响数字平台内容的多样性，导致信息茧房效应，并探讨平台治理应如何平衡个性化推荐与内容多样性？

3. 分析网络短视频和直播中古墓葬类题材内容的乱象，探讨平台在监管此类内容中的责任与挑战。

典型场景与平台项目训练

数字平台治理中的算法伦理与透明度提升

1. 项目背景

随着数字经济的蓬勃发展，数字平台已成为推动经济社会发展的新引擎。然而，数字平台在提供便捷服务的同时，也面临着算法伦理与透明度方面的挑战。算法的不透明和潜在的歧视性，不仅损害了用户权益，也引发了社会的广泛关注和争议。为了提升数字平台治理水平，增强用户对算法决策的信任，本项目旨在设计并实施一套算法伦理与透明度提升方案，通过案例分析和实践操作，帮助学生深入理解数字平台治理中的算法伦理问题，掌握提升算法透明度的方法和技巧。

2. 项目简介

本项目以数字平台治理中的算法伦理与透明度提升为核心，通过理论讲解、案例分析、实践操作等多种形式，帮助学生全面了解算法在数字平台中的应用及其带来的伦理挑战，掌握提升算法透明度的方法和策略。项目旨在培养学生的算法伦理意识，提升其在数字平台治理中的参与度和责任感，为推动数字经济的健康、有序发展贡献力量。

3. 项目内容

（1）理论讲解。介绍数字平台治理的基本概念、发展历程及经济影响；阐述算法在数字平台中的应用及其伦理挑战，包括算法歧视、隐私泄露等问题；讲解算法伦理的基本原则和要求，以及提升算法透明度的方法和策略。

（2）案例分析。选取典型的数字平台治理案例，如大数据"杀熟"、算法茧房效应等，分析其产生的原因、影响及应对措施。进而分析国内外在算法伦理与透明度方面的成功案例，如某平台通过公开算法逻辑、解释算法决策等方式提升用户信任度的实践。

（3）实践操作。设计算法透明度评估工具，对选定的数字平台进行算法透明度评估，并给出改进建议；模拟数字平台治理中的算法伦理决策过程，如制定算法使用政策、处理用户投诉等，培养学生的实践能力和决策能力；开展小组讨论和角色扮演活动，模拟政府、平台、消费者组织等利益相关方在数字平台治理中的互动和协作，探讨如何构建多方协同的合作机制。

4. 项目特色

（1）跨学科融合。本项目融合了经济学、管理学、计算机科学等多个学科的知识，旨在培养学生的跨学科素养和综合能力。

（2）实践操作性强。通过实践操作和案例分析，使学生能够亲身体验数字平台治理中的算法伦理与透明度问题，并学会如何提出解决方案。

（3）注重社会责任感。本项目强调培养学生的社会责任感和参与意识，鼓励学生积极参与数字平台治理，为推动数字经济的健康、有序发展贡献力量。

5. 项目预期成果

通过本项目的学习和实践，学生能够深入理解数字平台治理中的算法伦理问题及其影响，掌握提升算法透明度的方法和策略，具备在数字平台治理中参与决策和解决问题的能力，培养跨学科素养和综合能力，为未来的学习和工作打下坚实基础。

6

数字经济环境

第十四章

数字经济安全

案例引入 •••▶

数据泄露引发的数字经济安全危机

在当今数字经济蓬勃发展的时代，数据已成为关键生产要素，各类数字化服务和应用极大地便利了人们的生活。然而，随之而来的数字经济安全问题也日益凸显。2023年，某知名在线旅游平台发生了严重的数据泄露事件。该平台拥有海量用户信息，包括姓名、身份证号、联系方式、出行记录与支付信息等。黑客通过恶意攻击平台的服务器，获取了大量用户数据，并在暗网上进行售卖。

此次数据泄露事件对用户造成了极大的困扰。许多用户陆续收到诈骗电话和垃圾邮件，个人隐私被严重侵犯。部分用户的支付账号出现异常交易，资金安全受到威胁。受此事件影响，该平台的声誉遭受重创，用户信任度急剧下降，大量用户选择卸载该平台，转向其他竞争对手。同时，该平台也面临着监管部门的严厉调查和巨额罚款，业务发展陷入困境。

这一案例凸显了数字经济安全的重要性，数据泄露不仅损害用户权益，还对企业的生存和发展构成了巨大威胁。那么，如何保障数字经济安全？如何防范数据泄露等安全风险？带着这些问题，让我们走进第十四章的学习，深入了解数字经济安全相关知识。

学习目标 •••▶

知识目标：熟知数字经济技术体系，包括云计算、大数据、人工智能、区块链、5G、工业互联网和物联网等技术的基本原理、核心特点、关键技术构成以及主要应用领域。

能力目标：能够运用数字经济技术相关知识，分析不同行业数字化转型的技术应用场景与潜在问题；具备根据实际需求，选择合适的数字经济技术和新型基础设施解决方案的能力。

素质目标：培养对数字经济技术和新型基础设施的敏锐洞察力，关注行业最新动态和技术发展趋势，提升在数字经济领域的创新思维和实践能力。

理解网络安全体系的架构与关键技术，掌握隐私保护的核心措施，准确分析信息不对称问题对市场竞争、消费者决策等方面的复杂影响。

第一节　数据安全概述

一、网络安全体系

（一）防火墙技术

防火墙如同数字经济领域的坚固城墙，能够依据预设的安全策略，对网络流量进行监控与筛选，阻止外部未经授权的访问与恶意攻击，有效划分内部可信网络与外部不可信网络，为数字经济基础设施和数据资源提供基础的边界防护。

（二）入侵检测与防御系统（IDS/IPS）

入侵检测系统（intrusion detection system，IDS）负责实时监测网络活动，识别潜在的入侵行为，如异常的流量模式、恶意软件传播迹象等，并及时发出警报。入侵防御系统（intrusion prevention system，IPS）则在此基础上更进一步，不仅能检测，还能主动采取措施阻断入侵，防止恶意行为对数字经济系统造成损害，保障数据传输与业务运营的连续性。

常见的入侵检测方法包括基于特征的检测和基于行为的检测，它们的区别如表 14 – 1 所示。

表 14 –1　　　　　　　　　　入侵检测方法的区别与比较

检测方法	原理	优点	缺点
基于特征的检测	识别已知的攻击模式	对已知攻击检测准确率高	无法检测新型攻击
基于行为的检测	分析网络行为的异常	可检测新型攻击	可能产生误报

（三）加密技术

加密技术在网络安全体系中扮演着极为重要的角色。无论是数据在网络中的传输过程，还是存储在各类设备中的状态，加密技术都能将敏感信息转化为密文形式。例如，采用先进的加密算法对用户的账号密码、企业的商业机密数据等进行加密处理，只有拥有正确解密密钥的授权方才能还原信息，从而确保数据的保密性、完整性和不可否认性，在数字支付、在线交易等关键数字经济场景中尤为关键。

（四）身份认证与访问控制机制

身份认证与访问控制机制是网络安全体系的重要防线。通过多因素身份认证，如密码、指纹、动态验证码等组合方式，精准确定用户身份。在此基础上，访问控制依据用户的角色、权限等设定，严格限定其对数字资源的访问级别与操作范围。例如，企业内部的财务数据仅允许特定财务岗位人员在规定的权限内访问与操作，有效防止数据泄露与非法篡改，维护数字经济秩序。表 14 – 2 展示了不同访问控制模型之间的对比。

表 14 – 2   **不同的访问控制模型对比**

访问控制模型	原理	特点	适用场景
自主访问控制（discretionary access control，DAC）	由资源所有者决定谁可以访问资源	灵活性高，但安全性相对较低	适用于对安全性要求不是特别高的环境，如个人电脑的文件访问控制
强制访问控制（mandatory access control，MAC）	基于安全级别对主体和客体进行标记并控制访问	安全性高，但灵活性较差	适用于对安全性要求极高的环境，如军事、政府机密信息系统
基于角色的访问控制（role-based access control，RBAC）	根据用户的角色分配权限	兼顾安全性和灵活性	适用于企业内部的信息系统，可根据不同岗位角色分配权限

（五）安全审计功能

安全审计功能详细记录网络中的各类活动，包括用户登录、数据访问、系统操作等信息，以便在发生安全事件时能够进行回溯分析，确定事件源头与经过，为后续的安全策略调整与事件处理提供有力依据，不断优化网络安全体系的防护效能，适应数字经济不断变化的安全需求。示例如表 14 – 3 所示。

表 14 – 3   **一个安全审计记录表示例**

时间	用户	事件类型	操作对象	操作结果
20×× ×× ×× ××：××：××	user1	登录	系统 A	成功
20×× ×× ×× ××：××：××	user2	数据访问	财务数据文件	成功（权限内访问）
20×× ×× ×× ××：××：××	user3	系统		

二、网络安全威胁

（一）技术层面威胁

1. 恶意软件攻击

恶意软件的种类繁多，且其传播方式和危害程度各不相同。蠕虫病毒是其中最具代表性的恶意软件之一。它具有自我复制和传播的能力，能够迅速通过网络扩散并感染大量计算机。以"震荡波"蠕虫病毒为例，其在短时间内就造成了大规模的系统崩溃和网络堵塞。蠕虫病毒的传播速度通常远超其他恶意软件，成为网络安全的重大威胁。

与此同时，网络钓鱼邮件也是一种广泛存在的恶意软件传播方式。这些邮件伪装成合法机构或个人，通过欺骗手段诱使用户点击链接或下载附件，从而泄露个人敏感信息。根据反垃圾邮件组织 Spamhaus 的统计，全球每天发送的钓鱼邮件数目超过 1000 万封，给金融机构和电商平台等目标带来了巨大风险。

2. 网络攻击

除了恶意软件，网络攻击也是当前网络安全的主要威胁之一。分布式拒绝服务攻击（distributed denial of service，DDoS），作为最常见的攻击方式之一，旨在通过大量虚假请求淹没目标服务器，导致其无法响应合法用户请求。根据 Dyn Research 的数据，全球每分钟发生超过 1000 次 DDoS 攻击，严重影响了全球范围内的网站和在线服务。

结构化查询语言（structured query language，SQL）注入攻击是另一种典型的网络攻击方式，攻击者通过在网站的数据库中注入恶意 SQL 语句，从而获取用户的敏感信息，如账户和密码。此类攻击的高效性和隐蔽性使其成为攻击者获取敏感数据的首选手段。阿卡迈（Akamai）发布的《2023 年互联网安全状况报告》显示，全球每年有超过 10 万家企业因此遭遇数据泄露，损失严重。

3. 零日漏洞

零日漏洞是网络安全中最具挑战性的威胁之一。它指的是软件或硬件系统中的安全漏洞，在厂商未发布补丁之前，攻击者能够利用这一漏洞发起攻击。由于零日漏洞在被公开之前是未知的，防御难度极大。针对这一威胁，除了常规的安全更新外，现代企业开始引入人工智能（AI）和机器学习（ML）技术，使用自动化工具来进行漏洞检测和预警。通过 AI 和 ML 算法，能够快速分析大量数据，识别潜在的安全漏洞。例如，基于深度学习的模型可以通过不断训练和优化，识别软件中的异常行为并及时发出警报，从而减少漏洞被利用的风险。

4. 新型网络安全威胁

随着技术的不断发展，新的网络安全威胁也不断涌现。量子计算的兴起，使得量子攻击成为网络安全领域的一个新焦点。量子计算具有巨大的计算能力，能够破解传统的加密算法，给数据安全带来前所未有的挑战。尽管目前量子计算的应用还处于实验阶段，但各国已经在加强量子安全的研究，探索量子加密等新的安全手段以应对量子计算带来的风险。

此外，人工智能驱动的攻击也逐渐成为网络安全的一个重要课题。攻击者利用 AI 技术自动化地发起大规模的钓鱼攻击、DDoS 攻击等，这些攻击不仅更加精准且效率高，难度也远超传统手段。例如，基于 AI 的攻击者可以通过分析目标用户的行为模式，定制出具有极高成功率的社交工程攻击策略。针对这一威胁，安全专家正在研发更为复杂的防御机制，如基于机器学习的反欺诈系统，能够动态检测异常行为并实时防范攻击。

（二）人为因素威胁

1. 内部人员违规操作

除去技术层面的漏洞，企业内部人员的违规行为也是一种常见的网络安全威胁。尽管企业通常会通过多重防护措施来保障数据安全，但内部人员的疏忽或故意行为往往是导致数据泄露或系统安全问题的关键因素。比如，员工未经授权访问敏感数据、将敏感信息存储在不安全的地方，或者将企业设备借给他人使用等，这些行为可能导致严重的后果。数据泄露可能会直接影响企业的商业利益和声誉，甚至导致法律诉讼，严重时可能会影响企业的存续。

2. 社会工程学攻击

社会工程学攻击利用了人类心理上的弱点，攻击者通过欺骗、操控等手段获取目标信息或访问权限。钓鱼攻击、冒充身份等都是常见的社会工程学攻击方式。攻击者通常通过伪装成合法机构，诱使员工或用户透露重要信息，或者执行有危害性的操作。增强员工的安全意识，定期进行安全培训，成为防范社会工程学攻击的有效手段。企业还需要建立完善的安全管理制度，加强对敏感信息的保护，防止内部人员的违规操作。

（三）数据层面威胁

1. 数据泄露

数据泄露无疑是最严重的网络安全威胁之一。无论是通过网络攻击、内部人员违规操作，还是数据存储不当，敏感数据泄露都可能导致个人和企业面临巨大的风险。个人隐私数据泄露可能导致身份盗窃、财产损失等问题，而企业数据泄露则可能影响竞争力，甚至导致重大经济损失。更严重的是，泄露的敏感数据可能被恶意使用，导致长远的品牌受损。

2. 数据篡改

数据篡改是指攻击者通过非法手段对数据进行修改或伪造，从而影响数据的完整性和可靠性。这种行为对企业尤其致命，因为数据往往是企业决策的基础。数据篡改可能导致企业作出错误决策，影响市场战略的执行，甚至引发财务错误。为了防范此类风险，企业需要采取多重措施来保护数据的完整性，包括数据备份、加密技术以及访问控制等。

三、网络安全标准

（一）ISO 和 IEC 标准

国际标准化组织（International Organization for Standardization，ISO）和国际电工委员会（International Electrotechnical Commission，IEC）联合发布了一系列与网络安全相关的国际标准，构建了完善的网络安全标准体系。ISO/IEC 27001（信息安全管理体系要求）为组织建立、实施、维护和持续改进信息安全管理体系提供了全面的框架和指导。该标准涉及信息安全方针、组织架构、人员管理、资产管理、访问控制、信息安全事件管理等多个方面，确保组织能够系统性、有计划地进行信息安全管理。同时，ISO/IEC 27002（信息安全控制实践指南）提供了具体的控制措施和最佳实践，帮助组织识别并应对信息安全风险。

这些标准在国际上具有广泛的影响力，被许多国家和组织采纳。它们为全球企业和组织提供了统一的信息安全管理标准，促进了国际信息安全交流与合作。例如，跨国企业在全球范围内开展业务时，依据 ISO/IEC 标准建立统一的信息安全管理体系，确保不同地区的业务活动都能满足信息安全要求。

（二）美国标准

1. NSA 和 NIST 标准

美国国家安全局（National Security Agency，NSA）和国家标准与技术研究院（National

Institute of Standards and Technology，NIST）发布的网络安全框架为组织提供了一套灵活的、基于风险的网络安全管理方法。该框架将网络安全管理分为五个主要功能领域：识别、保护、检测、响应和恢复。通过这一框架，组织能够全面、系统地管理网络安全风险。同时，NIST 框架还提供了一系列指导方针和建议，帮助组织根据自身特点和需求制定适合的网络安全策略和措施。

2. 标准细化与实践指导

除了网络安全框架，NIST 还发布了多种网络安全指南和最佳实践，详细阐述了在网络安全管理各个方面应采取的具体措施和方法。这些指南包括网络安全评估、漏洞管理、威胁情报分析、数据保护等内容，为组织应对各种网络安全威胁提供了具体的指导。例如，NIST 发布了详尽的漏洞管理指南，涵盖漏洞的发现、评估、修复和监控等环节，帮助组织有效管理漏洞，降低安全风险。

（三）欧洲标准——ENISA 标准

欧洲网络安全机构（European Union Agency for Cybersecurity，ENISA）作为欧洲联盟负责网络安全事务的机构，发布了一系列标准和指南，旨在提升欧洲国家的网络安全水平。这些标准涉及网络安全政策、风险管理、应急响应、技术支持等多个方面，为欧洲各国的网络安全工作提供了全面指导。

ENISA 标准具有较强的区域针对性，充分考虑了欧洲地区的网络安全环境和特点。例如，在网络安全政策方面，ENISA 强调各国应根据欧盟法律法规制定符合要求的网络安全政策，加强监管和管理。在应急响应方面，ENISA 则提供了详细的流程和指南，帮助各国在网络安全事件发生时迅速做出反应，有效处置安全问题。

（四）中国标准

1. 法律法规

中国制定了一系列网络安全法律法规，如《中华人民共和国网络安全法》和《中华人民共和国数据安全法》等，为网络安全工作提供了坚实的法律保障。《中华人民共和国网络安全法》明确了网络空间主权、网络产品和服务的安全要求、网络运营者的安全责任等内容，为网络安全管理提供了法律依据。而《中华人民共和国数据安全法》则对数据的收集、存储、使用、加工、传输、公开等环节提出了具体要求，保障了数据的安全和隐私。

2. 技术标准

除了法律法规，中国还制定了诸如《信息安全技术 网络安全等级保护基本要求》等技术标准，为网络安全技术研发、应用和评估提供了基础支持。网络安全等级保护制度是中国网络安全保障的基本制度，通过对信息系统进行分级、保护和监督，确保系统安全可靠运行。该标准详细规定了不同等级信息系统在安全物理环境、通信网络、安全区域边界等方面的技术要求，为网络安全等级保护工作提供了明确指导。

（五）行业特定标准

1. 标准制定特点

除了通用标准，许多行业还会根据自身的特点和业务需求，制定特定的网络安全标准。这些行业特定标准确保网络安全水平符合行业特定要求。例如，金融行业涉及大量资金交易和客户信息，因而对网络安全的要求尤为严格，可以制定关于支付安全、客户信息保护、金融数据加密等方面的标准。

2. 技术与管理融合

行业特定标准通常将技术要求与管理要求相结合，既关注技术应用，又强调管理实施。例如，在医疗行业，电子病历的安全性和医疗数据隐私保护是核心问题。行业标准可能要求对电子病历的存储格式、访问权限、数据加密等进行规定，同时对医疗数据的收集、使用和共享等环节提出要求，确保医疗数据的安全与隐私。

网络安全标准在保障网络安全方面发挥着至关重要的作用。不同国家、地区及行业根据自身特点和需求，制定并实施相应的网络安全标准，共同构建安全可靠的网络环境，以应对日益复杂的网络安全挑战。

四、网络安全治理

（一）治理结构

1. 政府主导，多方协作

网络安全治理的首要任务是由政府牵头，通过制定政策、法规和战略框架来引领整体治理方向。政府不仅负责网络安全的法规制定、政策引导和监管职能，还应积极推动各部门、企业和社会组织之间的协作。政府的角色是宏观指导和法律保障，并通过建立公共服务平台、提供技术支持等手段，促进社会各界共同参与网络安全治理。

在这一过程中，企业和行业协会是不可忽视的关键角色。企业作为网络安全防护的主体，必须承担起主动防护的责任，通过完善网络安全管理体系、加强员工培训和提升技术投入来增强自身的安全防护能力。行业协会则应在协调行业内部资源、制定行业标准和推进自律方面发挥作用，推动整个行业的网络安全水平提升。

2. 跨部门协作

网络安全治理需要跨部门的协作和协调，尤其是在面临跨行业、跨地域的网络安全威胁时。公安、工信、网信等多个政府部门应联合开展网络安全检查、威胁情报共享、应急响应等工作。企业与政府、行业间也需要加强信息共享和资源整合，构建一个协同防御体系。通过有效的跨部门协作，能够确保网络安全治理的资源配置最优化、效能最大化。

（二）技术保障

1. 技术研发与创新

技术创新是网络安全治理的核心驱动力之一。政府、企业和科研机构应加大对网络安全技术研发的投入，推动新兴技术如人工智能、大数据、区块链等在网络安全领域的应用研究。通过技术创新，可以不断提升防护能力，开发出更加高效、先进的网络安全技术产品和解决方案。

2. 安全防护体系建设

网络安全防护体系的建设包括对网络基础设施、信息系统和数据的全面保护。首先，应加强网络边界防护，采用防火墙、入侵检测系统、入侵防御系统等技术设备防止外部攻击和恶意入侵。其次，应加强信息系统的安全防护，通过漏洞扫描、风险评估和安全加固等手段，提高系统的安全性和稳定性。最后，数据安全也是防护体系的重中之重，通过数据加密、数据备份和数据恢复等技术手段，确保数据的机密性、完整性和可用性。

（三）策略实施

1. 风险评估与管控

网络安全治理的核心是风险识别、评估与管控。组织应定期进行网络安全风险评估，识别潜在的安全威胁、漏洞及脆弱环节。评估过程中应考虑网络环境的复杂性、技术变化以及外部威胁的演变。在识别风险的基础上，制定优先级明确的应对策略，集中资源应对高风险领域。

风险管理应从国家到企业各层级展开。国家层面可以通过开展大规模的网络安全评估，明确关键基础设施的防护要求；企业则应通过自查、渗透测试等手段提升自身的防御能力，降低潜在风险。

2. 全生命周期管理

网络安全治理应贯穿信息系统的全生命周期。从系统设计、开发到运维和退役阶段，都应考虑安全问题。在设计和开发阶段，应从源头上避免安全漏洞，确保系统架构符合安全规范；在运维阶段，定期进行安全检查和更新，确保系统的持续安全；在系统淘汰阶段，采取合规的销毁措施，避免敏感数据泄露。

（四）法律合规

1. 网络安全法律法规

网络安全治理的法治化建设是确保治理体系有效性的关键。各国已经出台了一系列网络安全法律法规，以规范网络行为、明确责任义务并保障数据安全。例如，《中华人民共和国网络安全法》明确规定了网络运营者的安全责任，并要求加强对关键基础设施的保护。类似地，美国、欧盟等也相继出台了各类网络安全法规，形成了较为完备的法律体系。这些法律法规为网络安全治理提供了法律依据，强化了企业与社会对网络安全的责任意识。

2. 合规性与审查机制

网络安全治理中的合规性要求是确保法律法规得到有效执行的重要保障。企业需遵守相关法律法规，确保数据的安全与隐私。在跨境数据流动的背景下，尤其要关注国际法规的合规性问题。为此，合规审查机制至关重要。企业可通过外部审计、内部合规检查等方式定期评估网络安全的合规性，及时发现并整改潜在的安全隐患。

（五）网络安全教育与国际合作

1. 公众意识教育

增强公众的网络安全意识是构建全民网络安全防线的基础。通过网络安全宣传周、学校教育、企业培训等活动，普及网络安全知识，增强公众的防范能力。特别是应加强对网络安全法律法规的普及，增强公众的法律意识和守法意识。

2. 行业自律与合作

行业协会在网络安全治理中扮演着重要角色，既要促进行业自律，制定行业规范和职业道德准则，又要推动企业之间的信息共享与合作，共同应对网络安全威胁。行业内的协作能够有效整合资源，提升整体安全防护能力。

3. 全球协作与信息共享

网络安全是全球性问题，单个国家或组织难以独立应对。全球网络安全治理要求各国加强信息安全技术交流与合作，共享威胁情报和防护经验。通过国际合作，可以实现全球范围内对网络安全威胁的联合防御，减少跨国网络攻击带来的危害。

4. 跨国网络安全应急响应

跨国网络安全事件需要全球范围内的快速响应与协作。例如，在发生大规模勒索病毒攻击时，各国网络安全机构应当及时共享信息，共同应对。跨国合作不仅需要加强应急响应机制的建设，还应建立多国参与的联合行动框架，实现全球范围内的协调与配合。

第二节　数字经济中的信息不对称

一、用户的信息搜寻

（一）搜寻动机

1. 消费决策驱动

在数字经济中，商品和服务的选择种类繁多，消费者在做出购买决策时更加依赖信息搜寻。用户通过搜集相关信息，比较不同产品或服务的质量、价格、功能等，进而选择最符合自身需求的选项。例如，在购买一台笔记本电脑时，用户会在电商平台、科技评测网站、社交媒体等渠道获取不同品牌和型号的性能参数、价格走势、用户评价等信息。此外，数字经济的便捷性使得用户能够跨地域、跨渠道地进行信息搜寻，扩大了信息的选择范围。除了核心的产品属性外，用户还会关注售后服务、品牌声誉和生态兼容性等因素，这些信息通常需要通过广泛搜寻来了解。

2. 问题解决导向

信息搜寻不仅限于消费决策，还涉及问题解决。在数字产品和服务的使用过程中，用户往往会遇到技术性或服务性问题。例如，软件故障、网络连接问题或数字支付出现错误时，用户会通过搜索引擎、技术论坛或在线客服等渠道寻找解决方案。数字经济中的问题往往具有一定的复杂性和技术性，用户须具备一定的信息搜寻能力和技巧，才能快速找到有效的解决方案。此外，用户之间的互助和经验分享也在问题解决过程中起到重要作用。例如，用户在技术论坛上可以获取其他有经验用户的建议和解决方案。

（二）搜寻渠道

1. 在线平台

搜索引擎是用户获取信息的主要工具之一。通过关键词搜索，用户可以迅速找到相关网页、产品介绍、新闻资讯等信息。例如，百度、谷歌等搜索引擎可以根据用户需求提供海量的信息资源，包括新闻、学术文章、产品评测等。这种便捷的信息搜寻方式大幅提升了用户获取信息的效率。

电商平台也是信息搜寻的重要渠道。通过电商平台，用户不仅可以浏览商品，还能查看其他消费者的评价、商家的信誉、产品的对比信息等，这些都是影响用户购买决策的重要因素。例如，淘宝、京东等平台的用户评价系统为消费者提供了真实的消费反馈，有助于用户判断商品的优缺点，作出更明智的购买决策。

社交媒体平台则为用户提供了个性化和实时的信息获取渠道。通过社交平台，用户可以了解产品的口碑、流行趋势及使用技巧。例如，微信、微博、抖音等社交媒体平台上，用户通过群组讨论、用户分享等互动方式获得信息，从而提高决策的精准性。

2. 专业网站和论坛

对于特定领域的信息需求，用户通常会转向专业网站和论坛。例如，科技领域的中关村在线、太平洋电脑网等网站，提供了丰富的产品评测、技术文章和用户讨论。财经领域的网站如东方财富网、雪球等，提供了详细的投资分析和市场数据。这些专业网站上的信息往往具有较高的权威性，能够帮助用户作出更为准确的决策。

专业论坛也成为信息搜寻的关键渠道。在这些论坛上，用户可以与具有相似兴趣或专业知识的人分享经验、讨论问题。例如，摄影论坛上的用户分享摄影技巧、器材使用经验等，这些深入的行业讨论为用户提供了宝贵的参考。

（三）搜寻策略

1. 关键词选择

在信息搜寻过程中，选择合适的关键词至关重要。关键词应准确反映用户的信息需求，避免过于宽泛或模糊。例如，在搜索特定品牌的笔记本电脑时，用户可以使用品牌名称、型号和配置等精准的关键词组合，以提高搜索效率。随着搜索经验的积累，用户还可以学会使用高级搜索技巧，如精确搜索、排除特定关键词等方法，进一步优化搜寻结果。

2. 信息筛选与评估

面对大量的搜索结果，用户需要进行有效的信息筛选和评估。通常，用户会优先选择来自权威网站或知名品牌官方渠道的信息，以确保其准确性和可靠性。例如，在获取医疗健康信息时，用户会优先查阅正规医院的官方网站或权威医学机构的科普文章。此外，用户还会综合多来源信息进行对比，以作出更为明智的决策。例如，在选择理财产品时，用户可能会对比不同金融机构的产品详情、收益率、风险评级等，以评估投资的潜在回报。

（四）影响搜寻效果的因素

1. 信息过载

数字经济中的信息爆炸现象使得用户常常面临信息过载的问题。在网络空间充斥着大量的信息，用户需要花费更多的时间和精力来筛选有价值的信息。这不仅增加了信息搜寻的成本，还可能导致用户错失关键信息。为了应对信息过载，用户可以使用信息管理工具，如 RSS 订阅、信息提醒等，以提高信息搜寻的效率和质量。

2. 信息质量

网络上的信息质量参差不齐，虚假信息和低质量内容的存在使得信息搜寻更加复杂。用户需要具备较强的信息辨别能力，才能筛选出真实、准确且有用的信息。例如，用户可以通过核查信息来源的可靠性、作者的专业背景等来评估信息质量。为了提高信息质量，政府、企业和社会组织也需要加强网络信息监管和治理，营造良好的信息环境。

3. 用户自身因素

用户的信息素养、搜索技能和经验直接影响其信息搜寻的效果。具备较高信息素养的用户能够更精准地理解信息需求、选择适当的搜寻渠道、评估信息质量，从而提高搜寻效率和决策质量。通过参与信息素养培训、阅读相关资料、与他人交流经验等，用户能够不断提高其信息搜寻能力。

二、企业的信息优势

（一）数据收集与分析优势

1. 广泛的数据来源渠道

企业能够通过多种渠道收集大量数据，这些数据来自用户行为、市场交易、供应链管理等各个环节。例如，电商企业可以收集用户的浏览记录、购买历史、搜索关键词等数据，制造企业则可以从供应链管理、生产过程和销售环节中获得数据。这些数据为企业提供了全面的市场洞察，使其能够深入了解用户需求、市场趋势以及竞争对手的动态。

除了直接从用户行为中获取数据，企业还可以通过与合作伙伴共享数据，进一步拓宽数据收集的渠道。例如，企业与物流供应商合作，可以帮助其掌握商品的物流信息，从而优化供应链管理；通过市场调研，企业可以获取潜在用户的需求和偏好，为产品研发和市场推广提供数据支持。

2. 先进的数据分析技术

拥有专业的数据分析团队和先进的技术工具是企业信息优势的另一重要来源。通过大数据分析，企业可以从海量的数据中提取有价值的信息，如用户消费趋势、市场竞争态势等。随着人工智能和机器学习技术的发展，企业能够对用户进行精准画像，预测用户未来的购买行为和兴趣偏好。

这些技术使得企业可以实现个性化营销，精确识别用户需求，从而为产品推荐和营销活动提供数据支持，进一步提升用户满意度和转化率。

（二）市场洞察与决策优势

1. 更准确的市场预测

基于丰富的数据来源和先进的分析技术，企业能够对市场趋势进行准确预测。例如，通过分析历史销售数据，企业可以预测产品的需求变化，合理安排生产与库存，避免库存积压或缺货的情况。同时，企业还可以通过对竞争对手的数据分析，了解其战略动向、市场份额变化等，从而及时调整自己的市场策略，保持竞争优势。

2. 优化产品与服务

企业利用收集到的用户反馈和市场需求信息，不断优化产品和服务。通过分析用户的评价、投诉数据，企业能够发现产品的不足之处，及时进行改进和升级。此外，基于用户的需求变化，企业可以推出新的产品功能或服务，满足多样化的市场需求。

数据分析还可以帮助企业了解用户的使用习惯和痛点，优化产品的用户体验，提高用户满意度与忠诚度。这些优化不仅有助于增加用户黏性，也能提升企业在市场中的竞争力。

（三）信息优势带来的竞争优势

1. 市场进入与扩张

拥有信息优势的企业能够更好地掌握市场需求与竞争状况，从而在进入新市场或进行业务扩张时作出更加精准的决策。通过对目标市场的需求、用户行为及竞争对手的分析，企业能够选择合适的进入时机和市场定位，降低市场风险。同时，信息优势可以帮助企业在扩张过程中更好地整合资源，优化业务布局，提升市场占有率。

2. 价格策略制定

信息优势使企业能够实施价格歧视策略，针对不同用户群体的需求弹性和支付能力制定差异化定价。通过分析市场需求、成本结构及竞争对手的定价策略，来确定最优的产品定价，以实现利润最大化。例如，在线旅游平台根据用户的搜索历史、地理位置等信息，为同一酒店房间提供不同的价格报价。这一策略能够帮助企业最大化利润，同时更好地满足不同用户群体的需求。

然而，价格歧视也可能引发用户的不满，甚至引起监管部门的关注。企业在实施这一策略时必须严格遵守法律法规，避免违法行为或带来用户反感。

3. 信息不对称下的营销优势

在信息不对称的环境中，企业可以通过广告和营销手段影响用户决策。通过精心设计的广告宣传，企业能够突出产品的优势和特点，吸引用户购买。同时，通过品牌建设和口碑营销，企业可以建立强大的品牌形象，提高用户对产品的信任度和忠诚度。

此外，企业还可以利用信息优势进行精准营销，将广告和促销信息推送给目标用户，提升营销的精确性和效果。这不仅能提高营销活动的投资回报率，还能增强用户参与度和互动性。

三、信息与广告

（一）信息在数字经济中的作用

1. 促进市场效率

信息在数字经济中的核心作用在于提升市场效率，其基础是信息透明度和流动性的提高。消费者通过电商平台的产品评论、测评文章及第三方媒体的深度分析，能够精准地了解商品与服务的特性，规避因信息不对称导致的劣质选择问题。例如，在消费电子产品市场，用户可通过大量测评视频和用户评分筛选高性价比的商品，优化决策过程。

对于企业而言，全面、准确的市场信息是制定经营策略和技术创新的关键。通过监测市场动态和竞争态势，企业可以快速响应需求变化，优化供应链管理和资源配置，提升市场竞争力。此外，信息透明还促进了新兴企业的进入，降低市场垄断的风险，推动整体经济的动态优化。

2. 降低交易成本

数字经济通过技术手段显著降低了交易成本中的信息搜寻成本和谈判成本。例如，电商平台不仅简化了消费者的价格比较和产品选择过程，还通过第三方支付和物流系统降低了交易风险和交付成本。此外，基于区块链的智能合约技术，使得跨境交易中的谈判与执行更加高效，减少了因信息不对称导致的摩擦成本。

企业在营销和生产环节同样得益于信息技术的进步。例如，借助大数据分析，企业可以更精准地预测市场需求，制订合理的生产计划，避免因需求波动导致的库存积压或供货不足。这种信息驱动的生产和运营模式，不仅提升了效率，还为企业带来了长期竞争优势。

（二）广告在数字经济中的特点

1. 精准定位与个性化推送

数字广告的显著特征是精准定位和个性化推送，其背后的核心技术包括用户画像构建与机器学习算法。广告商通过整合用户的消费行为、社交网络互动及地理位置信息，能够实现针对特定消费群体的广告精准投放。例如，基于推荐算法的电商广告系统，不仅能够展示用户感兴趣的商品，还能预测潜在需求，实现"未购先推"的营销策略。

在企业层面，精准广告降低了无效营销成本，提高了投资回报率。对于消费者而言，个性化广告虽然存在隐私问题，但在优化用户体验方面具有积极意义。它减少了信息过载的干扰，帮助消费者更高效地发现符合自身需求的产品与服务。

2. 互动性与参与性增强

数字广告突破了传统媒体的单向传播限制，呈现出高度的互动性和参与性。消费者可以通过评论、点赞、分享及参与品牌活动，与广告内容进行实时互动。例如，在社交媒体平台上，品牌广告通常以短视频形式发布，附带抽奖、问答或投票活动，这种形式不仅提升了广告的用户黏性，还能引导消费者主动传播广告内容。

广告的互动性还体现在其作为消费者行为数据的收集工具，通过记录用户的互动数据，广告商能够进一步优化广告内容和投放策略。此外，消费者的实时反馈为企业提供了产品和服务改进的重要依据，形成了以用户为中心的广告闭环生态。

3. 多渠道融合与跨屏传播

数字广告在投放形式上的重要趋势是多渠道融合与跨屏传播。通过整合社交媒体、电商平台、短视频应用和线下渠道，广告商实现了全渠道覆盖。例如，某品牌可以在线上通过社交媒体吸引流量，并将线下门店的营销活动与线上广告同步推广，形成线上线下联动的闭环。

此外，随着移动设备的普及，跨屏传播成为数字广告的重要特征。广告内容能够在智能手机、平板电脑、智能电视等多种设备间切换，为消费者提供一致且连续的品牌体验。这种传播模式在提升消费者记忆度与购买意愿的同时，也对广告商的内容设计和技术实现提出了更高的要求。

（三）信息与广告的关系

1. 信息对广告的影响

信息的透明化显著提升了广告的信任度和有效性。在数字经济中，消费者能够通过多种渠道验证广告信息的真实性。例如，广告中的性能描述若能与第三方测评或用户口碑形成一致性，则消费者更倾向于接受广告内容，进而转化为实际购买行为。

同时，信息透明化还对广告商的内容真实性提出了更高的要求。在一个信息流动高度自由的环境中，虚假广告或误导性广告将被迅速曝光并放大，不仅损害品牌声誉，还可能引发监管机构的介入。因此，广告内容的真实性与可信度成为品牌建设的重要组成部分。

2. 广告对信息的作用

广告作为信息传播的媒介，是企业向消费者传递产品和服务价值的重要渠道。在信息冗余的数字环境中，广告通过创意表达和场景化展示，帮助消费者筛选重要信息。例如，一款创新型科技产品可以通过广告的动态展示，形象地说明其核心功能和应用场景，激发消费者的兴趣和探索欲望。

广告的另一个重要功能是创造需求，即通过信息传递影响消费者的消费行为。例如，奢侈品广告通过塑造稀缺性与品牌故事，引导消费者将商品与社会地位挂钩，从而激发非必需品的消费欲望。同样，科技品牌通过展示未来生活的智能化场景，引导消费者关注科技产品的潜在价值，为市场培育新的需求。

通过深度整合信息与广告，数字经济中的企业不仅能够提升市场效率，还能塑造更具黏性的消费者关系。这种双向互动为数字经济生态系统的持续优化提供了动力，并推动市场竞争向更高效和更公平的方向发展。

第三节　数字经济中的隐私保护

一、个人数据与隐私的价值

（一）经济价值

个人数据的经济价值体现在多个层面，其核心是通过数据分析和应用促进企业经营效率的提升和经济效益的增长。首先，个人数据能够支持精准营销和商业决策优化。例如，电商平台通过收集用户的浏览记录、购买行为和搜索习惯，运用数据挖掘技术分析消费者需求，进而向用户推送个性化的商品推荐和广告。这种精准营销策略不仅提高了营销效果和转化率，还降低了营销成本，为企业创造了直接的经济收益。此外，企业通过利用个人数据进行市场细分和目标客户定位，可以优化产品研发方向和服务内容，实现资源的高效配置，增强市场竞争力，从而在长期内提升经济效益和盈利能力。

其次，个人数据是推动创新和产品开发的重要动力。在数字经济中，科技公司和初创企业依赖用户数据来挖掘新的商业机会和创新点。例如，一些金融科技公司通过分析用户的消费行为、信用记录和财务数据，开发出个性化的金融产品和智能投资建议服务，在满足用户多样化需求的同时也开辟了新的市场领域。这不仅为企业带来了经济增长，还增强了其市场竞争力。此外，用户数据的反馈功能可以帮助企业持续改进产品和服务，提升用户体验，巩固市场地位，进一步实现经济价值的累积。

（二）社会价值

个人数据的合理利用同样对社会发展产生了深远影响，尤其体现在公共服务的优化和社会关系的促进上。一方面，在公共服务领域，个人数据的应用显著提高了服务质量和效率。例如，在医疗健康领域，通过整合患者的病历信息、健康数据和基因数据，医疗机构能够提供精准诊断和个性化治疗方案，提高医疗服务的准确性和有效性，进而改善公共健康状况。在教育领域，通过分析学生的学习行为数据和兴趣偏好，教育机构能够制订个性化的学习计划，满足学生的多样化需求，促进教育公平与质量提升，从而推动社会的整体进步。

另一方面，个人数据在增强社交互动和构建人际关系方面也发挥了积极作用。社交网络平台上的个人数据共享和交互，促使用户与朋友、家人及兴趣相投的人群建立更紧密的联系。这种基于个人数据的社交推荐系统还能帮助用户发现新的社交关系和兴趣群体，促进不同文化和背景之间的交流与合作，推动社会的多元化发展和文化融合。

（三）风险与防范

在数字经济快速发展的背景下，个人数据与隐私承载着巨大的价值，但这些价值的实现却面临着严峻的风险。随着数据收集、存储、使用和共享活动的日益频繁和复杂，数据泄露和隐私侵犯的风险也急剧上升。一旦个人数据被滥用或非法泄露，不仅会直接侵犯个人隐私权，造成经济损失，还可能触发广泛的社会信任危机，对数字经济的整体健康与可持续发展构成重大威胁。因此，在追求个人数据价值的同时，必须高度重视数据安全与隐私保护的风险防范。为此，需要完善法律法规体系，明确数据保护的标准与规范，加大对违法行为的惩处力度；加强技术创新与应用，利用先进的加密技术、匿名化处理等手段提升数据安全性；强化企业责任与监管，确保企业合规运营，建立健全数据保护机制；同时，提升公众对个人数据保护的意识，鼓励公众积极参与数据保护活动。通过这些措施的综合运用，旨在构建一个既能充分发挥个人数据价值，又能有效防范数据泄露与隐私侵犯风险的良性生态系统，为数字经济的持续健康发展提供坚实保障。

二、线上广告中的隐私保护

（一）线上广告中的隐私风险

线上广告的运作机制往往涉及对用户数据的广泛收集与应用，这一过程中隐藏着多种隐私风险。

1. 数据过度收集

在追求精准营销的过程中，部分广告商可能会超范围地收集用户数据，包括浏览历史、搜索记录、地理位置信息等。这些数据收集行为有时超出了实现广告投放所必需的程度，甚至在用户不知情的情况下收集敏感数据。例如，一些移动应用程序可能要求获取与核心功能无关的权限，如访问通讯录或相册，导致用户隐私面临滥用风险。

2. 数据泄露与滥用

线上广告生态系统涉及广告主、广告平台和数据经纪商等多方主体，数据在传输和共享中容易因技术漏洞或人为疏忽而导致泄露。一旦泄露，用户数据可能被不法分子用于诈骗或身份盗窃，造成严重后果。此外，部分广告商可能违规将数据用于其他用途，如将健康数据出售给保险公司，侵害用户权益。

3. 追踪与画像技术的潜在威胁

广告商广泛使用追踪技术（如 cookies、像素标签和设备指纹识别）来跟踪用户行为，进而构建用户画像。这种追踪行为可能让用户的网络活动处于被监控状态，仿佛置身于一个"透明"的环境中。更令人担忧的是，这些追踪技术通常难以被用户察觉和控制，如某些广告追踪器可以绕过用户删除 cookies 的操作，继续收集数据。

（二）隐私保护的应对措施

线上广告中的隐私保护需要从法律、行业、技术和用户四个层面共同发力，以构建一个合法合规、安全可靠的广告生态系统。

1. 法律法规的约束与规范

政府应通过立法明确线上广告中数据处理的规则。例如，欧盟《通用数据保护条例》

（General Data Protection Regulation，GDPR）要求企业在收集用户数据前获得用户明确同意，并赋予用户访问、更正和删除数据的权利。同时，应加强对违规行为的惩处，提高广告商违法成本，形成有效威慑。

2. 广告行业的自律与规范

广告行业协会应制定隐私保护准则，引导企业采用匿名化、加密等隐私保护技术。例如，美国互动广告局（Interactive Advertising Bureau，IAB）制定的隐私指南为广告商提供了规范依据。此外，建立行业信用评级体系，通过公开信用评级增强企业的社会责任感和竞争力，同时对隐私违规企业进行曝光，促使其改进隐私保护措施。

3. 技术手段的应用与创新

先进技术是平衡精准广告与隐私保护的关键。差分隐私技术通过添加噪声保护数据隐私；联邦学习允许多方在不共享原始数据的情况下联合训练模型，减少隐私风险；区块链技术可以通过加密和分布式账本确保数据安全，同时增强用户对数据使用的控制力。

4. 用户教育与意识提升

增强用户隐私意识是增强隐私保护的重要环节。通过普及隐私保护知识，教导用户管理权限设置、清除 cookies 等方法，可增强用户的自我保护能力。同时，鼓励用户举报隐私问题，形成全社会共同监督的良好氛围。

三、隐私保护的社会影响

（一）个体权益与行为改变

1. 增强安全感与信任

当个人隐私得到切实有效的保护时，个体在数字空间中的安全感会显著增强。他们可以更加放心地参与各种数字经济活动，如在线购物、电子支付和社交媒体互动等，而无须担心个人信息被无端泄露或滥用。这种安全感的提升进一步增强了个体对数字经济平台和服务的信任，使他们更愿意分享个人信息，以换取更优质、个性化的服务体验。例如，在医疗健康领域，患者在确信个人健康数据受到严格保密的情况下，会更积极地配合医疗机构进行远程医疗诊断和健康管理服务，从而推动数字医疗产业的健康发展。

2. 促进个人自由与自主决策

有效的隐私保护为个人提供了更大的自由空间，使其能够自主决定个人信息的披露范围和使用方式。个体可以根据自己的意愿和利益，选择在何时、何地以及向谁透露特定的个人信息，而不会受到不合理的强制或干扰。这有助于维护个人的尊严和独立性，保障个人在数字时代的自主决策权。例如，在个人理财方面，投资者可以在确保个人财务信息安全的前提下，自由选择合适的金融机构和投资产品，而不必担心个人财务状况被泄露给不相关的第三方，从而影响投资决策。

（二）社会经济秩序与市场活力

1. 稳定市场预期与信心

隐私保护措施的健全有助于稳定市场参与者的预期，增强他们对数字经济市场的信心。企业在遵守严格的隐私保护法规和标准的过程中，能够树立良好的品牌形象和商业信誉，吸引更多的消费者和合作伙伴，从而促进市场交易的活跃和保持稳定增长。相反，如果隐私泄露事件频发，市场信心将受到严重打击，消费者可能会减少对数字产品和服务的使用，企业的运营成本将增加，整个数字经济市场的发展可能会陷入停滞甚至衰退。

2. 推动创新与公平竞争

合理的隐私保护制度为数字经济领域的创新提供了健康的土壤。企业在保护用户隐私的前提下，可以通过开发新的隐私增强技术和商业模式，探索更加安全、高效的数据利用方式，从而推动数字经济的创新发展。同时，隐私保护有助于营造公平竞争的市场环境，防止企业通过不正当手段获取和利用用户数据以获取竞争优势，保障中小企业的发展机会，促进市场的多元化和均衡发展。

（三）社会文化与价值观塑造

1. 培养隐私文化与意识

随着隐私保护问题在社会层面的广泛关注和讨论，注重隐私保护的社会文化逐渐形成。公众对隐私的重视程度不断提高，人们开始更加关注个人信息的安全和合理使用。这种文化意识的普及有助于提升整个社会的文明程度和道德素养。例如，在学校教育和家庭教育中，逐渐增加了关于隐私保护的知识传授和价值引导，培养了新一代的隐私保护意识和责任感。

2. 重塑社会信任与合作关系

隐私保护是构建社会信用体系的重要基石。当个人和组织都能够遵守隐私保护的规范和原则时，社会成员之间的信任关系将得到加强，人们更愿意在数字空间中进行合作与交流，共同推动社会的发展和进步。这种信任与合作关系的重塑不仅体现在个人之间的互动中，也延伸到企业与消费者、政府与公民、不同国家和地区之间的数字经济合作中，促进了全球数字经济的协同发展和文化交流。

四、数字经济隐私保护措施

（一）技术层面的保护措施

1. 加密技术与匿名化处理

加密技术是保障数据隐私的关键手段之一。通过对敏感数据进行加密，将其转化为密文形式存储和传输，只有拥有相应解密密钥的授权方才能读取数据内容，从而有效防止数据在传输过程中和存储时被窃取或篡改。例如，采用先进的加密算法对用户的个人身份信息、财务数据等进行加密处理，确保即使数据泄露，攻击者也难以获取有用的信息。匿名化处理则是在数据使用过程中，通过去除或模糊化个人身份识别信息，使数据无法直接关联到特定的个人，从而在一定程度上保护用户隐私。例如，在大数据分析中，对用户数据进行匿名化处理后再进行统计分析和挖掘，既能获取有价值的市场趋势和用户行为模式信息，又不会泄露个体用户的隐私。

2. 访问控制与权限管理

建立严格的访问控制机制，确保只有经过授权的人员和系统能够访问特定的个人数据。这包括设置用户身份验证、授权访问级别和权限范围等措施，根据不同的业务需求和数据敏感度，对数据访问进行精细化管理。例如，企业内部对员工访问客户数据的权限进行严格限制，只有与客户服务直接相关的员工才能在授权范围内访问特定客户的部分数据，并且对所有的数据访问操作进行日志记录，以便事后审计和追踪，防止数据被未经授权的访问和滥用。

3. 隐私增强技术的应用

不断研发和应用新的隐私增强技术，如差分隐私、同态加密、联邦学习等，这些技术在不影响数据可用性和分析价值的前提下，能够更好地保护数据隐私。例如，差分隐私技术通过在数据集中添加噪声，使得数据分析结果既能保持一定的准确性，又能防止攻击者通过分析结果推断出个体的敏感信息，从而在数据分析过程中保护用户隐私。联邦学习技术允许不同的参与方在不共享原始数据的情况下，共同训练机器学习模型，实现数据的"可用不可见"，避免了数据在传输和共享过程中的隐私泄露风险，为跨机构的数据合作和模型训练提供了安全保障。

（二）法律层面的保护措施

1. 完善隐私保护法律法规

国家和地区应制定全面、细致且具有前瞻性的隐私保护法律法规，明确规定个人数据的收集、存储、使用、共享和销毁等各个环节的规则和要求，以及数据主体的权利和数据处理者的义务。例如，欧盟的《通用数据保护条例》对数据保护的各个方面作出了详细而严格的规定，包括数据主体的知情权、访问权、更正权、删除权等，为欧盟范围内的个人数据保护提供了有力的法律保障。同时，法律法规应随着技术的发展和社会的变化不断进行修订和完善，以适应数字经济时代不断涌现的新的隐私保护需求和挑战，确保法律的有效性和适应性。

2. 加大执法监督与处罚力度

建立健全的执法监督机制，确保隐私保护法律法规的有效执行。相关执法部门应加强对数据处理者的监管，定期检查其数据保护措施的落实情况，对发现的违法违规行为及时进行调查和处理。加大对侵犯隐私行为的处罚力度，提高违法成本，形成有效的法律威慑。对于故意泄露、滥用个人数据的企业和个人，依法给予严厉的行政处罚，包括高额罚款、停业整顿等，情节严重的还应追究刑事责任，通过强有力的法律手段保障个人隐私权益。

（三）管理层面的保护措施

企业作为个人数据的主要收集和使用者，应建立完善的内部隐私管理制度。这包括制定明确的隐私政策，向用户清晰、透明地告知收集数据的目的、方式、范围及数据的存储和使用期限等信息，并在获得用户明确同意后才能收集和使用其数据。设立专门的隐私管理岗位或团队，负责监督和执行企业的隐私保护措施，对员工进行隐私保护培训，增强员工的隐私意识和保护能力，确保企业在日常运营中严格遵守隐私保护法规和企业内部制度。

思考题

1. 在数字经济中，数据安全与隐私保护之间存在怎样的关系？二者在实践中如何实现平衡？

2. 数字经济中的信息不对称现象给数据安全和隐私保护带来了哪些挑战？如何应对这些挑战？

3. 在数字经济快速发展的背景下，如何通过技术创新来提升数据安全和隐私保护水平？

4. 数字经济中的隐私保护与数据共享之间是否存在矛盾？如何在促进数据共享的同时，确保用户隐私不受侵犯？

案例分析

网络安全攻击案例

某大型电商企业，作为国内领先的在线购物平台，拥有数以亿计的用户数据和交易信息。随着互联网的快速发展，网络安全威胁也在不断加剧。该企业的在线平台每天处理数百万笔交易，涉及大量用户的个人信息和支付数据，因此成为黑客攻击的重点目标。近年来，随着全球网络安全形势的日益严峻，该企业面临着日益严重的网络安全攻击威胁，尤其是在数据保护和系统安全方面遭遇了不同形式的攻击事件。

例如，2019 年该企业曾遭遇一次重大网络攻击，导致部分用户数据和交易信息泄露，引发了公众和媒体的广泛关注。此事件也成为国内电商平台面临的网络安全问题的典型案例，揭示了大规模互联网平台在应对复杂网络安全威胁时所面临的挑战。

结合案例材料，探讨下列问题：

1. 该电商企业在 2019 年遭受网络攻击后，采取了哪些措施来加强数据保护和系统安全，以防止类似事件再次发生？

2. 该电商企业如何在日常运营中有效监测和防范潜在的网络安全威胁，以保障数以亿计用户数据和交易信息的安全？

3. 该电商企业在用户数据保护方面，如何平衡用户体验与数据安全之间的关系，以确保在提供便捷服务的同时，最大程度地保障用户信息安全？

典型场景与平台项目训练

典型场景

在数据安全管理场景中，某企业需要确保其大量数据的安全性，涵盖数据的收集、存储、处理、传输和使用等各个环节。为保障数据的机密性和完整性，企业应用了数据加密技术，对所有数据进行加密存储和传输。此外，访问控制技术被用来严格管理数据访问权限，确保只有经过授权的人员才能访问敏感数据。这一措施有效防止了未经授权的访问和数据泄露问题。为了确保数据的可用性和可靠性，企业还采用了定期备份和恢复技术，以应对数据丢失或损坏的风险，确保数据在设备发生故障时能够快速恢复，保障业务连续性。

在某电商平台上，卖家和买家之间存在严重的信息不对称问题，卖家可能提供虚假或误导性信息，导致买家作出错误的购买决策。为解决这一问题，平台应用了数据挖掘技术，通过分析卖家和买家的交易数据，评估卖家的信誉度和商品质量，从而为买家提供可靠的参考信息。此外，信息公示技术要求卖家准确、公正地展示商品信息，包括商品的规格、性能和价格等，减少虚假宣传和误导行为。为了进一步增强信息透明度，平台还建立了评价系统，允许买家对卖家和商品进行公开评价，从而促进卖家提高商品质量和服务水平，同时增加买家的信任度，降低交易风险。

平台项目训练

随着数字经济的发展，数字安全问题愈发突出，企业和政府对数字安全的关注日益加深。人工智能、大数据、区块链等技术的不断创新推动了数字安全技术的进步，提升了其在各行业中的应用能力。数字安全已成为保障数字经济发展的重要支柱，各行业正积极加强数字安全建设，以提高保障能力，确保数字系统的安全性。

1. 项目目标

在技术方面，项目旨在建立一个完整的数字安全防护体系，覆盖网络安全、数据安全、应用安全等领域，以确保数字系统的安全稳定运行。同时，提升数字安全技术水平，通过加强技术研发和创新，推动新产品和服务的出现。在管理方面，项目目标是建立完善的数字安全管理制度，加强对数字系统的安全管理，提升整体安全保障能力。

在业务目标上，项目致力于通过数字安全防护体系的建设和应用，保障企业业务安全，防止数据泄露和网络攻击等安全事件，确保企业的持续运营和发展。同时，项目将促进数字经济的发展，通过强化数字安全基础，推动经济的健康成长。此外，数字安全对于国家安全和社会稳定至关重要，项目将为维护国家安全、社会稳定贡献力量。

2. 项目内容

一是技术研发与创新。项目将开展网络安全、数据安全、应用安全等领域的技术研究，紧跟技术发展趋势，为数字安全防护体系提供技术支持。同时，项目将开发包括防火墙、入侵检测系统、数据加密软件、安全审计系统等在内的数字安全防护产品，以增强数字安全保障能力。所有安全产品将经过严格的测试，确保其性能和稳定性，及时解决潜在问题。

二是平台建设与部署。数字安全防护平台的架构设计包括硬件、软件和网络架构，确保平台具备良好的可扩展性和灵活性。根据设计方案，建设多个安全防护平台，包括网络安全防护、数据安全管理和应用安全监测平台。最终，这些平台将被部署到生产环境中，进行系统集成和测试，确保其在实际运行中稳定可靠。

三是应用推广与培训。项目将通过技术研讨会、发布宣传文章、参加行业展会等方式推广数字安全防护平台，提高其知名度和影响力。同时，为企业和政府提供培训服务，帮助用户掌握数字安全防护平台的使用方法，提升用户体验和效果。

四是安全管理与监控。建立健全的数字安全管理制度，包括安全策略、流程和标准，以确保安全管理工作的规范化。通过实时监控系统，及时发现和预警安全事件的发生，并制定应急响应预案，确保安全事件发生时能迅速有效地应对，降低损失。

第十五章

数字经济政策

案例引入 ····▶

当今世界正在经历一场大范围、深层次的数字技术革命和生产变革，互联网、大数据、云计算、人工智能、区块链等数字信息技术广泛融入社会发展各领域中，成为推动经济转型和增长、提高国家竞争力和人民生活水平的重要力量。

《国务院关于印发"十四五"数字经济发展规划的通知》中指出，"数字经济发展速度之快、辐射范围之广、影响程度之深前所未有，正推动生产方式、生活方式和治理方式深刻变革，成为重组全球要素资源、重塑全球经济结构、改变全球竞争格局的关键力量"。作为构建现代化经济体系的重要引擎和经济增长的关键动能，数字经济水平成为衡量国家综合实力和发展潜力的重要指标，而采取政策措施推动数字经济向更深更广阔的领域不断迈进，则是在现阶段科技革命浪潮中，把握产业变革机遇、增强国家竞争力、提高人民生活水平的不二选择。

那么，能够促进和保障数字经济健康快速稳定发展的政策有哪些？这些政策背后蕴含着怎样的经济学知识？

学习目标 ····▶

知识目标：掌握数字经济政策的概念、类型与设计原则；理解数字经济政策的演化规律及演变历程；熟悉数字经济政策框架，明确主要政策对数字经济的重要作用。

能力目标：能够独立自主地搜寻和获取数字经济政策相关文件；能够清晰地表达对数字经济政策的理解和分析；能够应用专业知识评估数字经济政策有效性和潜在问题。

素质目标：认识数字经济政策与社会公平、安全和可持续发展之间的关系，理解数字经济政策对于提高国家竞争力的重要性。

重点难点 ····▶

掌握数字经济政策的设计原则；认识数字经济政策的演变历程；分析数字经济政策对产业发展、社会福利、国家安全等方面的影响。

第一节　数字经济政策概述

一、数字经济政策设计原则

数字经济政策是指政府或权力机构为了保障数字经济的健康发展而制定发布的指导性或规范性文件，反映了一个国家或组织在数字经济方面的价值取向及战略方向。

政策设计是制定和实施政策过程中的重要环节，它遵循一系列的原则以确保政策的有效性和可行性。数字经济政策的设计原则体现了对数字经济发展重要性的认识和响应，这些原则不仅指导着政策的制定和实施，还确保数字经济政策能够与国家战略目标相一致，有效地促进社会经济长期稳定健康发展和社会全面进步。

数字经济政策设计应包含以下三个层级，即以"政策设计的基本原则"为纲领，以"经济政策设计的一般原则"为依托，以"数字经济政策设计的特殊原则"为具体针对领域（见表 15 – 1），这样才能在全面对接国家体制和战略的前提下，与其他领域或层级的经济政策有效配合，针对数字经济的固有特征对症下药。

表 15 – 1　　　　　　　　数字经济政策设计原则的各级层面

层面	指导思想	重点内容
基本原则	符合国家制度和人民利益，行之有效	（1）以人民的利益为出发点 （2）实事求是 （3）具有可行性
一般原则	遵循经济规律，能够与其他政策协同推进经济长期全面健康稳定发展	（1）有效市场和有为政府相结合 （2）长期目标和短期目标激励兼容 （3）中央政策和地方政策相协调
特殊原则	洞悉数字经济的本质特征和规律，能够针对现实中的现象或问题提出专业性和前瞻性的方案	（1）创新驱动、融合发展 （2）数据赋能、发挥优势 （3）保障安全、公平有序 （4）前瞻包容、灵活平衡

（一）基本原则

基本原则在政策设计中扮演着至关重要的角色，它们是整个政策制定过程中的核心指导思想。通过坚持这些基本原则，政策制定者能够确保政策的连贯性和一致性，使其在实际操作中更加稳健、高效、有针对性。

1. 以人民利益为根本出发点

习近平总书记明确指出，"我们党的百年历史，就是一部践行党的初心使命的历史，就是一部党与人民心连心、同呼吸、共命运的历史""始终把人民放在心中最高位置"。[①] 党的性质和宗旨决定了政策设计必须坚持以人民利益为根本出发点，从而确保政策实施时能够真正惠及民众，提升人民的生活质量，实现社会的公平与正义。

2. 实事求是

只有深入实际，全面而准确地理解事物的本质，把握其基本规律，才能制定出科学合理的政策。这样的政策兼具针对性和有效性，能更好地适应实际情况、解决实际问题，进而有效地推动社会发展和进步。

3. 具有可行性

政策的制定必须首先考虑该项政策在当前条件下实施的可行性。一项政策无论其预期效益多么巨大，如果缺乏可行性，终究只是空中楼阁。因此，在设计政策时，必须对现有条件进行细致的分析和评估，确保政策不仅在理论上是美好的，而且在实践中也确实能够顺利推行，最终达成预期目标转化为实际社会效益的目的。

（二）一般原则

一般原则是政策设计过程中的基石与框架，政策设计需遵循基本的经济规律，同时又能够与其他政策协调一致，协力推进经济高质量发展。

1. 有效市场和有为政府相结合

市场经济具有高效率和自由竞争的优势，但也存在如垄断、外部性、公共物品和信息不对称等导致市场失灵的现象或问题。政府的适当干预可以弥补市场机制运行过程中存在的不足，调节其偏差，保障经济健康稳定发展。因此，在制定政策时，应以维护人民群众的根本利益为导向，坚持有效市场和有为政府相结合的原则，制定合理政策解决市场机制难以解决的问题，为市场机制正常发挥作用创造必要的环境和条件。

2. 长期目标和短期目标激励兼容

在面对多重经济政策目标时，设计的逻辑应遵循经济学中的"激励兼容"原则，即确保政策能实现短期经济社会发展目标的同时，又不引发长期结构性问题。这就需要精准把握政策力度和节奏，平衡紧急的经济需求与持续发展的目标，确保政策既能解决当前的经济问题，又不牺牲未来的发展潜能。[②]

📖 阅读拓展 ▶▶ -

"碳中和"是我国经济政策长期目标和短期目标激励兼容的一个典型案例，中国承诺到 2060 年实现碳中和，这是一个长期的环保和可持续发展目标。为了实现这一长期目标，我国在短期内采取了一系列经济政策和措施。

第一，我国加大对可再生能源的投资力度，包括风能、太阳能、水能等清洁能源的开发和利用。这些投资不仅能够减少对化石燃料的依赖，降低温室气体排放，还能够创造新

---

① 习近平：在党史学习教育动员大会上的讲话［EB/OL］．（2021 – 03 – 31）. https://www.gov.cn/xinwen/2021 – 03/31/content_5597017.htm.

② 刘俏，颜色. 万字详解丨疫后中国经济政策的思考与建议——回归经济核心逻辑，聚焦高质量发展［EB/OL］．（2020 – 03 – 09）. https://news.pku.edu.cn/wyyd/dslt/7b48051058c14cf594c50c75bc12c934.htm.

的就业机会，促进地方经济发展。例如，我国在西部地区建设风电和光伏发电基地，这些项目不仅有助于提高当地能源自给率，还有助于减少东部地区的电力输送压力，实现能源的区域平衡。

第二，我国推动绿色技术和清洁能源的发展，通过政策引导和财政支持，鼓励企业进行技术创新和产业升级。这包括对新能源汽车、节能建筑、智能电网等领域的研发和应用。这些技术的发展和应用不仅能够提高能源效率，减少能源消耗，还能够推动相关产业的发展，形成新的经济增长点。

第三，我国调整产业结构，减少对高碳排放行业的依赖。通过政策引导和市场机制，鼓励高耗能、高排放行业进行技术改造和转型升级，同时限制新的高污染项目的审批和建设。这一措施有助于降低整体经济的碳排放强度，同时也为新兴产业的发展预留出空间。

第四，我国还通过碳排放权交易市场等市场化手段，为碳减排提供经济激励。通过设定碳排放配额，企业之间的碳排放权可以买卖，这样既能够激励企业减少碳排放，也能够为碳减排项目提供资金支持。

这些短期政策的实施，不仅有助于推动中国经济的绿色转型，也符合长期减少温室气体排放的目标，体现了激励兼容原则。通过这种方式，我国将短期经济增长与长期环境可持续性相结合，确保了政策的连贯性和有效性，为全球气候行动提供了中国方案和中国智慧。

- ←←

3. 中央政策与地方政策相协调

我国地大物博，不同的地区有不同的要素禀赋、产业特色和实际需求。在这片辽阔的土地上，中央政策扮演着宏观调控和统筹规划的关键角色，它不仅着眼于国家的全局利益，还兼顾区域发展的均衡与协调。与此同时，地方政策则展现出其独特的灵活性和因地制宜的针对性。地方政府，尤其是县级政府对本地区的经济社会发展有着深刻的认识和理解，不仅熟知本地的龙头企业，还了解哪些产业具有发展潜力，哪些领域需要政策扶持。这种对地方实际情况的深刻洞察，使得地方政策能够迅速响应并解决发展中的瓶颈问题，为地方经济的健康发展提供强有力的支持。[①] 在中央政策的框架下，地方政策的制定和执行既要符合国家的整体战略，又要充分发挥地方的主观能动性。这种上下联动、相互补充的政策协调机制，确保了政策的连贯性和有效性，同时也激发了地方的创新活力，为实现区域经济的快速发展和社会的全面进步提供了坚实的保障。

（三）特殊原则

《"十四五"数字经济发展规划》指出，"数字经济是继农业经济、工业经济之后的主要经济形态"，其"发展速度之快、辐射范围之广、影响程度之深前所未有，正推动生产方式、生活方式和治理方式深刻变革，成为重组全球要素资源、重塑全球经济结构、改变全球竞争格局的关键力量"。由此可见，数字经济改变了传统经济的核心逻辑，在制定经济政策时，应根据数字经济独有特点进行规划设计，确保数字经济健康、有序和可持续发

---

① 王勇. 论有效市场与有为政府：新结构经济学视角下的产业政策 [J]. 学习与探索, 2017 (4): 100-104.

展。因此，在设计数字经济政策时应注意把握以下原则。

1. 创新驱动、融合发展

科技创新是驱动历史发展和社会进步的关键力量，应重视数字经济领域的科技创新和技术扩散，坚持构建先进技术和创新生态体系，在加强大数据、人工智能等战略性前瞻性领域研究的同时，推动数字技术向经济社会和产业发展各领域广泛深入渗透，促进传统产业改造升级，支持各行业数字化转型，使创新技术、融合发展成为产业政策的重要内容。

2. 数据赋能、发挥优势

我国拥有庞大的互联网用户基数，这为经济的发展提供了丰富的数据资源。应结合我国产业结构和资源禀赋，发挥优势，充分释放数据要素价值，激活数据要素潜能，以数据流促进生产、分配、流通、消费各个环节高效贯通。

3. 保障安全、公平有序

数字经济作为现代社会发展的强劲引擎，极大地推动了社会进步和经济增长，但同时也带来了一系列新的挑战和问题，包括个人隐私泄露、大数据杀熟现象以及数字资本的无序扩张等。这些问题不仅威胁到消费者权益，也对市场的公平竞争和经济的有序运行构成了威胁。面对这些新出现的问题，政策制定者应审慎地平衡发展与监管的关系，防止市场滥用数据和不公平竞争的行为，确保数据安全和个人隐私得到保护，有效地保障经济安全和秩序。当然，这不仅涉及法律法规的完善，也包括技术手段的创新和监管机制的强化，以及提升公众对数字经济权利和责任的认识。只有这样，才能确保数字经济在快速发展的同时，为所有人带来公平和安全的利益。

4. 前瞻包容、灵活平衡

数字经济的迅猛发展要求政策制定必须具备前瞻性和包容性，同时保持灵活与平衡。首先，数字经济的快速增长和全球产业链的调整要求制定政策时注重把握未来走向，为创新技术和产业机遇预留空间。其次，数字经济的多元创新主体和虚拟性要求政策制定必须包容，以激发市场活力和社会创造力。再次，数字经济的流动性和融合性要求政策灵活，以适应快速变化的环境。最后，平衡原则意味着需要在促进经济增长、缩小数字鸿沟、保障数字安全等多个目标之间找到平衡点。综上所述，数字经济政策制定应以前瞻性和包容性为基础，保持灵活性和平衡性，以促进健康、可持续发展。

二、数字经济政策演变

（一）数字经济政策体系的特点

1. 涵盖众多领域

数字经济政策体系是一个涵盖多个领域、多个层面的复杂系统，囊括了数字基础设施、数字技术创新、数字化转型、数字经济治理、人才培养等多个领域（见图 15－1）。所制定施行的一系列法律法规、行政规定及发展规划，在协同推进科技创新、加速技术与实体经济融合、促进经济高质量发展方面具有十分重要的意义。

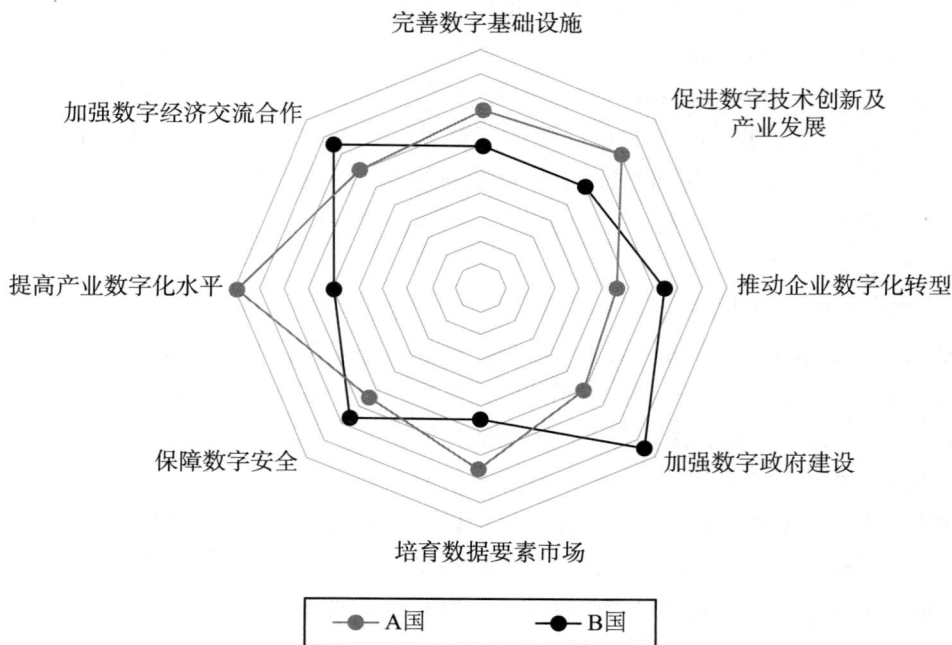

图 15 - 1　数字经济政策主要领域

2. 牵涉多个政策主体

联合国大会强调，全球数字经济治理体系应以各国政府为核心，同时必须依赖国际组织、区域及次区域机构（如欧盟）以及由主权国家组成的多边集团（如 G20）等多方机构的协同合作，共同促进治理效能的提升。[1]

3. 约束力有区分

数字经济治理过程中形成的一套系统化、规范化、多层次相互关联的政策集合构成了数字经济政策体系。根据约束力的不同，全球数字经济治理方式可被划分为"硬治理"和"软治理"两种，其对应政策也有所区别（见表 15 - 2）。

表 15 - 2　　　　　"硬治理"和"软治理"概念及其对应政策

项目	硬治理	软治理
概念	通过签订条约、制定法律等手段，建立强制性义务来开展治理活动	通过行动建议、原则、倡议等开展治理活动，属于不具有约束力的治理
政策	《区域全面经济伙伴关系协定》要求缔约方不对电子商务征收关税	二十国集团签署《G20 数字普惠金融高级原则》

资料来源：马述忠，等．数字贸易学［M］．北京：中国人民大学出版社，2024：296.

在一个国家或一个组织的数字经济政策体系中，既包括"软治理"的政策，也包括

———————

① 马述忠，等．数字贸易学［M］．北京：中国人民大学出版社，2024.

"硬治理"的政策。

4. 层级多样

在我国的政策体系中，"政策"可细分为法律、法规、规章、规范性文件和组织内部文件五种类型（见表 15 – 3）。

表 15 – 3 <td align=center>我国政策类型</td>

政策类型	常用名	政策制定及发布机构	约束对象及范围
法律	《××法》	全国人大及其常委会	全国
法规	《××条例》《××规定》《××办法》	国务院（发布行政法规）	全国行政管理事务
		地方人大及其常委会（发布地方性法规）	地方行政区域内
规章	《××规定》《××办法》	国务院组成部门及具有行政管理职能的直属机构（发布部门规章）	其职权范围内事务
		地方人民政府（发布地方政府规章）	其职权范围内事务
规范性文件		行政机关及法律法规授权的具有管理公共事务职能的组织	其职权范围内事务
组织内部文件		单位组织	组织系统内部

资料来源：湖南省机关事务管理局. 政策解读|"法律""法规""规章"等定义及区分 [EB/OL]. (2022 – 05 – 31). https://jgswj. hunan. gov. cn/jgswj/xxgk/zcfg/202205/t20220531_24796678. html.

上述层级又可以划分为四个层面，分别为法律、行政法规及规范性文件、部门规章及文件、地方性法规及文件。

（1）法律。法律是我国政策体系中位阶最高的规范，由全国人民代表大会及其常务委员会制定，具有最高的法律效力。

（2）行政法规及规范性文件。行政法规由国务院制定，其效力仅次于法律，是法律的具体化和补充。规范性文件是由行政机关依照法定权限、程序制定并公开发布的具有普遍约束力的公文。

（3）部门规章及文件。部门规章由国务院各部门制定，用于在法律和行政法规的框架下规范特定领域的行政管理活动。

（4）地方性法规及文件。地方性法规用于规范地方事务和补充国家法律、行政法规的不足。地方政府规章则是地方政府在法律法规框架下对地方行政管理事项的具体规定。

（二）我国数字经济政策的演变历程

自 1994 年我国接入互联网至今，在数字经济方面我国实现了从追随者到并行者再到领跑者的华丽转变，向世界展现了一条具有中国特色和智慧的发展之路。中国信息通信研究院发布的《中国数字经济发展研究报告（2024 年）》显示：2023 年，数字经济占我国 GDP 的比重高达 42.8%，对 GDP 增长的贡献率达到 66.45%，数字经济已经成为国民经济的关键支撑，有效提升了我国经济发展的活力。上述成就的取得，与我国长期以来结合自身实际精心构建数字经济政策体系密切相关，体现了我国政策的前瞻性和科学性。

在不同时期，我国政府审时度势，出台了各项有针对性的政策措施，有效地保障了数字经济的健康运行和蓬勃发展。我国数字经济发展阶段和相关政策演变如图15-2所示。

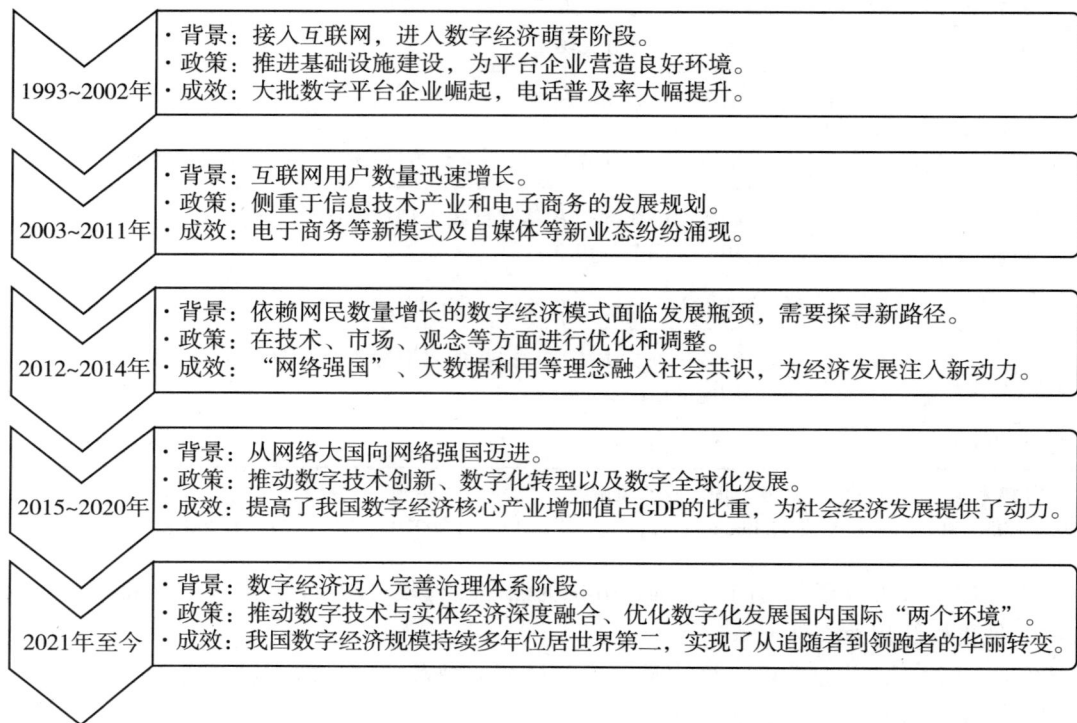

1993~2002年
- 背景：接入互联网，进入数字经济萌芽阶段。
- 政策：推进基础设施建设，为平台企业营造良好环境。
- 成效：大批数字平台企业崛起，电话普及率大幅提升。

2003~2011年
- 背景：互联网用户数量迅速增长。
- 政策：侧重于信息技术产业和电子商务的发展规划。
- 成效：电子商务等新模式及自媒体等新业态纷纷涌现。

2012~2014年
- 背景：依赖网民数量增长的数字经济模式面临发展瓶颈，需要探寻新路径。
- 政策：在技术、市场、观念等方面进行优化和调整。
- 成效："网络强国"、大数据利用等理念融入社会共识，为经济发展注入新动力。

2015~2020年
- 背景：从网络大国向网络强国迈进。
- 政策：推动数字技术创新、数字化转型以及数字全球化发展。
- 成效：提高了我国数字经济核心产业增加值占GDP的比重，为社会经济发展提供了动力。

2021年至今
- 背景：数字经济迈入完善治理体系阶段。
- 政策：推动数字技术与实体经济深度融合、优化数字化发展国内国际"两个环境"。
- 成效：我国数字经济规模持续多年位居世界第二，实现了从追随者到领跑者的华丽转变。

图15-2　我国数字经济政策演变历程

（1）基础设施建设阶段（1993~2002年）。

1994年全功能接入国际互联网，标志着我国已经进入数字经济发展的萌芽阶段。在这一时期，我国加大力度推进包括宽带、移动通信网络、基站，以及提供通信服务的其他软硬件在内的数字基础设施建设，增加数字技术研发投入，为其后的数字经济相关产业发展奠定了基础。与此同时，我国也为数字平台企业的创立提供了良好的政治与社会环境。这一时期，大批数字平台型企业纷纷成立并快速崛起，电话普及率也由1990年的1.11部/百人增至2002年末的33.7部/百人。[1][2] 能够取得这样的成绩，与我国在此期间所制定的数字经济政策及采取的措施有着密不可分的关系（见表15-4）。

---

① 中华人民共和国2002年国民经济和社会发展统计公报［EB/OL］.（2003-02-28）. https://www.gov.cn/gongbao/content/2003/content_62657.htm.

② 居民消费［EB/OL］.（2005-07-27）. https://www.gov.cn/test/2005-07/27/content_17624_2.htm.

表 15 - 4　　　　　　　　1993～2002 年我国主要数字经济政策措施及其内容

年份	政策措施内容
1993	年底，"三金工程"（"金桥""金卡""金关"）启动，旨在建成我国的信息高速公路
1996	4 月，为加强对全国信息化工作的领导，国务院办公厅发布通知，决定成立国务院信息化工作领导小组
1997	全国信息化工作会议讨论通过了《国家信息化"九五"规划和 2010 年远景目标（纲要）》，提出建立国家互联网信息中心和互联网交换中心，并将互联网列入国家信息基础设施建设
1998	九届全国人大一次会议批准成立信息产业部。信息产业部主管全国电子信息制造业、通信业和软件业。其下设的国家信息化办公室负责协助推进重大信息化工程，并组织协调和推进全国软件产业的发展。11 月 18 日，中国国家领导人在吉隆坡举行的亚太经合组织领导人非正式会议上指出，"应加强政府部门对发展电子商务的宏观规划和指导，并为电子商务的发展提供良好的法律法规环境"
1999	12 月，国家信息化工作领导小组成立，其职责包括组织协调跨部门、跨行业的重大信息技术开发和信息化工程的有关问题等
2000	党的十五届五中全会通过了《中共中央关于制定国民经济和社会发展第十个五年计划的建议》，提出应加强现代信息基础设施建设，抓紧发展和完善国家高速宽带传输网络，加快用户接入网建设，健全国家公共信息网
2001	九届全国人大四次会议批准了《中华人民共和国国民经济和社会发展第十个五年计划纲要》，其中第六章指明应广泛应用信息技术、建设信息基础设施以及发展电子和信息产品制造业

（2）电子商务及工业信息化发展阶段（2003～2011 年）。

尽管 2000～2003 年国内互联网行业经历了一段低迷时期，但此后，随着数字基础设施的持续升级和数字技术的迅猛发展，互联网用户数量实现了快速增长。电子商务、跨境电商等新兴模式以及微博和自媒体等新业态也如雨后春笋般涌现。我国数字经济由此步入了快速发展的新阶段。

自 2003 年起，我国数字经济的战略规划政策开始逐步成型。这一时期重点聚焦信息技术产业和电子商务的发展规划，标志性的规划文件包括《国务院办公厅关于加快电子商务发展的若干意见》等（见表 15 - 5）。

表 15 - 5　　　　　　　2003～2011 年我国主要数字经济政策措施及其内容

年份	政策措施内容
2003	3 月，十届全国人大一次会议通过了国务院机构改革方案，撤销外经贸部和国家经贸委，设立商务部。新组建的商务部高度重视电子商务的发展

续表

年份	政策措施内容
2005	《国务院办公厅关于加快电子商务发展的若干意见》的发布，标志着鼓励电子商务等数字经济新模式的发展已提升至国家战略层面，也反映了国家政策的方向逐步由支持基础设施和技术研发的层面转向推动电子商务发展、信息社会建设、政府公共服务数字化以及数字政府建设等更深层次的内容
2006	"十一五"规划强调了信息化在推动经济发展中的作用，并提出要加快制造业的信息化，深度开发信息资源，完善信息化基础设施，强化信息安全保障
2008	工业和信息化部的成立，开启了我国信息化和工业化融合的新阶段
2011	"十二五"规划中，提出了工业信息化、电子商务信息化、政务信息化的新要求，体现了国家对数字经济全面发展的高度重视

（3）多方面调整优化阶段（2012～2014年）。

自2011年起，中国互联网用户增长速度逐渐放缓。据统计，2012年6月底，中国网民总数为5.38亿，其中手机网民数量首次超越了电脑网民数量，达到3.88亿，这标志着依赖网民数量增长的数字经济传统模式面临发展瓶颈，中国数字经济迫切需要探索新的增长路径，在技术、政策、市场、观念等多方面进行深入调整和优化，以适应时代要求，实现向更高级阶段的跃迁。[①] 在这种环境下，我国数字经济政策步入了多方面调整优化的阶段（见表15-6）。

表15-6　　　　2013～2014年我国主要数字经济政策措施及其内容

年份	政策措施内容
2013	2月，《国务院关于推进物联网有序健康发展的指导意见》中提出了"实现物联网在经济社会各领域的广泛应用，掌握物联网关键核心技术，基本形成安全可控、具有国际竞争力的物联网产业体系，成为推动经济社会智能化和可持续发展的重要力量"的总体发展目标
2013	8月，为进一步激发市场活力，国务院发布了《关于促进信息消费扩大内需的若干意见》，旨在通过信息消费增长带动内需扩大，为经济发展注入新动力
2014	在中央网络安全和信息化领导小组第一次会议上，习近平总书记首次提出努力把我国从"网络大国"建设为"网络强国"，并指出了网络安全之于国家安全、信息化之于现代化的重要性
2014	大数据的概念首次出现在政府工作报告中，标志着其成为国家发展战略的重要组成部分。随着大数据的引入，政府数据的开放共享、数据流通与交易，以及利用大数据技术改善民生等理念，逐渐融入社会共识

① 赵立斌，张莉莉.数字经济概论［M］.北京：科学出版社，2020.

（4）数字技术与社会各领域融合阶段（2015~2020年）。

2015年，我国电子信息制造业规模及网民数量均位居世界第一，全国网络零售交易额高达3.80万亿元，网络接入已经普及全国所有城市、乡镇及95%的行政村，全球互联网企业十强中，有四家来自中国……这些数字无疑表明我国在数字经济发展方面取得了显著成就，但作为网络大国，我们仍需不断努力，以实现网络强国的愿景。[①] 2015年以来，中央至各部委再到省（区、市）层面发布了多项与数字经济发展密切相关的政策措施。这些政策普遍着重于推动大数据等数字技术创新，加速传统产业的数字化转型升级，以及促进数字经济领域的合作及数字全球化发展，标志性政策包括《国务院关于积极推进"互联网+"行动的指导意见》《国家信息化发展战略纲要》等（见表15–7）。

表15–7　　　　　2015~2020年我国主要数字经济政策措施及其内容

年份	政策措施内容
2015	7月，《国务院关于积极推进"互联网+"行动的指导意见》提出，要大力拓展互联网与经济社会各领域融合的广度和深度，明确了到2018年基本形成网络经济与实体经济协同互动的基本格局、到2025年初步形成"互联网+"新经济形态的目标。该指导意见确定了促进创业创新、协同制造、现代农业、公共服务、绿色生态、人工智能等十一个具体行动领域，并明确了相关责任单位，这标志着数字经济政策由行业内部向更广阔的经济领域扩展
	12月，习近平主席在第二届世界互联网大会上强调各国应该加强沟通、深化合作，联合推动网络空间互联互通、共享共治，共同构建网络空间命运共同体
2016	3月，《中华人民共和国国民经济和社会发展第十三个五年规划纲要》（简称"十三五"规划）正式发布，指出要实施网络强国战略，推动信息技术与经济社会发展深度融合，加快建设数字中国
	7月，中共中央办公厅、国务院办公厅联合印发了《国家信息化发展战略纲要》，阐释了国家信息化的发展形势、战略目标与基本方针，并从加强信息化发展能力、提升经济社会信息化水平、优化信息化发展环境、构建体制保障和组织实施等方面提出了一系列有针对性的政策建议
2017	5月，在"一带一路"国际合作高峰论坛开幕式上，习近平主席提出了构建21世纪"数字丝绸之路"的宏伟蓝图，强调要坚持创新驱动发展，并提倡在数字经济、人工智能、纳米技术、量子计算等前沿领域加强合作，推动大数据、云计算、智慧城市建设，构筑起一条现代化的"数字丝绸之路"
	10月，党的十九大提出"推动互联网、大数据、人工智能和实体经济深度融合，建设数字中国、智慧社会"的发展理念，数字经济政策开始覆盖经济社会的各个领域
2018	3月，政府工作报告指出，要推进大数据和人工智能应用，实现"互联网+"与多领域融合。4月，国务院办公厅印发了《关于促进"互联网+医疗健康"发展的意见》，就促进互联网与医疗健康深度融合发展作出战略部署

---

① 朱基钗，孙铁翔，高亢. 建设网络强国的时间表和路线图——《国家信息化发展战略纲要》解读［EB/OL］.（2016–07–27）. https://www.gov.cn/zhengce/2016–07/27/content_5095367.htm.

续表

年份	政策措施内容
2019	中共中央办公厅、国务院办公厅印发《数字乡村发展战略纲要》
2020	中共中央、国务院发布《关于构建更加完善的要素市场化配置体制机制的意见》，提出要加快发展技术要素市场、加快培育数据要素市场

（5）数字经济治理和布局完善阶段（2021年至今）。

"十三五"时期，我国推进数字产业化和产业数字化取得积极成效，2020年，我国数字经济核心产业增加值占国内生产总值（GDP）比重达到7.8%，数字经济为经济社会持续健康发展提供了强大动力。① "十四五"时期，我国数字经济迈入完善治理体系的新阶段（见表15-8）。在深化应用层面，我国数字经济与实体经济的融合日益加深，制造业的数字化转型已成为发展的主要阵地；在普惠共享领域，数字经济所带来的红利持续延伸至不同地区和各类主体；在规范发展的进程中，对技术、数据、平台和算法等方面的治理日益常态化；在国际合作方面，我国致力于加速贸易数字化的步伐，打造优质的数字经济对外合作体系和环境，推动构建更广泛的数字经济伙伴关系，以实际行动兑现推动数字经济国际合作的承诺。②

表15-8   2021年至今我国主要数字经济政策措施及其内容

年份	政策措施内容
2021	11月，我国正式申请加入《数字经济伙伴关系协定》，以加强我国与各成员国之间在数字经济领域的合作创新，推动可持续发展
	12月，国务院印发《"十四五"数字经济发展规划》，明确指出数字经济是继农业经济、工业经济之后的主要经济形态，亦是重塑全球经济结构、改变全球竞争格局的关键力量，"十四五"时期，我国数字经济转向深化应用、规范发展、普惠共享的新阶段，应把握数据这一关键要素，将数字技术与实体经济深度融合作为主线，做强做优做大我国数字经济，为构建数字中国提供有力支撑
2022	国务院总理李克强在政府工作报告中指出，要"充分发挥跨境电商作用""创新发展服务贸易、数字贸易，推进实施跨境服务贸易负面清单"
2023	中共中央、国务院印发《数字中国建设整体布局规划》，作为我国数字化发展的顶层设计，该规划明确指出，数字中国建设按照"2522"的整体框架进行布局，即夯实数字基础设施和数据资源体系"两大基础"，推进数字技术与经济、政治、文化、社会、生态文明建设"五位一体"深度融合，强化数字技术创新体系和数字安全屏障"两大能力"，优化数字化发展国内国际"两个环境"

① 国务院关于印发"十四五"数字经济发展规划的通知 [EB/OL]. (2022-01-12). https://www.gov.cn/zhengce/content/2022-01/12/content_5667817.htm.

② 刘春生. 数字贸易 [M]. 北京：中国人民大学出版社，2023.

第二节 促进产业发展的政策

一、竞争政策

（一）竞争政策的内涵

竞争政策是指政府为了维护市场竞争秩序、促进经济效率和消费者福利而制定和实施的一系列政策和法律措施。其核心目标是确保市场中的竞争是公平和有效的，防止市场失灵，尤其是垄断和不正当竞争行为所导致的市场失灵。

根据参与市场运行的主体划分，竞争政策可以从以下四个维度进行考察。

1. 维护消费者权益

消费者是市场中的一分子，竞争政策的根本目的在于保护消费者免受不公平交易行为和滥用市场力量的伤害，与消费者相关的政策在维护消费者权益的同时，也有利于维护市场公平竞争。

（1）透明度和信息披露。要求企业披露必要的信息，以确保市场的透明度，使消费者和企业能够作出知情决策，避免信息不对称、虚假宣传等带来的危害。

（2）社会福利。确保推行的竞争政策能够提高消费者福利，包括提供更多产品或服务的选择、降低价格及提高质量。

2. 企业地位与数量

为确保所有市场参与者在同等条件下竞争，避免个别企业行为导致的不公平竞争，常采取以下措施。

（1）反垄断。防止企业通过垄断协议、滥用市场支配地位或垄断性并购等方式限制市场竞争。

（2）市场准入。降低市场准入壁垒，鼓励新企业进入市场，增加市场竞争性。

3. 政府角色

政府在维护市场秩序方面发挥着关键作用，可以有效处理违反竞争规则的行为，保障市场的公平性。

（1）市场监管。监管市场价格等行为，防止价格操纵、价格歧视、倾销等不正当价格竞争。

（2）构建管理规范框架。建立和执行一套法律和监管框架，以处理违反竞争规则的行为。

4. 生态环境

构建一个公平、透明、有序的内部市场环境离不开各个市场主体的共同努力、相互监督，同时也需要对外部环境保持警觉。

（1）多元共治。完善政府、企业、行业组织和社会公众多元参与、有效协同的多元共治格局。

（2）国际协调。在全球范围内协调竞争政策，以应对跨国公司的垄断行为和全球市场的竞争问题。

竞争政策能够有效促进产业发展。首先，通过防止市场垄断和不公平竞争，竞争政策确保资源能够流向最高效的使用方向；其次，竞争政策鼓励自由和公平的竞争，增强产业的自主创新能力，提升产业链和供应链的核心竞争力；再次，竞争政策倡导产业政策的动态调整，以适应市场变化，这样的灵活性有助于促进经济增长和市场竞争力；最后，竞争政策推动建立一个市场化、法治化、国际化的营商环境，有助于激发市场主体的创新活力，构建一个更具竞争力的现代化产业体系。

（二）数字经济背景下竞争政策的必要性

1. 平台垄断问题

（1）平台经济容易形成"一家独大"的局面。平台企业因其独特的商业模式和规模效应的存在，往往能够迅速积累大量用户和数据，进而形成"一家独大""赢者通吃"的垄断格局，导致市场集中度增加，市场竞争减少，消费者的利益因此受到损害。①

阅读拓展

平台的规模效应

平台经济的规模效应是指在平台型企业的运营中，伴随着用户数量的增加，平台的价值和效率日益提高的现象。它除了基于本书第二章所介绍的"网络效应"之外，还与下述效应相关。

（1）成本分摊。平台的固定成本（如技术开发、服务器维护等）可以在更多的用户之间分摊，从而降低每个用户的边际成本。

（2）数据积累。随着用户数量的增加，平台能够收集和分析更多的数据，这有助于优化服务、提高个性化推荐的效果，并增强用户体验。

（3）市场力量。大规模的用户基础使得平台企业在市场上拥有更大的议价能力，能够吸引更多的供应商和服务提供者，进一步增强平台的吸引力。

（4）品牌效应。大规模的平台往往能够建立更强的品牌认知度，这有助于吸引和保留用户，同时也能提高平台的市场影响力。

规模效应在数字经济中是一把双刃剑。一方面，它可以帮助平台企业实现快速增长，为用户提供更优质的服务；另一方面，它也可能形成垄断，破坏市场良性竞争。因此，政策制定者需要关注平台，并在适当的时机采取措施以维护市场公平竞争。

（2）数字经济时代，平台竞争行为的认定更为复杂。首先，平台企业通常服务于多个用户群体，如买家和卖家、广告商和消费者等，这种多边市场结构使得平台的竞争行为

---

① 李三希. 数字经济概论［M］. 北京：中国人民大学出版社，2023.

更为复杂，难以用传统的单边市场理论来分析。其次，平台经济中的竞争是动态且快速变化的，新进入的企业可能通过创新迅速获得市场份额，现有企业也可能因为未能适应市场的变化而骤然失去大批客户，这使得对竞争行为的认定更加困难。再次，平台企业广泛使用数据和算法来优化服务和提高效率，但同时也可能利用这些工具来排除竞争，如通过算法合谋或大数据杀熟等，这些行为的反竞争性质难以界定，却又严重阻碍市场公平竞争与良性运转。最后，许多平台企业在全球范围内运营，且跨越多个行业和领域，不同国家和地区的法律和监管环境有所差异，不同行业的认定和规制方式也不尽相同，这又为竞争行为的认定增添了一层阻碍。[①]

2. 数据使用问题

（1）在数字经济的浪潮中，企业之间的竞争愈发激烈，数据积累和算法优化成为获取市场优势的关键手段。大型企业，尤其是数据巨头，凭借其庞大的数据资源和先进的算法技术，能够更精准地分析市场趋势和消费者行为，从而在竞争中占据有利地位。这种依赖数据和算法的竞争优势构建方式，对于中小企业来说是一个巨大的挑战。由于资源有限，中小企业往往缺乏足够的数据积累和算法研发能力，难以在数据分析和应用上与大型企业相匹敌。这不仅限制了它们的市场发展空间，还可能导致整个市场竞争格局的失衡。在数据驱动的商业环境中，中小企业面临着被边缘化的风险，而大型企业则可能因为缺乏竞争而降低创新动力，这对于推动整个行业的健康发展和维持市场多样性是不利的。因此，如何平衡数据使用和市场竞争，保护中小企业的利益，成为数字经济时代亟待解决的问题。

（2）在平台经济的垄断格局下，用户隐私保护面临严峻挑战。首先，占据市场主导地位的平台占有海量用户数据，但由于市场上竞争不足，平台可能不会重视对用户隐私的保护，甚至可能会出于利益贩售用户数据，这增加了个人信息泄露和隐私被侵犯的风险。其次，平台可能会利用其市场优势地位，强迫用户同意数据收集，或者通过不公平的隐私政策剥削用户，同时，用户由于平台的市场垄断地位和高转换成本，在面对平台滥用个人数据或侵犯隐私的行为时，往往难以进行有效抵抗。综上所述，隐私保护是一个数据保护问题，也与反垄断法律制度紧密相关，平台垄断下的用户隐私，需要法律的保护。[②③]

（三）我国数字经济竞争政策

1. 维护消费者权益

2021 年国家发展改革委等部门联合印发的《关于推动平台经济规范健康持续发展的若干意见》指出，应强化平台广告导向监管，对重点领域广告加强监管。重点规制以减配降质产品误导消费者、平台未对销售商品的市场准入资质资格实施审查等问题，对存在缺陷的消费品落实线上经营者产品召回相关义务。上述规定为保护消费者权益、维护市场公平竞争提供了保障。

---

① 李三希．数字经济概论［M］．北京：中国人民大学出版社，2023．
② 孙晋．数字平台的反垄断监管［J］．中国社会科学，2021（5）：101 – 127．
③ 孙晋，马姗姗．反垄断视野下数据开放与隐私保护的冲突与协调［J］．武汉大学学报（哲学社会科学版），2024（6）：155 – 166．

2. 反垄断

在反垄断方面，我国政策着重强调对平台经济、数据垄断，以及通过算法实施垄断的行为进行规制（见表15-9）。

表15-9 　　　　　　　　　　　反垄断相关政策内容

年份	政策名称	相关内容
2021	《关于推动平台经济规范健康持续发展的若干意见》	依法查处平台经济领域垄断和不正当竞争等行为。严格依法查处平台经济领域垄断协议、滥用市场支配地位和违法实施经营者集中行为
2021	《关于加强互联网信息服务算法综合治理的指导意见》	防止利用算法打压竞争对手的行为
2021	《互联网信息服务算法推荐管理规定》	算法推荐服务提供者不得利用算法对其他互联网信息服务提供者进行不合理限制，或者妨碍、破坏其合法提供的互联网信息服务正常运行，实施垄断和不正当竞争行为
2022	《"十四五"数字经济发展规划》	强化反垄断和防止资本无序扩张，推动平台经济规范健康持续发展
2022	《中共中央　国务院关于构建数据基础制度更好发挥数据要素作用的意见》	打破"数据垄断"，促进公平竞争

3. 市场准入

在市场准入方面，我国政府致力于完善市场准入规范，一方面为合规的相关市场主体提供便利，另一方面禁止不合法主体进入市场（见表15-10）。

表15-10 　　　　　　　　　　市场准入相关政策内容

年份	政策名称	相关内容
2019	《国务院办公厅关于促进平台经济规范健康发展的指导意见》	完善市场准入，降低企业合规成本；推进平台经济相关市场主体登记注册便利化；合理设置行业准入规定和许可；加快完善新业态标准体系
2021	《关于推动平台经济规范健康持续发展的若干意见》	清理和规范各地于法无据、擅自扩权的平台经济准入等规章制度。完善互联网市场准入禁止许可目录

4. 市场监管

在市场监管方面，我国政策多次指出要维护要素市场、平台经济领域的价格秩序，监管市场价格等行为，引导企业合法合规经营（见表15-11）。

表15 – 11　　　　　　　　　市场监管相关政策内容

年份	政策名称	相关内容
2019	《国务院办公厅关于促进平台经济规范健康发展的指导意见》	查处互联网领域滥用市场支配地位限制交易、不正当竞争等违法行为，维护市场价格秩序；针对互联网领域价格违法行为特点制定监管措施，规范平台和平台内经营者价格标示、价格促销等行为，引导企业合法合规经营
2020	《中共中央 国务院关于构建更加完善的要素市场化配置体制机制的意见》	加强要素领域价格反垄断工作，维护要素市场价格秩序
2021	《关于推动平台经济规范健康持续发展的若干意见》	制定出台禁止网络不正当竞争行为的规定。细化平台企业数据处理规则。制定出台平台经济领域价格行为规则，推动行业有序健康发展

5. 构建管理规范框架

在构建管理规范框架方面，面对数字经济新业态，我国政府积极探索有利于公平竞争的公正监管办法，修订完善了各项法律法规和配套规则，制定出台了网络交易监督管理有关规定，健全投诉举报查处机制，并在重点领域加大执法力度，依法查处不正当竞争行为（见表15 – 12）。

表15 – 12　　　　　　　构建管理规范框架相关政策内容

年份	政策名称	相关内容
2019	《国务院办公厅关于促进平台经济规范健康发展的指导意见》	制定出台网络交易监督管理有关规定；探索适应新业态特点、有利于公平竞争的公正监管办法；依法查处互联网领域滥用市场支配地位限制交易、不正当竞争等违法行为
2020	《中共中央 国务院关于构建更加完善的要素市场化配置体制机制的意见》	健全投诉举报查处机制，防止发生损害国家安全及公共利益的行为
2021	《关于推动平台经济规范健康持续发展的若干意见》	修订《中华人民共和国反垄断法》，完善数据安全法、个人信息保护法配套规则。制定出台禁止网络不正当竞争行为的规定
2022	《中共中央 国务院关于构建数据基础制度更好发挥数据要素作用的意见》	强化反垄断和反不正当竞争，加强重点领域执法司法，依法依规加强经营者集中审查，依法依规查处垄断协议、滥用市场支配地位和违法实施经营者集中行为，营造公平竞争、规范有序的市场环境

6. 多元共治

健全完善数字经济治理体系方面，2021年印发的《"十四五"数字经济发展规划》

明确指出，要"建立完善政府、平台、企业、行业组织和社会公众多元参与、有效协同的数字经济治理新格局，形成治理合力，鼓励良性竞争，维护公平有效市场"，"引导社会各界积极参与推动数字经济治理，加强和改进反垄断执法，畅通多元主体诉求表达、权益保障渠道，及时化解矛盾纠纷，维护公众利益和社会稳定"。

7. 国际协调

面对数据跨境流动、垄断等问题，我国政府在坚持开放的同时，也积极借鉴国外经验，参与国际规则制定，努力推动形成公平竞争的国际化市场（见表 15 – 13）。

表 15 – 13　　　　　　　　　　国际协调相关政策内容

年份	政策名称	相关内容
2021	《"十四五"数字经济发展规划》	积极借鉴国际规则和经验，围绕数据跨境流动、市场准入、反垄断、数字人民币、数据隐私保护等重大问题探索建立治理规则
2021	《关于推动平台经济规范健康持续发展的若干意见》	积极参与跨境数据流动、数字经济税收等相关国际规则制定，参与反垄断、反不正当竞争国际协调
2022	《中共中央　国务院关于构建数据基础制度更好发挥数据要素作用的意见》	坚持开放发展，推动数据跨境双向有序流动，鼓励国内外企业及组织依法依规开展数据跨境流动业务合作，支持外资依法依规进入开放领域，推动形成公平竞争的国际化市场

二、创新政策

（一）创新政策的内涵

创新政策是指政府或相关机构为了促进科技创新、产业升级和经济社会发展而制定的一系列政策措施。这些政策旨在通过创造有利的环境和条件，激发创新活力，促进新技术、新产品、新业态和新模式的发展。

创新政策是多方面的，它们通过不同的途径和机制来促进创新，涵盖了从基础研究到商业化应用的全过程和多层级，旨在推动经济增长和社会进步。以下是创新政策的几个主要分类方向。

1. 产业领域政策

这类政策专注于特定产业或领域内的创新活动，通过国家科技重大项目和重大科技攻关工程，加快突破关键核心技术，推动产业升级和结构调整。

2. 主体创新政策

（1）企业技术创新政策。这类政策旨在提升企业的技术创新能力，包括激励企业创新的政策环境、金融支持创新的模式创新等。例如，通过国家科技成果转化引导基金支持科技型中小企业转移转化科技成果。

（2）机构技术创新政策。这类政策直接针对非企业类创新主体，如研究机构、高校等，通过提供研发资助、建立创新平台、加强知识产权保护等措施，增强这些主体的创新能力，并积极搭建这些机构与企业的合作平台。

3. 要素政策

这类政策关注科技创新的各个要素，如人才、资金、技术、信息等，旨在通过优化配置这些要素来促进创新活动。

4. 模式创新政策

这类政策的核心在于激励企业重塑商业模式——改变价值创造的基本逻辑，从而为客户与企业自身共同创造新的价值。政策可能包括支持企业开展商业模式创新，引导社会资本参与建设面向小微企业的社会化技术创新公共服务平台。

5. 区域创新政策

这类政策针对特定区域内的创新活动，通过区域政策引导资源集聚和创新活动，促进区域经济的协调发展。

6. 创新环境政策

这类政策致力于营造一个有利于创新的整体环境，包括法律、文化、教育等多方面，以构建一个支持创新的社会氛围。

7. 关联政策

这类政策涉及创新活动与其他经济社会活动之间的相互关系和影响，如创新与就业、创新与环境保护、创新与服务等。

上述政策中，产业领域政策直接作用于产业发展，是促进产业发展的中坚力量，也是我国重视产业发展最直观的体现。其他政策对产业发展具有间接影响，在特定环节，如研发、服务、人才培育等方面有重要意义，为产业发展提供必要的支持和保障。

（二）数字经济背景下创新政策的必要性

1. 市场环境快速变化

数字经济的发展速度极快，技术迭代更新迅速，市场需求和消费者行为也在不断变化。在这样的背景下，创新成为企业适应市场、保持竞争力的关键。

2. 技术驱动的重要性增强

数字技术是推动经济增长的新引擎。人工智能、大数据、云计算等技术的发展，为产业升级和新业态的产生提供了可能。创新政策能够引导和加速这些技术的应用和发展。

3. 全球竞争加剧

数字经济打破了地理界限，使得全球竞争更加激烈。创新能力已成为国家和企业在全球市场中争夺领导地位的关键因素，创新政策则是支持和提升这种能力的重要手段。

4. 数据要素被重视

在数字经济中，数据已成为与资本、劳动力并列的生产要素。在如何有效利用和保护数据资源方面，创新和创新政策提供了规则和激励机制。

5. 产业转型升级势在必行

许多传统产业面临数字化转型的压力。创新政策可以提供转型的路径和支持，帮助这些产业通过技术创新找到新的增长点。

6. 经济韧性需要增强

面对经济波动和不确定性，数字经济提供了新的解决方案和商业模式。创新政策能够促进这些新模式的发展，增强经济的适应性和韧性。

7. 其他方面

数字经济下的创新不仅关乎经济增长，还涉及社会服务、公共管理、网络安全、数据隐私等多个方面。这些问题需要创新性的解决方案，以确保数字经济的健康发展。

（三）我国数字经济创新政策

长期以来，我国高度重视创新，创新相关政策常见于顶层设计中，且全面覆盖创新的各个领域。以2021年出台的《"十四五"数字经济发展规划》为例，可以看到，在要素、产业、创新主体、模式、区域、环境、关联这七大方面都作了部署（见表15-14）。

表15-14 《"十四五"数字经济发展规划》中创新相关内容

创新政策类型	相关内容
产业领域政策	创新发展智慧农业，提升农业生产、加工、销售、物流等各环节数字化水平；提升关键软硬件技术创新和供给能力
主体创新政策	鼓励发展新型研发机构、企业创新联合体等新型创新主体；拓展多元投融资渠道，鼓励企业开展技术创新
要素政策	探索建立与数据要素价值和贡献相适应的收入分配机制，激发市场主体创新活力
模式创新政策	引导社会资本投向原创性、引领性创新领域，避免低水平重复、同质化竞争、盲目跟风炒作等，支持可持续发展的业态和模式创新
区域创新政策	打造区域产业数字化创新综合体，带动传统产业数字化转型；依托京津冀、长三角、粤港澳大湾区等重点区域，构建创新协同、错位互补、供需联动的区域数字化发展生态，提升产业链供应链协同配套能力
创新环境政策	优化营商环境，分类清理规范不适应数字经济发展需要的行政许可、资质资格等事项，进一步释放市场主体创新活力和内生动力；创新基于新技术手段的监管模式，建立健全触发式监管机制
关联政策	开展政务数据与业务、服务深度融合创新，增强基于大数据的事项办理需求预测能力，打造主动式、多层次创新服务场景

　　此外，我国政府高度重视产业创新，不仅在多个"五年规划"中指出，要加快突破新一代信息通信、智能制造等领域核心技术，推动集成电路、高端数控机床等产业创新发展，还为相关产业的创新发展制定了专门政策。例如，2017年出台的《文化部关于推动数字文化产业创新发展的指导意见》就对数字文化产业创新发展进行了细致的指导，表15-15对其中相关内容进行了简要总结。

表 15-15　《文化部关于推动数字文化产业创新发展的指导意见》中创新相关内容

指导意见		相关内容
引导数字文化产业发展方向	优化数字文化产业供给结构	深化"互联网+"，深度应用大数据、云计算、人工智能等科技创新成果，促进创新链和产业链有效对接
	促进优秀文化资源数字化	实施数字内容创新发展工程；提高文化场馆的数字化智能化水平，创新交互体验应用
	推进数字文化产业与相关产业融合发展	促进虚拟旅游展示等新模式创新发展；推动数字文化产业纳入军民融合创新体系
	扩大和引导数字文化消费需求	创新网络视频、网络音乐、网络文学等数字文化内容产品付费模式，将广泛用户基础转化为有效消费需求
着力发展数字文化产业重点领域	推动动漫产业提质升级	运用信息技术手段和各种新兴媒体，创新表现形式；积极开拓动漫表情等动漫新业态
	推动游戏产业健康发展	培育国产原创游戏品牌产品、团队和企业
	丰富网络文化产业内容和形式	保护激励原创；开拓线下体验服务新领域
	增强数字文化装备产业实力	推动数字文化装备产业发展，加强标准、内容和技术装备的协同创新；加强以产品为基础的商业模式创新
	发展数字艺术展示产业	
	超前布局前沿领域	高度重视颠覆性技术创新与应用，以技术创新推动产品创新、模式创新和业态创新
建设数字文化产业创新生态体系	培育数字文化产业市场主体	
	推进数字文化产业创新创业	强化创新驱动，引导领军企业联合中小企业和科研单位布局创新链
	引导数字文化产业集聚发展	建设富有创意内容、创新模式和强大文化创意能力的数字文化产业发展策源地
	参与数字文化产业国际分工与合作	
	构建数字文化领域标准体系	健全技术创新、知识产权与标准化互动支撑机制，及时将先进技术转化为标准
	优化数字文化产业市场环境	

指导意见	相关内容	
加大数字文化产业政策保障力度	落实相关财税金融政策	支持符合条件的数字文化企业申报高新技术企业认定,享受税收优惠;做好数字文化产品和服务纳入《战略性新兴产业重点产品和服务指导目录》的落实工作,支持享受有关优惠政策
	强化创新服务和人才支撑	对技术创新能力较强、创新业绩显著、具有重要示范作用的数字文化产业创新中心予以扶持,鼓励和引导企业不断提高自主创新能力
	持续推动"放管服"改革	进一步放宽准入条件、简化审批程序,保障和促进创业创新
	加强组织领导	主动加强与发展改革、财政、工业和信息化、科技等相关部门的沟通合作,建立工作协调机制,加强部门协作,为数字文化产业创新发展创造良好条件

三、税收政策

(一)税收政策的内涵

税收政策是整体经济政策中的关键一环,其目的在于通过税收手段来促进经济的均衡发展、调整社会财富分配以及维护社会公正。税收政策有以下三个方面的作用。

1. 保障财政收入

税收是政府获取财政收入的主要渠道,确保国家有足够的资金来满足公共需求。

2. 调控和稳定经济

(1)税收政策通过调整税收结构和税率,对国家经济、资源配置和市场运行进行宏观调控。

(2)通过累进税制在经济扩张或衰退时自动调节,可以起到稳定经济的作用。

3. 维持社会稳定

税收政策追求在公平和效率之间找到平衡点,既保证税收的公正性,也促进资源的合理分配,维持社会稳定健康发展。

(二)数字经济背景下税收面临的新问题

1. 传统税制不适用

(1)数字经济催生了众多创新的商业模式和经营主体,为了确保税收政策与经济发展同步,我们需要重新审视和调整现有的税收规则,明确新兴经营主体的纳税义务,确保他们依法纳税。这不仅有助于税收体系的现代化,还能促进数字经济的健康发展,同时保障税收公平,防止税基侵蚀。

（2）数字化交易的跨境特性使得传统的税收管辖原则不再适用，需要新的税收政策来应对这些变化。

2. 数字剥削问题

在数字资本主义的浪潮中，资本家通过无偿获取用户数据的方式，对个人隐私进行了前所未有的商业化利用。他们不仅将用户个人信息转化为商品，还进一步将其产业化和金融化，从而在数字市场中获取利润。用户在平台上的每一次互动和创造，无论是内容分享还是社交互动，都成为资本家眼中的宝贵资源。这些资源被资本家无偿占有，并用于推动平台的差异化和多样化，以此来吸引和动员更多的用户，同时吸收用户的创意和劳动成果。这种剥削模式不仅侵犯了用户的隐私权，也忽视了他们作为内容生产者的价值，将用户的贡献转化为资本增值的工具，而用户本身却得不到相应的回报。这种不公平需要通过税收制度加以纠正。

（三）我国数字经济税收政策

目前，在数字经济领域，我国的税收政策主要以扶持高新技术和相关企业为目的，具体可分为以下三种类型。

1. 扶持以电子信息技术为代表的高新技术企业

（1）《中华人民共和国企业所得税法》给予国家需要重点扶持的高新技术企业税收优惠，其中，"国家需要重点扶持的高新技术企业，减按 15% 的税率征收企业所得税""法律设置的发展对外经济合作和技术交流的特定地区内，以及国务院已规定执行上述地区特殊政策的地区内新设立的国家需要重点扶持的高新技术企业，可以享受过渡性税收优惠，具体办法由国务院规定"。从法律层面保障了高新科技产业能够获得税收优惠。

（2）科技部、财政部、国家税务总局共同出台了《高新技术企业认定管理办法》及其配套文件《高新技术企业认定管理工作指引》，其中明确指出，电子与信息技术、高新技术服务业、高新技术改造传统产业等均属于高新技术，获得认定的高新技术企业可享受国家政策规定的税收优惠待遇。为高新技术企业的认定提供了明确依据和管理指南。

（3）《国务院关于促进云计算创新发展培育信息产业新业态的意见》中，将云计算企业纳入软件企业、国家规划布局内重点软件企业、高新技术企业和技术先进型服务企业的认定范畴，符合条件的按规定享受相关税收优惠政策。体现了我国对特定高新科技的重视。

2. 扶持高新技术中小企业和初创企业

2017 年出台的《国务院关于印发新一代人工智能发展规划的通知》指出，要落实对人工智能中小企业和初创企业的财税优惠政策，通过高新技术企业税收优惠和研发费用加计扣除等政策支持人工智能企业发展。2022 年发布的《关于进一步提高科技型中小企业研发费用税前加计扣除比例的公告》，同样通过税收优惠体现了国家对科技型中小企业研发投入的支持。

3. 扶持软件、集成电路等行业

（1）软件行业。早在 1999 年，《关于贯彻落实〈中共中央 国务院关于加强技术创新，发展高科技，实现产业化的决定〉有关税收问题的通知》中，就在所得税方面给予软件开发企业优惠。2011 年，《财政部 国家税务总局关于软件产品增值税政策的通知》

指明，软件产品享受即征即退或不征收增值税优惠政策。此后，我国政府也出台了多项支持软件企业的税收优惠政策。例如，2020 年发布了《财政部 国家税务总局 国家发展改革委 工业和信息化部关于促进集成电路产业和软件产业高质量发展企业所得税政策的公告》。

（2）集成电路行业。集成电路行业同样是重点关注的领域之一。2011 年，发布了《财政部 国家税务总局关于退还集成电路企业采购设备增值税期末留抵税额的通知》，此后，《财政部 国家税务总局 发展改革委 工业和信息化部关于进一步鼓励集成电路产业发展企业所得税政策的通知》（2015 年）、《财政部 税务总局关于集成电路企业增值税期末留抵退税有关城市维护建设税 教育费附加和地方教育附加政策的通知》（2017 年）、《财政部 海关总署 税务总局关于支持集成电路产业和软件产业发展进口税收政策的通知》（2021 年）等陆续下发。

（3）IT 行业。2006 年发布的《财政部 发展改革委 商务部海关总署 国家税务总局关于调整部分商品出口退税率和增补加工贸易禁止类商品目录的通知》指出，部分 IT 产品出口退税率由 13% 提高到 17%。

在税收优惠之外，我国也积极优化税收相关体系建设，并持续关注数字税问题。"十二五"规划中就指出，要推动经济社会各领域信息化，完善税收等基础信息资源体系；"十四五"规划、《"十四五"大数据产业发展规划》中则提出要积极参与数字税等国际规则制定。

第三节 数字经济治理政策

一、知识产权政策

（一）知识产权政策的内涵

知识产权政策是一个国家或地区为了维护创新活力和推动经济发展而制定的一系列措施和规划。这些政策可以从以下角度来考量。

1. 保护智力成果

通过法律途径确保创新者的智力成果得到保护，无论是发明专利、文学作品还是品牌标识，都能确保创作者从中获得应有的回报。

2. 激励研究创造

这些政策意在通过保护创新成果来激励更多的研究和创造活动，以此促进科技的进步和文化的发展。

3. 平衡权益与利益

知识产权政策努力在保护创新者权益和满足公众利益之间找到平衡点，通过设定合理的保护期限和范围，既保障创新者的合法权益，也确保知识成果能够最终惠及社会大众。

4. 管理和服务

政策还包括建立和完善知识产权的管理体系和服务机制，涵盖知识产权的申请、审查、注册和信息服务等多个方面。

5. 倡导和尊重

此外，政策还致力于培养一种尊重知识产权的社会文化氛围，提高公众对知识产权重要性的认识，形成尊重和保护知识产权的社会风尚。

6. 推广和应用

知识产权政策还鼓励将知识产权转化为经济效益，包括通过转让、许可和融资等方式，让知识产权发挥其经济价值。

7. 国际合作

在全球化的大背景下，知识产权政策还涉及跨国合作，通过参与国际协议和条约，实现知识产权在全球范围内获得保护。

（二）数字经济背景下知识产权政策的必要性

在数字化浪潮中，制定和实施知识产权政策显得尤为关键，主要有四方面原因。

1. 保护权益

数字经济中，知识的传播与复制的成本极低，知识产权侵权行为时有发生，知识产权政策能够减少创新者的风险，保护他们的成果不被非法复制或侵占。

2. 驱动创新

数字经济时代，知识和技术尤为重要。知识产权政策鼓励技术分享和合作，通过确保创新者得到合理的回报，加速技术的传播和应用。

3. 维护市场秩序

在数字经济中，拥有知识产权的企业能够更好地保护自己的市场地位，进而有助于维护公平有序的市场环境。

4. 推动国际合作与全球治理

在全球化的数字经济中，知识产权政策需要考虑国际合作，以确保知识产权在全球范围内得到有效保护。

总的来说，知识产权政策在数字经济中扮演着保护权益、驱动创新、维护秩序和推动国际合作的关键角色。

（三）我国的知识产权政策

《关于强化知识产权保护的意见》中指出，加强知识产权保护，是提高我国经济竞争力的最大激励。近年来，我国知识产权保护体系不断完善。《二〇二三年中国知识产权保护状况》白皮书显示：2023 年我国知识产权保护社会满意度得分为 82.04，创历史新高。在制度建设方面，2023 年全年制定、修改出台了约 20 部相关法律法规和规章，以及约 30 份相关政策文件，地方相关立法也取得进展。在审批登记方面，发明专利、商标、著作权等数量持续增长。文化建设方面，持续加强知识产权文化理念的传播。国际合作方面，积极参与全球治理，推进相关条约磋商，落实合作协议，并加强与多国的执法合作。这些进展体现了我国在知识产权保护方面的全面进步。①

与数字经济相关的知识产权政策内容涉及多个方面，如加快人工智能新领域新业态知识产权立法、完善互联网领域知识产权保护制度、构建数据知识产权保护规则、完善开源知识产权和法律体系、完善电子商务领域知识产权保护机制、开展数字经济核心产业专利统计监测等（见表 15 – 16）。

表 15 – 16 　　　　　　　　　　知识产权政策相关内容

年份	政策名称	相关内容
2021	《知识产权强国建设纲要（2021—2035 年）》	加快大数据、人工智能、基因技术等新领域新业态知识产权立法；探索完善互联网领域知识产权保护制度，研究构建数据知识产权保护规则；完善国家知识产权大数据中心和公共服务平台；建立数据标准、资源整合、利用高效的信息服务模式
2021	《"十四五"国家知识产权保护和运用规划》	健全大数据、人工智能、基因技术等新领域新业态知识产权保护制度。研究构建数据知识产权保护规则。完善开源知识产权和法律体系。完善电子商务领域知识产权保护机制
2023	《推动知识产权高质量发展年度工作指引（2023）》	开展数字经济核心产业、绿色低碳技术专利统计监测，推动相关指标纳入国家统计监测体系

二、隐私保护政策

（一）隐私保护政策的内涵

隐私保护政策是为了保护个人隐私权益、规范个人信息处理活动而制定的一系列规则和指导原则，它明确了组织在收集、处理、存储和传输个人数据时应遵守的标准和程序，旨在确保个人隐私得到尊重。

隐私保护政策通常包括数据收集的目的、数据的使用和共享限制、数据主体的权利、数据安全措施以及对违反政策的处理等内容。从协同保护角度来看，隐私保护需要个人、企业和政府三方面的共同努力。企业应遵守法律法规，加强自律，承担起保护用户隐私的责任。同时，也需要增强公众的隐私保护意识，让每个人都能积极参与到隐私保护中来。简言之，隐私保护政策是保护个人隐私、增强透明度和信任度的关键机制，需要多方在多个环节共同努力。

（二）数字经济背景下隐私保护政策的必要性

在数字经济迅猛发展的今天，制定隐私保护政策显得尤为迫切，主要有两方面原因。

---

① 王婧. 我国知识产权保护状况公布 五个方面看成效［EB/OL］.（2024 – 05 – 01）. https://news.cctv.com/2024/05/01/ARTI3miYYqkC1Oqfxig3TxPs240501. shtml.

1. 应对隐私风险的复杂性

随着技术的发展，隐私泄露的风险变得更加复杂和隐蔽。我们现有的隐私保护措施面临着前所未有的挑战，往往在用户不知情的情况下其个人信息就被收集和使用，一旦发生泄露，信息难以追回。

2. 保障数字经济的健康发展

个人信息是数字经济的宝贵资源，合理的个人信息使用是推动数字经济发展的关键。保护个人隐私不仅是维护个人权益的需要，也是数字经济高质量发展的基础。

（三）我国的隐私保护政策

我国重视对隐私的保护，所颁布的《中华人民共和国个人信息保护法》《中华人民共和国网络安全法》《中华人民共和国消费者权益保护法》《中华人民共和国电子商务法》等多部法律都在相关领域作出了规定（见表 15 – 17）。

表 15 –17　　　　　　　　　隐私保护政策相关内容

法律法规名称	部分相关内容
《中华人民共和国个人信息保护法》	遵循公开、公平、公正的原则，制定平台规则，明确平台内产品或者服务提供者处理个人信息的规范和保护个人信息的义务
《中华人民共和国网络安全法》	依法负有网络安全监督管理职责的部门及其工作人员，必须对在履行职责中知悉的个人信息、隐私和商业秘密严格保密，不得泄露、出售或者非法向他人提供
《中华人民共和国消费者权益保护法》	经营者收集、使用消费者个人信息，应当遵循合法、正当、必要的原则，明示收集、使用信息的目的、方式和范围，并经消费者同意；经营者及其工作人员对收集的消费者个人信息必须严格保密，不得泄露、出售或者非法向他人提供
《中华人民共和国电子商务法》	有关主管部门应当采取必要措施保护电子商务经营者提供的数据信息的安全，并对其中的个人信息、隐私和商业秘密严格保密，不得泄露、出售或者非法向他人提供

此外，围绕《中华人民共和国个人信息保护法》，先后出台了多项政策，如《未成年人网络保护条例》《互联网用户账号信息管理规定》《生成式人工智能服务管理暂行办法》《个人信息出境标准合同办法》《互联网信息服务深度合成管理规定》《移动互联网应用程序信息服务管理规定》等，涵盖领域广阔，相关的执法活动覆盖了多个行业。

三、网络安全政策

（一）网络安全政策的内涵

网络安全政策涉及一系列措施、规则和行动计划，旨在维护网络空间的安全与稳定，确保信息的安全流通，以及保护重要数据不受威胁。网络安全政策的内涵是多方面的，它不仅关注技术层面的安全措施，还包括法律、管理和社会层面的考量，以下是网络安全政策的几个核心要素。

1. 安全防护

网络安全政策首先强调建立和维护一个安全的网络环境，保护关键信息基础设施免受攻击、破坏或未经授权的访问，确保传输和存储过程中数据的安全（如防止数据泄露、篡改或丢失），推广和执行技术标准和安全协议，以及鼓励和支持网络安全技术的研发，以应对不断演变的网络威胁。

2. 风险管理

主要包括两个方面的内容：其一，识别、评估和缓解网络安全风险，以减少潜在的安全威胁；其二，制订网络安全事件的应急响应计划，以便在发生安全威胁时能够迅速有效地应对。

3. 责任和监督

明确网络安全的责任主体，建立监督机制，确保政策实施及网络活动遵守相关的国家法律和国际法规。

4. 意识和教育

提高公众对网络安全重要性的认识，通过教育和培训提升用户和企业的网络安全意识。

5. 国际合作

在网络安全领域与其他国家和国际组织开展合作，共同应对跨国网络威胁。

（二）数字经济背景下网络安全政策的必要性

在数字化时代，制定网络安全政策至关重要，主要包括两方面原因。

1. 保障数字经济安全

随着数字经济的迅猛发展，网络攻击和数据泄露的风险也不断增加，网络安全是数字经济稳健运行的基石，没有坚实的网络安全保障，数字经济的快速发展就无从谈起。此外，数字化转型是现代产业发展的关键，而这一进程需要强大的网络安全体系来保障，以避免业务风险。

2. 应对复杂国际环境

在复杂的国际环境中，网络安全不仅是技术问题，更是国家安全的重要组成部分，需要构建强大的网络安全体系以应对潜在风险。

（三）我国的数字经济网络安全政策

我国与网络安全相关的政策众多，包括《中华人民共和国网络安全法》《中华人民共和国数据安全法》《中华人民共和国密码法》《中华人民共和国反恐怖主义法》《中华人民共和国电信条例》《计算机信息网络国际联网安全保护管理办法》《互联网信息服务管理办法》《关键信息基础设施安全保护条例》等。这些政策共同构成了我国数字经济安全保障的法律和规范框架，在安全防护、风险管理、主体责任、意识教育和国际合作等方面都进行了规制（见表 15 - 18）。

表 15 - 18　　　　　　　　　　网络安全政策相关内容

政策名称	部分相关内容
《中华人民共和国网络安全法》	建立健全网络安全保障体系，提高网络安全保护能力；采取措施，监测、防御、处置来源于中华人民共和国境内外的网络安全风险和威胁，保护关键信息基础设施免受攻击、侵入、干扰和破坏；采取措施提高全社会的网络安全意识和水平；积极开展打击网络违法犯罪等方面的国际交流与合作
《中华人民共和国反恐怖主义法》	电信业务经营者、互联网服务提供者应为公安机关、国家安全机关依法进行防范、调查恐怖活动提供技术支持和协助
《计算机信息网络国际联网安全保护管理办法》	从事国际联网业务的单位和个人应当接受公安机关的安全监督、检查和指导，如实向公安机关提供有关安全保护的信息、资料及数据文件，协助公安机关查处通过国际联网的计算机信息网络的违法犯罪行为

思考题

1. 数字经济政策的设计原则有哪些？

2. 我国数字经济政策的演变历程是怎样的？

3. 结合数字经济特点及我国数字经济政策的演变历程，你是否能够总结出数字经济政策的演化规律？

4. 促进产业发展的政策及数字经济治理政策包括哪些方面？为什么它们在推动或保障数字经济发展中具有重要意义？

案例分析

自 1991 年以来，为助推高新技术企业发展，我国出台了《国家高新技术产业开发区高新技术企业认定条件和办法》《国家高新技术产业开发区高新技术企业认定条件和办法》《国家税务总局关于实施高新技术企业所得税优惠有关问题的通知》《财政部 国家税务总局关于高新技术企业境外所得适用税率及税收抵免问题的通知》等一系列政策，为高新技术企业发展营造了良好的环境。例如，2005 年，高新区内的高新技术企业共享受税收减免达 158.7 亿元，2006 年仅所得税减免就达到了 110.3 亿元。[①]

上述政策无疑取得了良好的成效。早在 2007 年，就有统计数据显示，自 1998 年我国高新技术企业工业增加值纳入统计以来，呈现连年稳步增长势头，年均增长速度高达 29.6%。截至 2007 年末，我国高新技术企业从业人员总数达到 1452.2 万人，经国家认定的高新技术企业共有 56047 家（其中有 32347 家是高新区内企业），高新技术企业实现利润 6684.1 亿元，上缴税额 4851.4 亿元，出口创汇 3683.5 亿美元，并完成工业增加值 22109.9 亿元——这一数值占比达到了全国工业企业工业增加值的 20.6%。[②]

[①②] 高新技术企业认定管理工作问答（FAQ）［EB/OL］.（2017 - 11 - 01）. https://fuwu.most.gov.cn/html/bszx/xzqr/20171101/2825.html.

结合案例材料，探讨下列问题：

1. 该案例体现了我国什么政策？
2. 这些政策对经济发展起到了怎样的作用？

典型场景与平台项目训练

典型场景——数字平台治理中的算法伦理

2020年7月，胡女士使用携程App预订酒店并支付了2889元。然而，当她退房时意外发现酒店的实际挂牌价仅为1377.63元。胡女士认为自己可能成了"大数据杀熟"的受害者，并尝试与携程沟通，希望得到合理的解释和补偿。遗憾的是，携程仅表示愿意退还部分差价。

胡女士决定采取法律行动，以携程App过度收集个人非必要信息并利用大数据进行价格歧视为由，将携程告上法庭。在要求携程按照"退一赔三"的原则进行赔付的同时，还要求携程App增加用户拒绝《服务协议》和《隐私政策》的选项，以保护用户权益。

法院经过审理，最终裁定携程存在虚假宣传、价格欺诈和欺骗消费者的行为，并支持胡女士的"退一赔三"诉讼请求，判决携程赔偿胡女士共计4777.48元。此外，法院还认为，携程App要求用户在注册时必须接受"服务协议"和"隐私政策"，否则无法使用App，这种做法对用户构成了强制。携程App的"服务协议""隐私政策"允许携程及其合作伙伴共享和商业化用户信息，包括分析用户订单数据以构建用户画像，超出了完成订单所必需的信息范围，而用户信息被随意分享给携程定义的合作伙伴，增加了个人信息滥用风险。因此，用户对携程的政策持异议是合理的，应得到支持。

这一判决不仅为胡女士争取到了应有的赔偿，也为保护消费者权益、规范平台行为提供了有力的司法支持。

资料来源：①林晓明."携程"大数据"杀熟"案，法院支持"三倍赔偿"[EB/OL].（2021－07－15）. https://lawyers. 66law. cn/s270534a022d6b_i975025. aspx.

②郑萃颖. 携程涉嫌"大数据杀熟"，一审被判退一赔三[EB/OL].（2021－07－14）. https://www. jiemian. com/article/6357433. html.

平台项目训练

请设计算法透明度评估工具，对选定的数字平台进行算法透明度评估，并给出改进建议；模拟数字平台治理中的算法伦理决策过程，如制定算法使用政策、处理用户投诉等，培养实践能力和决策能力；开展小组讨论和角色扮演活动，模拟政府、平台、消费者组织等利益相关方在数字平台治理中的互动和协作，探讨如何构建多方协同的合作机制。

第十六章

数字经济战略全球化

案例引入 ....▶

　　中美贸易摩擦背景下，美国对中国科技产业实施出口限制，其中尤以芯片限制影响最为深远，在波及中美两国的同时，还冲击了全球经济和产业链。

　　自 2018 年起，美国以"国家安全"为由限制向中国等国家输出高端技术和产品。2018 年 4 月，美国商务部禁止美国企业向中国中兴通讯公司出口技术产品，导致中兴面临破产危机。2019 年 5 月，美国将华为及其 70 家附属公司列入"实体名单"，切断其技术与产品供应。谷歌、安谋（ARM）、高通、英特尔等美国公司相继与华为终止合作。2020 年，美国进一步限制台积电、三星等厂商向华为供应芯片，使华为陷入"无芯可用"的困境。

　　美国的芯片战严重扰乱了全球芯片市场及相关行业，如韩国半导体产业因对华为断供而面临"生死考验"。长期来看，禁令还加剧了非美国企业对美国技术供应的不信任，促使企业寻求替代技术。

　　美国芯片战对全球经济的影响是多方面的。一是破坏了全球半导体供应链，增加了企业成本和复杂性；二是加剧市场不确定性，影响投资和消费信心；三是导致技术发展不平衡；四是可能引发其他国家的报复性措施，加剧全球贸易紧张局势。

　　美国的科技封锁不仅是中美较量，更是全球科技格局重塑的前奏。在国际数字治理框架不完善的情况下，国家和企业如何应对危机、寻找解决方案，是亟待思考的问题。

　　资料来源：①中美贸易战：中国"芯"能否跑赢？［EB/OL］．（2019 – 12 – 19）．http://chinawto. mofcom. gov. cn/article/dh/janghua/201912/20191202923656. shtml.

　　②从容应对美国封杀令的底气何在？论华为事件带给我们的启发［EB/OL］．（2019 – 05 – 30）．https:// tech. chinadaily. com. cn/a/201905/30/WS5cef3847a310e7f8b157f9b1. html

　　③李云舒．观察｜华为芯片断供"卡脖子"倒逼攻坚［EB/OL］．（2020 – 09 – 16）．https:// www. ccdi. gov. cn/toutiao/202009/t20200916_225629. html.

学习目标 ....▶

　　知识目标： 掌握数字经济全球化的特征；熟悉数字经济全球化的政策框架及主要国家

的战略布局；理解数字经济全球化带来的机遇与挑战；认识到数字经济创新的重要意义。

能力目标：能够运用所学知识对数字经济战略全球化进行现状分析及趋势评估；能够对不同国家数字经济战略布局的原因及影响进行解释。

素质目标：理解世界各国完善数字经济战略规划的重要性及紧迫性，认识主要国家战略规划对世界造成的影响。

重点难点 ●●●▶

掌握数字经济全球化的表现及影响；理解不同国家和地区数字经济战略规划的异同；认识到数字经济创新的重要性。

第一节　数字经济与全球化

一、全球化概述

（一）全球化与经济全球化

全球化是一个历史过程，它描述了世界各地在经济、政治、文化、技术等多个层面上的相互联系和依赖关系的加强。其中，经济全球化可以被视为洲际层面上世界彼此依赖的网络结构，该结构主要通过资本、商品、信息、观念、人员、相关物质的流动维持。[①]

由此可知，经济全球化的本质特征在于要素的跨国界流动，这种流动不仅是贸易自由化提升的表征，更重要的是要素国际流动的增强使得全球价值链突破国家边界，重塑全球的生产、分配、流通、消费连接，从而形成国际经济新格局。

（二）经济全球化的阶段

纵观人类历史，经济全球化可以根据货品、人员及信息的流动特点大致分为三个阶段：农业经济全球化、工业经济全球化和数字经济全球化。每个阶段都有其独有的特征、产生条件和驱动力（见表 16 - 1）。

表 16 - 1　　　　　　　　　　　经济全球化的三个阶段

阶段	特征	产生条件及驱动力
农业经济全球化	以农产品和珠宝交换为主的物流及人流。此时，信息流尚未摆脱物流、人流的约束	古代陆路和海路的连接（丝绸之路、海上丝路）；农业产品和珠宝等货物交换的需要
工业经济全球化	以工业品、农产品和原材料生产销售为主的物流及其人流。得益于邮政、电报、电话等通信技术的发展，信息流开始独立于物流和人流	工业化和大航海时代的到来；邮政、电报、电话技术的发展；资产阶级开拓世界市场的需求

---

① 黄鹏，陈靓．数字经济全球化下的世界经济运行机制与规则构建：基于要素流动理论的视角［J］．世界经济研究，2021（3）：3－13.

续表

阶段	特征	产生条件及驱动力
数字经济全球化	公路、铁路、海运、航空、管道等综合交通网络的建设大幅提升了物流、人流的速度、规模和效率。信息技术的出现使得信息流超越物流，承担起更加重要的经济全球化功能，数据成为重要的生产要素	综合交通网络的建设；互联网和移动通信技术的普及、数字技术的发展和应用；数字贸易、数字科技产业与国家竞争力和国际制度相互缠绕

资料来源：根据李正图、朱秋《数字经济全球化：历史必然性、显著特征及战略选择》（载《兰州大学学报（社会科学版）》2024 年第 2 期）内容整理制作。

经济全球化是一个自然发展的历史过程，背后存在固有的客观规律。表 16 – 1 显示，工业经济全球化阶段和数字经济全球化阶段产生的根本条件在于技术水平突破了此前的时空限制，实现了要素的扩张和加速流动。在此基础上，世界经济发生了深刻变化。

（1）贸易方面：贸易成本大幅降低，贸易方式和规模发生深刻改变。

（2）生产方面：要素的使用效率和产品的生产效率得以提升，新的产品和新的生产运营模式不断涌现，各要素在生产中的占比有所改变。

（3）消费方面：消费者的沟通渠道及消费行为产生变化。

（4）社会结构方面：要素持有者的收益发生变化，社会分工加强，社会结构随之调整变动。

（5）区域发展方面：全球交通和通信的网络节点、商品生产和加工地点、结算和商贸场所等枢纽形成，带动所在城市发展为国际性枢纽地区。

二、数字经济与全球化之间的相互作用

（一）数字经济与全球化之间的相互推动

1. 数字经济推动全球化

（1）信息技术实现全球互通互联。互联网、5G 等技术的发展，加速了信息的全球传播和交流，促进了全球各项活动的互联互通。这些技术不仅大幅提升了数据传输的速度和容量，还极大地降低了通信成本，使得世界各地的人们能够并且乐意即时分享和获取信息。这种技术的飞跃不仅促进了教育、文化和娱乐等领域的全球互联互通，还推动了全球经济一体化的进程。

（2）数据流动拓宽市场边界。数字经济天然具有全球化的特性，因为在网络便捷的今天，技术的传播和数据的远距离跨境流动成本极低，趋近于零，叠加经济规律和产业发展需求，可以推知，数字经济的发展有利于推动全球化。例如，从 1993 年"数字高速公路"计划问世至今，电子书刊、网络音乐、手机 App 等数字化产品相继成为全球性的消费热点，数字产品可以在网上轻松实现跨国消费，市场边界被大大拓宽。此外，数字技术有效地简化了跨境支付和物流流程，降低了跨境交易的复杂性和成本，区块链等技术提高了交易的透明度和信任度，这些都有力地推动了跨境电子商务和全球数字贸易的发展。

（3）技术整合与创新推动国际合作。数字经济时代，全球数据共享可以有效地推动技术创新、推广技术应用，为全球经济增长注入新动力。在数字经济产业链中，汇聚了全球最前沿的技术力量，没有一个国家可以掌握数字经济的全部尖端科技，技术发展和创新生产不再是单一国家或地区的事情，各国需要通过合作共享资源、技术和专业知识，共同推动产品的研发和创新。①

（4）生产效率需要全球化分工保障。数据要素作为数字经济的核心驱动力，有助于各国和地区之间资源的优化配置。通过数据的全球流动，企业能够更好地理解市场需求，优化供应链管理，降低成本，提高效率。数字经济领域的国际分工极大地提升了生产能力和效率。以半导体行业为例，这一行业自起步之初就展现出高度的全球化特征。在过去的 30 年中，全球绝大多数芯片的生产都依托于一个全球化分工明确的产业链。具体来说，芯片设计主要集中在美国，生产环节则主要集中在东亚地区，而封装和测试环节大多在亚洲完成。这种全球性的分工合作模式，不仅极大提高了半导体产业的效率，也使其成为近几十年来发展最为迅猛的关键产业之一。数字经济推动了世界经济的结构性变化，围绕数字产品生产、销售和服务的产业在各国产业结构中占据了更加重要的地位。

（5）规模经济催生全球化企业。数字经济时代，规模经济的效果更为明显。以平台经济为例，随着平台用户数量的增加，平台的价值和吸引力也随之提高，从而吸引更多的用户和参与者加入，由此形成一个正向循环。用户数量增加意味着更多的数据积累，平台可以利用这些数据进行分析，进而提高效率、优化服务。对很多平台来说，向一个新增用户提供服务的成本很低，其带来的边际收益却成倍递增。显然，规模经济与全球化紧密相连，越是具有全球性的产品或服务，其规模经济的效益也越显著，② 数字经济明显的规模效应孕育出巨型的全球性跨国公司。

（6）全球"四链"重塑。经济全球化可分为动态表现与静态表现，前者通过"五流"（物流、人流、信息流、技术流、货币流）呈现，后者以"四链"（全球供应链、全球产业链、全球价值链、全球创新链）的形态存在。③ "五流"和"四链"的关系如表 16 - 2 所示。

表 16 - 2   "五流""四链"关系

流/链	全球供应链	全球产业链	全球价值链	全球创新链
物流	物流是供应链的基础，涉及商品从生产到消费的整个流程	物流确保产业链中原材料、中间产品和最终产品的流动，使得产业链在全球范围内有效运作	物流是价值链中实物商品流动的载体，影响价值链的布局和效率	物流支持创新产品的快速流通，有助于创新成果在全球范围内的传播和应用

①② 徐康宁. 数字经济的全球化与碎片化特征、影响与应对 [J]. 新金融，2023（5）：40 - 44.

③ 李正图，朱秋. 数字经济全球化：历史必然性、显著特征及战略选择 [J]. 兰州大学学报（社会科学版），2024（2）：25 - 39.

流/链	全球供应链	全球产业链	全球价值链	全球创新链
人流	人流包括劳动力的流动，对于供应链中的生产环节尤为重要	专业人才和管理人员的流动有助于产业链的优化和升级	人流，特别是高技能劳动力的流动对提升价值链中的知识密集型环节至关重要	人才流动是创新链中知识传播和技术转移的关键
信息流	信息流提供供应链管理所需的数据和分析，有助于提高供应链的透明度和效率	信息流可以促进产业链中各环节的协同沟通，有助于产业链的整合和优化	信息流是价值链中知识、技术和管理经验流动的主要途径	信息流是创新思想和成果传播的核心，对创新链的活力至关重要
技术流	技术流能够提升供应链中各环节的技术能力，提高供应链的整体效率	技术流可以推动产业链的升级，促进新产品和新工艺的开发	技术流是价值链中创新和技术优势传递的渠道	技术流直接关系到创新链的进展，是创新成果实现商业化的关键
货币流	货币流是供应链中支付和结算的基础，影响供应链的稳定性和效率	货币流支持产业链中的投资和融资活动，对产业链的发展至关重要	货币流反映价值链中的价值分配和利润流动	货币流为创新活动提供资金支持，是创新链持续发展的动力

数字经济与信息流、技术流直接相关，并通过智能物流、远程通信（如远程医疗）、数字货币等方式作用于物流、人流、货币流。数字经济在"五流"中嵌入了更多的数据元素和服务元素，使之挣脱了此前的时空限制，将全球传统的"四链"带入更新和重塑中。例如，数字技术将全球经济活动从线下转移到线上，提高了全球供应链和产业链的效率和响应速度。

2. 全球化推动数字经济

（1）规模效应助力平台企业迅速扩张。全球化为数字平台企业提供了广阔的市场空间，使得这些企业能够利用规模效应迅速扩张。数字平台不受物理空间限制，能够轻松跨越国界，接触到全球用户。这种全球范围内的网络效应使得平台能够快速积累用户基础，增加交易量，从而实现规模经济。例如，社交媒体平台和电子商务市场通过吸引全球用户，能够在短时间内实现用户数量的指数级增长，这在本地市场是难以实现的。

（2）国家间数字技术领域竞争激发创新。全球化激发了国家之间在数字技术领域的竞争，这种竞争促使各国加大在数字技术研究和开发上的投入。为了在全球市场中保持竞争力，各国纷纷推动本国数字技术的发展，包括人工智能、大数据、云计算等。这种竞争不仅推动了技术的进步，也在一定程度上推动着全球技术标准的统一和互操作性的提高。

（3）全球网络促进新技术的传播。全球化构建了一个全球网络，这个网络极大地促进了新技术的传播和应用。数字技术的传播不再局限于某个地区或国家，而是能够迅速在全球范围内扩散。这种快速的技术和信息流动，使得全球企业能够及时获取最新的技术动态，加速技术的模仿和创新，从而推动数字经济的发展。

（4）全球化促进数字企业合作生产。全球化促进了全球企业之间的合作生产，这种合作模式在数字经济中尤为明显。企业可以在全球范围内寻找最佳合作伙伴，通过分工合作提高生产效率，降低成本。例如，软件的开发可以分布在不同的国家进行，利用各地的人才和技术优势，快速完成复杂的项目。这种全球合作生产模式不仅提高了生产效率，也加速了数字产品和服务的全球化进程。

（5）世界市场需求带动数字经济产业发展。全球化使得全球市场的需求更加多样化和集中，这直接推动了数字经济相关产业的发展。不同国家和地区的用户有着不同的需求和偏好，而数字经济相关企业能够提供更加定制化的产品和服务。同时，全球市场的需求也促使企业加大研发投入，推动技术创新，以满足全球用户的需求。这种需求驱动的创新，促进了数字经济的整体增长。

综上所述，全球化通过多种途径对数字经济产生了积极的推动作用，不仅加速了数字平台企业的全球扩张，也促进了全球市场需求的满足、国家间技术竞争的激发、新技术的全球传播及全球企业间的合作生产，共同推动了数字经济的快速发展。

（二）数字经济与全球化之间的相互阻碍

1. 数字经济阻碍全球化

（1）数字技术之争造就壁垒与剧变。数字领域的竞争首推技术之争。数字经济的发展高度依赖于技术创新。新技术的出现往往能够创造新的市场和商业模式，如云计算、大数据、人工智能等技术的发展，推动了数字经济的快速增长和产业的转型升级。因此，在数字经济中，技术是企业乃至国家竞争力的核心。拥有先进技术的企业或国家能够在市场中占据先发优势，控制价值链高端，获得更大的市场份额和更高的利润，技术领先甚至可以形成垄断优势。

综上所述，为保障本国在世界产业链中的位置，维护竞争优势，有些国家会竭尽所能，阻止技术传播和扩散，对外国实施数字产品和服务的限制政策，这种数字保护主义造成了数字壁垒，也使得一些技术体系成为易被打压和限制的目标，或者某些国家的数字经济政策导致全球产业链和市场震荡或剧变，这对国际产业分工体系造成了损害，也阻碍了全球数字经济的合作和一体化。

（2）统一规制缺位导致分裂与碎片化。在全球范围内，由于缺少一个统一的规制框架，各国根据自身利益制定不同的数字经济管理规则，导致全球数字经济治理出现分裂。这种分裂不仅增加了数据跨境流动的难度，还对全球数字经济的均衡发展造成了一定阻碍。

此外，各国在技术竞争和规则制定上的博弈变得越来越复杂，这可能导致全球数字贸易规则的分化，增加谈判成本，限制全球数字贸易的发展。一些国家在数字合作中强调共同价值观和信任，导致了数字合作的碎片化，增加了合作的复杂性。[①]

---

① 史丹，聂新伟，齐飞. 数字经济全球化：技术竞争、规则博弈与中国选择［J］. 管理世界，2023（9）：1-14.

（3）数字鸿沟扩大。全球不同地区和群体在数字技术的接入和应用上存在显著差异，这种数字鸿沟加剧了教育和经济层面的不平等，不仅影响了个人和企业的发展，也加剧了国家和地区之间的发展不平衡。

2. 全球化阻碍数字经济

（1）流动性引发限制。全球化网络使得技术和数据能够以低廉的成本和不引人注意的方式大量、迅速、自由流通，这也意味着跨国网络攻击、机密数据泄露等重大安全隐患。随着对数字安全重视程度的不断提高，一些国家加强了对核心技术出口的审查和对技术研发数据流动的限制。这种对数字安全的强调可能会影响全球数字经济的发展潜力。

（2）"赢者通吃"阻碍全球数字经济公平竞争。美国等国家在全球平台经济领域占据优势，这些率先进入其领域的企业迅速占据主导地位，通过掌握大量用户数据逐步形成垄断，这种"赢者通吃"的局面可能会阻碍全球数字经济的公平竞争。

可以看到，全球化与数字经济在某些方面相互促进，在某些方面则相互阻碍。这些问题需要国际社会共同努力，通过合作和创新来克服，从而实现全球数字经济健康发展。

第二节　全球数字经济战略规划

一、全球数字经济战略规划的重点领域

随着数字时代的到来，各国都在加快脚步规划数字经济战略、布局数字经济建设。据统计，2017 年以来，许多 OECD 国家发布了 5G 战略，大多数 OECD 国家具有全面的数字安全战略，且专设部门或机构负责战略制定和协调。至 2020 年中期，国家人工智能战略已在超过 60 个国家开展实施。[①] 与此同时，区块链和量子计算等领域日益受到瞩目，中国、澳大利亚、德国、印度、瑞士等国家已先后发布区块链战略，美国、中国和欧盟在量子计算研发支出方面处于领先地位。

在国际治理层面，各国积极在市场开放、数字安全、数字技术等领域探索协调合作的可能，希望针对现有问题达成共识，提出全球性的解决方案。欧洲委员会部长委员会于 2020 年 4 月发布了一套准则，呼吁各国对算法系统的开发和使用采取预防措施。同年，G20 沙特轮值期间，提出将 AI 推向"为所有人实现 21 世纪的机遇"的政策目标。联合国秘书长在《数字合作路线图》中呼吁，建立一个有关全球 AI 合作的、多元主体参与的咨询机构，联合国教科文组织则发起了人工智能伦理的全球对话。[②]

全球数字经济战略布局中存在一些重点领域，且这些领域的培育和发展是相互关联、循序渐进的。例如，有了基础设施的建设，才能进入电子商务的发展和数据市场的培育阶段，再到产业转型升级以及数字安全和全球治理，加上始终存在的数字技术创新，这些领

---

①② 王梦梓. 全球高层级数字经济政策协调新趋势——经合组织《2020 年数字经济展望》解读［J］. 互联网天地, 2021（8）：44 – 47.

域共同构成了数字经济规划布局的完整时空图景。

1. 数字基础设施建设

数字基础设施是数字经济的基石，包括高速互联网、5G 网络、数据中心、云计算平台等。这些基础设施不仅提高了数据传输的速度和效率，还为新兴技术如人工智能、物联网等提供了运行平台。一个国家或地区通常会优先投资这些领域，以确保数字经济的快速发展和国际竞争力的增强。

2. 数字贸易发展

互联网技术的发展和相关基础设施的完善使得服务和产品的交付更加便捷和高效，以跨境电商为代表的数字贸易因此迅速兴起，传统的贸易模式被改变。为了促进数字贸易的健康发展，需要在全球范围内制定和执行包括数据跨境流动、电子商务、知识产权保护等方面在内的通用规则。

3. 数据要素的收集与使用

数据基础设施便利了数据要素的收集、传输、处理、分析和存储。随着数据量的爆炸性增长，数据成为一种宝贵的资产，数据要素市场建设也势在必行。这要求建立相应的法律法规，在保护数据安全和隐私的同时，促进数据的自由流通和有效利用。数据要素市场的健康发展对于激发创新活力、提高生产效率和优化资源配置至关重要。

4. 数字技术创新

技术创新是数字经济发展的核心驱动力，数字技术创新贯穿了整个数字经济的发展过程，只是在数据成为生产要素后，数字技术创新获得了更强的支撑与驱动力。现阶段，各国高度重视相关技术领域（如人工智能、区块链、云计算、大数据等）的持续研发。这些技术的发展不仅能够推动产业升级，还能创造新的商业模式和就业机会。

5. 产业转型升级

数字经济的融合涉及传统产业的数字化转型，如智能制造、在线教育、远程医疗等。这些转型不仅提高了产业的竞争力，也为消费者提供了更多的选择和便利。

6. 数字安全风险管理

随着数字经济的发展，网络安全和数据安全问题日益突出。这要求建立全面的网络安全防护体系，包括技术防护、法规制定和国际合作。数字安全风险的管理是确保数字经济可持续发展的关键。

7. 全球数字治理

随着多个主要国家步入数字经济建设阶段，数字经济全球化时代开启。这要求国际社会共同参与，建立多边合作机制，共同应对数字经济带来的挑战。全球数字治理涉及国际互联网治理、数据治理、网络空间安全等多个方面，其目标是构建一个开放、包容、安全、稳定的数字世界，促进全球数字经济的平衡和可持续发展。

在全球数字经济战略布局中，上述领域相互依赖、相互促进。基础设施建设为技术创新和数据要素市场提供物质基础；技术创新推动产业数字化转型和数字贸易的发展；数字安全和全球治理则为数字经济的健康发展提供保障。这些领域协同发展，共同影响着全球数字经济。

二、主要国家的数字经济战略规划

（一）美国

相较于其他国家，美国数字经济的萌芽更早，其数字基础设施的建设和发展也更为成熟和全面，因此，在网络技术和数字技术方面，美国在全球范围内保持着领先地位。此外，美国不仅努力推动产业的数字化转型，而且在制定全球数字经济规则方面十分积极，一直倡导信息和数据的自由流通，以进一步巩固其在全球数字经济中的领导地位。

1. 数字经济战略规划概述

美国在数字经济基础设施、贸易、数据、安全及治理方面的部署如下。

（1）强化数字基础设施建设。早在 1993 年 9 月，克林顿政府就正式推出了具有里程碑意义的"国家信息基础设施"工程计划，为美国的数字经济发展打下良好根基。此后，美国也大力投资宽带、5G 网络、智能电网和大数据等技术，以此确保美国在全球通信和数据处理领域的领先地位。2024 年 7 月，美国国际开发署发布了未来十年的新数字政策，其中就包括重点关注基础设施建设。[①]

（2）推动电子商务及数字贸易的扩张。1997 年，克林顿公布了《全球电子商务框架》，以全球为基础，积极鼓动互联网电子商务发展。[②] 可以说，美国一直致力于推动电子商务和数字服务的国际化，通过制定相关商业法规来简化电子商务流程，同时主张数字内容产品的关税豁免，以促进数字贸易的自由流动。

（3）倡导数据开放共享。美国以商业利益为导向，推动数据的自由流通和市场化，防止数据产权垄断，同时推动政府数据的开放和企业间的数据共享，以增强全球竞争力。例如，2009 年 1 月，美国总统奥巴马发布《透明与开放政府备忘录》，要求利用新技术将联邦政府掌握的信息在线提供给公众利用。[③]

（4）应对数字安全风险。美国通过发布网络安全战略，强调建立一个更安全、更有弹性的数字生态系统，并通过国际合作加强网络安全，以应对日益增长的网络威胁。例如，2023 年 3 月 2 日，拜登政府发布了《国家网络安全战略》，旨在构建一个包含保护关键基础设施、打击威胁行为者、塑造市场力量以提升网络弹性、投资未来技术和建立国际伙伴关系等五大支柱的庞大国家网络安全战略体系。[④]

（5）领衔全球数字治理。美国积极在全球数字治理中扮演领导者角色，通过国际合作，推行"美式"数字治理理念，同时也在应对网络空间的跨国挑战，以维护其战略、安全、经济和外交政策利益。例如，2024 年 5 月，美国国务院发布《美国国际网络空间和数字政策战略：迈向创新、安全和尊重权利的数字未来》，旨在促进"数字团结"，提

---

① 美国际开发署发布未来十年数字政策 强化数字基础设施建设及利用［EB/OL］.（2024 - 09 - 13）. https://ecas. cas. cn/xxkw/kbcd/201115_146148/ml/xxhjsyjcss/202409/t20240913_5031829. html.

② 张楚. 美国电子商务法评析［J］. 法律科学，2000（2）：99 - 106.

③ 王万华. 论政府数据开放与政府信息公开的关系［J］. 财经法学，2020（1）：13 - 24.

④ 沈逸：美国新版国家网络安全战略反映美国构建网络霸权面临多重考验［EB/OL］.（2023 - 03 - 05）. https://fddi. fudan. edu. cn/61/1e/c18965a483614/page. htm.

高美国在网络空间全球治理中的影响。①

总体来说，美国的数字经济战略规划呈现出"全面的国内政策"和"积极的国际治理"两大特点，体现了其在全球数字经济中保持领导地位的决心。

2. 主要数字经济产业政策

2018 年 10 月，美国发布了《先进制造业美国领导力战略》，首次公开了特朗普政府确保未来美国占据先进制造业领导地位的战略规划，提出了涉及"技术、劳动力、供应链"的三大战略目标，在"提升美国国内制造业供应链能力"战略目标下，提出了强化中小型制造商在先进制造业中的作用、鼓励制造业创新的生态系统、加强国防制造业基础以及加强农村社区先进制造业四个方面的行动目标。②

2019 年，美国先后出台了《美国国防部人工智能战略概要》、《维护美国人工智能领域领导地位》行政令、《未来 20 年美国人工智能研究路线图》等与人工智能相关的政策。这些政策涵盖了实践、人才、合作、安全等方面，阐明了人工智能战略的重点领域，包括优先在一些关键领域推广人工智能的应用，推进人工智能领域的多方合作，构建全方位的人工智能人才培养发掘和留住体系等，确保美国在人工智能方面处于领先地位。③④

在 2021 年新冠疫情背景下，全球产业链经历了重大调整。2 月，美国总统拜登签署了《美国供应链行政令》，对美国制造商依赖进口的多个行业进行了审查，并特别评估了半导体、高性能电池等核心产品的产业链。6 月，美国参议院通过了《2021 年美国创新与竞争法案》，该法案提议设立半导体生产激励基金、国防基金以及国际技术安全与创新基金，并计划在 2022～2026 年间每年为这些基金拨款 1 亿美元。⑤ 2022 年 8 月，拜登总统正式签署了《芯片和科学法案》，这一法案旨在强化美国的产业和技术优势，限制中国获取半导体国际资源的能力，并促进美国芯片制造业的回流，这是美国在科技领域防范中国科技发展和产业链本土化的重要举措。⑥⑦

综上所述，在产业和科技方面，美国注重芯片、人工智能、量子计算、半导体等关键高科技领域，同时致力于采取各种手段，加强自身数字产业的全球领导地位。

（二）德国

在数字经济发展方面，德国有着深刻的自我认知，明确自身的强项与短板。首先，在互联网时代，面对全球产业链的高度整合，德国并不追求在数字经济的每个环节都亲力亲为发展相关技术，而是将精力集中在其具有比较优势的领域。其次，尽管德国在制造业、生物技术和生命科学等领域拥有显著优势，但在数字技术领域相对落后，这可能影响其在数字时代的竞争力。为应对这一挑战，德国政府制定了一系列产业政策，包括激励机制和

① 美国务院发布《美国国际网络空间和数字政策战略》促进网络空间全球治理 [EB/OL]. (2024-07-18). https://ecas.cas.cn/xxkw/kbcd/201115_145994/ml/xxhzlyzc/202407/t20240718_5026436.html.
② 万勇，黄健. 《美国先进制造业领导力战略》提出未来优先关注技术方向 [EB/OL]. (2018-12-10). http://www.casisd.cn/zkcg/ydkb/kjqykb/2018/kjqykb201812/201812/t20181210_5209445.html.
③ 李三希. 数字经济概论 [M]. 北京：中国人民大学出版社，2023.
④⑦ 谢卫红. 数字经济概论 [M]. 北京：中国人民大学出版社，2023.
⑤ 傅立海，张振鹏. 数字经济的典型发展模式、全球动向及中国探索 [J]. 东南学术，2022 (6)：220-226.
⑥ 马述忠，濮方清，潘钢健，等. 数字贸易学 [M]. 北京：中国人民大学出版社，2024.

财政补贴，以促进关键技术的创新和商业化，确保在数字化转型中保持竞争力。最后，与中美等数字经济巨头相比，德国的数字经济规模较小，难以充分发挥网络效应和规模效应。因此，德国倾向于在欧盟框架内寻求合作，积极推进欧洲单一数字市场的建设。①②

1. 数字经济战略规划概述

（1）加强数字基础设施建设。德国虽然是欧洲最大的经济体，但其数字基础设施建设相对落后，因此，近年来德国政府采取多项措施，弥补数字基础设施的不足。例如，2021年，德国政府推出"灰点资助计划"，为推广光纤网络提供约120亿欧元资金。③

（2）推进电子商务。近年来，电子商务在德国消费者中的受欢迎程度不断攀升。2021年，德国网上商品销售额由2020年的833亿欧元增长至991亿欧元，上升趋势明显。与此同时，德国政府推出了"数字·现在"项目，旨在为中小企业提供资金支持，助力它们实现数字化转型。这些企业可以获得高达5万欧元的资助，这对于它们拓展线上市场、增强在线销售能力具有重大意义。据预测，到2025年，德国电商交易额有望占欧洲电商交易总额的19%左右，进一步巩固其在欧洲电商市场中的领先地位。④⑤⑥

（3）重视数据收集和使用。2021年德国政府发布《联邦数据战略》，加大了对数据收集和使用的力度，旨在将德国打造成欧洲数据共享和创新的领头羊。⑦ 2023年8月，德国联邦政府提出发展经济10项要点计划，其中第7项提出要改善针对数据利用、数据获取以及数据经济中投资的框架条件，以加强数据可使用性，推进数字化，保障在人工智能领域取得领先地位。同样是8月，德国联邦内阁通过了国家数据战略，该战略旨在实现对更多数据的访问、提高数据质量以及加强民众对数据使用的信任。⑧

（4）应对数字安全风险。德国的数字市场相对较为有限，本土数据服务提供商在市场竞争力、扩张能力和服务范围等方面，与中美等国的企业相比存在一定差距。这导致德国企业在很大程度上依赖中美企业提供的软件和数据服务。2018年，美国国会通过《澄清境外数据合法使用法案》，这加剧了德国对本国企业依赖美国数据服务商的担忧。因此，德国将"数字主权"提升至国家治理的首要议程，并积极寻求在欧盟层面建立可靠的数据平台，以保证个人、企业和政府数据的安全，同时确保德国在数字化时代中的竞争

---

①　德国科技创新简报总第79期［EB/OL］．（2024 – 08 – 05）．http://de. china – embassy. gov. cn/kjcx/dgkjcxjb/202408/t20240805_11466510. htm.

②　德国科技创新简报总第89期［EB/OL］．（2025 – 06 – 13）．http://de. china – embassy. gov. cn/kjcx/dgkjcxjb/202506/t20250613_11648263. htm.

③　张慧中. 德国政府推动数字化战略［N/OL］．（2022 – 08 – 15）．http://world. people. com. cn/n1/2022/0815/c1002 – 32502278. html.

④　花放. 德国拓展电子商务市场［N/OL］．（2022 – 02 – 25）．http://world. people. com. cn/n1/2022/0225/c1002 – 32359301. html.

⑤　禹丽敏. 欧洲电商市场持续扩大（国际视点）［N/OL］．（2024 – 08 – 28）．http://world. people. com. cn/n1/2024/0828/c1002 – 40307458. html.

⑥　德国科技创新简报总第43期［EB/OL］．（2021 – 08 – 24）．http://de. china – embassy. gov. cn/chn/kjcx/dgkjcxjb/202108/t20210824_9046621. htm.

⑦　何玥，郭明军，邱尔丽，等. 德国数字化转型与数字治理的经验、得失与启示［J/OL］．（2025 – 06 – 25）．https://mp. weixin. qq. com/s?__biz = MzU5NTU0NTg4Ng = = &mid = 2247507746&idx = 1&sn = 0f7f77e3581cbad0210ffd6ea38ff64a&poc_token = HDgWXmijAv3ntZFzRblox1sFU4qLYmpMIFN6Efhz.

⑧　中华人民共和国驻德意志联邦共和国大使馆（http://de. china-embassy. gov. cn/kjcx/dgkjcxjb/202309/t20230904_11137760. htm）。

力和自主权。①②

（5）参与全球数字治理。德国是欧盟的主要成员国之一，欧盟的数字治理理念在一定程度上能够体现德国的理念。现阶段，欧盟正积极开展国际合作，在其他国家和地区推广欧盟数字市场一体化建设经验，协助其创建数字生态系统，以确立"欧式"数字治理理念的引领地位。③ 此外，2024 年 2 月，德国联邦政府推出了一套国际数字化政策战略，该战略以保护自由互联网使用为基础，以建立一个促进民主和自由、繁荣以及可持续性和韧性的全球数字秩序为目标，并希望能够在所有国际机构组织中推动这些价值观。④

从强化数字基础设施建设，到将"数字主权"置于国家治理的优先位置，再到从欧盟层面寻求解决方式，可以看出，德国的数字经济战略规划明显考虑到数字经济发展过程中自身的短板和可能受到的威胁，并力求在全球数字经济中保持领先地位。

2. 主要数字经济产业政策

在明确短板的同时，德国也对自己的长项有清晰的认知。作为全球第三大出口国，德国近 1/3 就业人员的工作与出口相关，主要工业部门的产品一半以上销往国外，并以出口汽车、机械产品、化工产品、通信技术、供配电设备及医疗和化工设备等产品闻名于世。此外，德国的精密仪器、光学以及航空航天等行业也十分发达。⑤

因此，在面对数字化浪潮的挑战和中美在数字经济领域的领先地位时，作为全球制造业标杆的德国结合自身优势，依托其在制造业领域的雄厚基础，致力于推动传统工业向数字化转型，通过实现产品、机器、消费者和信息数据的万物互联，继续保持德国在全球价值链中的优势地位。⑥ 2018 年，德国提出了《高科技战略 2025》和《人工智能德国制造》，将数字化转型作为制造业科技创新发展战略的核心，并力求打造全球标杆级别的数字化制造业。

中小企业是德国经济的骨干力量，约占工业企业总数的 2/3，这些企业以专业化程度高、技术水平先进、灵活性强等特点著称，在尖端技术领域的研发成果尤为突出，是德国制造业的重要力量。⑦⑧ 因此，德国政府十分重视中小企业的发展。2021 年，德国联邦经济和能源部宣布，将大幅度增加"数字·现在"项目的投资，该项目主要服务于提高企业员工数字技术和数字技能。2022 年，德国联邦环境、自然保护、核安全和消费者保护部启动"DigiRess"计划，该计划旨在资助德国中小企业通过数字化应用提高循环生产的资源效率。2023 年，德国环境部启动"中小企业绿色人工智能中心"，为人工智能专家和企业合作搭建

① 胡琨，肖馨怡. 数字经济浪潮下德国捍卫"数字主权"的政策及对我国的启示 [J]. 领导科学，2021 (2)：121 – 124.

② 马述忠，濮方清，潘钢健，等. 数字贸易学 [M]. 北京：中国人民大学出版社，2024.

③ 于晓，叶申南. 欧日韩数字经济政策、发展趋势及中国策略 [J]. 财政科学，2021 (6)：135 – 141.

④ 德国科技创新简报总第 74 期 [EB/OL]. (2024 – 03 – 06). http://de. china – embassy. gov. cn/kjcx/dgkjcxjb/202403/t20240306_11254479. htm.

⑤ 德国国家概况 [EB/OL]. (2025 – 04). https://www. mfa. gov. cn/web/gjhdq_676201/gj_676203/oz_678770/1206_679086/1206x0_679088/.

⑥ 胡琨，肖馨怡. 数字经济浪潮下德国捍卫"数字主权"的政策及对我国的启示 [J]. 领导科学，2021 (2)：121 – 124.

⑦ 傅立海，张振鹏. 数字经济的典型发展模式、全球动向及中国探索 [J]. 东南学术，2022 (6)：220 – 226.

⑧ 德国国家概况 [EB/OL]. (2025 – 04). https://www. mfa. gov. cn/web/gjhdq_676201/gj_676203/oz_678770/1206_679086/1206x0_679088/.

平台，会同企业测试量身定做的人工智能应用，旨在通过人工智能增强企业的竞争力。[①②③]

综上所述，德国的数字政策紧密贴合其产业特色和市场主体的实际需求，尤其重视中小企业在创新能力和工业体系中的核心作用，充分体现了德国在政策制定方面的务实精神和理性思考。

（三）日本

日本在数字经济的顶层设计上起步较早，如1995年《面向21世纪的日本经济结构改革思路》就强调要重点发展通信、信息等相关资本技术产业。[④] 但日本人口老龄化问题突出，日本民众日均使用互联网时长、远程办公利用率及电子政务普及率不及同期发达国家。[⑤] 鉴于日本在数字基础设施和高端数字产业链中仍然保持着明显的技术领先优势，日本有望在全球经济数字化转型的浪潮中实现数字经济和贸易的显著扩张，进而有效应对包括人口老龄化和通货紧缩在内的一系列社会与经济挑战。[⑥]

1. 数字经济战略规划概述

（1）发展数字基础设施。日本是数字基础设施的领先国家之一，通过成立"数字厅"主导全国的数字化进程，大力投资于光纤、5G网络等通信基础设施，并推动个人身份卡和数据平台的普及。日本的目标是到2027年，让高速互联网覆盖99.9%的家庭，以此加速地方的数字化进程，缩小城乡间的数字鸿沟。[⑦]

（2）规范电子商务。日本的电子商务虽然起步较晚，但增长势头极为强劲。随着电子商务的迅猛发展，日本政府相关部门加强了对电商领域的监管，陆续出台了《日本电商与信息交易准则》《电子消费者合同法》《关于消费者在电子商务中发生纠纷的解决框架》《完善跨国电商交易环境》《关于跨国电商交易纠纷的解决框架》《电子消费者协议以及电子承诺通知相关民法特例法律》等政策。[⑧] 此外，日本在《通商白皮书》（2018年版）概要草案中指出，数字贸易时代已经来临，日本企业应抓住这些发展良机。[⑨]

（3）重视数据要素的使用与流动。日本政府对数据战略高度重视，并致力于构筑一个安心且高效地使用数据的结构。以2021年日本政府发布的《综合数据战略》为例，该战略涉及数据生命周期的方方面面，特别是在数据生态架构、数据信任体系及数据跨境规则等关键领域，日本欲做出具有自身特色的制度创新。该战略将"可用、可控、可信、互联"以及"共创价值"作为指导方针，提出了数据生态架构的七个层级，意在挖掘数

---

① 德国科技创新简报总第43期［EB/OL］.（2021-08-24）. http://de. china-embassy. gov. cn/kjcx/dgkjcxjb/202108/t20210824_9046621. htm.

② 德国科技创新简报总第55期［EB/OL］.（2022-07-29）. http://de. china-embassy. gov. cn/kjcx/dgkjcxjb/202207/t20220730_10730644. htm.

③ 德国科技创新简报总第63期［EB/OL］.（2023-04-05）. http://de. china-embassy. gov. cn/kjcx/dgkjcxjb/202304/t20230405_11054716. htm.

④ 任保平，师博，钞小静，等. 数字经济学导论［M］. 北京：科学出版社，2022.

⑤⑦ 王玲，乌云其其格. 日本政府推进数字化转型的战略举措及启示［J］. 全球科技经济瞭望，2024（2）：2-7.

⑥ 张雪春，曾园园. 日本数字贸易现状及中日数字贸易关系展望［J］. 金融理论与实践，2023（2）：1-8.

⑧ 日本如何监管电商交易：严格准入及身份确认［EB/OL］.（2014-12-15）. http://finance. people. com. cn/n/2014/1215/c1004-26206989. html.

⑨ 刘春生. 数字贸易［M］. 北京：中国人民大学出版社，2023.

据价值，把日本打造成为虚拟空间和现实深度融合的超智能社会。① 在数据跨境流动方面，日本持开放态度。2015 年，日本修订了《个人信息保护法》，规定只要第三方获得数据主体的许可签名，即可实现数据合理合法跨境传输。②

（4）保护网络安全。日本是较早成为网络攻击目标的国家之一，因此十分关注网络犯罪与网络安全问题。2013 年日本政府出台了《网络安全战略》，2014 年日本国会通过了《网络安全基本法》。此后，日本政府也采取了一系列积极措施以构建强韧的网络空间。在提升国内网络安全实力的同时，日本政府也活跃在国际舞台上，通过多边对话机制与伙伴国家在外交和防卫等多个层面展开网络安全合作，并积极参与国际网络安全规则的制定，以增强其在全球网络安全议题中的影响力和话语权。③

（5）参与全球数字治理。日本在全球数字治理领域扮演着积极角色。例如，日本提出"基于信任的数据自由流动体系（DFFT）"等新型数据治理理念，提倡建立共享、安全、互信的数据自由流动空间，推动各领域数据自由流动，并致力于推动建立新型国际数字监管体系。④

2. 主要数字经济产业政策

日本凭借雄厚的制造业基础，为数字化转型提供了理想的实践平台。2017 年，日本经济产业省推出了"互联工业"战略，积极倡导将人工智能、物联网和云计算等前沿技术融入生产制造过程，以此应对人口老龄化、劳动力短缺和产业竞争力不足等挑战。此外，日本政府还接连发布了《日本制造业白皮书》《综合创新战略》《集成创新战略》《战略性创新推进计划》等一系列战略和计划，旨在推动产业的数字化进程。这些政策强调产业数字化与数字产业化的深度融合，共同驱动数字经济的发展。2020 年 9 月，日本内阁进一步明确将数字化转型定位为国家的重要政策方向。⑤

值得注意的是，日本近年来一直在加速进行人工智能战略布局，2016～2021 年 5 年间，连续出台了《下一代人工智能促进战略》《人工智能技术战略》《人工智能研究开发目标与产业化路线图》《人工智能技术战略实施计划》《以人为中心的人工智能社会原则》《人工智能战略 2019》《人工智能战略 2021》等多项人工智能相关政策，在人工智能的研发体制、社会应用、伦理规范、人才培养及国际合作等方面的举措也在不断完善。⑥

总的来讲，日本数字经济的顶层设计起步较早，多年来也一直在持续推动数字经济的发展。尽管日本在数字经济领域采取了多项措施，但缺乏具有全球影响力的数字企业，加之存在远程工作和电子政务的普及率较低等问题，可以说，与全球数字巨头相比，日本的国际竞争力仍有提升空间。在国际舞台上，日本积极参与全球数字治理与数字贸易规则的制定，如利用多边平台和自贸协议推广"日式"数字贸易规则模板，以及在 2019 年 G20 大阪峰会上推动建立统一的数字税征收规则等。⑦

① 蒋旭栋. 日本综合数据战略探析［J］. 信息安全与通信保密，2022（7）：140 – 149.
② 方禹. 日本个人信息保护法（2017）解读［J］. 中国信息安全，2019（5）：81 – 83.
③ 包霞琴，黄贝. 日本网络安全政策的现状与发展趋势［J］. 太平洋学报，2021（6）：51 – 61.
④⑦ 于晓，叶申南. 欧日韩数字经济政策、发展趋势及中国策略［J］. 财政科学，2021（6）：135 – 141.
⑤ 任保平，师博，钞小静，等. 数字经济学导论［M］. 北京：科学出版社，2022.
⑥ 邓美薇. 日本人工智能的战略演进和发展愿景及其启示［J］. 日本问题研究，2022（2）：11 – 21.

三、数字经济的国际合作与协定

（一）国际合作与协定出现的原因

1. 应对全球数字治理缺位

随着数字经济的快速发展，全球范围内对数字治理的需求日益增长。然而，目前各国在数字治理方面存在明显的分歧，导致缺乏统一的规则和标准来指导和管理数字经济活动。这提高了数字经济领域中的不确定性，增加了跨国交易和合作的复杂性。国际合作与协定可以通过以下方式帮助应对这一问题。

（1）制定国际标准。通过国际合作，各国可以共同制定数字经济的技术标准、数据治理规则和网络安全协议。

（2）协调政策立场。国际协定有助于协调各国在数字经济政策上的立场，减少政策冲突和贸易壁垒。

（3）促进多边对话。国际合作提供了一个平台，让各国能够就数字经济的全球治理进行对话和协商，寻找共同的解决方案。

2. 保障数据安全和隐私保护

数据安全和隐私保护是数字经济中的核心问题。随着数据的跨境流动日益频繁，如何在保护个人隐私的同时促进数据的自由流通，成为国际合作的重要议题。国际合作与协定在这一领域的重要作用包括三个方面。

（1）建立隐私保护框架。国际协定可以推动建立全球统一的隐私保护框架，确保个人数据在不同国家间流动时得到适当的保护。

（2）加强网络安全合作。通过国际合作，各国可以共享网络安全最佳实践，共同应对网络攻击和数据泄露等威胁。

（3）促进法律互认。国际协定有助于促进不同国家间在数据保护法律上的互认，为数据流动提供法律确定性。

3. 推动电子商务便利化和数据转移自由化

电子商务和数据流动是数字经济的两大支柱。国际合作与协定在推动电子商务便利化和数据转移自由化方面发挥着关键作用。

（1）电子商务便利化。国际协定通过降低贸易壁垒、简化海关程序和提高透明度，促进电子商务的便利化。

（2）数据转移自由化。国际合作推动数据跨境流动的自由化，同时确保数据流动的安全性和合规性。

综上所述，通过国际合作与协定，可以建立一个更加开放、安全和可靠的数字经济环境，方便各协定国共同应对数字经济带来的挑战，共享数字经济发展的成果。

（二）数字经济的国际合作与协定

1.《全面与进步跨太平洋伙伴关系协定》

2018 年签订的《全面与进步跨太平洋伙伴关系协定》（Comprehensive and Progressive Agreement for Trans-Pacific Partnership，CPTPP）是 11 个亚太国家之间的关键贸易协定，为数字贸易和电子商务设定了高标准，包括全面的数字贸易规定，如跨境数据流动、数据本地化和源代码保护。

2.《美国—墨西哥—加拿大协定》

2018 年美、加、墨三国之间签订的《美国—墨西哥—加拿大协定》（United States-Mexico-Canada Agreement，USMCA）是《北美自由贸易协定》（NAFTA）的替代。USMCA 中包含了电子商务章节，对数字贸易和数据流动等数字经济议题进行了规范。

3.《东盟电子商务协定》

2019 年，东盟国家之间为促进电子商务合作签署了《东盟电子商务协定》（ASEAN Agreement on Electronic Commerce），其内容涉及电子交易、电子认证、电子签名、电子支付、知识产权在线环境、技术中立和竞争等多个方面，旨在支持和促进东南亚地区数字贸易和数字化贸易的流动。

4.《数字经济伙伴关系协定》

2020 年，新西兰、智利和新加坡发起《数字经济伙伴关系协定》（Digital Economy Partnership Agreement，DEPA），这是全球第一个纯数字贸易协议，旨在建立数字贸易规则和数字经济合作。该协议以电子商务便利化、数据转移自由化、个人信息安全化为主要内容，并就加强人工智能、金融科技等领域的合作进行了规定。

5.《区域全面经济伙伴关系协定》

《区域全面经济伙伴关系协定》（Regional Comprehensive Economic Partnership，RCEP）是全球最大的贸易协定，这个于 2020 年签署的协议覆盖了包括中国、日本和韩国在内的15 个亚太国家。RCEP 包含电子商务章节，涉及促进无纸化贸易、推广电子认证和电子签名、保护电子商务用户个人信息、保护在线消费者权益等规则。

6.《英国—新加坡数字经济协定》

2022 年签订的《英国—新加坡数字经济协定》（UK-Singapore Digital Economy Agreement，UKSDEA）主要分为数字贸易便利化、数据治理、消费者信任、商业信任、人工智能、中小企业六部分，包括 28 条条款，是亚洲国家与欧洲国家之间的首个数字专属协议，也是数字经济合作的新里程碑。[①]

上述协定和合作框架展示了数字经济在全球范围内的发展和合作趋势，在一定程度上体现了全球数字经济战略规划的发展状态。这些协定为数字贸易、数据流动和电子商务等领域提供了规则和指导，推动了全球数字经济的一体化和健康发展。

---

① 对外经济贸易大学中国世界贸易组织研究院，国际经贸规则量化分析团队. 国际经贸规则量化分析报告 | 最新数字贸易协定核心条款解读 | 2024 年第 1 期（总第 17 期）[R/OL].（2024-01-01）. https://ciwto. uibe. edu. cn/docs/2024-01/b3bfb84a63f048198015234f82b9a918. pdf.

第三节 数字经济全球化与中国应对

一、中国的优势与短板

（一）优势

1. 市场规模与增长潜力

中国拥有世界上最大的互联网用户群体，这为数字经济提供了庞大的市场基础和巨大的增长潜力。随着数字技术的普及和应用，中国市场的消费潜力不断释放，为数字产品和服务提供了广阔的发展空间。

2. 政策支持与投资力度

中国政府高度重视数字经济的发展，出台了一系列政策支持数字基础设施建设、技术创新和产业升级。同时，中国在5G、人工智能、大数据等领域的投资力度不断加大，为数字经济的发展提供了坚实的基础。

3. 电子商务与移动支付的领先地位

中国在电子商务和移动支付领域处于全球领先地位，阿里巴巴、腾讯等企业在全球范围内具有重要影响力。中国的电子商务模式和移动支付技术为全球数字经济的发展提供了新的思路和解决方案。

4. 数据要素资源丰富

中国拥有海量的数据资源，这是发展数字经济的关键生产要素。随着互联网和智能设备的普及，中国的数据生成量持续增长，为大数据分析、人工智能训练等提供了丰富的素材。这些数据资源为中国在数字经济领域的创新和发展提供了独特的优势。

5. 数字经济与传统产业融合

中国在推动数字经济与传统产业融合方面取得了显著成效，通过数字化转型，提升了制造业、农业等传统产业的效率和竞争力。

（二）短板

1. 核心技术依赖

尽管中国在数字经济应用层面取得了快速发展，但在高端芯片、核心算法等关键技术领域，中国仍然依赖进口，自主创新能力有待加强。

2. 数字鸿沟

中国不同地区、不同行业之间的数字经济发展水平存在差异，数字鸿沟问题依然突出。特别是在农村和欠发达地区，数字基础设施建设和数字技术应用水平相对较低。

3. 数据安全与隐私保护

随着数字经济的快速发展，数据安全和隐私保护问题日益凸显。如何在推动数字经济发展的同时，确保数据安全和个人隐私，是中国面临的一大挑战。

4. 国际规则制定参与度

在国际数字经济规则的制定中，中国的声音和影响力相对较小。发达国家在数字经济和国际规则制定中占据主导地位，中国需要加强与国际社会的沟通和协调，提升在国际规则制定中的话语权。

5. 高端人才缺乏

虽然中国在数字经济领域拥有大量人才，但在高端技术人才，尤其是能够引领技术创新的顶尖人才方面，仍然存在较大缺口。

二、中国面临的挑战与应对

（一）全球产业链调整

全球产业链的变化和地区化趋势对中国提出了新的挑战。中国需要提升区域内数字经济核心技术原始创新能力，通过技术创新和产业升级，推动传统产业与数字经济的深度融合，提高产业链的附加值。面对美国"长臂管辖"常态化，中国需要在前沿技术获取、技术人员交流、海外市场开拓等方面寻求突破。同时，应加强国内产业链的自主可控能力，特别是在高端芯片、工业控制软件、核心元器件、基本算法等关键技术领域，通过减少对外部技术或供应链的依赖，应对美国"长臂管辖"常态化带来的产业链合作风险。

📚 阅读拓展 ➤➤--------------------------------------

美国"长臂管辖"常态化对中国的影响

1. 技术获取受限

美国对中国的技术出口管制，尤其是对高端技术和关键零部件的限制，影响了中国企业获取先进技术和产品的能力。这可能导致中国企业在某些高科技领域的发展速度放缓，特别是在半导体、人工智能、航空航天等关键领域。

2. 供应链中断

美国的限制措施可能导致中国企业在全球供应链中的位置受到挑战。一些跨国公司可能会重新评估与中国企业的合作关系，以避免违反美国的出口管制和制裁措施，这可能导致供应链的重组和中断。

3. 投资和融资影响

美国对某些中国企业的限制可能影响这些企业在全球资本市场的融资能力。中国企业可能难以获得美国市场的资金，这可能限制其扩张和研发投入。

4. 市场准入限制

美国对中国企业的限制可能导致中国产品在海外市场的销售受阻，影响中国企业的出口和国际竞争力。

5. 国际合作限制

美国的"长臂管辖"可能使得一些国家和企业在与中国合作时产生犹豫，担心可能受到美国的次级制裁。

6. 合规成本增加

中国企业需要投入更多资源以确保其业务遵守美国的法律法规，这增加了企业的合规成本和运营复杂性。

综上所述，美国的"长臂管辖"常态化对中国产业链产生了深远的影响，中国需要通过加强自主创新、多元化供应链、拓展国际合作等措施来应对这些挑战。

资料来源：①徐康宁. 数字经济的全球化与碎片化特征、影响与应对［J］. 新金融，2023(5)：40－44.

②周琪. 美国对中国科技"脱钩"的战略动机及政策措施［J］. 太平洋学报，2023（8）：1－25.

③郭永虎，于艳文. 美国对华科技遏制：演进、影响与中国应对［J］. 统一战线学研究，2023，7（3）：154－165.

- ←←

（二）全球数字治理

中国在全球数字经济治理方面面临挑战。发达国家逐渐掌握了数字经济国际规则的话语权，中国需要加快提升数字经济治理水平，积极参与全球数字市场规则制定和对接，推动构建公正合理的国际数字经济秩序。具体措施包括：推动数字贸易规则的互惠共赢，提升数字贸易的开放度和竞争力，在联合国、G20 等多边框架下推动数字经济合作，促进数字部长会议的召开，推动数字经济南南合作，与东盟、金砖国家、"一带一路"共建国家等达成合作框架协议，共同提升数字经济治理水平。

（三）数字经济碎片化

应充分认识到数字经济碎片化的长期趋势，并从整体和系统的维度出发，谋划、布局和发展数字经济。在基础研究、应用技术、创新平台、关键人才、产业链等各个方面，全方位提升战略发展力，以应对未来更加严峻的局面。

（四）龙头企业和高科技发展

在数字经济全球化的背景下，中国要提升在全球的竞争力，必须加强行业龙头企业的引领作用，通过整合创新链、产业链和人才链，打造具有国际竞争力的一流数字企业。要占领数字经济未来制高点，则应在算力、人工智能、下一代网络等前沿加快布局，提前"锁定"数字经济发展的未来优势。

总体来说，在数字经济全球化的背景下，中国面临着复杂的国际合作与竞争挑战。一方面，中国需要积极参与全球数字经济治理，推动构建公正合理的国际数字经济秩序（包括在联合国、G20 等多边框架下发挥作用，推动数字经济合作和治理）；另一方面，中国也面临着科技脱钩的趋势，特别是与美国等国家在高科技领域的竞争加剧，这要求中国在保护知识产权、维护数据隐私、确保国家安全的同时，寻求与其他国家的合作，以应对技术脱钩带来的风险。此外，中国还应全方位提升战略发展力，采取加强知识产权保护、营造良好的创新环境、吸引和留住高端人才、发挥数据资源丰富优势、支持行业龙头企业和高科技发展等方式，提升国家的创新能力和竞争力。通过这些努力，中国可以更好地应对挑战，把握数字经济全球化带来的机遇。

三、中国的大国担当

（一）推动全球数字合作

中国积极倡导构建开放、包容的全球数字经济合作体系。通过参与 G20、APEC 等多边机制，中国推动数字经济国际规则制定，促进数字基础设施建设，加强跨境电子商务合作。中国提出的"数字丝绸之路"倡议，旨在通过共建共享数字基础设施，缩小数字鸿沟，推动全球数字经济的均衡发展。

（二）维护数字安全

数字安全是全球数字经济发展的基石。中国致力于加强数据安全和个人信息保护，推动建立公平、透明的数字监管环境。中国支持多边机构在制定全球数字安全规则中发挥更大作用，同时在国际互联网治理中主张多边主义，反对单边主义和保护主义，以确保数字空间的和平与稳定。

（三）促进数字经济公平发展

中国认识到数字鸿沟的存在，并致力于通过技术转移、人才培养等方式，帮助发展中国家提升数字经济能力。中国企业在全球范围内的投资和合作项目，不仅促进了当地经济发展，也为当地居民提供了数字技能培训，增强了其在全球数字经济中的竞争力。

（四）加强自主创新

在全球数字经济竞争加剧的背景下，中国加大了对关键核心技术的研发投入，推动自主创新。中国在 5G、人工智能、大数据等领域的突破，不仅提升了国家的科技实力，也为全球数字经济的发展贡献了中国智慧。

（五）推动绿色数字经济

中国积极响应全球气候变化挑战，推动绿色数字经济发展。通过数字化手段提高能源效率，减少碳排放，中国在实现自身绿色转型的同时，也为全球环境保护作出了贡献。

中国在全球数字经济发展过程中展现出了负责任的大国担当。通过推动全球合作、维护数字安全、促进公平发展、加强自主创新和推动绿色转型，中国正为构建一个更加公正、平衡、可持续的全球数字经济体系贡献力量。

第四节　数字经济创新

一、数字经济的未来趋势

（一）技术革新引领发展

技术创新是数字经济发展的核心驱动力。人工智能、大数据、物联网等技术的发展，正在不断推动产业创新和效率提升。例如，人工智能技术的应用正在从简单的自动化向复杂的决策支持系统发展，这不仅提高了生产效率，还为企业提供了新的商业模式和价值创造途径。此外，5G 技术的商用化将进一步加速数字经济的发展，提供更快的数据传输速度和更低的延迟，为远程医疗、自动驾驶、智能城市等新兴领域提供技术支持。

（二）数字与实体深度融合

数字技术与实体经济的深度融合是数字经济发展的重要趋势。这种融合不仅体现在传统产业通过数字化转型提升效率（如"工业 4.0"的推进使得制造业变得更加智能化和个性化）或者改变销售模式（如电子商务的兴起改变了零售业的面貌），还体现在数字孪生、智慧城市、元宇宙等相关技术的发展和应用方面。数字孪生技术在工业领域的应用，使得生产过程可以在虚拟环境中进行模拟和优化，从而提高生产效率和安全性，减少物理测试的需要。智慧城市的发展依托于先进的数字基础设施和数据资源的收集与应用，这些都将使城市管理更为高效，居民生活更为便捷。元宇宙作为数字技术的新前沿，预示着一个虚实融合、数据驱动的新时代，在这个新时代中，数字资产成为核心财富，智能化、多元化和个性化将成为其发展的主要方向，为用户提供更加丰富的应用场景和沉浸式的体验，并逐渐改变人们的生活和思维方式。

（三）新兴数字产业爆发

新兴数字产业如人工智能、区块链、云计算等正成为推动数字经济发展的新动力。这些产业的发展不仅带来了新的商业模式和市场机会，还推动了传统产业的转型升级。例如，区块链技术的应用正在改变金融、供应链管理等行业的运作方式，而云计算技术则通过优化数据管理和支持远程医疗服务来提高效率。

（四）治理体系日益完善

随着数字经济的深入发展，全球正努力构建更加完善的数字经济治理体系，以应对数据安全、隐私保护等挑战。这包括建立更加严格的数据保护法规，加强跨境数据流动的监管，以及推动国际在数字经济治理方面的合作。同时，也需要平衡创新与监管的关系，既保护消费者权益，又激发市场活力。

二、推动数字经济创新的因素

（一）市场驱动

市场是推动数字技术创新的核心力量。需求的不断变化和消费者行为的演进，促使企业不断探索新技术以满足市场的需求。其中，消费者需求、市场竞争以及市场机遇又是重要的组成部分。

1. 消费者需求

随着消费者对智能化、个性化产品和服务的需求日益增长，企业必须通过技术创新来满足这些需求，以保持竞争力。

2. 市场竞争

激烈的市场竞争迫使企业不断创新，以获得市场优势。新技术的应用可以帮助企业降低成本、提高效率、开发新产品。

3. 市场机遇

新兴市场和新业务模式的出现为数字技术创新提供了广阔的空间。企业为抓住新的商业机会不断提高技术水平，进而形成良性循环。

（二）政策支持

政府政策在推动数字技术创新中扮演着重要角色。通过制定相关政策，政府可以创造一个有利于创新的环境。

1. 政策引导

政府可以通过制定科技发展规划、提供研发补贴、税收优惠等措施，激励企业进行技术创新。

2. 法规制定

合理的法规和标准可以为数字技术的发展提供指导，确保技术的健康发展。

3. 公共投资

政府在关键技术领域的公共投资可以带动私人投资，加速技术创新的步伐。

（三）人才培养

人才是数字技术创新的关键资源。高质量的人才队伍是推动技术创新的基础。

1. 教育体系

建立与数字技术发展相适应的教育体系，培养具有创新能力和实践技能的人才。

2. 人才引进

通过优惠政策吸引国内外高端人才，为技术创新提供智力支持。

3. 在职培训

企业应提供在职培训和职业发展机会，提升员工的技能和知识水平。

（四）研发投入

研发投入是推动数字技术创新的直接动力。足够的研发资源是实现技术突破的保障。

1. 企业研发

企业应增加研发投入，建立研发中心，进行技术攻关。

2. 合作研发

企业之间、企业与高校和研究机构之间的合作研发可以共享资源，提高研发效率。

3. 政府资助

政府的研发资助项目可以降低企业的研发风险，鼓励更多的技术创新活动。

（五）合作网络

在全球化背景下，合作网络成为推动数字技术创新的重要机制。

1. 跨界合作

不同行业和领域之间的合作可以促进知识的交流和技术的融合，产生新的创新点。

2. 国际合作

跨国合作可以获取全球资源，参与全球竞争，提升技术创新的国际水平。

3. 开放创新

通过开放平台和开源社区，企业可以与外部创新者合作，加速技术的迭代和创新。

思考题

1. 数字经济与全球化之间有着怎样的关系？

2. 全球数字经济战略规划的重点领域有哪些？试从经济学角度阐述这些领域的重要性。

3. 美国、德国、日本的数字经济战略规划分别具有什么样的特点？为什么会呈现出这些特点？

4. 在数字经济时代，世界各国面临着怎样的挑战？在这一浪潮中，中国应如何应对？

案例分析

数字税又称"数字服务税"，指一国政府向提供搜索引擎、在线广告、数据服务、社交媒体等数字服务且达到一定条件的企业征收的税款。数字税争端是指一些国家对跨国公司征收数字税造成国家间争端与摩擦的问题。

数字经济的兴起使得大型跨国科技公司在全球范围内赚取巨额利润，却往往只在总部所在地缴纳税收，这催生了世界范围内数字税治理的需求，一些国家出于舒缓财政压力、提升本土数字产业竞争力等考量，已先行开征数字税。截至2020年底，已开征数字税的亚洲国家有6个、欧洲国家有7个、美洲国家有1个。其中，英法两国同美国之间产生了较为明显的摩擦。

2019年7月，法国国民议会通过数字税法案，据预计，仅2019年该税就将使法国增加4亿欧元税收收入，2020年增收6.5亿欧元。此举主要影响美国科技巨头，如谷歌、亚马逊、脸书和苹果（GAFA）。作为回应，美国对法国的数字服务税展开"301调查"，并于2020年宣布对法国约13亿美元的商品加征25%的关税，同时还威胁将对法国包括葡萄酒、奶酪在内的价值约24亿美元的商品征收高达100%的关税。这一行动加剧了双方的贸易紧张关系。

英国于2020年4月1日起开征数字税。据统计，2021～2022年，英国通过数字税从科技巨头手中征收了3.8亿英镑（约4.83亿美元）的税款。美国对英国的数字服务税同样采取了强硬立场，威胁要对英国商品征收报复性关税。

美国的报复性行为和威胁严重影响了其他国家的决策。例如，德国就因担心美国会以提高德国汽车进口关税进行报复而左右摇摆，没有明确态度和立场。

2021年10月，美国与包括英法在内的5个欧洲国家宣布就数字服务税争端达成妥协，在经济合作与发展组织（OECD）推动的国际税改协议生效后，欧洲五国将取消征收数字服务税，美国将放弃对这五国的报复性关税措施。

经济合作与发展组织推动的双支柱国际税改方案是达成妥协的关键。根据该方案，来自全球约 100 家大型跨国公司（多为美国互联网科技企业）的超过 1250 亿美元利润将被重新分配给各国。

资料来源：①张秀青，赵雪妍．全球数字税的最新进程、发展特征与趋势及中国立场［J］．全球化，2021（4）：44–56.

②朱青．美国"301 条款"与数字服务税［J］．国际税收，2021（1）：43–48.

③高攀，熊茂伶．美国与欧洲五国就数字税争端达成妥协［EB/OL］．（2021–10–22）．https://www.news.cn/world/2021–10/22/c_1127984877.htm.

④思迈特财税国际税收服务团队．【特别关注】英国又开始关注数字服务税（DST）［EB/OL］.（2022–11–04）．https://www.sohu.com/a/602434926_121123909.

⑤李超民．深度解读法国数字服务税，为何互联网巨头是被征收重点？［EB/OL］．（2019–07–15）．https://www.jiemian.com/article/3309463.html.

⑥美欧数字服务税争端升级［EB/OL］．（2020–07–20）．http://usa.people.com.cn/n1/2020/0720/c241376–31790112.html.

结合案例材料，探讨下列问题：

1. 数字税的征收是否合理？请解释其背后的经济和政策逻辑。

2. 数字税争端中，国际合作和多边主义如何发挥作用？为什么全球税收制度改革需要国际合作？

3. 数字税的未来发展趋势是什么？随着数字化进程的加快，数字税政策需要如何调整以适应新的经济环境？

典型场景与平台项目训练

宏观经济数据分析

1. 项目背景

在快速发展的全球经济环境中，为了对国民经济进行准确、深入的分析，我们常常会利用宏观数据技术直观展示、比较国家经济发展状况及变化趋势。例如，图 16–1 展示了 2020～2022 年数字经济规模位居世界前三的国家——美、中、德三国数字经济的发展状况及变化趋势，进而为政府决策、企业战略规划及学术研究提供有力的数据支持。

2. 项目简介

本项目旨在通过案例引入和宏观经济的指标体系创建，帮助同学们理解和掌握宏观经济的基本方法和技术，提升数据分析和经济分析能力，为后续的学习和工作打下坚实基础。

3. 项目内容

数字经济已成为推动经济高质量发展的关键引擎。精确衡量数字经济的规模并实时监控其运行状况，对于促进数字经济的稳健与持续发展至关重要。根据中国信息通信研究院

《全球数字经济白皮书》显示，近年来，美、中、德三国稳居数字经济规模前三位，这为国家间比较提供了基础性依据。

（万亿美元）

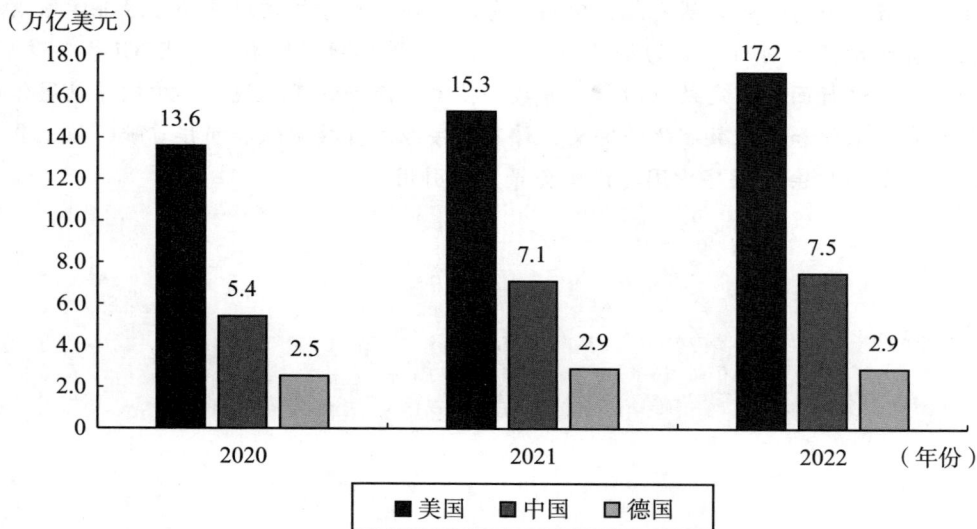

图 16 - 1　2020 ~ 2022 年美、中、德三国数字经济规模

资料来源：根据中国信息通信研究院发布的《全球数字经济白皮书（2021）》、《全球数字经济白皮书（2022）》和《全球数字经济白皮书（2023）》内容整理制作。

那么，这些数字经济相关的数据又是如何收集、计算得出的？

在数据采集方面，包括官方统计机构数据采集、数据库和平台数据采集、行业协会和中介机构数据采集、市场调研问卷数据采集等。同学们可以通过以下渠道获得相关数据。

（1）登录数据库寻找。

知网：https：//www.cnki.net/（可查询统计数据与年鉴）。

中经网统计数据库：http：//db.cei.cn/（包括中国经济库和世界经济库）。

国研网统计数据库：http：//data.drcnet.com.cn/（其主要数据库包括世界经济、宏观经济、区域经济、重点行业）。

（2）查看政府部门的公开数据资料。

出于公共服务的目的，政府部门会在其官网上定期发布相关统计数据和公告，如：国家统计局、中国人民银行、财政部、工业和信息化部、商务部、海关总署等政府部门的官网上能找到相关经济领域的统计数据和公告。这些资料来源可靠且覆盖面广、系统性较强，且大多是较为宏观的数据。

（3）查找可靠的官方研究机构数据。

如国务院发展研究中心、中国社会科学院等。与政府部门所公布的数据资料相比，研究所提供的数据更加专业化、更具有针对性。

在计算方面，根据对数字经济界定的不同，计算方式也有所差异。

联合国、经济合作与发展组织、麦肯锡咨询公司、欧洲智库布鲁盖尔等机构测算数字经济核心产业（即 ICT 产业）GDP 占比。

国际货币基金组织、美国经济分析局、波士顿咨询公司等则选择先定义数字部门,而后利用生产法或支出法进行计算,必要时也会利用回归结果补充遗漏部分。

埃森哲咨询公司、腾讯研究院、中国信息通信研究院等机构以及部分经济学家则测算数字化经济驱动产业创新升级的经济贡献。例如,腾讯研究院利用多期 GDP 季度数据、数字经济指数进行面板固定效应回归计算数字技术及活动的渗透规模;中国信息通信研究院利用数字产业化和产业数字化的定义,计算数字经济直接贡献和间接贡献,该测算的影响较广,被 G20 峰会、数字中国建设峰会等广泛引用。①

---

① 续继. 国内外数字经济规模测算方法总结 [J]. 信息通信技术与政策,2019(9):78 – 81.

参 考 文 献

［1］艾尚乐. 数字技术赋能社会治理的现状、问题与策略研究［J］. 科技创新与生产力，2023，44（12）：72 - 76.

［2］白雪秋，张晶. 技术进步、劳动力需求和居民消费的关系研究——基于我国消费性服务业的实证分析［J］. 当代经济管理，2021，43（6）.

［3］包霞琴，黄贝. 日本网络安全政策的现状与发展趋势［J］. 太平洋学报，2021（6）：51 - 61.

［4］薄智泉，徐亭. 智能与数据重构世界［M］. 北京：电子工业出版社，2020.

［5］蔡禾，零昕. 数字平台冲击下传统行业的变迁——巡游出租车司机劳动过程中的双重控制及其影响［J］. 学术研究，2024（10）：48 - 58，2，177.

［6］蔡宁伟，贾帅帅. 数字货币与货币数字化——兼评数字人民币（DCEP）、微信支付、支付宝、信用卡与比特币的异同［J］. 学术探索，2023（12）：106 - 114.

［7］蔡万刚，钟榴，刘姜，等. 基于双边市场的互联网平台企业倾斜定价模型与策略［J］. 上海理工大学学报，2019，41（1）：52 - 57.

［8］陈兵. "数据垄断"：从表象到本相［J］. 社会科学辑刊，2021（2）：129 - 136.

［9］陈丰，张双双. 地方政府推进乡村数字化治理的实践机制——基于政府创新视角的分析［J］. 四川行政学院学报，2024（5）：5 - 14，102.

［10］陈航，刘琳. 数字经济时代杭州大中小企业融通发展的模式思考［J］. 杭州科技，2018（6）：48 - 52.

［11］陈剑，黄朔，刘运辉. 从赋能到使能——数字化环境下的企业运营管理［J］. 管理世界，2020（2）：117 - 128.

［12］陈瑞萍，宗婉婷. 智慧旅游如何助推乡村旅游经济发展［J］. 山西财经大学学报，2024，46（S2）：149 - 151.

［13］陈水森，柳钦火，陈良富，等. 粮食作物播种面积遥感监测研究进展［J］. 农业工程学报，2005（6）：166 - 171.

［14］陈永伟. 区块链通识：关于区块链的 111 个问题［M］. 上海：格致出版社，2020.

［15］成征宇，徐承红. 数字经济对制造业与生产性服务业深度融合的影响研究［J］. 现代财经（天津财经大学学报），2024，44（8）：18 - 35.

［16］戴源，黄卫东. 大数据：数字经济时代新要素和新基建之灵魂［M］. 南京：

南京大学出版社，2022.

[17] 邓美薇. 日本人工智能的战略演进和发展愿景及其启示 [J]. 日本问题研究，2022（2）：11－21.

[18] 刁俊武，汪谷银，邱斌. 工业互联网标识解析体系在石化行业的应用研究 [J]. 物联网技术，2022，12（12）：89－92.

[19] 范晓波. 央行数字货币跨境支付的法律挑战与监管协调路径研究 [J]. 政法论坛，2024，42（6）：86－97.

[20] 方徐兵，刘毛桃，何启志. 数字普惠金融与生产性服务业集聚——来自中国285个城市的经验证据 [J]. 西南民族大学学报（人文社会科学版），2024，45（9）：104－122.

[21] 方禹. 日本个人信息保护法（2017）解读 [J]. 中国信息安全，2019（5）：81－83.

[22] 傅立海，张振鹏. 数字经济的典型发展模式、全球动向及中国探索 [J]. 东南学术，2022（6）：220－226.

[23] 高晶晶，彭超，史清华. 中国化肥高用量与小农户的施肥行为研究——基于1995～2016年全国农村固定观察点数据的发现 [J]. 管理世界，2019，35（10）：120－132.

[24] 高天志，冯辉，陆迁. 数字农技推广服务促进了农户绿色生产技术选择吗——基于黄河流域3省微观调查数据 [J]. 农业技术经济，2023（9）：23－38.

[25] 高晓雨、王梦梓、陈耿宇. 数字经济统计与测度 [M]. 北京：社会科学文献出版社，2022.

[26] 工业富联：灯塔工厂引领制造业数字化转型 [R]. 深圳：e-works，2021.

[27] 工业和信息化部. 2023年通信业统计公报 [R]. 2018－2023.

[28] 郭传凯，朱翔宇. 大数据技术的反垄断规制：挑战与应对 [J]. 海南金融，2021（5）：55－64.

[29] 郭克莎，杨偶龙. 制造业与服务业数字化改造的不同机制和路径 [J]. 广东社会科学，2023（1）：36－46.

[30] 韩沈超. 数字基础设施与生产性服务业全球价值链地位攀升 [J]. 统计与决策，2024，40（14）：143－148.

[31] 郝雅洁，胡欣宇，李富忠. 基于物联网技术的水肥一体化灌溉系统 [J]. 物联网技术，2020，10（9）：58－61.

[32] 何明. 大数据导论：大数据思维与创新应用 [M]. 北京：电子工业出版，2019.

[33] 侯慧芳，张少军，谌瑞华. 数字贸易、数字产业价值链与产业结构升级——基于发展中国家的经验检验 [J]. 经济管理，2024，46（10）：5－24.

[34] 胡斌，王莉丽. 物联网环境下的企业组织结构变革 [J]. 管理世界，2020，36（8）：202－210，232.

[35] 胡琨，肖馨怡. 数字经济浪潮下德国捍卫"数字主权"的政策及对我国的启示 [J]. 领导科学，2021（2）：121－124.

［36］胡琼，吴文斌，宋茜，等．农作物种植结构遥感提取研究进展［J］．中国农业科学，2015，48（10）：1900-1914.

［37］胡钰．数字经济下企业智能化财务体系构建探究［J］．财会通讯，2024（16）：119-124.

［38］黄建忠，蒙英华，赵玲．服务业数字化转型与服务贸易高质量发展——以上海为例［J］．华东师范大学学报（哲学社会科学版），2024，56（4）：144-154，181-182.

［39］黄玛兰，李晓云．农业劳动力价格上涨对农作物种植结构变化的省际差异性影响［J］．经济地理，2019，39（6）：172-182.

［40］黄乃静，于明哲·机器学习对经济学研究的影响研究进展［J］．经济学动态，2018（7）：115-129.

［41］黄鹏，陈靓．数字经济全球化下的世界经济运行机制与规则构建：基于要素流动理论的视角［J］．世界经济研究，2021（3）：3-13.

［42］霍尔格·福兰德．后数字时代［M］．北京：中译出版社，2023.

［43］蒋旭栋．日本综合数据战略探析［J］．信息安全与通信保密，2022（7）：140-149.

［44］金旸．全球灯塔工厂发展态势研究［J］．竞争情报，2023（4）：53-62.

［45］郎平．央行数字货币跨境支付系统：模式、风险及其治理之探［J］．金融监管研究，2024（3）：43-59.

［46］郎唯群．平台经济的公平与效率：以外卖骑手为例［J］．社会科学动态，2021（4）：40-48.

［47］李长志．试论5G网络技术研究现状和发展趋势［J］．卫星电视与宽带多媒体，2020（5）：37-38.

［48］李道亮．物联网与智慧农业［M］．北京：电子工业出版社：2021.

［49］李红莉，张露，张俊飚．数字化赋能如何影响农户化肥减量［J］．农业技术经济，2024（10）：1-18.

［50］李建军．中国数字贸易发展水平测度、时空特征及其影响因素分析［J］．经济纵横，2024（11）：83-95.

［51］李三希．数字经济概论［M］．北京：中国人民大学出版社，2023.

［52］李世佳．数据访问限制行为的拒绝交易认定：以必要设施取代市场支配地位作为规制的前端要件［J］．科技与法律（中英文），2021（2）：22-31.

［53］李帅娜．数字技术赋能服务业生产率：理论机制与经验证据［J］．经济与管理研究，2021，42（10）：51-67.

［54］李威，张高瀚，许尚坤．数字经济发展与生产性服务业制造业融合［J］．商业研究，2023（6）：11-19.

［55］李先军．数字经济驱动大中小企业融通发展：机制、模式与路径［J］．当代财经，2023，（4）：3-14.

［56］李雪灵，刘源．制造业数字化转型的悖论治理［J］．研究与发展管理，2023（6）：1-18.

[57] 李正图，朱秋．数字经济全球化：历史必然性、显著特征及战略选择 [J]．兰州大学学报（社会科学版），2024（2）：25-39．

[58] 李政蓉，郭喜，上官子健．数字货币赋能公共服务：价值再造与模式创新 [J]．南京大学学报（哲学·人文科学·社会科学），2024，61（5）：133-140．

[59] 梁华峰．消费性服务业研究综述 [J]．中国人口·资源与环境，2014，24（S2）：467-472．

[60] 梁倩，陈良，李公波，等．基于深度学习的变电设备红外图像识别检测技术应用探析 [J]．电脑知识与技术，2024，20（26）：1-3，6．

[61] 梁志宇，王宏志，李建中，等．制造业中的大数据分析技术应用研究综述 [J]．机械，2018，45（6）：1-13．

[62] 林德平，彭涛，刘春平．6G愿景需求、网络架构和关键技术展望 [J]．信息通信技术与政策，2021，47（1）：82-89．

[63] 刘畅．"网人合一"：从Web1.0到Web3.0之路 [J]．河南社会科学，2008（2）：137-140．

[64] 刘春生．数字贸易 [M]．北京：中国人民大学出版社，2023．

[65] 刘强．智能制造理论体系架构研究 [J]．中国机械工程，2020，31（1）：24-36．

[66] 刘素姣．发达国家公共服务业的演变趋势及启示 [J]．经济问题，2013（7）：96-99．

[67] 刘欣，李向东，耿立校，等．工业互联网环境下的工业大数据采集与应用 [J]．物联网技术，2021，11（8）：62-65，71．

[68] 刘亚臣，王丽荣，孙小丹．浅析信息不对称下的房地产市场效率问题 [J]．中国市场，2009（5）：8-9．

[69] 刘彦随，张紫雯，王介勇．中国农业地域分异与现代农业区划方案 [J]．地理学报，2018，73（2）：203-218．

[70] 刘岳，刘晓蕾．数字金融发展路径探索——来自商业银行与科技企业合作的影响效果评估 [J/OL]．经济学报，2024：1-36．

[71] 刘震，史代敏．央行数字货币与货币政策传导 [J]．广州：中南财经政法大学学报，2024（3）：83-96．

[72] 柳翠连．数字经济概论 [M]．广州：华南理工大学出版社，2022．

[73] 吕江林，郭珺莹，张斓弘．央行数字货币的宏观经济与金融效应研究 [J]．金融经济学研究，2020，35（1）：3-19．

[74] 栾玲．基于大数据背景的智慧旅游管理模式 [J]．山西财经大学学报，2024，46（S1）：67-69．

[75] 罗红，康树恩，孙岩．面向场景服务的智能家居中间件系统 [J]．信息通信技术，2014，8（5）：48-53．

[76] 罗建强，孙嘉懿．智能产品服务系统多主体利益相关者的价值共创机理——基于乐普医疗的探索性案例研究 [J]．管理案例研究与评论，2024，17（3）：361-379．

[77] 马骏,沈坤荣,王泽天.数字经济发展提升服务业效率研究 [J].南京财经大学学报,2023 (2):65-75.

[78] 马述忠,濮方清,潘钢健,等.数字贸易学 [M].北京:中国人民大学出版社,2024.

[79] 马述忠,房超.线下市场分割是否促进了企业线上销售——对中国电子商务扩张的一种解释 [J].经济研究,2020 (7):123-139.

[80] 毛凤霞,沈凯月.农村地区数字生产基础设施对种植结构的影响研究 [J].华东经济管理,2023,37 (9):77-85.

[81] 毛慧,刘树文,彭澎,等.数字推广与农户化肥减量——来自陕西省苹果主产区的实证分析 [J].中国农村经济,2023 (2):66-84.

[82] 孟小净,张东生,王玮,等.数字孪生技术及在武器装备工艺质量管理中的应用 [J].机械工程与自动化,2021 (4):220-223.

[83] 明元鹏,陈伟光.私人数字货币与央行数字货币的关系解构 [J].南开学报(哲学社会科学版),2023 (4):32-45.

[84] 农业农村部.蜜桃产业搭上数字化"东风"[EB/OL].(2023-03-06).http://www.moa.gov.cn/xw/qg/202303/t20230306_6422327.htm.

[85] 农业农村部.农业数字化,我们在行动 [EB/OL].(2022-02-07).http://www.moa.gov.cn/xw/qg/202202/t20220207_6388110.htm.

[86] 农业农村部.山东各地推动数字技术融入农业全领域各环节 [EB/OL].(2023-06-14).http://www.moa.gov.cn/xw/qg/202306/t20230614_6430258.htm.

[87] 潘望,程惠芳.推进大中小企业协同发展的思考与建议 [J].浙江经济,2019 (21):30-33.

[88] 潘文博.数字货币的运行机制与法律治理 [J].清华法学,2023,17 (3):75-89.

[89] 庞野,县祥.数字货币在国际贸易中的运用及其对传统金融体系的挑战 [J].价格月刊,2024 (7):87-94.

[90] 彭兰.WEB2.0在中国的发展及其社会意义 [J].国际新闻界,2007 (10):44-48.

[91] 戚聿东,肖旭.数字经济概论 [M].北京:中国人民大学出版社,2023.

[92] 戚聿东,肖旭.数字经济时代的企业管理变革 [J].管理世界,2020 (6):135-152.

[93] 戚聿东,徐凯歌.数字经济时代企业社会责任的理论认知与履践范式变革 [J].中山大学学报(社会科学版),2023 (1):165-176.

[94] 前瞻产业研究院.新经济下中国企业数字化转型之路:灯塔工厂专题报告 [R].深圳,2022.

[95] 钱小龙,黄蓓蓓.中国在线教育平台商业模式的扎根研究 [M].南京:南京大学出版社:2020.

[96] 乔彬，申钰晴，赵广庭，等．数字金融与企业金融化："脱实向虚"还是"脱虚向实"？[J]．财经理论与实践，2024，45（6）：19-26．

[97] 乔晓楠，冯天昇，瞿王城．商业数字平台租金、垄断规制与个人消费数据确权——一个基于政治经济学的双边市场模型 [J]．中国工业经济，2024（6）：117-135．

[98] 秦日京，唐小青，李勇飞．基于专利视觉的3D打印技术在模具制造领域的应用研究 [J]．模具工业，2024，50（4）：1-8．

[99] 任保平，师博，钞小静，等．数字经济学导论 [M]．北京：科学出版社，2022．

[100] 任慧娇，周冠男，从保强，等．增材制造技术在航空航天金属构件领域的发展及应用 [J]．航空制造技术，2020，63（10）：72-77．

[101] 师博，阮连杰．人工智能时代下产业链供应链的重构、风险及应对 [J]．改革，2024（11）：17-27．

[102] 史丹，等．数字经济全球化：技术竞争、规则博弈与中国选择 [J]．管理世界，2023（9）：1-14．

[103] 史晋川，刘晓东．网络外部性、商业模式与PC市场结构 [J]．经济研究，2005（3）：91-99，107．

[104] 宋彩霞，乔翠霞．数字经济与产业结构优化——基于服务业发展的视角 [J]．郑州大学学报（哲学社会科学版），2023，56（5）：46-52．

[105] 宋国豪，董有德，丁春林．公共服务业的发展能否促进企业出口技术复杂度提升 [J]．国际商务（对外经济贸易大学学报），2024（3）：39-55．

[106] 宋爽，刘东民．央行数字货币的全球竞争：驱动因素、利弊权衡与发展趋势 [J]．经济社会体制比较，2021（2）：1-11．

[107] 孙斐，游鸿宾．数字政府治理的公共价值失灵发生机制及其矫正——以C市智慧城市建设为例 [J]．中国行政管理，2024（4）：107-119．

[108] 孙浩，蒋晓宇．央行数字货币如何影响货币金融体系运行——国际研究的新进展 [J]．金融监管研究，2024（9）：34-49．

[109] 孙红敏，贾银江．数字农业技术及应用 [M]．北京：中国农业出版社，2020．

[110] 孙晋，马姗姗．反垄断视野下数据开放与隐私保护的冲突与协调 [J]．武汉大学学报（哲学社会科学版），2024（6）：155-166．

[111] 孙晋．数字平台的反垄断监管 [J]．中国社会科学，2021（5）：101-127．

[112] 孙琪恒，郭辰．数字金融赋能智慧农业发展的困境与对策研究 [J]．农业经济，2024（6）：12-14．

[113] 孙毅．数字经济学 [M]．北京：机械工业出版社，2022．

[114] 孙振南，李凯路，樊亚．智能化时代社会治理数字化的创新路径探索 [J]．山西大同大学学报（社会科学版），2024，38（1）：31-35．

[115] 汤珂．"互联网＋"的经济学 [M]．北京：清华大学出版社，2016．

[116] 唐·泰普斯科特，亚历克斯·洛伊，戴维·泰科尔．数字经济蓝图：电子商务时代的财富创造 [M]．陈劲，何丹，译．大连：东北财经大学出版社，2003．

[117] 唐要家. 数据产权的经济分析 [J]. 社会科学辑刊, 2021 (1): 98 – 106.

[118] 唐要家. 数据产权二维目标及其制度实施 [J]. 社会科学辑刊, 2023 (6): 156 – 164.

[119] 唐要家. 数字经济赋能高质量增长的机理与政府政策重点 [J]. 社会科学战线, 2020 (10): 61 – 67.

[120] 唐要家, 唐春晖. 数据价值释放的理论逻辑、实现路径与治理体系 [J]. 长白学刊, 2022 (1): 98 – 106.

[121] 唐要家, 唐春晖. 数据要素经济增长倍增机制及治理体系 [J]. 人文杂志, 2020 (11): 83 – 92.

[122] 王安康. 论大数据的反垄断法规制——以其生产要素内涵为视角 [J]. 电子知识产权, 2021 (3): 14.

[123] 王博, 赵真真. 央行数字货币的政策规则和政策效应研究 [J]. 国际金融研究, 2024 (5): 15 – 26.

[124] 王博, 赵真真. 央行数字货币对支付体系的影响研究 [J]. 广东财经大学学报, 2023, 38 (1): 62 – 74.

[125] 王超贤, 张伟东, 颜蒙. 数据越多越好吗——对数据要素报酬性质的跨学科分析 [J]. 中国工业经济, 2022 (7): 44 – 64.

[126] 王海建, 郝宇青. 社会治理数字化的伦理挑战及其应对 [J]. 郑州大学学报 (哲学社会科学版), 2024, 57 (4): 32 – 37, 143.

[127] 王宏杰. 央行数字货币的优势、影响及研发分析——基于文献综述的视角 [J]. 金融理论与实践, 2021 (8): 67 – 78.

[128] 王纪华, 赵春江, 黄文江, 等. 农业定量遥感基础与应用 [M]. 北京: 科学出版社, 2008.

[129] 王金甫, 王亮. 物联网概论 [M]. 北京: 北京大学出版社, 2012.

[130] 王晶晶, 杨奕晨, 陈金丹. 数字服务业集聚对城市创新效率的影响: 本地效应与空间溢出 [J]. 科技进步与对策, 2023, 40 (20): 42 – 52.

[131] 王聚师, 汪俪. 区块链·数字经济 未来十年 谁是赢家? 经济理论, 法规 [M]. 成都: 西南财经大学出版社, 2020.

[132] 王玲, 乌云其其格. 日本政府推进数字化转型的战略举措及启示 [J]. 全球科技经济瞭望, 2024 (2): 2 – 7.

[133] 王梦梓. 全球高层级数字经济政策协调新趋势——经合组织《2020 年数字经济展望》解读 [J]. 互联网天地, 2021 (8): 44 – 47.

[134] 王鹏. 数字经济时代下企业的数字化治理研究 [J]. 商展经济, 2024 (8): 55 – 58.

[135] 王平. 上海康桥又见稻香飘韵 数字资产赋能乡村文化振兴 [N]. 东方城乡报, 2024 – 11 – 15.

[136] 王祺, 秦东霞, 秦钢著. 物联网时代下智慧农业理论与应用研究 [M]. 北

京：中国商业出版社，2009.

[137] 王儒奇，陶士贵．数字金融对中国实体经济韧性的影响研究 [J]．现代经济探讨，2024（11）：10－23.

[138] 王腾鹤，辛泓睿，张潮．一本书读懂区块链（第2版）[M]．北京：机械工业出版社，2020.

[139] 王勇．论有效市场与有为政府：新结构经济学视角下的产业政策 [J]．学习与探索，2017（4）：100－104.

[140] 维克托·迈尔－舍恩伯格，肯尼思·库克耶，等．大数据时代：生活、工作与思维的大变革 [M]．杭州：浙江人民出版社，2013.

[141] 魏婕，宋宇航，任羽佳．中国数字经济核心产业创新测度——以电子信息产业百强企业文本挖掘为例 [J]．中国科技论坛，2024（11）：50－60.

[142] 魏亚楠，戎袁杰，刘昕．区块链技术在供应链管理中的应用前景分析 [J]．招标采购管理，2019（3）：43－44.

[143] 温涛，陈一明．数字经济与农业农村经济融合发展：实践模式、现实障碍与突破路径 [J]．农业经济问题，2020（7）：118－129.

[144] 文凯，林硕．5G＋全连接技术在装配式部品部件工业领域的应用研究及实践 [J]．砖瓦，2022（2）：23－26.

[145] 文守逊，黄克．网络外部性下的企业R&D竞争与合作行为研究 [J]．中国管理科学，2007，15（10）：578－581.

[146] 巫泽人．以变革之力答好数字金融"压轴题"——关于《数字金融变革：政策引领与学术启示》一书的启示 [J]．管理世界，2024，40（11）：231.

[147] 吴非，胡慧芝，林慧妍，等．企业数字化转型与资本市场表现——来自股票流动性的经验证据 [J]．管理世界，2021，37（7）：130－144.

[148] 吴琼，陈菊红，黄放，等．考虑响应时间的制造企业远程监控服务定价策略研究 [J]．西安理工大学学报，2018，34（4）：510－515.

[149] 肖红军．共享价值、商业生态圈与企业竞争范式转变 [J]．改革，2015（7）：129－141.

[150] 肖静华．企业跨体系数字化转型与管理适应性变革 [J]．改革，2020（4）：37－49.

[151] 肖顺武，董鹏斌．中国式现代化进程中数字经济服务乡村振兴的困境检视、内在机理与实现路径 [J]．经济问题探索，2023（5）：1－12.

[152] 肖卫东．中国种植业地理集聚：时空特征、变化趋势及影响因素 [J]．中国农村经济，2012（5）：19－31.

[153] 肖旭，戚聿东．产业数字化转型的价值维度与理论逻辑 [J]．改革，2019（8）：61－70.

[154] 谢卫红．数字经济概论 [M]．北京：中国人民大学出版社，2023.

[155] 徐岸峰，任香惠，王宏起．数字经济背景下智慧旅游信息服务模式创新机制

研究 [J]. 西南民族大学学报（人文社会科学版），2021，42（11）：31 – 43.

[156] 徐超凡. 数字素养赋能远程办公预期——基于中国综合社会调查的实证研究 [J]. 自然辩证法通讯，2024，46（12）：85 – 94.

[157] 徐康宁. 数字经济的全球化与碎片化特征、影响与应对 [J]. 新金融，2023（5）：40 – 44.

[158] 许晖，周琪，庄伟芬，等. 服务重塑：数字化如何弥合服务鸿沟？——基于"互联网＋"医疗健康的探索性案例研究 [J]. 管理科学学报，2024，27（7）：34 – 55.

[159] 续继. 国内外数字经济规模测算方法总结 [J]. 信息通信技术与政策，2019（9）：78 – 81.

[160] 薛求知. 行为经济学：理论与应用 [M]. 上海：复旦大学出版社，2003.

[161] 杨斌，王琳. 数字经济时代客户服务数字化转型策略研究 [J]. 东岳论丛，2020，41（11）：30 – 38.

[162] 杨军，杨宝成，申佩. 制造业和生产性服务业协同集聚与绿色经济效率 [J]. 统计与决策，2024，40（19）：101 – 105.

[163] 杨荣海，李亚波. 全球央行数字货币竞争现状与数字人民币的发展策略 [J]. 经济学家，2023（5）：46 – 56.

[164] 杨正洪. 大数据技术入门 [M]. 北京：清华大学出版社，2020.

[165] 姚延婷，孟敏霞. 智慧农业研究的回顾与展望 [J]. 农业技术与装备，2023（7）：134 – 138，141.

[166] 叶胥，蔡睿堃，龙燕妮. 数字经济如何有效赋能服务业高质量发展 [J]. 经济问题探索，2024（4）：16 – 34.

[167] 于立. 互联网经济学与竞争政策 [M]. 北京：商务印书馆，2020.

[168] 于晓，叶申南. 欧日韩数字经济政策、发展趋势及中国策略 [J]. 财政科学，2021（6）：135 – 141.

[169] 张宸瑜. 乡村振兴背景下乡村数字治理的逻辑理路及实践路径 [J]. 陕西行政学院学报，2024，38（3）：100 – 103.

[170] 张红宇，杨春华等. 当前农业和农村经济形势分析与农业政策的创新 [J]. 管理世界，2009（11）：74 – 83，102.

[171] 张继平. 智慧农业：信息通信技术引领绿色发展 [M]. 北京：电子工业出版社，2013.

[172] 张江，王宁，刘建军，等. 人工智能时代科技人文融合发展：理论与实践 [J]. 上海交通大学学报（哲学社会科学版），2024，32（11）：79 – 90.

[173] 张琦. 移动通信技术及计算机技术在仓储物流行业中的运用分析 [J]. 软件，2022，43（8）：113 – 115.

[174] 张庆龙. 数字经济背景下集团财务组织架构转型趋势分析 [J]. 财会月刊，2020（14）：5 – 6.

[175] 张小亮，洪亚玲. 智能家居安防系统的架构、关键技术及其发展 [J]. 中国

高新科技, 2023 (7): 40-42, 68.

[176] 张秀青, 赵雪妍. 全球数字税的最新进程、发展特征与趋势及中国立场 [J]. 全球化, 2021 (4): 44-56.

[177] 张雪春, 曾园园. 日本数字贸易现状及中日数字贸易关系展望 [J]. 金融理论与实践, 2023 (2): 1-8.

[178] 赵斌, 汪克亮, 刘家民. 政府数字化治理与企业新质生产力——基于信息惠民国家试点政策的证据 [J]. 电子政务, 2024 (9): 38-49.

[179] 赵滨元. 数字经济核心产业对区域创新能力的影响机制研究——数字赋能产业的中介效应 [J]. 科技进步与对策, 2022, 39 (15): 50-57.

[180] 赵立斌, 张莉莉. 数字经济概论 [M]. 北京: 科学出版社, 2020.

[181] 中国互联网络信息中心. 第53次《中国互联网络发展状况统计报告》 [R]. 2024.

[182] 中国信息通信研究院. 数字经济概论: 理论、实践与战略 [M]. 北京: 人民邮电出版社, 2022.

[183] 中国信息通信研究院. 数字乡村发展实践白皮书 (2021年) [R]. 2021.

[184] 中国信息通信研究院. 数字乡村发展实践白皮书 (2022年) [R]. 2022.

[185] 中国信息通信研究院. 数字乡村发展实践白皮书 (2023年) [R]. 2023.

[186] 中国信息通信研究院. 数字乡村发展实践白皮书 (2024年) [R]. 2024.

[187] 臧冀原, 王柏村, 孟柳, 等. 智能制造的三个基本范式: 从数字化制造、"互联网+"制造到新一代智能制造 [J]. 中国工程科学, 2018 (4): 13-18.

[188] 钟晓君, 胡凯玲, 刘德学. 数字经济赋能服务业结构升级: 理论机制与实证检验 [J]. 统计与决策, 2023, 39 (12): 11-16.

[189] 周琪. 美国对中国科技"脱钩"的战略动机及政策措施 [J]. 太平洋学报, 2023 (8): 1-25.

[190] 周润斌. 一种改进型边缘计算环境下虚拟机迁移策略 [D]. 长春: 吉林大学, 2020.

[191] 周围. 算法共谋的反垄断法规制 [J]. 法学, 2020 (1): 40-59.

[192] 周贤善. 物联网概论 [M]. 北京: 清华大学出版社, 2014.

[193] 周勇. 中国互联网视听传播史 [M]. 北京: 中国人民大学出版社, 2024.

[194] 周中林, 何怡. 工业互联网平台助力传统制造企业转型升级研究 [J]. 西南科技大学学报 (哲学社会科学版), 2022, 39 (1): 51-59.

[195] 朱广慧, 周英, 汪成忠. 数字赋能苏州乡村治理的路径研究 [J]. 智慧农业导刊, 2024, 4 (17): 81-84.

[196] 朱建海. "大数据杀熟"反垄断规制的理论证成与路径优化 [J]. 西北民族大学学报 (哲学社会科学版), 2021 (5): 112-121.

[197] 朱岩, 田金强, 刘宝平, 等. 数字农业——农业现代化发展必由之路 [M]. 北京: 知识产权出版社, 2020.

［198］左光宇.区块链技术在供应链金融中的创新应用及其对中小企业融资的影响 ［J］. 国际商务财会，2024（19）：68－72，81.

［199］Anderson C. The long tail: Why the future of business is selling less of more ［J］. International and Pan-American，2006.

［200］Ariel Ezrachi，Maurice E Stucke. Artificial intelligence and collusion: When computers inhibit competition ［J］. University of Illinois Law Review，2017（1775）.

［201］Arnut Paothong，G S Ladde. Agent-based modeling simulation under local network externality ［J］. Journal of Economic Interaction and Coordination，2014，9（1）.

［202］Arthur W B. Increasing returns and the new world of business ［J］. Harvard Business Review，July-August，1996.

［203］Athey S，lmbens G W. The state of applied econometrics: Causality andpolicy evaluation ［J］. Journal of Economic Perspectives，2017，31（2）：3－32.

［204］Bauer J M，Latzer M. The economics of the Internet: An overview. In: Handbook on the Economics of the Internet ［M］. Edward Elgar Publishing，2016.

［205］Ben DeJarnette. 4 examples of AI's rise in journalism（and what it means for journalists）［R］. Media Shift，2016－09－16.

［206］Bohme R，Christin N，Edelman B，et al. Bitcoin: Economics，technology，and governance ［J］. Journal of Economic Perspectives，2015，29（2）.

［207］Boudreau K J，Hagiu A. Platform rules: Multi-sided platforms as regulators ［J］. Platforms，Markets and Innovation，2009（1）：163－191.

［208］Bouncken R B，Gast J，Kraus S，et al. Coopetition: A systematic review，synthesis，and future research directions ［J］. Review of Managerial Science，2015（9）：577－601.

［209］Brynjolfsson E，Kahin B. Understanding the digital economy: Data，tools，and research ［M］. Cambridge: MIT Press，2002.

［210］Brynjolfsson Erik，Paul Milgrom. Complementarity in Organizations ［M］. Princeton: Princeton University Press，2013.

［211］Carlsson. The digital economy: What is new and what is not? ［J］. Structural Change and Economic Dynamics，2004，15：245－264.

［212］Catalini C，Boslego，Zhang K. Technological opportunity，mimeo，bubbles and innovation: The dynamics of initial coin offerings ［R］. MIT，2017.

［213］Chen L，Cong L W，Xiao Y. A brief introduction to blockchain economics ［R］. World Scientific Book Chapters，2020.

［214］Cohen P，Hahn R，Hall Levitt S，et al. Using big data to estimate consumer surplus: The case of UBER ［R］. NBER Working Paper，2016，No. 22627.

［215］Dosis A，Sand-Zantman W. The ownership of data ［R］. SSRN Working Paper，2019，No. 3420680.

［216］Eirik Gaard Kristiansen，Marcel Thum. R&D incentives in compatible networks

［J］. Journal of Economics, 1997, 65 (1): 55 – 78.

［217］ Eisenmann T, Parker G, Van Alstyne M. Platform envelop strategic ［J］. Management Journal, 2011, 32 (12): 1270 – 1285.

［218］ Erik Brynjolfsson, Chris F Kemerer. Network externalities in microcomputer software: An econometric analysis of the spreadsheet market ［J］. Management Science, 1996, 42 (12): 1627 – 1647.

［219］ Fund M I. The rise of public and private digital money: A strategy to continue delivering on the IMF's mandate ［J］. Policy Papers, 2021, 2021 (55).

［220］ Gergely Csorba. Contracting with asymmetric information in the presence of positive network effects: Screening and divide-and-conquer techniques ［J］. Information Economics and Policy, 2007, 20 (1): 54 – 56.

［221］ Greenstein S. The basic economics of Internet infrastructure ［J］. Journal of Economic Perspectives, 2020, 34 (2): 192 – 214.

［222］ Hagiu A, Wright J. Multi-sided platforms ［J］. International Journal of Industrial Organization, 2015, 43: 162 – 174.

［223］ Hanelt A, Bohnsack R, Marz D, et al. A systematic review of the literature on digital transformation: Insights and implications for strategy and organizational change ［J］. Journal of Management Studies, 2021, 58 (5): 1159 – 1197.

［224］ Heath C, Fennema M G. Mental depreciation and marginal decision making ［J］. Organizational Behavior and Human Decision Processes, 1996, 68 (2): 95 – 108.

［225］ Hisaki Kono. Employment with connections: Negative network effects ［J］. Journal of Development Economics, 2006, 81 (1): 244 – 258.

［226］ Hitoshi, Matsushima. Blockchain disables real-world governance ［M］. Kyoto University, Institute of Economic Research Working Papers, 2019 (1017).

［227］ Huimin L, Yupeng S, Baowen S, et al. Agglomeration of the digital services industry and digital transformation: Evidence from China ［J］. Emerging Markets Finance and Trade, 2024, 60 (5): 855 – 869.

［228］ Jeffrey Rohlfs. A theory of interdependent demand for a communications service ［J］. The Bell Journal of Economics & Management Science, 1974, 5 (1): 16 – 37.

［229］ Johann J Kranz, Arold Picot. Internet business strategies. In: Handbook on the Economics of the Internet ［M］. Cheltenham: Edward Elgar Publishing, 2016.

［230］ Jones C I, Tonetti C. Nonrivalry and the economics of data ［J］. American Economic Review, 2020, 110 (9): 2819 – 2858.

［231］ José Ignacio López-Sánchez, José Luis Arroyo-Barrigüete, Domingo Ribeiro. Development of a technological competition model in the presence of network effects from the modified law of Metcalfe ［J］. Service Business, 2008, 2 (2): 83 – 98.

［232］ Katz Shapiro. Network externalities, competition and compatibility ［J］. The

American Economic Review, 1985, 75 (3): 424 – 440.

[233] Kenneth S Corts, Mara Lederman. Software exclusivity and the scope of indirect network effects in the U. S. home video game market [J]. International Journal of Industrial Organization, 2009, 27 (2): 121 – 136.

[234] Kevin P Murphy. Machine learning: A probabilistic perspective [M]. Cambridge: MIT Press, 2012.

[235] Lchihashi S. The economics of data extemalities [J]. Jounal of Economic Theory, 2021, 196: 1 – 26.

[236] Li C, Zhu H, Bao W, et al. Spatial pattern and influencing factors of China's digital trade resilience under the impact of trade frictions [J]. Chinese Geographical Science, 2024, (pre-publish): 1 – 14.

[237] Lin William Cong, Zhiguo He. Blockchain disruption and smart contracts [J]. The Review of Financial Studies, 2019, 32 (5): 1754 – 1797.

[238] Mell P, Grance T. The NIST definition of cloud computing [C]. 2011.

[239] Michael L Katz, Carl Shapiro. Network externalities, competition, and compatibility [J]. The American Economic Review, 1985, 75 (3): 424 – 440.

[240] Michael L Katz, Carl Shapiro. Systems competition and network effects [J]. The Journal of Economic Perspectives, 1994, 8 (2): 93 – 115.

[241] R Buyya, C S Yeo, S Venugopal. Market-oriented cloud computing: Vision, hype, and reality for delivering IT services as computing utilities [C]. 2008 10th IEEE International Conference on High Performance Computing and Communications, 2008.

[242] Robotics. Research conducted at Donghua University has updated our knowledge about robotics (A collaborative architecture of the industrial internet platform for manufacturing systems) [J]. Internet Weekly News, 2020.

[243] Rochet J C, Tirole J. Two-sided markets: A progress report [J]. The RAND Journal of Economics, 2006, 37 (3): 645 – 667.

[244] Shapiro C, Hal R Varian. Information rules: A strategic guide to the network economy [M]. Brighton: Harvard Business School Press, 1999.

[245] Varian H R. Big data: New tricks for econometrics [J]. Journal of Economic Perspectives, 2014, 28 (2): 3 – 28.

[246] Øverby H, Audestad A J. Introduction to digital economics: Foundations, business models and case studies [M]. Berlin: Springer, 2021.

[247] Vial G. Understanding digital transformation: A review and a research agenda [J]. The Journal of Strategic Information Systems, 2019, 28 (2): 118 – 144.

[248] Wang X, Yu S, et al. Application of modern GIS and remote sensing technology based on big data analysis in intelligent agriculture [J]. Journal of the Indian Society of Remote Sensing, 2022 (prepublish): 1 – 11.

［249］Woonam Hwang，Jungsuk Oh．Adoption of new online services in the presence of network externalities and complementarities ［J］．Electronic Commerce Research & Applications，2009，8（1）：3 − 15．

［250］Zhou J，Li P G，Zhou Y H，et al．Toward new-generation intelligent manufacturing ［J］．Engineering，2018，4（1）：11 − 20．